●収録内容一覧

■2025年度中学受験用

学習院中等科

5年間(＋3年間HP掲載)スーパー過去問

入試問題と解説・解答の収録内容

2024年度　1回	算数・社会・理科・国語	実物解答用紙DL
2024年度　2回	算数・社会・理科・国語	実物解答用紙DL
2023年度　1回	算数・社会・理科・国語	実物解答用紙DL
2023年度　2回	算数・社会・理科・国語	実物解答用紙DL
2022年度　1回	算数・社会・理科・国語	実物解答用紙DL
2022年度　2回	算数・社会・理科・国語	実物解答用紙DL
2021年度　1回	算数・社会・理科・国語	
2021年度　2回	算数・社会・理科・国語	
2020年度　1回	算数・社会・理科・国語	

2019～2017年度（HP掲載）

「カコ過去問」
（ユーザー名）koe
（パスワード）w8ga5a1o

問題・解答用紙・解説解答DL

◇著作権の都合により国語と一部の問題を削除しております。
◇一部解答のみ（解説なし）となります。
◇９月下旬までに全校アップロード予定です。
◇掲載期限以降は予告なく削除される場合があります。

～本書ご利用上の注意～　以下の点について，あらかじめご了承ください。

★**別冊解答用紙は巻末にございます。実物解答用紙は，弊社サイトの各校商品情報ページより，一部または全部をダウンロードできます。**
★編集の都合上，学校実施のすべての試験を掲載していない場合がございます。
★当問題集のバックナンバーは，弊社には在庫がございません（ネット書店などに一部在庫あり）。

合格を勝ち取るための
『スーパー過去問』の使い方

本書に掲載されている過去問をご覧になって，「難しそう」と感じたかもしれません。でも，多くの受験生が同じように感じているはずです。なぜなら，中学入試で出題される問題は，小学校で習う内容よりも高度なものが多く，たくさんの知識や解き方のコツを身につけることも必要だからです。ですから，初めて本書に取り組むさいには，点数を気にしすぎないようにしましょう。本番でしっかり点数を取れることが大事なのです。

過去問で重要なのは「まちがえること」です。自分の弱点を知るために，過去問に取り組むのです。当然，まちがえた問題をそのままにしておいては意味がありません。

本書には，長年にわたって中学入試にたずさわっているスタッフによるていねいな解説がついています。まちがえた問題はしっかりと解説を読み，できるようになるまで何度も解き直しをしてください。理解できていないと感じた分野については，参考書や資料集などを活用し，改めて整理しておきましょう。

このページも参考にしてみましょう！

◆どの年度から解こうかな　「入試問題と解説・解答の収録内容一覧」

本書のはじめには収録内容が掲載されていますので，収録年度や収録されている入試回などを確認できます。

※著作権上の都合によって掲載できない問題が収録されている場合は，最新年度の問題の前に，ピンク色の紙を差しこんでご案内しています。

◆学校の情報を知ろう!!「学校紹介ページ」

このページのあとに，各学校の基本情報などを掲載しています。問題を解くのに疲れたら息ぬきに読んで，志望校合格への気持ちを新たにし，再び過去問に挑戦してみるのもよいでしょう。なお，最新の情報につきましては，学校のホームページなどでご確認ください。

◆入試に向けてどんな対策をしよう？「出題傾向＆対策」

「学校紹介ページ」に続いて，「出題傾向＆対策」ページがあります。過去にどのような分野の問題が出題され，どのように対策すればよいかをアドバイスしていますので，参考にしてください。

◇別冊「入試問題解答用紙編」

本書の巻末には，ぬき取って使える別冊の解答用紙が収録してあります。解答用紙が非公表の場合などを除き，（注）が記載されたページの指定倍率にしたがって拡大コピーをとれば，実際の入試問題とほぼ同じ解答欄の大きさで，何度でも過去問に取り組むことができます。このように，入試本番に近い条件で練習できるのも，本書の強みです。また，データが公表されている学校は別冊の１ページ目に過去の「入試結果表」を掲載しています。合格に必要な得点の目安として活用してください。

本書がみなさんの志望校合格の助けとなることを，心より願っています。

株式会社　声の教育社　編集部

学習院中等科

所在地	〒171-0031 東京都豊島区目白1-5-1
電　話	03-5992-1032
ホームページ	https://www.gakushuin.ac.jp/bjh/
交通案内	JR山手線「目白駅」より徒歩5分，東京メトロ副都心線「雑司が谷駅」より徒歩5分，東京さくらトラム「学習院下」より徒歩7分

くわしい情報はホームページへ

トピックス

★2022年度入試より，募集人数が第1回約75名，第2回約50名となりました。
★鳳櫻祭（文化祭）は，11月上旬に2日間にわたって開催予定。

創立年 明治10年

男子校

高校募集あり

応募状況

年度	募集数	応募数	受験数	合格数	倍率
2024	①約75名	444名	358名	134名	2.7倍
	②約50名	461名	260名	57名	4.6倍
2023	①約75名	389名	305名	142名	2.1倍
	②約50名	426名	220名	65名	3.4倍
2022	①約75名	471名	387名	137名	2.8倍
	②約50名	514名	289名	62名	4.7倍
2021	①約70名	484名	411名	148名	2.8倍
	②約55名	505名	287名	57名	5.0倍
2020	①約70名	486名	421名	168名	2.5倍
	②約55名	536名	308名	55名	5.6倍

本校の特色

本校では，義務教育の過程にあって私学の特色を出そうとしています。それはそれぞれの個性の芽を見出し，育て，開花の準備をさせることです。人はそれぞれの違った個性を持っています。しかしながら義務教育の過程において自分の個性を見つけるのはなかなか難しいものです。本校では生徒一人ひとりに個性の芽を見つけ，育て，開花の手伝いをすることにその目標を置いています。

2025年度入試情報

【出願期間】※WEB出願のみ
第１回：2025年１月10日９：00
　　　　～2025年１月31日23：59
第２回：2025年１月10日９：00
　　　　～2025年２月２日14：00
【試験日時】
第１回：2025年２月２日　８：25集合
第２回：2025年２月３日　８：25集合
【合格発表】※WEB発表
第１回：2025年２月２日20：00
　　　　～2025年２月３日16：00
第２回：2025年２月４日13：00
　　　　～2025年２月５日13：00

学習院大学への進学

高等科から学習院大学に進学を希望する生徒は，高等科と大学との間で協定によって定められている推薦条件を満たすことが必要です。高等科３年生に対して行われる推薦のための実力テストの成績，日ごろの学業成績，出欠席などの生活状況を審査したうえで，大学への推薦進学が決定します。

2023年度の主な他大学合格実績

＜国立大学・大学校＞
一橋大，筑波大，東京医科歯科大，横浜国立大，防衛医科大
＜私立大学＞
慶應義塾大，早稲田大，上智大，国際基督教大，東京理科大，明治大，立教大，中央大，法政大，東京慈恵会医科大，昭和大，順天堂大

編集部注―本書の内容は2024年4月現在のものであり，変更されている場合があります。正式な情報は，学校のホームページ等で必ずご確認ください。

算数　出題傾向＆対策

◆基本データ(2024年度１回)

試験時間／満点	50分／100点
問題構成	・大問数…６題 計算１題(４問)／応用小問１題(４問)／応用問題４題 ・小問数…19問
解答形式	解答らんには必要な単位などが印刷されている。応用問題では式や考え方を書くスペースも設けられている。
実際の問題用紙	Ａ４サイズ，小冊子形式
実際の解答用紙	Ａ３サイズ

◆過去５年間の出題率トップ５

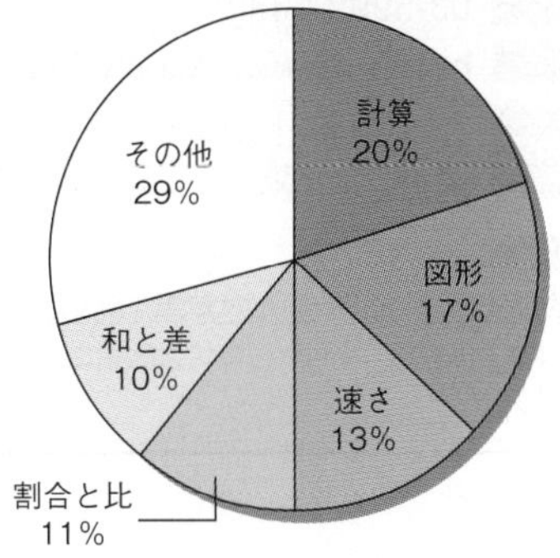

※　配点(推定ふくむ)をもとに算出

◆近年の出題内容

		【 2024年度１回 】			【 2023年度１回 】
大問	1	四則計算，逆算	大問	1	四則計算，逆算
	2	仕事算，つるかめ算，年齢算，整数の性質		2	相当算，流水算，売買損益，比の性質
	3	約束記号，周期算		3	植木算，相当算，整数の性質
	4	平面図形－長さ，面積		4	平面図形－図形の移動，長さ，面積
	5	グラフ－旅人算		5	グラフ－水の深さと体積
	6	推理		6	条件の整理

◆出題傾向と内容

最初に**計算問題**と**応用小問の集合題**があり，そのあとは小設問のついた**応用問題**という構成になっています。

●計算・応用小問…計算問題では，分数や小数のまじった複雑な四則計算のほか，□を求めるものも見られます。計算のくふうをすれば簡単になるものがふくまれることもあります。また，応用小問では，数の性質，数の範囲と規則，資料の整理(統計)，割合(濃度)，角度・面積・体積，基本的な特殊算などが見られますが，公式にあてはめれば答えが出てくるものばかりです。計算の複雑なものもあまりありませんので，確実に得点しなければなりません。

●応用問題…数量分野では数の性質，数の範囲と規則，場合の数，濃度，売買損益などの問題のほか，仕事算，相当算，平均とのべ，旅人算，年齢算，還元算，流水算などの特殊算も多く出題されています。また，図形分野でも，平面図形の辺の比や面積比を利用した求積問題が多く取り上げられています。

◆対策～合格点を取るには？～

計算力をつけることと苦手分野を克服することが，本校入試突破のカギといえます。計算練習は当然として，**これまでにやったテストの答案をそのままにせず，まちがえた部分を調べて，自分の弱点を発見する**ことが大切です。そして，**類題にあたって練習をくり返す**のです。満点をとろうと欲ばらず，まちがえてもともとのつもりで，何回でも挑戦しましょう。

また，**難問奇問はさけ，基本公式で解法を見出せる問題を数多く解く**ことが大事です。どんなに難しい問題にも必ず解法があり，それをすばやく見ぬく力は，どれだけ多くの問題を解いて身につけてきたかで決まります。１日がかりで難問奇問を解くより，１時間で３問，３つの基本公式を使って解くほうが，ずっと合理的であり効果が上がります。まず，教科書にある基本公式や解法を整理しましょう。そして，制限時間を決めて問題を解いてください。

算数

出題分野分析表

分野＼年度		2024		2023		2022		2021		2020
		1回	2回	1回	2回	1回	2回	1回	2回	
計算	四則計算・逆算	●	●	●	●	●	●	●	●	●
	計算のくふう									
	単位の計算									
和と差	和差算・分配算				○					○
	消去算									
	つるかめ算	○	○							
	平均とのべ							○	○	
	過不足算・差集め算							○	○	
	集まり					○	○			
	年齢算	○	○					○	○	
割合と比	割合と比									
	正比例と反比例									
	還元算・相当算			◎	◎					
	比の性質			○	○	○				
	倍数算									
	売買損益			○	○					○
	濃度									○
	仕事算	○	○					○	○	
	ニュートン算									
速さ	速さ									
	旅人算	○	○			○	○		○	○
	通過算					○	○			
	流水算			○	○					○
	時計算									○
	速さと比						○	○	○	○
図形	角度・面積・長さ	◎	◎	◎	◎	◎	◎	◎	◎	◎
	辺の比と面積の比・相似									
	体積・表面積									
	水の深さと体積			○	○					
	展開図									
	構成・分割									
	図形・点の移動			○	○	○	○			
表とグラフ		○	○	○	○	○	○	○	○	◎
数の性質	約数と倍数									
	N進数									
	約束記号・文字式	○	○							
	整数・小数・分数の性質	○	○	○	○	○	○	○		
規則性	植木算			○	○	○	○			
	周期算	○	○							○
	数列					○	○			○
	方陣算									
	図形と規則									
場合の数			○							
調べ・推理・条件の整理		○	○	○	○	○	○	○	◎	
その他										

※　○印はその分野の問題が１題，◎印は２題，●印は３題以上出題されたことをしめします。

社会　出題傾向＆対策

◆基本データ（2024年度１回）

試験時間／満点	40分／80点
問題構成	・大問数…３題 ・小問数…20問
解答形式	記号の選択・用語記入・記述など，バラエティーに富んでいる。用語記入は，漢字指定のものもある。記述問題は，各大問で出題され，すべて字数が指定されている。
実際の問題用紙	Ａ４サイズ，小冊子形式
実際の解答用紙	Ａ３サイズ

◆過去５年間の分野別出題率

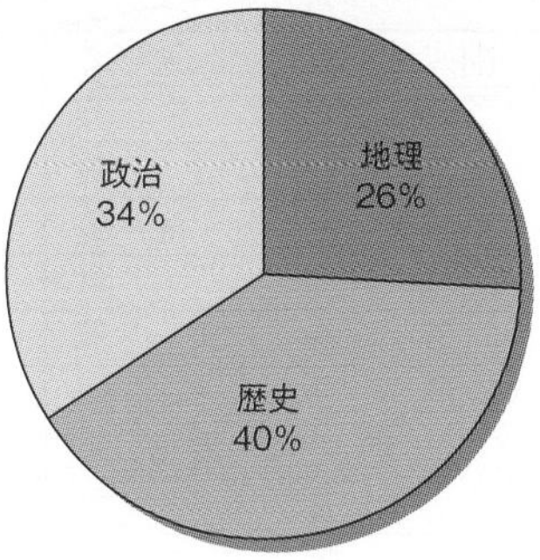

※　配点（推定ふくむ）をもとに算出

◆近年の出題内容

【 2024年度１回 】		【 2023年度１回 】	
大問	1〔**地理**〕日本の地形と産業	大問	1〔**地理**〕日本の地形と産業
	2〔**歴史**〕各時代の歴史的なことがら		2〔**歴史**〕各時代の歴史的なことがら
	3〔**政治**〕日本の選挙制度を題材とした問題		3〔**時事**〕2022年のできごとを題材とした問題

◆出題傾向と内容

断片的な知識を広く浅く問うというよりは，**体系的な理解をためす設問が多く**，よくくふうされた問題といえるでしょう。

●**地理**…各地方の地勢と産業，日本の気候，農業と食料自給率，水産業の現状，工業の地理的分布，日本のエネルギー資源に関する問題などが出されています。統計資料を使いながら，１つの項目に関して地勢や産業との結びつきなどを広範囲にわたって質問したり，時事的なことがらとも結びつけて各産業の特ちょうや問題点をひろいあげたりするものが多くなっています。

●**歴史**…古代～中世の歴史，江戸時代の歴史，幕末の政治と社会の動き，戦後の世界の動きといった時代別の問題にくわえ，各時代の人物と事件，各時代のできごとと中国の関連，選挙制度の歴史というように，特定のテーマに焦点をあてた問題も取り上げられています。

●**政治**…日本国憲法，国会のしくみとはたらき，政府の機構，地方自治，国際連合のしくみと戦後の世界のできごと，地球環境の問題などが，時事的なことがらをからめて出題されています。

◆対策～合格点を取るには？～

地理分野では，**白地図を利用して地方別・都道府県別に自然・気候・産業などの基礎的な特ちょうをまとめ**たり，地域別の比較や年度ごとの変化をグラフに表したりしてまとめておくのがよいでしょう。

歴史分野では，流れをほかのことと関連させて覚えなければならないような大切なことがらは，**年表にしてまとめておきたい**ものです。

政治分野では，制度のしくみや組織を**図の形で理解しておく**ことが大切です。たとえば，国会・内閣・裁判所の関係や国民の権利と義務などといったものを，自分で図をつくってまとめてみるとよいでしょう。

なお，本校では**時事問題に関連した問題**が多く見られますから，テレビ番組や新聞などでニュースを確認したり，時事問題集に取り組んだりして，国の政治や経済の動き，世界各国の情勢などについて，ノートに整理しておきましょう。

社会　出題分野分析表

分野 ＼ 年度			2024		2023		2022		2021		2020
			1回	2回	1回	2回	1回	2回	1回	2回	
日本の地理		地図の見方				○					
		国土・自然・気候	○	○	○	○		○	★		
		資源			○						
		農林水産業	○	○	○	○	○				
		工業	○	○		○	★				★
		交通・通信・貿易	○					★			
		人口・生活・文化		○	○					★	○
		各地方の特色	★	★	★			○			
		地理総合									
世界の地理							○				
日本の歴史	時代	原始～古代	○	○	○	○	○	○	○	○	
		中世～近世	○	○	○	○	○	○	○	○	
		近代～現代	○	○	○	○	○	○	○	○	★
	テーマ	政治・法律史									○
		産業・経済史									
		文化・宗教史									
		外交・戦争史									
		歴史総合	★	★	★	★	★	★			
世界の歴史											
政治		憲法							★		○
		国会・内閣・裁判所	★	○	○	★	○	○	○	○	○
		地方自治	○								
		経済					○	○			
		生活と福祉									○
		国際関係・国際政治		○	○			○		○	○
		政治総合		★						★	
環境問題					○						
時事問題				○	★			★		★	★
世界遺産			○	○				○			
複数分野総合							★				

※　原始～古代…平安時代以前，中世～近世…鎌倉時代～江戸時代，近代～現代…明治時代以降
※　★印は大問の中心となる分野をしめします。

理科 出題傾向＆対策

◆基本データ(2024年度１回)

試験時間／満点	40分／80点
問題構成	・大問数…５題 ・小問数…22問
解答形式	記号選択と用語などの記入が大半だが，１行程度の短文記述もある。記号選択は，ほとんどが択一式だが，複数選ぶものも出題されている。作図問題は見られない。
実際の問題用紙	Ａ４サイズ，小冊子形式
実際の解答用紙	Ａ３サイズ

◆過去５年間の分野別出題率

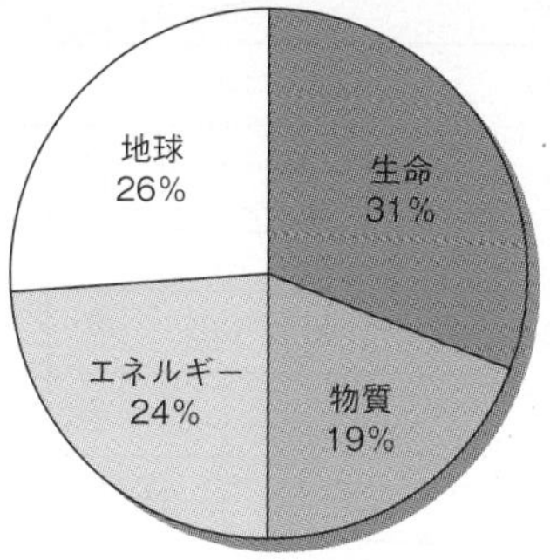

※　配点(推定ふくむ)をもとに算出

◆近年の出題内容

【 2024年度１回 】			【 2023年度１回 】		
大問	1	〔時事〕最近の科学の話題について	大問	1	〔時事〕最近の科学の話題について
	2	〔地球〕火山灰と地層		2	〔物質〕ちっ素の性質
	3	〔生命〕バイオミメティクス		3	〔エネルギー〕熱の伝わり方
	4	〔物質〕ものの溶け方		4	〔生命〕枝豆，イモ
	5	〔エネルギー〕電気回路		5	〔地球〕気象の観測

◆出題傾向と内容

全体として，**実験や観察のデータを表やグラフにして問うもの**が目につきます。また，**時事問題**も見られます。

●**生命**…植物の種子と発芽，動物のしくみと成長などが出題されています。

●**物質**…ちっ素や二酸化炭素の性質，食塩水の濃度，ものの溶け方，水のこう度についてなどが取り上げられています。

●**エネルギー**…滑車・てこ・ばねなどによる力のつり合い，物体の運動，浮力，熱の伝わり方などが見られます。

●**地球**…太陽の動き，月の満ち欠け，星座，川の流れのようすと流水のはたらき，地層と岩石の天気の変化，火山，地球の歴史などが出題されています。

◆対策～合格点を取るには？～

多くの分野から出題されていますから，**基礎的な知識をはやいうちに身につけ，そのうえで問題集で演習をくり返しながら実力アップをめざしましょう。**

「生命」は，身につけなければならない基本知識の多い分野ですが，楽しみながら確実に学習する心がけが大切です。

「物質」では，気体や水溶液，金属などの性質，ものの溶け方や燃え方に重点をおいて学習してください。

「エネルギー」は，力のつり合い(てこ，ばね，浮力)，かん電池のつなぎ方や方位磁針のふれ方などの出題が予想される単元ですから，学習計画から外すことのないようにしましょう。

「地球」では，太陽・月・地球の動き，季節と星座の動き，天気と気温・湿度の変化，地層のでき方などが重要なポイントです。

なお，本校では時事問題が出されますから，テレビの科学番組，新聞・雑誌の科学に関する記事などを通じて，**科学ニュースに接しておきましょう。**

理科 出題分野分析表

分野		2024 1回	2024 2回	2023 1回	2023 2回	2022 1回	2022 2回	2021 1回	2021 2回	2020
生命	植物	○		★	★					
	動物	○	★			★	★	★		★
	人体									○
	生物と環境									
	季節と生物								★	
	生命総合	★				★	★			
物質	物質のすがた									
	気体の性質			★	★					○
	水溶液の性質		★							
	ものの溶け方	★						★		
	金属の性質									
	ものの燃え方									
	物質総合								★	
エネルギー	てこ・滑車・輪軸				★	★				
	ばねののび方									
	ふりこ・物体の運動		★			○	★			★
	浮力と密度・圧力							★		
	光の進み方								★	
	ものの温まり方			★						
	音の伝わり方									
	電気回路	★								
	磁石・電磁石	○								○
	エネルギー総合									
地球	地球・月・太陽系								★	
	星と星座							★	○	○
	風・雲と天候									
	気温・地温・湿度			★						
	流水のはたらき・地層と岩石	★	★				★			★
	火山・地震	○			★	○				
	地球総合					★				
実験器具									○	
観察										
環境問題										★
時事問題		★	★	★	★	★	★	★	★	★
複数分野総合										

※　★印は大問の中心となる分野をしめします。

国語　出題傾向＆対策

◆基本データ(2024年度１回)

試験時間／満点	50分／100点
問題構成	・大問数…３題 文章読解題２題／知識問題１題 ・小問数…26問
解答形式	記号選択と書きぬきなどのほかに，記述問題も見られる。記述問題には字数制限のあるものとないものがある。
実際の問題用紙	Ａ４サイズ，小冊子形式
実際の解答用紙	Ａ３サイズ

◆過去５年間の分野別出題率

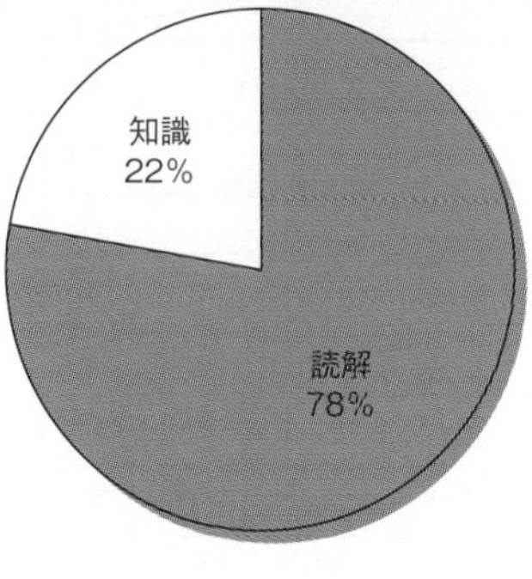

※　配点(推定ふくむ)をもとに算出

◆近年の出題内容

	【 2024年度１回 】		【 2023年度１回 】
大問	一〔知識〕漢字の書き取り	大問	一〔知識〕漢字の書き取り
	二〔小説〕重松清「反抗期」(『おくることば』所収)(約3600字)		二〔小説〕佐藤いつ子『ソノリティ　はじまりのうた』(約4500字)
	三〔説明文〕市橋伯一『増えるものたちの進化生物学』(約4400字)		三〔説明文〕楠木建『絶対悲観主義』(約4300字)

◆出題傾向と内容

本校・国語の問題は，よく練られた深い出題が目につきますが，試験時間とのバランスはとれているといえるでしょう。記述式の問題については，単純な書きぬきに近いものはあまりなく，**自分のことばでまとめる設問がほとんど**です。

●**読解問題**…課題文は説明文・論説文，小説・物語文，随筆文から２題出されることが多く，設問では内容のはあくや全体の論旨に関係する問題(たとえば段落分け，大意・要旨，登場人物の心情の読み取りなど)が中心となっています。また，説明文・論説文では，筆者の意見とその対照的な主張をくらべながらまとめさせたり，いくつかの独立した主張の要点・問題点をまとめさせたりするものも見られます。

●**知識問題**…漢字の書き取り，指示語，接続語の選択をはじめ，対照的な表現の書きぬき，ことばの意味，対義語，熟語，ことわざ，慣用句といった，文章の内容とは直接関連しないものが，文章読解題の設問として出題されています。

◆対策～合格点を取るには？～

まず，物語文，随筆文，説明文など，ジャンルは何でもよいですから**精力的に読書をし，的確な読解力を養いましょう**。新聞のコラムや社説を毎日読むようにするのもよいでしょう。

そして，書く力をつけるために，**感想文を書いたり，あらすじをまとめたりする**とよいと思います。本校の場合はつっこんだ設問が多いので，適切に答えるには相当な表現力が求められます。まず文脈や心情の流れをしっかりつかみ，次に自分の考えや感想をふまえて全体を整理し，そのうえで文章を書くことが大切です。うまく書く必要はありませんが，自分の頭でまとめたことがらを文章で正確に表現することを意識しましょう。

なお，ことばのきまり・知識に関しては，参考書を１冊仕上げましょう。また，漢字や熟語については，読み書きはもちろん，同音(訓)異義語やその意味などについても辞書で調べておくようにするとよいでしょう。

国語 出題分野分析表

分野 ＼ 年度			2024		2023		2022		2021		2020
			1回	2回	1回	2回	1回	2回	1回	2回	
読解	文章の種類	説明文・論説文	★	★	★		★	★	★	★	★
		小説・物語・伝記	★	★	★	★	★	★	★	★	★
		随筆・紀行・日記				★					
		会話・戯曲									
		詩									
		短歌・俳句									
	内容の分類	主題・要旨	○	○	○	○	○	○	○	○	○
		内容理解	○	○	○	○	○	○	○	○	○
		文脈・段落構成						○			○
		指示語・接続語	○	○			○	○		○	
		その他	○	○	○	○	○				○
知識	漢字	漢字の読み									
		漢字の書き取り	★	★	★	★	★	★	★	★	★
		部首・画数・筆順									
	語句	語句の意味					○	○			
		かなづかい									
		熟語									○
		慣用句・ことわざ	○		○				○		
	文法	文の組み立て									
		品詞・用法									
		敬語									
	形式・技法										
	文学作品の知識										
	その他										
	知識総合										
表現	作文										
	短文記述										
	その他										
放送問題											

※ ★印は大問の中心となる分野をしめします。

カコを追いかけ
ミライをつかめ

2024年度 学習院中等科

【算　数】 〈第１回試験〉 (50分) 〈満点：100点〉

〔注意〕 式や考え方を指定された場所に必ず書きなさい。

1 次の□に当てはまる数を入れなさい。

(1) $19\times23+777\div(386-127)=\square$

(2) $2.5\times1.9-0.3\div0.08+3.5\times0.6=\square$

(3) $4\frac{5}{6}\div2\frac{16}{21}+\frac{5}{14}\times1\frac{3}{4}-1\frac{8}{9}\div1\frac{1}{3}=\square$

(4) $\left(2\frac{1}{6}-1\frac{1}{3}\right)\times1.9+\left(1.5\div0.9-\square\right)\div2\frac{2}{5}=2$

2 次の□に当てはまる数を入れなさい。

(1) ６人ですると40日かかる仕事があります。この仕事を□人ですると30日かかります。

(2) １個140円のりんごと１個100円のみかんをあわせて15個買い，1780円を支払《はら》いました。このとき，買ったりんごは□個です。

(3) 今，私は15歳《さい》で母は51歳です。母の年齢《ねんれい》が私の年齢の５倍だったのは今から□年前です。

(4) ３つの整数1415，1085，920を100より大きい同じ整数で割ったところ，余《あま》りが同じになりました。このとき，余りは□です。

3 １番目の数をア，２番目の数をイとして，以降，前の２数の積を求め，その一の位の数を書くという作業を続けます。そのようにしてできる数の列を{ア，イ}とします。

例

{3，9}→3，9，7，3，1，3，3，9，7，…

{6，2}→6，2，2，4，8，2，6，2，2，…

このとき，次の問いに答えなさい。

(1) {7，1}の30番目の数を求めなさい。

(2) {2，9}の１番目から30番目までの数の和を求めなさい。

(3) {4，9}の１番目から30番目までに４は何個あるか求めなさい。

4　右の図は，中心が点Ａ，Ｂ，Ｃで半径がそれぞれ３cmの円を３つ組み合わせたものです。また，三角形BDEは直角二等辺三角形です。

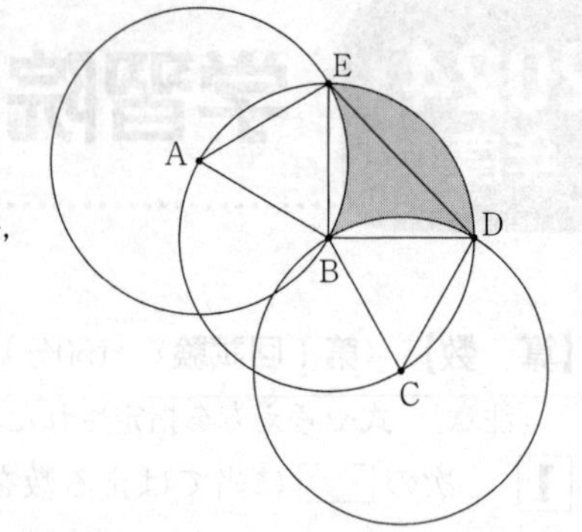

このとき，次の問いに答えなさい。ただし，円周率は3.14，１辺が３cmの正三角形の高さを2.6cmとします。

(1)　１番外側の線で囲まれた図形の周の長さを求めなさい。

(2)　１番外側の線で囲まれた図形の面積を求めなさい。

(3)　影《かげ》をつけた部分の面積を求めなさい。

5　Ａ地点からＢ地点まで上り坂になっている道があります。太郎はＡ地点から，次郎はＢ地点から同時に出発し，それぞれAB間を往復し，同時に元の地点に戻りました。２人とも途《と》中で止まりませんでした。

次の図は，２人がそれぞれＡ地点，Ｂ地点を出発してから元の地点に戻るまでの時間と２人の間の距離《きょり》の関係を表したものです。

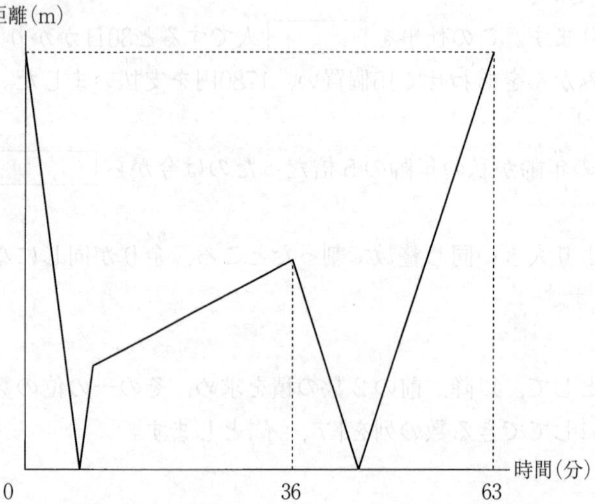

このとき，次の問いに答えなさい。ただし，２人とも上り坂と下り坂では，それぞれ進む速さが異なります。太郎が下り坂を進む速さは毎分80ｍで，次郎が上り坂を進む速さは毎分40ｍです。

(1)　Ａ地点とＢ地点の間の距離を求めなさい。

(2)　２人が２回目に出会った地点は，Ａ地点から何ｍ離《はな》れているか求めなさい。

(3)　２人が１回目に出会ったのは，２人が出発してから何分何秒後か求めなさい。

6　Ａ，Ｂ，Ｃ，Ｄ，Ｅ，Ｆ，Ｇ，Ｈ，Ｉ，Ｊ，Ｋの11人が１号室から５号室の５部屋に分かれて宿泊《はく》しています。４号室のみ３人部屋で，残りの部屋は２人部屋です。

１号室（２人）	２号室（２人）	３号室（２人）	４号室（３人）	５号室（２人）

いま，次のことがわかっています。

① Ａのとなりの部屋にＢが，Ｃのとなりの部屋にＤがいます。

② Ｂの部屋とＣの部屋の間に部屋が１つあり，Ａの部屋とＤの部屋の間にも部屋が１つあります。

③ ＤとＥの部屋番号はそれぞれ奇《き》数です。

④ Ｅ，Ｆ，Ｈ，Ｉのそれぞれの部屋のとなりには３人部屋はありません。

⑤ ＦとＧは同じ部屋ですが，ＦとＢはちがう部屋です。

⑥ Ｊの部屋のとなりには２人部屋があります。

このとき，次の問いに答えなさい。

(1) Ｅの部屋は何号室か答えなさい。

(2) ３号室，４号室，５号室には，それぞれ誰が宿泊しているか答えなさい。

【社　会】〈第１回試験〉（40分）〈満点：80点〉

〔注意〕 問題に漢字で書くことが指定されていれば正しい漢字で書きなさい。

1　問１　次の①～⑩にあてはまる都市を以下の(ア)～(ト)から一つずつ選び，記号で答えなさい。

①．この都市は，日本の最北の都道府県の経済の中心地です。

②．この都市には，世界遺産《いさん》である鹿苑《ろくおん》寺金閣(金閣寺)があります。

③．この都市は，東北地方の政令指定都市で多くの人が集まります。

④．この都市は，大阪府で人口が２番目に多いです。

⑤．この都市は，県庁所在地の都市より人口が多く，浜名湖《はまなこ》の沿岸に位置しています。

⑥．この都市は，甲信越《こうしんえつ》地方で唯一の政令指定都市です。

⑦．この都市には，世界遺産である原爆《げんばく》ドームがあります。

⑧．この都市は，旧県庁所在地である浦和《うらわ》市や大宮市，与野《よの》市が合併《がっぺい》して誕生しました。

⑨．この都市には，弥生時代の水田集落の遺跡である登呂《とろ》遺跡があります。

⑩．この都市には，金のしゃちほこで有名な城や熱田神宮があります。

(ア)　大阪市	(イ)　岡山市	(ウ)　川崎市	(エ)　北九州市
(オ)　京都市	(カ)　熊本市	(キ)　神戸市	(ク)　さいたま市
(ケ)　堺《さかい》市	(コ)　相模原《さがみはら》市	(サ)　札幌《さっぽろ》市	(シ)　静岡市
(ス)　仙台《せんだい》市	(セ)　千葉市	(ソ)　名古屋市	(タ)　新潟市
(チ)　浜松市	(ツ)　広島市	(テ)　福岡市	(ト)　横浜市

問２　次の表は，「乗用車の100世帯あたり保有台数(2021年)」をまとめたものです。この表をもとに①～④の文章について，正しければ「○」を，正しくなければ「×」を答えなさい。

順位	都道府県	保有台数	順位	都道府県	保有台数
１位	福井県	171.6	43位	兵庫県	90.3
２位	富山県	166.2	44位	京都府	81.6
３位	山形県	165.2	45位	神奈川県	68.8
４位	群馬県	160.3	46位	大阪府	63.3
５位	栃木県	158.0	47位	東京都	42.8

(『データでみる県勢 2023』より作成)

①．１～５位の都道府県には，すべて旅客輸送のある空港がある。

②．１～５位の都道府県は，すべて日本海側に位置している。

③．43～47位の都道府県には，すべて地下鉄が走っている。

④．43～47位の都道府県は，すべての世帯が乗用車を１世帯あたり１台以上保有している。

問３　次の①～⑥の問いに答えなさい。ただし，①～⑤は漢字で答えなさい。

①．1901年に官営八幡《やはた》製鉄所が操業を開始したところからはじまる，かつては鉄鋼生産の中心地だった工業地帯(地域)名を答えなさい。

②．2022年に貿易総額が最大であった日本の空港の名前を答えなさい。

③．2022年９月に武雄《たけお》温泉―長崎間で開業した新幹線の名前を答えなさい。

④．北海道―本州間にある海峡《かいきょう》の名前を答えなさい。

⑤. 大きな地震《じしん》が起こる数秒～数十秒前にテレビなどを通じて伝達される緊急《きんきゅう》地震速報は，どこから発信されるか，省庁の名前を答えなさい。

⑥. 以下の文章は養殖《ようしょく》漁業と栽培《さいばい》漁業の違いについて説明したものです。説明を完成させるために，A の枠にあてはまることばを15字以内で答えなさい。ただし，句読点も１字に数えます。

> 養殖漁業はいけすなどの中で，出荷するまでたまごなどから育てる漁業で，栽培漁業は，いけすなどの中でたまごなどから育て，　A　することが特徴《とくちょう》の漁業です。

2　以下の年表を読み，あとの問いに答えなさい。

西暦《せいれき》	できごと
618年	中国で①唐が建国される。
663年	②白村江の戦いが起こる。
668年	（ 1 ）が即位《そくい》して，天智《てんじ》天皇となる。
724年	③多賀城が設置される。
939年	海賊《かいぞく》を組織した（ 2 ）が瀬戸《せと》内海で反乱を起こす。
1192年	④源頼朝《よりとも》が征夷《せいい》大将軍に就く。
1336年	⑤室町幕府が開かれる。
1582年	（ 3 ）が太閤《たいこう》検地をはじめる。
1613年	⑥慶長遣欧使節《けいちょうけんおうしせつ》がヨーロッパに派遣される。
1841年	老中の（ 4 ）が天保《てんぽう》の改革をおこなう。
1872年	⑦日本ではじめて鉄道が開通する。
1886年	⑧ノルマントン号事件が起こる。
1900年	（ 5 ）が女子英学塾《じゅく》を設立する。
1923年	⑨関東大震災《しんさい》が起こる。
1932年	⑩首相の犬養毅《いぬかいつよし》がおそわれ，命を落とす。
1972年	首相の（ 6 ）が中国を訪れ，日中共同声明を発表する。
1973年	⑪第１次石油危機が起こる。

問１　年表中の（1）～（6）に適する人物の名前を漢字で答えなさい。

問２　下線部①の「唐」の都を何というか，漢字で答えなさい。

問３　下線部②の「白村江の戦い」の後のできごとについて，【Ｘ】【Ｙ】の文章の正誤の組み合わせとして正しいものを以下の(ア)～(エ)から一つ選び，記号で答えなさい。

【Ｘ】 大宰府《だざいふ》の北に水城が築かれた。

【Ｙ】 倭《わ》に亡命した百済の人びとの指導によって，朝鮮《ちょうせん》式山城が築かれた。

(ア)【Ｘ】正【Ｙ】正　(イ)【Ｘ】正【Ｙ】誤

(ウ)【Ｘ】誤【Ｙ】正　(エ)【Ｘ】誤【Ｙ】誤

問４　下線部③の「多賀城」について，日本三大史跡《しせき》の一つである多賀城跡《あと》がある県の名前を漢字で答えなさい。

問５　下線部④の「源頼朝」が1180年に最初に兵をあげた場所を以下の(ア)～(エ)から一つ選び，記号で答えなさい。

(ア) 伊豆《いず》　(イ) 鎌倉《かまくら》　(ウ) 木曽《きそ》　(エ) 兵庫《ひょうご》

問６　下線部⑤の「室町幕府」で将軍を補佐し，政務を統轄《とうかつ》(まとめて支配すること)する職を何というか，漢字で答えなさい。

問７　下線部⑥の「慶長遣欧使節」としてスペインやイタリアなどに派遣された人物を以下の(ア)～(エ)から選び，記号で答えなさい。

(ア) 伊東マンショ　(イ) 岩倉具視　(ウ) 勝海舟《かつかいしゅう》　(エ) 支倉常長

問８　下線部⑦の「日本ではじめて鉄道が開通する」について，最初に開通したこの当時の鉄道は新橋とどこを結んだか，漢字で答えなさい。

問９　下線部⑧の「ノルマントン号事件」について，当時の日本国民がこの事件を批判的にとらえた理由を40字以内で説明しなさい。ただし，句読点も１字に数えます。

問10　下線部⑨の「関東大震災」が発生した日は，「防災の日」となっています。何月何日かを解答欄《らん》に合うように答えなさい。

問11　下線部⑩の「首相の犬養毅がおそわれ，命を落とす」について，このできごとを何というか，以下の(ア)～(エ)から一つ選び，記号で答えなさい。

(ア) 五・一五事件　(イ) 五・四運動　(ウ) 三・一独立運動　(エ) 二・二六事件

問12　下線部⑪の「第１次石油危機」は，アラブ産油国が石油の輸出制限や価格の引き上げをおこなったことで起こりました。アラブ産油国がこのような戦略をおこなうきっかけとなった戦争を何というか，漢字で答えなさい。

3 次の文章を読み，あとの問いに答えなさい。

2023年(Ａ)月９日と(Ａ)月23日に統一地方選挙が実施《じっし》され，多くの①地方公共団体で首長や議員が選ばれました。この統一地方選挙は(Ｂ)年に１回実施されます。この統一地方選挙における選挙権は，選挙がおこなわれる地域に一定期間住んでいる満(Ｃ)歳《さい》以上の日本国民にあたえられます。一方で，②統一地方選挙における被選挙権《ひせんきょけん》があたえられる年齢《ねんれい》は，立候補する対象によって異なります。

統一地方選挙に対して，国会議員を選ぶための選挙が国政選挙です。国政選挙には，衆議院議員選挙と③参議院議員選挙があります。

衆議院議員選挙は，衆議院議員の(Ｄ)年間の任期が終わるか，任期の途中《とちゅう》で(Ｅ)がおこなわれると実施されます。この選挙では，全部で465人いる衆議院議員を④小選挙区制と比例代表制の二つの方法で選びます。そのため，衆議院議員選挙の投票所では小選挙区制と比例代表制の２種類の投票用紙が渡《わた》され，投票します。ただし，実際にはこれに加えて最高裁判所裁判官の(Ｆ)もおこなわれるので，合計で３種類の用紙が渡されることになります。

一方で，参議院議員選挙は(Ｇ)年に１回実施されます。参議院議員の任期は(Ｈ)年間ですが，選挙は(Ｇ)年に１回実施され，定数の半分を選んでいます。この選挙では，全部で(Ｉ)人いる参議院議員を選挙区制と比例代表制の二つの方法で選びます。

日本における選挙にはいくつかの大切な原則があります。たとえば，一定の年齢に達したすべての国民に選挙権・被選挙権があたえられる(Ｊ)選挙，だれがだれに投票したかわからない(Ｋ)選挙などがその原則です。

問１　文章中の(Ａ)～(Ｋ)に適することば・数字を答えなさい。ただし，(Ａ)～(Ｄ)，(Ｇ)～(Ｉ)は数字で，(Ｅ)，(Ｆ)，(Ｊ)，(Ｋ)は漢字で答えなさい。

問２　下線部①の「地方公共団体」について，以下の問いに答えなさい。

⑴　地方公共団体について述べた次の【Ｘ】【Ｙ】の文章について，下線部のことばが正しければ「○」を，正しくなければ正しいことばを漢字で解答欄《らん》に書きなさい。

【Ｘ】 その地方公共団体の中だけで通用する決まりを政令という。

【Ｙ】 地方公共団体の議会は，すべて一院制である。

⑵　住民は，一定の条件を整えることで，地方公共団体の首長・議員に対して，任期の途中でやめさせるよう解職請求をすることができます。では，この解職請求をカタカナ４字で何というか答えなさい。

問３　下線部②の「統一地方選挙における被選挙権があたえられる年齢は，立候補する対象によって異なります」について，立候補の対象とその被選挙権があたえられる年齢の組み合わせとして正しいものを以下の㋐～㋕から一つ選び，記号で答えなさい。

㋐　都道府県知事：満25歳以上　市区町村議会議員：満25歳以上

㋑　都道府県知事：満30歳以上　市区町村議会議員：満30歳以上

㋒　都道府県知事：満35歳以上　市区町村議会議員：満35歳以上

㋓　都道府県知事：満25歳以上　市区町村議会議員：満20歳以上

㋔　都道府県知事：満30歳以上　市区町村議会議員：満25歳以上

㋕　都道府県知事：満35歳以上　市区町村議会議員：満30歳以上

問４　下線部③の「参議院議員選挙」に関連する次の【Ｘ】【Ｙ】の文章について，下線部のことばが正しければ「○」を，正しくなければ正しいことばを解答欄に書きなさい。

【Ｘ】参議院議員選挙の選挙区制選挙では，少数の例外もあるが原則として一つの市区町村が一つの選挙区となっている。

【Ｙ】参議院議員選挙の比例代表制の投票用紙には，政党名か候補者名のどちらかを記入する。

問５　下線部④の「小選挙区制」について，以下の問いに答えなさい。

⑴　小選挙区制とはどのような選挙のことか，25字以内で答えなさい。ただし，句読点も１字に数えます。

⑵　全部で465人いる衆議院議員のうち，小選挙区制で選ばれる議員は何人か，以下の㋐～㋓から一つ選び，記号で答えなさい。

㋐　89人　　㋑　189人　　㋒　289人　　㋓　389人

【理　科】〈第１回試験〉(40分)〈満点：80点〉

1　2023年に話題になった自然科学分野の出来事について，最も当てはまるものを選びなさい。

①　東京電力がALPS処理水の海洋放出を開始しました。放水に当たり，水中にふくまれる各放射性物質について，基準値を下回っていることを確認しています。

水の形で存在する放射性物質は，じょう化設備で取り除くことができません。そのため，基準値以下になるまで海水でうすめてから放水しています。水の形で存在する放射性物質はどれですか。

ア．ウラン　　イ．ストロンチウム　　ウ．トリチウム　　エ．プルトニウム

②　2023年８月に，世界で４か国目として月面への無人探査機の着陸に成功させたインドの探査機はどれですか。

ア．アディティヤL1　　　イ．アーリヤバタ

ウ．チャンドラヤーン３号　エ．バースカラ２号

③　2023年のノーベル化学賞を受賞したアレクセイ・エキモフ氏，ルイ・ブラス氏，ムンジ・バウェンディ氏の受賞理由となった研究はどれですか。

ア．同じ物質でも量子ドットと呼ばれる大きさのつぶにすると発光が異なること

イ．同じ物質でもかける電圧によって発光が異なること

ウ．アト秒という短い時間だけ発光させる方法で電子の動きを観察できるようにしたこと

エ．mRNAによる炎症《えんしょう》反応などの免疫《めんえき》をおさえる物質(方法)を発見したこと

④　2023年は気象庁が統計を取り始めてから，夏の平均気温が最も高くなりました。平年値と比べてどのくらい高かったか，近いものはどれですか。

ア．0.9℃　　イ．1.8℃　　ウ．3.6℃　　エ．7.2℃

2　道路沿いのがけで**図１**のような地層が見られました。それぞれの地層の特ちょうを観察して**図２**のようにまとめてみました。

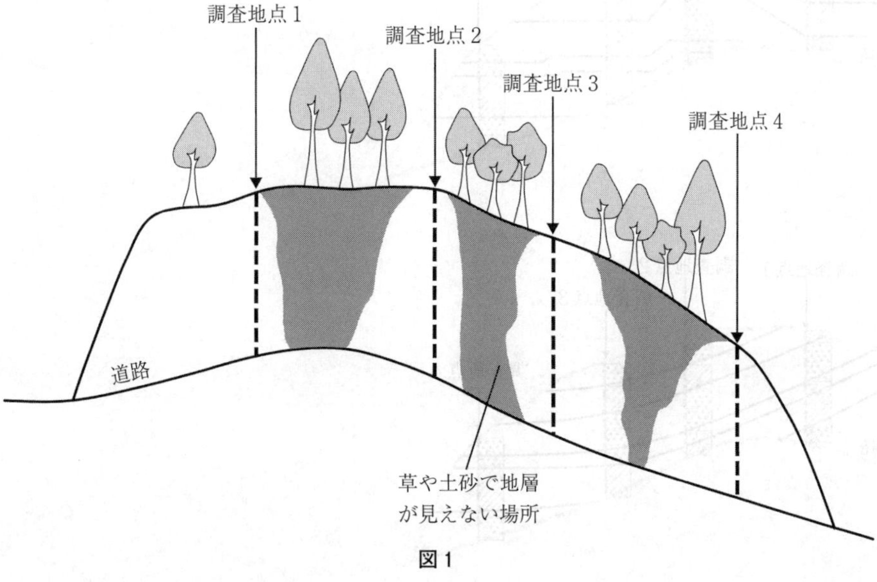

図１

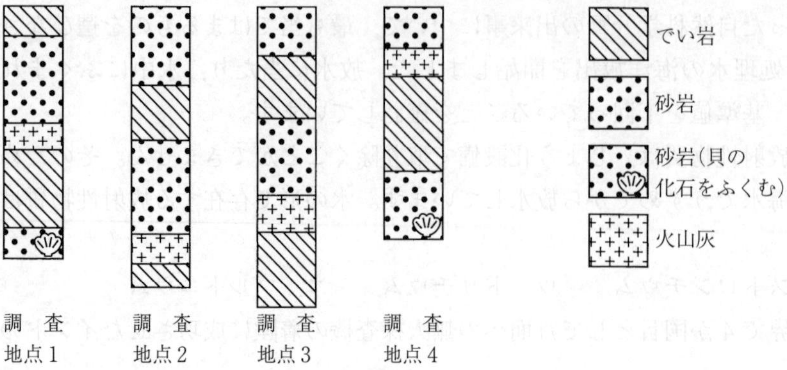

図2

問1　地層をつなげて断面図を作りました。正しい図を一つ選びなさい。

ア

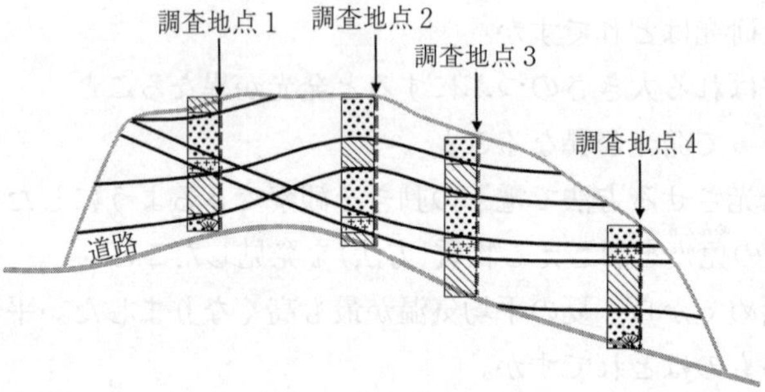

イ

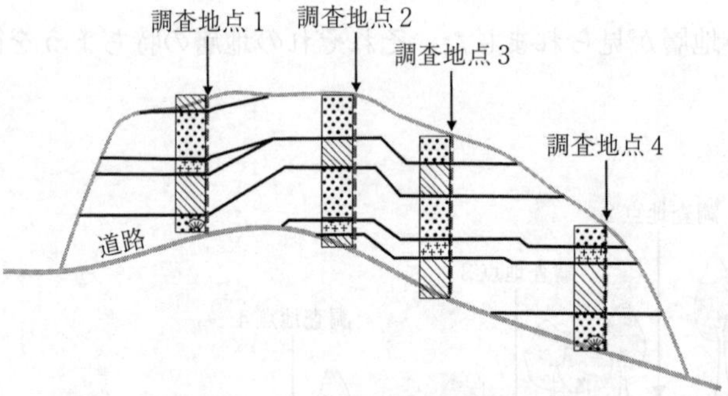

ウ

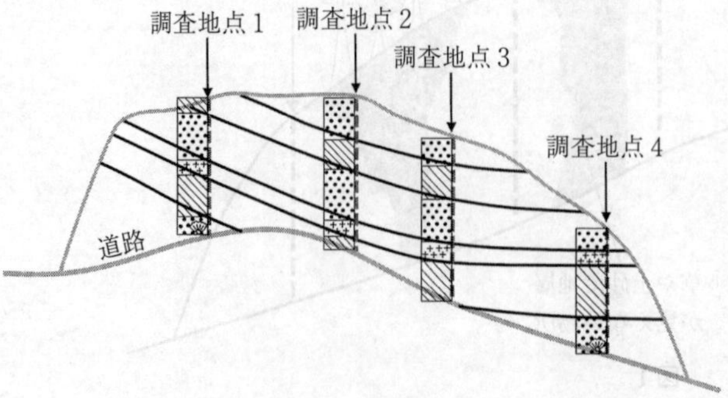

エ

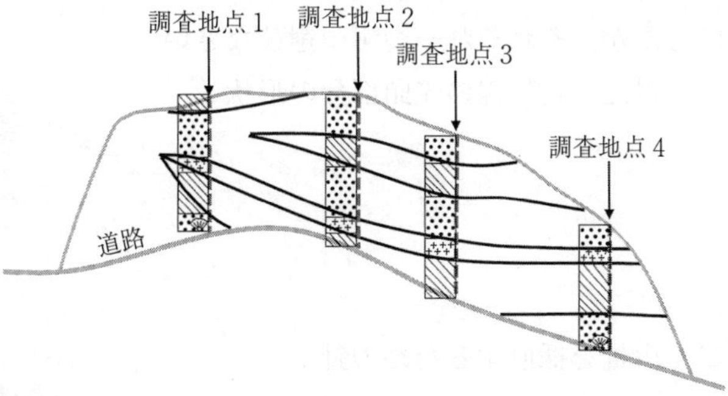

問２　地層の中に火山灰の層がふくまれるときは，ほかに同じような地層が混ざっているときに「てがかり」となり，最初につなぐのがよいとされています。その理由として正しいと考えられるものを二つ選びなさい。

ア．地下水によってとけやすいから。

イ．広はん囲に降り積もるので，どこの地層でも見つけられるから。

ウ．大ふん火のときはとくに厚く積もることが多いから。

エ．地下水によってとけることがないから。

オ．ほかの地層と比べて変わっていてめずらしいから。

カ．ふん火したときの生物が，必ず化石としてふくまれるから。

問３　火山灰の地層からかけらを取り出して，水の中でつぶして洗いました。火山灰のつぶをけんび鏡で観察したところ，いろいろな形や色のつぶが見られました。このうちすき通った無色のつぶは何か，二つ選びなさい。

ア．鉱物　　　イ．植物の化石　　ウ．プラスチック

エ．氷の結しょう　オ．動物の化石　　カ．ガラス

問４　九州の南部のシラス台地という地域は火山灰の地層が厚く分布しています。もともと「シラス」という言葉は「白い砂」という意味です。なぜ白く見えるのか，その理由を一つ選びなさい。

ア．さまざまな色の火山灰が日光を反射するから。

イ．火山灰にふくまれる金属の鉱物が日光を反射するから。

ウ．火山灰にガラスやとう明の鉱物がたくさんふくまれているから。

エ．地下水を通しやすく，火山灰についた水分が日光を反射するから。

オ．海底にたまったときの塩分が結しょうになっているから。

カ．火山灰の中に白い貝がらのかけらがたくさんふくまれるから。

問５　シラスが分布する地域では，昔からシラスをなべやかまのよごれを落とすのに利用してきました。実際シラスで十円玉をみがくと細かい部分のよごれまできれいに落とすことができました。シラスでよごれを落とすことができる理由を一つ答えなさい。

3　私たちの暮らしには生物にヒントを得て発明されたり改良されたりしたものが多くあります。

問１　次はどのような効果をヒントにしたか，それぞれ一つずつ選びなさい。

①　カワセミのくちばしにヒントを得た，新幹線の先頭部分の形状

ア．しょうげきをやわらげる

イ．雨水をつきにくくする

ウ．美しい形状にする

エ．乗り心地をよくする

②　カの口先にヒントを得た，ごく少量を採血するための針

ア．血がかたまりにくい

イ．血がとまりやすい

ウ．さされても痛くない

エ．ささったらぬけにくい

③　ハスの葉の表面にヒントを得た，ヨーグルトのふたの裏

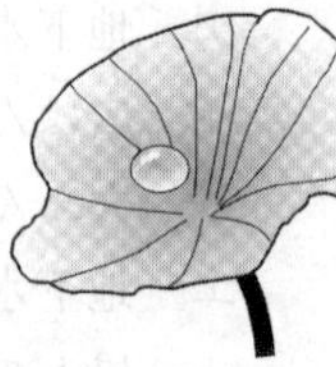

ア．ツルツルしてヨーグルトがつきにくい

イ．断熱効果にすぐれ，中の物がくさりにくい

ウ．光を通しにくい

エ．ふたを加工しやすい

問２　次はどのような生物の何にヒントを得て発明されたか，それぞれ一つ選びなさい。

①　割れても散らばりにくい車のフロントガラス(前面のガラス)

②　簡単につけたりはずしたりできる面ファスナー(マジックテープ®)

ア．クモの巣

イ．ニワトリの卵のから

ウ．クリのいが

エ．クルミのから

オ．オナモミの実

カ．カタツムリ(マイマイ)の足

キ．カエルの指

問３　段ボールの構造はハチの巣にヒントを得て発明されました。どんな効果が得られているか15字以内で答えなさい。

4　夏休みの自由研究でミョウバンの大きな結しょう作りを行いました。ミョウバンはナスのつけ物を作るときに使われることがあります。100gの水にとけるミョウバンの量は，次の表を参考にしました。

温度[℃]	0	10	20	30	40	50	60
とけるミョウバンの量[g]	5.6	7.6	11.4	16.6	23.8	36.4	57.4

［作業１］　20℃の水が150g入ったビーカーの中にミョウバンを86g入れました。

［作業２］　割りばしでよくかき混ぜましたが，とけ残りがありました。

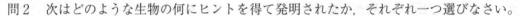

［作業３］ ビーカーを加熱して水温を上げました。水温がある温度を過ぎたところでとけ残りがなくなったため，加熱をやめました。

［作業４］ 水よう液を平皿に移しました。平皿の上にラップをゆるくかけました。

［作業５］ １日後，小さな結しょうがいくつかできていました。

［作業６］ ［作業５］で作った小さな結しょうをひもで結び，割りばしの真ん中につるしました。

［作業７］ ［作業１］～［作業３］と同じことを行いました。

［作業８］ 水温が十分に冷めたことを確認してから，［作業６］で用意した小さな結しょうを水よう液の中に入れました。

［作業９］ （　　　　）

問１　ミョウバンが何に利用されているか，一つ選びなさい。

ア．味付けのため　　イ．色をよくするため

ウ．栄養価を高めるため　　エ．食感を出すため

問２　［作業２］で，とけ残りはどのくらいあったか答えなさい。

問３　［作業３］で，とけ残りがなくなった温度はどのくらいですか。表にある温度で答えなさい。

問４　［作業４］で，水よう液の置き場所として最もよい所を選びなさい。

ア．おふろ場　　イ．風通しのよい所

ウ．キッチンの戸だな　　エ．冷とう庫の中

問５　［作業９］の（　）内に最も当てはまるものを選びなさい。

ア．水よう液にできるだけしん動をあたえず放置しておきました。

イ．たまに割りばしを上下させ，水よう液にわずかなしん動をあたえました。

ウ．なるべく日に当てるよう，太陽の動きに合わせて移動させました。

エ．水よう液に氷を入れてよく冷やしてから，冷とう庫で放置しておきました。

問６　ミョウバン以外のもので結しょうができるかどうか実験しました。結しょうがほとんどできなかったものを一つ選びなさい。また，その理由を答えなさい。

ア．砂糖　　イ．食塩　　ウ．でんぷん粉(片くり粉)　　エ．ホウ酸

5　発光ダイオード，プロペラを付けたモーター，電磁石，電源装置をつなげて，電流の実験をしました。

二つの回路を作り，電磁石の間に方位磁針を置きました。スイッチを入れたり切ったりして，観察しました。

電磁石は鉄くぎの周りにエナメル線を巻いて作りました。発光ダイオード，モーター，鉄くぎは同じ種類のものです。それぞれの電源装置から流れる電流の強さは最初に設定し，実験が終わるまで変えていません。

［手順１］ 回路Ａ，回路Ｂのスイッチが両方とも切れていると，方位磁針の向きが図のようになった。

［手順２］ 回路Ａのスイッチを入れ，回路Ｂのスイッチは切れたままにした。回路Ａの発光ダイオードが一つだけ光り，プロペラが回った。方位磁針の向きが図のようになった。

［手順３］　回路Ａのスイッチを切り，回路Ｂのスイッチを入れた。回路Ｂの発光ダイオードが光り，プロペラが回った。方位磁針の向きが図のようになった。

［手順４］　回路Ａ，回路Ｂのスイッチを両方とも入れた。回路Ａ，回路Ｂの両方のプロペラが回り，回路Ａのプロペラは回路Ｂのプロペラより速く回った。方位磁針の向きが図のようになった。

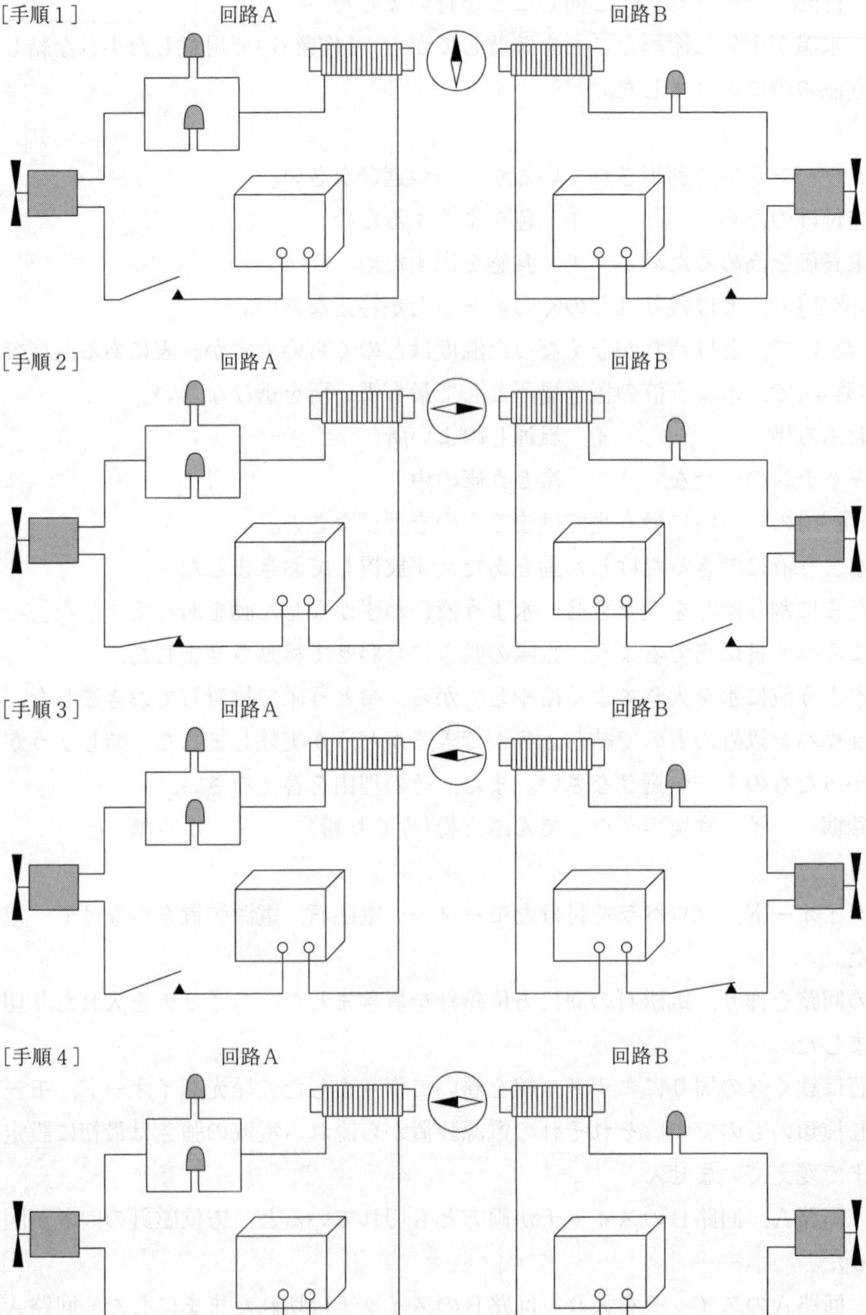

問１　［手順２］で回路Ａの電源装置の＋たん子と－たん子を入れかえて，回路Ａのスイッチを入れると，回路Ａの発光ダイオード，プロペラ，方位磁針はそれぞれどのようになるか，一つずつ選びなさい。

発光ダイオード　ア．二つとも光る
イ．一つだけ光る
ウ．二つとも光らない

プロペラ　エ．［手順２］と同じ向きに回る
オ．［手順２］と逆の向きに回る
カ．回らない

方位磁針　キ　ク　ケ　コ

問２　［手順３］で回路Ｂの電源装置の＋たん子と－たん子を入れかえて，回路Ｂのスイッチを入れると，回路Ｂの発光ダイオード，プロペラ，方位磁針はそれぞれどのようになるか，一つずつ選びなさい。

発光ダイオード　サ．光る
シ．光らない

プロペラ　ス．［手順３］と同じ向きに回る
セ．［手順３］と逆の向きに回る
ソ．回らない

方位磁針　タ　チ　ツ　テ

問３　二つの電磁石のエナメル線の巻き数を比べると，どのようになりますか。
ト．回路Ａの電磁石の巻き数のほうが大きい
ナ．回路Ｂの電磁石の巻き数のほうが大きい
ニ．同じである

問４　家庭で使う電流は，発電所で作られています。①，②は発電の仕組みの種類です。それぞれ当てはまるものを全て選びなさい。
①　発電機のじくを回転させて発電するもの
②　熱を利用して発電するもの

ヌ．水力発電　ネ．火力発電　ノ．原子力発電　ハ．風力発電　ヒ．太陽光発電

オ　仲間との助け合いを失うことになるから。

問三　波線(3)「この考え方」とはどのような考え方か、二十五字以上三十五字以内で書きなさい。

問四　波線(4)について、筆者が学ぶことをすすめている理由を二十字以上三十字以内で書きなさい。

問五　【A】に入る言葉として最も適当なものを次から選び、その記号を書きなさい。

ア　社会　イ　理性　ウ　関係　エ　進化

問六　【B】に入る言葉として最も適当なものを次から選び、その記号を書きなさい。

ア　だんだん弱く
イ　ますます自分勝手に
ウ　どんどんやさしく
エ　しだいに強く

問七　波線(5)「これ」の内容として最も適当なものを次から選び、その記号を書きなさい。

ア　人間に害を加える生物は殺されても仕方がないと考えてしまうこと。
イ　人間は今でもほ乳類を食べ物として認識することに抵抗があること。
ウ　人間によく似た生物を殺すことには抵抗感が生まれてしまうこと。
エ　イヌやネコをまるで家族のように扱ってしまう人もいること。

問八　【C】に入る言葉を、文章中から二字で探して書きなさい。

いにパックされて並んでいます。そこに生物としての姿はもうありません。骨や血液、皮膚(ひふ)、毛、臓器など元の生物の特徴(とくちょう)はきれいに取り除かれています。どこか人目につかない場所で生身の動物から肉を切り離(はな)す作業が行われています。マグロの解体ショーはよく見世物になっていますが、あれは魚だからまだ許されているように思います。ウシやブタの解体を見たい人はあまりいないでしょう。私たちは、自分と同じほ乳類を殺すこと、さらには解体することに少なからぬ抵抗(ていこう)感を持っていることを示しています。

　これは人間という生物の特性からすれば当然のことです。私たちは少産少死の戦略を極めた生物ですので命を大切にします。それも自分だけではなく、他の人の命も大切です。それは人間が大きな協力関係の中で生きているからです。私が生きて増えるためには、他の人の協力が必要です。したがって、人を殺すということには大きな抵抗感を持つようになるのは当然です。そしてこの抵抗感は、人間以外の人間とよく似た生物、たとえばほ乳類などであれば(人間ほどではないにせよ)適用されてしまうようです。

　(5)これは仕方のないことのように思います。ほ乳類の体のつくりは人間とよく似ています。ネズミでも、体温、皮膚、骨、血管があり、切ると血が出ます。内臓もほとんど人間と同じセットがそろっています。ふるまいも人間と似ています。イヌやネコを飼っている人であれば、そのしぐさやふるまいに人間らしさを感じることも多いでしょう。人間の家族と同じように扱(あつか)っている人も多いのではないでしょうか。彼(かれ)らは人間ではありませんが、やはり喜怒哀楽(きどあいらく)があり、好き嫌いもあり、かわいくて時にやさしさも見せます。そのような動物を殺して食べることに忌避感を持つのは当然のことでしょう。ウシやブタも変わりありません。家でペットとして飼うことはあまりないのでよく知られていないだけで、牧場に行けば人懐(なつ)っこいウシがいますし、ブタをペットとして飼っている人もいます。彼らにもきっと人間と同じような喜怒哀楽があることでしょう。むしろそうしたウシやブタの人間らしさを知らないおかげで、平気で食べることができているのかもしれません。もし小型のウシやブタがペットとして広く飼われるようになったら、もう人間はウシもブタも食べられなくなるのではないでしょうか。そこまでいかなくても、自分が家族のように大事にしているイヌやネコと、今晩のおかずのウシやブタは同じ生物だと一度でも意識してしまうと、どんどん食べにくくなっていくように思います。実際に近年、動物食を控(ひか)える選択(せんたく)をする人が増えているという統計結果もあります。私たちは少しずつ、他の動物へも【　C　】の範囲(はんい)を広げているように思います。

市橋伯一『増えるものたちの進化生物学』による

＊倫理　人として守り行うべき道。
＊殉教　自らの信念に命をささげること。
＊忌避　嫌ってさけること。
＊吟味　よく考えて選ぶこと。

問一　波線(1)「そんな社会」とはどのような社会か、一行で書きなさい。

問二　波線(2)の理由として筆者の主張と合っているものを次からすべて選び、その記号を書きなさい。

ア　その人がなんにも見つけられなかったから。
イ　偉ぶってしまうと仲間に嫌われてしまうから。
ウ　自慢することは人として良くないことだから。
エ　ちっぽけなものしか見つけられなかったから。

はありません。協力性は社会制度の中に組み込(こ)まれています。現代社会では、たとえ世界中の人から嫌われていたとしても生きていく権利が保障されています。人間関係にまつわる悩みのほとんどは、生死には関係なく、いわば気持ちの問題です。

　このような悩みを解決するには、(4)学ぶことより他はないかと思います。生物としての進化のスピードは社会の進化に比べて圧倒(あっとう)的に遅(おそ)いので、進化に任せていては社会変化についていけません。一方で、人間の考え方は学ぶことで変えることができます。本能が求めることの理由を学べば、【　Ａ　】によって本能に逆らうことができます。

　たとえばバンジージャンプがあります。あれは誰(だれ)がどう見ても命を危険にさらす行為(こうい)です。人間の本能は恐怖(きょうふ)を感じて＊忌避(きひ)するでしょう。ところが人間は(全員ではないでしょうが)、ひもがついていれば安全だと確信して、飛び降りることができます。もっと極端(きょくたん)な例では、＊殉教(じゅんきょう)者など、自分の命ですら信念のために投げ出すことができる場合もあります。人間以外の生物では、決して真似(まね)できないことでしょう。

　人間は学習によって本能を超(こ)えた行動ができる今のところ唯一(ゆいいつ)の生物です。論理的に考えて役に立たない、意味のない悩みは捨ててしまうことが可能です。悩みというのは現実が本能にそぐわない状況で生じるものです。悩みの解決にはまずその悩みをもたらした生物的な由来を理解することです。そして本当に悩む価値のあることなのかどうかを＊吟味(ぎんみ)することです。その結果、現代社会を生きる上で悩む必要のない問題だと理性が判断するのであれば、そんな悩みは無視して、もっと自分が大事だと思うことに時間を使う方がいいですし、人間にはそれが可能です。

　生物としての人間全体の話に戻(もど)ります。生物としての人間は他の個体と協力することによって大きな社会を作り出しました。さて今後、人間はどうなっていくのでしょうか。

　人間の協力性を可能にしたのは、人間のもつ「共感能力」だと言われています。つまり他の人の気持ちになって考えられるということです。これによって他者の望むことを察知し、協力関係を築くことができます。この共感能力は人間が増えることに大きく貢献(こうけん)しましたが、最近の傾向(けいこう)として、この共感能力は人間のなかでますます強化されてきているように思います。つまり人間は【　Ｂ　】なってきています。

　近年、ウシやブタなど動物の肉を食べることについてしばしば問題視されるようになってきています。食肉の問題のひとつは温暖化などの環境(かんきょう)負荷(ふか)が大きいことだと言われています。たとえば１００ｇのタンパク質を生産するのに、大豆であれば２・２㎡で済むところを、ウシを放牧した場合は１６４㎡と70倍以上の広い土地が必要になります。また冗談(じょうだん)のような話ですが、ウシのゲップはメタンを含んでおり、このメタンが大きな温室効果をもたらしているとされています。

　さらに食肉には倫理的な問題があると指摘(してき)されています。私たちと同じほ乳類であり、ある程度の知能をもったウシやブタを殺して食べることが許されるのかという問題です。私自身は肉が大好きですので、普段から何の疑問も抱(いだ)かずにウシもブタも食べています。特に罪悪感を抱くことはありません。ただ、それはよくよく考えてみると、罪悪感を抱かなくて済むようなシステムができ上がっているからのように思います。

　たとえば、スーパーの肉売り場ではウシやブタの肉の切り身がきれ

前だと言われています。それまでの１００万年ほどは、少人数のグループで移動しながら狩(か)りや採集で食べ物を集める狩猟(しゅりょう)採集生活を送っていたと考えられています。1万年という時間は、長いようですが生物の体のつくりを変えるには短すぎます。したがって、私たちの身体や脳はいまだ約１００万年続いた狩猟採集社会に適応していると言われています。これが「私たちのからだには狩猟採集社会のこころがつまっている」と言われる理由です。

　狩猟採集生活がどんなものだったかは、近年まで狩猟採集生活をおくっていたナミビアのクン族などの研究からおおまかな様子がわかっています。狩りや採集や調理、育児を集団で協力して行なっていたと想像されています。

　多くの狩猟採集社会で共通しているのは「平等性」です。群れのメンバーは公平に扱(あつか)われます。獲物(えもの)を多くしとめたからといって、分け前が多くなるわけではありません。この平等性は群れのメンバーが安定して生き残るために合理的なしくみです。もし、獲物をしとめた人だけが食べ物にありつけるようにしたらどうなるでしょうか。元気なときにはそれでいいでしょうが、ひとたび怪我(けが)や病気をしてしまえば、その時点で食べ物が手に入らなくなって餓(う)えてしまいます。怪我や病気はどんなに気を付けていても避(さ)けがたいことです。(1)そんな社会ではとても安定的に子孫を残していくことはできないでしょう。狩猟採集社会の平等性は、集団のメンバーが安定して子孫を残す(つまり増えていく)ための重要なしくみです。

　この平等性を維持(いじ)するために、クン族は並々ならぬ努力をしています。なによりも大事なことは協力的で偉(えら)ぶらないことです。クン族の逸話(いつわ)でこんな話があります。もし狩りに行って大きな獲物をしとめることができた場合、その人は決して大喜びで帰ってきたり、自ら手柄(てがら)を宣伝するようなことはしません。普段(ふだん)と同じように帰ってきて、仲間のところに加わります。自分からは言い出さず、仲間が狩りの成果を聞いてくれるまで待ちます。聞いてくれたとしても、「なんにも見つけられなかったよ……まあほんのちっぽけなものならあったかな」と、できるだけ大したことではないふうを装いながら、(2)自慢(じまん)にならないように気を付けて成果を報告するそうです。

　私たちの目から見ると、そこまで気を使わなくても……と思わなくはないですが、そうしてしまう気持ちはわかるのではないでしょうか。もし、偉ぶってしまって嫌(きら)われてしまったら、次に自分が獲物を捕れなかったときには助けてもらえないかもしれません。そうなれば、自分も自分の家族もみんな餓えてしまいます。狩猟採集生活者にとって、仲間から嫌われないこと、仲間外れにされないことは生きていくうえで何よりも大切なことだったのでしょう。

　人間はこのような社会で１００万年を過ごしてきました。したがって、人間の考え方も＊倫理(りんり)観もいまだこの狩猟採集生活に適応していると考えられています。みんなに協力的で、偉ぶらず、自慢しないのが尊ばれます。これは現代社会でも同じではないでしょうか。たとえ本当に偉かったり自慢するだけの成果を残していたとしても、それを偉そうに自慢をする人は嫌われ、偉ぶらず謙遜(けんそん)している人の方が人格者として評価されます。それも私たちが狩猟採集生活の心をいまだに有していることを示しているのかもしれません。

　私たちが協調性を重んじて、隣人(りんじん)と仲が良くないと悩(なや)むのは(3)この考え方の名残(なごり)だとみなすことができます。いわば時代遅(おく)れの本能が残っているのです。たしかに狩猟採集社会では仲間外れにされることは死活問題です。しかし、今やそうで

ウイルスのなかった、マスクの要(い)らない三年間のパラレルワールドがあるなら、ぼくだって見てみたい。できれば、そっちに飛び移っても……移らないかな、やっぱり……。

坂道になった。ぼくたちは二人並んで上っていく。息が荒(あら)くなる。もう、なにもしゃべる余力はない。

沈黙(ちんもく)のなか、途中(とちゅう)からはサドルからお尻(しり)を浮(う)かせた立ち漕ぎをして、なんとか最後まで上りきった。

地面に足をついて、しばらく肩(かた)を大きく上下させたサエコは、まだ息が整いきる前に、言った。

「いつか同窓会したいね」

「……うん」

「その頃(ころ)には、いろんなこと、懐(なつ)かしくなってるといいね」

「……だよな」

また自転車を漕ぎ出した。そこからは、たいした話はしなかった。さっきの重すぎる本音にお互(たが)い消しゴムをかけるみたいに、サエコもぼくも、ゲームやアニメのことばかり、途切れずに話しつづけた。

交差点でサエコと別れたあと、胸の奥(おく)をぽかぽかと温めてくれたのは、実は、その数分間の【B】会話だった。

重松清『おくることば』「反抗期」による

*コバセン　ユウたちの担任。

*パラレルワールド　平行世界。

問一　波線(1)には「ぼく」のどのような気持ちが込められていますか。最も適当なものを次から選び、その記号を書きなさい。

ア　言われたくないことだったので、めんどうな気持ち。

イ　謝られることはなかったので、不思議な気持ち。

ウ　心当たりがあるが、改めて言われ照れくさい気持ち。

エ　おこっているので、話しかけられて不快な気持ち。

問二　【A】に入る適当な言葉を漢字一字で書きなさい。

問三　波線(2)のようにした理由を、四十字以上五十字以内で書きなさい。

問四　波線(3)での「オトナ」の意味として最も適当なものを次から選び、その記号を書きなさい。

ア　相手のことも思いやれること。

イ　自分の意見をつき通せること。

ウ　反発されてもおこらないこと。

エ　進路がもう決まっていること。

問五　波線(4)の理由を一行で書きなさい。

問六　波線(5)の内容として最も適当なものを次から選び、その記号を書きなさい。

ア　中学でサエコと別れるのがつらいこと。

イ　卒業アルバムの内容が不満だということ。

ウ　マスクをはずすのが不安だということ。

エ　未来のことを考えると苦しくなること。

問七　【B】に入る言葉として最も適当なものを次から選び、その記号を書きなさい。

ア　ドキドキする　　イ　なつかしい

ウ　どうでもいい　　エ　ためになる

問八　この文章を「ぼく(ユウ)が～物語。」という一文でまとめなさい。ただし「～」に入る言葉は三十字以上四十字以内とします。

三

次の文章を読んで、後の問いに答えなさい。

私たち人類が今のように農耕を行ない定住し始めたのは1万年ほど

元通りになる、でいいのだろうか。

世界が無事に元に戻（もど）って、めでたしめでたし――？

じゃあ、いまは間違いの世界――？

ぼくたちのやってきたことや考えてきたことは、未来には「ヘンな時代があったんだなあ」と笑われてしまうのだろうか。

＊コバセンがこのまえ、申し訳なさそうに教えてくれた。いまつくっているぼくたちの卒業アルバムは、前半と後半とで雰囲気（ふんいき）がまったく違うらしい。

三年生までの前半は、運動会や校外学習や合唱大会のスナップ写真が並ぶ。誰もマスクなんて着けていない。でも、後半の三年間は、スナップ写真は全部マスク姿で、そもそも学校行事の写真がほとんどない。

クラスの集合写真は、特別にマスクなしで撮影（さつえい）した。でも、マスクをはずした気持ちよさよりも、私語厳禁のプレッシャーのほうが強くて、こわばった顔になってしまったのが自分でもわかった。みんなもそうだと言っていた。

いつか、ぼくに子どもができて、その子がアルバムを見て「ねえパパ、なんでみんなマスクしてるの？」と訊いてきたら、ぼくはどう答えるだろう。「ヘンなの」と笑われたら、「だよなあ、ヘンだったよなあ」と一緒に笑えるだろうか。

それとも、世界はもう元には戻らず、ぼくの子どももマスクをしていて、アルバムの前半の写真を見て、不思議そうに「なんでみんなマスクしてないの？」と訊くだろうか。

息が詰まる。マスクのせいだけでなく。

サエコの自転車は、ほんの少しぼくより前を走っている。

「あのさー、ちょっといい？」

背中に声をかけた。返事はなかったし、こっちを振（ふ）り向いたわけでもなかったけど、かまわない。(5)いままで誰にも言えなかった弱音を吐（は）いた。

「なんか、苦しいんだよね、いつも。マスクとかウイルスのことを考えると、オレ、苦しくなっちゃうんだよね……」

サエコは前を向いたまま、「わたしも」と言った。「わたしも、苦しくなる」

よかった。ぼくだけではなかった。

「オレ、未来のこと考えると、よくわかんなくなって、苦しいの」

「わたしは逆だなあ。昔のことを考えるほうがキツい」

「昔って、いつぐらいの昔？」

「四年生とか、五年生とか、六年生の一学期とか、二学期とか、あと……いま」

サエコの自転車のスピードが上がった。

ぼくも追いかける。

「もしもウイルスがなかったら、いま、どんな三学期なんだろう、って。そういうのをずっと考えてる。わたしはどんな四年生で、どんな五年生で、どんな六年生だったんだろう……って、考えれば考えるほどわからなくなって、息ができなくなって、苦しい」

わかる、すごく。

上り坂に差しかかるまでは、まだだいぶ距離（きょり）がある。助走をつけるには長すぎるけど、サエコはペダルをさらに強く踏（ふ）み込んでいく。

言葉が切れ切れになって、聞こえづらくなった。

でも、「＊パラレルワールド」という言葉は耳に届いた。

誰か、映画かドラマ、つくって――。

続けて、確かにそう言った。

わかる。すごくわかる。

で誰(だれ)かにうつしちゃったとしても……わざとやったわけじゃないんだもんね、絶対に。無責任だとか、あなたのせいだとか、そんなこと言えないし、言っちゃだめだと思う。ほんと」

どう返事をしていいかわからなくなったので、「帰ろう」と自転車を漕(こ)いだ。サエコも自分の自転車を漕いで、ぼくに並ぶ。

「ユウくん、卒業式どうするの？」

マスクのこと——。

「はずす？」

「うん、まあ、はずす……と思う」

ニュースでは、「はずすのが基本」という表現だった。「はずしてもいい」よりも一段階上がっている。

でも、サエコは微妙(びみょう)に責めるように「ウイルスがうつるかもしれないし、うつすかもしれなくても？」と言った。それ、たったいま自分から謝ったばかりなのに。

答えに詰(つ)まって、「そっちは？」と訊(き)き返した。「サエコはどうするの？」

「わたしは、マスクするよ」

迷う間もなく言った。

「はずすのが基本なんだけど……それでも？」

「知ってる。でも、『はずすのが基本』と『必ずはずしなさい』は全然違(ちが)うでしょ？ わたし、やっぱりうつしたくないし、うつされたくないから、基本の外にはみ出して、マスクする」

「……一人でも？」

ぼくの言葉に、サエコはフフッと、(2)ちょっと寂(さび)しそうに笑って言った。

「人数、関係なくない？」

ない——まったく。

オレ、ばかだ、ほんとにガキだ、サイテーなヤツ、と落ち込(こ)んだ。自分にビンタしたくなった。

そんなぼくをフォローするように、サエコは笑いながら軽く言った。

「あと、前歯のワイヤー、見せたくないしね」

最後の最後まで、(3)サエコはぼくよりずっとオトナだった。

サエコが入学するのは女子大の附属(ふぞく)中学なので、ぼくたちはもう同じ教室で過ごすことはない。幼なじみとはいっても、こんなふうに話すのはこれが最後かもしれない。

今度はいつ会えるだろう。そのときには歯列矯正(きょうせい)は終わっているだろうか。

前歯にワイヤーがついてるところ、ちょっとだけ見てみたかったな——。

ふと思ったあと、(4)急に恥(は)ずかしくなった。

え？ いまのって……エッチなことになっちゃうの……？

一人でドキドキするぼくをよそに、サエコは斜(なな)め上の空を見て、言った。

「でも、みんなはマスク取っちゃうんだろうね。あたりまえだよね、ずーっとがまんしてたんだから。絶対に気持ちいいよね」

ぼくもそう思う。

「でも、引き換(か)えに、ウイルスも広がって、日本中の学校で感染爆発(ばくはつ)になっちゃうかもしれないけどね」

ぼくも、そう思った、いま。

「だから、もう、発想変えたわけ。自分はマスクをまだしばらく続けるけど、それを人に押(お)しつけるのは、やめた。人にうつすのは無責任とか誰かのせいとか、そういう発想で生きてたら、これからは、なんか、生きていくのがツラくなりそうだし……」

確かに、これからはいろんな考え方が変わっていくのだろう。

2024年度

学習院中等科

【国　語】〈第一回試験〉（五〇分）〈満点：一〇〇点〉

〔注意〕字数が決まっている問いについては、「、」や「。」も一字と数えます。

一 次のぼう線部のカタカナを漢字で書きなさい。

① 命をスクう。
② イチョウが弱っている。
③ 災害にソナえる。
④ パソコンをドウニュウする。
⑤ キントウに分ける。
⑥ キズグチを洗う。
⑦ エンゲキを見る。
⑧ ヒミツを守る。
⑨ ソウリツ記念日。
⑩ タンジョウビをむかえる。

二 次の文章を読んで、後の問いに答えなさい。

小学六年生のぼく（ユウ）は、マスク着用の厳しい規則に反発したトモノリたちとともに、かくれてマスクをはずしていました。ただ仲間のアッシは祖母と同居することになったため、マスクをはずすことに加わりませんでした。またユウと幼なじみのサエコは、中学受験を考えていて、マスクをはずしたユウたちを、無責任だと責めていました。やがて年が明け、中学受験が終わり、マスクを取りまく状況（じょうきょう）も変わります。

塾（じゅく）の特別進学クラスは、受験が終わると解散になる。だから、もうサエコが塾に来ることはないし、一緒（いっしょ）に帰るチャンスもないだろう――と思っていたら、駐輪場（ちゅうりんじょう）で声をかけられた。

塾長に頼（たの）まれて、春季講習のチラシに載（の）せる『合格者の声』のインタビューを受けていた。それが終わったあとも応用クラスの授業が終わるまで居残って、ぼくを待っていた。

「用事ってほどじゃないんだけど、ユウくんに謝（あやま）りたいことがあって」

「(1)……そんなの、あるっけ？」

「去年の暮れ、マスクをはずす人は無責任だって言ったの、覚えてるよね」

ぼくは自転車を駐輪場から出しながら、うなずいた。

忘れるわけがない。だから、サエコが謝る理由がわからない。むしろ、こっちがお礼を言いたい。あの一言がなければ、ぼくはトモノリたちと一緒に本気でアッシと絶交して、あいつにもっと悲しい思いをさせていたかもしれない。

でも、サエコは「ごめん」と【　A　】を下げた。「無責任とか、ひどいこと言って……ほんと、ごめん」

「全然ＯＫだけど、そんなの」

「でも、熱とか咳（せき）とかの症状（しょうじょう）があるのにマスクしないのはだめだけど、症状がなかったらわかんないもんね、いま自分が感染（かんせん）してるのかどうかなんて」

それはそうなのだ、確かに。

「知らないうちに感染してて、たまたまマスクをはずしたタイミング

2024年度

学習院中等科 ▶解説と解答

算　数　＜第１回試験＞（50分）＜満点：100点＞

解　答

1 (1) 440　(2) 3.1　(3) $\frac{23}{24}$　(4) $\frac{2}{3}$　**2** (1) 8人　(2) 7個　(3) 6年前　(4) 95　**3** (1) 3　(2) 125　(3) 19個　**4** (1) 31.4cm　(2) 62.7cm^2　(3) 5.445cm^2　**5** (1) 2160m　(2) 1440m　(3) 7分12秒後　**6** (1) 1号室　(2) **3号室**…A，J／**4号室**…C，F，G／**5号室**…D，K

解　説

1 四則計算，逆算

(1) $19\times23+777\div(386-127)=437+777\div259=437+3=440$

(2) $2.5\times1.9-0.3\div0.08+3.5\times0.6=4.75-3.75+2.1=3.1$

(3) $4\frac{5}{6}\div2\frac{16}{21}+\frac{5}{14}\times1\frac{3}{4}-1\frac{8}{9}\div1\frac{1}{3}=\frac{29}{6}\div\frac{58}{21}+\frac{5}{14}\times\frac{7}{4}-\frac{17}{9}\div\frac{4}{3}=\frac{29}{6}\times\frac{21}{58}+\frac{5}{8}-\frac{17}{9}\times\frac{3}{4}=\frac{7}{4}+\frac{5}{8}-\frac{17}{12}$
$=\frac{42}{24}+\frac{15}{24}-\frac{34}{24}=\frac{23}{24}$

(4) $\left(2\frac{1}{6}-1\frac{1}{3}\right)\times1.9=\left(\frac{13}{6}-\frac{4}{3}\right)\times\frac{19}{10}=\left(\frac{13}{6}-\frac{8}{6}\right)\times\frac{19}{10}=\frac{5}{6}\times\frac{19}{10}=\frac{19}{12}$，$1.5\div0.9=\frac{1.5}{0.9}=\frac{15}{9}=\frac{5}{3}$より，$\frac{19}{12}+\left(\frac{5}{3}-\square\right)\div2\frac{2}{5}=2$，$\left(\frac{5}{3}-\square\right)\div2\frac{2}{5}=2-\frac{19}{12}=\frac{24}{12}-\frac{19}{12}=\frac{5}{12}$，$\frac{5}{3}-\square=\frac{5}{12}\times2\frac{2}{5}=\frac{5}{12}\times\frac{12}{5}=1$
よって，$\square=\frac{5}{3}-1=\frac{5}{3}-\frac{3}{3}=\frac{2}{3}$

2 仕事算，つるかめ算，年齢《ねんれい》算，整数の性質

(1) 1人が1日にする仕事の量を1とすると，この仕事の量は，$1\times6\times40=240$となる。よって，$1\times\square\times30=240$と表すことができるから，$\square=240\div30\div1=8$（人）と求められる。

(2) 下の図1のようにまとめることができる。みかんを15個買ったとすると，$100\times15=1500$(円)となり，実際よりも，$1780-1500=280$(円)安くなる。みかんのかわりにりんごを買うと，1個あたり，$140-100=40$(円)高くなるので，買ったりんごの数は，$280\div40=7$（個）とわかる。

図1

りんご（1個140円）｝あわせて
みかん（1個100円）｝15個で1780円

図2

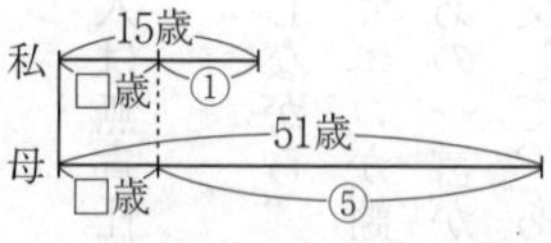

図3

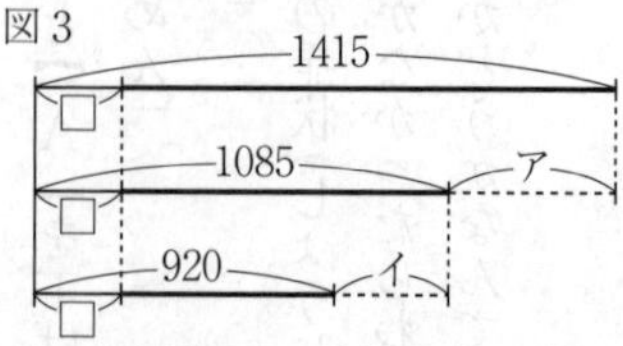

(3) 図に表すと上の図2のようになる。母と私の年齢の差は，$51-15=36$(歳《さい》)であり，これは何年前でも変わらない。よって，⑤－①＝④にあたる年齢が36歳だから，①にあたる年齢は，$36\div4=9$（歳）とわかる。したがって，このようになったのは今から，$15-9=6$（年前）である。

(4) 余りを□として図に表すと，上の図3のようになる。図3で，太線部分はすべて割った整数の倍数なので，ア，イの部分も割った整数の倍数になる。また，ア＝1415－1085＝330，イ＝1085－920＝165だから，割った整数は330と165の公約数とわかる。つまり165の約数のうち100より大きい数なので，165と決まる。よって，1415÷165＝８余り95より，余りは95と求められる。

3 約束記号，周期算

(1) {7，1}→7，1，7，7，9，3／7，1，7，7，9，3／…のように，7，1，7，7，9，3の６個の周期になる。よって，30÷６＝５より，30番目の数は周期の最後の数の３となる。

(2) {2，9}→2，9／8，2，6，2，2，4／8，2，6，2，2，4／…のように，はじめの２個を除くと8，2，6，2，2，4の６個の周期になる。よって，(30－２)÷６＝４余り４より，はじめの２個を除くと４周期と４個になる。はじめの２個の和は，２＋９＝11，１つの周期の和は，８＋２＋６＋２＋２＋４＝24，最後の４個の和は，８＋２＋６＋２＝18だから，30番目までの和は，11＋24×４＋18＝125と求められる。

(3) {4，9}→4，9／6，4，4／6，4，4／…のように，はじめの２個を除くと6，4，4の３個の周期になる。よって，(30－２)÷３＝９余り１より，はじめの２個を除くと９周期と１個になる。４ははじめの２個の中に１個，１つの周期の中に２個あるので，30番目までには全部で，１＋２×９＝19(個)ある。

4 平面図形―長さ，面積

(1) 右の図の太線部分の長さを求める。この図で，点線部分はすべて円の半径だから，長さが等しい。よって，点線で囲まれた三角形はすべて正三角形になるので，おうぎ形BFGの中心角は，360－(60×４＋90)＝30(度)とわかる。また，おうぎ形AEFとおうぎ形CGD(いずれも大きい方)の中心角は，360－60×２＝240(度)だから，太線部分の中心角の合計は，90＋30＋240×２＝600(度)になる。したがって，太線部分の長さは，$3\times2\times3.14\times\frac{600}{360}=10\times3.14=$31.4(cm)と求められる。

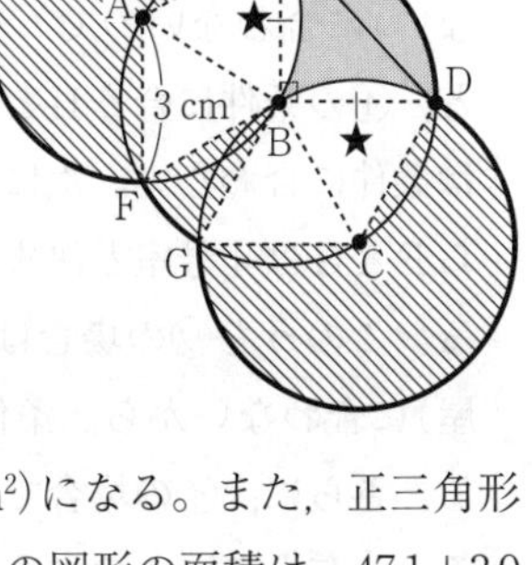

(2) おうぎ形の面積の合計は，$3\times3\times3.14\times\frac{600}{360}=15\times3.14=47.1$(cm^2)になる。また，正三角形１個の面積は，３×2.6÷２＝3.9(cm^2)であり，これが４個あるので，この図形の面積は，47.1＋3.9×４＝62.7(cm^2)と求められる。

(3) おうぎ形ABEの面積は，$3\times3\times3.14\times\frac{60}{360}=1.5\times3.14=4.71$(cm^2)なので，ここから正三角形の面積をひくと，★印の部分１か所の面積は，4.71－3.9＝0.81(cm^2)とわかる。また，おうぎ形BDEの面積は，$3\times3\times3.14\times\frac{90}{360}=2.25\times3.14=7.065$(cm^2)なので，影《かげ》をつけた部分の面積は，7.065－0.81×２＝5.445(cm^2)と求められる。

5 グラフ―旅人算

(1) ２人の進行のようすをグラフに表すと，右のようになる。太郎がＢ地点からＡ地点まで毎分80mの速さで下るのにかかった時間は，63－36＝27(分)だから，Ａ地点とＢ地点の間の距離《きょり》は，80×27＝2160(m)とわかる。

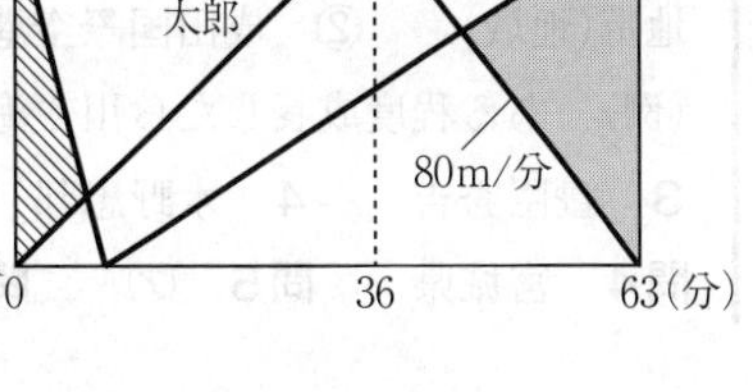

(2) 影をつけた部分では，２人の間の距離は毎分，40＋80＝120(m)の割合で広がるので，影をつけた部分の時間は，

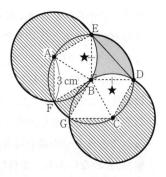

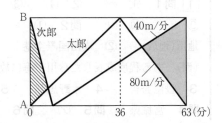

2160÷120＝18(分)とわかる。よって，その間に太郎が進んだ距離は，80×18＝1440(m)だから，２人が２回目に出会ったのはＡ地点から1440m離《はな》れた地点である。

(3)　次郎がＡ地点からＢ地点まで上るのにかかった時間は，2160÷40＝54(分)なので，次郎がＢ地点からＡ地点まで下るのにかかった時間は，63−54＝９(分)となり，次郎の下りの速さは毎分，2160÷９＝240(m)とわかる。また，太郎の上りの速さは毎分，2160÷36＝60(m)だから，斜線《しゃせん》部分では２人の間の距離は毎分，240＋60＝300(m)の割合で縮まる。よって，１回目に出会ったのは出発してから，2160÷300＝7.2(分後)と求められる。60×0.2＝12(秒)より，これは７分12秒後となる。

6 推理

(1)　③から，Ｅは１号室，３号室，５号室のいずれかとわかる。また，④から，Ｅは３号室，５号室ではないことがわかる。よって，Ｅは１号室と決まる。

(2)　①，②から，Ａ，Ｂ，Ｃ，Ｄの並び方は，㋐Ａ−Ｂ−Ｄ−Ｃ，㋑Ｂ−Ａ−Ｃ−Ｄ，㋒Ｃ−Ｄ−Ｂ−Ａ，㋓Ｄ−Ｃ−Ａ−Ｂの４つの場合が考えられる。また，③から，Ｄは１号室，３号室，５号室のいずれかとわかるから，それぞれ右の図１のようになる。㋐と㋓の場合，⑤からＦとＧは４号室または５号室になるが，５号室だとすると④の条件(Ｆのとなりに３人部屋はない)に合わないので，右の図２のようになる。すると，④の条件に合うＨとＩの部屋がないから，㋐と㋓は条件に合わない。次に，図１の㋑と㋒の場合，⑤からＦとＧは４号室と決まるので，右の図３のようになる。このうち㋒の場合は⑤の条件(ＦとＢはちがう部屋)に合わないから，条件に合うのは㋑の場合とわかる。さらに，㋑の場合で④，⑥の条件に合うようにすると，右上の図４のようになる(ＨとＩは逆でもよい)。よって，３号室はＡとＪ，４号室はＣとＦとＧ，５号室はＤとＫである。

図１

	1号室		2号室		3号室		4号室			5号室	
㋐	E	A	B		D		C				
㋑	E		B		A		C			D	
㋒	E		C		D		B			A	
㋓	E	D	C		A		B				

図２

	1号室		2号室		3号室		4号室			5号室	
㋐	E	A	B		D		C	F	G		
㋓	E	D	C		A		B	F	G		

図３

	1号室		2号室		3号室		4号室			5号室	
㋑	E		B		A		C	F	G	D	
㋒	E		C		D		B	F	G	A	

図４

	1号室		2号室		3号室		4号室			5号室	
㋑	E	H	B	I	A	J	C	F	G	D	K

社　会　＜第１回試験＞（40分）＜満点：80点＞

解　答

1 **問１**　①　(サ)　②　(オ)　③　(ス)　④　(ケ)　⑤　(チ)　⑥　(タ)　⑦　(ツ)　⑧　(ク)　⑨　(シ)　⑩　(ソ)　**問２**　①　×　②　×　③　○　④　×　**問３**　①　北九州工業地帯(地域)　②　成田国際空港　③　西九州新幹線　④　津軽海峡　⑤　気象庁　⑥　(例)　ある程度成長したら川や海に放流　**2** **問１**　**1**　中大兄皇子　**2**　藤原純友　**3**　豊臣秀吉　**4**　水野忠邦　**5**　津田梅子　**6**　田中角栄　**問２**　長安　**問３**　(ア)　**問４**　宮城県　**問５**　(ア)　**問６**　管領　**問７**　(エ)　**問８**　横浜　**問９**　(例)　日本人

の乗客を助けなかったイギリス人船長を日本の法律で裁けなかったから。　**問10**　９月１日
問11　(ア)　**問12**　第四次中東戦争　**3**　**問１**　**A**　4　**B**　4　**C**　18　**D**　4
E　解散　**F**　国民審査　**G**　3　**H**　6　**I**　248　**J**　普通　**K**　秘密　**問２**　⑴　**【X】**　条例　**【Y】**　○　⑵　リコール　**問３**　(オ)　**問４**　**【X】**　都道府県
【Y】　○　**問５**　⑴　(例)　１つの選挙区から１人を選出する選挙。　⑵　(ウ)

解　説

1　日本の国土と産業に関する問題

問１　①　日本の最北の都道府県は北海道であり，その政治・経済の中心地は札幌市である。　②　金閣は，室町幕府第３代将軍を務めた足利義満が京都の北山(現在の京都市北区)に築いた別荘《べっそう》である。義満の死後，遺言にもとづき寺院とされたため，現在は鹿苑《ろくおん》寺金閣と呼ばれる。「古都京都の文化財」の構成資産の１つとして，1994年にユネスコ(国連教育科学文化機関)の世界文化遺産に登録された。　③　東北地方で唯一《ゆいいつ》の政令指定都市は仙台市(宮城県)で，人口は約109万人である(2022年，以下同様)。　④　大阪府で大阪市(人口約275万人)に次いで人口が多いのは堺《さかい》市(約81万人)である。　⑤　静岡県の浜名湖の沿岸に位置し，県庁所在地の静岡市(約68万人)を上回る人口を持つのは浜松市(約78万人)である。　⑥　甲信越《こうしんえつ》地方で唯一の政令指定都市は新潟市で，人口は約77万人である。　⑦　原爆ドームがあるのは広島市である。原爆ドームは，1945年８月６日，アメリカ軍による原子爆弾投下のさいに被爆《ひばく》した建物で，戦後，核兵器の悲惨さを後世に伝える記念碑として保存され，1996年にユネスコの世界文化遺産に登録された。　⑧　2001年に浦和・大宮・与野の３市が合併《がっぺい》して成立したのはさいたま市(埼玉県)である。2005年には岩槻《いわつき》市も編入された。　⑨　弥生時代中期の水田跡が見つかったことで知られる登呂《とろ》遺跡があるのは静岡市である。　⑩　「金のしゃちほこ」で有名な名古屋城や熱田神宮があるのは，名古屋市(愛知県)である。しゃちほこは，頭部が龍《りゅう》または虎《とら》で胴体《どうたい》が魚という想像上の動物で，火除《よ》けの守り神として屋根の上などに像が置かれる。名古屋城のものは金板が貼《は》ってあることから「金のしゃちほこ」と呼ばれる。熱田神宮は，三種の神器の１つである草薙剣《くさなぎのつるぎ》を祀《まつ》ることで知られ，古代から人々の信仰を集めてきた。

問２　①　福井県には福井空港，富山県には富山空港，山形県には山形空港と庄内《しょうない》空港があるが，群馬県と栃木県には旅客輸送のある空港はない(…×)。　②　福井県，富山県，山形県は日本海に面しているが，群馬県と栃木県は内陸県である(…×)。　③　兵庫県には神戸市交通局，京都府には京都市交通局，神奈川県には横浜市交通局，大阪府には大阪市高速電気軌道《きどう》が，それぞれ経営する地下鉄が走っており，東京都には東京地下鉄(東京メトロ)と東京都交通局(都営地下鉄)の経営する多くの路線が整備されている(…○)。　④　43～47位の都道府県は，全て「乗用車の100世帯あたり保有台数」が100台未満であるから，１世帯あたりの保有台数は１台未満ということになる(…×)。

問３　①　八幡製鉄所を中心として発展したのは北九州工業地帯(地域)である。かつては京浜，中京，阪神の各工業地帯とともに四大工業地帯と呼ばれたが，工場用地がせまいことや大消費地から遠いことなどから生産が伸び悩んだ。そのため，近年は北九州を除いて三大工業地帯と呼ぶこともある。　②　2022年に貿易総額が全国１位であったのは成田国際空港である。近年は，輸出額で

は名古屋港が１位，輸入額では成田国際空港が１位で，輸出・輸入の合計額で成田国際空港が１位という年が続いていたが，2022年は輸出額・輸入額とも成田国際空港が１位であった。　③　2022年９月，武雄温泉駅(佐賀県)と長崎駅を結ぶ西九州新幹線が開通した。武雄温泉駅と九州新幹線の新鳥栖《とす》駅(佐賀県)の間の区間については，整備方式やルートなどが未定のため，開通のめどが立っていない。　④　北海道と本州の間にあるのは津軽海峡である。全て日本の領海に属しているが，中央部は外国船の通過を認める国際海峡となっている。1988年には青函《せいかん》トンネルが開通し，2016年からは北海道新幹線も通っている。　⑤　緊急《きんきゅう》地震速報は，2007年から国土交通省の外局である気象庁が中心となって提供している地震早期警報システムである。強い地震が発生すると，各地の地震計が観測したP波(初期微動を引きおこす速い地震波)に関するデータを気象庁が解析《かいせき》し，続くＳ波(主要動を引きおこす遅い地震波)が到達《とうたつ》する範囲や時刻，地震の規模を予測して，テレビや携帯電話などを通じて情報を発信する。　⑥　栽培《さいばい》漁業は，人工的にふ化させた稚魚《ちぎょ》や稚貝をいけすなどで育て，ある程度成長したら川や海などに放流し，成長したものを漁獲《ぎょかく》する漁業である。サケやアユなどの例がよく知られるが，各地でさまざまな魚介《ぎょかい》類について行われるようになっている。

2　各時代の歴史的なことがらについての問題

問１　**１**　大化の改新の中心人物である中大兄《なかのおおえの》皇子は，皇太子の地位のまま政治を行っていたが，667年，都を近江《おうみ》大津宮(滋賀県)に移し，翌年，そこで即位して天智天皇となった。　**２**　10世紀前半に瀬戸内海で反乱を起こしたのは藤原純友《すみとも》である。純友の起こした反乱は，同時期に関東地方で起きた平将門の乱とともに，承平《じょうへい》・天慶《てんぎょう》の乱とも呼ばれる。　**３**　検地は多くの戦国大名が行っていたが，豊臣秀吉がますやものさしを統一し，全国にわたって行った検地は，特に太閤《たいこう》検地と呼ばれる。　**４**　江戸時代の19世紀前半に天保の改革を行ったのは老中の水野忠邦である。物価の引き下げを図るため株仲間を解散させるなどの政策を行ったが成果はなく，江戸や大阪周辺の領地を幕府の直轄《ちょっかつ》にしようとした上知令の失敗をきっかけに，老中の地位を追われた。　**５**　女子英学塾(現在の津田塾大学)を設立したのは津田梅子である。明治時代初めに岩倉使節団とともにアメリカに渡《わた》った５人の女子留学生の１人であり，帰国後，日本の女子教育の発展に力を尽《つ》くした。　**６**　1949年に成立した中華人民共和国と日本との間には正式な国交は結ばれていなかったが，1972年，田中角栄首相が北京を訪《おとず》れて中国首脳と会談し，日中共同声明を発表した。これにより，日本は中華人民共和国を中国唯一の合法政府と認め，日本と中華人民共和国との国交が正常化した。

問２　唐(中国)の都は長安である。碁盤《ごばん》の目状に土地を区画し，宮殿が中央北部にある配置は，日本の平城京，平安京のモデルとされた。

問３　白村江《はくすきのえ》の戦いに大敗した後，唐や新羅《しらぎ》が日本に侵攻《しんこう》してくるのを恐《おそ》れた朝廷《ちょうてい》は，大宰府《だざいふ》と博多湾《わん》の間に水城《みずき》と呼ばれる土塁《どるい》と濠《ほり》からなる防衛のための施設を築いた。さらに，大宰府周辺の大野城をはじめ，北九州や瀬戸内海沿岸など各地に，山頂の周辺を土塁などで囲んだ朝鮮式山城を築いた。

問４　多賀城は，724年に築かれたとされる，朝廷による東北支配の拠点《きょてん》となった政庁であり，現在の宮城県多賀城市に位置していた。なお，多賀城跡は，平城宮跡，大宰府跡とともに日本三大史跡と呼ばれることもある。

問５　源頼朝は，1159年の平治の乱のさい，父の義朝とともに戦ったが敗れ，平氏によって伊豆(静岡県)に流された。その後，伊豆の豪族であった北条氏と手を結び，1180年に平氏の打倒《だとう》を掲《かか》げて挙兵した((ア)…○)。

問６　室町幕府における将軍の補佐役は管領である。足利氏の一族である細川・斯波《しば》・畠山《はたけやま》の３氏が交代で務めたが，鎌倉幕府における執権のような強大な権力は持たなかった。

問７　慶長《けいちょう》年間の1613年，仙台藩士の支倉《はせくら》常長は伊達政宗の命を受け，メキシコを経由してヨーロッパに渡り，スペイン国王とローマ教皇(法王)に謁見《えっけん》した。このときの常長一行は慶長遣欧使節と呼ばれる((エ)…○)。なお，伊東マンショは，キリシタン大名の大友宗麟《そうりん》らによって1582年にヨーロッパに派遣された天正遣欧使節の１人である((ア)…×)。岩倉具視は明治時代初めの1871年に欧米に派遣された岩倉使節団の正使である((イ)…×)。勝海舟は1860年に幕府が日米修好通商条約批准《ひじゅん》のためアメリカに使節を派遣したさいに，咸臨丸《かんりんまる》の船長を務め，太平洋を横断した((ウ)…×)。

問８　1872年，日本最初の鉄道が新橋—横浜間で開通した。なお，現在の東京都港区高輪《たかなわ》付近では海上を走っており，2019年，品川駅改良工事のさいに，海上線路の土台である「高輪築堤《ちくてい》」の一部が発見されている。

問９　1886年に起きたノルマントン号事件は，イギリス船ノルマントン号が和歌山沖で座礁《ざしょう》・沈《ちん》没《ぼつ》したさいに，イギリス人の船長や乗組員らは脱出・救助されたが，日本人乗客は全員が死亡した出来事である。船長の責任が問われたが，神戸のイギリス領事館で行われた裁判で無罪とされた。日本国民の怒りを受けて日本政府は船長を告訴したが，横浜の領事館で開かれた裁判でも，禁固３か月という軽い刑罰が科せられただけであった。その結果，領事裁判権(治外法権)を認めた不平等条約の改正を求める国民の声が一段と強まることとなった。

問10　関東大震災《しんさい》は1923年９月１日に関東地方南部を襲《おそ》った大地震による災害である。建物の倒壊《とうかい》や火災などにより，東京と横浜を中心として死者・行方不明者数は約10万人に達した。現在，９月１日は「防災の日」とされ，学校などで避難《ひなん》訓練や消火訓練などが行われる。

問11　1932年５月15日，海軍の青年将校らが犬養毅首相を暗殺する事件が起きた。これを五・一五事件という((ア)…○)。なお，五・四運動は，1919年に中国で起きた反日・反帝国主義の運動((イ)…×)，三・一独立運動は，1919年に朝鮮で起きた日本からの独立を求める運動((ウ)…×)，二・二六事件は，1936年２月26日に陸軍の青年将校らが首相官邸や警視庁などを襲った事件である((エ)…×)。

問12　西アジアのパレスチナでは，第二次世界大戦後にユダヤ人を中心とする国家であるイスラエルが建国されて以降，イスラエルと周辺のアラブ諸国との間で紛争が続いてきた。1973年に起きた第四次中東戦争のさいには，イスラエルと争うアラブの産油国が原油の生産制限と原油価格の大幅引き上げを行ったことから，世界経済が混乱に陥った。これを第一次石油危機(オイルショック)という。

３　選挙を中心とした日本の政治についての問題

問１　Ａ，Ｂ　統一地方選挙とは，４年に１度，一斉《いっせい》に行われる地方公共団体の首長や地方議会議員の選挙である。首長・地方議員ともに任期が４年であるため，４年ごとの実施となるが，任期途中の首長の辞任・死亡や，議会の解散などがあった場合には選挙の日程がずれるため，全自治体で行われるわけではない。日本国憲法施行直前の1947年４月に第１回の選挙が行われ，2023年に行われた第20回統一地方選挙では，４月９日に道府県知事と道府県議会議員，政令指定都市の市長と市議会議員の選挙が，４月23日には一般の市町村と東京都の特別区（東京23区）の首長と市区町村議会議員の選挙が行われた。　**C**　統一地方選挙の選挙権も，国政選挙と同じく満18歳《さい》以上の日本国民にあたえられる。　**D**，**E**　衆議院議員の任期は４年である。ただし，解散があった場合には，その時点で任期が終わる。　**F**　衆議院議員選挙のさいには，最高裁判所裁判官に対する国民審《しん》査《さ》が行われる。　**G**，**H**　参議院議員の任期は６年であるが，３年ごとに半数が改選されるので，選挙は３年に１回実施される。　**I**　参議院議員の定数は，選挙区選出148人，比例代表選出100人の計248人である。　**J**　選挙の原則には，一定の年齢に達した全ての国民に選挙権をあたえる普通選挙，一人１票の平等選挙，有権者が候補者を直接選出する直接選挙，だれがだれに投票したかわからないように無記名で投票する秘密選挙がある。

問２　(1)　**【X】**　地方議会が制定するその地方公共団体の中だけで適用される決まりは条例である。なお，政令は法律を実施するために内閣が制定する決まりである。　**【Y】**　日本の国会は衆議院・参議院からなる二院制を採用しているが，地方議会は全て一院制である。　(2)　地方公共団体の住民が持つ首長や地方議会議員に対する解職請求を行う権利は，リコールとも呼ばれる。有権者の３分の１以上（有権者数が40万人以下の場合）の署名を集めれば，選挙管理委員会に対して請求を行うことができる。

問３　被選挙権は，都道府県知事が満30歳以上，市区町村議会議員が満25歳以上である。なお，都道府県議会議員と市区町村長の被選挙権は満25歳以上である。

問４　**【X】**　参議院議員の選挙区選挙は，原則として１つの都道府県が１つの選挙区となっている。例外として，2015年の公職選挙法の改正で，鳥取県と島根県，徳島県と高知県が，それぞれ合区として１つの選挙区となっている。　**【Y】**　衆議院の比例代表選挙においては，有権者は投票用紙に政党名を記入して投票するが，参議院の比例代表選挙の場合は，有権者は政党名か候補者名のどちらかを記入して投票する。

問５　(1)　選挙には，１つの選挙区から１人を選出する小選挙区制と，１つの選挙区から２人以上を選出する大選挙区制がある。　(2)　2024年２月現在の衆議院の議員定数は，小選挙区選出289人，比例代表選出176人の計465人である。

理　科　＜第１回試験＞（40分）＜満点：80点＞

解　答

1　①　ウ　②　ウ　③　ア　④　イ　　**2**　**問１**　ウ　**問２**　イとオ　**問３**　アとカ　**問４**　ウ　**問５**　（例）　シラスのつぶは細かくて角ばっているから。　**3**　**問１**　①　ア　②　ウ　③　ア　**問２**　①　イ　②　オ　**問３**　（例）　軽くてじょうぶであること。　**4**　**問１**　イ　**問２**　68.9ｇ　**問３**　60℃　**問４**　イ　**問５**　ア　**問６**　記号…ウ　理由…（例）　水の温度が低いととけず，高いととけてものり状になるから。
5　**問１**　発光ダイオード…イ　プロペラ…オ　方位磁針…キ　**問２**　発光ダイオード…シ　プロペラ…ソ　方位磁針…ツ　**問３**　ナ　**問４**　①　ヌ，ネ，ノ，ハ　②　ネ，ノ

解　説

1　2023年に話題になった自然科学分野の出来事についての問題

①　トリチウムは三重水素とも呼ばれる水素のなかまである。水素とはつぶのつくりが異なるが，性質は水素とほとんど変わらない。ただし，その形を保ちにくく，放射線を出して別の物質(ヘリウム)に変化するので，放射性物質とされる。自然環境《かんきょう》にも微量《びりょう》ながらふくまれていて，酸素と結びついて水の形で存在している。

②　2023年８月，インドの無人月面探査機「チャンドラヤーン３号」が，月の南極付近への着陸に成功した。なお，ほかの選択肢《し》はインドの人工衛星であり，アは2023年に打ち上げられた太陽観測衛星，イは1975年に打ち上げたインド初の人工衛星，エは1981年に打ち上げた地球観測衛星である。

③　量子ドットとは，２～10ナノメートル(１ナノメートルは１メートルの10億分の１)ほどのとても小さな半導体の結しょうのことをいい，この結しょうは紫外線を当てると発光し，わずかな大きさのちがいで発光する色が変わる。2023年のノーベル化学賞は，この量子ドットの性質を発見したり，製造技術を確立したりした３名におくられた。

④　2023年の日本の夏(６～８月)の気温は，平年値(1991～2020年の30年間の平均値)と比べて1.76℃高くなり，この気温は1898年に統計を取り始めてから最も高くなった。

2　火山灰と地層についての問題

問１　地層は，断層がないところではウのようになめらかにつながる。そのため，アのように層が交差していることはなく，イのように地層の曲がりが角ばっていることもない。また，エのように層の一部が途《と》切れることもない。

問２　火山灰の層には何種類ものつぶがふくまれているが，それらのつぶの割合などは層ごとに異なっている。つまり，火山灰の層ごとに独自の特ちょうをもっていて，このことからどの時代にできた層なのかがわかる。そして，火山灰は短い期間で広はん囲に降り積もるので，はなれた地点どうしの地層のつながりや，それぞれの層がつくられた時代を考えるときに重要な手がかりとなる。

問３　火山灰は，いろいろな形や色の鉱物やガラスのつぶをふくんでいる。

問４　シラス台地の火山灰は，その多くがガラスで，ほかにとう明な鉱物(セキエイなど)もふくまれているため，白く見える。

問５　火山灰が多くふくまれるシラスのつぶは，細かくて角ばっているので研磨剤《けんまざい》として利用でき，細かい部分のよごれもけずり落としてくれる。

3　生物にヒントを得てつくられたものについての問題

問１　①　カワセミは高速で水中に飛びこんで魚をとらえるので，そのくちばしは水に入るときのしょうげきが小さくなるような形をしている。これを参考に，新幹線車両が高速でトンネルを通過するときに発生する騒音《そうおん》や空気の振動《しんどう》を軽減するため，先頭部分をカワセミのくちばしのような細長い形状にした新幹線車両(500系)が製造されたことがある。　②　カの口先は単純な１本の円《えん》筒《とう》形の針ではなく，７つの部位からできている。これらを複雑に動かすことと，口先のぎざぎざの構造により，カにさされてもふつう痛みを感じない。この仕組みをヒントに，さしても痛くない注射針の開発が進められていて，ごく少量を採血するための注射針では実用化されている。　③ハスの葉の表面には細かいデコボコがあり，このつくりによって水をはじく。この構造をまねて開発されたのがヨーグルトのふたで，同様のデコボコのつくりによって，ふたの裏にヨーグルトがつきにくくなっている。

問２　①　車のフロントガラスは，２枚のガラスで膜《まく》をはさんだつくりになっており，この膜があることによって，外からのしょうげきに強く，ガラスが割れても散らばりにくくなっている。ニワトリの卵のからも，からのすぐ内側にうすい膜がついていて，やはり外からのしょうげきに強くなっている。　②　オナモミの実には先がかぎ状に曲がったとげがたくさんあり，このとげで動物の毛にからみついてくっつく。この形状をヒントに面ファスナーが開発された。

問３　ハチの巣は六角形の部屋がすき間なく並んだつくりをしている。このような六角形の並びをハニカム構造といい，少ない材料で大きい体積のじょうぶな構造物をつくることができる。段ボールもこれに近い形になっていて，一般《いっぱん》的には２枚の平たい板紙の間に波を打った形の板紙をはさみこむことで，少ない材料で軽くてじょうぶなつくりを実現させている。

４　もののとけ方についての問題

問１　ミョウバンは，ナスのつけ物の色をあざやかにしたり，切ったレンコンやゴボウなどの変色を防いだりするのに使われる。また，クリやイモなどを煮《に》るときにくずれないようにするのにも用いられる。

問２　ミョウバンは20℃の水150ｇに，$11.4\times\frac{150}{100}=17.1$（ｇ）までしかとけないので，ミョウバンを86ｇ入れたときには，$86-17.1=68.9$（ｇ）がとけ残る。

問３　水150ｇに入れた86ｇのミョウバンがちょうどとけたとき，水100ｇあたりにとけているミョウバンの重さは，$86\div\frac{150}{100}=57.3\cdots$（ｇ）となる。よって，表より，約60℃になるとすべてとけることがわかる。

問４　水よう液の温度を下げたり，水が蒸発したりすると，ミョウバンの一部がとけきれなくなって，小さな結しょうとなって出てくる。よって，温めたミョウバンの水よう液の温度が下がりやすく風通しのよい場所に置くのがよい。ただし，冷とう庫に入れると水よう液がこおってしまう。

問５　よい形の大きな結しょうができるためには，つるした小さな結しょうのまわりにかたよりがないように新たな結しょうがついていく必要があり，そのためにはしん動をあたえないようにしなければならない。しん動していると，結しょうが大きく育たなかったり，形がくずれたりする。よって，しん動のない所で放置しておく。

問６　でんぷん粉の場合，水の温度が低いときは水にとけない。また，温度が高いときはとけるものの液がねばねばしたのり状になり，これを冷やしてものりが固まるだけで結しょうが現れない。

５　電気回路についての問題

問１　発光ダイオードは電流の流れる向きが一方向に決まっている。回路Ａでは発光ダイオードが２つ並列つなぎになっているが，手順２では発光ダイオードが１つだけ光ったことから，電源装置の＋たん子と－たん子を入れかえると，光っていた発光ダイオードは光らなくなり，逆に光っていなかった発光ダイオードが光るようになる。つまり，発光ダイオードは１つだけ光る。また，回路には逆向きの電流が流れるため，モーターにつけたプロペラは入れかえる前とは逆に回る。電磁石は，逆向きに電流が流れることで両はしにできる磁極（Ｎ極・Ｓ極）が逆になるので，方位磁針の向きは手順２とは逆になる。

問２　回路Ｂに流れる電流を逆向きにしようとすると，発光ダイオードに電流が流れないため，回路全体に電流が流れなくなる。したがって，発光ダイオードは光らず，モーターにつけたプロペラは回らない。また，電磁石に発生していた磁力もなくなってしまうため，方位磁針は手順１と同じ向きを向く。

問３　手順４の方位磁針の向きは手順３と同じなので，電磁石の磁力は回路Ｂの方が回路Ａよりも強いことがわかる。ところが，手順４では回路Ａのプロペラの方が速く回ったので，回路全体(つまり電磁石)に流れる電流は回路Ａの方が大きい。このことから，回路Ｂの電磁石は巻き数が多いため，回路Ａの電磁石よりも磁力が強いと考えられる。

問４　太陽光発電は，光電池パネルに光が当たることで電気が発生する仕組みになっている。これ以外の４つはいずれも，発電機のじくを回転させて発電する。水力発電では流し落とした水の勢いを利用して発電機を回し，風力発電では風の力で風車が回転することで発電機が回る。火力発電と原子力発電はともに，水を加熱することで発生した水蒸気を使って発電機を回している。水を加熱するのに，火力発電では主に化石燃料(天然ガスなど)を燃やしているのに対し，原子力発電ではウランなどの核《かく》物質が核分裂《ぶんれつ》するさいに発生する熱を利用している。

国　語　＜第１回試験＞（50分）＜満点：100点＞

解　答

一　下記を参照のこと。　二　**問１**　イ　**問２**　頭　**問３**　（例）　卒業式でマスクをするという自分の考えが，周りの目を気にする「ぼく」には理解できていないと感じたから。　**問４**　ア　**問５**　（例）　自分がサエコを女の子として見ていたのだと気づいたから。　**問６**　エ　**問７**　ウ　**問８**　（例）　(ぼく(ユウ)が)好意を寄せる幼なじみに，ウイルスにふり回される苦しさを初めて話して心が通い合った(物語。)　三　**問１**　（例）　獲物をしとめた人だけが食べ物にありつける社会。　**問２**　イ，オ　**問３**　（例）　仲間から嫌われたら集団内では生きていけないという狩猟採集社会の考え方。　**問４**　（例）　進化した社会に不要な本能の悩みは，学べば理性で逆らえるから。　**問５**　イ　**問６**　ウ　**問７**　ウ　**問８**　共感

●漢字の書き取り

一　①　救(う)　②　胃腸　③　備(える)　④　導入　⑤　均等　⑥　傷口　⑦　演劇　⑧　秘密　⑨　創立　⑩　誕生日

解　説

一　漢字の書き取り

①　音読みは「キュウ」で，「救急車」などの熟語がある。　②　胃と腸。消化器官。　③　音読みは「ビ」で，「準備」などの熟語がある。　④　学問・方法・技術などを取り入れること。　⑤　平等で差がないようす。　⑥　皮膚《ひふ》に傷ができているところ。　⑦　観客を前に俳優《はいゆう》が舞《ぶ》台《たい》上で演じてみせるしばい。　⑧　かくすこと。また，その内容。　⑨　学校や会社などの組織，機関を初めてつくりあげること。　⑩　その人の生まれた日。毎年迎《むか》える誕生の記念日。

二　出典：重松清《しげまつきよし》「反抗《はんこう》期」(『おくることば』所収)。マスク着用が厳しかった時期，かくれて外していた「ぼく」(ユウ)は，それを責めていたサエコと受験明けに話をする。

問１　マスクを着用しないのは「無責任だ」とサエコに言われなければ，「トモノリたちと一緒《いっしょ》に

本気でアッシと絶交して，あいつにもっと悲しい思いをさせていたかもしれない」のだから，むしろ「お礼を言いたい」ほどで，彼女《かのじょ》が自分に謝《あやま》ってくる理由などないと「ぼく」は思っている。よって，イが選べる。

問２　サエコは「ぼく」に「ごめん」と謝っているので，「頭を下げた」とするのがよい。

問３　マスクを「はずすのが基本」となった今の流れにみんなが従ったとしても，ウイルスを「(他人に)うつしたくないし，うつされたくないから」卒業式には「マスクする」と意思表明したことに対し，「一人でも？」と「ぼく」に言われたサエコは寂《さび》しそうな笑《え》みを浮《う》かべ，「人数，関係なくない？」と言っている。自分の考えを持つことよりも，周りの目を気にする「ぼく」の発言をサエコは残念に思ったのだから，「卒業式でマスクをすると決めた自分と，周りの動向を気にするユウとの間にはへだてがあるのだと感じたから」，「卒業式でマスクをする決意を伝えたのに，周りの目をこわがるユウには大事なところが通じていなかったから」のような趣旨《しゅし》でまとめる。

問４　「人数，関係なくない？」という自分のことばで「落ち込《こ》ん」でしまったのであろう「ぼく」に気づいたサエコは，「あと，前歯のワイヤー，見せたくないしね」と笑いながら軽く言っている。冗談《じょうだん》めかした発言をすることで，周囲に左右されているのを情けなく思い自分自身を責めている「ぼく」をさりげなく「フォロー」したのだから，アがふさわしい。イ～エは，サエコの気づかいが反映されていない。

問５　「前歯にワイヤーがついてるところ，ちょっとだけ見てみたかったな」と思った「ぼく」は「急に恥《は》ずかしく」なり，「え？　いまのって……エッチなことになっちゃうの……？」と「ドキドキ」している。マスクを外したサエコの素顔《すがお》を見たいとふと思った「ぼく」は，彼女に好意を寄せている自分の気持ちにはっきりと気づいて動揺《どうよう》したのである。これをもとに，「サエコを異性として意識する自分に気づいたから」のようにまとめる。本文の最初で，受験が終わってしまったらサエコと「一緒に帰るチャンスもないだろう」と思っているところからも，無自覚ではあるものの「ぼく」がサエコにひかれているようすがうかがえる。

問６　「弱音」は，意気地《いくじ》のない言葉。この後「ぼく」は「未来のこと考えると，よくわかんなくなって，苦しい」と打ち明けているので，エが合う。なお，「ぼく」はウイルスによって元には戻《もど》らなくなった世界で生きる未来を，サエコはウイルスによって奪《うば》われたかもしれない別の道(過去)を思って「苦しく」なっている。

問７　数分間の会話のことは，直前の段落で描《えが》かれている。坂道を上るまでの「重すぎる本音」(問６でみた，“苦しみ”のあまり「パラレルワールド」を望む「ぼく」とサエコの思いがそれにあたる)に対し，坂道を上った後のふたりは「ゲームやアニメのことばかり～話しつづけ」ている。「重すぎる本音」と対照的なゲームやアニメの話なので，ウの「どうでもいい」があてはまる。そうした何ということもない会話が，「ぼく」の「胸の奥《おく》をぽかぽかと温めてくれた」のである。

問８　卒業式のことを話す前半で「ぼく」は，はっきりとした意思を持ち気づかいのできるサエコに対し，周りの目をこわがる自分や，彼女を異性としてとらえていた自分に気づいている。後半では，マスクやウイルスに対する苦しみをふたりで共有した後，たわいない話で盛り上がっている。サエコへの好意，ウイルスやマスクからくる苦しみの二点をおさえ，「(ぼく(ユウ)が)サエコへの好意に気づき，マスクにふり回される苦痛を語り合ったことでへだてが消えた(物語)」のようにまとめる。

三 **出典：市橋伯一《いちはしのりかず》『増えるものたちの進化生物学』**。狩猟《しゅりょう》採集生活の集団生活を維持《いじ》するのに役立った「協力性」をとりあげたうえで，それが現代社会で引き起こしていることについて筆者は述べている。

問１ 狩猟採集社会では，群れのメンバーが安定して生き残るために「平等性(ここでは，とらえた獲物《えもの》をみんなで分け合うこと)」が重視されていたことをおさえておく。つまり，「獲物をしとめた人だけが食べ物にありつける」社会では，とうてい「安定的に子孫を残していくことはできない」のである。

問２ 波線⑵をふくむ段落と続く段落で，クン族が集団内の「平等性」を維持するために重視していることが述べられている。仲間から嫌《きら》われてしまう(仲間外れにされてしまう)と分け前をもらえなくなり，自分の生死に直結するため，彼《かれ》らは「協力的で偉《えら》ぶらない」態度をとるのである。よって，イとオが合う。

問３ 現代社会において，人々が「協調性を重んじて，隣人《りんじん》と仲が良くないと悩《なや》む」のは，狩猟採集社会の考え方(時代遅《おく》れの本能)が残っているからだと筆者は述べている。これまでみてきたとおり，狩猟採集社会では偉ぶらずに群れのメンバーと協力して，「仲間から嫌われない(仲間外れにされない)」ことが「生きていくうえで何よりも大切」だったのである。これをもとに「集団内で仲間外れにならないことが生きるうえで何より大切だという考え方」，「みんなに協力的で，偉ぶらず，自慢《じまん》しないことをよしとする考え方」のようにまとめる。

問４ 生物の本能は進化が遅《おそ》く，そのままでは社会の進化についていけないが，本能による悩みの由来を学べば現代社会を生きるうえでの必要性を「論理的に考え」ることができ，不要な悩みは捨てられると続く部分で述べられている。これをもとに，「学べば，現代社会に無用の古い悩みだと論理的に考えられるから」のように整理する。

問５ 続く部分で，人々は「学ぶ」ことで「論理的に考え」る力が身につき，「本能を超《こ》えた行動ができる」と述べられている。つまり，「理性」によって「本能に逆らう」のだといえる。なお，「理性」は筋道立ててものごとを考え判断する力をいう。

問６ 前の部分で筆者は，最近の傾向《けいこう》として「他の人の気持ちになって考えられる(他人の望むことを察知できる)」「共感能力」が「人間のなかでますます強化されてきている」と述べている。つまり，人間は「どんどんやさしく」なってきているといえる。

問７ 「これ」とあるので，前の部分に注目する。協力関係の中で生き，他の「命」までも大切にしてきた人間が，自分たちに「よく似た生物」を殺すことに「大きな抵抗《ていこう》感を持つ」ようになるのは「仕方のないこと」だと筆者は述べているので，ウがふさわしい。

問８ 最後の大段落で筆者は，人間が「共感能力」によって協力関係を築き，社会を大きくしてきたことや，最近の傾向として，この「共感能力」がますます強化されていることについて説明している。つまり，他の動物へも，「共感」の範囲《はんい》が広がっているのだといえる。

入試に勝つ！ 脳とからだのウルトラ科学

復習のタイミングに秘密あり！

算数の公式や漢字，歴史の年号や星座の名前……。勉強は覚えることだらけだが，脳は一発ですべてを記憶することができないので，一度がんばって覚えても，しばらく放っておくとすっかり忘れてしまう。したがって，覚えたことをしっかり頭の中に焼きつけるには，ときどき復習をしなければならない。

ここで問題なのは，復習をするタイミング。これは早すぎても遅すぎてもダメだ。たとえば，ほとんど忘れてしまってから復習しても，最初に勉強したときと同じくらい時間がかかってしまう。これはとっても時間のムダだ。かといって，よく覚えている時期に復習しても何の意味もない。

そもそも復習とは，忘れそうになっていることを見直し，記憶の定着をはかる作業であるから，忘れかかったころに復習するのがベストだ。そうすれば，復習にかかる時間が一番少なくてすむし，記憶の続く時間も最長になる。

では，どのタイミングがよいか？　さまざまな研究・発表を総合して考えると，１回目の復習は最初に覚えてから１週間後，２回目の復習は１か月後，３回目の復習は３か月後――これが医学的に正しい復習時期だ。復習をくり返すたびに知識が海馬《かいば》(脳の，知識をためる倉庫みたいな部分)にだんだん強くくっついていくので，復習する間かくものびていく。

この計画どおりに勉強するには，テキストに初めて勉強した日付と，その１週間後・１か月後・３か月後の日付を書いておくとよい。あるいは，復習用のスケジュール帳をつくってもよいだろう。もちろん，計画を立てたら，それをきちんと実行することが大切だ。

ちなみに，記憶量と時間の関係を初めて発表したのがドイツのエビングハウスという学者で，「エビングハウスの忘却《ぼうきゃく》曲線」として知られている。

えーと
1週間後
あ，そうだった！
1ヵ月後
あ，思い出した！
3ヵ月後
もう，覚えてるよ

Dr.福井(福井一成《ふくいかずしげ》)…医学博士。開成中・高から東大・文Ⅱに入学後，再受験して翌年東大・理Ⅲに合格。同大医学部卒。さまざまな勉強法や脳科学に関する著書多数。

2024年度 学習院中等科

【算　数】〈第２回試験〉(50分)〈満点：100点〉

〔注意〕 式や考え方を指定された場所に必ず書きなさい。

1 　次の□に当てはまる数を入れなさい。

(1) $2024\div(27\times7-5)+437\div23=$ □

(2) $6.8\div0.85-1.95\div1.5+4.5\times0.6=$ □

(3) $5\frac{3}{4}-2\frac{1}{3}\times1\frac{5}{8}-1\frac{1}{4}\div1\frac{1}{2}=$ □

(4) $\left(\square-3.4\right)\times2\frac{2}{3}-2.1\div2\frac{1}{3}\times4=4\frac{2}{5}$

2 　次の□に当てはまる数を入れなさい。

(1) ４人ですると36日かかる仕事があります。この仕事を６人ですると□日かかります。

(2) １本60円の鉛筆《えんぴつ》と１本110円のペンをあわせて25本買い，1800円を支払《はら》いました。このとき，買った鉛筆は□本です。

(3) 今，弟は３歳《さい》で父は38歳です。父の年齢《ねんれい》が弟の年齢の６倍になるのは今から□年後です。

(4) ３つの整数1039，885，654を50より大きい同じ整数で割ったところ，余《あま》りが同じになりました。このとき，割った整数は□です。

3 　１番目の数をア，２番目の数をイとして，以降，前の２数の和を求め，その一の位の数を書くという作業を続けます。そのようにしてできる数の列を[ア，イ]とします。

例

[1，2]→1，2，3，5，8，3，1，4，…

[5，5]→5，5，0，5，5，0，5，5，…

このとき，次の問いに答えなさい。

(1) [1，3]の30番目の数を求めなさい。

(2) [2，6]の１番目から30番目までの数の和を求めなさい。

(3) [6，2]の１番目から50番目までに４は何個あるか求めなさい。

4 　右の図は，中心が点Ａ，Ｂ，Ｃで半径がそれぞれ６cmの円を３つ組み合わせたものです。また，三角形BCDは直角二等辺三角形です。

このとき，次の問いに答えなさい。ただし，円周率は3.14，１辺が６cmの正三角形の高さを5.2cmとします。

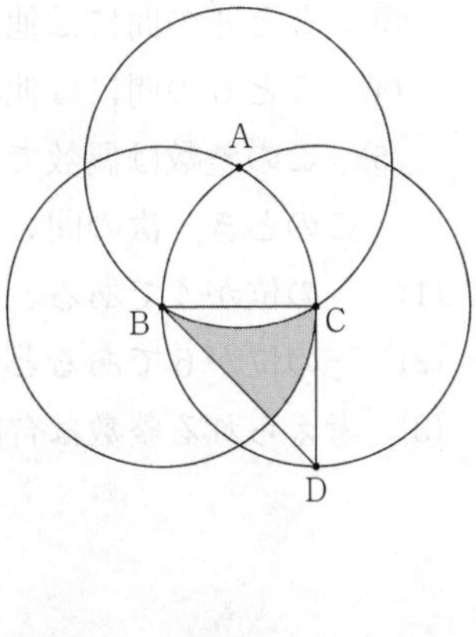

(1) １番外側の線で囲まれた図形の周の長さを求めなさい。

(2)　１番外側の線で囲まれた図形の面積を求めなさい。

(3)　影《かげ》をつけた部分の面積を求めなさい。

5　太郎はＡ地点を出発し，Ｂ地点まで歩きました。次郎は太郎がＡ地点を出発してから45分後にＡ地点を自転車で出発し，AB 間を往復しました。２人とも途《と》中で止まりませんでした。

次の図は，太郎がＡ地点を出発してからＢ地点に着くまでの時間と２人の間の距離《きょり》の関係を表したものです。

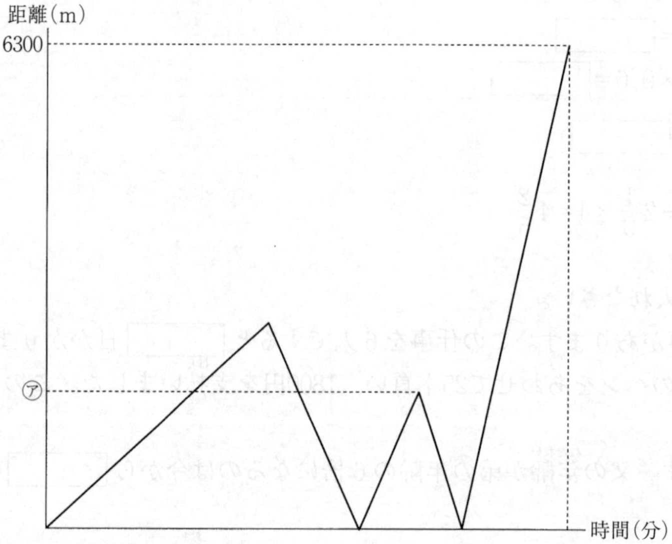

このとき，次の問いに答えなさい。ただし，Ａ地点とＢ地点の間の距離は6300 m で，太郎の歩く速さは毎分 60 m です。また，次郎が自転車で進む速さは一定であるものとします。

(1)　次郎の進む速さを求めなさい。

(2)　次郎が太郎に最初に追いついたのは，太郎がＡ地点を出発してから何分後か求めなさい。

(3)　図の㋐に当てはまる数を求めなさい。

6　1，2，3，4，5，6，7の数字をそれぞれ１回だけ使って七桁《けた》の整数をつくりました。いま，この整数について，次のことがわかっています。

①　１と２はとなりあっている。

②　２と３の間には他の数字が１つある。

③　３と４の間には他の数字が２つある。

④　５と６の間には他の数字が１つある。

⑤　この整数は偶《ぐう》数である。

このとき，次の問いに答えなさい。

(1)　一の位が４であるとき，考えられる整数の中で最も大きい数を答えなさい。

(2)　一の位が６であるとき，考えられる整数の中で最も小さい数を答えなさい。

(3)　考えられる整数は合計で何個あるか答えなさい。

【社　会】〈第2回試験〉（40分）〈満点：80点〉

〔注意〕 問題に漢字で書くことが指定されていれば正しい漢字で書きなさい。

1　問1　次の①～⑤にあてはまる湖を以下の(ア)～(コ)から一つずつ選び，記号で答えなさい。

①．この湖の面積は，日本最大です。

②．この湖は，火山の爆発《ばくはつ》によってできたカルデラ湖で，日本最北の不凍《ふとう》湖です。

③．この湖は，中国地方にあり，海水と淡水《たんすい》の混じった汽水湖です。

④．この湖は，会津若松市の東にあり，磐梯《ばんだい》山のふもとに位置しています。

⑤．この湖の面積は，日本一ではないものの，周囲の長さで日本一です。

(ア) 猪苗代《いなわしろ》湖　(イ) 小川原湖　(ウ) 霞ヶ浦《かすみがうら》　(エ) 屈斜路《くっしゃろ》湖

(オ) サロマ湖　(カ) 支笏《しこつ》湖　(キ) 宍道《しんじ》湖　(ク) 洞爺《とうや》湖

(ケ) 浜名《はまな》湖　(コ) 琵琶《びわ》湖

問2　次の①～⑤にあてはまる島を以下の(ア)～(コ)から一つずつ選び，記号で答えなさい。

①．この島は，瀬戸内海に囲まれており，オリーブの栽培《さいばい》が有名です。

②．この島には，世界遺産である厳島《いつくしま》神社があります。

③．この島は，日本最西端の島です。

④．この島は，東京都にあり，住民はいません。

⑤．この島は，日本海にあり，渡り鳥が飛来することで知られています。

(ア) 奄美《あまみ》大島　(イ) 淡路《あわじ》島　(ウ) 石垣《いしがき》島　(エ) 択捉《えとろふ》島　(オ) 江《え》の島

(カ) 沖ノ鳥島　(キ) 佐渡《さど》島　(ク) 小豆《しょうど》島　(ケ) 宮島　(コ) 与那国《よなぐに》島

問3　次の表は，「北海道，東京都，愛知県の製造品出荷額等割合(2019年)」をまとめたものです。この表をもとに，①～④の文章について正しければ「○」を，正しくなければ「×」を答えなさい。

	北海道		東京都		愛知県	
製造品出荷額合計	61,336億円		74,207億円		481,864億円	
順位	種類	割合(%)	種類	割合(%)	種類	割合(%)
1位	食料品	36.3	輸送用機械	16.4	輸送用機械	55.4
2位	石油石炭製品	12.8	電気機械	10.6	電気機械	5.8
3位	鉄鋼	6.5	印刷	10.5	鉄鋼	5.0
4位	パルプ・紙	6.3	食料品	10.0	生産用機械	4.9
5位	輸送用機械	6.3	情報通信機械	6.5	食料品	3.6

（『データでみる県勢 2023』より作成）

①．北海道，東京都，愛知県において，食料品の出荷額は，北海道がもっとも多い。

②．愛知県の輸送用機械の製造品出荷額は，東京都の輸送用機械の製造品出荷額の30倍以上である。

③．北海道，東京都，愛知県において，食料品は製造品出荷額の上位5位以内にある。

④．機械類の製造品出荷額の種類は，「輸送用機械」と「電気機械」の二つに分けられている。

問４　次の①～⑥の問いに答えなさい。なお，①～④の問いには漢字で答えなさい。

①．日本アルプスのなかで南アルプスとよばれる山脈を答えなさい。

②．経度０度である旧グリニッジ天文台を通る経線の名前を答えなさい。

③．流域面積が日本最大の河川の名前を答えなさい。

④．200海里以上の遠方の海などで長期間操業する漁業を何とよぶか答えなさい。

⑤．北海道や東北地方，樺太《からふと》(サハリン)に住んでいた先住民族の名前を答えなさい。

⑥．地産地消ということばの意味を，30字以内で説明しなさい。ただし，句読点も１字に数えます。

2　次の[Ａ]～[Ｄ]の文章を読み，あとの問いに答えなさい。

[Ａ]

奈良時代，ききんや疫病《えきびょう》の流行によって人びとの不安が増大したため，(　１　)天皇は仏の力によって国家を守ろうと考えました。①平城京には，②東大寺が建てられました。また，③大仏も造られ，平城京を中心に仏教文化が栄えました。このころの文化を④天平文化とよびます。

[Ｂ]

⑤鎌倉《かまくら》時代，戦乱やききんがあいついだため，人びとは仏教に新たな救いを求めました。(　２　)は浄土宗《じょうどしゅう》を開き，念仏を唱えれば死後はだれでも極楽浄土に行けると説きました。(　３　)は時宗を開き，各地で踊《おどり》念仏による布教を続けました。一方，(　４　)は臨済宗を開き，自力でさとりを開くことを重視しました。

[Ｃ]

江戸時代末期，幕府を批判する動きが強まり，尊王攘夷《じょうい》運動がさかんになりました。大老の(　５　)は，幕府を批判する公家や大名，尊王攘夷派の藩士《はんし》を多数処罰《しょばつ》して，この動きをおさえようとしました。これを⑥安政の大獄《たいごく》とよびます。しかし，(　５　)は⑦1860年，この弾圧《だんあつ》に反発した者たちによって暗殺されました。幕府の権威《けんい》が低下する一方で，薩摩《さつま》藩・長州藩・土佐藩などの藩政改革に成功した藩が，政治に大きな影響《えいきょう》力をもつようになりました。

[Ｄ]

明治時代，紡績《ぼうせき》業などの軽工業を中心に，日本でも産業革命がはじまりました。1883年に開業した⑧大阪紡績会社は，輸入した綿花と欧米《おうべい》製の紡績機械を使って成功をおさめました。ついで政府は，重工業の基礎となる鉄鋼の国産化をめざし，(　６　)戦争で得た賠償《ばいしょう》金などをもとにして⑨官営八幡《やはた》製鉄所を設立しました。⑩1880年代には，多数の鉄道会社が設立されました。

問１　[Ａ]～[Ｄ]の文章中の(１)～(６)に適する人物の名前や語句を漢字で答えなさい。

問２　下線部①の「平城京」に関連する説明としてふさわしくないものを以下の(ア)～(エ)から一つ選び，記号で答えなさい。

(ア)　唐《とう》にならって寛永《かんえい》通宝などの貨幣《かへい》が発行された。

(イ)　唐の都の長安を手本としてつくられた。

(ウ)　平城宮には，天皇の住居である内裏《だいり》や二官八省などの役所があった。

(エ)　北部中央に平城宮が置かれ，その南に朱雀大路《すざくおおじ》が通り，これを中心として左京と右京に分けられた。

問3　下線部②の「東大寺」にある正倉院は，地面とゆかの間の高さが2.7mほどあります。なぜ，地面とゆかの間が高めにつくられているのかを20字以内で説明しなさい。ただし，句読点も1字に数えます。

問4　下線部③の「大仏」について，【X】【Y】の文章の正誤の組み合わせとして正しいものを以下の(ア)〜(エ)から一つ選び，記号で答えなさい。

【X】　東大寺の大仏は，僧の鑑真《がんじん》の協力のもとで造られた。

【Y】　東大寺の大仏は，日本一の高さをほこり，その像の高さは30mをこえる。

(ア)【X】正【Y】正　(イ)【X】正【Y】誤

(ウ)【X】誤【Y】正　(エ)【X】誤【Y】誤

問5　下線部④の「天平文化」の作品として正しいものを以下の(ア)〜(エ)から一つ選び，記号で答えなさい。

(ア)『古今和歌集』　(イ)『新古今和歌集』　(ウ)『徒然草』　(エ)『万葉集』

問6　下線部⑤の「鎌倉時代」について，【X】【Y】の文章の正誤の組み合わせとして正しいものを以下の(ア)〜(エ)から一つ選び，記号で答えなさい。

【X】　鎌倉幕府は，裁判をすみやかにおこなうために政所を設置した。

【Y】　御成敗式目は，土地をめぐる争いなど武士に関わる裁判を公平におこなうために制定された。

(ア)【X】正【Y】正　(イ)【X】正【Y】誤

(ウ)【X】誤【Y】正　(エ)【X】誤【Y】誤

問7　下線部⑥の「安政の大獄」で処罰を受けた人物で，萩《はぎ》の松下《しょうか》村塾《そんじゅく》で伊藤《いとう》博文らを育てた人物を以下の(ア)〜(エ)から選び，記号で答えなさい。

(ア)　大塩平八郎　(イ)　シーボルト　(ウ)　福沢諭吉《ふくざわゆきち》　(エ)　吉田松陰《よしだしょういん》

問8　下線部⑦の「1860年，この弾圧に反発した者たちによって暗殺されました」について，このできごとを何というか答えなさい。

問9　下線部⑧の「大阪紡績会社」の設立に関わり，2024年7月に発行される新1万円札の肖像《しょうぞう》に選ばれた人物の名前を漢字で答えなさい。

問10　下線部⑨の「官営八幡製鉄所」は，ある炭田の近くに建てられました。この炭田は明治時代の中ごろから開発され，1955年ごろまで日本一の出炭量をほこり，1976年にすべての炭鉱が閉山しました。北九州の工業に大きな役割を果たしたこの炭田を何というか，漢字で答えなさい。

問11　下線部⑩の「1880年代には，多数の鉄道会社が設立されました」について，1889年に官営の東海道線は新橋とどこを結んで開通したか，以下の(ア)〜(エ)から一つ選び，記号で答えなさい。

(ア)　青森　(イ)　神戸　(ウ)　下関　(エ)　長崎

3 2023年に起こったできごとに関する次の文章を読み，あとの問いに答えなさい。

3月17日，東京都から京都府へ(A)庁が移転し，業務を開始しました。これは明治時代以来初の，東京都以外への①中央省庁の移転となります。

②4月4日，北大西洋条約機構がフィンランドの加盟を正式決定しました。

4月6日，2025年に開催予定の国際博覧会(大阪・関西万博《ばんぱく》)において，会場内では現金を取りあつかわないことが発表されました。このような，クレジットカードや電子マネーなど，現金以外での支払いのことを一般に(B)決済といいます。

4月19日，国際連合は，③インドの人口が2023年半ばの時点で(C)を抜き，世界一になるとの推計を発表しました。

5月19日から21日にかけて，日本の広島県において，主要7か国首脳会議(G7サミット)がおこなわれました。G7サミットは(D)年に1回開かれ，主要7か国の首脳と(E)の代表者が出席します。このG7サミットにおける共同声明では，④持続可能な開発目標の達成を加速させることや，自由で開かれたインド太平洋の重要性が改めて表明されました。

6月16日，立憲民主党が提出した岸田文雄内閣への不信任決議案は，反対多数で否決されました。この時とちがい，もし内閣に対する不信任決議案が可決された場合は，内閣は(F)をするか，(G)日以内に衆議院を解散して選挙をおこなわなければなりません。

7月16日，日本やオーストラリアなど⑤環《かん》太平洋経済連携《れんけい》協定の加盟11か国は，ニュージーランドで開いた会合で，(H)の加入を正式に承認しました。

7月19日，6月に日本を訪れた外国人客数を政府が発表し，3年5か月ぶりに(あ)人の大台を超えました。その一方で，人気観光地では⑥オーバーツーリズムの問題が再び指摘《してき》されるようになりました。

8月8日に，ハワイの(い)で山火事が発生し，大規模な被害《ひがい》が出ました。

8月24日，東京電力は政府の方針にもとづき，福島第一⑦原子力発電所にたまる処理水の海への放出をはじめました。

9月1日，10万人以上が犠牲《ぎせい》となった関東大震災《だいしんさい》の発生から(う)年が経ちました。また，9月8日にはアフリカ北部の(I)で，マグニチュード6.8の大地震が発生し，大きな被害が出ました。

10月7日，パレスチナのイスラム組織ハマスが，(J)へ攻撃《こうげき》をしかけ，(J)はそれに報復(しかえし)したことにより，大規模な戦闘《せんとう》に発展しました。

問1 文章中の(A)～(J)に適することば・数字を答えなさい。ただし，(A)，(F)は漢字で，(B)はカタカナで，(D)，(G)は数字で，(E)はアルファベット2字で答えなさい。また，(C)，(H)，(I)，(J)は国名を答えなさい。

問2 文章中の(あ)にもっとも適する数字を以下の(ア)～(エ)から一つ選び，記号で答えなさい。

(ア) 100万　(イ) 200万　(ウ) 300万　(エ) 400万

問3 文章中の(い)に適する島の名前を以下の(ア)～(エ)から一つ選び，記号で答えなさい。

(ア) オアフ島　(イ) カウアイ島

(ウ) ハワイ島　(エ) マウイ島

問4 文章中の(う)に適する数字を以下の(ア)～(エ)から一つ選び，記号で答えなさい。

(ア) 50　(イ) 100　(ウ) 150　(エ) 200

問５　下線部①の「中央省庁」に関連する次の【Ｘ】【Ｙ】の文章について，下線部のことばが正しければ「〇」を，正しくなければ正しいことばを漢字で解答欄《らん》に書きなさい。

【Ｘ】　教育・文化・スポーツなどを担当する中央省庁は，厚生労働省である。

【Ｙ】　気象庁が所属している中央省庁は，国土交通省である。

問６　下線部②の「４月４日，北大西洋条約機構がフィンランドの加盟を正式決定しました」について，この時フィンランドは何番目の加盟国となりましたか。以下の㋐～㋓から一つ選び，記号で答えなさい。

㋐　11番目　　㋑　31番目　　㋒　51番目　　㋓　71番目

問７　下線部③の「インド」においてもっとも多くの人が信じている宗教を以下の㋐～㋓から一つ選び，記号で答えなさい。

㋐　イスラム教　　㋑　キリスト教　　㋒　ヒンドゥー教　　㋓　仏教

問８　下線部④の「持続可能な開発目標」の略称《りゃくしょう》(省略してよぶ名前)をアルファベット４字で答えなさい。

問９　下線部⑤の「環太平洋経済連携協定」の略称をアルファベット３字で答えなさい。

問10　下線部⑥の「オーバーツーリズムの問題」とはどのような問題のことか，35字以内で説明しなさい。ただし，句読点も１字に数えます。

問11　下線部⑦の「原子力」について，国際原子力機関の略称をアルファベット４字で答えなさい。

【理　科】〈第２回試験〉（40分）〈満点：80点〉

1　2023年に話題になった自然科学分野の出来事について，最も当てはまるものを選びなさい。

①　東京電力がALPS処理水の海洋放出を開始しました。放水に当たり，水中にふくまれる各放射性物質について，基準値を下回っていることを確認しています。

特に放射性物質の一つであるトリチウムについては，放水後に付近の海水について基準値を下回っていることが確認されています。トリチウムを放水後に測っている理由はどれですか。

ア．トリチウムと同じ性質を持つ放射性物質が存在するため

イ．トリチウムはじょう化設備で取り除けないため

ウ．トリチウムは自然界に存在しないため

エ．トリチウムの放射線が特に強いため

②　2023年８月に，世界で４か国目として月面への無人探査機の着陸に成功させたのはどの国ですか。

ア．日本　　イ．中国　　ウ．フランス　　エ．インド

③　2023年のノーベル生理学・医学賞を受賞したカタリン・カリコ氏とドリュー・ワイスマン氏の受賞理由となった研究はどれですか。

ア．新型コロナウイルス用のワクチンを開発したこと

イ．新型コロナウイルスに有効な治《ち》療《りょう》薬を開発したこと

ウ．mRNAによる炎症《えんしょう》反応などの免疫《めんえき》反応をおさえる物質（方法）を発見したこと

エ．効果的な臓器移植の方法を発見したこと

④　2023年の暑さに関する記録のうち<u>正しくない</u>ものはどれですか。

ア．東京の７月の猛暑《もうしょ》日の日数が統計を取り始めてから最多だった

イ．東京の熱帯夜の日数が統計を取り始めてから最多だった

ウ．東京の10月に真夏日があった

エ．東京の11月に夏日があった

2　理科の授業で地層を作る実験と地層が変形する実験をしました。

問１　図に示す二つの実験を行った結果，土砂が砂，どろ，れきの三つの部分に分かれてたい積しました。A～Cに当てはまるたい積物の名前をそれぞれ答えなさい。

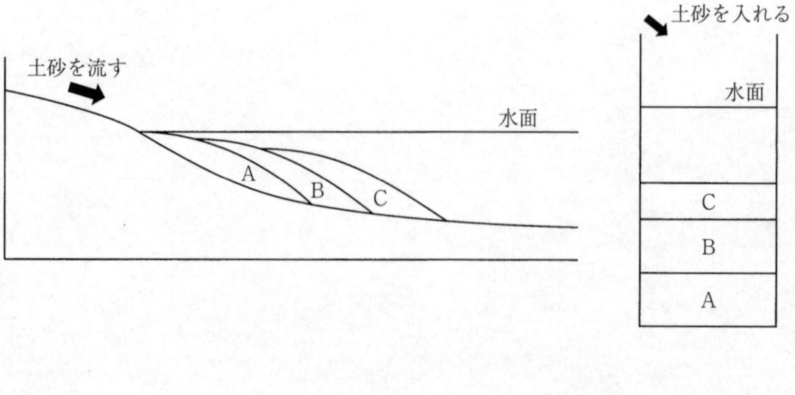

問２　図のような山から平野に変化するところでの土砂のたい積のしかたで正しいものを一つ選びなさい。ただし，A，B，Cは問１と同じものを示します。

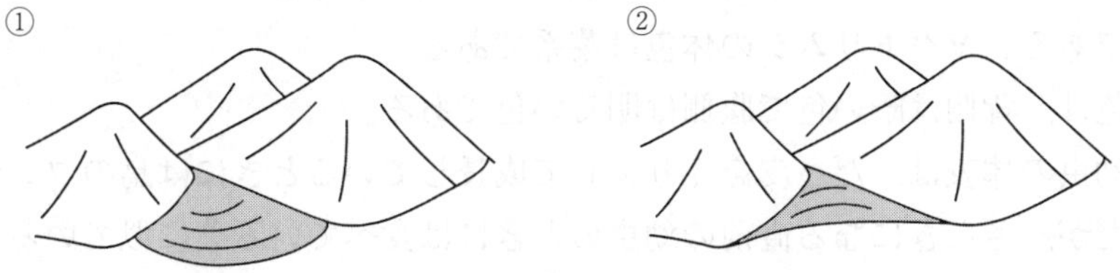

ア．①のようにAがたい積する。　イ．①のようにBがたい積する。
ウ．①のようにCがたい積する。　エ．②のようにAがたい積する。
オ．②のようにBがたい積する。　カ．②のようにCがたい積する。

問３　問２の地形では，農業として果樹園が適しているとされます。その理由を答えなさい。

問４　しゅう曲の様子を色のちがうねん土の板を重ねて再現しました。両手で力を加える方向として正しいものを一つ選びなさい。

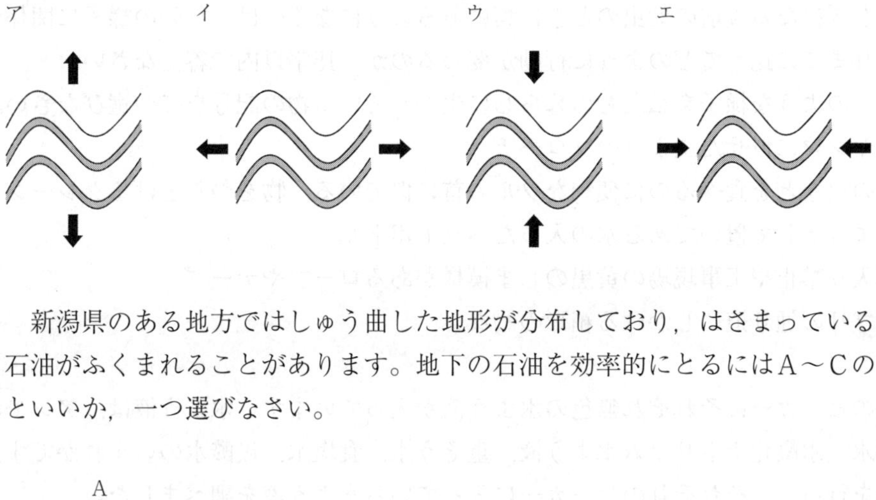

問５　新潟県のある地方ではしゅう曲した地形が分布しており，はさまっている地層に地下水と石油がふくまれることがあります。地下の石油を効率的にとるにはA～Cのどの場所をほるといいか，一つ選びなさい。

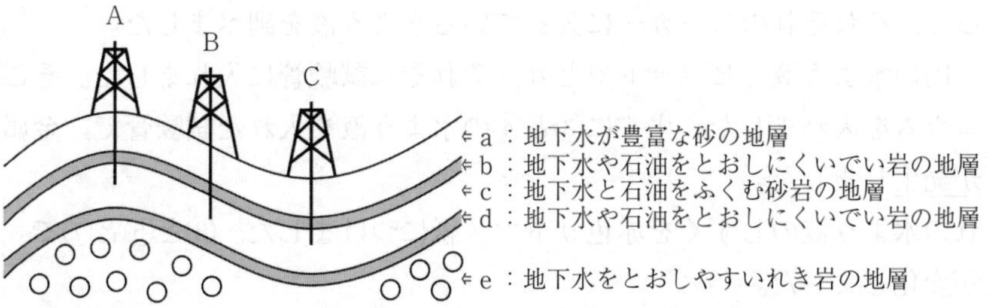

問６　問５の理由として当てはまるものを一つ選びなさい。

ア．石油と水は混ざらないから。

イ．石油は水より重いから。

ウ．石油は水より軽いから。

エ．石油は水よりねばり気があるから。

3　動物は生きていくために体表の様子をさまざまに変化させて適応しています。次はその例です。

A　ハナアブの体にはスズメバチのような黄色と黒色のしま模様がある。

B　シャクガの幼虫であるシャクトリムシの体色は茶系である。

C　アジやサバの体色は，背側は暗い色で腹側は明るい色である。

D　アゲハチョウの幼虫の体表は，だっ皮をくり返して成長しているときには鳥のフンが並んでいるような様子だが，さなぎになる直前の幼虫のときには食べている葉に似ている。

E　ニホンアマガエルの体色は，葉の上では緑系，地面では茶系である。

問１　A～Eの体表の様子について，他とは理由が異なるものを一つ選びなさい。

問２　Cで腹側が明るい色であることにはどのような効果があるか，一つ選びなさい。

ア．光を反射して底の方が明るく見える。

イ．海面方向の明るさと区別がつきにくくなる。

ウ．異性にみ力をアピールする。

エ．自分のなわ張りを主張する。

問３　Cで背側が暗い色であることにはどのような効果があるか，15字以内で答えなさい。

問４　Dでさなぎになる直前の幼虫のときに葉に似るようになるのは，行動の様子に関係があります。それまでに比べてどのように行動が変わるのか，15字以内で答えなさい。

問５　動物のこのような様子を私たちの暮らしに生かしている物の記号を二つ選びなさい。

ア．オニヤンマに似せた虫よけのブローチ

イ．水底の虫などを食べるのに便利なツルの首に似ている，物をつり上げるクレーン

ウ．ネコよけとして置いてある水の入ったペットボトル

エ．立ち入り禁止や工事現場の黄黒のしま模様があるロープやテープ

オ．ゴキブリの通り道にしかける箱形のわな

4　①から⑦のビーカーにそれぞれ無色の水よう液が入っています。水よう液は，アンモニア水，塩酸，砂糖水，水酸化ナトリウム水よう液，重そう水，食塩水，炭酸水のいずれかです。次のような実験を行って，それぞれのビーカーに入っている水よう液を調べました。

［実験１］　ビーカー内の水よう液をピペットでとり，それぞれ試験管に入れました。そこに金属のアルミニウムを入れました。すぐに③と④の水よう液を入れた試験管で，金属から激しく気体が発生しました。

［実験２］　それぞれの水よう液のしずくを赤色リトマス紙につけました。③と⑤と⑦で，リトマス紙の色が変化しました。

［実験３］　それぞれの水よう液のしずくを青色リトマス紙につけました。②と④で，リトマス紙の色が変化しました。

［実験４］　それぞれの水よう液のにおいをかぎました。④と⑦でつんとしたにおいを感じました。

問１　中性の水よう液が入ったビーカーの番号を全て選びなさい。

問２　一つのビーカーのかべには常にあわ(気体)がついていました。そのビーカーの番号を答えなさい。

問３　［実験１］の下線部の気体は何かを調べるための実験方法を答えなさい。

問４　[実験１]～[実験４]だけでは二つの水よう液の判定ができません。それはどれとどれか，ビーカーの番号を答えなさい。

問５　問４の二つを判別するためには，どのような実験をすればよいか答えなさい。また，その結果がどのようになると判別ができるのか答えなさい。

問６　[実験１]～[実験４]で使用した薬品や実験道具を下のわく内に示しました。使用したのに示されていない実験道具が一つあります。その実験道具を選びなさい。

赤色リトマス紙	青色リトマス紙	ビーカー	試験管
ピペット	雑きん	保護メガネ	ガラス棒
ろ紙	試験管立て	７種類の水よう液	アルミニウム

ア．コンロ
イ．磁石
ウ．ピンセット
エ．ろうと

5　昨年もアメリカのプロ野球で大谷選手がホームランを何本も打って，活やくしました。ホームランが多いだけでなく，飛きょりが大きいことも話題になりました。飛きょりがどれくらいになるのかインターネットで調べてみると，計算で求めることができるサイトを見つけました。

図のようにバットに当たった直後のボールの速さと，打ち出した角度で飛きょりが決まることがわかりました。打ち上げられて落ちてきたボールが，バットに当たったときの高さと同じ高さになるところまでの直線きょりを飛きょりにしています。また空気のえいきょうはないものとしています。

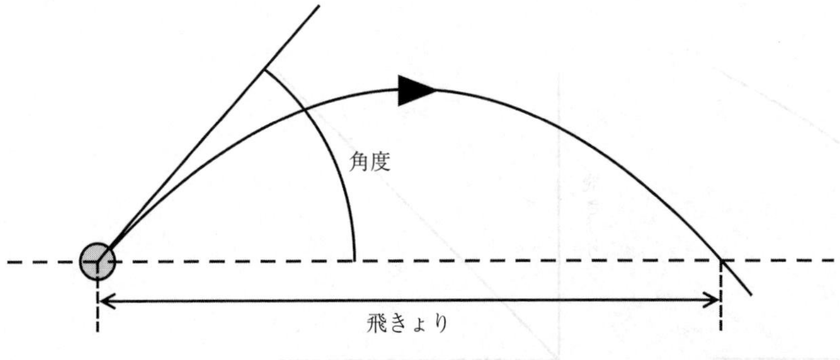

速さと角度にいろいろな数値を当てはめて計算すると，次の表のようになりました。たい空時間も計算できるので，同じように表にまとめました。速さが100km/時のときの飛きょりも計算しましたが，ホームランになりそうもないので，たい空時間は計算しませんでした。表のかっこ内のkm/時は１時間当たりに進むきょりを表します。

[角度が30度のとき]

速さ(km/時)	飛きょり(m)	たい空時間(秒)
100	68	
120	98	3.39
140	133	3.96
160	174	4.52

[角度が45度のとき]

速さ(km/時)	飛きょり(m)	たい空時間(秒)
100	79	
120	113	A
140	154	5.60
160	201	B

[角度が60度のとき]

速さ(km/時)	飛きょり(m)	たい空時間(秒)
100	68	
120	C	5.88
140	133	6.86
160	174	7.84

問１　表のＡ～Ｃに当てはまる値をそれぞれ答えなさい。

問２　角度が一定の場合，速さと飛きょりの関係をグラフで表すと，どのようになるか選びなさい。

ア

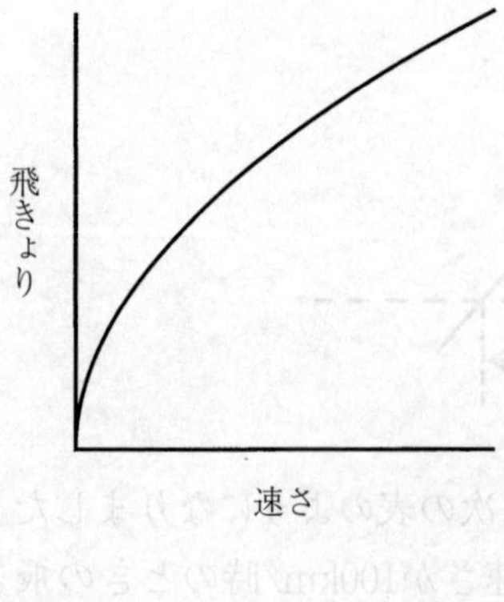

イ

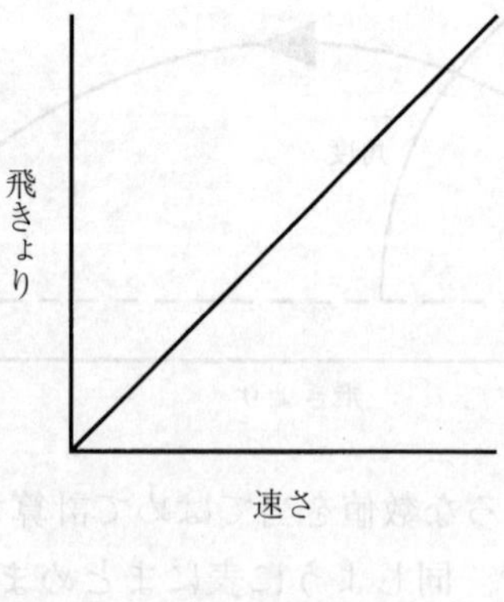

ウ

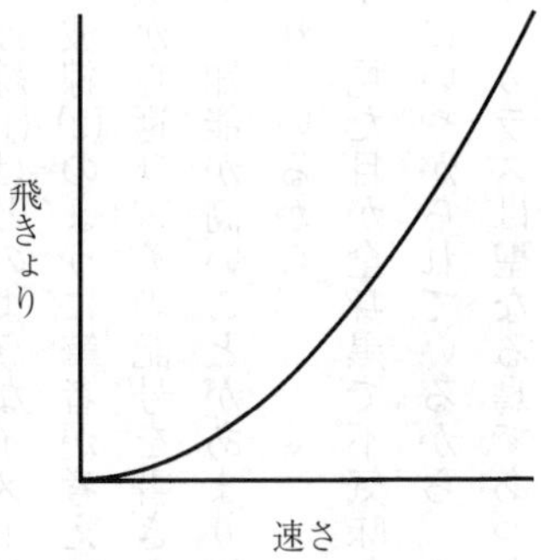

エ

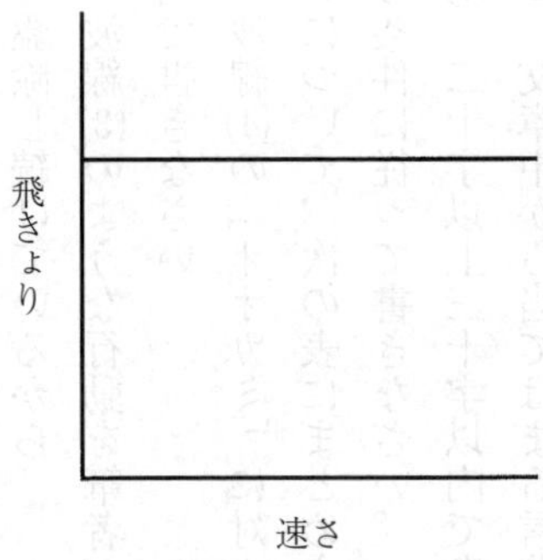

問3　角度が一定の場合，速さとたい空時間の関係をグラフで表すと，どのようになるか選びなさい。

ア

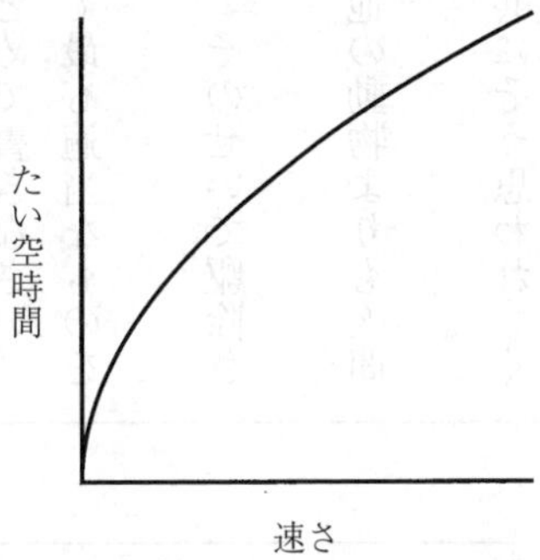

イ

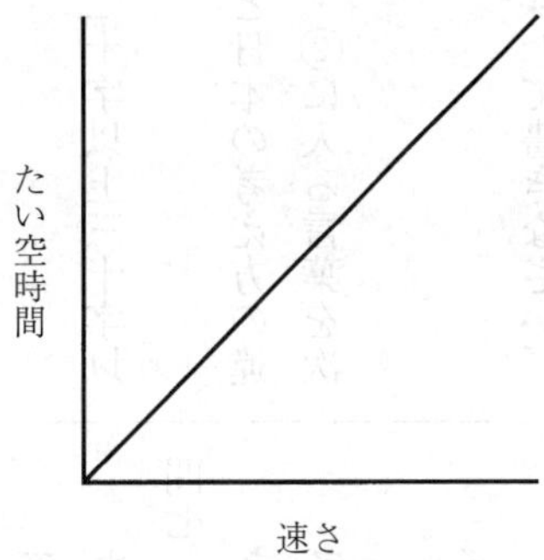

ウ

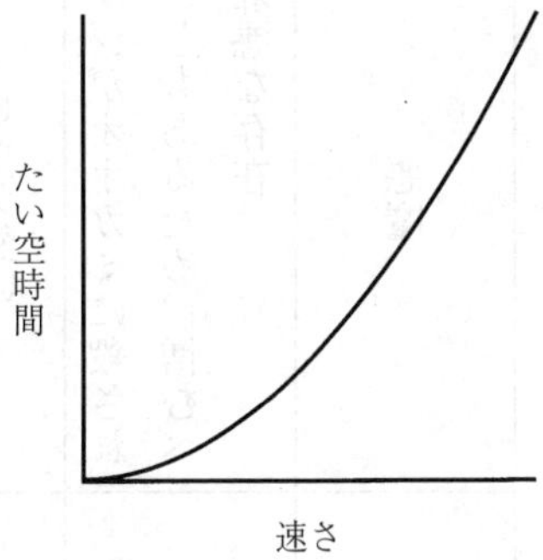

エ

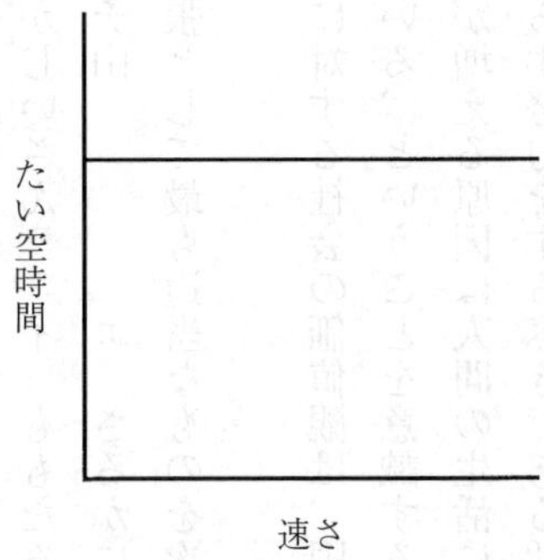

問4　実際のホームランの飛きょりは，風によって変わりますが，無風のときでも実際のホームランの飛きょりは計算で求めた飛きょりよりも小さいことがほとんどです。その理由を簡単に答えなさい。

ウ　A　つまり　B　しかし
エ　A　ところで　B　そして

問二　波線(1)はどのようなイメージか、一行でまとめて書きなさい。

問三　波線(2)のように筆者が考えている理由として最も適当なものを次から選び、その記号を書きなさい。
ア　知能が高いことがあまり知られておらず、そのせいで駆除されているから。
イ　見た目が全身黒で不気味というだけで、他の動物よりも人間にいやがられているから。
ウ　カラスは聖なる鳥であったのに、時代と共にそう思われなくなっているから。
エ　カラスが増えた原因は人間にあるのに、その人間がカラスを駆除し続けているから。

問四　波線(3)のような行動を筆者が行った理由を二十字以上三十字以内で書きなさい。

問五　波線(4)の「オオカミ」に対するヨーロッパと日本の考え方の違いについて、次の表にまとめました。表の①・②に入る言葉を次の条件に従って書きなさい。
①　二十字以上三十字以内で書きなさい。
②　文章中から当てはまる言葉を漢字二字で探して書きなさい。

	ヨーロッパ	日本
農業	ヒツジ飼い	稲作
オオカミの印象	ヒツジがオオカミに殺されることもあるため、憎むべき邪悪な存在。	①
オオカミの存在	悪魔	②

問六　【C】に当てはまる昔話として最も適当なものを次から選び、その記号を書きなさい。
ア　はなさかじいさん　イ　ももたろう
ウ　カチカチ山　エ　さるかに合戦

問七　筆者の主張として最も適当なものを次から選び、その記号を書きなさい。
ア　生き物に対する社会の価値観は、国や地域が異なっていても共通している、ということを意識する必要がある。
イ　カラスが増える原因は人間の生活にあるため、人間はカラスの数を減らす努力をするべきである。
ウ　カラスや糞虫を不愉快な生き物と考えるのは、まちがったイメージによる偏見である。
エ　生き物は人間の生活に必要な役割を担っているため、どのような場合でも駆除しない方がよい。

では縁起（えんぎ）が良いとされるそうです。これらがまったく根拠（こんきょ）のない偏見であるのは明らかです。

　このことからわかるのは、実態を知らないで無批判に言われていることを受け入れるとまちがったイメージを持つ、つまり偏見を持つということです。その偏見の大半は後天的に社会、とくに家庭で「教えられる」ことによるものです。

　その典型的な例は(4)オオカミだと思います。オオカミは大きく、頭の良い肉食獣（にくしょくじゅう）です。人には困難なシカの捕獲（ほかく）をやすやすとおこないます。

　中世のヨーロッパではヒツジを飼う農業をしていましたから、そのヒツジがオオカミに襲（おそ）われ、殺されることがありました。それを見た農民は憤（いきどお）り、オオカミを憎（にく）みました。そしてオオカミを邪悪（じゃあく）な動物として扱（あつか）うことが多いキリスト教の影響もあって、オオカミは悪魔（あくま）のような存在になりました。このことから、後の時代に北アメリカに渡（わた）ったヨーロッパ人はオオカミを見れば殺すことを当然と考え、多くの州でオオカミが絶滅（ぜつめつ）しました。

　一方、日本の農業は稲作（いなさく）です。中世の農民は米をネズミに食べられ、田んぼのイネをイノシシやシカに食べられることに悩（なや）まされていました。ネズミを食べさせるためにネコを飼ったし、ネズミを食べてくれるキツネをありがたく思い、キツネは稲荷（いなり）神社に祀（まつ）られました。オオカミは家畜（かちく）を襲うので恐（おそ）れられもしましたが、イノシシやシカを殺すのでありがたがられもしました。埼玉県（さいたまけん）の三峯（みつみね）神社のようにオオカミを祀る神社があります。

　しかし明治時代になって、日本のオオカミは絶滅します。その理由は不明ですが、私はその理由を、明治時代に西洋の価値観が導入され、その中にオオカミを描（か）いた童話があって、その影響で日本人もオオカミは悪魔のような動物だと偏見を持つようになったからではないかと考えています。

　この比較（ひかく）は、同じオオカミが農業の違（ちが）いによって西洋では悪魔になり、日本では神様になったことの好例だと思います。思えば「因幡（いなば）の白ウサギ」や「【Ｃ】」のような神話や昔話に出てくるウサギは嘘（うそ）つきで性悪（しょうわる）に描かれており、今の日本人の感じ方とは違うようですし、タヌキも「【Ｃ】」では農民にとっては作物を食べる害獣ですが、「ぶんぶく茶釜（ちゃがま）」ではお人好しの存在に変化したようです。

　農民にとって作物を食べる野生動物は憎むべき存在ですから、その害獣を食べてくれる肉食獣は仲間、あるいは自分たちを助けてくれる存在です。そこに見た目でかわいいとか、気味が悪いということもあったとしても、生産活動に実害があるかどうかというリアルな価値観があります。

　こうして形成された価値観は尊いものだと思いますが、同時に、そこに偏見があることも、また見逃（のが）してはならないと思います。

高槻成紀『都市のくらしと野生動物の未来』による

＊貪欲　なかなか満足せず、さらに欲しがること。
＊駆除　その動物をおいはらうこと。
＊膨大　非常に多いこと。
＊飽食　あきるほどお腹いっぱいになるまで食べること。
＊偏見　かたよった見方・考え方。

問一　【A】【B】に入る言葉の組み合わせとして最も適当なものを次から選び、その記号を書きなさい。

ア　A　ただし　B　また
イ　A　そこで　B　なお

て調べられたカラスの知能は驚(おどろ)くべきものです。樋口広芳(ひぐちひろよし)著の『ニュースなカラス、観察奮闘(ふんとう)記』には、カラスのじつに頭のよい行動が紹介されています。例えば公園の水飲み場の水道に来て、蛇口(じゃぐち)をひねって水を出して飲むというのです。それどころか、水浴びをするときは蛇口を大きく回して出てくる水の量も変えるというのだから驚きます。

またクルミは栄養のある果実ですが、殻(から)が硬(かた)いので、とてもカラスが割れるものではありません。ところがカラスはクルミを交差点の自動車が通るところに置いて、自動車が通り過ぎたあと、轢(ひ)かれて割れたクルミの中身を食べるそうです。

そのほか、石鹸(せっけん)やロウソクを持ち去るとか、巣材にハンガーなどを使うなど、いろいろな悪さをするそうです。驚かされるのは、そのどれも新しいものに出会ったときに工夫をして利用する、いわば「開発能力」が優(すぐ)れていることです。

東京のカラスの＊駆除(くじょ)については、都民からとくに反対はないようです。その数は年間1万5000羽にもなり、5000万円もの費用がかかっているにもかかわらず、です。もしシカやクマが駆除された場合なら、必ず「殺すなんて残酷(ざんこく)だ」と批判があります。私は、このことはやはりカラスに対してあまり良い印象が持たれていないからだと思います。

しかし考えてみてください。すべての動物と同じく、カラスは生きるために最大限の努力をして食物を確保しています。その食糧(しょくりょう)事情が良くなった結果、数が増えたのですが、その食糧であるゴミは、東京に＊膨大(ぼうだい)な量の食物が国の内外を問わず持ち込(こ)まれ、人が＊飽食(ほうしょく)して出した残飯にほかなりません。

つまりカラスを増やしたのは人間です。もっと正確にいえば、人間の浪費(ろうひ)というおこないです。その結果増えたカラスを、「迷惑をかける害鳥だ」として多数駆除しているのです。(2)これは客観的に見て、公平とはいえないでしょう。

見るともなく見て「カラスは黒くてゴミをあさる、いやな鳥」と感じるのと、自分で観察してカラスの実態を知るのとでは、カラスに対する見方はまるで違(ちが)うものになります。自分で観察しなくても、本を読んだり、きちんとネットで調べたりすれば、その動物についての正しい知識を得ることはできます。正しく知れば、その動物の存在が大きく感じられます。

私がみなさんにお願いしたいのは、どういう動物に対してでも、知らないままに、「汚(きたな)い、醜(みにく)い、気味が悪い」などマイナスなイメージを持たないでほしいということです。もしみなさんがこれまで糞虫やヘビやカラスにマイナスなイメージを持っていたとすれば、それは初めからではなく、育つ中で間違(まちが)ってそのようなマイナスイメージを「学んでしまった」からです。

(3)私は大人がいやがる糞虫を小学校低学年や幼稚園(ようちえん)児に見せて、触(さわ)らせたことがあります。糞虫だから気持ち悪いという子がいるのではないかと思っていましたが、どの子もいやがることはまったくありませんでした。このことから、子供はもともとは＊偏見(へんけん)を持っていないのに、周りの大人が偏見を教えることでまちがったイメージを持つようにもなるし、逆に、正しく伝えることで、不愉快(ふゆかい)と感じることを乗り越(こ)えることもできるのだと思いました。

誰(だれ)でも自身が育った社会の価値観の影響(えいきょう)を受けます。古代の日本人はカラスを聖なる鳥と思ったようですが、今はそうではありません。コウモリは不気味な動物とされていますが、コウモリの漢字である「蝙蝠」の「蝠」は「福」と通じることから、中国

ウ　早緑の言葉で我にかえって、冷静に自分の状態がわかったから。

エ　自分で自分のことがよくわからないほど動揺(どうよう)していたから。

問三　【A】に入る言葉として、最も適当なものを次から選び、その記号を書きなさい。

ア　ほっとした　イ　いらっとした

ウ　がっかりした　エ　どきっとした

問四　波線(3)のように六花がなった理由を一行で書きなさい。

問五　【B】に入る言葉として、最も適当なものを次から選び、その記号を書きなさい。

ア　うやうやしく　イ　しらじらしく

ウ　うらみがましく　エ　おんきせがましく

問六　波線(4)のとき、早緑の声がとげとげしい声になってしまった理由として、最も適当なものを次から選び、その記号を書きなさい。

ア　自分にないものをもっている六花がうらやましかったから。

イ　黒野にいやみを言われているようで、いらいらしたから。

ウ　六花と、もう友だちでないことを少しさびしく思ったから。

エ　六花のことがきらいで、なかなおりをするつもりがないから。

問七　【C】に入る言葉として、最も適当なものを次から選び、その記号を書きなさい。

ア　いじらしく、後ろを向いて

イ　照れたように、でもまっすぐに

ウ　はずかしそうに、顔を手でかくして

エ　しおらしく、うつむいたまま

問八　この文章を「六花が～物語。」という一文でまとめなさい。ただし、「～」に入る言葉は三十字以上四十字以内とします。

三　次の文章を読んで、後の問いに答えなさい。

タヌキはお人好(よ)し、糞虫(くそむし)は不潔なムシとされますが、ではカラスはどうでしょう。童謡(どうよう)に歌われる「七つの子」のカラスはのどかな雰囲気(ふんいき)ですが、カラスが好きという人は多くありません。その理由は、やはり全身が真っ黒な見た目によるものでしょう。

またカラスはゴミあさりに見るように雑食性であり、＊貪欲(どんよく)な食べ方をします。そして動物の死体を食べることもありますし、死にそうな動物を攻撃(こうげき)して殺すこともあります。こうしたことを知っていた昔の人は、カラスを不気味な鳥と考えたようです。

【A】単にいやな鳥というだけではなく、カラスは不思議な能力を持つ存在というイメージでもあったようです。日本でも古代にはカラスは聖なる鳥だったようで、神話に登場する三本足のヤタガラスは、不思議な能力を備えた神の使いとされていました。

【B】、聖書にあるノアの方舟(はこぶね)の話では、洪水(こうずい)の後、陸があることを伝えにハトが戻って来ることが書かれていますが、ノアが最初に放ったのはカラスで、カラスは「地上の水が乾(かわ)くのを待って、出たり入ったりした」と書いてあります。

そのあとでハトを放ったら、ハトは戻ってきました。不気味な鳥であるカラスは戻らず、清い鳥とされるハトが戻ってきたところに、不安から希望への変化が象徴(しょうちょう)されているのかもしれません。

いずれにしてもカラスは特別な鳥で、不気味さの方が勝(まさ)るように思います。少なくとも現在の日本ではゴミ問題とも相まって、迷惑(めいわく)でいやな鳥と感じられているようです。

(1)そのようなイメージを持たれるカラスですが、動物学の対象とし

急に、そんなことを考えた。走ることが得意だと思ったから？　たぶんそう。人よりはちょっぴり、得意だと思ったから。

ほんとはそれほど、好きじゃなかったのに。

「好きなものがない人は、得意なものがない人は、どうしたらいいんだろう……」

言ってから、なんか、情けないなって、自分でも思った。

だけど、黒野は肩(かた)をすくめて、こう言ったの。

「べつになくてもいいと思うけど」って。

なにそれ、と思って、あたし、食いさがったの。

「あたしは、ほしいよ。好きなもの。得意なもの」

「じゃあ、そうしたら？」

「え？」

「好きなものがほしい。得意なものがほしい。じゃあ、そのために努力すればいいだろ。ちゃんと、それは努力の理由になるよ」

「だけど、努力すれば……なんとかなるのかな」

そしたら黒野はさ、まぶしそうに六花のほうを見たんだ。

「白岡六花がコンクールで賞をとったのだって、ああやって努力を続けているからだろ」

「だからさ、あたしは思ったの」

公園のすみっこ。並んですわったベンチ。

夕日の光を浴びて、早緑は言った。

「やっぱり、がんばらなきゃだめだ、って。今、ここで逃げたくない。あたしには、まだ六花に話しかける資格がないや、って。そのときの自分は、六花に誇(ほこ)れるような自分じゃなかったから。だから、がんばろう、って。次に六花と話すときは、胸を張れるような自分でいたかったから。そうなりたいと思えたから」

早緑は笑った。きらきらと、かがやくような顔で、笑った。

「それから、すこしずつ、あたし、陸上が好きになった。走ることが、っていうか、走ることに打ちこむ自分のことが、好きになっていた。だから」

涙(なみだ)ですっかり塩っ辛(から)い顔になった私に、早緑は言った。

「だから、今のあたしがあるのは、六花のおかげ」

私はうなずく。「今は、じゃあ、楽しい？」

「うん。すっごく。胸を張って、そう言えるよ。だからさ」

なかなおりしよう。

【　Ｃ　】そう言った早緑の瞳の色に、私は思いだす。

あの日、早緑が話しかけてきてくれたときのことを。

そして、ついさっき、ようやく気づいたほんとうの気持ち──私の心をとらえていたシロクマの正体を。

──早緑の「ガハクじゃん！」って言葉がなければ、きっと今の私もないよ。

村上雅郁『きみの話を聞かせてくれよ』による

＊ガハク　画伯のこと。絵画に長じた人。

問一　波線⑴で早緑は六花に言いたいことを言おうとしますが、このようなことができるようになった理由を四十五字以上五十五字以内で書きなさい。

問二　波線⑵の文末に「らしい」という言葉が使われている理由の説明として、最も適当なものを次から選び、その記号を書きなさい。

ア　早緑の言葉を聞き逃すまいと、心も体も集中していたから。

イ　自分が逃げだすのを必死におさえようと、神経を使っていたから。

のほうは、かえって落ちついたみたいだった。それがちょっとだけ癪(しゃく)に障(さわ)る。

　私はハンカチを顔に押(お)しつけてくる早緑の手をぎゅっとにぎった。

「……もっと、もっとはやく言ってよ」

　私のせいなのに。

【Ｂ】、私はつぶやく。そんなことを言う資格、ひとつもないのに。

「何度も言おうと思ったよ。だけど、うん……やっぱりさ、こういうのって、しかるべきときってもんがあるじゃん？」

「なに、それ」

　ちいさくはなをすする私に、早緑はうなずいた。

「一年の三学期に、決めたの。その日、六花に会いに行こうと思った。ちゃんと、話をしなきゃって。だけど、美術部に行ってもいなくてさ。小畑先輩が、体育館に行ったよ、って教えてくれて。で、行ったんだけど、やっぱり話しかけられなかった」

　早緑は思いだすような目をした。

「体育館で、剣道(けんどう)部が練習してて。ほら、ウサギ王子とかといっしょに、エビユや本多くんが大声出しながら竹刀(しない)でばしばしやってて。で、すみっこで、それを見ながらさ、一心不乱って感じで、六花は絵を描いてた。もうさあ、眼鏡のおくで、目がぎらぎらしてて。あたし、思いだしたんだ」

「なにを？」

　早緑は照れたように笑った。

「はじめて、六花に話しかけたときのこと。シロクマの絵がじょうずだねって、ほめたこと。六花の顔がパッと明るくなって、それがびっくりするほどかわいらしくて。友だちになりたいって、思ったこと」

　それから私をまっすぐに見て、言った。

「体育館のすみで、そんなことを考えてたら――ほら、おなじクラスのさ、黒野っているじゃん？　剣道部の。幽霊(ゆうれい)部員。前髪(まえがみ)の長い、ちょっとひねくれた感じのやつ」

　黒野くん……私の中で、見えていなかったなにかがつながっていく。なにも言えないでいる私に、早緑はうなずいた。

「あいつがふらっと歩いてきて、あたしに言ったんだ」

「えらいよな、白岡六花。美術部、ゆるい部活なのに、ひとりだけ毎日スケッチして、先生に意見聞いて。ほかの部員たちに煙(けむ)たがられても、負けないでまじめにやってる」

　あたしはうなずいて、ちいさな声で言った。

「……六花は、絵を描くのが、ほんとうに好きだから」

　(4)だけど、自分の声が、どこかとげとげしてる気がして、いやになった。そしたら、黒野のやつ、こんなことを言ったの。

「好きだから努力できるのか、努力できるから好きなのか……鶏(にわとり)が先か卵が先か、みたいな話だよな」

　あたし、よくわからなくって。どういうことって、たずねたの。

　黒野、笑って言った。

「ほら、好きだから続けられる。だからうまくなるっていうのはたしかにあるけどさ、そもそも、ある程度うまくないと、好きにはなれないじゃん？　自分でへたくそだなあって思って、人から向いてないって言われて、それでも絵を描くのが好きとかさ。ちょっとむずかしいよな。苦手なことに立ち向かうのは、それだけでストレスだろ」

　そんなふうに。

　その言葉が、すごく響(ひび)いた。なんだろ、いくら走っても、みんなに追いつけない自分のことを言われているみたいに、思えた。

　あたし、なんで走ってるのかな。

「……私とけんかしてから、ってこと？」

早緑は首を横にふった。

「ううん、ちがうちがう。そうじゃなくて、そのまえから」

「そっか……うん」

ちょっぴり期待して、それから【 A 】自分が、ひどくはずかしい。

って……え？

「私とけんかする、まえ？」

早緑はうなずく。

「陸上部の練習が、いやでいやで。みんな、あたしよりずっと足が速くてさ。練習もきつくて、ぜんぜんついていけなかった。先輩(せんぱい)こわいし。しょっちゅうおこられてたし。ほんと、毎日毎日、つらくてしょうがなくて。家でめそめそ泣いてたの」

私はとなりを見た。なつかしい、早緑の横顔。遠くを見つめる黒い瞳(ひとみ)。

「でも、六花には言えなかった。そんなこと、ぜったい言えなかった。はずかしかったから。一生懸命(けんめい)、絵を描いて、努力を楽しむことができる六花に、そんなこと、言えなかった。まぶしかったよ。あたしは六花のことが、ずっとまぶしかった……だからさ、あの日。あたし、責められてるような、そんな気がしちゃったんだよ」

——ばかみたい。まじめにやらないなら、やめたらいいのに。

あの日、自分が放った言葉が、どこか遠くで響(ひび)いた。

早緑はちいさく笑った。ぽつぽつ、抱(かか)えていた気持ちをこぼすように、言葉をつむぐ。

「あたしもさ、意地になっちゃって。あたしのことじゃないのに。六花がきずついていたの、わかっていたのに。でも、あたしもさ、あのとき、ほんとにつらかった。大好きだった友だちに、自分のことを否定されているような気持ちがしてさ。だから、あんなこと言っちゃった。六花に、ひどい言い方、しちゃった。ほんとうに……」

そう言って、おずおずとこちらを見た早緑の顔が、固まる。

「六花？」

「……ごめん」

「え、いや、ごめんごめん。あの、なに？ 泣かないで。ちょっと……あ、ハンカチ」

あわあわとポケットをさぐる早緑。(3)私はふるえていた。景色がにじんで、ぼろぼろとこぼれて、息をするのもつらかった。

なにが、「わかりあえない」だ。

わかろうとしなかったのは、私のほうだった。

自分のことでいっぱいいっぱいで、早緑の気持ち、考えたこともなかった。

さんざん被害(ひがい)者のような顔をしてたくせに、ほんとうに悪いのは私だった。

私、早緑のこと、きずつけてたんだ。

「ほら、ちょっと眼鏡外して。あ、鼻もたれてるよ、もう……」

そう言って、私の顔をハンカチでぬぐう早緑。私はしゃくりあげながら、くり返す。

「ごめん。ごめんね、早緑。ほんとうにごめんなさい……ごめんなさい……」

「ううん、いいから。もういいんだよ。あたしこそ、ごめん……ああ、まずったな。泣かれると思わなかった。っていうか、六花も泣くんだね。はじめて見たよ」

あはは、と軽(かろ)やかに笑う早緑。

なんだろう、私が取り乱したせいで、さっきまで緊張していた早緑

2024年度 学習院中等科

【国　語】〈第二回試験〉（五〇分）〈満点：一〇〇点〉

〔注意〕字数が決まっている問いについては、「、」や「。」も一字と数えます。

一　次のぼう線部のカタカナを漢字で書きなさい。

① むだをハブく。
② 円のハンケイを測る。
③ 絹糸でオる。
④ 器具をテンケンする。
⑤ 畑にヒリョウをまく。
⑥ 夕日にソまる空。
⑦ 友人にチュウコクする。
⑧ バクマツの時代。
⑨ セイジツな人。
⑩ 試合をヨクジツにのばす。

二　次の文章を読んで、後の問いに答えなさい。

中学二年生の白岡六花（しらおかりっか）は美術部に所属していて、同級生の春山早緑（さみどり）に、自分が描（か）いたシロクマの絵を「＊ガハクじゃん！」とほめられたことをきっかけに、親友になりました。美術部は、まじめに活動しない部員が多く、六花は早緑に共感してもらえると思い、「――ばかみたい。まじめにやらないなら、やめたらいいのに」と話しました。ところが早緑に「そんなの、しょうがないよって」「だって、六花みたいに、才能がある子ばかりじゃないでしょ」と言われてしまい、それ以来、六花は、おたがいにわかりあえないと感じ、二人のなかは悪くなってしまいました。六花はなかなおりしたいと思っていて、同級生の黒野良輔（りょうすけ）に相談したら、「――じゃ、なかなおりのチャンスが来たら、逃（のが）すんじゃないぞ」と言われました。以下は六花と早緑がぐう然、公園で出会った場面です。

「(1)あのね、六花。あたしさ、ずっと言いたかったことがあって」

その真剣（しんけん）な声に、覚悟（かくご）を決めたような表情に、さっと心が冷えるのを感じた。無意識に体がぎゅっと縮こまって、(2)ようするに私はこわがっているらしい。

わかったからだ。早緑が、あの日の続きを話そうとしているって。

逃（に）げだそうかと、一瞬（いっしゅん）思った。

このまま立ちあがって、ふり返らずに立ち去ってしまおうか、と。

だけど……。

――じゃ、なかなおりのチャンスが来たら、逃すんじゃないぞ。

「……なに？」

しぼりだした声はかすれていた。早緑はうなずく。

「あの、こんなこと今言ってもしょうがないのかもしれない。六花のこと、こまらせたらごめん。でも、言わなきゃって、ずっとずっと、そう思ってた」

何重にも予防線を張るように前置きをしてから、早緑はためらいがちに言った。

「あたしさ……ほんとのこと言うと、毎日泣いてたんだ。あのころ」

泣いてた？

2024年度

学習院中等科 ▶解説と解答

算　数 ＜第2回試験＞（50分）＜満点：100点＞

解　答

1 (1)　30　(2)　9.4　(3)　$1\frac{1}{8}$　(4)　6.4　**2** (1)　24日　(2)　19本　(3)　4年後　(4)　77　**3** (1)　8　(2)　148　(3)　10個　**4** (1)　56.52cm　(2)　231.96cm^2　(3)　10.89cm^2　**5** (1)　毎分210m　(2)　63分後　(3)　1800　**6** (1)　6753124　(2)　2137546　(3)　9個

解　説

1 四則計算，逆算

(1)　$2024\div(27\times7-5)+437\div23=2024\div(189-5)+19=2024\div184+19=11+19=30$

(2)　$6.8\div0.85-1.95\div1.5+4.5\times0.6=8-1.3+2.7=6.7+2.7=9.4$

(3)　$5\frac{3}{4}-2\frac{1}{3}\times1\frac{5}{8}-1\frac{1}{4}\div1\frac{1}{2}=\frac{23}{4}-\frac{7}{3}\times\frac{13}{8}-\frac{5}{4}\div\frac{3}{2}=\frac{23}{4}-\frac{91}{24}-\frac{5}{4}\times\frac{2}{3}=\frac{23}{4}-\frac{91}{24}-\frac{5}{6}=\frac{138}{24}-\frac{91}{24}-\frac{20}{24}=\frac{27}{24}=\frac{9}{8}=1\frac{1}{8}$

(4)　$2.1\div2\frac{1}{3}\times4=\frac{21}{10}\div\frac{7}{3}\times4=\frac{21}{10}\times\frac{3}{7}\times\frac{4}{1}=\frac{18}{5}$より，$(\square-3.4)\times2\frac{2}{3}-\frac{18}{5}=4\frac{2}{5}$，$(\square-3.4)\times2\frac{2}{3}=4\frac{2}{5}+\frac{18}{5}=\frac{22}{5}+\frac{18}{5}=\frac{40}{5}=8$，$\square-3.4=8\div2\frac{2}{3}=8\div\frac{8}{3}=8\times\frac{3}{8}=3$　よって，$\square=3+3.4=6.4$

2 仕事算，つるかめ算，年齢《ねんれい》算，整数の性質

(1)　1人が1日にする仕事の量を1とすると，この仕事の量は，$1\times4\times36=144$となる。よって，この仕事を6人ですると，$144\div6=24$(日)かかる。

(2)　下の図1のようにまとめることができる。ペンを25本買ったとすると，$110\times25=2750$(円)となり，実際よりも，$2750-1800=950$(円)高くなる。ペンのかわりに鉛筆《えんぴつ》を買うと，1本あたり，$110-60=50$(円)安くなるから，買った鉛筆の本数は，$950\div50=19$(本)とわかる。

図1

鉛筆（1本 60円）｝あわせて
ペン（1本110円）｝25本で1800円

図2

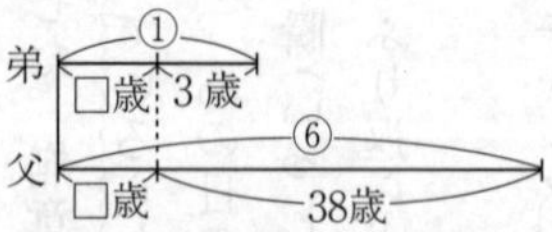

図3

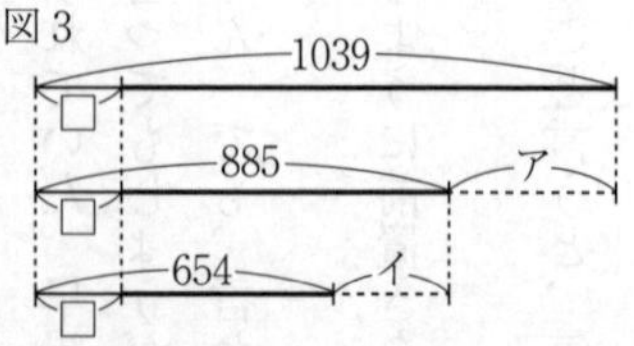

(3)　図に表すと上の図2のようになる。父と弟の年齢の差は，$38-3=35$(歳《さい》)であり，これは何年後でも変わらない。よって，⑥－①＝⑤にあたる年齢が35歳なので，①にあたる年齢は，$35\div5=7$(歳)とわかる。したがって，このようになるのは今から，$7-3=4$(年後)である。

(4)　余りを□として図に表すと，上の図3のようになる。図3で，太線部分はすべて割った整数の倍数だから，ア，イの部分も割った整数の倍数になる。また，ア＝$1039-885=154$，イ＝$885-654=231$なので，割った整数は154と231の公約数とわかる。さらに，$154=2\times7\times11$，$231=3\times7$

×11から，154と231の最大公約数は，７×11＝77と求められるから，割った整数は77の約数のうち50より大きい数となる。つまり77である。

3 約束記号，周期算

⑴　［1，3］→1，3，4，7，1，8，9，7，6，3，9，2／1，3…のように，__部分の12個の周期になる。よって，30÷12＝２余り６より，30番目の数は周期の６番目の数の８とわかる。

⑵　［2，6］→2，6，8，4／2，6，8，4／…のように，２，６，８，４の４個の周期になる。また，30÷４＝７余り２より，30番目までには７周期と２個の数があることがわかる。さらに，１つの周期の和は，２＋６＋８＋４＝20だから，30番目までの和は，20×７＋２＋６＝148と求められる。

⑶　［6，2］→6，2，8，0，8，8，6，4，0，4，4，8，2，0，2，2，4，6，0，6／6，2，…のように，__部分の20個の周期になる。また，50÷20＝２余り10より，50番目までには２周期と10個の数があることがわかる。４は１つの周期の中に４個，周期の中のはじめの10個の中に２個あるので，全部で，４×２＋２＝10(個)と求められる。

4 平面図形―長さ，面積

⑴　右の図の太線部分の長さを求める。この図で，点線部分はすべて円の半径だから，長さが等しい。よって，点線で囲まれた三角形はすべて正三角形になるので，斜線《しゃせん》部分は半径６cmの半円になることがわかる。これが全部で３か所あるから，太線部分の長さは，６×２×3.14÷２×３＝18×3.14＝56.52(cm)と求められる。

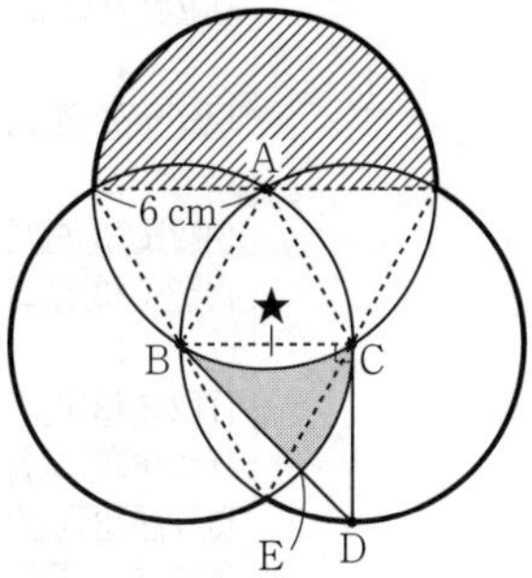

⑵　半径６cmの半円３個と１辺６cmの正三角形４個の面積の合計を求める。はじめに，半径６cmの半円３個の面積は，６×６×3.14÷２×３＝54×3.14＝169.56(cm^2)となる。また，正三角形１個の面積は，６×5.2÷２＝15.6(cm^2)だから，この図形の面積は，169.56＋15.6×４＝231.96(cm^2)と求められる。

⑶　おうぎ形ABCの面積は，$6\times6\times3.14\times\frac{60}{360}=6\times3.14=18.84$(cm^2)なので，ここから正三角形の面積をひくと，★印の部分の面積は，18.84－15.6＝3.24(cm^2)とわかる。また，三角形BCDは直角二等辺三角形だから，角CBDの大きさは45度であり，おうぎ形BECの面積は，$6\times6\times3.14\times\frac{45}{360}=4.5\times3.14=14.13$(cm^2)と求められる。よって，影《かげ》をつけた部分の面積は，14.13－3.24＝10.89(cm^2)とわかる。

5 グラフ―旅人算

⑴　２人の進行のようすをグラフに表すと，右のようになる。太郎の速さは毎分60mだから，aの時間は，6300÷60＝105(分)とわかる。よって，次郎が往復にかかった時間は，105－45＝60(分)なので，次郎が片道にかかった時間は，60÷２＝30(分)と求められる。したがって，次郎の速さは毎分，6300÷30＝210(m)である。

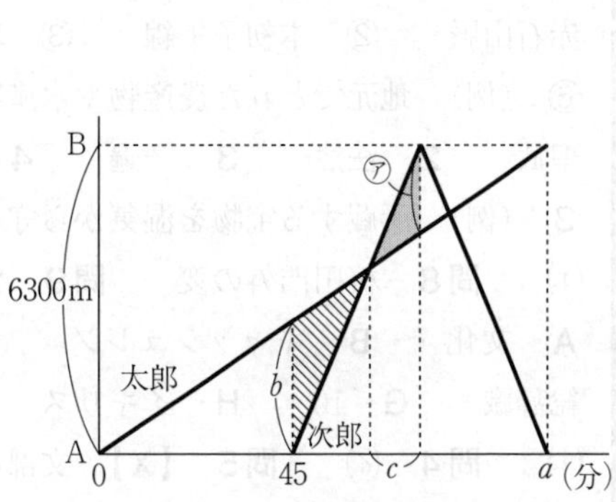

⑵　bの距離《きょり》は，60×45＝2700(m)である。また，斜線部分では，２人の間の距離は１分間に，

210－60＝150(m)の割合で縮まるから，斜線部分の時間は，2700÷150＝18(分)とわかる。よって，次郎が太郎に最初に追いついたのは，太郎が出発してから，45＋18＝63(分後)である。

(3) (1)，(2)より，cの時間は，30－18＝12(分)とわかる。また，影をつけた部分では，２人の間の距離は１分間に150mの割合で広がるので，㋐＝150×12＝1800(m)と求められる。

6 条件の整理，場合の数

(1) 下の図１のアで，３と４の間には２つあるから，D＝３と決まり，イのようになる。また，２と３の間には１つあるので，ウまたはエのようになる。さらに，１と２はとなりあう，５と６の間には１つあるという条件を満たすのは，ウ$_1$，ウ$_2$，エ$_1$，エ$_2$の４通りある。このうち最大の数は6753124である。

(2) 下の図２のオで，５と６の間には１つあるから，E＝５と決まり，カのようになる。すると，他の条件を満たすのはカ$_1$，カ$_2$，カ$_3$の３通りあり，このうち最小の数は2137546とわかる。

(3) (1)，(2)と同様に考えると，一の位が２の場合は下の図３のク$_1$，ク$_2$の２通りある。よって，考えられる整数は全部で，４＋３＋２＝９(個)ある。

図１

ABCDEF 4…ア
↓
ABC3EF 4…イ
↓
A2C3EF 4…ウ
ABC3E2 4…エ
↓
125367 4…ウ$_1$
126357 4…ウ$_2$
576312 4…エ$_1$
675312 4…エ$_2$

図２

ABCDEF 6…オ
↓
ABCD5F 6…カ
↓
213754 6…カ$_1$
421357 6…カ$_2$
312457 6…カ$_3$

図３

ABCDEF 2…キ
↓
A4CD31 2…ク
↓
546731 2…ク$_1$
645731 2…ク$_2$

社　会　＜第２回試験＞（40分）＜満点：80点＞

解　答

1 **問１** ① (コ)　② (カ)　③ (キ)　④ (ア)　⑤ (ウ)　**問２** ① (ク)　② (ケ)　③ (コ)　④ (カ)　⑤ (キ)　**問３** ① ○　② ×　③ ○　④ ×　**問４** ① 赤石山脈　② 本初子午線　③ 利根川　④ 遠洋漁業　⑤ アイヌ(アイヌ民族)　⑥ (例) 地元でとれた農産物や水産物などをその地域で消費すること。　**2** **問１** **1** 聖武　**2** 法然　**3** 一遍　**4** 栄西　**5** 井伊直弼　**6** 日清　**問２** (ア)　**問３** (例) 所蔵する宝物を湿気から守るため。　**問４** (エ)　**問５** (エ)　**問６** (ウ)　**問７** (エ)　**問８** 桜田門外の変　**問９** 渋沢栄一　**問10** 筑豊炭田　**問11** (イ)　**3** **問１** **A** 文化　**B** キャッシュレス　**C** 中国(中華人民共和国)　**D** １　**E** EU　**F** 総辞職　**G** 10　**H** イギリス　**I** モロッコ　**J** イスラエル　**問２** (イ)　**問３** (エ)　**問４** (イ)　**問５** 【X】 文部科学省　【Y】 ○　**問６** (イ)　**問７** (ウ)　**問８** SDGs　**問９** TPP　**問10** (例) 特定の地域に多くの観光客が押し寄せることで起こる混

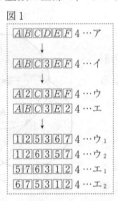

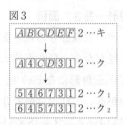

雑や騒音などの問題。　**問11**　IAEA

解　説

1 日本の国土と産業に関する問題

問１　①　日本最大の湖は琵琶《びわ》湖である。滋賀県に位置し，面積は県面積の約６分の１を占《し》めている。　②　日本で最も北に位置する不凍《ふとう》湖(冬でも湖面が凍《こお》らない湖)は，北海道に位置する支笏《しこつ》湖である。支笏湖は，田沢湖(水深423m，秋田県)に次ぐ全国２位の深さ(363m)を持つカルデラ湖であり，深くて水量が多いことに加え，深いところに温かい水があることで，湖全体の水温が下がるまで時間がかかるため，冬でも湖面が凍結しない。　③　中国地方にある汽水湖は宍道《しんじ》湖(島根県)である。ほかに，中国地方の汽水湖としては，宍道湖と連結している中海(島根県)が挙げられる。　④　福島県の会津若松市の東にあり，磐梯《ばんだい》山のふもとに位置しているのは猪苗代《いなわしろ》湖である。琵琶湖，霞ヶ浦《かすみがうら》(茨城県)，サロマ湖(北海道)に次ぐ全国４位の面積を持つ湖である。　⑤　周囲の長さが全国１位である湖は霞ヶ浦(西浦，北浦，常陸《ひたち》利根川を合わせた長さ)である。浜名湖(静岡県)は，汽水湖として周囲の長さが全国１位となっている。　なお，(イ)の小川原《おがわら》湖は青森県，(エ)の屈斜路《くっしゃろ》湖と(ク)の洞爺《とうや》湖は北海道にある。

問２　①　瀬戸内海にあり，オリーブの栽培《さいばい》で有名なのは小豆《しょうど》島(香川県)である。しょう油やそうめんなどの生産地としても知られる。　②　厳島《いつくしま》神社があることで知られるのは宮島(広島県)である。宮島という名称《めいしょう》は，「お宮(厳島神社)のある島」に由来すると言われる通称で，国土地理院の地図などでは「厳島」と表記される。　③　日本最西端《たん》に位置するのは与那国《よなぐに》島(沖縄県)である。人口約1700人(2023年)で，サトウキビ栽培などの農業，肉牛飼育などの畜産《ちくさん》業，水産業が主な産業となっている。　④　東京都に属する沖ノ鳥島は，小笠原《おがさわら》諸島に属する日本最南端の島である。小笠原諸島のうち，住民がいるのは父島と母島だけであり，他は無人島である。　⑤　日本海に位置する佐渡《さど》島(新潟県)には多くの野鳥が生息しており，ツグミやジョウビタキなどの渡《わた》り鳥も飛来する。

問３　①　それぞれの都道府県の食料品の出荷額を計算すると，北海道は，61336億×0.363＝22264.9…億より約22265億円，東京都は，74207億×0.1＝7420.7億より約7421億円，愛知県は，481864×0.036＝17347.1…億より約17347億円となり，北海道が最も多い(…○)。　②　輸送用機械の出荷額を計算すると，東京都は，74207億×0.164＝12169.9…億より約12170億円，愛知県は，481864億×0.554＝266952.6…億より約266953億円である。したがって，266953億÷12170億＝21.9…より，愛知県は東京都の約22倍となっている(…×)。　③　表からわかるように，３都道県とも食料品は製造品出荷額の上位５位以内に入っている(…○)。　④　表中にある品目のうち，「情報通信機械」や「生産用機械」も機械類に属している(…×)。

問４　①　日本アルプスと呼ばれるのは飛騨《ひだ》山脈，木曽《きそ》山脈，赤石山脈の３つで，それぞれ北アルプス，中央アルプス，南アルプスと呼ばれている。　②　ロンドンにある旧グリニッジ天文台を通る経度０度の経線は，本初子午線である。本初子午線から東の経度は東経，西の経度は西経で表される。なお，「子午線」とは経線のことである。　③　流域面積とは，降った雨や雪の水が最終的にその川に流れこむ範囲《はんい》の面積をいう。日本では，関東地方を流れる利根《とね》川の流域面積が最も広く，以下，石狩《いしかり》川(北海道)，信濃《しなの》川(長野県・新潟県)の順となっている。　④　漁業は操業する範囲によって，沿岸漁業，沖合漁業，遠洋漁業に区分される。このうち，沿岸から200海里(約370km)以内の，領海を除く海域である排他的経済水域よりも外側の海などで行われるものが遠洋漁業である。かつては日本の漁業の中で遠洋漁業の漁獲《ぎょかく》量が最も多かったが，各国の排他的経済水域の設定や燃料代の高騰《こうとう》などの理由から1970年代以降は減少が続き，近年は沖合漁業や沿岸漁業の漁獲量を大きく下回るようになっている。　⑤　北海道や樺太《からふと》(サハリン)などに住んでいた先住民族はアイヌ民族である。明治維新以降，日本人への同化政策が進められてきたが，近年，その独自の文化を守ろうとする動きが高まっており，アイヌ民族支援法(アイヌ新法)という法律が制定されたほか，各地に資料館や博物館などもつくられている。　⑥　地産地消とは，地元で生産された農産物や水産物などを，できるだけその地域内で販売《はんばい》・消費しようとすることをいう。地域経済の活性化につながるばかりでなく，輸送のためのエネルギーの節約になり地球環境《かんきょう》にやさしい取り組みでもあることから，各地で推進されている。

2　各時代の歴史的なことがらについての問題

問１　１　８世紀前半，ききんや伝染《でんせん》病など社会不安が増大する中で，仏の力で国を安らかに治めようと考えた聖武天皇は，地方の国ごとに国分寺・国分尼《に》寺を建てることを命じるとともに，奈良の都に東大寺を建てて大仏をつくらせた。　**２**　12世紀後半，法然は「南無阿弥陀仏《なむあみだぶつ》」と念仏を唱えればだれでも極楽往生ができると説き，浄土宗を開いた。　**３**　13世紀後半，時宗の開祖である一遍は，弟子たちとともに諸国を回り，踊《おど》り念仏によって教えを広めた。　**４**　12世紀後半，宋で禅《ぜん》宗を学んだ栄西は，帰国後に臨済宗を開き，座禅により悟《さと》りを開くことを説いた。　**５**　アメリカ総領事ハリスとの間で日米修好通商条約を結んだ大老の井伊直弼《なおすけ》は，反対派の公家や大名，武士などを厳しく処罰《しょばつ》した(安政の大獄)。1860年，これに反発した水戸藩浪士《ろうし》らにより，井伊直弼は江戸城の桜田門外で暗殺された(桜田門外の変)。　**６**　官営八幡《やはた》製鉄所は，鉄鋼の国産化を図《はか》る明治政府が日清《にっしん》戦争(1894～95年)で得た賠償《ばいしょう》金などをもとに設立した工場で，1901年に操業を開始した。

問２　寛永《かんえい》通宝は江戸時代に幕府によって発行され，広く流通した貨幣《かへい》である。唐にならって発行され，平城京で使われた貨幣は和同開珎などである((ア)…×)。

問３　床《ゆか》と地面の間を高くする高床式の構造には，所蔵する宝物を湿気《しっけ》から守るほか，ねずみや虫の侵入《しんにゅう》を防ぐ効果がある。

問４　**【X】**　鑑真が来日したのは，東大寺の大仏の開眼《かいげん》式が行われた翌年にあたる753年のことである。大仏づくりは当時民衆の支持を得ていた僧の行基の協力で進められた。　**【Y】**　現在の東大寺の大仏は17世紀に再建されたもので，高さは約15mである。また，東大寺の大仏より高い大仏も各地に存在する。

問５　『万葉集』は８世紀後半に成立したとされる現存する日本最古の和歌集であり，天平文化を代表する作品の１つである((エ)…○)。なお，(ア)の『古今和歌集』は10世紀初めの成立で国風文化の作品，(イ)の『新古今和歌集』は13世紀初め，(ウ)の『徒然草』は14世紀前半の成立で，どちらも鎌倉文化の作品である。

問６　**【X】**　鎌倉幕府において，裁判をすみやかに行うために設けられた機関は問注所である。政《まん》所《どころ》は政務一般をあつかう役所である。　**【Y】**　1232年に制定された日本最初の武家法である御成敗式目(貞永《じょうえい》式目)は，土地の相続や領地をめぐる争いなど武士に関わる裁判の基準を主な内容としている。

問７　萩《はぎ》(山口県)の松下村塾で藩の若い武士を教育したが，安政の大獄のさいに捕《と》らえられ，処刑されたのは吉田松陰である((エ)…○)。なお，(ア)の大塩平八郎は，天保のききんへの幕府の対応を批判し，1837年に大阪で乱を起こした人物，(イ)のシーボルトは19世紀前半に鳴滝《なるたき》塾を開いたドイツ人医師・博物学者，(ウ)の福沢諭吉は19世紀後半に慶應《けいおう》義塾を開いた思想家である。

問８　問１の５の解説参照。

問９　2024年７月に発行される新１万円札の肖像《しょうぞう》に選ばれたのは渋沢栄一である。多くの企業や銀行などの設立に関わり，「日本の近代資本主義の父」とも呼ばれる人物である。

問10　八幡製鉄所に石炭を提供するなど，北九州の工業の発展に大きな役割を果たした炭田は，福岡県北東部から中部にかけて広がる筑豊《ちくほう》炭田である。明治時代末までに日本最大の炭田となり，周辺地域は炭鉱の町として栄えたが，1960年代以降，主要なエネルギー源が石炭から石油に代わっていく中で衰退《すいたい》した。

問11　1872年に新橋―横浜間で日本最初の鉄道が開通したのに続き，1874年には神戸―大阪間が，1877年には大阪―京都間が，それぞれ開通。さらに1889年，京都―横浜間が開通したことで，新橋と神戸を結ぶ東海道線の全線が開通した。

３　2023年の出来事を題材とした問題

問１　**A**　2023年３月，東京都から京都府へ移転したのは文化庁である。文部科学省の外局で，芸術創作活動の振興《しんこう》や文化財の保護，著作権の保護，宗教に関する事務などを担当する行政機関である。　**B**　クレジットカードや電子マネーなどを使った現金以外による支払《しはら》いは，一般《いっぱん》にキャッシュレス決済と呼ばれる。キャッシュレスとは「現金(キャッシュ)を使わない」という意味である。

C　2023年４月，国際連合は，2023年半ばにインドの人口が中国を抜いて世界一になると発表した。

D，**E**　主要国首脳会議(Ｇ７サミット)は，毎年１回開かれている先進７か国(フランス，アメリカ，イギリス，ドイツ，日本，イタリア，カナダ)の首脳とEU(欧州連合)の代表が参加する首脳会議のことである。開催《かいさい》場所は，原則として参加国間の持ち回りとなっていて，2023年は日本の広島県で開催された。　**F**，**G**　衆議院で内閣不信任案が可決された場合には，内閣は総辞職するか，10日以内に衆議院を解散しなければならない。　**H**　イギリスは，2020年1月末にEUを離脱した後，環太平洋経済連携《れんけい》協定(環太平洋パートナーシップ協定)への加盟を申請して各国と協議を進め，2023年７月に正式に加盟が認められた。　**I**　2023年９月，アフリカ北西部の国モロッコでマグニチュード6.8の地震が発生した。ふだん地震があまり起きない地域であったこともあり，建物の崩壊《ほうかい》などにより3000人近い死者が出る大災害となった。　**J**　ハマスはパレスチナのガザ地区を支配するイスラム組織である。2023年10月，ハマスはイスラエルへの攻撃を開始し，これに対してイスラエルもガザ地区に激しい爆撃《ばくげき》を行うなど反撃を開始したことから，2024年２月現在も大規模な戦闘が続いており，特にガザ地区の住民に多数の犠牲《ぎせい》者が出るなど，深刻な状況となっている。この紛争の背景には，1948年のイスラエル建国から続く，イスラエルとパレスチナ勢力の対立がある。

問２　2010年代後半，日本を訪《おとず》れる外国人が急増し，2018年と2019年にはその数が3000万人を超《こ》えていたが，2020年以降はコロナ禍《か》によってその数は激減した。2023年に入り，世界的に経済活動が平常に戻っていく中で外国人の旅行者数も回復し，2023年６月には３年５か月ぶりにその数が

200万人を超えた。

問３　2023年８月，アメリカのハワイ州に属するマウイ島で発生した山火事は，周辺の集落などにも広がり約100人の犠牲者を出す大惨事となった。火事の原因は，強風で切断された送電線から生じた火花であると考えられている。

問４　関東大震災は1923年９月１日の出来事であるので，2023年はその100年後にあたる。

問５　**【Ｘ】**　教育・文化・スポーツなどを担当する行政機関は文部科学省である。なお，厚生労働省は，社会福祉・社会保障・公衆衛生や労働・雇用などを担当している。　**【Ｙ】**　気象庁は国土交通省の外局で，気象情報のほか，地震・火山をふくむ防災情報の提供などを行っている。

問６　北大西洋条約機構(NATO)は，1949年にアメリカや西ヨーロッパ諸国など12か国によって結成された軍事同盟である。冷戦時代においては，ソビエト連邦中心の東側陣営に対抗する西側陣営の中心的存在であった。冷戦終結後には東ヨーロッパの国々も加盟し，2020年までに加盟国数は30か国となっていた。フィンランドは長い間，中立政策をとり，いかなる軍事同盟にも加わっていなかったが，2022年に始まったロシアによるウクライナへの全面的な侵攻を受けてNATOへの加盟を申請し，2023年４月にこれが認められて31番目の加盟国となった。なお，2024年３月にはスウェーデンのNATO加盟が認められて，加盟国数は32か国となった。

問７　ヒンドゥー教はインドの民族宗教で，現在でも国民の８割近くが信仰している。

問８　持続可能な開発目標(SDGs)は，2015年の国連サミットで採択《さいたく》された，2030年までに達成すべき国際的な目標であり，17の国際目標と169の達成基準からなる。

問９　環太平洋経済連携協定は，太平洋沿岸諸国のうち，12か国が参加して結ばれた自由貿易協定で，略称はTPPである。なお，2017年にアメリカがTPPを離脱した後，ほかの11か国によって結ばれた協定は特に「包括《ほうかつ》的及《およ》び先進的な環太平洋パートナーシップ協定(CPTPP)」と呼ばれる。

問10　オーバーツーリズムとは，特定の地域に多くの観光客が押し寄せることによって発生する問題で，「観光公害」とも呼ばれる。日本では京都や鎌倉など国内外の観光客に人気の観光地のほか，今まで観光地として知られていなかったが急に多くの観光客が訪れるようになった地域で問題となることが多い。具体的には，交通渋滞《じゅうたい》，公共交通機関の混雑，騒音《そうおん》，ごみの投棄《とうき》，文化財や民家などへの無許可での立ち入りなどが挙げられ，環境面や地元住民の生活の安定などの面から，改善が求められている。

問11　国際原子力機関(IAEA)は原子力の平和利用を促進《そくしん》することなどを目的とした国際機関で，1957年に設立された国連の関連機関である。

理　科　＜第２回試験＞（40分）＜満点：80点＞

解　答

1　①　イ　　②　エ　　③　ウ　　④　ウ　　2　**問１**　**Ａ**　れき　　**Ｂ**　砂　　**Ｃ**　どろ　**問２**　ア　　**問３**　（例）　果樹を育てるには水はけのよいところが適しているから。　**問４**　エ　**問５**　Ａ　　**問６**　ウ　　3　**問１**　Ａ　　**問２**　イ　　**問３**　（例）　上空の鳥に見つかりにくくなる。　**問４**　（例）　活発に動き回るようになる。　**問５**　アとエ　　4　**問**

1　①，⑥　　**問２**　②　　**問３**　（例）　発生した気体を集めた試験管の口に火を近づけ，音をたてて燃えるかを調べる。　**問４**　①と⑥　**問５**　（例）　**実験**…水よう液に電気が通るかどうかを調べる。　**結果**…電気が通れば食塩水，通らなければ砂糖水である。　**問６**　ウ

5　**問１**　A　4.80　B　6.40　C　98　**問２**　ウ　**問３**　イ　**問４**　（例）　ボールが空気のていこうを受けるから。

解　説

1　2023年に話題になった自然科学分野の出来事についての問題

①　トリチウムは三重水素とも呼ばれる水素のなかまで，酸素と結びついて水の形で存在しているため，じょう化設備では取り除くことができない。そのため，水でうすめて濃度《のうど》を低くしてから海洋放出をしており，放水後に濃度が適切かどうかを確認している。

②　2023年８月，インドの無人月面探査機「チャンドラヤーン３号」が，月の南極付近への着陸に成功した。月面への探査機着陸の成功は，ソ連(現在のロシアなど)，アメリカ，中国についで４か国目となった。

③　カタリン・カリコ氏とドリュー・ワイスマン氏は，人工的に合成されたmRNA(メッセンジャーRNA)という遺伝情報をもつ物質を，ワクチンや医薬品に利用できるようにするための方法を発見し，2023年のノーベル生理学・医学賞を受賞した。この技術は，新型コロナウイルスに対するワクチンの開発につながった。

④　以下はすべて2023年の東京観測所での記録である。アについて，７月には猛暑《もうしょ》日(最高気温が35℃以上の日)が13日あり，統計開始以降で最多となった。イについて，熱帯夜(最低気温が25℃以上の夜)は57日あり，統計開始後の最多であった。ウについて，10月に真夏日(最高気温が30度以上の日)は観測されなかった。エについて，11月には夏日(最高気温が25℃以上の日)が３日観測された。

2　地層についての問題

問１　水中では，つぶの大きく重いものほど早くしずむ。よって，土砂を水中に入れると，つぶが最も大きいれきが先にしずみ，次に砂がしずみ，最後につぶが最も小さいどろがしずむので，Ａにれき，Ｂに砂，Ｃにどろがたい積する。

問２　川が山から平野に出るところでは，流れが急にゆるやかになるため，上流から流されてきた土砂のうち，つぶの大きいもの(主にれき)がたい積する。このたい積物はおうぎを広げたような地形をつくり，これをせん状地という。

問３　せん状地では，主にれきがたい積しているので地中に水がしみこみやすく，水はけがよい。そのため，水をはる必要がある水田には向かず，逆に水はけがよいところを好む果樹のさいばいに向いている。

問４　しゅう曲は，左右から地層をおす力がはたらいて，地層が曲がった様子をいう。

問５，問６　図で，地下水と石油はｃ層の中をおよそ満たしている。すると，石油は水より軽い(密度が小さい)ので，ｃ層の上の方(Ａの場所の真下付近)にたまりやすい。よって，Ａの場所をほるのがよい。

3　動物の体表の様子についての問題

問１　Ａは，毒をもたないハナアブが，毒をもっているスズメバチに姿を似せることで，危険な生物であるように見せている。つまり，わざと目立つことでほかの生物をあざむいている。これに対してＢ～Ｅは，まわりの環境《かんきょう》と同じような姿や色であることで，ほかの生物に見つかりにくくしている。

問２　海中から海面方向を見上げると，太陽の光で海面がきらきらと明るく，白っぽく見える。そのため，腹側が明るい色をしていると，下側にいる生物からは海面方向の明るさと区別がつきにくくなり，それだけほかの生物からおそわれにくくなる。

問３　海の上空から海面方向を見ると，海は濃い青色をしている。したがって，背側が暗い色をしていると，上空で捕食《ほしょく》しようとねらっている鳥から見つかりにくくなる。

問４　さなぎになる直前の幼虫はからだが大きくなり，葉をたくさん食べるので，行動はん囲が広くなって活発に動き回る。そのため，動かない鳥のフンなどに似せるよりも，葉と同じ色に似せた方が，動き回ってもほかの生物に見つかりにくくなる。

問５　アについて，野外活動時の虫よけとしてオニヤンマそっくりのブローチが売られており，オニヤンマをこわがるハチやアブなどに効果があるとされている。エについて，黄色と黒色の組み合わせはハチやトラなどの体色であり，ヒトは強い警告として認識する。よって，黄色と黒色のしま模様があるロープやテープは，工事現場などの危険な場所で使われる。なお，ハチをおそれる虫が近寄らなくなるという効果もあるといわれる。

４　水よう液の性質についての問題

問１　実験２より，赤色リトマス紙の色が変化した③と⑤と⑦はアルカリ性の水よう液であり，実験３より，青色リトマス紙の色が変化した②と④は酸性の水よう液である。したがって，残りの①と⑥が中性の水よう液とわかる。

問２　ビーカーのかべに常にあわ(気体)がついているのは炭酸水である。炭酸水にとけている二酸化炭素があわとなってついている。よって，炭酸水がどの番号なのかを考える。ここで，実験１より，アルミニウムから激しく気体を発生させた③と④は，一方が塩酸，もう一方が水酸化ナトリウム水よう液である。また，実験３より，②と④は酸性の水よう液なので，一方が塩酸，もう一方が炭酸水とわかる。したがって，②は炭酸水，③は水酸化ナトリウム水よう液，④は塩酸と決まる。

問３　アルミニウムを③の水酸化ナトリウム水よう液や④の塩酸に入れると，アルミニウムがそれらの水よう液と反応し，水素のあわがさかんに発生する。この発生した気体が水素であるかどうかを調べるには，発生した気体を集めた試験管の口に火を近づけるとよい。水素であれば，ポンと音をたてて燃える。

問４　実験２より，⑤と⑦はアルカリ性の水よう液であり，実験４より，そのうち⑦にはにおいがあるから，⑤は重そう水，⑦はアンモニア水と決まる。ところが，問１より，①と⑥は中性の水よう液で，一方が砂糖水，もう一方が食塩水であることはわかるが，①と⑥がそれぞれどちらの水よう液であるかは，実験１～実験４だけでは決められない。

問５　砂糖水と食塩水を判別する方法を書けばよい。解答に示した例のほか，水よう液を加熱し続けて水分を蒸発させたあとの様子を見る方法がある。このとき，白色の固体が残った方が食塩水，茶色くなったあとに黒くこげた方が砂糖水である。

問６　実験２と実験３で使うリトマス紙は，ピンセットであつかう。

５ ボールの飛きょりとたい空時間についての問題

問１ **Ａ，Ｂ** 表で，角度が60度の場合，速さが120km/時から140km/時に，$140\div120=\frac{7}{6}$(倍)になると，たい空時間も5.88秒から6.86秒に，$6.86\div5.88=\frac{7}{6}$(倍)になっていて，速さが120km/時から160km/時に，$160\div120=\frac{4}{3}$(倍)になると，たい空時間も5.88秒から7.84秒に，$7.84\div5.88=\frac{4}{3}$(倍)になっている。この関係は角度が30度の場合もほぼ同様となっているから，角度が一定のとき，速さとたい空時間は比例していると考えられる。したがって，Ａに当てはまる値は，$5.60\times\frac{120}{140}=4.80$(秒)，Ｂに当てはまる値は，$5.60\times\frac{160}{140}=6.40$(秒)とわかる。 **Ｃ** 角度が30度の場合と角度が60度の場合では，速さに対する飛きょりの値が同じになっている。よって，Ｃに当てはまる値は98ｍとなる。

問２ 角度が30度の場合，速さが100km/時から20km/時ずつ増加したときの飛きょりの増加量は，98－68＝30(ｍ)，133－98＝35(ｍ)，174－133＝41(ｍ)になっており，増加量はしだいに大きくなっている。ほかの角度の場合も同様なので，速さが増すほど飛きょりの増え方が大きくなっていく様子を表しているウのグラフが適当である。

問３ 問１で述べたように，角度が一定のとき，速さとたい空時間は比例しているので，イのグラフが選べる。

問４ 表にまとめた数値は，空気の影響《えいきょう》はないものとして求められたものである。実際は，ボールが飛ぶときには空気のていこうを受けるので，飛きょりは計算で求めた値よりも小さくなる。

国 語 ＜第２回試験＞(50分)＜満点：100点＞

解 答

一 下記を参照のこと。 二 **問１** (例) 走ることに打ちこむ自分が好きになった今なら，ずっと努力し続けている六花に胸を張って話しかけられると思ったから。 **問２** ウ **問３** ウ **問４** (例) 早緑の気持ちも考えず傷つけていたのに，被害者のように思っていた自分が情けないから。 **問５** ウ **問６** ア **問７** イ **問８** (例) (六花が)早緑との仲直りを通して自分をふり返り，今の自分があるのは早緑のおかげだと気がつく(物語。) 三 **問１** ア **問２** (例) 真っ黒な見た目から不気味で特別な感じがするうえ，ゴミをあさる迷惑な鳥というイメージ。 **問３** エ **問４** (例) 糞虫への偏見はもともと人に備わったものなのかを確かめるため。 **問５** ① (例) イネを食べるシカやイノシシを殺すので，非常にありがたい存在。 ② 神様 **問６** ウ **問７** ウ

●漢字の書き取り

一 ① 省(く) ② 半径 ③ 織(る) ④ 点検 ⑤ 肥料 ⑥ 染(まる) ⑦ 忠告 ⑧ 幕末 ⑨ 誠実 ⑩ 翌日

解 説

一 漢字の書き取り

① 音読みは「セイ」「ショウ」で，「反省」「省略」などの熟語がある。訓読みにはほかに「かえ

り(みる)」がある。　② 円または球の中心から円周または球面上に至る線分。その長さ。
③ 音読みは「シキ」「ショク」で，「組織」「織機」などの熟語がある。　④ まちがいや異常がないか一つひとつ調べること。　⑤ 作物の生育をよくするため土壌《どじょう》にほどこす栄養分。
⑥ 音読みは「セン」で，「染料」などの熟語がある。訓読みにはほかに「し(みる)」がある。
⑦ 人のあやまちや欠点について指摘《してき》し，正すように誠意をもって説き聞かすこと。　⑧ 江戸幕府の末期。　⑨ うそやいい加減なところがなく真心のあるようす。　⑩ ある日から見て，その次の日。

二　出典：村上雅郁《むらかみまさふみ》「シロクマを描《えが》いて」(『きみの話を聞かせてくれよ』所収)。不真面目《まじめ》な部員を批判したことがきっかけで気まずい関係になってしまった友だちの春山早緑《さみどり》と，白岡六花《しらおかりっか》(「私」)はぐうぜん公園で出会う。

問１　陸上部での毎日をつらく感じていたなか，六花の放ったことばが自分を否定しているかのように思えて傷ついた早緑は彼女《かのじょ》と仲たがいしてしまったが，その後，ふと出会った黒野から「好きなもの」，「得意なもの」がほしければ「努力すればいい」だけで，六花の活躍《かつやく》などまさに継続《けいぞく》的な努力のたまものだろうと言われたことで，「がんばらなきゃだめだ」と奮起している。卑屈《ひくつ》になるのではなく「六花に誇《ほこ》れるような自分」になろうと思えたのである。結果，「走ることに打ちこむ自分のこと」が「好き」になった早緑は，胸を張って六花に会い，「ずっと言いたかったこと」を伝えようと思ったのだから，「走ることに打ちこむ自分を好きになった今なら，努力し続けている六花に誇りをもって会うことができると考えたから」のようにまとめる。

問２　ぐう然会った早緑から，「あの日(仲たがいした日)の続き」を切り出されるであろうことを感じ取った六花は，「無意識」ながら体を縮こまらせている。こうした反応から，六花は自分自身が「こわがっているらしい」ことを客観的に判断したのだから，ウの「冷静に自分の状態がわかった」が合う。

問３　早緑に「あたしさ……ほんとのこと言うと，毎日泣いてたんだ。あのころ」と切り出された六花は，自分とのけんかが原因なのではないかと思ったが，「ちがうちがう。そうじゃなくて，そのまえから」だと言われている。早合点した「期待」が外れ，六花は一瞬《いっしゅん》「がっかりした」が，そんな自分を「ひどくはずかしい」と思ったのである。

問４　「あのとき，ほんとにつらかった。大好きだった友だちに，自分のことを否定されているような，気持ちがしてさ」と早緑に言われた六花は，涙《なみだ》とともに「ふるえて」いる。まじめにやらない美術部員たちに対して放った「——ばかみたい。まじめにやらないなら，やめたらいいのに」という自分のことばが，はからずも大切な友人の早緑を傷つけていたことに気づき，六花は強い衝撃《しょうげき》を受けたのである。早緑の気持ちに思い至らず「被害《ひがい》者のような顔」をしてばかりいた自分の身勝手さを悔《く》やみ，恥《は》じている六花のようすをおさえ，「早緑の悩みも知ろうとせず傷つけていたのに，被害者面《づら》をしていたと恥じ入っているから」のような趣旨《しゅし》でまとめる。

問５　問４でもみたとおり，早緑の事情を知った六花は自己中心的な自分に恥じ入り，申し訳なく思って泣いている。しかし，自分が「取り乱した」ことでかえって「落ちつ」きを取り戻《もど》したのであろう早緑のようすが「ちょっとだけ癪《しゃく》に障《さわ》」り，六花はつい「もっとはやく言ってよ」とつぶやいたのだから，不満な気持ちを表す「うらみがましく」が入る。なお，「癪に障る」は，“腹を立てる”“面白《おもしろ》くなく感じる”という意味。

問６　ゆるい美術部で一人，まじめにやっている六花を「えらい」とほめる黒野に対し，「絵を描《か》くのが，ほんとうに好きだから」彼女は負けずにがんばれるのだと，早緑は「とげとげ」しくつぶやいている。陸上部の練習についていけず毎日泣いてばかりいる自分とは違《ちが》い，才能を持ち努力を続けられる六花がうらやましくて，つい素っ気ない言い方になってしまったのだから，アが選べる。なお，「とげとげしい」は，不満や敵意などから言動がきつくなるようす。

問７　「走ることに打ちこむ自分のことが，好きに」なり，「胸を張って」今が「楽しい」と言えるのは，六花の存在があったからだと早緑は言っている。心からの感謝の気持ちとともに，早緑は「なかなおりしよう」と言ったのだから，少し照れながらも「まっすぐ」六花と向き合ったはずである。よって，イが合う。

問８　六花は，早緑の気持ちに思い至らず「被害者のような顔」をしてばかりいた自らの身勝手さを悔やみ，恥じるとともに，「ガハクじゃん！」と言ってくれた早緑が，今の自分をつくりあげていることにも気づいている。一方，早緑は，六花のことばに一時傷つきはしたものの，やがて「六花に誇れる」ようにがんばろうと思い，今では「陸上が」，そして「走ることに打ちこむ自分のことが」好きになり，胸を張って「楽しい」と言えるまでになっている。おたがいに成長を支え合っていた点をおさえ「(六花が)早緑との仲直りを通じて，自分の身勝手さや，早緑のかけがえのなさに気づく(物語)」のようにまとめる。

三　**出典：高槻成紀《たかつきせいき》『都市のくらしと野生動物の未来』**。筆者はカラス，糞《くそ》虫，コウモリ，オオカミなどが持つマイナスイメージを例にあげ，そうした価値観を生む原因を考察し，偏見《へんけん》に対し警告する。

問１　A　「真っ黒な見た目」やその生態から昔の人は「カラスを不気味な鳥」だと考える一方，「不思議な能力を持つ存在というイメージ」も持っていた，と述べられている。よって，前のことがらに，ある条件や例外などをつけ加える場合に用いる「ただし」が入る。　B　「神話」におけるカラスは「不思議な能力を備えた神の使い」であったほか，「聖書にあるノアの方舟《はこぶね》の話」ではハトと対比される形で「象徴《しょうちょう》」的に扱《あつか》われていたのだから，ことがらを並べ立てるときに用いる「また」があてはまる。

問２　「その」とあるので，前の部分に注目する。「不思議な能力を備えた」存在だという見方もあるカラスだが，基本的には「不気味さの方が勝《まさ》」っており，少なくとも日本では「迷惑《めいわく》でいやな鳥と」の扱いを受けている，と述べられている。これをもとに，「真っ黒なために特別で不気味な感じがするうえ，ゴミをあさる迷惑な鳥というイメージ」，「真っ黒で特別な力がありそうだが，動物の死体を食べる不気味な鳥，ゴミあさりをするいやな鳥というイメージ」のようにまとめる。

問３　「これ」とあるので，前の部分に注目する。自らの「浪費《ろうひ》」が原因となって増えたカラスを，人間は「迷惑をかける害鳥だ」と言って多数駆除《くじょ》している。人間の身勝手さを，筆者は「客観的に見て，公平とはいえない」と述べているので，エがふさわしい。

問４　「糞虫だから気持ち悪いという子がいるのではないかと思って」いたものの，どの子もまったくいやがらなかったことから，「偏見」とは「大人」によって植えつけられるものだと筆者は結論づけている。これをもとに，「糞虫に対する偏見は人間がもともと持っているものか調べるため」，「子供が糞虫にマイナスイメージを持っているかどうか調べるため」のような趣旨でまとめる。

問５　①　二つ後の段落で，「稲作《いなさく》」が行われている日本では米を食べる「イノシシやシカを殺す」

ために，オオカミをありがたい存在として「祀《まつ》る神社」もあったと述べられている。これを整理して，「イネを食べるシカやイノシシを殺すので，ありがたく神聖な存在」のようにまとめる。

② 四つ後の段落で，「農業の違い」により，オオカミが「西洋では悪魔《あくま》」として，「日本では神様」として扱われていたと述べられている。

問6 ウサギとタヌキが登場する昔話は，「カチカチ山」である。なお，「はなさかじいさん」には犬，「ももたろう」には犬・サル・キジ，「さるかに合戦」にはサル・カニが登場する。

問7 ア 問5で検討したオオカミの例のように，国や地域によって生き物に対する価値観は異なるのだから，合わない。 イ カラスが増える原因は人間の出す膨大《ぼうだい》な残飯にあるのに，人間がカラスを駆除していることは「客観的に見て，公平とはいえない」と述べられているので，正しくない。 ウ 「糞虫だから気持ち悪い」という感覚は，大人が持つ「まちがったイメージ」が子どもたちに「偏見」として刷りこまれるからだと，筆者は述べている。よって，正しい。 エ 筆者は生き物に対し，「どのような場合でも駆除しない方がよい」とは述べていない。「生産活動に実害があるかどうかというリアルな価値観」は尊重すべきだが，同時にそこにある「偏見」も見逃《みのが》してはならないという，デリケートな問題として説明している。

Memo

Memo

2023年度　学習院中等科

【算　数】〈第１回試験〉（50分）〈満点：100点〉

〔注意〕 式や考え方を指定された場所に必ず書きなさい。

1　次の□に当てはまる数を入れなさい。

(1)　$2023 \div (4 \times 31 - 5) + 3237 \div 39 = \square$

(2)　$1.7 \times 0.7 - 4.2 \div 8.4 + 2.15 \times 0.4 = \square$

(3)　$3\frac{1}{3} \div 2\frac{1}{2} + 2\frac{1}{4} \times 1\frac{5}{6} - 3\frac{5}{24} = \square$

(4)　$\left(6\frac{3}{4} - 3\frac{1}{2}\right) \div 2.5 - \left(\square - 1.6 \times \frac{5}{32}\right) \div 1\frac{2}{3} = 1$

2　次の□に当てはまる数を入れなさい。

(1)　A君は持っているお金の$\frac{3}{8}$より100円少なく使ったところ，1600円余《あま》りました。A君がはじめに持っていたお金は□円です。

(2)　静水で毎時18 km で進む船が毎時□km で流れる川を上流に向かって9.6 km 進むのにかかる時間は48分です。

(3)　原価□円の商品に25％の利益を見込んで定価をつけましたが売れなかったので，定価の30％引きにして売りました。このとき，損失は250円です。

(4)　大，小２つの数があります。２つの数の差は164で，大きい数を小さい数で割ると商が３で，余りが24になります。このとき，大きい数は□です。

3　連続した11個の整数について，次の問いに答えなさい。

(1)　最後の数が最初の数の3.5倍となるとき，最初の数を求めなさい。

(2)　全ての数の和が264のとき，最初の数を求めなさい。

(3)　「偶《ぐう》数だけの和」と「奇《き》数だけの和」の差が23のとき，最初の数を求めなさい。

4 次の図のように，縦12 cm，横16 cm の長方形の内側を半径２cm の円が辺に沿ってすべらないように回転して一周するとき，下の問いに答えなさい。ただし，円周率を3.14とします。

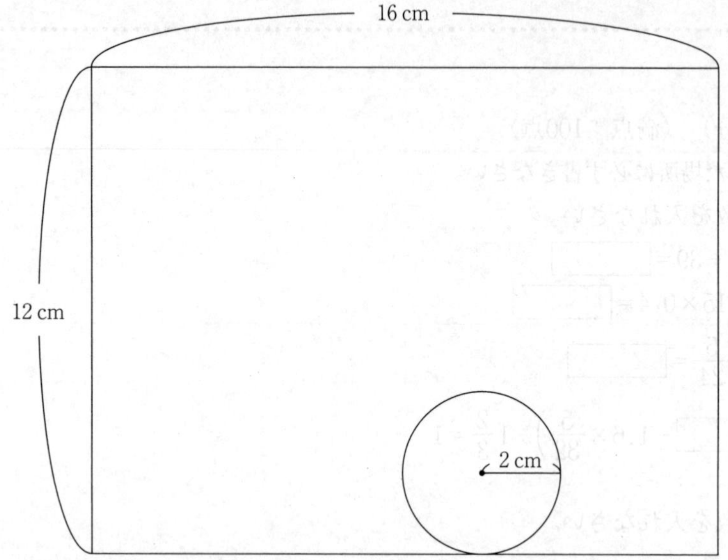

⑴ 円の中心が移動した長さを求めなさい。

⑵ 円が何回転したか求めなさい。ただし，小数点第２位を四捨五入して答えなさい。

⑶ 円が通り過ぎた部分の面積を求めなさい。

5 容積が等しい２つの水そうＡ，Ｂがあり，どちらの水そうも常に排《はい》水されています。いま，同じ量の水が入った２つの水そうが同時に給水され始め，どちらも満水になると給水が止まります。Ａの水そうは空になると再び給水され始め，満水になると給水が止まります。

次の図は，２つの水そうの水量と時間の関係を表したものです。

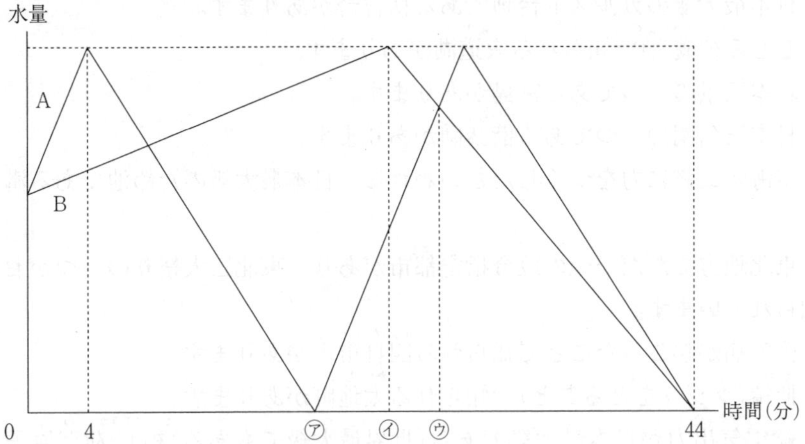

このとき，次の問いに答えなさい。ただし，どちらの水そうも１分あたりの給水量と排水量はそれぞれ一定で，その比は水そうＡでは５：２，水そうＢでは４：３です。

(1) 図の㋐に当てはまる数を求めなさい。

(2) 図の㋑に当てはまる数を求めなさい。

(3) 図の㋒に当てはまる数を求めなさい。

6 Ａ，Ｂ，Ｃ，Ｄ，Ｅ，Ｆの６人とあなたで，次のような数当てゲームをします。１から６の数字が書かれた６枚のカードをＡからＦに１枚ずつ配ります。ＡからＦはお互《たが》いのカードの数字が見えていますが，あなたには見えません。１と５のカードの人が本当のことを，２と４のカードの人がうそを言うことになっています。また，３と６のカードの人はどちらを言ってもかまいません。

いま，ＡからＦの６人が次のように言いました。

Ａ「僕《ぼく》のカードの数字は１だ。」

Ｂ「僕のカードの数字は４だ。」

Ｃ「僕のカードの数字は偶《ぐう》数だ。」

Ｄ「Ｂは本当のことを言っている。」

Ｅ「僕のカードの数字は５ではない。」

Ｆ「Ａのカードの数字は３だ。」

このとき，次の問いに答えなさい。

(1) Ｆのカードの数字を答えなさい。

(2) ＡからＥのカードの数字を答えなさい。

【社　会】〈第１回試験〉（40分）〈満点：80点〉

〔注意〕問題に漢字で書くことが指定されていれば正しい漢字で書きなさい。

1　あとの問いに答えなさい。

問１　次の①～⑩にあてはまる県を以下の(ア)～(ト)から一つずつ選び，記号で答えなさい。

①．この県には，日本最大級のカルスト台地である秋吉台があります。

②．この県には，しじみの養殖《ようしょく》で知られる宍道《しんじ》湖があります。

③．この県には，日本三景の一つである宮島があります。

④．この県には，日本三名園の一つである偕楽《かいらく》園があります。

⑤．この県には，空海が改修に力をつくしたといわれる，日本最大級のため池である満濃《まんのう》池があります。

⑥．この県には，東北地方でただ一つの政令指定都市があり，東北三大祭りの一つがおこなわれることで知られています。

⑦．この県には，公害病が起こったことで知られる四日市市《よっかいちし》があります。

⑧．この県には，捕鯨《ほげい》(クジラをとること)で知られる太地《たいじ》町があります。

⑨．この県には，総電気出力が日本最大級である(世界最大級でもある)柏崎刈羽《かしわざきかりわ》原子力発電所があります。

⑩．この県には，伝統的工芸品である将棋駒《しょうぎこま》の生産で知られる天童《てんどう》市があります。

(ア)　青森県	(イ)　石川県	(ウ)　茨城県	(エ)　岡山県	(オ)　香川県
(カ)　熊本県	(キ)　佐賀県	(ク)　静岡県	(ケ)　島根県	(コ)　鳥取県
(サ)　新潟県	(シ)　兵庫県	(ス)　広島県	(セ)　福井県	(ソ)　三重県
(タ)　宮城県	(チ)　宮崎県	(ツ)　山形県	(テ)　山口県	(ト)　和歌山県

問２　次の表は，全国の野菜の主産地(2020年産収穫《しゅうかく》量の割合)をまとめたものです。表中のＡ～Ｆにあてはまる都道府県を以下の(ア)～(コ)から一つずつ選び，記号で答えなさい。

	いちご		キャベツ		すいか		トマト	
１位	Ａ	14.3	愛知県	18.3	Ｂ	16.1	Ｂ	19.2
２位	福岡県	10.3	Ｃ	17.9	Ｄ	12.2	Ｆ	9.4
３位	Ｂ	7.7	Ｄ	8.3	山形県	9.2	愛知県	6.1
４位	長崎県	6.6	Ｅ	7.4	鳥取県	5.8	Ｅ	5.9
５位	静岡県	6.5	鹿児島県	5.0	新潟県	5.7	Ａ	4.5
	にんじん		ねぎ		メロン(露地《ろじ》＋温室)		レタス	
１位	Ｆ	31.3	Ｄ	12.9	Ｅ	22.7	長野県	32.3
２位	Ｄ	18.0	埼玉県	11.5	Ｂ	16.5	Ｅ	16.3
３位	徳島県	8.5	Ｅ	11.1	Ｆ	14.7	Ｃ	9.7
４位	青森県	6.8	Ｆ	5.0	山形県	7.2	長崎県	6.4
５位	長崎県	5.3	Ｃ	4.4	青森県	7.0	兵庫県	5.2

(『データでみる県勢 2022』より)

※表中の都道府県名の右の数字は，全国計にしめる割合(％)を示しています。

(ア)　茨城県　(イ)　香川県　(ウ)　神奈川県　(エ)　熊本県　(オ)　群馬県

(カ)　高知県　(キ)　栃木県　(ク)　千葉県　(ケ)　北海道　(コ)　宮崎県

問３　次の①～⑤の問いに答えなさい。

①．日本を地形的に東西に分ける，新潟県糸魚川《いといがわ》市と静岡県静岡市を結んだ線を西端《せいたん》とする大地溝帯《だいちこうたい》を何というか，カタカナで答えなさい。

②．自然災害による被害《ひがい》の可能性や災害発生時の避難《ひなん》経路や避難場所などを示した地図を何というか，答えなさい。

③．地価(土地の価格)の高騰《こうとう》(価格が高く上がること)により都心の人口が減少し，郊外《こうがい》(都市の外側にある地区)の人口が増加した現象を何というか，解答欄《らん》に合うように答えなさい。

④．パソコンやスマートフォンなどの生産に欠かせない金属で，埋蔵《まいぞう》量が非常に少なく，純《じゅん》粋《すい》なものを取り出すことが難しい金属を何というか，答えなさい。

⑤．1971年に採択《さいたく》(選ばれて採りあげられること)され，水鳥をはじめ多くの生物がすむ湿地《しっち》を国際的に登録して守ることを目的とする条約を何というか，解答欄に合うようにカタカナで答えなさい。なお，日本では1980年に釧路湿原《くしろしつげん》がこの条約の国内第１号の登録湿地として登録されました。

2 次の年表を読み，あとの問いに答えなさい。

西暦《せいれき》	できごと
694年	(１)天皇が都を藤原京《ふじわらきょう》にうつす。
717年	(２)が唐《とう》に留学生として渡《わた》り，のちに皇帝玄宗《こうていげんそう》につかえる。
1180年	①源平の争乱がはじまる。
1221年	後鳥羽上皇が②隠岐《おき》に流される。
1368年	(３)が征夷大将軍《せいいたいしょうぐん》に就く。
1560年	③桶狭間《おけはざま》の戦いが起こる。
1615年	④朝廷《ちょうてい》と朝廷につかえる貴族を統制する決まりが定められる。
1774年	⑤『解体新書』が出版される。
1798年	国学者の(４)が『古事記伝』を完成させる。
1867年	⑥15代将軍の徳川慶喜《よしのぶ》が大政奉還《ほうかん》をおこなう。
1883年	⑦鹿鳴館《ろくめいかん》が完成する。
1890年	(５)が破傷風《はしょうふう》の血清療法《りょうほう》を発見する。
1904年	⑧日露《にちろ》戦争がはじまる。
1931年	⑨満州事変がはじまる。
1970年	⑩日本万国博覧会が開かれる。
1986年	⑪チョルノービリ(チェルノブイリ)原発事故が起こる。
2022年	イギリスの(６)女王が崩御《ほうぎょ》(亡くなること)する。

問１　年表中の(１)～(６)に適する人物の名前を答えなさい。ただし，(１)，(３)は漢字で，(６)はカタカナで答えなさい。

問２　下線部①の「源平の争乱」について，次の【X】～【Z】を時期の古い順に並べかえたときの組み合わせとして正しいものを以下の(ア)～(カ)から一つ選び，記号で答えなさい。

【X】 一の谷の戦い　【Y】 富士川の戦い　【Z】 屋島の戦い

(ア)　【X】→【Y】→【Z】　(イ)　【X】→【Z】→【Y】
(ウ)　【Y】→【X】→【Z】　(エ)　【Y】→【Z】→【X】
(オ)　【Z】→【X】→【Y】　(カ)　【Z】→【Y】→【X】

問３　下線部②の「隠岐」について，現在，隠岐の島が属する県を以下の(ア)～(エ)から一つ選び，記号で答えなさい。

(ア)　佐賀県　(イ)　島根県　(ウ)　鳥取県　(エ)　長崎県

問４　下線部③の「桶狭間の戦い」で織田信長にやぶれた戦国大名の今川義元が支配した領国の一つを以下の(ア)～(エ)から選び，記号で答えなさい。

(ア)　伊豆《いず》　(イ)　越前《えちぜん》　(ウ)　駿河《するが》　(エ)　土佐《とさ》

問5　下線部④の「朝廷と朝廷につかえる貴族を統制する決まり」について，江戸幕府が出した十七条からなるこの法を何というか，漢字で答えなさい。

問6　下線部⑤の「『解体新書』」のもとになった，ドイツ人医師が書いたものをオランダ語に訳した人体解剖書《かいぼうしょ》を何というか，カタカナで答えなさい。

問7　下線部⑥の「15代将軍の徳川慶喜が大政奉還をおこなう」について，徳川慶喜が大政奉還をおこなった理由を25字以内で具体的に説明しなさい。ただし，句読点も1字に数えます。

問8　下線部⑦の「鹿鳴館が完成する」について，第一次伊藤《いとう》博文内閣の外務大臣として条約改正を進めるために極端《きょくたん》な欧化《おうか》(主義)政策をとった人物を以下の(ア)～(エ)から一つ選び，記号で答えなさい。

(ア)　青木周蔵　　(イ)　井上馨《かおる》　　(ウ)　小村寿太郎《じゅたろう》　　(エ)　陸奥《むつ》宗光

問9　下線部⑧の「日露戦争」について，次の【X】【Y】の文章の正誤の組み合わせとして正しいものを以下の(ア)～(エ)から一つ選び，記号で答えなさい。

【X】　奉天《ほうてん》会戦では，東郷平八郎率いる日本艦隊《かんたい》がロシアのバルチック艦隊に勝利した。

【Y】　日露戦争の講和条約は，イギリスのポーツマスで結ばれた。

(ア)　【X】　正　【Y】　正　　(イ)　【X】　正　【Y】　誤
(ウ)　【X】　誤　【Y】　正　　(エ)　【X】　誤　【Y】　誤

問10　下線部⑨の「満州事変」について，次の【X】【Y】の文章の正誤の組み合わせとして正しいものを以下の(ア)～(エ)から一つ選び，記号で答えなさい。

【X】　満州事変は，盧溝橋《ろこうきょう》事件をきっかけにはじまった。

【Y】　明《みん》の最後の皇帝溥儀《ふぎ》が，満州国の皇帝になった。

(ア)　【X】　正　【Y】　正　　(イ)　【X】　正　【Y】　誤
(ウ)　【X】　誤　【Y】　正　　(エ)　【X】　誤　【Y】　誤

問11　下線部⑩の「日本万国博覧会」が開かれた都道府県を漢字で答えなさい。

問12　下線部⑪の「チョルノービリ(チェルノブイリ)原発事故」について，チョルノービリ(チェルノブイリ)がある現在の国をカタカナで答えなさい。

3　2022年に起こったできごとに関する次の文章を読み，あとの問いに答えなさい。

4月24日，フランスで大統領選挙の決選投票がおこなわれ，(　A　)氏が再選を決めました。

5月15日，沖縄県が日本に返還《へんかん》されて(　B　)年目を迎《むか》えました。

5月18日，フィンランドと(　C　)の2か国が，①北大西洋条約機構への加盟を申請《しんせい》しました。これはロシアへ対抗《たいこう》するための措置《そち》と見られています。

5月24日，日本・アメリカ・オーストラリア・(　D　)の4か国で構成されるQUAD《クアッド》の首脳会談がおこなわれました。QUADは「自由で開かれた(　D　)太平洋」の実現に向けて協力することを目的としています。

5月25日，「②最高裁判所裁判官の国民審査《しんさ》に，海外に住む日本人が投票できないことが憲法違反《いはん》かどうか」が争われた裁判で，最高裁判所は「海外に住む人の投票を認めていないことは憲法違反である」という判決を出しました。

6月9日，日本は③国際連合の総会において，安全保障理事会の非常任理事国に選出され，2023年から2年間の任期を務めることになりました。これは日本が国際連合に加盟して以来12

回目の安全保障理事会非常任理事国入りで，この回数は加盟国の中で第(　Ｅ　)位となります。

６月26日から28日まで，ドイツのエルマウにてG7サミット(主要７か国首脳会議)がおこなわれました。G7サミットは，アメリカ・イギリス・イタリア・ドイツ・フランス・日本・(　Ｆ　)の首脳と，EU(ヨーロッパ連合)の代表者が参加して毎年おこなわれており，次回は2023年に日本の(　Ｇ　)県でおこなわれる予定です。

７月10日，④参議院議員選挙がおこなわれ，この⑤選挙では自由民主党と公明党による与党《よとう》が過半数の議席を獲得《かくとく》しました。

９月６日，イギリスで(　Ｈ　)氏が首相《しゅしょう》に任命されました。イギリスとしては３人目の女性首相となりましたが，10月には辞任することになり，代わって(　Ｉ　)氏が首相に就任しました。

10月14日，日本で鉄道が開業して150年目を迎えました。開業当時の鉄道は(　Ｊ　)と横浜の間を結んでいました。

問１　文章中の(A)～(Ｊ)に適することば・数字を答えなさい。ただし，(A)，(H)，(Ｉ)は人名をカタカナで，(B)，(E)は数字で，(C)，(D)，(F)は国名をカタカナで，(G)，(Ｊ)は漢字で答えなさい。

問２　下線部①の「北大西洋条約機構」の略称《りゃくしょう》(省略して呼ぶ名前)をアルファベット４字で答えなさい。

問３　下線部②の「最高裁判所」について述べた次の【X】【Y】の文章について，下線部のことば・数字が正しければ「○」を，正しくなければ正しいことば・数字を解答欄に書きなさい。

【X】　最高裁判所は，法律・条例などが憲法に違反しているかどうかの最終的な判断をおこなう権限を持つため，「憲法の番人」と呼ばれている。

【Y】　最高裁判所は，多くの場合５回目の裁判を担当する。

問４　下線部③の「国際連合」について述べた次の【X】【Y】の文章について，下線部のことば・数字が正しければ「○」を，正しくなければ正しいことば・数字を解答欄に書きなさい。

【X】　国際連合は，第二次世界大戦が終わった年である西暦《せいれき》1955年に設立された。

【Y】　現在，台湾《たいわん》は国際連合に加盟していない。

問５　下線部④の「参議院」について述べた次の【X】【Y】の文章について，下線部のことばが正しければ「○」を，正しくなければ正しいことばを解答欄に書きなさい。

【X】　参議院は衆議院よりも議員定数が少ない。

【Y】　参議院には解散がある。

問６　下線部⑤の「選挙」について，日本における選挙にはいくつかの原則があり，そのうちの一つが平等選挙という原則です。では，この平等選挙とはどのような原則のことか，解答欄に合うように説明しなさい。

【理　科】〈第1回試験〉（40分）〈満点：80点〉

1　2022年中に話題になった自然科学分野の出来事についての問いに対して最も当てはまるものをそれぞれのア～エから選び，その記号を答えなさい。

①　新しい宇宙望遠鏡によって，約100億光年という遠きょりにある天体の観測が期待されています。この望遠鏡を選びなさい。

ア．ケプラー宇宙望遠鏡　　イ．ジェイムズ・ウェッブ宇宙望遠鏡

ウ．ハッブル宇宙望遠鏡　　エ．わく星観測衛星「ひさき」

②　改正された特定外来生物に関する法律に指定されている動物を選びなさい。

ア．セキセイインコ　　イ．トノサマガエル

ウ．アメリカザリガニ　　エ．ヘラクレスオオカブト

③　アメリカ航空宇宙局(NASA)が小わく星に探査機をしょうとつさせる実験を行った目的を選びなさい。

ア．小わく星が人工衛星にしょうとつすることを回ひできるかどうか。

イ．小わく星が月にしょうとつすることを回ひできるかどうか。

ウ．小わく星が地球にしょうとつすることを回ひできるかどうか。

エ．小わく星が火星にしょうとつすることを回ひできるかどうか。

④　岡山大学などの研究チームが小わく星探査機「はやぶさ２」が持ち帰った試料などから発見した，生命の存在に関係するものを選びなさい。

ア．ある原始的な生物のDNA

イ．原始わく星に存在していた大気の成分

ウ．生物の誕生に不可欠な水が氷になった状態

エ．生物の体を作る材料であるアミノ酸

2　空気中で最も多くふくまれている気体は(　①　)です。この気体だけを空気中から回収して，味が変わらないようにするためAポテトチップスのふくろに入れています。二つのポテトチップスを用意しました。一つはふうを開けず，もう一つはふうを開けました。ふうを開けたふくろは，テープで留めてなるべく空気が入らないようにしました。一週間後，二つのポテトチップスの中身を食べ比べました。ふうを開けなかった方は，パリッとした食感でした。ふうを開けていた方は，しけっているし，味が少し変わっていました。味が変化していたのは，ポテトチップスの油分が空気中の(　②　)と反応したためでした。(　②　)は油以外にも金属など様々な物質と反応する気体です。

気体の(　①　)を液体にすることができます。いっぱん的に液体(　①　)とよんでいます。とても冷たく，氷がこおる温度よりもはるかに低いです。血液の保存，電子機器の冷きゃくなど様々な場面で利用されています。とても冷たいB液体(　①　)の中にいっしゅんだけ手を入れることができます。このとき，Cジュワーという大きな音が出ます。まるで水がふっとうしているようです。

問１　文中の(①)と(②)に最も当てはまる気体の名をそれぞれ答えなさい。

問２　下線部Ａのように利用される理由として，最も当てはまる性質を次のア～エから選び，その記号を答えなさい。

ア．他の物質と反応しにくい　　イ．熱を伝えやすい

ウ．水にとけやすい　　エ．空気よりとても軽い

問３　下線部Ｂの後には手がどうなりますか。最も当てはまる文を次のア～エから選び，その記号を答えなさい。

ア．液体(①)が手についた。

イ．風ろ上がりのように指がしわしわになった。

ウ．指先が少しだけこおった。

エ．手はかわいたままだった。

問４　下線部Ｃが起きた理由を「手」と「温度」という二つの語を用いて説明しなさい。

問５　中が空どうになっている長いガラス管を液体(①)の入った容器に入れると，ガラス管から液体(①)が，ふん水のように飛び出ました。これと同じようなことがらを次のア～エから一つ選び，その記号を答えなさい。

ア．ゆかにこぼれた水を布でふくと，ふいた所ではない所もしめっていくことを毛管現象という。

イ．空中や地平線近くに遠くの景色などが見える現象をしん気ろうという。

ウ．局地的に地上から上空に向かう激しい空気のうず巻をたつ巻という。

エ．地熱によって温められた水が地表に勢いよく出てくる温泉を間欠泉という。

3　室内に置いてあるいろいろな物をさわってみました。金属をさわると冷たく感じました。プラスチックをさわると金属ほど冷たく感じませんでした。このようにちがいが出るのはどうしてなのか調べました。

まず，次のＡ～Ｃの性質があることがわかりました。

Ａ．熱は温度の(①)部分から(②)部分に移動します。

Ｂ．熱を得た物体の温度が上がり，熱を失った物体の温度が下がります。

Ｃ．金属とプラスチックを比べると，金属は熱の伝わり方が速く，プラスチックは熱の伝わり方がおそいです。

これらの性質を使って，金属とプラスチックをさわったときの感じ方のちがいをまとめました。

ステップ１　【部屋に置いてある物体の温度】

部屋に金属やプラスチックでできた物体が置いてあると，室温と同じ温度になっています。その理由は次のように考えられます。

・物体の温度が室温より高いと，(③)に熱が移動します。

・熱を失った物体は温度が下がり，室温に近づきます。

・物体の温度が室温より低いと，(④)に熱が移動します。

・熱を得た物体は温度が上がり，室温に近づきます。

このようにして，物体の温度は室温と等しくなります。

ステップ２　【部屋に置いてある物体をさわったときの熱の移動】

体温は室温より高いので，手で物体にさわったときに，(⑤)に熱が移動します。

手でさわった部分の物体は熱を(⑥)。

手でさわった部分の物体の温度が(⑦)なります。

さわった部分の温度が周辺より(⑦)なるので，(⑧)に熱が移動します。

ステップ３―１　【金属をさわったときの感じ方】

金属は熱の伝わり方が速いので，さわった部分は(⑨)。

さわった部分の金属の温度が室温に近くなります。

そのため，金属をさわると，冷たく感じます。

ステップ３―２　【プラスチックをさわったときの感じ方】

プラスチックは熱の伝わり方がおそいので，さわった部分は(⑩)。

さわった部分のプラスチックの温度が体温に近くなります。

そのため，プラスチックをさわると，あまり冷たく感じません。

問１　(①)，(②)に当てはまる語句の組み合わせとして正しいものを次のア，イから選び，その記号を答えなさい。

ア．(①)　高い　(②)　低い

イ．(①)　低い　(②)　高い

問２　(③)，(④)に当てはまる語句の組み合わせとして正しいものを次のア，イから選び，その記号を答えなさい。

ア．(③)　物体から空気　(④)　空気から物体

イ．(③)　空気から物体　(④)　物体から空気

問３　(⑤)，(⑥)に当てはまる語句の組み合わせとして正しいものを次のア～エから選び，その記号を答えなさい。

ア．(⑤)　物体から手　(⑥)　得ます

イ．(⑤)　物体から手　(⑥)　失います

ウ．(⑤)　手から物体　(⑥)　得ます

エ．(⑤)　手から物体　(⑥)　失います

問４　(⑦)，(⑧)に当てはまる語句の組み合わせとして正しいものを次のア～エから選び，その記号を答えなさい。

ア．(⑦)　高く　(⑧)　さわった部分から周辺

イ．(⑦)　高く　(⑧)　周辺からさわった部分

ウ．(⑦)　低く　(⑧)　さわった部分から周辺

エ．(⑦)　低く　(⑧)　周辺からさわった部分

問５　(⑨)，(⑩)に当てはまる語句の組み合わせとして正しいものを次のア～エから選び，その記号を答えなさい。

ア．(⑨)　すぐに熱を失います　(⑩)　すぐに熱を失います

イ．(⑨)　すぐに熱を失います　(⑩)　なかなか熱を失いません

ウ．(⑨)　なかなか熱を失いません　(⑩)　すぐに熱を失います

エ．(⑨)　なかなか熱を失いません　(⑩)　なかなか熱を失いません

問６　次の中からＣの性質を利用していることを次のア～エから二つ選び，その記号を答えなさい。

ア．とびらのノブが金属でできている。

イ．体温計の先たんが金属でできている。

ウ．なべの持ち手がプラスチックでできている。

エ．エレベータのボタンがプラスチックでできている。

4　枝豆を食べようとしたら豆が二つに分かれました。図は分かれた豆の断面の図です。どの部分が何になるのか調べようと思い，さいばい用の豆を買ってきて植え，芽が出たところでほり出して観察しました。

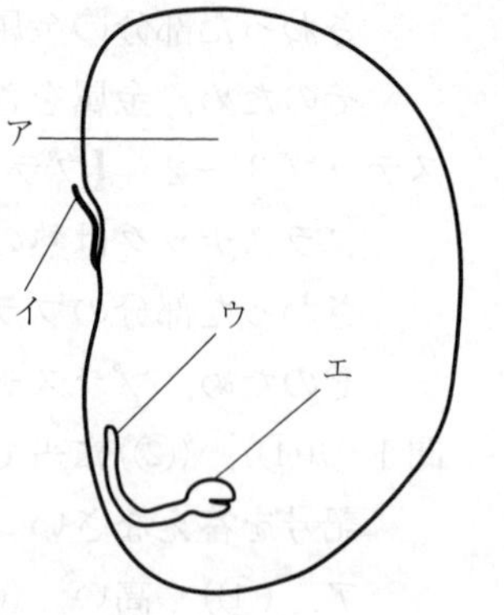

問１　根となる部分を図のア～エから選び，その記号を答えなさい。

問２　子葉を図のア～エから選び，その記号を答えなさい。

問３　豆が成長する順番はホウセンカと同じです。次のア～エを正しい順番に並べかえ，その順を記号で答えなさい。

ア．根がのびる。　　イ．くきがのびる。

ウ．子葉が開く。　　エ．葉が開く。

次にジャガイモとサツマイモを育てることにしました。

問４　多くの種類のジャガイモのさいばいでは，いもを切って植えます。その理由として最も当てはまるものを次のア～エから選び，その記号を答えなさい。

ア．切ると一株当たりの収かく量が増えるから。

イ．切らないと病気になりやすいから。

ウ．切ると芽の数を減らせて１本当たりの芽にたくさん栄養がいくから。

エ．切らないと芽が出にくいから。

問５　サツマイモのいっぱん的なさいばい方法として最も当てはまるものを次のア～エから選び，その記号を答えなさい。

ア．いもをいくつかに切って植える。

イ．いもを切らずにそのまま植える。

ウ．いもから出た芽を切って「なえ」として植える。

エ．いもから芽が出たら芽ごとにいもを切って植え替える。

問６　ふつうジャガイモはいもから育ちますが，花がさいて種をつけることもできます。いもから育つ方が種から育つより良いこととして最も当てはまるものを次のア～オから選び，その記号を答えなさい。

ア．よりじょうぶなジャガイモに育つ。

イ．受粉しなくてもいもができる。

ウ．かん境の変化に強いジャガイモになる可能性がある。

エ．より大きなジャガイモに変わる。

オ．カラスなどに食べられにくいジャガイモになる。

5　図は学校の校庭にある百葉箱とよばれるもので，中に温度計やしつ度計などをいれて天気の観察をする容器です。

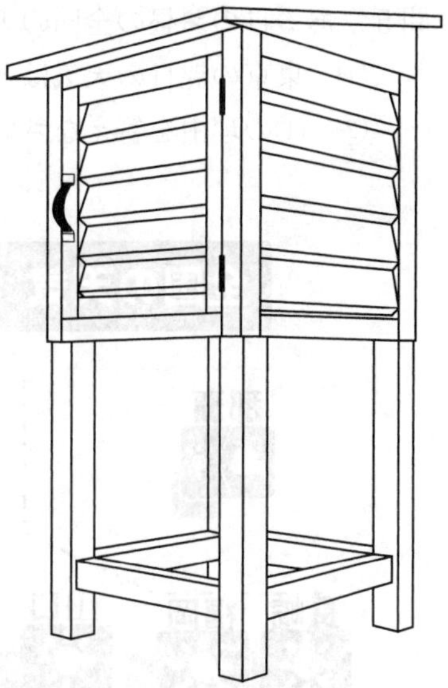

問１　この容器のつくりや設置の仕方には以下のようなルールがあります。それぞれのルールについて，その理由をア～エから一つずつ選び，その記号を答えなさい。

①　百葉箱は全て白いペンキでぬる。

②　四方向のかべはよろい戸とする。

③　とびらは北向きに設置する。

ア．観察するときに直射日光が容器内に入らないようにするため。

イ．地面の熱を直接受けないようにするため。

ウ．日光を反射し熱を吸収しにくくするため。

エ．風通しを良くし，熱がこもらないようにするため。

問２　学習院で１年間気温の観察をしました。その結果を比べると，ふつう晴れの日は，午後２時ごろに気温が一番高くなることに気づきました。この理由を答えなさい。

問３　文章中の(①)と(②)に当てはまる言葉の組み合わせをア～エから選び，その記号を答えなさい。また(③)に当てはまる言葉を答えなさい。

天気の変化と動物のようすについて昔からよく言われていることがあります。「つばめが(　①　)飛ぶと天気が(　②　)なる」というのもその一つです。つばめはハエ，ハチ，アブなど，飛んでいるこん虫をつかまえてえさにします。雨雲が近づくと空気中の(　③　)が増えて，こん虫の羽に細かい(　③　)がつくため，こん虫は重さを感じ上空高く飛ぶことができなくなります。このため，つばめはえさをとるために(　①　)飛ぶようになるのです。

ア．(①)　高く　(②)　良く

イ．(①)　高く　(②)　悪く

ウ．(①)　低く　(②)　悪く

エ．(①)　低く　(②)　良く

問４　問３と最も関係のある文をア～カから選び，その記号を答えなさい。

ア．夕焼けが見られると，天気が良くなる。

イ．飛行機雲が出てすぐに消えると，天気が良くなる。

ウ．太陽の周りにまるいにじが出ると，天気が悪くなる。

エ．かえるが出てきて元気にはねまわると，天気が悪くなる。

オ．ねこが顔を洗うと，天気が悪くなる。

カ．くつをなげて表が出ると，天気が良くなる。

問５　ある日のお昼の全国の天気は図のようでした。

①　東京の翌日の天気はどのようになりますか。

②　①の理由を答えなさい。

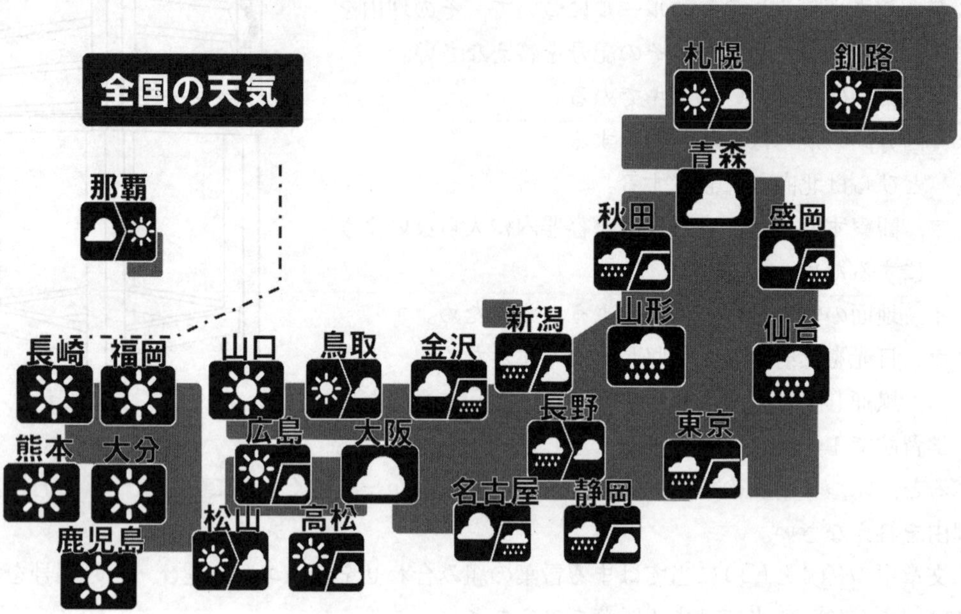

ア　大人になると友達が減るのは当たり前のことだから。
イ　大人になると対人関係のストライクゾーンが狭くなるから。
ウ　大人になると子どものときより緊張することが増えるから。
エ　大人になると本当に気の合う人が減ってくるから。
オ　大人になると興味や関心が同じものになってくるから。

問六　【Ｂ】に入る言葉として最も適当なものを次から選び、その記号を書きなさい。

ア　ほどほどに　　イ　くわしく
ウ　するどく　　エ　適当に

問七　【Ｃ】・【Ｄ】に入る言葉を、それぞれ三字で文章中から探して書きなさい。

問八　波線(5)の意味として最も適当なものを次から選び、その記号を書きなさい。

ア　縁は不思議でおもしろいが、しっくりとはこないもの。
イ　縁はあまりおもしろみがないけれど、やるべきこと。
ウ　縁は常識では考えられない、不思議でおもしろいもの。
エ　縁はあまりおもしろさがないけれど、運命的なもの。

分の趣味（しゅみ）、＊嗜好（しこう）、興味、関心というものが確立してきます。対人関係のストライクゾーンがどんどん狭（せま）くなってくる。大人になると本当に気が合うなと思える人は少なくなっていきます。

詩人の高橋睦郎（むつお）の名著に『友達の作り方』〈マガジンハウス〉があります。この本の中に友達の本質を【Ｂ】えぐる定義がありました。友達というのは偶然（ぐうぜん）性、反利害性、超（ちょう）経済性という条件を備えた人間関係である——まったくその通りだと深く共感しました。『友達の作り方』というタイトルなのに、友達の本質からして、友達の作り方なんてものはない——スカッとした結論が素敵（すてき）です。

小学校のクラスとか大学の＊ゼミは、偶然そこに集まった人で構成されます。経済的利害はない。友達の条件を自然に満たしています。考えてみると、そういう場は学校や地域のコミュニティぐらいしかありません。世の中に出ると、仕事が忙しかったりして偶然性の条件を満たす出会いの機会は格段に減ります。知り合う人の多くは仕事を通じて会うことになります。【Ｃ】や【Ｄ】が多少なりとも絡（から）んできます。

三〇歳（さい）の頃に友達になったＩくんという人がいます。彼（かれ）と出会ったのはまったくの偶然でした。その日、僕は六本木のマッサージ店にいました。その店は道路に面した壁（かべ）がガラス張りになっていまして、ぼんやりと外を見ていましたら、僕の以前からの友達のＫくんがたまたま歩いているのが見えました。ちょうどマッサージが終わるタイミングだったので、店を出てＫくんを追いかけたのですが、そのとき彼と一緒にいたのがＩくんでした。で、二人が近所のお店に行くのに交ぜてもらいました。

Ｋくんは元から友達でしたが、初対面で偶然食事をすることになったＩくんとも、ありとあらゆる点で気が合いました。三〇代の一時期は、その三人で週に二回は会っていました。今でも仲良くしてもらっています。これも偶然性、反利害性、超経済性という友達の条件を完全に満たしているからこそだと思います。

つまりは「縁（えん）」です。偶然とか無意識というものが重なって、ひょんなことから縁が生まれる。「(5)縁は異なもの味なもの」と言いますが、日常生活でこれほどコクがあるものはありません。その反対に、明確な目的をもって意図的に人脈作りをする人がいます。そういう人とは友達になりたくありません。というか、定義からして友達ではありません。

楠木　建『絶対悲観主義』による

＊希薄　うすいこと。
＊煩悩　心のけがれ。ここでは欲望のこと。
＊媒体　情報を伝達する手段。
＊喧騒　さわがしくうるさいこと。
＊嗜好　それぞれの人の好み。
＊ゼミ　少数で学ぶ授業のスタイル。

問一　波線(1)について、矛盾していることがらを、それぞれ一行で書きなさい。

問二　波線(2)の理由を十五字以内で書きなさい。

問三　【Ａ】に入る言葉として最も適当なものを次から選び、その記号を書きなさい。

ア　頭　イ　首　ウ　ひざ　エ　ひじ

問四　波線(3)は筆者にとってどのようなことですか。具体例を示す一文を二つ探し、それぞれはじめの五字を書きなさい。

問五　波線(4)について、筆者の主張とあっているものを次から二つ選び、その記号を書きなさい。

ラストがイイ。ターボがかかった孤独感に浸(ひた)っていると、ときどき多幸感にシビれることがあります。「ひとりでいるってー、すてきなことねー」と唄(うた)いたくなるほどです。パーティーの良いところは、僕がどれだけ一人でいるのがスキなのかを再確認させてくれるというところです。

人間に対する興味はめっぽう強いので、たまにパーティーに出席すると、人の行動を観察するのがおもしろい。おたがいに深々とお辞儀(じぎ)をしている人たちを見て、「どういう利害があるのかな」とか、そこで繰(く)り広げられる人間模様を勝手に想像しては楽しんでいます。

とある大きなパーティーでは、世間的に偉(えら)いとされる人々が集まっていました。みなさん取り巻きに囲まれています。取り巻いている人たちと取り巻かれている人との関係性や、取り巻きの中にも見え隠(かく)れする上下関係を見ていろいろと想像する。そのうちに『仁義なき戦い』のドキュメンタリー版のように見えてきます。あくまでも僕の手前勝手な妄想(もうそう)なのですが、こういう(3)パーティーならではのエンターテイメントはわりとスキです。

人間に関心があるということと、実際に人と会って交流を深めるということは、別ものです。その点、読書は人物を深く知ることができるのに、実際に会わなくてもいい。おもしろくなければ、すぐに読むのをやめればいい。これが読書のイイところです。人との交際は、そうはいきません。ちょっと話をして、「おもしろくないので、これで失礼」というのはそれこそ失礼な話です。

年を重ねるごとに、新しい友達をつくるのが難しくなっていくように思います。僕よりずっと社交的で友達が多い人でも、そういう感覚があるのではないでしょうか。

子どもの頃(ころ)は、学校や家の近所で友達が自然とできます。僕は小学校の高学年のときに、それまで過ごしていた南アフリカから日本に戻ってきました。最初の登校の日は、ちゃんとした「学校」に入るのに緊張(きんちょう)を覚えました。というのは、南アフリカで通っていた小学校は寺子屋みたいなもので、先生のご自宅に日本人の子どもが集まって、一年生から六年生までが一緒(いっしょ)になって遊んでいるような場所だったからです。

ついに日本への帰国が決まったとき、先生が「みんなと友達になれるように、きちんとご挨拶(あいさつ)と自己紹介(しょうかい)ができるようにならないといけません」とおっしゃいました。外地で乱れていた僕の日本語を直し、正しい日本語の挨拶を教えてくださいました。

日本の小学校に転校した初日、担任の先生に自己紹介するように言われた僕は、教わった通りの挨拶をしました。「えーこのたび、遠くアフリカからこの日本の地に戻って参りました楠木(くすのき)建でございます。みなさまにおかれましては、ひとつよろしくお願い申し上げます」――教室中が大笑いになりました。これは挨拶の仕方が悪かったのかなと思いまして、「えー、大変失礼いたしました。私はこのたびー」と繰り返すと、さらに爆笑(ばくしょう)。先生が教えてくださったのは大人の挨拶で、子どもの会話はアフリカと変わらないということに気づきました。最初からつまずきましたが、それはそれ、子どもなのですぐに友達ができました。

小学校時代はすぐに友達になれたのに、(4)年齢(ねんれい)を重ねるにつれて新しく友達になるような人はだんだんと減っていく。ひとつには外的な環境(かんきょう)要因があります。仕事を始めると忙(いそが)しくなる。それから家族ができて子どもが生まれて、ますます忙しくなる。子どもが出て行って一段落、と思った頃には、今度は親の健康問題が出てくる。学生のときより時間が取りにくくなります。

僕の場合、それよりも内的な要因が大きい。年を取れば取るほど自

三　次の文章を読んで、後の問いに答えなさい。

友達の定義は人それぞれです。ここでは「仕事のような必然性や理由がないにもかかわらず、私的に会いたくなり、実際にときどき会う人」としておきます。連絡（れんらく）を取り合うだけではなく、実際に会ってゆっくりと話をするという関係に限定すると、僕（ぼく）の場合その数は相当少ない。理由は、自分の性格や生活が極（きわ）めて非活動的だからです。

そうした僕から見ると、今の世の中はつながり過剰（かじょう）のように思います。ＳＮＳでは「友達申請（しんせい）」というのがありますが、友達は「申請」してなるものではありません。しょせん体はひとつ、時間は一日二四時間しかありません。つながっている人の数が広がった分、一人一人との関係が＊希薄（きはく）になるのは論理的必然です。昨今の「デジタル友達」というのはしょせんその程度のつながりで、僕の友達の定義には当てはまりません。

フェイスブックに一応登録はしているのですが、ほとんどまったく使っていない。ただしフェイスブックで「友達申請」をいただくと、よほどの人（プロフィールを見た瞬間（しゅんかん）に邪悪（じゃあく）な空気を放出している未知の人物）でない限り、一定数の「共通の友達」がいる人は承認（しょうにん）しています。(1)明らかに矛盾（むじゅん）しています。

その理由は僕の＊煩悩（ぼんのう）にあります。すなわち、僕の所属しているロックバンド Bluedogs のライブの集客です。ライブの告知手段として、フェイスブックで幅（はば）広くつながっておきたい。あわよくばライブにお越（こ）し願いたい。極めて利己的な理由〈だけ〉でユーザーになっています。フェイスブックを開くのは、ライブの告知をするときだけ。ライブさえなければ、一刻も早くフェイスブックを離脱（りだつ）したい。もっとも、告知をしても実際にライブにお越しくださる方は毎回五人ぐらいです。(2)それでもフェイスブックを捨てきれない。ああ、煩悩のフェイスブック。

ツイッターも長年利用していますが、今では仕事で書いたものの備忘（びぼう）録としてのみ使っています。紙の＊媒体（ばいたい）に書いたものは、ファイルできます。ところが最近はデジタルメディアでも書くことが多い。そのうちどこに何を書いたのかわからなくなります。で、書いたものがデジタルメディアに出ると、共有ボタンを押（お）してツイートしておく。こうしておくとより多くの方々にお読みいただけるという色気もあります。もちろん Bluedogs のライブ告知も欠かさずツイートしています。

誰（だれ）もフォローしていなくても、親切なことにツイッターは「話題のツイート」を流してくださいます。「ネットで集客しようとする人は、基本的に実力不足で仕事がない人。実力がある人は、何もしなくてもさばききれない量の仕事が舞（ま）いこんでくるから、ネットを活用するメリットがない」というツイートが流れてきました。その通り、と【Ａ】を打ちました。Bluedogs の実力不足を正確に言い当てています。

非社交的な僕は「パーティートーク」を苦手にしています。誰かれなく意味のないこと〈だけ〉を延々と話す。これが実に上手な人がいるのですが、僕は人と話をするのであれば、きっちり議論というか意見交換（こうかん）をしたいタイプです。その人の考えを知りたい。自分の意見や自分の考えにその人がどう反応するのか、それを知りたい。ただし、パーティーでこれをやるのは迷惑（めいわく）な話です。ですから極力行かないようにしています。

それでも、たまにパーティーに出かけてみるとイイこともある。会場を出て一人に戻（もど）った時の孤独（こどく）感、これはわりとスキです。パーティーの＊喧騒（けんそう）と、一人になったときのコント

岳に向かって放りつけた。

「(5)早く着替えてこないと、遅刻(ちこく)になるよ」

タオルをキャッチした岳は、自分のトレーニングウェアを見下ろした。あっという間に晴美の姿が消えてしまうと、ようやく部室に足を向けた。

歩きながら、何気なくタオルを顔に当てた。

ひやっとした感触があった。

……キンタの汗？

少しうっとりした気持ちになった。タオルをもっと押(お)しつけた。

そんな自分にびっくりして、

俺は変態か！

慌(あわ)てて己(おのれ)に毒づいた。首筋がカッと熱くなる。

岳は想(おも)いを振り払(はら)うように、わざと【 D 】歩いた。

佐藤いつ子『ソノリティ　はじまりのうた』による

＊隼人　岳の弟。

問一　【A】【D】に入る言葉の組み合わせとして、最も適当なものを次から選び、その記号を書きなさい。

ア　A　せかせか　D　フワフワ
イ　A　そろそろ　D　ドスドス
ウ　A　とぼとぼ　D　パタパタ
エ　A　のそのそ　D　テクテク

問二　波線(1)のように、岳がした理由として最も適当なものを次から選び、その記号を書きなさい。

ア　うなだれている場合ではないと思ったから。
イ　自分に気合を入れようとしたから。
ウ　自分の言動を後悔(こうかい)したから。
エ　怒っている晴美のことを情けなく思ったから。

問三　「【 B 】の背比べ」は「みんな似たりよったりであること」という意味で使われます。【B】に入る言葉を書きなさい。

問四　波線(2)のように、岳がなった理由として最も適当なものを次から選び、その記号を書きなさい。

ア　自分の発言のせいで、キンタが自信をなくしているから。
イ　元気のないキンタの声を聞き、はげましたくなったから。
ウ　せっかくのチャンスなのにもったいないと思ったから。
エ　キンタの涙顔を思い出し、冷静さを失ってしまったから。

問五　波線(3)「涼万か……。」とありますが、この時、岳はどのようなことを感じていたと考えられますか。四十字以上六十字以内で書きなさい。

問六　波線(4)の時の岳の気持ちを「～気持ち。」に続くように書きなさい。

問七　【C】に入る言葉として、最も適当なものを次から選び、その記号を書きなさい。

ア　早くキンタにあやまらなきゃ。
イ　みんな、許してくれるかな。
ウ　仲間はずれにされたみたいだ。
エ　俺(おれ)、何やってんだろ。

問八　波線(5)の言葉を晴美はどのような口調で言ったと考えられますか。最も適当なものを次から選び、その記号を書きなさい。

ア　やさしく、ゆっくりした口調で言った。
イ　嫌そうに、冷たい口調で言った。
ウ　明るくはきはきとした口調で言った。
エ　しかるような厳しい口調で言った。

問九　この文章を「岳が～物語。」という一文でまとめなさい。ただし、「～」に入る言葉は三十字以上四十字以内とします。

教室に安堵(あんど)のどよめきが広がった。

岳はそっとドアから手を離した。しばらくそのまま、ぼんやりしていた。音心の前奏が始まり、合唱に入った。

(3)涼万か……。

岳はつま先を見つめた。さっきの声は間違いなく涼万だった。涼万のひとことが、晴美を勇気づけたのだ。

――はじめはひとり孤独(こどく)だった

気づくと、音心が提案したソリパートが始まっていた。岳はハッとして顔を起こした。

――ふとした出会いに希望が生まれ
新しい本当のわたし
未来へと歌は響きわたる

音心の抑えめな伴奏にのって、早紀と晴美のふたりの声が重なり合う。

早紀の透(す)き通ったまっすぐなソプラノに、晴美の憂(うれ)いのあるビブラートの効いたアルト。清らかさと切なさの相反するようなメロディーが混ざりあって、新しい音楽が生まれた。

岳は知らず知らずのうちに、腕(うで)に立った鳥肌をさすっていた。ソリパートが終わると、ほんの少し間を置いて全員での合唱が始まった。いつもとは迫力が違った。

岳は音楽室から離れた。歌が終わってみんなが出てきたとき、(4)こっそりそばで聴(き)いていたことを知られたくなかった。

階段に足を落とすようにゆっくり降りた。だんだんと歌声が遠ざかっていく。やがて曲が終わったのか、大きな歓声(かんせい)と拍手(はくしゅ)が聞こえた。きっと、ソリパートが大成功して、みんな盛り上がっているのだろう。

バスケの練習をしているわけでもなく、合唱でひとつになりつつあるクラスの一員にもなれていない。

【 C 】

一階に続く踊(おど)り場で立ち止まった。どこかでずれたわずかな隙間(すきま)から、冷たい空気がすうすうと体に入ってくるみたいだった。

はるちゃん、待てー。

保育園のころ、小さな晴美を追いかけていたときのことが、脈絡(みゃくらく)もなく思い出された。

汗をかいてもいないのに、首にかけたタオルで顔をこすった。

そのとき、上の方からバンバン音をたてながら、一段飛ばしで階段を降りてくる足音がきこえた。足音は一気に近づいた。

あ……。

目が合ったが、そらされなかった。踊り場の窓から差す朝日で、晴美の顔は輝(かがや)いていた。額(ひたい)には玉の汗が浮かんでいる。

「音楽室の鍵(かぎ)、職員室に返しに行かなくちゃ」

聞いてもいないのに、晴美はそう言いながら、岳の前を通り過ぎた。

「キンタ」

咄嗟(とっさ)に岳は呼び止めた。晴美が驚(おどろ)いたように振(ふ)り返る。

「えっと、その……ゴメン!」

岳はやにわに首からタオルをはぎ取ると、晴美に突(つ)き出した。

晴美は一瞬固まったが、タオルを奪(うば)うようにつかむと、額の汗を雑にぬぐった。そしてまた走り出すと振り向きざまに、タオルを

今度は音心（そうる）の声だ。

「五組の合唱、すごく良くなったと思うけど、どのクラスも【　Ｂ　】の背比べで、絶対に勝てるってところまでは、いってないと思うんだ」

みんなが少しざわついた。

「だから勝つには、奇策（きさく）がいる。で、提案なんだけど、最初の四小節のＡメロって、二回繰（く）り返しがあるよね。その二回目のＡメロをソロでやったらどうかな」

「えっ、ソロ!?」

今度は一気に騒（さわ）がしくなった。

「うん。正確に言うとソロじゃなくてソリかな。ソプラノとアルトのふたり。たとえば伴奏はこんな感じで、すこし抑（おさ）えめにして」

そう言うと音心は、アレンジしてさらさらとピアノを奏（かな）でた。

「おぉ～。なんかいい感じだね」

教室がわいている。

岳は音心の即興（そっきょう）演奏に、大きく息を吸い込んだ。きっと音心も涼万みたいな天才肌（はだ）に違いない。

「なぁ井川（いがわ）、それで誰がソリっつーのやんの？」

「うん。このふたりしかないと思っているんだ」

教室の中のちょっとした緊張が、廊下まで伝わってきた。

「水野早紀と金田晴美」

反射的に岳の肩（かた）が跳（は）ね上がった。

「えっ！」

晴美の大声が響く、それをスルーして、音心は続けた。

「早紀、ソリの間は指揮をせずに、前を向いて歌うんだ。出来るよね」

いちおう質問形だが、その言葉には有無（うむ）を言わせない迫力（はくりょく）がある。おそらく早紀は、気圧（けお）されてうなずいたのだろう。

「金田もＯＫだよね。じゃ、早速（さっそく）やってみよう」

ざわついた空気が、すっとおさまった。前奏がまさに始まったとき、晴美が声を上げた。

「ごめん。わたし、やっぱり無理」

音心は演奏を止めた。

「どうして」

「出来ないよ。みんなに迷惑（めいわく）かけちゃう」

(2)岳の胃のあたりが、きりきり締（し）めつけられた。

いつも自信たっぷりで、あんなに目立つのが大好きなキンタが……。頼（たの）まれたことを引き受けないネガティブなキンタなんて、今まで見たことがない。

晴美の涙顔がまたフラッシュバックした。

宝石みたいに綺麗（きれい）な涙が、玉の汗（あせ）の中で光っている。握（にぎ）りつぶされたみたいに、胸がギュッと苦しくなった。

キンタ、やれよ。あの天才井川が、お前がいいって言ってるんだから、だいじょうぶだよ。

祈（いの）るような気持ちになった。

「誰か他の人……」

晴美の中途半端なつぶやきに、岳は思わず前のめりになって、音楽室のドアに手をかけた。

出来るよ、キンタがやれよ！

ドアを開けてそう言いそうになったとき、誰かが言葉を放った。

「なぁキンタ、まずやってみようぜ。それでダメだったら、また考えればいいじゃん」

しばしの沈黙（ちんもく）ののち、晴美の声が続いた。

「……うん」

＊隼人(はやと)と公園でシュートしたときは、なんの違和感(いわかん)もなかったのに、今日は少しおかしい。

そっと曲げたり伸ばしたりしてみる。やはり、痛みがある。岳はゆっくりとその場に腰(こし)を下ろした。体育館の床(ゆか)はひんやりとしていて、尻(しり)から背筋の方に冷たさが伝っていった。

両膝に顔を埋(うず)めると、ハッカみたいな湿布(しっぷ)の匂(にお)いが鼻をスースーさせた。もう一度顔を上げる。バスケットゴールを見上げた。

先輩(せんぱい)たちにまざって、涼万が放った見事なシュートがよみがえった。

なんであいつのプレーは、あんなにスマートなんだろう。

認めたくはないが、涼万のことを羨(うらや)ましいと思っている自分がいた。

どうしてなんだ、あいつはたいして努力もしていないのに……。

今はまだ、かろうじて力は拮抗(きっこう)している。でも、もし、涼万が本気でやり始めたら、いつかうんと差をつけられてしまうのでは……。

ため息を長く静かに吐(は)いた。息を吐いても、胸はちっとも軽くならなかった。

しばらくぼんやりしていると、体育館の脇(わき)を何人かの生徒が話しながら歩いている声が聞こえた。合唱の朝練に行く生徒たちだろうか。だとすると、間もなくバスケ部員もやって来る時間だ。岳はのっそり立ち上がった。

やがてバスケ部の朝練が始まり、岳は壁(かべ)にもたれて見学していた。先輩たちのプレーを目で追いながらも、気持ちは遠くに離(はな)れていた。岳はこっそり体育館を抜け出した。

もう合唱の練習が始まっているのか、校舎のそこここから、歌声が漏(も)れ聞こえた。合唱の朝練をしているのは、うちのクラスだけではないらしい。晴美のことが気になって、岳の足は自然と教室に向かっていた。

少し緊張しながら校舎の階段を上がる。三階まで上がって、一息ついた。五組は一番手前の教室だから、すぐそこだ。なるべく教室から離れた廊下(ろうか)のすみっこを【　Ａ　】と進んで、びっくりした。教室はからっぽだった。

あれ？　みんなどこ行ったんだ？

首をかしげると同時に、廊下の一番奥(おく)の音楽室から、『ソノリティ』のピアノ伴奏(ばんそう)が聞こえてきた。五組の練習は、音楽室でやっているらしい。

岳は音楽室のそばまでやって来た。幸いにもドアが閉まっているので、中からは見えないはずだ。耳をそばだてる。

こないだ部活の朝練が終わったあと、廊下で聞いたときは、晴美の声がすごく目立っていた。そして、ついオンチのことをばらしてしまった。

ひょっとして、あの会話がキンタに聞こえてしまっていたのか？　そうに違(ちが)いない。それであいつ、あんなに怒(おこ)ってたんだ……。

岳はうなだれた。そして今、晴美の声が全然目立って聞こえてこないことに、さらにうなだれた。

あいつ、オンチのこと気にして、歌ってないのかも知れない。

(1)首にかけたスポーツタオルを、両手でグッと引っ張った。気づくと、曲が終わっていた。

「今の、とっても良かったと思います。もう一度やりましょう」

指揮者の早紀(さき)の声だ。

「待って。ちょっと提案があるんだけど」

2023年度

学習院中等科

【国語】〈第一回試験〉（五〇分）〈満点：一〇〇点〉

〔注意〕字数が決まっている問いについては、「、」や「。」も一字と数えます。

一 次のぼう線部のカタカナを漢字で書きなさい。

① ごちそうを山とツむ。
② キショウダイの予報。
③ 生徒をヒキいる。
④ うさぎのシイク係。
⑤ 本をヘンシュウする。
⑥ 雨水が屋根からタれる。
⑦ 水分がジョウハツする。
⑧ 古いチソウを調べる。
⑨ 遠足でハイクをよむ。
⑩ 問題にタイショする。

二 次の文章を読んで、後の問いに答えなさい。

中学校一年生の岳（がく）のクラスは合唱コンクールに向けて練習にはげんでいますが、岳は所属するバスケットボール部の練習を優先し、練習に出ていません。岳の幼なじみの金田晴美は、みんなからキンタと呼ばれ、合唱の練習のまとめ役をしています。先日、岳はキンタが保育園に通っている時に音痴（おんち）とばかにされていたことを友人にばらしてしまいました。そのことを知った晴美は、それに傷つき泣いてしまいました。

週明け、岳は部活の朝練に向かった。まだ痛みが残っていたので、普通（ふつう）の練習は見学するつもりだったが、ひとりでシュートを打つくらいなら出来（でき）るかと思った。

本当は安静にした方がよいのかも知れない。でも、部活を休んでいるあいだに、涼万（りょうま）に抜（ぬ）かされるわけにはいかない。絶対に嫌（いや）だ。

今日も朝練の開始時間のずいぶん前に、体育館に入った。誰（だれ）もいない体育館はしんとして、バスケットシューズが立てる、キュッキュッという足音さえ、天井（てんじょう）に立ち上っていく。

ゴールの前に身構える。ゴールを見据（す）えて打とうとした瞬間（しゅんかん）、白いバックボードに晴美の顔が現われた。急に力が抜けて、中途半端（ちゅうとはんぱ）になってしまったシュートは、ゴールまで届かずにバウンドしていった。ボールがバウンドしていく音が、胸にずんずんと響（ひび）いた。

あれからずっとこうだった。

あの晴美の涙（なみだ）が、何度も何度もフラッシュバックしてきて、どんなに払おうとしても、気づくと晴美のことを考えていた。朝露（あさつゆ）に濡（ぬ）れたうぶ毛の生えた葉っぱに、一粒（ひとつぶ）の大きなしずくがきらりと光っているようだった。

くそっ。切り替（か）えろ。

今はバスケの練習をしているんだぞ。

自分で自分を鼓舞（こぶ）する。

そのあと、十発打ったが、一発もシュートを決められなかった。こんなことは初めてだった。

サポーターをした右膝（みぎひざ）をのぞき込（こ）んだ。こないだ

2023年度

学習院中等科 ▶解説と解答

算 数 ＜第１回試験＞（50分）＜満点：100点＞

解 答

[1] (1) 100 (2) 1.55 (3) $2\frac{1}{4}$ (4) $\frac{3}{4}$ [2] (1) 2400円 (2) 毎時６km (3) 2000円 (4) 234 [3] (1) 4 (2) 19 (3) 18 [4] (1) 40cm (2) 3.2回転 (3) 156.56cm^2 [5] (1) 19 (2) 24 (3) $27\frac{1}{3}$ [6] (1) 5 (2) A 3 B 2 C 6 D 4 E 1

解 説

[1] 四則計算，逆算

(1) $2023\div(4\times31-5)+3237\div39=2023\div(124-5)+83=2023\div119+83=17+83=100$

(2) $1.7\times0.7-4.2\div8.4+2.15\times0.4=1.19-0.5+0.86=0.69+0.86=1.55$

(3) $3\frac{1}{3}\div2\frac{1}{2}+2\frac{1}{4}\times1\frac{5}{6}-3\frac{5}{24}=\frac{10}{3}\div\frac{5}{2}+\frac{9}{4}\times\frac{11}{6}-\frac{77}{24}=\frac{10}{3}\times\frac{2}{5}+\frac{33}{8}-\frac{77}{24}=\frac{4}{3}+\frac{33}{8}-\frac{77}{24}=\frac{32}{24}+\frac{99}{24}-\frac{77}{24}=\frac{54}{24}=\frac{9}{4}=2\frac{1}{4}$

(4) $\left(6\frac{3}{4}-3\frac{1}{2}\right)\div2.5=\left(\frac{27}{4}-\frac{7}{2}\right)\div\frac{5}{2}=\left(\frac{27}{4}-\frac{14}{4}\right)\div\frac{5}{2}=\frac{13}{4}\times\frac{2}{5}=\frac{13}{10}$，$1.6\times\frac{5}{32}=\frac{8}{5}\times\frac{5}{32}=\frac{1}{4}$より，$\frac{13}{10}-\left(\square-\frac{1}{4}\right)\div1\frac{2}{3}=1$，$\left(\square-\frac{1}{4}\right)\div1\frac{2}{3}=\frac{13}{10}-1=\frac{13}{10}-\frac{10}{10}=\frac{3}{10}$，$\square-\frac{1}{4}=\frac{3}{10}\times1\frac{2}{3}=\frac{3}{10}\times\frac{5}{3}=\frac{1}{2}$ よって，$\square=\frac{1}{2}+\frac{1}{4}=\frac{2}{4}+\frac{1}{4}=\frac{3}{4}$

[2] 相当算，流水算，売買損益，比の性質

(1) はじめに持っていたお金を１として図に表すと，右の図１のようになる。図１より，$1-\frac{3}{8}=\frac{5}{8}$にあたる金額が，1600－100＝1500(円)だから，はじめに持っていたお金は，$1500\div\frac{5}{8}$＝2400(円)とわかる。

図１

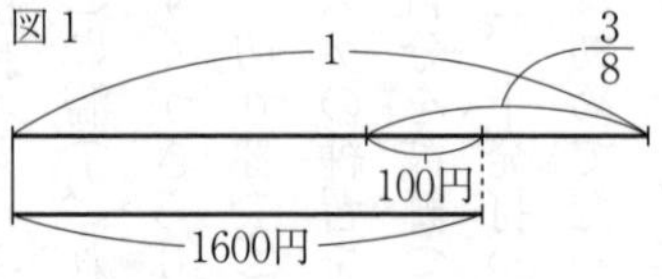

(2) 9.6km上るのに48分かかったので，この船の上りの速さは毎時，$9.6\div\frac{48}{60}$＝12(km)である。これは静水時の速さから流れの速さをひいたものだから，流れの速さは毎時，18－12＝６(km)と求められる。

(3) 原価を１とすると，定価は，１×(１＋0.25)＝1.25となるので，定価の30％引きは，1.25×(１－0.3)＝0.875とわかる。よって，定価の30％引きで売ると，１－0.875＝0.125の損失をすることになる。これが250円だから，(原価)×0.125＝250(円)より，原価は，250÷0.125＝2000(円)とわかる。

(4) (大きい数)÷(小さい数)＝３余り24のとき，(大きい数)＝(小さい数)×３＋24と表すことができる。よって，小さい数を①として図に表すと，右の図２のようになる。図２で，③－①＝②にあたる大きさが，164－24＝140だから，①＝140÷２＝70と求められる。したがって，大きい数

図２

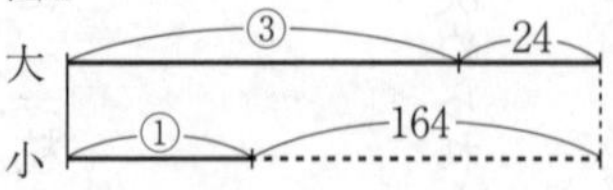

は，70＋164＝234である。

[3] 植木算，相当算，整数の性質

(1)　連続した11個の整数では，最初の数と最後の数の差は，11－1＝10になる。よって，最初の数を[1]として図に表すと右の図１のようになるから，[3.5]－[1]＝[2.5]にあたる大きさが10とわかる。したがって，最初の数は，[1]＝10÷2.5＝４と求められる。

図１

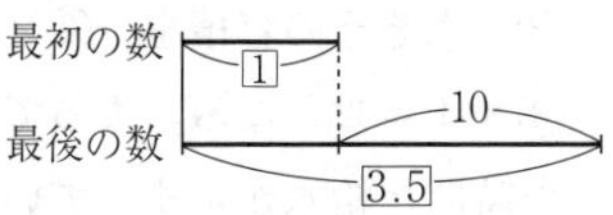

図２

5個　　　　　　5個

□，□，□，□，□，24，□，□，□，□，□

図３

□，△，□，△，□，△，□，△，□，△，□

差１　差１　差１　差１　差１

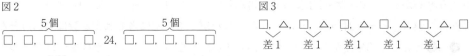

(2)　連続する奇数《きすう》個の整数の和は，(真ん中の数)×(個数)で求めることができるから，連続する11個の整数の和が264のとき，真ん中の数は，264÷11＝24と求められる。よって，上の図２のようになるので，最初の数は，24－５＝19とわかる。

(3)　偶数《ぐうすう》と奇数は交互《こうご》に並ぶから，一方を□，もう一方を△とすると，上の図３のようになる。図３で，となり合った数どうしの差は１なので，最後の□を除くと△の和の方が，１×５＝５大きくなる。よって，全体の差が23になるのは，最後の□が，５＋23＝28のときとわかる(その結果，□の和が△の和よりも23大きくなる)。したがって，最初の数は，28－10＝18と求められる。

[4] 平面図形―図形の移動，長さ，面積

(1)　円の中心が移動するのは，右の図の太線部分である。これは，たての長さが，12－２×２＝８(cm)，横の長さが，16－２×２＝12(cm)の長方形の周にあたるから，その長さは，(８＋12)×２＝40(cm)となる。

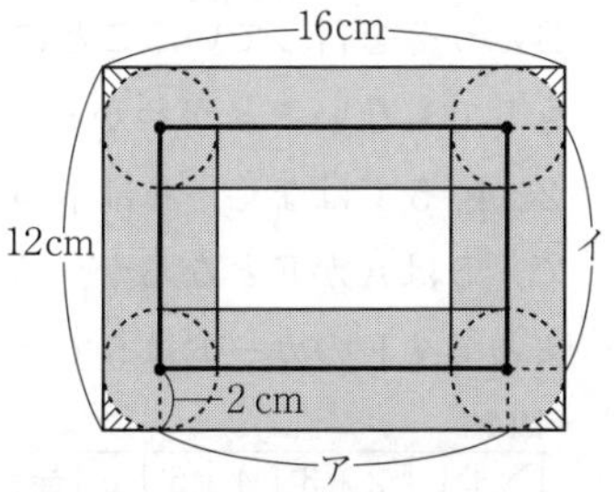

(2)　円の周りの長さは，２×２×3.14＝12.56(cm)なので，円が直線上を12.56cm転がるごとに円は１回転する。また，円が転がる部分の長さはアの部分とイの部分の長さの合計の２倍であり，これは(1)で求めた長さと等しく40cmである。よって，円の回転数は，40÷12.56＝3.18…(回転)と求められる。これは小数第２位を四捨五入すると3.2回転になる。

(3)　円が通り過ぎたのはかげをつけた部分である。斜線《しゃせん》部分を４つ集めると，１辺の長さが，２×２＝４(cm)の正方形から半径が２cmの円を除いたものになるから，その面積は，４×４－２×２×3.14＝16－12.56＝3.44(cm^2)とわかる。また，中央の白い部分は，たての長さが，12－２×４＝４(cm)，横の長さが，16－２×４＝８(cm)の長方形なので，その面積は，４×８＝32(cm^2)である。さらに，全体の長方形の面積は，12×16＝192(cm^2)だから，円が通り過ぎた部分の面積は，192－(3.44＋32)＝156.56(cm^2)と求められる。

[5] グラフ―水の深さと体積

(1)　Aについて，１分あたりの給水量と排水《はいすい》量をそれぞれ⑤，②とすると，給水している間は毎分，⑤－②＝③の割合で増え，給水が止まっている間は毎分②の割合で減る。同様に，Bについて，１分あたりの給水量と排水量をそれぞれ[4]，[3]とすると，給水している間は毎分，[4]－[3]＝[1]の割合で増え，給水が止まっている間は毎分[3]の割合で減る。よって，各時間における水量の増減の割合は下のグラフのようになる。このグラフで，ⓐ：ⓑ：ⓒ＝$\frac{1}{2}$：$\frac{1}{3}$：$\frac{1}{2}$＝３：２：３であり，この和

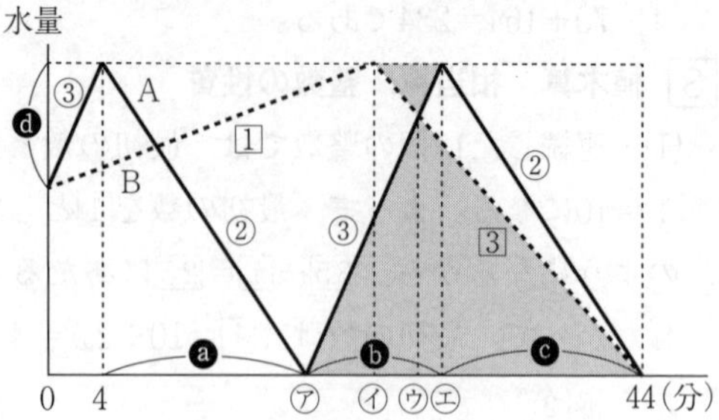

が，44－４＝40(分)だから，ⓐ$=40\times\frac{3}{3+2+3}$＝15(分)と求められる。したがって，㋐に当てはまる数は，４＋15＝19(分)となる。

⑵　水そうの容積を，②×15＝㉚とすると，ⓓ＝③×４＝⑫となる。よって，Ｂについて，給水した時間と給水が止まっていた時間の比は，$\frac{12}{1}:\frac{30}{3}$＝６：５とわかる。この和が44分なので，給水した時間は，$44\times\frac{6}{6+5}$＝24(分)と求められる。したがって，㋑に当てはまる数は24(分)となる。

⑶　ⓒはⓐと等しく15分だから，㋓＝44－15＝29(分)となる。ここで，かげをつけた２つの三角形は相似であり，相似比は，(㋓－㋑)：(44－㋐)＝(29－24)：(44－19)＝１：５なので，㋑から㋒までの時間と㋒から44分までの時間の比も１：５となる。また，この和が，44－24＝20(分)だから，㋑から㋒までの時間は，$20\times\frac{1}{1+5}=\frac{10}{3}=3\frac{1}{3}$(分)と求められる。よって，㋒に当てはまる数は，$24+3\frac{1}{3}=27\frac{1}{3}$(分)とわかる。

6　条件の整理

⑴　Ｂの発言に注目する。Ｂのカードが１または５だとすると，Ｂは本当のことを言う必要があるが，本当のことは言っていないから，Ｂのカードは１でも５でもない。また，Ｂのカードが４だとすると，Ｂはうそを言う必要があるが，Ｂはうそを言っていないので，Ｂのカードは４ではなく，Ｂはうそを言っていることになる。すると，Ｄもうそを言っていることになり，Ｄのカードは１でも５でもないことがわかる。同様に考えると，Ｃのカードは１，２，４，５ではなく，Ｅのカードは２，４，５ではなく，Ｅは本当のことを言っていることがわかるから，下の図１のようになる。図１で，５はＡかＦとなるが，Ａのカードが５だとするとＡの発言と矛《む》盾《じゅん》するので，５はＡではない。よって，Ｆのカードは５である。

図１

	1	2	3	4	5	6	発言
A							
B	×			×	×		うそ
C	×	×		×	×		
D	×				×		うそ
E		×		×	×		本当
F							

図２

	1	2	3	4	5	6	発言
A	×	×	○	×	×	×	うそ
B	×		×	×	×		うそ
C	×	×	×	×	×		
D	×		×		×		うそ
E		×	×	×	×		本当
F	×	×	×	×	○	×	本当

図３

	1	2	3	4	5	6	発言
A	×	×	○	×	×	×	うそ
B	×	○	×	×	×	×	うそ
C	×	×	×	×	×	○	本当
D	×	×	×	○	×	×	うそ
E	○	×	×	×	×	×	本当
F	×	×	×	×	○	×	本当

⑵　Ｆのカードが５なので，Ｆの発言は本当であり，Ａのカードは３と決まる。よって，上の図２のようになる。すると，Ｃのカードは６と決まるから，上の図３のようになる。したがって，Ａは３，Ｂは２，Ｃは６，Ｄは４，Ｅは１である。

社　会　＜第１回試験＞（40分）＜満点：80点＞

解　答

1　**問１**　①　(テ)　②　(ケ)　③　(ス)　④　(ウ)　⑤　(オ)　⑥　(タ)　⑦　(ソ)　⑧　(ト)　⑨　(サ)　⑩　(ツ)　**問２**　**A**　(キ)　**B**　(エ)　**C**　(オ)　**D**　(ク)　**E**　(ア)　**F**　(ケ)

問３　①　フォッサマグナ　②　ハザードマップ　③　ドーナツ化(現象)　④　レアメタル　⑤　ラムサール(条約)　**2**　**問１**　**1**　持統天皇　**2**　阿倍仲麻呂　**3**　足利義満　**4**　本居宣長　**5**　北里柴三郎　**6**　エリザベス　**問２**　(ウ)　**問３**　(イ)　**問４**　(ウ)　**問５**　禁中並公家諸法度　**問６**　ターヘル(＝)アナトミア　**問７**　(例)　朝廷に従う姿勢を示して，徳川家の存続をはかるため。　**問８**　(イ)　**問９**　(エ)　**問10**　(エ)　**問11**　大阪府　**問12**　ウクライナ　**3**　**問１**　**A**　マクロン　**B**　50　**C**　スウェーデン　**D**　インド　**E**　1　**F**　カナダ　**G**　広島　**H**　トラス　**I**　スナク　**J**　新橋　**問２**　NATO　**問３**　**【X】**　○　**【Y】**　3　**問４**　**【X】**　1945　**【Y】**　○　**問５**　**【X】**　○　**【Y】**　ない　**問６**　(例)　一人に一票をあたえる(という原則。)

解　説

1　日本各地の特徴《とくちょう》や地域，産業などについての問題

問１　①　秋吉台は，山口県中西部に広がる日本最大級のカルスト台地である。カルスト台地は，石灰《せっかい》岩が雨水や地下水などによってとかされることでつくられる地形で，山口県では石灰岩(石灰石)を原料とするセメント工業が発達している。　②　宍道《しんじ》湖は島根県北東部に広がる汽水湖(淡水と海水が混ざり合った湖)で，全国有数のしじみの産地として知られている。　③　宮島は広島湾に浮かぶ島で，厳島《いつくしま》ともよばれる。ここにある厳島神社は，海上に立つ朱色《しゅいろ》の鳥居と，木々の緑を背景にした本殿の美しさで知られ，宮城県の松島，京都府の天橋立《あまのはしだて》とともに，「安芸《あき》の宮島」(安芸は広島県の旧国名)として日本三景に数えられる。　④　偕楽《かいらく》園は茨城県の県庁所在地である水戸市にある庭園で，梅の名所として知られる。偕楽園は，金沢市(石川県)の兼六《けんろく》園，岡山市の後楽園とともに，日本三名園に数えられる。　⑤　満濃《まんのう》池は，雨の少ない香川県で農業用水などを得るため，平安時代に空海が改修したと伝えられるため池である。香川県北部の讃岐《さぬき》平野には，満濃池をはじめとする数多くのため池がある。　⑥　宮城県の県庁所在地である仙台市は，東北地方で唯一《ゆいいつ》の政令指定都市となっている。仙台市で行われる仙台七夕まつりは，青森市の青森ねぶた祭，秋田市の秋田竿燈《かんとう》祭りとともに，東北三大祭りに数えられる。　⑦　四日市市は三重県の北東部に位置する工業都市で，第二次世界大戦後に大規模な石油化学コンビナートが建設された。1960年代には，ここから排出《はいしゅつ》された亜硫酸《ありゅうさん》ガス(二酸化硫黄《いおう》)を原因として，公害病の四日市ぜんそくが発生した。　⑧　太地町は和歌山県南東部にある町で，昔から捕鯨《ほげい》がさかんに行われてきた。　⑨　柏崎刈羽《かしわざきかりわ》原子力発電所は，新潟県西部の柏崎市と刈羽村にまたがって立地している。2007年には，新潟県中越沖地震の揺《ゆ》れで全原子炉《ろ》が停止するというトラブルが発生した。また，2011年の福島第一原子力発電所の事故を受けて稼働《かどう》を停止し，2023年２月現在，再稼働にはいたっていない。　⑩　山形県中部の天童市は，天童将棋駒《しょうぎこま》という伝統的工芸品の産地として知られ，全国の将棋駒の約９割を生産している。

問２　**A**　いちごの収穫《しゅうかく》量は，「とちおとめ」の生産で知られる栃木県が全国第１位で，「あまおう」の産地である福岡県がこれにつぐ。統計資料は『データでみる県勢』2022年版による(以下同じ)。　**B**　熊本県は，すいかとトマトの収穫量が全国で最も多く，メロンの収穫量も第２位など，野菜の生産がさかんに行われている。　**C**　群馬県では，高原の涼しい気候を利用した高原野菜の抑制《よくせい》栽培がさかんで，キャベツの収穫量は愛知県についで全国第２位，レタスの収穫量は全

国第３位となっている。　**D**　千葉県は，大都市向けに野菜などをつくる近郊農業がさかんで，ねぎの収穫量は全国第１位，にんじんとすいかは第２位，キャベツは第３位など，野菜の収穫量が多い。　**E**　茨城県では，南東部の鉾田《ほこた》市などを中心としてメロンがさかんにつくられており，収穫量が全国で最も多い。また，近郊農業がさかんで，農業産出額は全国で上位に入る。　**F**　北海道は農業産出額が全国で最も多く，にんじんをはじめ，収穫量全国第１位の農産物が多い。

問３　①　フォッサマグナは，本州中央部を南北に走る大地溝帯《こうたい》のことで，東北日本と西南日本を地質学的に分けている。その西端は，新潟県糸魚川《いといがわ》市と静岡県静岡市を結ぶ糸魚川－静岡構造線で，東端ははっきりしていない。　②　津波や洪水，土砂崩《どしゃくず》れなどの自然災害について，被害の発生が予測される地域や避難《ひなん》経路，避難場所などを示した地図を，ハザードマップという。地方自治体などによって作成され，防災・減災に活用されている。　③　地価の高騰《こうとう》などが原因で都市の中心部の人口が減少し，郊外の人口が増加する現象は，人口の分布を図で表すと，中心部の人口が少なく，人口の多い場所がその周囲に円形に集まるようになることから，ドーナツ化現象とよばれる。④　リチウムやチタン，ニッケルのような，埋蔵《まいぞう》量が非常に少ない金属は，レアメタルとよばれる。先端技術には欠かせない素材で，日本はそのほとんどを輸入に頼っている。　⑤　ラムサール条約は湿地《しっち》の保護に関する国際条約で，正式には「特に水鳥の生息地として国際的に重要な湿地に関する条約」という。1971年にイランのラムサールで採択《さいたく》されたことから，そのようによばれる。

2　各時代の歴史的なことがらについての問題

問１　**1**　持統《じとう》天皇は天武天皇のきさきで，天武天皇が亡くなると，その遺志をついで天皇中心の国づくりを進めるとともに藤原京の造営を行い，694年に都を藤原京にうつした。　**2**　阿倍仲麻呂は奈良時代初めの717年，留学生として遣唐使船で唐(中国)に渡り，玄宗《げんそう》皇帝に仕えた。帰国する船が難破したために日本に帰れず，唐で一生を終えた。　**3**　足利義満は1368年に征夷《せいい》大将軍に就き，室町幕府の第３代将軍となった。守護大名たちをおさえて大きな力をふるい，1392年には南北朝の統一をはたすなど，幕府の全盛期を築いた。また，明(中国)と国交を開き，日明貿易(勘合《かんごう》貿易)を始めたことでも知られる。　**4**　『古事記』や『万葉集』などの研究を通じて，仏教や儒教《じゅきょう》が伝わる前の日本人古来の精神を明らかにしようとする学問を，国学という。本居宣長《もとおりのりなが》は国学を大成した人物の一人で，18世紀後半に古事記の注釈《ちゅうしゃく》書である『古事記伝』を著した。
5　北里柴三郎《しばさぶろう》は，ドイツ留学中に破傷風の血清療法を発見し，世界的に知られる細菌《さいきん》学者となった。また，ペスト菌の発見や伝染病研究所の設立など，日本の医学の発展に大きく貢献《こうけん》した。
6　2022年，イギリスのエリザベス女王(エリザベス２世)が崩御《ほうぎょ》した。エリザベス女王は1952年，25歳のときに即位し，70年間女王を務めた。

問２　1180年の富士川の戦い(静岡県)で平氏の軍に勝利した源氏の軍は，勢いを強めて平氏を京都から追い出した。京都を追われた平氏の軍勢は西へ西へと逃れたが，1184年の一の谷の戦い(兵庫県)と1185年の屋島の戦い(香川県)にやぶれると，壇ノ浦《だんのうら》の戦い(山口県)でもやぶれて滅亡《めつぼう》した。

問３　1221年，後鳥羽上皇は鎌倉幕府から朝廷に政権を取り戻そうとして，全国の武士に第２代執《しっ》権《けん》の北条義時を討つ命令を出したが，味方として集まる者は少なく，幕府の大軍の前にわずか１か月でやぶれて隠岐(島根県)に流された(承久の乱)。

問４　今川義元は駿河《するが》(静岡県中部)を根拠《こんきょ》地とする戦国大名で，遠江《とおとうみ》(静岡県西部)や三河(愛知県東部)も支配下におさめたが，1560年，尾張《おわり》(愛知県西部)に進軍しようとしたさい，桶狭間《おけはざま》の戦いで織田信長にやぶれた。なお，伊豆は静岡県東部，越前は福井県北部，土佐は高知県にあたる。

問５　禁中並《ならびに》公家諸法度《しょはっと》は，天皇や公家を統制するための法として1615年に江戸幕府が定めたもので，江戸時代を通じて一度も改定されなかった。

問６　医師であった前野良沢《りょうたく》と杉田玄白らは，死体の解剖《かいぼう》に立ち会ったさい，ドイツ人クルムスが著した医学解剖書『ターヘル＝アナトミア』のオランダ語訳の正確さにおどろき，これを翻訳《ほんやく》しようと決意した。苦心の末に翻訳された解剖書は，1774年に『解体新書』として出版された。

問７　江戸時代末，薩摩藩(鹿児島県)と長州藩(山口県)を中心に，武力で江戸幕府を倒そうという機運が高まった。そこで，第15代将軍徳川慶喜《よしのぶ》は前土佐藩主の山内容堂(豊信《とよしげ》)のすすめに従い，1867年10月に政権を朝廷に返す大政奉還を行った。徳川慶喜は，武力によって倒された場合，自分だけでなく家臣たちにとっても失うものが大きいことや，みずから政権を返すことで，新しい政府においても相応の地位を得たまま徳川家を存続できるのではないかと考えたことなどから，大政奉還を行ったと考えられる。

問８　井上馨《かおる》は1880年代に外務卿《きょう》・外務大臣を務めると，条約改正をめざして極端な欧化主義(政策)をおし進めた。東京日比谷に建てられた鹿鳴館《ろくめいかん》は欧化主義の象徴といえる建物で，日本の西洋化・近代化を示すため，外国人を招いて舞踏会《ぶとうかい》などが開かれた。しかし，井上馨の外交政策は国内で反発や非難の的となり，条約改正ははたせなかった。

問９　**【X】**　1905年５月，東郷平八郎率いる日本の連合艦隊《かんたい》は，日本海海戦でロシアのバルチック艦隊を破った。奉天《ほうてん》会戦は同年３月，日本陸軍がロシア軍を破った戦いである。　**【Y】**　日露戦争の講和会議はアメリカ東部のポーツマスで開かれ，ポーツマス条約が結ばれた。

問10　**【X】**　1931年，満州(中国東北部)にいた日本軍が，奉天郊外の柳条湖《りゅうじょうこ》で南満州鉄道の線路を爆破するという柳条湖事件を起こし，これをきっかけとして満州事変が始まった。盧溝橋《ろこうきょう》事件は，1937年に北京《ペキン》郊外の盧溝橋で日中両軍が衝突《しょうとつ》したというできごとで，日中戦争のきっかけとなった。　**【Y】**　溥儀《ふぎ》は，清(中国)の最後の皇帝である。

問11　1970年，大阪府で日本万国博覧会が開催され，多くの人が訪れた。大阪府で開かれた万博であることから，大阪万博とよばれることも多い。

問12　ウクライナは東ヨーロッパの国で，かつては現在のロシアなどとともにソビエト連邦(ソ連)を形成していた。1986年，北部のチョルノービリ(チェルノブイリ)にあった原子力発電所で爆発事故が発生し，広範囲《はんい》に放射線被害をおよぼした。また，2022年にはロシアの軍事侵攻《しんこう》を受けた。

3　現代の日本と世界，日本の政治のしくみなどについての問題

問１　**A**　2022年にフランス大統領選挙が行われ，現職のエマニュエル・マクロンが再選をはたした。　**B**　1971年，佐藤栄作首相はアメリカとの間で沖縄返還協定を結んだ。これにもとづいて翌72年５月，アメリカの占領下に置かれていた沖縄が日本に返還された。2022年は，沖縄返還から50年目の年にあたる。　**C**　スウェーデンは北ヨーロッパの国で，福祉が充実していることで世界的に知られる。軍事的にどこの国とも同盟を結ばない中立政策をとってきたが，ロシアによるウクライナ侵攻を受けて政策を転換《てんかん》し，北大西洋条約機構への加盟を申請した。　**D**　QUAD《クアッド》は，自由や民主主義，法の支配などで価値観を共有する日本・アメリカ・オーストラリア・インドの４か国からなる枠組《わくぐ》みで，日米豪印戦略対話などともよばれる。「自由で開かれたインド太平洋」の実現をめざして，首脳会談などが開かれている。　**E**　国際連合の安全保障理事会の非常任理事国は10か国で，総会で行われる選挙で選出される。任期は２年で毎年５か国が選出され，再任は認められていない。日本は2022年に非常任理事国に選ばれ，加盟国中で最も多い12回目の選出となった。　**F，G**　Ｇ７サミット（主要７か国首脳会議）は，アメリカ・イギリス・フランス・ドイツ・イタリア・日本・カナダの７か国の首脳と，EU（ヨーロッパ連合）の代表が参加して行われる。開催国は７か国の持ち回りで，2023年のサミットは広島県で開かれる予定である。　**H，I**　2022年９月，イギリスで歴代３人目の女性首相としてリズ・トラスが就任したが，打ち出した政策が反発を招いたことなどから，１か月半ほどで辞任した。後任として，リシ・スナクが首相に就任した。　**J**　1872年，イギリスの技術を導入してつくられた日本で最初の鉄道が開通し，新橋（東京都）と，貿易港として発展していた横浜（神奈川県）を結んだ。

問２　北大西洋条約機構は，1949年にアメリカと西ヨーロッパ諸国が結成した集団防衛組織で，英語の頭文字をとってNATOと略される。

問３　**【X】**　最高裁判所の説明として正しい。なお，この文で説明されている裁判所の権限は，違憲審査権とよばれる。　**【Y】**　日本では，３回まで裁判を受けられるという三審制をとっており，一般的に，最高裁判所は最終審である３回目の裁判を担当する。

問４　**【X】**　第二次世界大戦は1945年に終わり，その年の10月に原加盟国51か国で国際連合が発足した。　**【Y】**　台湾は，自国の一部だと主張する中国との間で帰属をめぐって長年争っている。1971年に国際連合が中国の加盟を認めると，台湾は国際連合から脱退《だったい》した。

問５　**【X】**　参議院の議員定数は衆議院より少なく，2023年２月時点の議員定数は，衆議院が465名，参議院が248名となっている。　**【Y】**　参議院は衆議院と異なり，任期途中での解散はない。なお，参議院議員の任期は６年だが選挙は３年ごとに行われ，定数の半分が改選される。

問６　身分や財産などに関係なく，一人に一票があたえられるという選挙の原則を，平等選挙という。一定年齢以上のすべての国民に選挙権があたえられるという普通選挙，候補者を直接選出する直接選挙，無記名で投票する秘密選挙とともに，選挙の原則とされている。

理　科　＜第１回試験＞（40分）＜満点：80点＞

解　答

1　①　イ　②　ウ　③　ウ　④　エ　**2**　**問１**　①　ちっ素　②　酸素　**問２**　ア　**問３**　エ　**問４**　（例）　手の方が液体ちっ素よりも温度が高いので，手から熱をもらった液体ちっ素が激しく気体になったから。　**問５**　エ　**3**　**問１**　ア　**問２**　ア　**問３**　ウ　**問４**　ア　**問５**　イ　**問６**　イとウ　**4**　**問１**　ウ　**問２**　ア　**問３**　ア→イ→ウ→エ　**問４**　ウ　**問５**　ウ　**問６**　イ　**5**　**問１**　①　ウ　②　エ　③　ア　**問２**　（例）　太陽の光が地面を温め，地面が空気を温めるから。　**問３**　記号…ウ　③…（例）　水分　**問４**　オ　**問５**　①　（例）　雨がやんでくもりとなり，やがて晴れていく。　②　（例）　天気は西から東へ移り変わるから。

解　説

1　**2022年中に話題になった自然科学分野の出来事についての問題**

① ジェイムズ・ウェッブ宇宙望遠鏡は，アメリカが中心となって開発し，2021年12月に打ち上げられた。宇宙の最も遠いところから届く赤外線を観測することを主な目的としており，宇宙の起源をさぐる手がかりが得られるものと期待されている。

② 2022年，いわゆる「外来生物法」の一部が改正され，それを受けて2023年より，アメリカザリガニとアカミミガメが条件付きながら特定外来生物に指定されることになった。特定外来生物は，許可なく国内での飼養・運搬《うんぱん》・輸入・販売《はんばい》・購入《こうにゅう》・野外への放出などが禁止されている。

③ 小惑星《わくせい》などの天体が地球に衝突《しょうとつ》すると，自然環境《かんきょう》に非常に大きな被害《ひがい》が発生するだけでなく，環境の激変にたえられない多くの生物が絶滅《ぜつめつ》してしまうおそれがある。そこで，2022年，アメリカ航空宇宙局(NASA)は，小惑星などの天体が地球に衝突するのを回避《かいひ》させる方法として，無人探査機を小惑星に衝突させ，小惑星の軌道《きどう》を変えることができるかを実験した。

④ 日本の小惑星探査機「はやぶさ２」が2020年に小惑星リュウグウから持ち帰った試料を分析《ぶんせき》したところ，生物の体を作る材料であるアミノ酸が20種類以上発見された。この成果は地球の生命誕生のなぞを解くカギになる可能性がある。

2 空気中にふくまれる気体の性質についての問題

問１ ① 空気は，約78％がちっ素，約21％が酸素，約１％がアルゴンなどとなっている。 ② 油分だけでなく，金属など様々な物質と反応するとあるので，酸素が当てはまる。酸素は様々な物質と結びつき(酸化という)，変質させる性質がある。

問２ ちっ素は酸素とちがって他の物質と反応しにくいので，食品を密閉するとき，中に入れる気体として使われる。

問３，問４ 液体ちっ素に手を入れると，液体ちっ素はとても冷たい(マイナス196℃以下)のに対して手の温度ははるかに高いので，手のまわりの液体ちっ素が手の熱によって温められ，気体のちっ素に変化する。この変化が激しく起こるので，ジュワーという大きな音が出るとともに，液体ちっ素からはあわがわき立ち，液体ちっ素はふっとうする。また，手はまわりで発生した気体のちっ素によっておおわれた状態になるため，液体ちっ素が直接手にふれることはなく，手を出してもかわいている。手を入れる時間がごく短時間であれば，手がこおることはない。

問５ 中が空どうになっている長いガラス管を液体ちっ素の中に入れる(差しこむ)と，ガラス管の熱によってガラス管内の液体ちっ素がふっとうする。このとき，液体ちっ素から気体のちっ素になるさいの体積の増え方が非常に大きいため，気体のちっ素は液体ちっ素を巻きこんでガラス管から勢いよくふき出す。間欠泉もこれに似たしくみで，熱い地下水が上昇《じょうしょう》してくると，圧力が下がるため激しくふっとうするようになる。そのときの水蒸気のふき出す勢いで地下水がふん水のようにふき出す。

3 熱の移動についての問題

問１ 熱は温度の高い部分から低い部分に移動する。温度が同じになると，熱の移動は止まる。

問２ 熱は温度の高い部分から低い部分に移動するのだから，温度が高いのが物体であれば熱はまわりの空気に移動し，空気であれば熱は物体に移動する。

問３ ステップ１より，物体の温度は，それを長時間部屋に置いていれば室温と同じである。よって，手は室温(つまり物体)より温度が高いので，熱は手から物体に移動し，物体の手でさわった部分は熱を得る。

問４　さわった部分は熱を得たので温度が高くなる。すると，そこは周辺の部分より温度が高いので，今度はさわった部分から周辺に熱が移動する。

問５　さわった部分から周辺に熱が移動するさい，金属の場合は熱の伝わり方が速いので，さわった部分がすぐに熱を失うのに対し，プラスチックの場合は熱の伝わり方がおそいので，さわった部分がなかなか熱を失わない。そのため，金属はすぐに冷め，プラスチックはすぐには冷めないので，金属は冷たく感じ，プラスチックはそれほど冷たく感じない。

問６　体温計の先たんが金属でできていると，体からその金属部分を経て体温計内部への熱の移動がすばやくでき，それだけ短い時間で体温を測れる。また，なべ(ふつう金属製)の持ち手がプラスチックでできていると，持ち手の温度が上がりにくくなるため，なべの温度が高くても手で持ち手を持つことができる(ただし，長時間加熱していると，持ち手も熱くなって持てなくなる)。

４　枝豆のつくりとイモの育て方についての問題

問１，問２　枝豆は，ダイズを若いうちに収穫《しゅうかく》した未熟の種のことである。図で，種の大部分をしめているアは，発芽のときの養分をふくんでいる子葉である。イは一般《いっぱん》に“へそ”とよばれる部分で，さやとつながっていた部分に当たる。ウは根に成長する部分(幼根)，エは葉(本葉)になる部分(幼芽)である。

問３　はじめに種から根が出てきて，しばらくするとくきがのびてくる。そして，子葉が地上にもち上がって開き，子葉の間からくきがのびて葉(本葉)が開く。

問４　切った種いもから出る芽の数は切らない場合よりも減るので，それぞれの芽が得られる栄養が多くなりやすい。

問５　サツマイモでは，種いもの上方(くきに近かった方)から芽がたくさん出てくるので，この芽を切って苗《なえ》として植える。この方法をさし苗，さし芽などとよぶ。

問６　ジャガイモをいもから育てる場合，受粉をさせる必要がなく，親のジャガイモと同じようないもを収穫しやすい。また，ジャガイモはいもの特徴《とくちょう》(じょうぶさ，いもの大きさなど)が安定しにくい植物で，受粉させて種を作っても思ったようないもができない場合が多い。なお，ジャガイモの特徴を変えるには，受粉をさせて品種改良をし，種から育てる必要がある。

５　天気についての問題

問１　①　百葉箱が白くぬられているのは，白色が太陽の光をよく反射するからである。太陽の光が当たることで箱自体が温まり，中の空気の温度に影響《えいきょう》をおよぼすことを防いでいる。　②　かべをよろい戸にすることで，箱の中に風(空気)は入ってくるが，雨水などは入ってこないようになる。そのため，箱の中に熱がこもらず，雨水などが観測機器(温度計など)にかからない。　③　太陽は東→南→西と進むので，とびらを北向きにすると，とびらを開いたときに太陽の光が箱の中に入らなくなる。正確な観測を行うために，観測機器に太陽の光が当たらないようにしている。

問２　太陽の光の多くが空気を素通りして地面を直接温める。そのため，まず地温が上がり，続いて地面がその上の空気を温めることで気温が上がる。それには時間がかかるため，最も太陽の高さが高くなるのは正午ごろであるが，それより少しおくれて地温が最も高くなり，さらにおくれて午後２時ごろに気温が最も高くなる。

問３　天気のことわざ(観天望気)に「つばめが低く飛ぶと天気が悪くなる」というものがある。天気が悪くなる前には空気中の水分(しっ気)が多くなるが，それが羽について重くなるため，こん虫が地面の近くを飛ぶようになる。すると，それをとるつばめも低く飛ぶからだと考えられている。

問４　空気中の水分（しっ気）が多くなると，ねこのひげに空気中の水分がつくようになるので，これをはらうためにねこが顔を洗うとされている。

問５　日本の天気は一般的に，上空をふく偏西《へんせい》風の影響により，西から東へと移り変わる。そのため，東京の天気はおおよそではあるが，１日前の九州地方（福岡など）の天気と同じになり，半日前の近畿《きんき》地方（大阪など）の天気と同じになる傾向《けいこう》がある。よって，図を見ると，大阪の天気がくもり，福岡の天気が晴れとなっているので，東京では今は天気が悪いものの，翌日にはくもりから晴れになると予想できる。

国　語　＜第１回試験＞（50分）＜満点：100点＞

解　答

一　下記を参照のこと。　　二　**問１**　イ　　**問２**　ウ　　**問３**　どんぐり　　**問４**　ア　　**問５**　（例）　部活では涼万にかなわず，今も，晴美を傷つけた自分が晴美を勇気づけようと思ったのに，涼万に先に言われて情けなく感じている。　　**問６**　（例）　合唱でひとつになりつつあるクラスメートたちに加われず，いたたまれない（気持ち。）　　**問７**　エ　　**問８**　ウ　　**問９**　（例）　（岳が）晴美を傷つけた出来事をきっかけに，涼万をうらやむ自分や晴美を好きな自分に気がつく（物語。）　　三　**問１**　（例）　友達は申請してなるものではないと考えていること。／SNSで「友達申請」をもらうと，ほぼ承認していること。　　**問２**　（例）　ライブの告知手段と集客のため。　　**問３**　ウ　　**問４**　おたがいに／取り巻いて　　**問５**　イ，エ　　**問６**　ウ　　**問７**　C　利害性　　D　経済性　　**問８**　ウ

●漢字の書き取り

一　①　積(む)　　②　気象台　　③　率(いる)　　④　飼育　　⑤　編集　　⑥　垂(れる)　　⑦　蒸発　　⑧　地層　　⑨　俳句　　⑩　対処

解　説

一　漢字の書き取り

①　音読みは「セキ」で，「面積」などの熟語がある。　②　大気の状態や現象，地震《じしん》などについて観測，調査，研究を行い，予報や警告を出す気象庁の機関。また，その施設《しせつ》。　③　音読みは「リツ」「ソツ」で，「確率」「軽率」などの熟語がある。　④　動物を飼って育てること。　⑤　新聞，出版，放送，通信などの分野で，一定の方針をもって情報を収集，整理，構成してまとめること。　⑥　音読みは「スイ」で，「垂直」などの熟語がある。　⑦　液体がその表面で気化する現象。　⑧　小石，砂，火山灰，動植物の死がいなどが，長い時間をかけて幾重《いくえ》にも積み重なってできた岩体。　⑨　五・七・五の十七音からなる，日本の定型詩。　⑩　状況《じょうきょう》に応じた判断をして適切な処置をとること。

二　出典は佐藤《さとう》いつ子《こ》の『ソノリティ　はじまりのうた』による。自分の不用意な発言が幼なじみの晴美を傷つけていたことを後悔《こうかい》し，岳《がく》は彼女《かのじょ》を気にかける。

問１　A　部活を優先し，合唱の朝練に出ていないことが気まずかったうえ，傷つけてしまった晴

美のようすも気になり，岳は「緊張《きんちょう》」しながら自分の教室(五組)へと向かっている。右膝《みぎひざ》を痛めていたこともあり，岳は「廊下《ろうか》のすみっこ」を静かに，隠《かく》れるようにして進んでいったはずである。よって，急ぐようすの「せかせか」は合わない。ここで，アが外れる。　D　晴美にやっと謝《あやま》ることができた岳は，一方で彼女への好意を自覚している。そのことに自分で「びっくり」して，その想《おも》いを「振《ふ》り払《はら》う」ように歩いているので，大きな音を立てて歩くようすを表す「ドスドス」が合う。ここで，イに決まる。なお，「パタパタ」は，続けざまに軽い音を立てるようす。「テクテク」は，同じ調子でひたすら歩くようす。

問２　すごく目立つはずの晴美の歌声が全然聞こえてこないことに，岳は「うなだれ」ている。以前，晴美が「オンチ」とからかわれていたことを自分が「ばらしてしまった」せいで歌っていないのかもしれないと心配した岳は，自分のしたことを恥《は》じ，手に力をこめているので，ウが合う。なお，「うなだれる」は，“心配，落胆《らくたん》，悲しみ，恥ずかしさなどで気持ちが沈《しず》み，頭を前に垂《た》れる”という意味。

問３　五組の合唱はすごくよくなったものの，どのクラスも似たような実力なので「絶対に勝てる」というところまではいっていない，と音心《そうる》は言っている。よって，“どれも似たり寄ったりで，特に優《すぐ》れたものがいない”という意味の「どんぐりの背比べ」が合う。

問４　音心から，ソプラノの早紀《さき》とアルトの晴美のふたりで「ソリ」をやるように言われたのに，「目立つのが大好き」なはずの晴美は「ごめん。わたし，やっぱり無理」，「みんなに迷惑《めいわく》かけちゃう」としりごみしている。晴美の後ろ向きな言葉をこれまで聞いたことのなかった岳は，不用意な発言で彼女を傷つけたことを悔《く》やみ，胃が痛むほど自分を責めているのだから，アが合う。

問５　本文の前半に，「たいして努力もしていない」にもかかわらず，「なんであいつのプレーは，あんなにスマートなんだろう」とあることから，岳は涼万《りょうま》に対し，嫉妬《しっと》と羨望《せんぼう》の入り混じった感情を抱《いだ》いているのがうかがえる。今もまた，自分のせいで自信をなくしている晴美に「だいじょうぶだ」「やれよ！」と勇気づけようと思っていたものの，涼万に先を越《こ》されたことに岳はふがいなさを感じているので，「晴美を傷つけた自分こそはげましの言葉をかけるべきなのに，バスケでもかなわない涼万に先を越され，ふがいなく感じている」といった趣旨《しゅし》でまとめる。

問６　部活の朝練を優先し，ずっと合唱の朝練に出ていなかったものの，右膝を痛めている岳は練習に参加できていない。一方で，晴美を傷つけたことを気にかけ，音楽室に来ても，中に入れず「こっそり」聴《き》いているばかりである。少し後に「バスケの練習をしているわけでもなく，合唱でひとつになりつつあるクラスの一員にもなれていない」とあるとおり，岳は居場所を失い，やりきれない思いでいるのだから，「いっしょに練習してこなかった自分は，一体感の生まれたクラスメートたちに合わせる顔がない」のようにまとめる。

問７　部活優先で合唱の練習に参加しないはずだった岳が，右膝の違和感から部活をぬけ出したこと，バスケの才能に恵《めぐ》まれた涼万を妬《ねた》み，羨《うらや》んでいること，「オンチ」という陰口《かげぐち》を幼なじみの晴美に聞かれて泣かせた自分を情けなく思っていることが前提にある。そういう状態で「バスケの練習をしているわけでもなく，合唱でひとつになりつつあるクラスの一員にもなれていない」と思ったのだから，エの「俺《おれ》，何やってんだろ」が入る。

問８　「頼《たの》まれたことを引き受けないネガティブ」なキンタ(晴美)なんて「今まで見たことがない」と，岳が思っていたことに注目する。本来ポジティブな性格の晴美なら，岳が「オンチ」と言ったことも，「ゴメン！」と謝《あやま》られた時点で，水に流したと考えるのが自然である。根に持っていないという意思表示として，岳にタオルを放り投げ「早く着替《きが》えてこないと，遅刻《ちこく》になるよ」と言ったのだから，ウの「明るくはきはきとした口調」がふさわしい。

問９　本文には，岳の悩《なや》みが二つ描《えが》かれている。ひとつは，涼万のバスケの才能にかなわないと思い，気分が沈《しず》んでいること。もうひとつは，幼なじみの晴美を傷つけてしまったことである。晴美を勇気づけようとしたのに，涼万に先を越されたところが，自分をふがいなく思う岳の気持ちの落ちこみのピークにあたり，その晴美に謝ることができ，好意を自覚した最後の場面がクライマックスである。これをふまえ，一般《いっぱん》化して「(岳が)部活やクラス活動でのできごとを通して，思春期の不安，悩み，ときめきなどに直面する(物語)」のように書いても，具体的に「(岳が)晴美を傷つけ，涼万の才能にしっとする自分を情けなく思う中で，晴美への思いに気づく(物語)」とまとめてもよい。

三　**出典は楠《くすの》木《き》建《けん》の『絶対悲観主義』による**。SNSやパーティーを苦手としながら，それを利用したり楽しみを見つけたりしていることを語り，自分にとって友達とはどのようなものかについて筆者は述べている。

問１　SNSの「友達申請《しんせい》」に対する筆者の考えと実際の行動に注目する。「友達」は「申請」してなるものではないと考えているものの，いざ「友達申請」をもらうと「承認」してしまう点が「矛《む》盾《じゅん》」しているというのである。なお，「矛盾」は，前後のつじつまが合わないこと。

問２　ロックバンドに所属している筆者は，多くの人にライブへと来てもらうための「告知手段」としてフェイスブックを使っている。だから，それを「捨てきれない」のである。これをもとに，「ライブを告知し集客したいから」のようにまとめる。

問３　「ネットで集客しようとする人は，基本的に実力不足で仕事がない人。実力がある人は，何もしなくてもさばききれない量の仕事が舞《ま》いこんでくるから，ネットを活用するメリットがない」というツイートを見た筆者は，「その通り」と共感したのだから，納得《なっとく》したり，感心したりしたときにする「ひざを打つ」が合う。

問４　「パーティー」は，筆者にとって「妄想《もうそう》」をかきたてる「エンターテイメント」(娯楽《ごらく》)だという点をおさえる。「こういう」とあるので，前の部分に注目する。「おたがいに深々とお辞儀《じぎ》をしている人たちを見て～人間模様を勝手に想像」することや，「取り巻いている人たちと取り巻かれている人との～上下関係を見ていろいろと想像する」ことが，筆者は「スキ」だというのである。

問５　「年齢《ねんれい》を重ねるにつれて新しく友達になるような人」が徐々《じょじょ》に減っていく「要因」として，筆者は「外的」なものよりも「内的」なもののほうが大きいと述べている。年をとると，「趣味《しゅみ》」「嗜好《しこう》」「興味」「関心」が確立するため，「対人関係のストライクゾーン」が狭《せま》くなり，「本当に気が合うなと思える人」が少なくなるというのである。よって，イとエが選べる。

問６　高橋睦《たかはしむつ》郎《お》の著書である『友達の作り方』に結論として書かれた，「友達の本質からして，友達の作り方なんてものはない」という内容が，筆者にとっては「スカッとした」素敵《すてき》なものだったというのである。「友達の本質」をずばり言いあてたものだったのだから，判断などがひじょうに優れているさまを表す，ウの「するどく」が入る。

問７　C，D　前の段落で取り上げられた，『友達の作り方』の内容に注目する。高橋睦郎によれば，友達の本質は「偶然《ぐうぜん》性」「反利害性」「超《ちょう》経済性」の条件を備えた人間関係である。こうした条件を満たせるのは学校や地域のコミュニティなどであって，仕事を通じての出会いでは条件を満たせない。つまり，偶然出会う機会が減って，「利害性」や「経済性」が絡《から》んでくるのである。

問８　「縁《えん》は異なもの味なもの」とは，“人と人との縁は，理屈《りくつ》では言い表せない不思議で面白《おもしろ》いものである”という意味。似た意味のことばに，「合縁奇縁《きえん》」などがある。

2023年度 学習院中等科

【算　数】〈第２回試験〉(50分)〈満点：100点〉

〔注意〕 式や考え方を指定された場所に必ず書きなさい。

1 次の□に当てはまる数を入れなさい。

(1) $(91\div7+6)\times9-816\div17=$□

(2) $8.9\times0.6-1.1\times1.1-7.1\times0.3=$□

(3) $3\frac{7}{12}-1\frac{3}{4}\div1\frac{1}{2}-1\frac{1}{3}\times1\frac{1}{4}=$□

(4) $1\frac{3}{4}\div\left(1\frac{5}{6}-\square\right)-3.2\div8\div0.8=1$

2 次の□に当てはまる数を入れなさい。

(1) A君は持っている色紙の$\frac{5}{6}$より３枚多く使ったところ，６枚余《あま》りました。A君がはじめに持っていた色紙は□枚です。

(2) 静水で毎時15kmで進む船が毎時３kmで流れる川を上流に向かって7.2km進むのにかかる時間は□分です。

(3) 原価3000円の商品に30％の利益を見込んで定価をつけましたが売れなかったので，定価の20％引きにして売りました。このとき，利益は□円です。

(4) 大，小２つの数があります。２つの数の差は22で，大きい数は小さい数の２倍より28小さいです。このとき，大きい数は□です。

3 連続した10個の整数について，次の問いに答えなさい。

(1) 最後の数が最初の数の2.5倍となるとき，最初の数を求めなさい。

(2) 全ての数の和が375のとき，最初の数を求めなさい。

(3) ２番目の数と最後の数の和が52のとき，最初の数を求めなさい。

4　次の図のように，縦12cm，横16cm の長方形と直径12cm の半円２つを組み合わせた図形があります。その外側を半径２cm の円が周に沿ってすべらないように回転して一周するとき，下の問いに答えなさい。ただし，円周率を3.14とします。

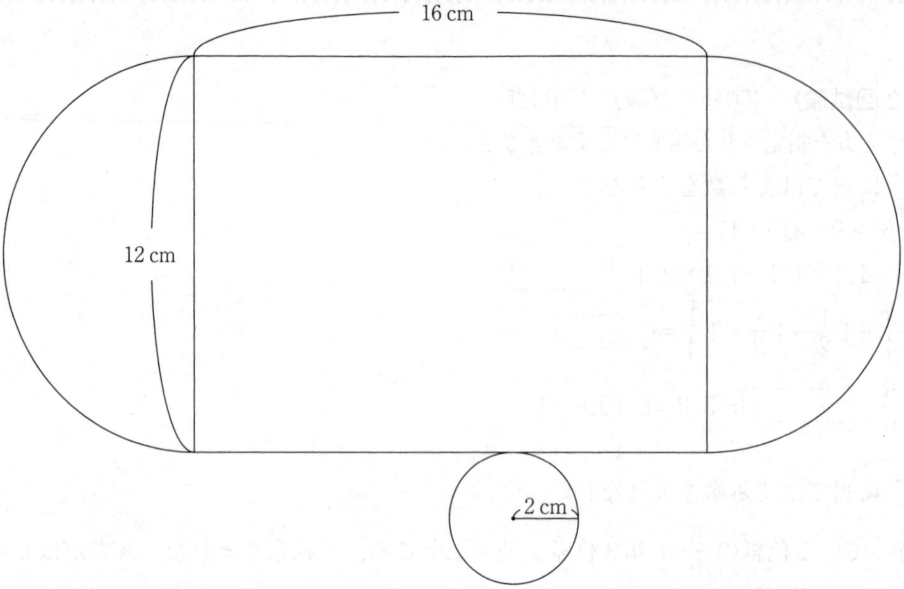

(1)　円の中心が移動した長さを求めなさい。

(2)　円が何回転したか求めなさい。ただし，小数点第２位を四捨五入して答えなさい。

(3)　円が通り過ぎた部分の面積を求めなさい。

5　容積が1260Ｌの２つの水そうＡ，Ｂがあります。水そうＡは常に排《はい》水されていて，空になると給水され，満水になると給水が止まります。水そうＢは給水だけされています。

次の図は，２つの水そうの水量と時間の関係を表したものです。

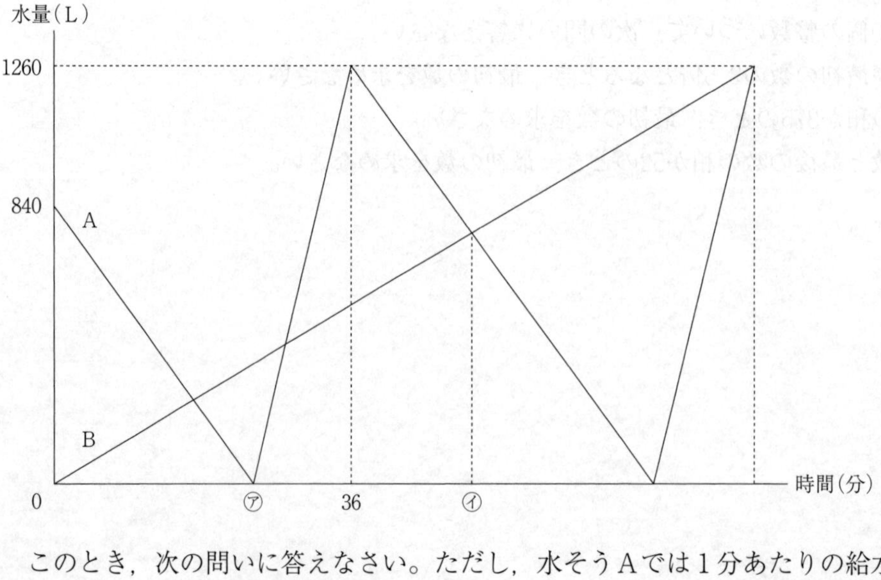

このとき，次の問いに答えなさい。ただし，水そうＡでは１分あたりの給水量と排水量はそれぞれ一定で，その比は４：１です。また，水そうＢでは１分あたりの給水量は一定です。

(1)　図の㋐に当てはまる数を求めなさい。

(2)　水そうＢの１分あたりの給水量を求めなさい。

(3)　図の㋑に当てはまる数を求めなさい。

6　Ａ，Ｂ，Ｃ，Ｄ，Ｅの５人とあなたで，次のような数当てゲームをします。１から５の数字が書かれた５枚のカードをＡからＥに１枚ずつ配ります。ＡからＥはお互《たが》いのカードの数字が見えていますが，あなたには見えません。１と５のカードの人が本当のことを，２と４のカードの人がうそを言うことになっています。また，３のカードの人はどちらを言ってもかまいません。

いま，ＡからＥの５人が次のように言いました。

Ａ「僕《ぼく》のカードの数字は１だ。」

Ｂ「僕のカードの数字は偶《ぐう》数だ。」

Ｃ「僕のカードの数字は１だ。」

Ｄ「Ａはうそを言っている。」

Ｅ「僕のカードの数字は２だ。」

このとき，次の問いに答えなさい。

(1)　Ｅのカードの数字を答えなさい。

(2)　ＡからＤのカードの数字を答えなさい。

【社　会】〈第２回試験〉（40分）〈満点：80点〉

〔注意〕 問題に漢字で書くことが指定されていれば正しい漢字で書きなさい。

1　あとの問いに答えなさい。

問１　次の①～⑩にあてはまる県を以下の(ア)～(ト)から一つずつ選び，記号で答えなさい。

①．この県には，浜通り・中通り・会津《あいづ》の三地域があり，面積は北海道，岩手県に次いで日本の都道府県では三番目の広さです。

②．この県には，東部に伊勢《いせ》神宮があり，南西部の尾鷲《おわせ》市周辺は全国有数の多雨地帯となっています。

③．この県には，西部に佐田岬《さだみさき》半島があり，北部の今治《いまばり》市ではタオルの生産が盛んです。

④．この県には，名産品としてコンニャクイモがあり，国内のコンニャクイモの大部分がこの県で生産されています。

⑤．この県には，伝統的工芸品として輪島塗《わじまぬり》・九谷焼・加賀友禅《かがゆうぜん》があります。

⑥．この県には，縁《えん》結びの神様とされる出雲《いずも》大社があります。

⑦．この県には，世界最大級のカルデラを持つ阿蘇山《あそさん》があり，畳表《たたみおもて》の原料となる「い草」は国内の大部分がこの県で生産されています。

⑧．この県には，本州最南端《さいなんたん》の潮岬《しおのみさき》があります。

⑨．この県には，合掌造《がっしょうづく》りで有名な白川郷《しらかわごう》があります。

⑩．この県には，桜島があり，シラスと呼ばれる火山灰などが積もった台地が多く，サツマイモの生産が盛んです。

(ア) 愛知県	(イ) 秋田県	(ウ) 石川県	(エ) 愛媛県	(オ) 鹿児島県
(カ) 岐阜県	(キ) 熊本県	(ク) 群馬県	(ケ) 高知県	(コ) 島根県
(サ) 栃木県	(シ) 鳥取県	(ス) 長崎県	(セ) 奈良県	(ソ) 兵庫県
(タ) 福井県	(チ) 福島県	(ツ) 三重県	(テ) 宮崎県	(ト) 和歌山県

問２　次の①～③の問いに答えなさい。

①．縮尺２万５千分の１の地図上でＡ地点とＢ地点の間の長さを測ると３cmでした。この場合，Ａ地点とＢ地点の間の距離《きょり》は実際の地表では何kmになりますか。以下の(ア)～(エ)から一つ選び，記号で答えなさい。

(ア)　75000km　　(イ)　750km　　(ウ)　7.5km　　(エ)　0.75km

②．地図上で等高線同士の間隔《かんかく》が広いところは，等高線同士の間隔がせまいところに比べて斜面の傾《かたむ》きはどうなっていますか。以下の(ア)または(イ)から選び，記号で答えなさい。

(ア)　急になっている　　(イ)　ゆるやかになっている

③．次の(1)～(4)の地図記号が表しているものを以下の(ア)～(シ)から一つずつ選び，記号で答えなさい。

(1) 　(2) 　(3) 　(4) 

(ア) 警察署	(イ) 交番	(ウ) 広葉樹林	(エ) 裁判所
(オ) 市役所	(カ) 消防署	(キ) 針葉樹林	(ク) 税務署
(ケ) 茶畑	(コ) 博物館	(サ) 病院	(シ) 保健所

問３　次の①～⑤の問いに答えなさい。

①．日本では八郎潟《はちろうがた》や有明海などで見られる，川・湖・海などに堤防《ていぼう》をつくり，堤防内部の水を除いて陸地をつくることを何というか，答えなさい。

②．寒流と暖流など水温や塩分が異なる海水が接し，良い漁場になることが多いところを何というか，漢字で答えなさい。

③．農業において，１年間に同じ作物を同じ耕作地で２回栽培《さいばい》することを何というか，漢字で答えなさい。

④．上の③に対して，１年間に２種類の作物を同じ耕作地で栽培することを何というか，漢字で答えなさい。

⑤．初夏のころに，東北地方の太平洋側に吹《ふ》き，冷害の原因になることもある湿《しめ》った冷たい風を何というか，ひらがなで答えなさい。

2　次の〔A〕～〔D〕の文章を読み，あとの問いに答えなさい。

〔A〕

桓武《かんむ》天皇が即位《そくい》したころ，奈良では仏教寺院の勢いが強まり，政治と結びつくようになっていました。そのため，桓武天皇は784年に都を長岡京に，①794年には都を平安京にうつしました。これが平安時代のはじまりです。

９世紀になると，②藤原《ふじわら》氏が政治の実権をにぎりました。地方では社会が乱れて人びとの不安が高まり，③浄土信仰《じょうどしんこう》が広まりました。このころ，国風文化が栄え，（　１　）が『枕草子《まくらのそうし》』をあらわしました。

〔B〕

徳川家康は，④関ヶ原の戦いで石田三成などの大名をやぶり，1603年に朝廷《ちょうてい》から征夷大将《せいいたいしょう》軍《ぐん》に任じられ，⑤江戸《えど》幕府を開きました。３代将軍の（　２　）のときには，大名は１年おきに領地と江戸を往復することになりました。また，⑥朝廷や公家《くげ》，一部の大名を監視《かんし》するための職を設け，禁中並公家諸法度を定めて天皇や公家を統制しました。

〔C〕

明治初期，⑦一部の藩《はん》の出身者による藩閥《はんばつ》政府がつくられました。征韓論《せいかんろん》を主張してやぶれ政府を去った（　３　）は，1874年に民撰《みんせん》議院設立の建白書を政府に提出して国会の開設を要求しました。国民の政治参加を求めた⑧自由民権運動が高まりを見せると，1881年に政府が国会の開設を約束したため，（　３　）を党首とする自由党，（　４　）を党首とする立憲改進党が結成されました。1889年，大日本帝国《ていこく》憲法が発布されました。1890年，第１回衆議院議員総選挙がおこなわれ，第１回⑨帝国議会が開かれました。

〔D〕

1951年，日本は（　５　）が内閣総理大臣のときにサンフランシスコ平和条約に調印し，独立を回復しました。同時に日米安全保障条約を結びました。⑩1956年，日本は国際社会に復帰しました。日本経済は，朝鮮戦争で特需《とくじゅ》景気となり，経済復興が早まりました。1960年，内閣総理大臣が（　６　）のときに「国民所得倍増計画」を閣議決定しました。経済が成長するなかで，⑪公害問題が深刻化しました。

問１　〔A〕〜〔D〕の文章中の(１)〜(６)に適する人物の名前を答えなさい。ただし，(１)，(２)，(６)は漢字で答えなさい。

問２　下線部①の「794年」以前のできごととして正しいものを以下の(ア)〜(エ)から一つ選び，記号で答えなさい。

(ア)　新しく開墾《かいこん》(原野などを耕し，田畑を新たにつくること)した土地の永久私有を認める墾田永年私財法が出された。

(イ)　菅原道真《すがわらのみちざね》が遣唐使《けんとうし》の停止をすすめた。

(ウ)　唐で学んだ最澄《さいちょう》と空海が密教《みっきょう》を伝えた。

(エ)　東北地方の平定のため，坂上田村麻呂《まろ》を征夷大将軍に任じた。

問３　下線部②の「藤原氏」について，次の【X】【Y】の文章の正誤の組み合わせとして正しいものを以下の(ア)〜(エ)から一つ選び，記号で答えなさい。

【X】　藤原氏は自分の娘を天皇のきさきにし，きさきが生んだ子を天皇にすることで勢力をのばした。

【Y】　藤原氏をはじめとする有力貴族に認められていた，税を納めなくてもよい権利のことを不入の権という。

(ア)　【X】　正　【Y】　正　　(イ)　【X】　正　【Y】　誤

(ウ)　【X】　誤　【Y】　正　　(エ)　【X】　誤　【Y】　誤

問４　下線部③の「浄土信仰が広まりました」について，1124年に中尊寺金色堂を建てた人物を以下の(ア)〜(エ)から一つ選び，記号で答えなさい。

(ア)　藤原清衡《きよひら》　(イ)　藤原秀衡《ひでひら》　(ウ)　藤原基衡《もとひら》　(エ)　藤原泰衡《やすひら》

問５　下線部④の「関ヶ原の戦い」の地として知られる関ケ原町が属する県を以下の(ア)〜(エ)から一つ選び，記号で答えなさい。

(ア)　愛知県　(イ)　岐阜県　(ウ)　滋賀県　(エ)　長野県

問６　下線部⑤の「江戸幕府」が日本橋を起点として整備した五街道のうち，箱根関所が設置された街道を何というか，漢字で答えなさい。

問７　下線部⑥の「朝廷や公家，一部の大名を監視するための職」について，江戸幕府が設置したものを以下の(ア)〜(エ)から一つ選び，記号で答えなさい。

(ア)　京都所司代　(イ)　侍所《さむらいどころ》　(ウ)　大宰府《だざいふ》　(エ)　六波羅探題《ろくはらたんだい》

問８　下線部⑦の「一部の藩の出身者による藩閥政府」について，藩閥政府とは，薩長《さっちょう》土肥(薩《さつ》摩《ま》・長州・土佐・肥前藩)，とくに薩摩藩・長州藩の出身者が政府の要職を独占《どくせん》した状態の政府を指します。次の【X】【Y】の文章の正誤の組み合わせとして正しいものを以下の(ア)〜(エ)から一つ選び，記号で答えなさい。

【X】　薩摩藩出身の大久保利通は，廃藩《はいはん》置県に力をつくしたり，岩倉使節団の一員として欧《おう》米《べい》諸国をまわったりした。

【Y】　長州藩出身の木戸孝允《たかよし》は，勝海舟《かいしゅう》との会談で江戸城無血開城を実現した。

(ア)　【X】　正　【Y】　正　　(イ)　【X】　正　【Y】　誤

(ウ)　【X】　誤　【Y】　正　　(エ)　【X】　誤　【Y】　誤

問９　下線部⑧の「自由民権運動」について，1880年に全国の代表が大阪に集まり，愛国社を改《かい》称《しょう》(呼び名を改めること)して結成した国会開設運動の中心となった団体を何というか，漢字で答えなさい。

問10　下線部⑨の「帝国議会」について，次の【X】【Y】の文章の正誤の組み合わせとして正しいものを以下の(ア)～(エ)から一つ選び，記号で答えなさい。

【X】　貴族院は，国民の直接選挙によって選出された議員で構成された。

【Y】　第１回衆議院議員総選挙での選挙権は，直接国税を15円以上納める満30歳《さい》以上の男子に限られた。

(ア)　【X】　正　【Y】　正　　(イ)　【X】　正　【Y】　誤

(ウ)　【X】　誤　【Y】　正　　(エ)　【X】　誤　【Y】　誤

問11　下線部⑩の「1956年，日本は国際社会に復帰しました」について，この年に日本が国際社会に復帰したといえる理由を30字以内で具体的に説明しなさい。ただし，句読点も１字に数えます。

問12　下線部⑪の「公害問題」に対応するため，1971年に設置された行政機関を何というか，答えなさい。

3　次の文章を読み，あとの問いに答えなさい。

現在の日本は，国会，内閣，裁判所の三つの機関が重要な役割を分担し，一つの機関に権力が集中しないようにしています。これを三権分立といいます。

国会は（　A　）権を持つ，（　A　）機関です。（　A　）とは，「法律をつくる」という意味です。法律案は通常，内閣または国会議員が衆議院または参議院に提出します。提出された法律案は，まず（　B　）会で話し合われます。（　B　）会には，常任（　B　）会と特別（　B　）会の２種類があります。また，必要があれば（　C　）会を開き，専門家などの意見を聞きます。その後，①本会議で多数決がおこなわれ可決されると，もう一方の議院へ送られます。もう一方の議院でも同じ手順をたどり，本会議で可決されると法律が成立します。

国会には法律をつくることの他にもう一つ，国の予算をつくるという大きな役割があります。予算をつくる場合も，基本的には法律をつくるのと同じ手順をたどります。ただし，内閣が予算案を国会に提出するときには，必ず（　D　）院に提出することになっています。

内閣は行政権を持つ，行政機関です。行政とは，国会の決めた法律や予算にもとづいて，国民のために仕事をおこなうことです。内閣は，②国会で国会議員の中から選ばれた内閣総理大臣が中心となり，その他の③国務大臣とともに組織されます。国務大臣は内閣総理大臣によって任命されますが，その過半数は（　E　）の中から選ばれなければならないと，日本国憲法で定められています。このように，日本では内閣は国会に対して連帯して責任を負っており，この制度を（　F　）制といいます。内閣は，法律案や予算案を国会に提出する他にも，外国と交渉《こうしょう》し，国と国との合意・約束である（　G　）を結んだり，（　H　）のおこなう国事行為《こうい》に助言と承認を与《あた》えたりするなど，多くの仕事をおこないます。

裁判所は（　I　）権を持つ（　I　）機関です。（　I　）とは，争いが起こった時に，法律などにもとづいて解決することをいいます。日本の裁判所にはいくつかの種類があります。最上級の格付けの裁判所が東京に置かれる最高裁判所です。最高裁判所以外の裁判所は（　J　）裁判所と呼ばれ，（　Ｊ　）裁判所は全部で４種類あります。（　Ｊ　）裁判所の中で最上位の裁判所が（　Ｋ　）裁判所で，こちらは全国に８か所置かれます。次の格付けが地方裁判所と（　Ｌ　）裁判所で，この二つは同格になります。残る一つが簡易裁判所です。なお，2009年より日本では裁判員制度がはじまりました。これは（　Ｍ　）歳《さい》以上の日本国民からくじで選ばれた裁判員６人が，裁判官（　Ｎ　）人と一緒《いっしょ》に裁判を進める制度です。

④国会・内閣・裁判所の三つの機関と，私たち国民がたがいに関わり合いながら，日本の政治は成り立っています。

問１　文章中の(Ａ)～(Ｎ)に適することば・数字を答えなさい。ただし，(Ａ)，(Ｂ)，(Ｄ)～(Ｌ)は漢字で，(Ｍ)，(Ｎ)は数字で答えなさい。

問２　下線部①の「本会議で多数決がおこなわれ可決される」について，日本の国会で法律案が可決されるための条件を，以下の(ア)～(エ)から一つ選び，記号で答えなさい。

(ア)　総議員の過半数の賛成

(イ)　総議員の３分の２以上の賛成

(ウ)　出席議員の過半数の賛成

(エ)　出席議員の３分の２以上の賛成

問３　下線部②の「国会で国会議員の中から選ばれた内閣総理大臣」について，日本の国会では，衆議院と参議院のそれぞれで国会議員が投票をして内閣総理大臣を選びます。では，そのときに衆議院で投票によって選ばれた人物と，参議院で投票によって選ばれた人物が異なる場合，だれが内閣総理大臣になるか，解答欄《らん》に合うように答えなさい。

問４　下線部③の「国務大臣」について，平日には毎日記者会見をおこない，内閣で決まったことを国民に伝える広報官の役目を務める国務大臣を何というか，役職名を答えなさい。

問５　下線部④の「国会・内閣・裁判所の三つの機関と，私たち国民がたがいに関わり合いながら，日本の政治は成り立っています」について，次の図は国会・内閣・裁判所と国民の関わりを示したものです。では，以下の(1)～(3)は，図の(ア)～(ケ)のどの矢印に当てはまりますか。適するものを一つずつ選び，記号で答えなさい。

(1)　選挙　(2)　衆議院の解散　(3)　最高裁判所長官の指名

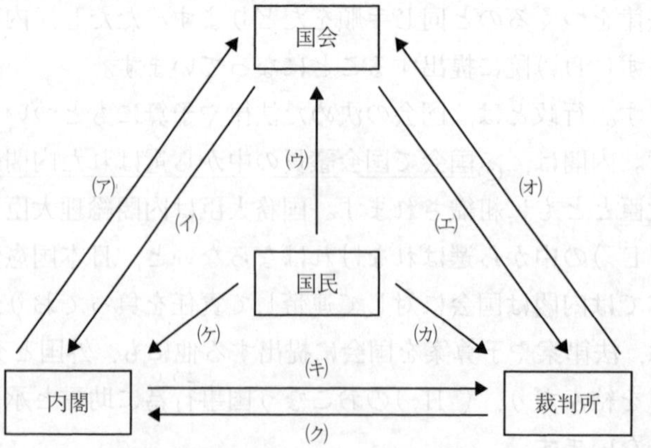

【理　科】〈第２回試験〉（40分）〈満点：80点〉

1　2022年中に話題になった自然科学分野の出来事についての問いに対して最も当てはまるものをそれぞれのア～エから選び，その記号を答えなさい。

①　アメリカ航空宇宙局(NASA)は，ジェイムズ・ウェッブ宇宙望遠鏡がさつえいした，地球から約6500光年はなれた水素ガスとちりからなる冷たくて厚い雲の画像を公開しました。宇宙で最も美しい光景のひとつとされるこの画像は何と名づけられましたか。

ア．創造の柱　　イ．天使の雲

ウ．神の使い　　エ．天の宝石

②　改正された特定外来生物に関する法律で，アメリカザリガニについて禁止されていることはどれですか。

ア．許可なく飼育すること。

イ．友人に無料であげること。

ウ．飼育していた個体を屋外に放すこと。

エ．屋外でほかくすること。

③　アメリカ航空宇宙局(NASA)が，小わく星が地球にしょうとつすることを回ひできるかどうか，世界初の実験を行った方法はどれですか。

ア．探査機が小わく星を周回することで，小わく星の向きを変える。

イ．探査機を小わく星に体当たりさせる。

ウ．人工衛星から小わく星にミサイルを発射する。

エ．小わく星に着陸した人工衛星が，小わく星内部に時限ばくだんをセットし，ばく発させる。

④　小わく星探査機「はやぶさ２」が持ち帰った試料から発見され，９月に発表されたものはどれですか。

ア．固体の水(氷)　　イ．液体の水

ウ．気体の水(水蒸気)　　エ．シャーベット状の水

2　お店でアイスクリームを買うとドライアイスを入れてくれることがあります。ドライアイスの役割は，冷えている商品を冷えたまま保つためです。

水が入ったボウルにドライアイスを入れると，白いけむりが生じます。白いけむりの正体は，大気中の(①)が(②)の状態に変化したもので，それが目に見えています。しばらくすると，けむりがでなくなりドライアイスもなくなっていました。ボウルの水に(③)色リトマス紙をつけてみたら，(④)色に変化しました。このことからドライアイスは(⑤)性であると分かりました。

問１　ドライアイスは何という気体を固体にしたものですか。漢字で答えなさい。

問２　文中の(①)～(⑤)に最も当てはまる語を答えなさい。

問３　下線部は自然界でも見られる現象です。最も当てはまる現象を次のア～エから選び，その記号を答えなさい。

ア．雲　　イ．かみなり　　ウ．にじ　　エ．しん気ろう

問４　密閉された室内でドライアイスを放置しておくと命に関わる危険があります。どのような危険性があるのかを答えなさい。

問５　氷もドライアイスと同様に商品を冷やすことができます。ドライアイスは氷より温度を低く保つことができます。その他にドライアイスが氷と比べてすぐれている点を一つ答えなさい。

3　昔は物の重さを測るときに，さおはかりという道具が使われていました。図のように，天びんのような形をしています。右側のうでにつり下げた分銅は左右に移動することができます。右側のうでに目盛り(g)が付いています。

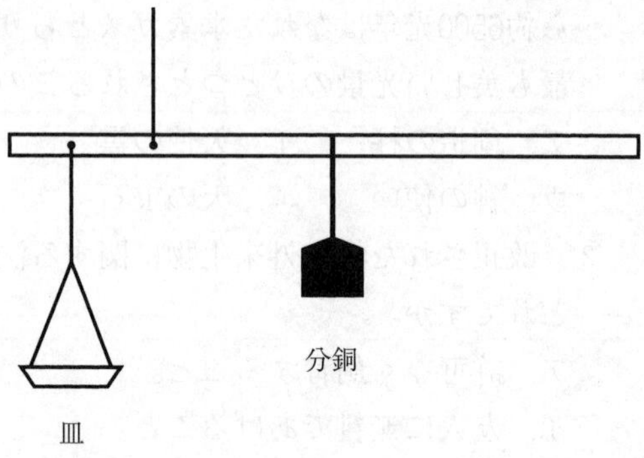

次のような手順で，重さを測定します。

手順１　測定したい物を，左側の皿に乗せる。

手順２　右側の分銅を左右に動かし，棒が水平につり合うようにする。

手順３　分銅をつり下げた位置の目盛りが示す値を読む。

支点から皿がつり下がっている位置までの長さが５cm，皿の重さが10g，分銅の重さが50g，右側のうでに付いている目盛りが０～350gの場合について答えなさい。棒の重さは０gとします。

問１　支点から０gの目盛りまでの長さを答えなさい。

問２　支点から150gの目盛りまでの長さを答えなさい。

問３　支点から20cmはなれた位置にある目盛りが示す値を答えなさい。

問４　目盛りの間かくはどこも等しくなっています。１目盛り当たりの重さの差について正しいものを次のア～ウから選び，その記号を答えなさい。

ア．支点に近いほど大きい。

イ．支点に近いほど小さい。

ウ．全て同じである。

問５　支点から目盛りまでの長さと，目盛りが示している値との関係をグラフに表すと，どうなりますか。次の図ア～カから選び，その記号を答えなさい。

ア

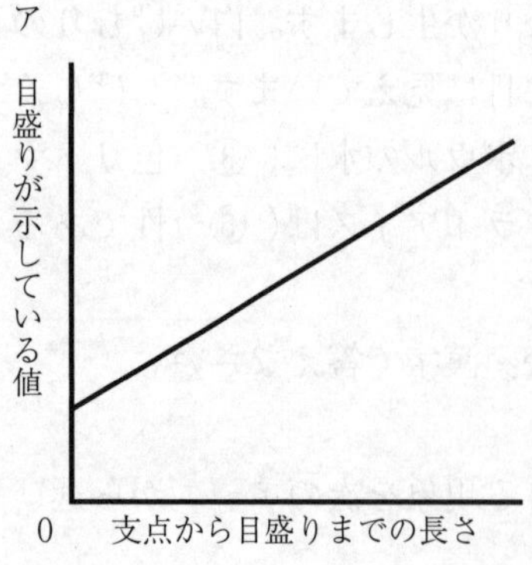

イ

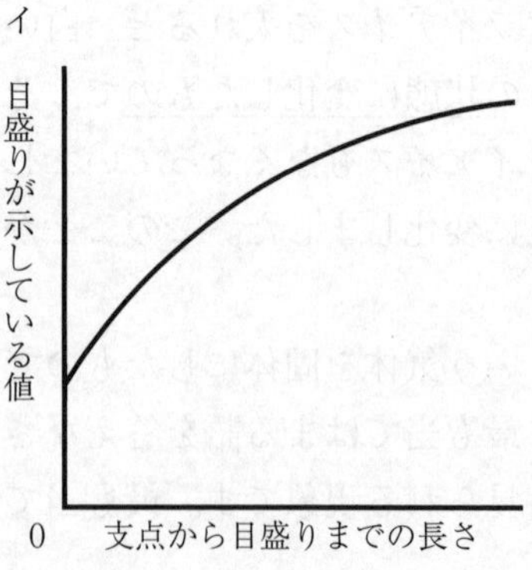

ウ

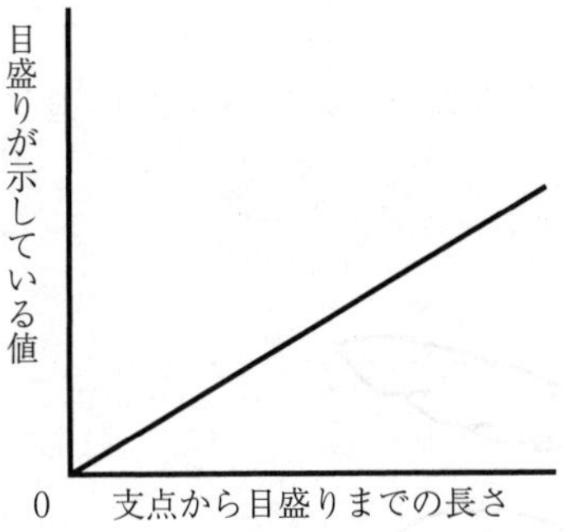

エ

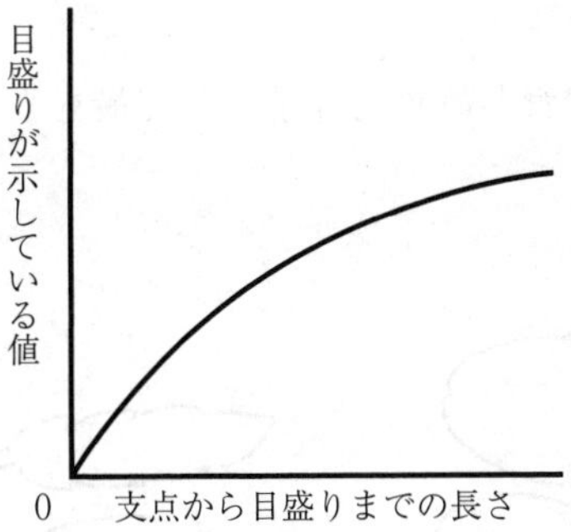

オ

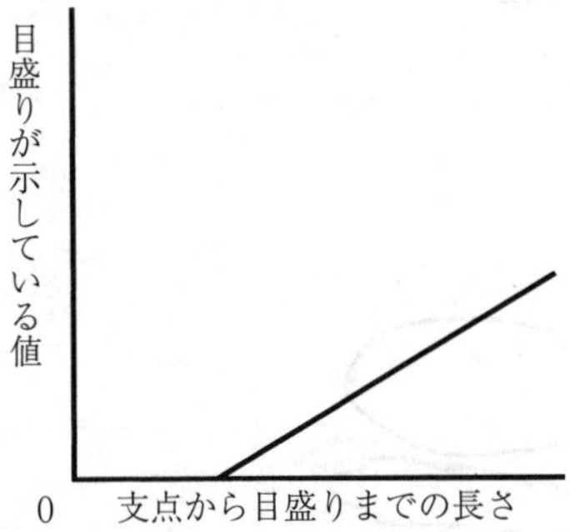

カ

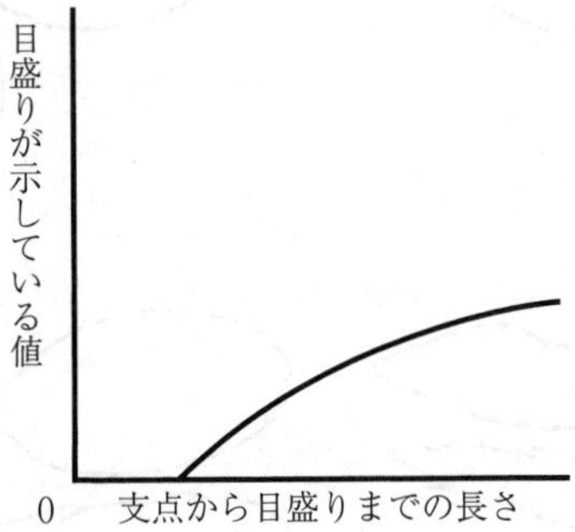

問6　50ｇの分銅を25ｇの分銅に取りかえて使うことにしました。皿に150ｇの物を乗せ，つり合わせました。25ｇの分銅を下げた位置の目盛りが示す値を答えなさい。

4　多くの小学校ではホウセンカやヒマワリなどを種から育てます。またチューリップやヒヤシンスなどを球根から育てます。

問１　ホウセンカが地上で育ち始めた様子として最も当てはまる図を次のア～エから選び，その記号を答えなさい。

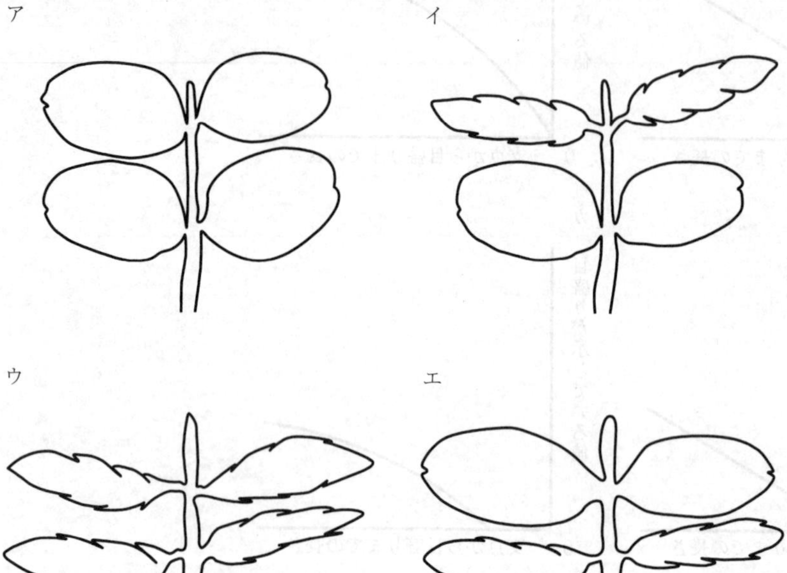

問２　ヒマワリを日なたで育てた場合と日かげで育てた場合のちがいとして最も当てはまるものを次のア～エから選び，その記号を答えなさい。なお，日の当たり方以外の条件は同じものとします。

ア．日なたで育てたものは，日かげで育てたものよりくきは太く，背たけは高い。
イ．日なたで育てたものは，日かげで育てたものよりくきは太く，背たけは低い。
ウ．日なたで育てたものは，日かげで育てたものよりくきは細く，背たけは高い。
エ．日なたで育てたものは，日かげで育てたものよりくきは細く，背たけは低い。

問３　問２で答えた背たけについて，日かげで育てた場合にそうなる理由を20字以内で答えなさい。

問４　植物を育てるときは肥料など栄養をあたえるのがいっぱん的です。ホウセンカの種が芽を出すまでの肥料やりについて最も当てはまるものを次のア～エから選び，その記号を答えなさい。

ア．芽が出るまでは肥料は必要ない。
イ．芽が出るまでは土がかわかない程度に水にとけた肥料をあたえる。
ウ．芽が出るまでは水にとけた肥料を毎日あたえる。
エ．芽が出るまでは水にとけた肥料を週に一度あたえる。

問５　問４で答えた理由として最も当てはまるものを次のア～エから選び，その記号を答えなさい。

ア．あたえ過ぎるとくさってしまうから。

イ．たくさんの栄養が必要だから。

ウ．外からの栄養は必要ないから。

エ．土がかわかないくらいがちょうど良い量だから。

問６　球根ができる場所として当てはまらないものを次のア～ウから一つ選び，その記号を答えなさい。

ア．花　　イ．くきや葉　　ウ．根

問７　チューリップの球根の中の成分として最も多いものを次のア～エから選び，その記号を答えなさい。

ア．タンパク質　　イ．しぼう

ウ．ビタミンC　　エ．デンプン

問８　チューリップの球根から芽が出たようすを解答らんの図にかき入れなさい。

問９　チューリップの球根から根が出たようすを解答らんの図にかき入れなさい。

5　富士山は美しい円すい形をした火山です。ふもとではきれいな地下水がわき出しているところがたくさんあります。

問１　富士山のような形を公園の砂場で再現してみようと思い，次のようなやり方で山を作りました。このときに「しめった砂」と「かわいた砂」は実際のふん火のときにおこる現象を再現しています。それは何か，最も当てはまるものをア～エからそれぞれ選び，その記号を答えなさい。

手順１　しめった砂で小さい山を作り，表面を手で軽くおさえる。

手順２　かわいた砂を山の真上から落とし，しめった砂山をかくす。

手順３　その上にしめった砂を全体にうすくのせて，表面を手で軽くおさえる。

手順４　手順２と手順３をくりかえして山を大きくする。

ア．火山ガス　　イ．雨水　　ウ．火山灰　　エ．よう岩流

問２　図は富士山がふん火したときのひ害予測地図(ハザードマップ)です。火山灰は富士山より東の方向に広がっていくことが予測されています。その理由と最も関連のない現象を次のア～エから選び，その記号を答えなさい。

ア．関東地方では冬に北寄りの冷たいかんそうした風がふくようになる。

イ．東京で夕焼けが見られると次の日は晴れることが多い。

ウ．台風は発生すると南方から北上してくるが，日本列島に近づくと進路を東方向に変えることが多い。

エ．気象衛星の画像を見ると，雲は西から東に移動している。

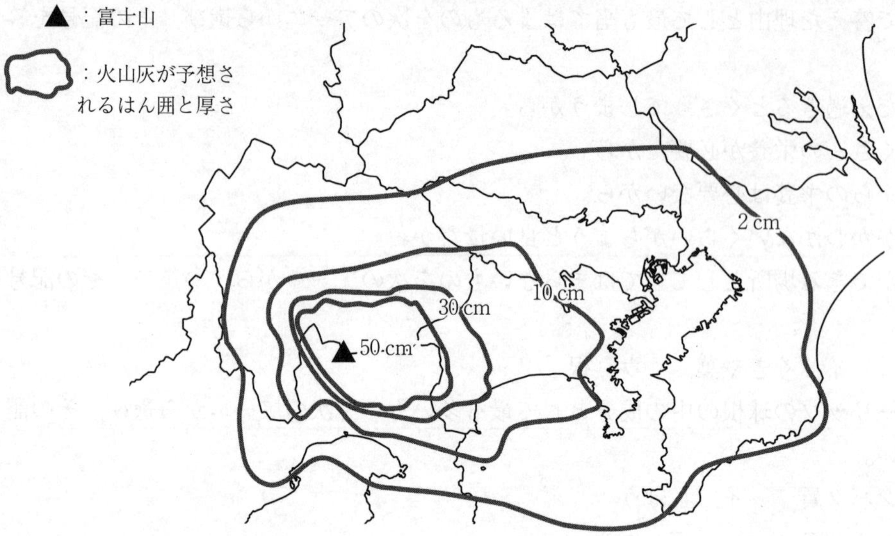

問３　図によると富士山がふん火したとき，東京都では火山灰が数 cm 積もることが予測されています。あらかじめ，特に準備しておくとよいものを次のア～キから二つ選び，その記号を答えなさい。

ア．鏡　　イ．ゴーグル　　ウ．ゴムボート　　エ．かなづち

オ．自転車　　カ．発電機　　キ．のこぎり

問４　富士山にはしゃ面を流れ下る川がありません。

①　富士山のしゃ面に川が無い理由を次のア～エから一つ選び，その記号を答えなさい。

ア．富士山は高いので，降った水は万年雪(氷)となり流れ出さないから。

イ．富士山の表面はふん石(れき)が積もってできているので，水がしみ込みやすいから。

ウ．富士山は雨雲より高いので，ほとんど雨が降らないから。

エ．富士山にはたくさんの火口があり，火口に雨水がためられているから。

②　富士山のふもとでわき出す水がきれいな理由を説明しなさい。

きない。だから研究を超(こ)えて、精度向上のための新たな仕組みを考え、開発し、検証を繰(く)り返さなければいけないんです。これは本当に大変です。私たちのチームは【 B 】と【 C 】を常に両輪でやってきたので、ここまで来られたと思います。チームの人に「これぐらいの精度でいいですよね、浅川さん」と聞かれて、「(6)私がそれで使えると思うの?」と言ったことは何度もありました。ただ、無理は言っているけれど、不可能ではない、ということは分かっていました。私が目が見えない研究者であり、ユーザーであったことの強みがあったと思います。

『毎日新聞』二〇二二年八月二十一日朝刊による

＊フェロー　特別研究員。
＊イノベーション　新しい活用法。

問一　波線(1)の内容を四十字以上五十字以内で書きなさい。

問二　「一匹【 A 】」は「自発的に単独行動をする人」という意味で使われます。【A】に入る言葉を四字で書きなさい。

問三　波線(2)の意味を文章中から二十字以内で探して、書きなさい。

問四　波線(3)の理由として最も適当なものを次から選び、その記号を書きなさい。

ア　聴覚に障害がある人達から障害を取り除きたかったから。
イ　聴覚に障害のある友人に連絡手段の発明を頼まれたから。
ウ　聴覚に障害がある家族ともっと円滑に話したかったから。
エ　聴覚に障害がある人の聞え方を研究して偶然発見したから。

問五　波線(4)について、浅川さんが行いたいこととして、最も適当なものを次から選び、その記号を書きなさい。

ア　博士号を取得した学生が引く手あまたになるようにする。
イ　研究の種は自分の身近にあることを広く知ってもらう。
ウ　特許の申請数や、被引用数の多い質の高い論文を増やす。
エ　大学院の授業料を免除したり、生活費を支給したりする。

問六　波線(5)に対する浅川さんの経験として、最も適当なものを次から選び、その記号を書きなさい。

ア　自分で製品を使おうとしたら使えなかったから。
イ　自分は点字を読む速度に限界があるから。
ウ　自分が未来館の2代目の館長になったから。
エ　昔は一人だったが自分には今仲間がいるから。

問七　【B】【C】に入る言葉の組み合わせとして、最も適当なものを次から選び、その記号を書きなさい。

ア　B　文系　C　理系　　イ　B　情報　C　移動
ウ　B　発明　C　検証　　エ　B　研究　C　開発

問八　波線(6)のように浅川さんが言える理由を書きなさい。

その)を広げておくことも、長い目で見れば科学技術力で日本を支える土台作りにもなります。そういう意味でも未来館の果たす役割は大きいですね。

浅川　早い時期から未来館に来て「研究」という言葉をもっと身近に捉(とら)えてもらえるような活動をしたいと思っています。米国の子どもたちって「リサーチ」という言葉を日常的に使っているんです。でも日本では「研究」というと遠いところにあるものだと思われがち。自分の身近にある課題を考え、調査・分析(ぶんせき)し、解決の糸口をつかんでいく。研究の種は自分の身近にあるということを、子どもたちに知ってもらいたいと思っています。

池上　文系と理系、お互(たが)いを知らないことも多いと感じます。だからこそ、未来館で活躍しているサイエンス(科学)コミュニケーターによる、橋渡(はしわた)しの役割は大きいですね。

浅川　池上さんがされている、難しい事柄(ことがら)を分かりやすく解説するというような活動は、サイエンスコミュニケーターのお手本です。池上さんの出版物は「サピエ図書館」という視覚障害者向けの図書館ネットワークでたくさん点訳、音訳されています。私も基本を勉強したい時にすごく助かっています。ただ、池上さんに直接お会いすることは難しい。未来館は顔を合わせてサイエンスコミュニケーションできる場でありたいと思っています。

私は昨年、「あなたとともに『未来』をつくるプラットフォーム」という2030年を目標としたビジョンを掲(かか)げました。科学を分かりやすく伝えるだけでなく、課題の解決や未来社会を見据(みす)えた科学技術を、障害などの有無にかかわらず皆(みな)が体験できる場を目指しています。

今年7月には新しいスローガン「Mirai can＿＿！ 未来は、かなえるものへ。」も定めました。アンダーラインの部分は、一人一人が未来を考えて願いを託(たく)してほしいと思って空白にしています。例えば私なら「一人でホノルルマラソンに参加」です。科学技術とみんなの未来がどうつながるのか、サイエンスコミュニケーターと一緒(いっしょ)に考えてつくっていく場にしたいなと思っています。

池上　一人でホノルルマラソンを走るには体力づくりも必要ですね。

浅川　ジムには1週間に1、2度行って、30分から1時間走り、1時間泳いでいます。でもハワイまで行き、走るためにはAIスーツケースをもっと軽くする必要もあります。AIスーツケースを社会実装に近づけるような実証実験を、未来館で進めていきたいと思っています。

池上　発明した技術を実用化することへの思いが強いのですね。

浅川　私は機会がある度(たび)に「発明と社会実装は分けることができない車の両輪だ」と話してきました。どんなに優(すぐ)れた技術でも、実際に社会に実装されてユーザーが使って磨(みが)かないと、それは真に社会を変える原動力にはならないからです。

池上　(5)なぜそう思われるようになったのですか。

浅川　失明した当初、視覚障害者向けに開発された製品を知り、実際に自分で使おうとしたら使えなかったり、どこにも見つからなかったりするという経験をして、残念に思ったことが何度かあったからです。なので研究者になってからは、論文や特許などの研究成果は、可能な限り実用化することを自分の信念にしてきました。97年には、ウェブページの情報を読み上げる「ホームページリーダー」を製品化し、15年には視覚障害者向けのスマートフォン用ナビゲーションシステムを発表しました。

目が見えないユーザーを対象とすると、現状のGPS(全地球測位システム)の精度は十分ではありません。健常者であれば、地図を見て位置がずれているときは自分で対応できますが、目が見えないとで

２０２５年には大阪(おおさか)・関西万博があります。私は理事を務めていますが、フィラデルフィア万博で電話が発表されたように、さまざまなアクセシビリティー技術が世界に発信されればいいと思っています。

池上　浅川さんが日本科学未来館の館長に就任されたのは、二つのダイバーシティー(多様性)を体現されているからだと思います。障害があってもいろんな仕事ができる、もっと女性が活躍(かつやく)できる、と。プレッシャーは大きいのではないですか。

浅川　社会に出て35年が過ぎましたが、当初はいろいろな壁にぶつかりました。視覚障害者は「情報障害者」とも言われますが、研究者として、最新の情報に付いていく難しさを常に感じていました。その中で、誰(だれ)に聞けば一番良い答えを得られるか、この分野のことはこの人に聞く、というノウハウを会得(えとく)しました。またそういう厳しい環境(かんきょう)で育ったので、一人でできることは一人でする、分からないことを「分からない」と言える勇気が重要と知りました。

池上　分からない、と言えるのはとても大事なことですね。女性であることに関してはいかがですか。

浅川　理系の各分野で女性の比率が極端(きょくたん)に少ない時代でした。女性は理系が苦手という印象がある中で、コンピューターサイエンスを進めていく難しさが確かにありました。ただ「女性だから、視覚障害者だからできない」という甘(あま)えを持ってはいけない、と常に感じていました。

池上　米国の外資系企業(きぎょう)で働いていましたが、女性のキャリアへの配慮(はいりょ)があったのでしょうか。

浅川　１９８０年代から毎年、女性技術者の世界会議がありました。米国のＩＢＭ本社に集まって、情報交換(こうかん)をしていたんですね。すごいのは、女性技術者が次の世代の女性技術者を育てていたことです。男性コミュニティーに女性が入れない苦労ってあるじゃないですか。それなら女性コミュニティーをつくって、女性を育てていけばいいんじゃないか、と。そうしたこともＩＢＭで学びました。今も会議などいろいろな場で女性が私一人、ということはよくありますが、全く意識しなくなりました。目が見えないこともですね。自分がすごく強くなったのかなと思います。

池上　生まれながらの視覚障害者と比べて、浅川さんのように中途(ちゅうと)失明者は途中から点字を学ばなければいけないので大変だと聞いたことがあります。

浅川　確かに、私は高校1年から点字を学んだのですが、読める速度には限界があります。点字は(1文字に)六つの点があり、私はちょっと指を上下させないと読めません。小学校1年から点字を学んでいる方は、スラスラと速く読めます。ただ、視覚障害者の場合、情報へのアクセスと移動のアクセスという二つの大きな困難があるのですが、移動に関しては、街がどう作られているかを子どもの頃(ころ)に見て理解できているので、単独歩行技術の習得は早かったですね。

池上　最近、(4)日本に元気がないと言われます。特許の申請(しんせい)数や、被引用(ひいんよう)数の多い論文の数も減っています。この現状を研究者のお立場からどう受け止めていますか。

浅川　米国では大学院の博士課程に進むと、授業料が免除(めんじょ)になったり、生活費が支給されたりすることも多いです。そのため研究に集中できるので、質の高い論文の投稿(とうこう)につながっていると思います。また博士号を取得した学生は引く手あまたです。一方で日本は博士号を取ると就職が難しくなってしまうと聞いています。

池上　小学生のうちから科学に興味や関心を持ってもらい裾野(す

た。私はこれまで「アクセシビリティー」の研究をやってきたこともありますので、人の視点から地球を見て、宇宙を見る。今までとは違う方向で世界を見ていきたいと、方向転換(てんかん)をしています。

池上　アクセシビリティーという言葉の意味は、(2)バリアフリーとはどう異なるのでしょうか。

浅川　バリアフリーは、車椅子(いす)の人のためにスロープを付けるといったように、物理的な障害や情報の障害を取り除く、という意味を持つ言葉です。アクセシビリティーは一歩踏(ふ)み込(こ)んで、利用しやすさや、アクセスのしやすさを向上させる、という意味も含(ふく)んでいます。

池上　移動をもっと簡単に、情報をもっと使いやすく、ということですね。

浅川　そうです。アクセシビリティー技術は歴史をひもとくと、実は多くのイノベーションを生み出しています。

例えば19世紀に電話を発明したグラハム・ベルのお母さんと奥(おく)さんは聴覚(ちょうかく)障害者でした。友人や知人に聴覚障害者がたくさんいて、そうした人たちとのコミュニケーションを円滑(えんかつ)にしたいと考え、独力で信号処理の研究をしたそうです。その中で偶然(ぐうぜん)、電話の発明にいたったと言われています。そして１８７６年の(米国の)フィラデルフィア万博(ばんぱく)で公開し、一気に電話が普及しました。アクセシビリティーという発想があったので、(3)いち早く電話が発明されたと言っても過言ではありません。また音声合成や音声認識(にんしき)も、視聴覚障害を持つ人を支援する目的で開発が始まったと言われています。自動運転自動車は、視覚障害者の夢が開発をけん引したと言われています。

池上　浅川さんも「ＡＩ(人工知能)スーツケース」を開発されています。

浅川　ＡＩスーツケースは、視覚障害者が街を自由に移動できるように、行きたい場所をスマホアプリから指示すると連れて行ってくれるスーツケース型のロボットです。レーザーを周囲に当てて、壁(かべ)や障害物との距離(きょり)、建物の形状を見ながら空間を見つけて進みます。発進時や停止時、左右に曲がる時は持ち手が振動(しんどう)して知らせてくれます。

池上　視覚障害の人が盲導(もうどう)犬のようにも利用できるんですね。そういう意味で言うと、障害のある人をサポートする方法はもっと可能性がありそうです。

浅川　テクノロジーが人間を支援できるということを、未来館を通して示していきたいと思っています。アクセシビリティー技術はさまざまなイノベーションにつながっていますが、日本から始まった事例はほとんど無いんですよね。高齢化(こうれいか)社会を迎(むか)えた日本が、世界をリードしていけるイノベーションを起こすのが非常に重要だと考えています。

ＡＩスーツケースも実用化されるためにはビジネスモデルが必要ですが、障害者だけでは「数」が限られます。一つのアイデアとして、高齢者のショッピングカートに取り付けてはどうかと。

池上　なるほど。

浅川　かっこいいショッピングカートを作って、ＡＩスーツケースの頭脳が入っていて。例えばアミューズメントパークやショッピングモールで疲(つか)れたら座(すわ)れたり、「ここに連れて行って」と頼(たの)めば案内してくれたりできるんじゃないか、と。未来館でもＡＩスーツケースを展示し、子どもたちが「こんな使い方ができるんじゃないかな」といったアイデアを育てるお手伝いができるといいなと考えています。

ウ　友達と言える存在をつくる。
エ　親に本当の自分の気持ちを伝える。

問三　波線(3)と言った桃香の気持ちとして最も適当なものを次から選び、その記号を書きなさい。
ア　友達になろう、とそのまま言うのは気恥ずかしいので、昔話をふまえて冗談(じょうだん)めかしている。
イ　桃香の気持ちを知らないのに、励まそうとしてくる絢子や同級生に対して、腹を立てている。
ウ　別れがつらいので友達にならないようにしているのに、親しくしてくる同級生に対して強がっている。
エ　なれなれしく接してくる絢子に対して、自分の方が立場が上であることを分からせようとしている。

問四　波線(4)の時のタケルの気持ちを、桃香はどのように考えていましたか。文章中から十字で探して書きなさい。

問五　【A】に入る言葉として最も適当なものを次から選び、その記号を書きなさい。
ア　かわいそうですね　　イ　強いですね
ウ　何も思わないのかな　　エ　しっかりしないと

問六　波線(5)「世界の広さ」とはここではどのような意味か、書きなさい。

問七　波線(6)の言い方として最も適当なものを次から選び、その記号を書きなさい。
ア　踊ることに真剣(しんけん)に向き合おうとしない二人に腹を立てて、おこってするどく言った。
イ　限りある友達との時間を大切にする決意を持って、はっきりと大きな声で言った。
ウ　友達にならなくてよいと言っても聞いてくれないみんなにあきれてしぶしぶ言った。
エ　お兄さんが亡くなって元気のない桃香を励まそうと、優しくやわらかい声で言った。

問八　この物語を「あたし(桃香)が〜物語。」という一文でまとめなさい。ただし、「〜」に入る言葉は三十字以上四十字以内とします。

三

次の文章を読んで、後の問いに答えなさい。

日本科学未来館(東京都江東(こうとう)区)の2代目館長でIBM＊フェローの浅川智恵子(ちえこ)さん(63)は、世界でも知られる全盲(ぜんもう)の研究者だ。障害者を支援(しえん)する技術で＊イノベーションを起こし、社会に普及(ふきゅう)させることを信念にして、30年以上、日本と米国を股(また)に掛(か)けて研究開発に取り組んできた。昨年4月に(1)館長に就(つ)いてからの目標とは何か？　ジャーナリストの池上彰(あきら)さんに自身の挑戦(ちょうせん)を語った。

池上　館長に就任されてから1年余りが過ぎました。これまでの研究者生活では「一匹(いっぴき)【　A　】」的にやる仕事も多かったと思いますが、館長だと管理業務も出てきますね。

浅川　研究者と館長では本当に全然違(ちが)う業務内容で、毎日が新しい発見です。トップの方の気持ちが分かったと言いますか。未来館をつくっているのは職員、スタッフの一人一人で、新たな展示やイベントを生み出すのは本当に大変だと知りました。

池上　未来館もどんどん発展しています。

浅川　裏側にはいつも白熱した議論があります。今までは初代館長の毛利衛(まもる)さん(74)が宇宙飛行士として、宇宙から地球を見て、地球から人を見るというコンセプトでさまざまな展開をされてきまし

タケルは、あさひがむしった雑草を摑み、風の中に放り投げた。雑草は、ふよふよと空を泳ぎ、落ちた。

そして、前触(まえぶ)れもなく、タケルは言った。

「あさひの兄貴さ、亡くなったんだよ」

「え？」

あたしと絢子は驚いて顔を上げる。

「去年の秋に、事故で。だから楽々は知ってると思うけど。去年同じクラスだったし」

タケルは淡々と続けるけど、あたしはまだ頭が追いつかない。

「その兄貴がさ、やってたから。うらじゃ。しんどくないんかなって、思うんだけど」

今、あさひは、楽々と二人で、キャッキャと楽しそうに踊ってて。全然、そんなふうに見えない。

「【　Ａ　】、あさひちゃん」

絢子が言った。あたしもそう思った。だけど。

「そうなのかな」

だけどタケルは、苦いため息。

「なんかちょっと危なっかしいときあるよ。はたから見てるとさ」

アスリートって、なんかさ、成長が早いよね。身体的にも、精神的にも。

あさひのこと好きなの、とか茶化そうとしてた自分が恥(は)ずかしい。

ていうか、勝手にあさひのこと能天気キャラって思い込んで、悩(なや)みなさそうとか思ってた自分が恥ずかしい。

……みんないろいろあるんだな。当たり前だけど。

あーあ。岡山なんかどうしようもない田舎(いなか)だと思ってたのに。

ここから(5)世界の広さを知るなんてね。

「ガキだな、あたし」

思わずつぶやくと、

「ガキだよ。中二だろ」

タケルが言った。かわいくないやつめ。

「だから中三だし」

あたしは言い、立ち上がった。

甘(あま)い甘い。甘いんだよね、結局、あたしって。温室育ちの世間知らずで、十分恵(めぐ)まれてるのに、不満たらたらでさ。

でもまあ、それがあたしなの。

どうせ未熟なんだからさ。とことん青臭(あおくさ)くてもいいでしょ、今は。

だから声を張り上げ、叫(さけ)ぶ。

「(6)あさひ！　踊るわよ！」

「おっ！」

「待ってました！」

あたしは笑い、駆(か)け出した。

天川栄人『おにのまつり』による

＊温羅　岡山県に伝わる鬼の名前。

＊百済　昔、朝鮮(ちょうせん)半島に存在した国。

問一　波線(1)のように桃香がなった理由を二十字以上三十字以内で書きなさい。

問二　波線(2)は何をする「ラストチャンス」なのですか。最も適当なものを次から選び、その記号を書きなさい。

ア　日本文化に親しみ、勉強する。

イ　本当は踊りたくないと伝える。

もうこの先経験することがないわけよ。親の都合で。それってどうなの？

「親ってマジでクソだわ」

あたしは小石を摑(つか)み、川に投げた。石は音もなく水の中に吸い込(こ)まれていった。

「同感」

タケルはそんなこと言いながら、野球選手みたいに大きく振(ふ)りかぶって小石を投げた。

「ばあちゃんもクソ」

楽々が投げた石は、変な軌道(きどう)を描(えが)いて、ポチャンってしぶきをあげて落ちた。

「ばあちゃんの彼氏(かれし)も」

小さな声で、楽々はそう言い添(そ)える。ちょっと気になったけど、

「うちは、円満です！」

空気読まない絢子が大声で続いて、しかし石は川にすら届かず、なんかグダグダになった。あさひ……あさひは？

視線をやると、あさひはあいまいな笑(え)みを浮(う)かべ、

「うちは……普通」

なんて、あいまいな声で、あいまいなことを言った。

「普通ってナニ」

「さあ……」

「さあ？」

あさひは膝(ひざ)を抱(かか)え込み、体育座(すわ)りになった。視点を落とし、もごもご言う。

「いや、なんていうか、仲悪いとかじゃないんだけど。でもなんかちょっとさ、リビングに入りづらいことって、ない？」

あー。それは、わかる。

「親と一緒(いっしょ)の空間にいると、息が詰(つ)まる感じ？」

「んー、わかんないけど。でも最近ずっとそんな感じ。まともにしゃべれてない。母さん、ため息ばっかだし……」

あさひの声は、だんだん小さくなる。

(4)タケルがじっとあさひを見ているのがわかる。黙(だま)ってるけど、気になるっぽい。

「意外。あさひも思春期っぽいところあるんだ」

「シシュンキっていうか……」

あさひは足元の雑草をむしり始めた。何かの言い訳のように。

「母さんも人間だし、しんどいとき、あるから。私がしっかりせんと」

なんと返していいかわからず、あたしが困惑(こんわく)していると。

「うし、踊(おど)るか、あさひちゃん！」

突然、楽々が立ち上がり、あさひの手を取った。

「え？」

「ハイこっち来て！」

「はいはい、もう」

楽々は無理やりあさひを引っ張り、開けたとこまで連れていく。なんなのあいつ。かまってもらえなくて寂(さび)しい幼児かよ。

「うらじゃ！　うらじゃ！　うらじゃ！」

「てってってってー！」

謎(なぞ)にハイテンションな楽々と、保護者あさひは、下手な歌を歌いながら、めちゃくちゃに踊り始めた。散歩中のおばさんとかが笑っても気にしないで。

あたしたち残りの三人は、元気すぎる二人を生ぬるく見守る。

そよ風が吹(ふ)いて、夕焼けを映しこんだ旭川の水面を、さわさわ揺(ゆ)らしていった。

ぎ）付け。動物か。あたしは豚まんを楽々のほっぺに押（お）し付けた。

絢子は一度うなずき、続けた。

「異国から渡ってきた温羅は、地元の人と言葉が通じず、見た目も普通（ふつう）と違（ちが）った。だから人々に恐（おそ）れられ、いつの間にか、鬼と呼ばれるようになったと……ありそうな話じゃありませんか？」

「たしかに」

古代の話だもんね。外国人って、今よりもっともっと珍（めずら）しかったはず。

あたしの茶色い髪（かみ）だって、古代だったら恐れられてたのかな。そう思うと、ちょっと怖（こわ）いけど。

「船を襲（おそ）ったという話も、見方次第（しだい）なのかもしれません。『温羅とその仲間が、貢（みつ）ぎ物の行き先を訊（き）こうとしたら、人々は怖い鬼に襲われたと思い、逃げた』と書いている本もありました」

つまり、温羅は単によそ者だから、怖がられて、鬼って呼ばれて、退治されたってこと？　何も悪いことしてないのに？

「異分子が排除（はいじょ）されるのは世の常です。その人が悪いわけではありません」

「あのさ」

あたしはビミョーな気持ちになった。

「もしかしてだけど、励（はげ）まそうとしてる？」

「えーっと……」

絢子は視線をうろうろさせた後、頭を傾（かたむ）けた。「うなずく」と「首を傾（かし）げる」の中間みたいな角度で。

「桃香さんがそう思うのであれば」

あーなんか、ムカつく。それでいて、(1)胸がくすぐったい。なんなの、これ。

あたしは豚まんの入った袋に目を落とし、小さな声でボソリと、

「……あたしさ」

「はい」

なんか今日は、言うつもりのなかったことばかり口に出してしまうけど。

「九月からアメリカなんだよね」

「えっ？」

さすがにみんな驚（おどろ）いたのか、面食らった様子でこっちを見る。

「親が仕事の拠点（きょてん）移すんだ。スケジュールの関係で、親は先に渡米してて。あたしは半年間だけ、おばさまに預かってもらってるの。だから岡山来たわけ」

「そうだったんですね」

うん。だから、今だけなの。

これが(2)ラストチャンスかもしれないって、思うの。

「だからほんとに、友達とかならなくていいからね」

ああ、また中二病ぽいことを言ってしまった。だけど、岡山はいつも快晴で、だから頭もなんかぽかぽかして、能天気になっちゃうのかも。なら、まあ、いいか。

「その代わり」

あたしはニッカリ笑い、大きな豚まんを、絢子に渡した。

「(3)家来にしてやる」

豚まんは食べ終わったけど、楽々が「家帰りたくねー」とか言うので、そのまま川っぺりでダラダラしてるあたしたち。

思ったけどこういう、ザ・ジャパニーズ・セイシュンも、あたしは

2023年度 学習院中等科

【国　語】〈第二回試験〉（五〇分）〈満点：一〇〇点〉

〔注意〕字数が決まっている問いについては、「、」や「。」も一字と数えます。

一　次のぼう線部のカタカナを漢字で書きなさい。

① 手術は一刻をアラソう。
② 駅のカイサツを出る。
③ 音楽の才能にトむ。
④ オンシをたずねる。
⑤ 要求をショウチする。
⑥ 解決にイタる。
⑦ コクモツがみのる。
⑧ ケイサツにとどける。
⑨ バンシュウの風景。
⑩ 教科書をボウ読みする。

二　次の文章を読んで、後の問いに答えなさい。

「あたし」（桃香・ももか）は、家庭の都合で学校を転々としており、今は岡山（おかやま）県の中学校にいます。同級生のあさひ、タケル、絢子（けんこ）、楽々（らら）といっしょに、「うらじゃ」という岡山のおどりを練習しています。

旭川（あさひかわ）の川っぺりに自転車を停（と）めて、坂になってるとこに適当に腰（こし）かける。さっきは後楽園の表側を見てきたけど、今は裏側が見える。空は、相変わらずの快晴。

あたしが豚（ぶた）まんを袋（ふくろ）から出していると、

「あの」

絢子が手を挙げた。いや、だから挙手とかいう制度ないから。でもまあ、乗っといてあげるわよ。

「はい、絢子さん」

指名された絢子は、居住まいを正し、切り出した。

「あの、＊温羅（うら）は、悪者だったとは言い切れないです」

「は？」

またも、なんの話だ。

「どういう意味？」

みんなに熱々の豚まんを手渡（てわた）しながら尋（たず）ねる。絢子は両手を合わせて天を仰（あお）ぎ、頭の中で考えをまとめるようなしぐさをした後、こう答えた。

「温羅は、＊百済（くだら）から流れ着いた異人だったという説があるそうです」

「イジン？」

「要は、外国人だったのではないか、ということです。百済の王子だったとか、戦いから逃（に）げてきたとか、本によって諸説あるようでしたが」

「え、人間だったってこと？　鬼（おに）じゃなくて？」

タケルが太い眉毛（まゆげ）をひょいと上げた。

「ええ。だから、温羅伝説は本来、鬼と人というより、渡来人（とらいじん）と土着（どちゃく）の民（たみ）との戦いだったのかもしれません」

「へー」

楽々は一応相づち打ってるけど、目はあたしの手の豚まんに釘（く

2023年度

学習院中等科 ▶解説と解答

算　数　＜第２回試験＞（50分）＜満点：100点＞

解　答

$\boxed{1}$ (1)　123　(2)　2　(3)　$\frac{3}{4}$　(4)　$\frac{2}{3}$　$\boxed{2}$ (1)　54枚　(2)　36分　(3)　120円　(4)　72　$\boxed{3}$ (1)　6　(2)　33　(3)　21　$\boxed{4}$ (1)　82.24cm　(2)　6.5回転　(3)　328.96cm^2　$\boxed{5}$ (1)　24　(2)　1分あたり15L　(3)　50.4　$\boxed{6}$ (1)　4　(2)　**A**　2　**B**　3　**C**　1　**D**　5

解　説

$\boxed{1}$ 四則計算，逆算

(1)　(91÷7＋6)×9－816÷17＝(13＋6)×9－48＝19×9－48＝171－48＝123

(2)　8.9×0.6－1.1×1.1－7.1×0.3＝5.34－1.21－2.13＝4.13－2.13＝2

(3)　$3\frac{7}{12}-1\frac{3}{4}\div1\frac{1}{2}-1\frac{1}{3}\times1\frac{1}{4}=\frac{43}{12}-\frac{7}{4}\div\frac{3}{2}-\frac{4}{3}\times\frac{5}{4}=\frac{43}{12}-\frac{7}{4}\times\frac{2}{3}-\frac{5}{3}=\frac{43}{12}-\frac{7}{6}-\frac{5}{3}=\frac{43}{12}-\frac{14}{12}-\frac{20}{12}$ $=\frac{9}{12}=\frac{3}{4}$

(4)　3.2÷8÷0.8＝0.4÷0.8＝0.5より，$1\frac{3}{4}\div\left(1\frac{5}{6}-\square\right)-0.5=1$，$1\frac{3}{4}\div\left(1\frac{5}{6}-\square\right)=1+0.5=1.5$，$1\frac{5}{6}-\square=1\frac{3}{4}\div1.5=\frac{7}{4}\div\frac{3}{2}=\frac{7}{4}\times\frac{2}{3}=\frac{7}{6}$　よって，$\square=1\frac{5}{6}-\frac{7}{6}=\frac{11}{6}-\frac{7}{6}=\frac{4}{6}=\frac{2}{3}$

$\boxed{2}$ 相当算，流水算，売買損益，比の性質

(1)　はじめに持っていた色紙の枚数を1として図に表すと，右の図1のようになる。図1より，$1-\frac{5}{6}=\frac{1}{6}$にあたる枚数が，6＋3＝9(枚)だから，はじめに持っていた枚数は，$9\div\frac{1}{6}=$ 54(枚)とわかる。

図1

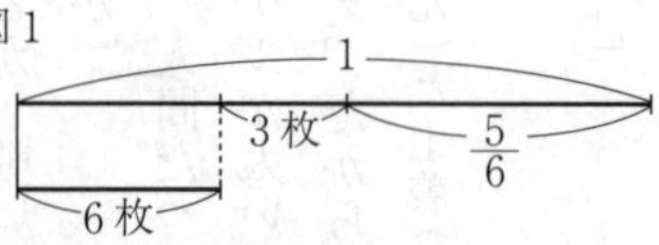

(2)　川を上るときの速さは毎時，15－3＝12(km)になるので，7.2km上るのにかかる時間は，7.2÷12＝0.6(時間)，60×0.6＝36(分)とわかる。

(3)　定価は，3000×(1＋0.3)＝3900(円)だから，定価の20％引きは，3900×(1－0.2)＝3120(円)になる。よって，定価の20％引きで売るときの利益は，3120－3000＝120(円)である。

(4)　小さい数を①として図に表すと，右の図2のようになる。よって，②－①＝①にあたる大きさが，22＋28＝50なので，大きい数は，50＋22＝72である。

図2

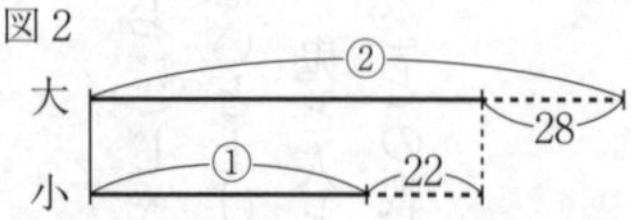

$\boxed{3}$ 植木算，相当算，整数の性質，和差算

(1)　連続した10個の整数では，最初の数と最後の数の差は，10－1＝9になる。よって，最初の数を$\boxed{1}$として図に表すと下の図1のようになるから，$\boxed{2.5}-\boxed{1}=\boxed{1.5}$にあたる大きさが9とわかる。したがって，最初の数は，$\boxed{1}$＝9÷1.5＝6と求められる。

(2)　下の図2のように，外側の数から順に組にすると，どの組の和も等しくなる。このような組が，

図１

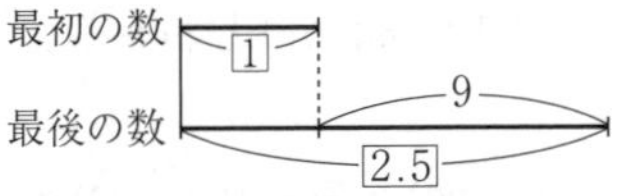

図２

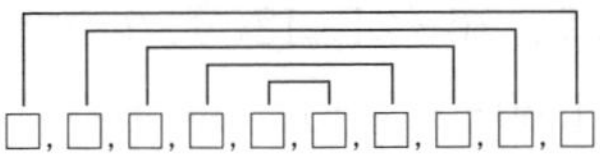

図３

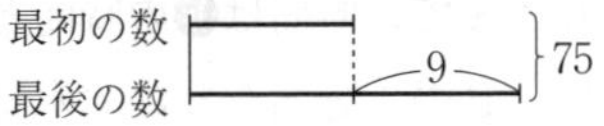

10÷２＝５(組)できるので，１つの組の和は，375÷５＝75とわかる。また，最初と最後の数の差は９だから，上の図３のように表すことができ，最初の数は，(75－９)÷２＝33と求められる。

(3)　最初の数は２番目の数よりも１小さいので，２番目の数と最後の数の和が52のとき，最初の数と最後の数の和は，52－１＝51になる。よって，図３と同様に考えると，最初の数は，(51－９)÷２＝21と求められる。

4　平面図形―図形の移動，長さ，面積

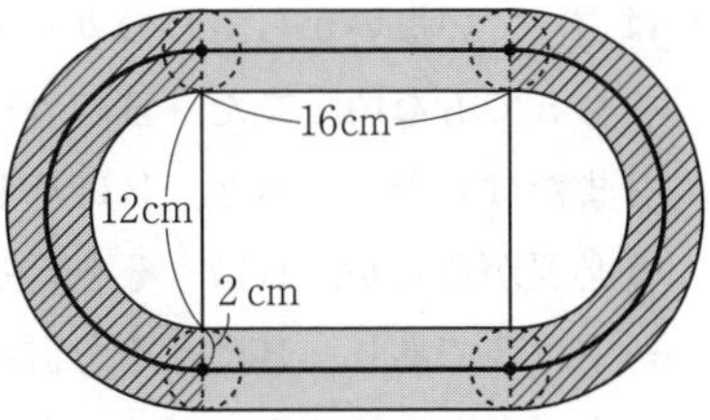

(1)　円の中心が移動するのは，右の図の太線部分である。曲線部分を集めると直径が，12＋２×２＝16(cm)の円の周になるから，曲線部分の長さの和は，16×3.14＝50.24(cm)とわかる。また，直線部分の長さの和は，16×２＝32(cm)なので，円の中心が移動した長さは，50.24＋32＝82.24(cm)と求められる。

(2)　円の周りの長さは，２×２×3.14＝12.56(cm)だから，円が12.56cm転がるごとに円は１回転する。また，直径が12cmの円の周の長さは，12×3.14＝37.68(cm)なので，円が転がる図形のまわりの長さの合計は，37.68＋32＝69.68(cm)とわかる。よって，円自身の回転の影響《えいきょう》を考えないと，円の回転数は，69.68÷12.56＝5.54…(回転)と求められる。これは小数第２位を四捨五入すると5.5回転になるから，円自身の回転を含《ふく》めると，5.5＋１＝6.5(回転)とわかる。なお，図のような場合，円の回転数は，(円の中心が動いた長さ)÷(円の周りの長さ)で求めることもできる。

(3)　円が通り過ぎたのはかげをつけた部分である。斜線《しゃせん》部分を合わせると，半径が，(12＋２×４)÷２＝10(cm)の円から，半径が，12÷２＝６(cm)の円を除いたものになるから，斜線部分の面積は，10×10×3.14－６×６×3.14＝(100－36)×3.14＝200.96(cm^2)とわかる。また，縦の長さが，２×２＝４(cm)，横の長さが16cmの長方形２個分の面積は，４×16×２＝128(cm^2)なので，円が通り過ぎた部分の面積は，200.96＋128＝328.96(cm^2)と求められる。なお，図のような場合，円が通り過ぎた部分の面積は，(円の直径)×(円の中心が移動した長さ)で求めることもできる。

5　グラフ―水の深さと体積

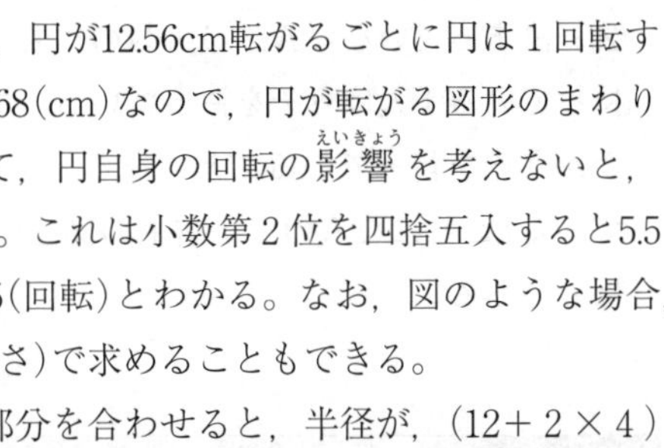

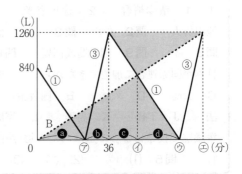

(1)　Aの１分あたりの給水量と排水《はいすい》量をそれぞれ④，①とすると，給水している間は毎分，④－①＝③の割合で増え，給水が止まっている間は毎分①の割合で減るから，各時間における水量の増減の割合は右のグラフのようになる。このグラフで，ⓐ：ⓑ＝$\frac{840}{1}$：$\frac{1260}{3}$＝２：１であり，この和が36分なので，ⓐ＝36×$\frac{2}{2+1}$＝24(分)と求められる。よって，㋐に当てはまる数は24(分)である。

(2)　(1)より，①＝840÷24＝35(Ｌ)と求められるから，Ａが満水になってから空になるまでの時間

は，1260÷35＝36(分)であり，㋒＝36＋36＝72(分)となる。また，Ａが空になってから再び満水になるまでの時間はⓑの時間と等しく，36−24＝12(分)なので，㋓＝72＋12＝84(分)とわかる。よって，Ｂの１分あたりの給水量は，1260÷84＝15(Ｌ)である。

(3)　グラフでかげをつけた２つの三角形は相似であり，相似比は，(㋓−36)：㋒＝(84−36)：72＝２：３だから，ⓒ：ⓓ＝２：３となる。この和が36分なので，ⓒ＝36×$\frac{2}{2+3}$＝14.4(分)と求められる。よって，㋑に当てはまる数は，36＋14.4＝50.4(分)とわかる。

6　条件の整理

(1)　Ｂの発言に注目する。Ｂのカードが１または５だとすると，Ｂは本当のことを言う必要があるが，本当のことは言っていないから，Ｂのカードは１でも５でもない。また，Ｂのカードが２または４だとすると，Ｂはうそを言う必要があるが，Ｂはうそを言っていないので，Ｂのカードは２でも４でもない。よって，Ｂのカードは３であり，Ｂはうそを言っていることになる。同様に考えると，Ｅのカードは１，２，５ではないから，Ｅのカードは４と決まり，右上の図１のようになる。

図１

＼	1	2	3	4	5	発言
A			×			
B	×	×	○	×	×	うそ
C			×			
D			×			
E	×	×	×	○	×	うそ

図２

＼	1	2	3	4	5	発言
A	×	○	×	×	×	うそ
B	×	×	○	×	×	うそ
C	○	×	×	×	×	本当
D	×	×	×	×	○	本当
E	×	×	×	○	×	うそ

(2)　決まっていないＡ，Ｃ，Ｄのうち，１，５を持っている２人は本当のことを言っていて，２を持っている１人はうそを言っている。また，ＡとＣは同じことを言っているので，ＡとＣのどちらかがうそを言っていることになる。するとＤは本当のことを言っている(つまり，Ａはうそを言っている)ことになるので，右上の図２のように決まる。したがって，Ａは２，Ｂは３，Ｃは１，Ｄは５である。

社　会　＜第２回試験＞(40分)＜満点：80点＞

解　答

1　**問１**　①　(チ)　②　(ツ)　③　(エ)　④　(ク)　⑤　(ウ)　⑥　(コ)　⑦　(キ)　⑧　(ト)　⑨　(カ)　⑩　(オ)　**問２**　①　(エ)　②　(イ)　③　(1)　(ク)　(2)　(ア)　(3)　(キ)　(4)　(エ)　**問３**　①　干拓　②　潮目(潮境)　③　二期作　④　二毛作　⑤　やませ　**2**　**問１**　１　清少納言　２　徳川家光　３　板垣退助　４　大隈重信　５　吉田茂　６　池田勇人　**問２**　(ア)　**問３**　(イ)　**問４**　(ア)　**問５**　(イ)　**問６**　東海道　**問７**　(ア)　**問８**　(イ)　**問９**　国会期成同盟　**問10**　(エ)　**問11**　(例)　ソ連との国交が回復した結果，日本が国際連合に加盟できたから。　**問12**　環境庁　**3**　**問１**　Ａ　立法　Ｂ　委員　Ｃ　公聴　Ｄ　衆議　Ｅ　国会議員　Ｆ　議院内閣　Ｇ　条約　Ｈ　天皇　Ｉ　司法　Ｊ　下級　Ｋ　高等　Ｌ　家庭　Ｍ　18　Ｎ　３　**問２**　(ウ)　**問３**　(例)　衆議院で投票によって選ばれた人物(が内閣総理大臣になる。)　**問４**　官房長官(内閣官房長官)　**問５**　(1)　(ウ)　(2)　(ア)　(3)　(キ)

解　説

1　日本各地の自然や産業，地図記号などについての問題

問１　①　福島県は，北海道，岩手県についで全国で３番目に大きい都道府県で，東北地方南部に位置する。県域は，太平洋沿岸部の浜通り，阿武隈《あぶくま》高地と奥羽山脈にはさまれた中通り，西部の会津の３つの地域に分けられる。　②　三重県は紀伊半島の東部を占《し》める県で，中部で志摩《しま》半島が東にのびている。その北のつけ根のあたりには，皇室の祖先を祀《まつ》っていることで知られる伊勢神宮がある。また，県南西部の尾鷲《おわせ》市周辺は，全国有数の多雨地帯となっている。　③　愛媛県は四国地方の北西部に位置する県で，西部には細長い佐田岬《さだみさき》半島が西へとのびている。県北部の今治《いまばり》市は，地場産業として発展したタオルの生産がさかんである。　④　群馬県は関東地方の内陸県で，県の特産品であるコンニャクイモの収穫《しゅうかく》量は全国の９割以上を占めている。統計資料は『データでみる県勢』2023年版による(以下同じ)。　⑤　石川県は中部地方の日本海側に位置する県で，能登《のと》半島が北にのびている。伝統工業がさかんで，漆器《しっき》の輪島塗《ぬり》，焼き物の九谷焼，織物の加賀友禅《ゆうぜん》など，多くの製品が国の伝統的工芸品に指定されている。　⑥　島根県は中国地方の日本海側に位置する県で，「縁《えん》結びの神様」として多くの人を集める出雲《いずも》大社は，同県北東部の出雲市にある。　⑦　熊本県は九州地方の中西部に位置する県で，県東部には世界最大級のカルデラ(火山の噴火によってできたくぼ地)があることで知られる阿蘇《あそ》山がある。県西部に広がる八代《やつしろ》平野は，畳表《たたみおもて》の原料となるいぐさの産地として知られ，全国生産量の９割以上を占めている。　⑧　和歌山県は紀伊半島の南西部を占める県で，県南部の潮岬《しおのみさき》は本州の最南端となっている。　⑨　岐阜県は中部地方西部の内陸県で，県北部には合掌《がっしょう》造り集落で知られる白川郷がある。白川郷は，富山県にある五箇山《ごかやま》地区の合掌造り集落とともに，「白川郷・五箇山の合掌造り集落」としてユネスコ(国連教育科学文化機関)の世界文化遺産に登録されている。　⑩　鹿児島県は九州地方南部に位置する県で，県中央部の鹿児島湾内には活火山の桜島がある。県の大部分には，火山灰などが積もってできたシラス台地が広がっており，サツマイモや茶などをつくる畑作や，畜産がさかんに行われている。

問２　①　実際の距離《きょり》は，(地図上の長さ)×(縮尺の分母)で求められる。したがって，縮尺２万５千分の１の地形図上の３cmは実際には，３×25000＝75000(cm)＝750(m)＝0.75(km)となる。　②　地図上の等高線の間隔《かんかく》がせまいということは，短い距離における高さの変化が大きい，つまり傾斜《けいしゃ》が急であることを表している。一方，等高線の間隔が広いところでは，傾斜はゆるやかになっている。　③　(1)　(◇)は税務署の地図記号で，計算のさいに用いるそろばんの珠《たま》と軸《じく》が図案化されている。　(2)　(⊗)は警察署の地図記号で，警察官が持つ警棒が交差する形になっている。交番の地図記号(X)と区別するため，○で囲まれている。　(3)　(Λ)は針葉樹林の地図記号で，針葉樹の木の形が図案化されている。　(4)　(⍋)は裁判所の地図記号で，裁判の内容を告知する木札が図案化されている。

問３　①　海や湖，沼などの沿岸部に堤防を築き，堤防の内側(陸地側)の水をぬいて陸地を増やす方法を，干拓という。九州の有明海や秋田県の八郎潟，岡山県の児島湾などが，干拓地の代表として知られる。　②　暖流と寒流がぶつかる海域を，潮目(潮境)という。プランクトンが多く発生し，多くの種類の魚が集まることから，よい漁場となる。　③　同じ耕作地で１年間に同じ作物を２回栽培することを，二期作という。かつては各地で米の二期作が行われていたが，現在はほと

んど行われなくなった。　④　同じ耕作地で１年間に２種類の作物を栽培することを，二毛作という。日本では昔から，米の裏作として麦を栽培する二毛作がさかんに行われてきた。　⑤　やませは，梅雨の時期から真夏にかけて東北地方の太平洋側で吹《ふ》くことがある北東風で，寒流の親潮の上を通ってくるため，冷たく湿っている。やませが長く吹くと，低温と日照不足によって農作物の生育が悪くなり，冷害が起こりやすくなる。

2　各時代の歴史的なことがらについての問題

問１　**1**　清少納言は平安時代の宮廷女官で，一条天皇のきさきの定子に仕えた。随筆『枕草子』は清少納言の代表作で，宮廷生活のようすや四季の変化などが，するどく繊細な観察眼を通じてつづられている。　**2**　徳川家光は江戸幕府の第３代将軍で，1635年に武家諸法度《しょはっと》を改定して参勤交代を制度化したり，外国船の来航を禁止して鎖国体制を固めたりして，幕府の支配体制を確立した。　**3**　板垣退助は征韓《せいかん》論(武力を用いてでも朝鮮を開国させようという考え方)をめぐる論争にやぶれて政府を去ると，1874年に民撰《みんせん》議院設立の建白書を政府に提出し，自由民権運動を指導した。1881年に政府が10年後の国会開設を約束すると，板垣退助は自由党を結成して初代党首となった。　**4**　大隈重信は政府内の対立から1881年に政府を去ると，翌82年に立憲改進党を結成した。現在の早稲田大学の前身である東京専門学校の創始者としても知られる。　**5**　吉田茂《しげる》は戦前に外交官として活躍《かつやく》したのち，戦後，内閣総理大臣として４度にわたって，内閣を組織した。在任中の1951年には日本の代表としてサンフランシスコ講和会議に出席し，48か国との間でサンフランシスコ平和条約に調印した。　**6**　池田勇人《はやと》は1960年に内閣総理大臣になると，「国民所得倍増計画」という政策を打ち出して高度経済成長を後押しした。池田内閣は1964年の東京オリンピック開催を見届けたのち，体調不良を理由に総辞職した。

問２　奈良時代の743年，朝廷は口分田の不足に対応するために墾田《こんでん》永年私財法を出し，新しく開墾した土地の永久私有を認めた。なお，(イ)は894年，(エ)は797年のできごと。(ウ)について，最澄は805年，空海は806年に唐(中国)から帰国した。

問３　【X】　藤原氏について，正しく説明している。　【Y】　藤原氏などの有力貴族の荘園には，税を納めなくてもよいという不輸の権や，役人の立ち入りを拒否《きょひ》できるという不入の権が認められていた。

問４　藤原清衡《きよひら》は，源義家の助けを得て後三年の役(1083～87年)に勝利したのち，東北地方を治めて奥州藤原氏の祖となった。藤原清衡は浄土《じょうど》の教えを信仰し，東北地方の戦乱における死者の魂をとむらうため，1124年，根拠《こんきょ》地としていた平泉(岩手県)に阿弥陀《あみだ》堂として中尊寺金色堂を建てた。奥州藤原氏は清衡・基衡《もとひら》・秀衡《ひでひら》の３代にわたって栄えたが，４代目の泰衡《やすひら》が源頼朝に攻《せ》められて滅《ほろ》んだ。

問５　1600年に関ヶ原の戦いが行われた関ケ原町は，岐阜県西部の，滋賀県との境の近くに位置している。かつては，複数の街道が交わる交通の要所となっていた。

問６　東海道は江戸幕府が江戸の日本橋を起点に整備した五街道の一つで，おもに太平洋側の各地を通って京都の三条大橋に至った。東海道の難所の一つであった箱根(神奈川県)には，関東地方の出入口として関所が置かれ，入り鉄砲に出女(江戸に持ちこまれる武器と，参勤交代の義務から逃《のが》れて領国に帰ろうとする大名の妻)が厳しく取りしまられた。

問７　江戸幕府は，京都の治安維持，朝廷や公家の監視《かんし》，西国大名の統率などのため，京都所司代を置いた。なお，侍所《さむらいどころ》は鎌倉幕府と室町幕府で軍事などを担当した機関，大宰府《だざいふ》は律令制度のもとで外交や九州の支配を担当した機関，六波羅《ろくはら》探題は鎌倉幕府が朝廷や西国を監視するため京都に置いた機関。

問8　【X】 大久保利通《としみち》について正しく説明している。　【Y】「長州藩出身の木戸孝允《たかよし》」ではなく，「薩摩藩出身の西郷隆盛」が正しい。なお，江戸城無血開城は，戊辰《ぼしん》戦争(1868～69年)中の1868年4月に行われた。

問9　板垣退助は地元の高知で立志社を結成し，のちに愛国社と改称した。愛国社は1880年，大阪で全国の代表が集まる大会を開き，そこで国会期成同盟という全国的組織が結成された。

問10　【X】 貴族院は，皇族・貴族・高額納税者などの中から天皇によって任命された議員で構成されていた。　【Y】「満30歳」ではなく「満25歳」が正しい。

問11　1956年10月に日ソ共同宣言が調印され，ソ連との国交が回復した。国際連合の安全保障理事会の常任理事国であったソ連は，それまで日本の国際連合への加盟に反対していたが，国交回復を受けて賛成の立場に転じた。これによって同年12月，日本の国際連合への加盟が実現し，日本は国際社会に復帰した。

問12　高度経済成長にともなって深刻化した公害問題に対応するため，政府は1967年に公害対策基本法を制定した。そして，1971年には，公害防止や環境保全に関する行政を担当する機関として，環境庁が設置された。なお，環境庁は2001年の中央省庁再編のさい，環境省に格上げされた。

3　日本の政治のしくみについての問題

問1　**A**　法律をつくることを立法といい，法律をつくる権限を立法権という。日本国憲法第41条は「国会は，国権の最高機関であって，国の唯一《ゆいいつ》の立法機関である」と規定している。　**B**　法律案などの審議はまず委員会で行われ，それから本会議にかけられる。委員会には，予算委員会や外交委員会などの常任委員会と，必要に応じて設置される特別委員会がある。　**C**　委員会では必要に応じて，専門家や利害関係者の意見を聞くため，公聴会が開かれる。予算の審議や予算をともなう事案の審議については，必ず公聴会が開かれることになっている。　**D**　法律案などは衆参どちらの議院で先に審議してもよいが，予算については衆議院に先議権がある。そのため，内閣が作成した予算案は必ず衆議院に提出される。　**E**　国務大臣の過半数は，国会議員の中から選ばれなければならない。　**F**　内閣が国会(議会)の信任の上に成り立ち，行政権の行使にあたり国会に対して連帯して責任を負うという制度は，議院内閣制とよばれる。　**G**　内閣は，外国と交渉《こうしょう》し，合意・約束として条約を結ぶ。内閣が結んだ条約については，その事前あるいは事後に国会の承認を得ることが必要となる。　**H**　天皇が行う儀礼的な行為は国事行為とよばれ，内閣の助言と承認にもとづいて行われる。　**I**　憲法や法律などにもとづいて争いを解決することを司法といい，法律にもとづいて裁判で争いを解決する権限を司法権という。司法権は，裁判所に属している。　**J～L**　日本の裁判所は，最高裁判所とその他の下級裁判所に分けられている。下級裁判所のうち，最上位のものが高等裁判所で，札幌(北海道)・仙台(宮城県)・東京・名古屋(愛知県)・大阪・広島・高松(香川県)・福岡の8か所に置かれている。この次に格付けされるのは地方裁判所と家庭裁判所で，家庭裁判所は家族間の争いや未成年の者が起こした事件などを担当する。地方裁判所と家庭裁判所は，各都府県に1か所ずつ(北海道は4か所)置かれている。　**M，N**　重大な刑事事件の第一審に，有権者の中からくじ(抽選《ちゅうせん》)で選ばれた者が参加する制度を，裁判員制度という。2009年の開始以来，裁判員の資格は満20歳以上の日本国民とされてきたが，民法が改正されて成人年齢が満18歳以上に引き下げられたことを受け，2022年からは満18歳以上に改められた。裁判員裁判は裁判官３名と裁判員６名の合議で行われ，裁判員は有罪か無罪かの判断だけでなく，有罪の場合は刑の重さについても判断する。なお，有罪判決を下す場合には，裁判官１名以上が賛成している必要がある。

問２　本会議で法律案が可決されるためには，原則として出席議員の過半数の賛成が必要となる。

問３　内閣総理大臣の指名について衆議院と参議院で議決が異なり，両院協議会を開いても意見が一致しない場合，あるいは国会の休会中を除いて10日以内に参議院が議決を行わなかった場合には，衆議院の議決が国会の議決とされる。つまり，衆議院で投票によって選ばれた国会議員が内閣総理大臣になる。

問４　内閣総理大臣を補佐する機関を内閣官房《かんぼう》といい，その長を内閣官房長官という。内閣官房長官は行政各部の調整役を務めるとともに，内閣が関係するできごとなどについて，政府としての公式見解などを記者会見という形で発表する仕事を担当している。内閣官房長官も各省の長と同様，国務大臣である。

問５　⑴　主権者である国民は，選挙によって国民の代表である国会議員を選出する。　⑵　内閣は，必要に応じて衆議院を解散することができる。　⑶　最高裁判所長官は，内閣が指名して天皇が任命する。

理　科　＜第２回試験＞（40分）＜満点：80点＞

解　答

1　①　ア　②　ウ　③　イ　④　イ　2　**問１**　二酸化炭素　**問２**　①　水蒸気　②　（例）　水　③　青　④　赤　⑤　酸　**問３**　ア　**問４**　（例）　室内の二酸化炭素濃度が大きくなって，二酸化炭素中毒になる。　**問５**　（例）　ドライアイスはとけても気体の二酸化炭素になるだけなので，商品がぬれない。　3　**問１**　1 (cm)　**問２**　16 (cm)　**問３**　190 g　**問４**　ウ　**問５**　オ　**問６**　310 g　4　**問１**　イ　**問２**　イ　**問３**　（例）　日光を求めてくきをのばそうとするから。　**問４**　ア　**問５**　ウ　**問６**　ア　**問７**　エ　**問８**　右の図①　**問９**　右の図②　5　**問１**　しめった砂…エ　かわいた砂…ウ　**問２**　ア　**問３**　イとカ　**問４**　①　イ　②　（例）　雨水などが，地下の地層を長い年月をかけて流れる間にろ過されるから。

図①

図②

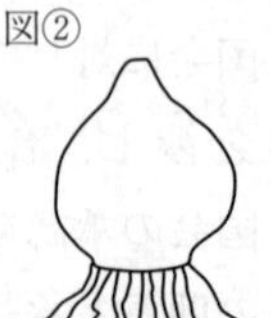

解　説

1　**2022年中の自然科学分野の出来事についての問題**

①　ジェイムズ・ウェッブ宇宙望遠鏡は，2021年12月にアメリカ航空宇宙局(NASA)によって打ち上げられた望遠鏡である。赤外線で観測することで，遠くにある暗い天体も観測できる。2022年10月，へび座の方向約6500光年の距離《きょり》にある創造の柱と名づけられている水素ガスとちりからなる冷たくて厚い雲の撮影《さつえい》に成功した。

② 2022年，いわゆる「外来生物法」の一部が改正され，それを受けて2023年より，アメリカザリガニとアカミミガメが条件付特定外来生物に指定された。特定外来生物は，許可なく国内での飼養・運搬《うんぱん》・輸入・販売《はんばい》・購入《こうにゅう》・野外への放出などが禁止されている。ただし，アメリカザリガニとアカミミガメについては，一般《いっぱん》家庭でペットとして飼育したり，無料でゆずったり，屋外で捕獲《ほかく》することなどは許可なしで行うことができる。

③ アメリカ航空宇宙局は，2022年に小惑星《わくせい》ディモルフォスに無人探査機「ダート」を衝突《しょうとつ》させることで，小惑星が地球に衝突することを回避《かいひ》できるかどうかの実験を行った。その結果，小惑星の軌道《きどう》を変えることに成功した。

④ 日本の小惑星探査機「はやぶさ２」が2020年に小惑星リュウグウから持ち帰った試料から，岩石の結しょうの中に閉じ込《こ》められた液体の水や，アミノ酸などの有機物，太陽系形成時のガスなどが発見された。

2 ドライアイスの性質についての問題

問１ ドライアイスは二酸化炭素を圧力がかかった状態で冷やして固体にしたものである。ドライアイスはとけるときに固体から直接気体に変化する(これを昇華《しょうか》という)。

問２ ①，② ドライアイスを水に入れたときに出る白いけむりは，大気中の水蒸気がドライアイスで冷やされ，小さな水や氷のつぶになったものである。 ③～⑤ ドライアイスから発生した気体の二酸化炭素が水にとけると，炭酸水ができる。炭酸水は酸性なので，青色リトマス紙を赤く変化させる。

問３ 大気中の水蒸気が水や氷の状態に変化して空に浮《う》かんでいるものが雲である。なお，雷《かみなり》は，雲と地上の間で電気が流れたり，雲の中などで電気が流れたりするもの，虹《にじ》は，太陽の光が空気中の細かな水てきに反射するときに七色に見える現象，しん気ろうは，暖かい空気と冷たい空気が重なり合ったところで，光がくっ折するために起きる現象である。

問４ 二酸化炭素は空気より重い。そのため，密閉された室内では二酸化炭素がたまり，二酸化炭素濃度《のうど》が上昇することで，二酸化炭素中毒や酸素不足になることがある。したがって，ドライアイスを用いるときは換気《かんき》ができるようにしておく。

問５ 氷で商品を冷やすと，氷がとけて商品が水でぬれることがある。一方，ドライアイスで商品を冷やしても，ドライアイスがとけたときには気体の二酸化炭素になるだけなので，商品が水でぬれることがない。

3 さおはかりについての問題

問１ 皿に何も乗っていないときの分銅の位置が０ｇの目盛りの位置となる。支点から０ｇの目盛りまでの距離を□cmとして，つり合いの式を立てると，10×５＝50×□が成り立ち，□＝10×５÷50＝１(cm)となる。

問２ 支点から150ｇの目盛りまでの長さを□cmとすると，つり合いの式は，(150＋10)×５＝50×□となるので，これから，□＝160×５÷50＝16(cm)となる。

問３ 分銅が支点から20cmの位置にあるときに皿に乗せた物の重さを□ｇとすると，(□＋10)×５＝50×20が成り立ち，□＋10＝50×20÷５＝200，□＝200－10＝190(ｇ)となる。

問４ ０ｇの目盛りから150ｇの目盛りまでは，長さが，16－１＝15(cm)だから，測れる重さが，目盛り１cm当たり，150÷15＝10(ｇ)増えている。同様に，150ｇの目盛りから190ｇの目盛りまでは，20－16＝４(cm)だから，測れる重さが，目盛り１cm当たり，(190－150)÷４＝10(ｇ)増えている。よって，１目盛り当たりの重さの差は支点からの長さに関係がなく全て同じである。

問５　問１，問４より，支点からの長さが１cmの位置が０ｇの目盛りで，そこから，目盛りが示している値は支点から目盛りまでの長さが長くなるにつれて規則正しく増えていく。よって，オが選べる。

問６　皿に150ｇの物を乗せて，25ｇの分銅を下げてつり合わせたとき，支点から分銅をつり下げた位置までの長さを□cmとしてつり合いの式を立てると，(150＋10)×５＝25×□となるので，□＝(150＋10)×５÷25＝32(cm)となる。問４より，分銅の重さが50ｇのときは，支点からの長さが１cmの位置を０ｇの目盛りとして，１cmごとに10ｇずつ増えていったので，支点からの長さが32cmの位置には，10×(32－1)＝310(ｇ)の目盛りがかいてあることになる。

４　植物の育ち方についての問題

問１　ホウセンカの子葉は丸みをおびていて，先の方が少しくぼんでいる。また，本葉はたて長で，ふちにはぎざぎざがある。よって，イのようになる。

問２　ヒマワリを日なたで育てると，葉やくきの緑色はこくなり，くきは太く短くなる。一方，日かげで育てると，葉やくきの緑色はうすくなり，くきは細く長くなる。

問３　ヒマワリは成長するために日光が必要なので，日かげで育てた場合は，日光を求めてくきが上に長くなり，背たけが高くなると考えられる。

問４，問５　ホウセンカの種子は子葉に発芽のための養分をたくわえているので，外からの栄養分がなくても発芽すると考えられる。しかし，成長のためには肥料が必要なので，事前に土に肥料を混ぜておいたり，芽が出てから液体の肥料などを適量あたえたりするとよい。

問６　球根は地下のくきのまわりに養分をたくわえた葉が重なり合ってできたり，くきや根に養分がたくわえられたりしてできる。一方，花には種子ができるので，球根はできない。

問７　球根には発芽や成長のための養分がふくまれていて，最も多いものはデンプンである。デンプンは植物が発芽するときに呼吸で使われる物質で，生きるためのエネルギーをつくり出すために必要である。

問８，問９　チューリップの球根の中心には，葉やくきなどの芽がある。チューリップは単子葉類なので，発芽するときに球根のとがった部分から１枚の葉が丸まって上へ出てくる。また，下部には根の出る部分があって，そこからひげ根がたくさん出てくる。

５　富士山と防災についての問題

問１　富士山のような形の火山を成層火山という。成層火山は，ほぼ同一の火口からふん火を繰《く》り返し，よう岩流や火山灰などが規則的に積み重なってできた火山である。そのため，よう岩流をしめった砂，火山灰をかわいた砂として交互《こうご》に重ねることで，富士山のような形を再現したと考えられる。

問２　火山灰が富士山より東の方向に広がりやすいのは，日本の上空に西から東へ偏西《へんせい》風がふいているからである。同様の理由で，日本の天気は西から東へと移っていくことが多いため，西の空が晴れていて夕焼けがきれいに見える次の日は晴れになりやすい。

問３　火山灰は角ばった細かい岩石などだから，目に入ると傷がつくおそれがある。そのため，ゴーグルを準備しておくとよい。また，停電が起こることがあるため，発電機を準備しておくとよい。

問４　①　富士山の表面は，つぶのあらい火山灰や火山れき（ふん石）が積もって地層をなしており，水がしみ込みやすい。そのため，雨が降ると，雨水は富士山の表面を流れずに地中にしみ込んでしまい，しゃ面に川ができない。　②　富士山に降った雨が地面にしみ込んで，地下の地層の中をふもとまで流れていく間には長い時間がかかる。この間に，水は地層中でろ過され，きれいなわき水となって出てくる。

国語　＜第２回試験＞（50分）＜満点：100点＞

解答

一　下記を参照のこと。　二　**問１**　（例）　転校生の立場を気づかわれ，照れくさいけれどうれしかったから。　**問２**　ウ　**問３**　ア　**問４**　あさひのこと好きなの　**問５**　イ　**問６**　（例）　どこにいる人も，みんないろいろな事情，さまざまな思いを抱えて生きていること。　**問７**　イ　**問８**　（例）　（あたし（桃香）が）「うらじゃ」踊りの仲間に出会ったことで，みんなの思いや自分の未熟さなどに気がつく（物語。）　三　**問１**　（例）　課題の解決や未来を見据えた科学技術を皆が体験し，人間を支援する科学が身近に感じられる場をつくること。　**問２**　おおかみ　**問３**　物理的な障害や情報の障害を取り除く　**問４**　ウ　**問５**　イ　**問６**　ア　**問７**　エ　**問８**　（例）　目が見えない研究者で，かつユーザーだったため，使いにくさも改良の可能性もわかっていたから。

●漢字の書き取り

一　①　争（う）　②　改札　③　富（む）　④　恩師　⑤　承知　⑥　至（る）　⑦　穀物　⑧　警察　⑨　晩秋　⑩　棒

解説

一　漢字の書き取り

①　音読みは「ソウ」で，「競争」などの熟語がある。　②　駅の出入り口や列車内で乗客の切《きっ》符《ぷ》などを調べること。　③　音読みは「フ」「フウ」で，「豊富」「富貴」などの熟語がある。訓読みにはほかに「とみ」がある。　④　教わって世話になった先生。　⑤　相手の願い，要求などを聞き入れること。　⑥　音読みは「シ」で，「至急」などの熟語がある。　⑦　人が常食とする農作物で，種子を食用とするもの。米・麦・あわ・きび・豆など。　⑧　個人の権利と自由を保護し，公共の安全と秩序《ちつじょ》を維持《いじ》するための行政機関。　⑨　秋のおわりごろ。　⑩「棒読み」は，句切りや抑揚《よくよう》をつけずに一本調子に読むこと。

二　出典は天川栄人《てんかわえいと》の『おにのまつり』による。転校の多かった桃香《ももか》が今は岡山の中学校に通い，同級生四人と「うらじゃ」踊《おど》りを練習し，みんなと気持ちを通わせていくようすが描《えが》かれている。

問１　絢子《けんこ》から「異人」（外国人）が「うらじゃ」の「鬼《おに》」とされていたのではないか，という説を前置きに，「異分子」の排除《はいじょ》は世の常で「その人が悪いわけでは」ないと伝えられた桃香は，家庭の都合で学校を転々としてきた，いわばよそ者である自分が励《はげ》まされたように感じている。「もしかしてだけど，励まそうとしてる？」と言ってもあいまいな反応しか示さない絢子に苛立《いらだ》ちながらも，どこか恥《は》ずかしいような，うれしいような気持ちも抱《いだ》いたのだから，「絢子の励ましが心にしみて，うれしいけれど照れくさかったから」のようにまとめる。なお，「くすぐったい」は，ほめられたときなどに感じる，うれしいけれど恥ずかしくも思う気持ち。

問２　親の都合で転校が多く，半年後にはアメリカへと行くことになっている桃香は，口では「友達とかならなくていいからね」と言っているが，少し後に「こういう，ザ・ジャパニーズ・セイシュンも，あたしはもうこの先経験することがないわけよ。親の都合で。それってどうなの？」とあるとおり，親の都合で「友達」さえできないことに不満を抱いている。つまり，波線(2)の「ラストチャンス」には，「友達」になる機会は「今だけ」だという本音がこもっているので，ウが合う。

問３　「温羅《うら》伝説」は鬼を退治する岡山の伝説なのだから，“桃太郎”のモデルになった話だと推測できる。桃香は，イヌ・サル・キジにキビ団子を与《あた》え「家来」とする桃太郎の話になぞらえ，絢子に「豚《ぶた》まん」を渡《わた》して「家来にしてやる」と言ったのである。また，そのせりふには「友達」になりたいと素直《すなお》に言えない桃香の思いがこめられているので，アがよい。

問４　少し後にあるタケルの会話や，それを聞いた桃香の反省から，あさひを見つめるタケルの心情と，桃香が何を言おうとしていたかが読み取れる。去年事故で亡《な》くなった兄貴がやっていた「うらじゃ」を踊るのはさぞしんどいだろうと，あさひを心配するタケルの言葉を聞いた桃香は，彼女《かのじょ》をじっと見つめるタケルに「あさひのこと好きなの」と言って茶化そうとした自分を恥ずかしく思っている。

問５　問４でみたように，事故で亡くなった兄貴がやっていた「うらじゃ」を，あさひが踊ることになり，「しんどくないんかな」とタケルは心配している。それを聞いた桃香や絢子は，あさひが「楽しそうに踊って」いるのを見て，「全然，そんなふうに見えない」と感じたのだから，イの「強いですね」が合う。

問６　すぐ前で桃香は，あさひに対し「能天気キャラ」と決めつけていたこともふくめ，自らの視野の狭《せま》さ，器量の小ささを恥じている。つまり，よそ者であることを気づかわれ，「友達」になりたい仲間に出会うことができ，「みんないろいろあるんだ」と思うに至った桃香は，「どうしようもない田舎《いなか》だ」と軽《かろ》んじていた岡山にこそ，自分の甘《あま》さを気づかせてくれる要素があったと感じている。このことが「世界の広さ」にあたるので，「どんなところでも，みんないろいろな事情を抱《かか》えてなやみ，人を思いやって暮らしていること」，「すぐそばにいるみんなが，いろいろな事情を抱えてけんめいに生きていること」のようにまとめる。

問７　問６でも検討したように，桃香は表面的に人（ものごと）を見ていた甘さを恥じたものの，「未熟な」のが自分だ，今は「青臭《あおくさ》くてもいい」と思い直し，「あさひ！　踊るわよ！」と声を張り上げている。問２，問３でみたとおり，転校ばかりで友達ができず，九月からアメリカに行く桃香は，今がこの仲間と「友達」になるラストチャンスと思っている。だから，自己嫌悪《けんお》などにおちいらず，みんなと踊りたいのである。よって，イが合う。

問８　前半では，転校が多く友達をつくる機会のなかった桃香が，「うらじゃ」踊りの仲間に励まされ，くすぐったい気持ちにとまどったり，今が「友達」になるラストチャンスと考え，遠回しに「友達」になりたい気持ちを表したりしている。後半では，あさひを能天気だと思っていた桃香が，タケルの話を聞いて自分の視野の狭さに恥じ入るが，未熟なのが自分だと思い直し，「うらじゃ」踊りの輪に加わっている。これをふまえ，「（あたし（桃香）が）『うらじゃ』踊りの仲間に出会い，表面的に人を見ていた未熟な自分を知って目が開ける（物語。）」のようにまとめる。

三　出典は二〇二二年八月二十一日付「毎日新聞」朝刊による。池上彰《いけがみあきら》さんが，「日本科学未来館」の二代目館長に就任《しゅうにん》して一年余りたった浅川智恵子《あさかわちえこ》さんに話をきく，インタビュー記事である。

問１　「日本科学未来館」の二代目館長である浅川智恵子さんが理想としていること，目指していることをおさえる。波線(3)の少し後で，「テクノロジーが人間を支援《しえん》できるということを，未来館を通して示していきたい」と話しているほか，波線(4)に続く部分での，科学技術力で日本を支える土台をつくるには，「裾野《すその》を広げておく」のも大事だという池上さんの発言に対し，子どもたちに早い時期から未来館に来てもらい，「研究の種は自分の身近にある」ことを知ってもらう活動をしたいとも答えている。さらに，「科学を分かりやすく伝えるだけでなく，課題の解決や未来社会を見据《みす》えた科学技術を，障害などの有無にかかわらず皆《みな》が体験できる場」を目指すと語っている。これらをもとに，「テクノロジーが人間を支援できることを示して，未来を見据えた科学を身近に感じてもらえる場をつくること」，「科学を分かりやすく伝えて，課題の解決や未来社会を見据えた科学技術をだれもが体験できる場をつくること」のようにまとめる。

問２　続く部分で，池上さんは「館長だと管理業務も出てきますね」と浅川さんにたずねている。これまでは「研究者」として一人で進める仕事も多かっただろうが，今後は職員やスタッフなどもふくめ，全体を統制していかなければならない，というのである。「単独行動」を表す言葉なので，「一匹《いっぴき》おおかみ」とするのがよい。

問３　すぐ後で，浅川さんは「バリアフリー」と「アクセシビリティー」の違《ちが》いを説明している。前者は，「物理的な障害や情報の障害を取り除く」というものだが，後者はさらに「利用しやすさや，アクセスのしやすさを向上させる」ことにまでふみこんだ考え方だと言っている。

問４　「アクセシビリティーという発想」が，いち早い電話の発明につながったと述べられていることに注目する。前に取り上げられたグラハム・ベルの例からもわかるとおり，単にさまざまな障害を取り除くだけでなく，聴覚《ちょうかく》障害者のお母さん，奥《おく》さんとの「コミュニケーションを円滑《えんかつ》にしたい」(アクセシビリティーの発想)との考えが「電話の発明」に結びついたのだから，ウが合う。

問５　「元気がない」ことの例として，池上さんは日本の特許申請《しんせい》や論文数が減っていることをあげている。このことは，日本で科学研究の分野が勢いを失くしていることを意味する。続いて池上さんは，長期的な展望として，「小学生のうちから科学に興味や関心を持ってもらい裾野を広げておくこと」は「科学技術力で日本を支える土台作り」になると指摘《してき》している。それに対し浅川さんが，子どもたちに「早い時期から未来館に来て」もらい，「研究の種は自分の身近にある」ことを知ってもらう活動をしたいと答えているので，イが合う。

問６　「発明」した技術は「実際に社会に実装されてユーザーが使って磨《みが》かないと」，「社会を変える原動力にはならない」という浅川さんの考え方が，波線(5)の「そう」の内容にあたる。この発言の根底には，「失明した当初，視覚障害者向けに開発された製品を知り，実際に自分で使おうとしたら使えなかったり，どこにも見つからなかったり」した体験があるのだから，アがよい。

問７　すぐ前で浅川さんは，目が見えないユーザーにとって現状のGPS(全地球測位システム)の精度が不十分であることを一例に，目の見えない研究者かつユーザーでもあった自らの強みを生かし，「研究を超《こ》えて，精度向上のための新たな仕組みを考え，開発し，検証を繰《く》り返さなければいけない」と述べている。つまり，浅川さんたちのチームが両輪としてきたのは，「研究」と「開発」になるので，エが選べる。なお，この場合の「研究」は，新製品や改良などの技術，理論を考えること。「開発」は，新しい技術や製品を実用化すること。

問８「これぐらいの精度でいいですよね」という問いかけに対し，浅川さんは「私がそれで使えると思うの？」と否定している。「目が見えない研究者であり，ユーザー」でもあった浅川さんは，高い精度の追求が，難しくとも不可能ではないとわかっていたからこのように言ったのである。これを整理して，「目が見えない研究者でユーザーの浅川さんには，製品の精度が十分かどうかも，改良できるかどうかもわかっていたから」のような趣旨《しゅし》でまとめる。

2022年度　学習院中等科

〔電　話〕(03) 5992－１０３２
〔所在地〕〒171-0031　東京都豊島区目白１－５－１
〔交　通〕JR山手線─「目白駅」より徒歩３分

【算　数】〈第１回試験〉(50分)〈満点：100点〉

〔注意〕式や考え方を指定された場所に必ず書きなさい。

1　次の□に当てはまる数を入れなさい。

(1) $(77-7\times3)\div4-253\div23=\square$

(2) $12\div0.6-3.1\times3.9-14.4\div2.5=\square$

(3) $4\frac{7}{8}-3\frac{1}{4}\div2\frac{3}{5}+2\frac{1}{10}\times3\frac{4}{7}-5\frac{3}{4}=\square$

(4) $4\frac{2}{3}\times(0.5-\square)+\left(1.4-1\frac{1}{9}\div4\frac{1}{6}\right)\div1.7=2$

2　次の□に当てはまる数を入れなさい。

(1) 180m離《はな》れた２本の木の間に９本の木を植えます。同じ間隔《かんかく》で植えるとき，木と木の間隔は□mです。

(2) 45人のクラスで野球とサッカーについて好きか嫌《きら》いかを調べました。野球が好きな生徒が22人，サッカーが好きな生徒が18人，両方とも好きな生徒が６人であるとき，両方とも嫌いな生徒は□人です。

(3) 長さ□mの秒速20mで走る電車があります。長さ1260mの鉄橋を渡り始めてから渡り終わるまでに69秒かかりました。

(4) 220を割ると10余《あま》る整数は□個あります。

3　図１は角Aが90°，角Bが60°，BCの長さが12cmの直角三角形ABCの点Aから先端《せんたん》をPとする糸を角PABが90°になるようにぴんと張った図です。図２のように反時計回りに糸をぴんと張ったまま直角三角形ABCに巻きつけていったところ，AB，BCの順に巻きついた後，AC上の点Cから６cmの点DにPが重なりました。

図１

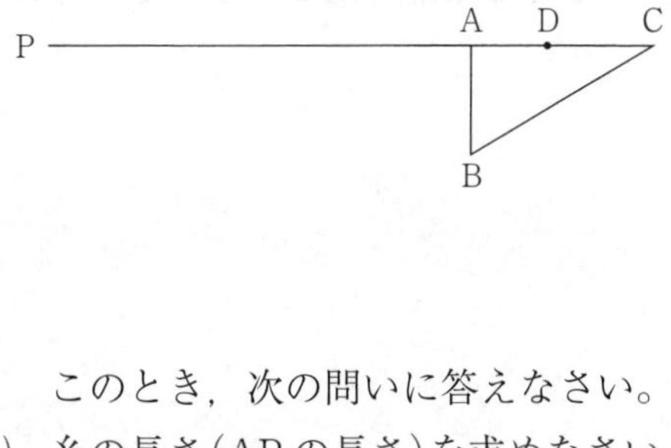

図２

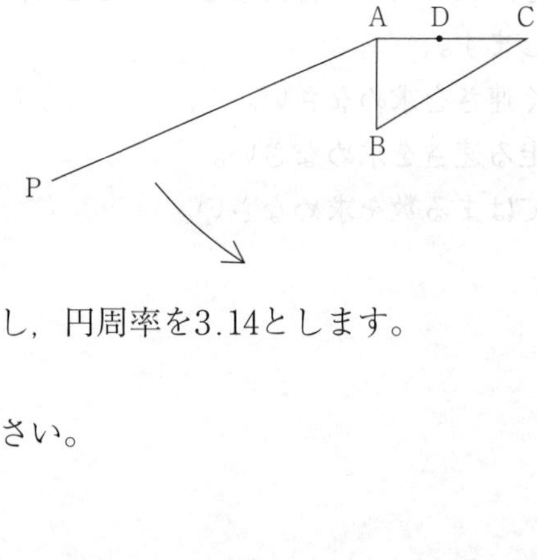

このとき，次の問いに答えなさい。ただし，円周率を3.14とします。

(1) 糸の長さ(APの長さ)を求めなさい。

(2) 糸の先端Pが通った経路の長さを求めなさい。

(3) 糸が通った部分の面積を求めなさい。

4 次のような順に分数が並んでいます。

$\frac{15}{22}$, $\frac{17}{31}$, $\frac{19}{40}$, $\frac{21}{49}$, $\frac{23}{58}$, $\frac{25}{67}$, ……

このとき，次の問いに答えなさい。

(1) 30番目の分数を求めなさい。

(2) 分母が400である分数の分子を求めなさい。

(3) $\frac{1}{4}$と等しい分数は何番目か求めなさい。

5 太郎はＡ地点を出発しＢ地点へ，学は太郎より10分遅《おく》れてＢ地点を出発しＡ地点へそれぞれ歩いて向かいました。太郎の歩く速さは毎分60mで，出発してから42分後に学と出会いました。そこで太郎は忘れ物に気づいたので，走ってＡ地点に戻り，すぐに走ってＢ地点に向かいました。学は太郎と出会った地点で５分休み，再びＡ地点へ向かいました。太郎がＢ地点に着いた時刻と，学がＡ地点に着いた時刻は同じでした。

下の図は，太郎が最初にＡ地点を出発してからの時間と太郎と学の間の距離《きょり》の関係を表したものです。

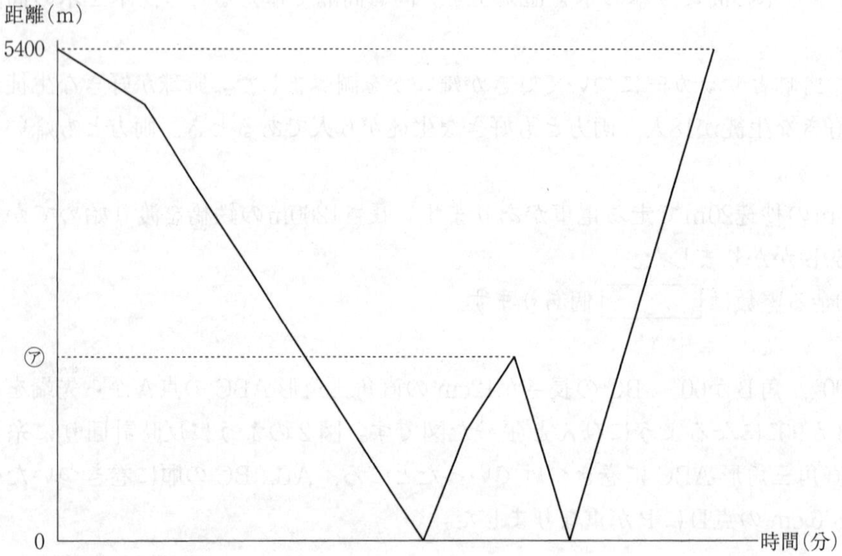

このとき，次の問いに答えなさい。ただし，学の歩く速さと太郎の走る速さはそれぞれ一定であるとします。

(1) 学の歩く速さを求めなさい。

(2) 太郎の走る速さを求めなさい。

(3) ㋐に当てはまる数を求めなさい。

6　１組から５組までの５つの野球チームが，右のようなトーナメント戦で試合を行い順位を決めます。まずくじ引きで，１組から５組までの各チームが図のＡ，Ｂ，Ｃ，Ｄ，Ｅのどこかに入ります。ｃでは，ｂで勝ったチームとＥのチームが試合をして，負けたチームを３位とします。ｄでは，ａで勝ったチームとｃで勝ったチームが試合をして，１位と２位を決めます。ｅでは，ａで負けたチームとｂで負けたチームが試合をして，４位と５位を決めます。

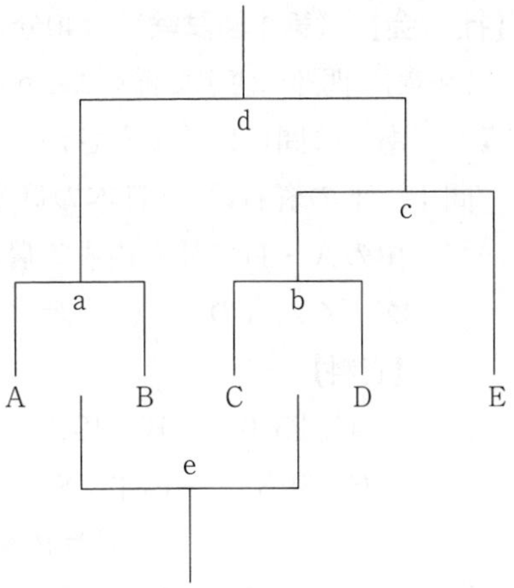

以下は，すべての試合が終わった後の各チームの選手のコメントです。

か　　い君「５組に勝ててよかった。１組との試合も盛り上がって楽しかった。」
さかもと君「４組と試合がしたかったな。」
むらかみ君「３組に負けたのは残念だったけど，２回勝てたのはとてもうれしかった。」
もりした君「むらかみ君のチームに勝ててよかった。」
や　ま　だ君「僕のチームは１試合しかできなかったぞ！」

このとき，次の問いに答えなさい。

(1)　１位は誰《だれ》のチームで何組か答えなさい。

(2)　２位から５位はそれぞれ何組か答えなさい。

【社　会】〈第１回試験〉（40分）〈満点：80点〉

〔注意〕 問題に漢字で書くことが指定されていれば正しい漢字で書きなさい。

1　あとの問いに答えなさい。

問１　下の資料は，「日本の農産物の生産額の比率(％)　(2018年)」を示したものです。資料の中のＡ～Ｄに最も適する農産物を以下の(あ)～(か)から一つずつ選び，記号で答えなさい。

(あ)　くだもの　　(い)　米　　(う)　花　　(え)　豆類　　(お)　麦類　　(か)　野菜

【資料】

Ａ：25.6　　Ｂ：19.2　　乳牛：10.1　　にわとり・卵：9.5

Ｃ：9.3　　肉牛：8.4　　ぶた：6.7　　Ｄ：3.7

（「農林水産省　農業総産出額及《およ》び生産農業所得」）

問２　下の表は，「日本の食品工業の工場数(30人以上の工場)・働く人の数・生産額」を示したものです。表の中のＡ～Ｄに最も適することばを以下の(あ)～(え)から一つずつ選び，記号で答えなさい。

(あ)　飲料　　(い)　砂糖　　(う)　パン・菓子《かし》　　(え)　みそ

	工場数(2018年)	働く人の数(万人)(2018年)	生産額(億円《おくえん》)(2017年)
Ａ	1488	21.6	46648
水産食料品	1124	8.6	22088
Ｂ	584	5.3	54624
肉製品	543	6.9	23976
乳製品	312	4.0	26621
野菜・くだもの・かんづめ	177	1.5	3417
精穀・製粉	133	0.9	7815
しょうゆ	49	0.4	1172
Ｃ	36	0.3	939
Ｄ	20	0.2	1649

（「経済産業省　工業統計2018」）

問３　下の表は，「日本の工業地帯・工業地域別の出荷額の比率(％)」を示したものです。表の中のＡ～Ｅに最も適することばを以下の(あ)～(お)から一つずつ選び，記号で答えなさい。

(あ)　北九州　　(い)　京浜　　(う)　中京　　(え)　東海　　(お)　阪神

	Ａ	Ｂ	関東内陸	瀬戸内	Ｃ	Ｄ	北陸	京葉	Ｅ
1980年	11.7	14.1	8.4	9.7	17.5	4.4	4.0	4.6	2.7
1990年	13.6	12.4	10.3	8.2	15.7	5.0	4.0	3.8	2.4
2000年	14.1	10.7	10.0	8.0	13.2	5.5	4.2	3.8	2.5
2010年	16.6	10.3	10.0	10.1	8.8	5.5	4.1	4.3	2.8
2017年	18.0	10.2	10.0	9.6	8.0	5.3	4.3	3.8	3.1

（「経済産業省　工業統計表」）

2 下の年表を読み，以下の問いに答えなさい。

西暦《せいれき》	できごと
710年	都が①平城京にうつされる。
806年	②空海が唐《とう》から帰国する。
1053年	関白の（　1　）が宇治に平等院鳳凰堂《びょうどういんほうおうどう》を建てる。
1167年	③平清盛が武家で初めて太政大臣となる。
1232年	執権《しっけん》の（　2　）が御成敗《ごせいばい》式目（貞永《じょうえい》式目）を定める。
1334年	④後醍醐《ごだいご》天皇が天皇と公家中心の政治を進める。
1489年	⑤足利義政が東山山荘《さんそう》に銀閣を建てる。
1536年	戦国大名の伊達《だて》氏が⑥『塵芥集《じんかいしゅう》』を定める。
1603年	（　3　）が征夷《せいい》大将軍となる。
1787年	松平定信が⑦寛政《かんせい》の改革をはじめる。
1792年	ロシア使節の（　4　）が根室に来航し，通商を求める。
1824年	ドイツ人の（　5　）が長崎郊外《こうがい》に鳴滝塾《なるたきじゅく》を開く。
1868年	⑧戊辰《ぼしん》戦争がはじまる。
1873年	⑨地租《ちそ》改正がおこなわれる。
1877年	アメリカ人動物学者の（　6　）が大森貝塚の発掘《はっくつ》にとりかかる。
1925年	⑩普通《ふつう》選挙法が成立する。
1939年	ヨーロッパで⑪第二次世界大戦がはじまる。

問１　年表中の（１）～（６）に適する人物名を答えなさい。ただし，（１）～（３）は漢字で，（４）～（６）はカタカナで答えなさい。

問２　下線部①の「平城京」について，【X】【Y】の文章の正誤の組み合わせとして正しいものを以下の(ア)～(エ)から一つ選び，記号で答えなさい。

【X】　桓武《かんむ》天皇が平城京に都をうつした。

【Y】　平城京は唐の都長安にならってつくられた。

(ア)　【X】　正　【Y】　正　　(イ)　【X】　正　【Y】　誤

(ウ)　【X】　誤　【Y】　正　　(エ)　【X】　誤　【Y】　誤

問３　下線部②の「空海」が唐から伝え，開いた宗派の名前を漢字３字で答えなさい。

問４　下線部③の「平清盛」の説明として最も正しいものを以下の(ア)～(エ)から一つ選び，記号で答えなさい。

(ア)　守護・地頭を置くことを朝廷《ちょうてい》に認めさせた。

(イ)　日本と明との間の国交を樹立して，勘合《かんごう》貿易を実現させた。

(ウ)　太閤《たいこう》検地や刀狩などで全国統一をおし進めた。

(エ)　大輪田泊《おおわだのとまり》を修築し，日宋《にっそう》貿易を拡大させた。

問５　下線部④の「後醍醐天皇が天皇と公家中心の政治を進める」について，鎌倉幕府の滅亡後，後醍醐天皇によって進められた政治を何というか，答えなさい。

問６　下線部⑤の「足利義政」のころの東山文化の説明として最も正しいものを以下の(ア)～(エ)から一つ選び，記号で答えなさい。

(ア)　雪舟《せっしゅう》が水墨画《すいぼくが》を大成した。

(イ)　観阿弥《かんあみ》・世阿弥《ぜあみ》親子が能を発展させた。

(ウ)　近松門左衛門が人形浄瑠璃《じょうるり》や歌舞伎《かぶき》の脚本《きゃくほん》を書いた。

(エ)　紀貫之《きのつらゆき》らが『古今和歌集』を編集した。

問７　下線部⑥の「『塵芥集』」のように，戦国大名が家臣団の統制など領国を支配するために定めた法を何というか，漢字３字で答えなさい。

問８　下線部⑦の「寛政の改革」の説明として最も正しいものを以下の(ア)～(エ)から一つ選び，記号で答えなさい。

(ア)　人返しの法を出し，農村を再建しようとした。

(イ)　幕府の学校で朱子学《しゅしがく》以外の講義を禁じた。

(ウ)　有能な人材の登用(官職などに人材を選び用いること)と支出の抑制《よくせい》(おさえること)をはかるために，足高の制を定めた。

(エ)　大名が参勤交代で江戸に滞在《たいざい》する期間を半年にするかわりに，石高１万石につき米100石を幕府に納めさせる政策をはじめた。

問９　下線部⑧の「戊辰戦争」について，以下の【X】～【Z】は戊辰戦争の過程に関する事がらである。【X】～【Z】を時期の古い順に並べ替《か》えたときの組み合わせとして正しいものを以下の(ア)～(カ)から一つ選び，記号で答えなさい。

【X】　五稜郭《ごりょうかく》の戦い　　【Y】　鳥羽・伏見《ふしみ》の戦い　　【Z】　江戸城の無血開城

(ア)　【X】→【Y】→【Z】

(イ)　【X】→【Z】→【Y】

(ウ)　【Y】→【X】→【Z】

(エ)　【Y】→【Z】→【X】

(オ)　【Z】→【X】→【Y】

(カ)　【Z】→【Y】→【X】

問10　下線部⑨の「地租改正」について，地租を貨幣《かへい》で納めさせたことで政府にはどのような利点があったか，25字以内で答えなさい。ただし，句読点は１字に数えます。

問11　下線部⑩の「普通選挙法が成立する」について，このときの首相を以下の(ア)～(エ)から選び，記号で答えなさい。

(ア)　伊藤博文　(イ)　加藤高明　(ウ)　原敬　(エ)　吉田茂

問12　下線部⑪の「第二次世界大戦」中のリトアニアで，ナチス・ドイツによって迫害《はくがい》(苦しめること)されていたユダヤ人にビザ(入国許可証の役割をはたすもの)を発給し，亡命を助けた日本人外交官を以下の(ア)～(エ)から選び，記号で答えなさい。

(ア)　小村寿太郎《じゅたろう》　(イ)　杉原千畝《ちうね》　(ウ)　寺内正毅《まさたけ》　(エ)　陸奥《むつ》宗光

3 下の文章を読み，あとの問いに答えなさい。

2021年は，東日本大震災《だいしんさい》の発生から10年の節目の年となりました。2011年3月11日，宮城県沖を震源とする巨大な地震が発生し，東北地方をはじめ日本各地に大きな被害が出ました。当時の日本政府は①自衛隊の派遣《はけん》や，（ A ）庁の設置などをおこないました。また，関係する②地方公共団体とも協力しながら多くの対応にあたりました。この（ A ）庁は当初2021年を期限として設置されましたが，さらに10年間延長して2031年まで設置されることになっています。③この震災は津波による被害が大きく，福島県の発電所も大きな被害を受けました。

2001年には，アメリカで同時多発テロが発生しました。これを受けてアメリカは，報復のための戦争を開始し，（ B ）に攻め込みました。これにより，（ B ）のタリバン政権は一時壊滅《かいめつ》しましたが，2021年8月には再びタリバンが（ B ）全土の支配を宣言し，混乱が起こりました。

1991年には，湾岸戦争がはじまりました。これは，クウェートに攻め込み占領を続けた④イラク軍と，アメリカを中心とする多国籍軍《たこくせきぐん》との間の戦争で，多国籍軍の勝利に終わりました。同じ年には（ C ）連邦《れんぽう》が解体されました。これにより，国際連合安全保障理事会常任理事国など，（ C ）連邦の役割の多くが⑤ロシアへと引き継がれました。

1971年には，アメリカのニクソン大統領がドルと金の交換《こうかん》停止を発表し，それを原因として世界経済に重大な影響《えいきょう》が出ました。ドル・ショック（またはニクソン・ショック）などと呼ばれます。これを受けて，日本においても「1ドル＝360円」で固定されていた為替《かわせ》相場が「1ドル＝308円」となりました。1973年からは変動相場制となり，⑥現在では為替相場は常に変動しています。

1951年には，日本は二つの重要な条約を結びました。一つが，日本が連合国側と結んだ第二次世界大戦の講和条約である（ D ）条約で，もう一つが（ E ）条約です。（ E ）条約によって，日本はアメリカ軍の日本駐留《ちゅうりゅう》（軍隊などが，一時的にある場所にとどまること）を認め，駐留アメリカ軍は日本の防衛や治安維持《いじ》などにあたることが決められました。その後，1960年に（ E ）条約は改定されました。

1941年に，アジア太平洋戦争がはじまりました。最終的には連合国側が日本の無条件降伏《こうふく》などを求めた（ F ）宣言を発し，日本がそれを受け入れたことで，1945年（ G ）に国民に終戦を伝えるラジオ放送がおこなわれました。

問1　文中の（A）～（G）に適することば・数字を答えなさい。ただし，（A），（E）については漢字で，（B）については一般的な国名をカタカナ7字で，（C），（F）についてはカタカナで，（G）については月日を数字で答えなさい。

問2　下線部①の「自衛隊」について述べた以下の【X】【Y】の文章について，下線部のことばが正しければ「○」を，正しくなければ正しいことばを解答欄《らん》に書きなさい。

【X】　自衛隊の最高の指揮監督《かんとく》権を持つのは，内閣総理大臣である。

【Y】　のちに自衛隊となる警察予備隊は，ベトナム戦争をきっかけとして1950年につくられた。

問3　下線部②の「地方公共団体」とは都道府県や市区町村のことです。その「地方公共団体」について，以下の問いに答えなさい。

(1)「地方公共団体」も住民から税金を集めていますが，人口が少ないなどの理由で多くの税金が集まらないところもあります。そのような「地方公共団体」に対して足りないお金を補うために，国はどのようなことをおこなっているか，30字以内で答えなさい。ただし，句読点は１字に数えます。

⑵「地方公共団体」について述べた以下の【X】【Y】の文章について，下線部のことば・数字が正しければ「○」を，正しくなければ正しいことば・数字を解答欄に書きなさい。

【X】 その地方公共団体の中だけで通用する決まりのことを政令という。

【Y】 都道府県議会や市区町村議会の議員の選挙の際，投票できるのは満18歳以上の住民である。

問４ 下線部③の「この震災は津波による被害が大きく，福島県の発電所も大きな被害を受けました」について，この時の津波によって特に大きな被害を受けた福島県の発電所は，どのような発電所でしたか。以下の㋐～㋓から一つ選び，記号で答えなさい。

㋐ 火力発電所 ㋑ 原子力発電所 ㋒ 水力発電所 ㋓ 風力発電所

問５ 下線部④の「イラク」について述べた以下の【X】【Y】の文章について，下線部のことばが正しければ「○」を，正しくなければ正しいことばを解答欄に書きなさい。

【X】 イラクは極東と呼ばれる地域に位置する国である。

【Y】 イラクをはじめとするアラブ諸国では，多くの人々がイスラム教を信じている。

問６ 下線部⑤の「ロシア」の現在の大統領の名前をカタカナで答えなさい。

問７ 下線部⑥の「現在では為替相場は常に変動しています」について，例えば為替相場が「１ドル＝100円」から「１ドル＝120円」になったとします。この場合は円高か円安のどちらになったといえますか。以下の㋐または㋑から選び，記号で答えなさい。

㋐ 円高 ㋑ 円安

【理　科】〈第１回試験〉（40分）〈満点：80点〉

1　2021年中に話題になった自然科学分野の出来事について答えなさい。

①　新型コロナウイルスが体内で増しょくするのを防ぐためにいくつかのこう体を混ぜ合わせた薬ざいを体内に注入する治りょう方法を選びなさい。

ア．こう体ウイルスりょう法　イ．こう体カクテルりょう法

ウ．こう体スパイクりょう法　エ．こう体ワクチンりょう法

②　７月に世界初の宇宙旅行が成功しました。このとき，打ち上げから着陸まで約10分間の旅行でした。宇宙空間とはどのくらいの高度からか選びなさい。

ア．10km　イ．100km　ウ．1000km　エ．10000km

③　ノーベル物理学賞を真《ま》鍋《なべ》淑《しゅく》郎《ろう》博士が受賞した理由を選びなさい。

ア．原子時計より正確な光格子《こうし》時計を発明したことについて。

イ．ネオジム磁石を開発したことについて。

ウ．気候の研究を世界に広めたことについて。

エ．気候の研究の基そとなる予測モデルを作ったことについて。

④　７月に静岡県熱海《あたみ》市で大雨にともなう災害が発生しました。どのような災害だったか選びなさい。

ア．落石災害　イ．てい防の決かい

ウ．津波災害　エ．土石流災害

2　おふろあがりに手の指先を見ると，たくさんのしわができていました。うでなど他の部分はしわになっていません。不思議に思ったので本やインターネットで調べました。

人間の皮ふは，いくつかの層になっていることが分かりました。一番外側の層は，死んだ皮ふの集まりで，(　①　)。そうすると，(　②　)が大きくなります。皮ふの下の層では何も変化が起きないため，(　②　)に差ができてしわが生じるようです。指先だけにしわが生じるのは，(　③　)があるからです。皮ふが広がろうとした結果，(　③　)で広がれなくなり，しわになるそうです。

私たちが生きている間は，皮ふの水分量はおおよそ一定に保たれているそうです。暑い日やかんそうした日などでも水分が保たれるため，生きていけます。海で泳ぐと皮ふがどうなるかを考えました。海の塩分のう度は約3.5％で，私たちの体の塩分のう度は約0.9％です。自然界の原則として，のう度差をなくすため，のう度のうすい方からこい方に水が移動します。生きている間は，この効果を体が調整してくれています。これらのことから，海水浴後の皮ふは，おふろの時よりしわが少なくなるのではないかと考えました。

問１　文章中の(①)に最も適する文を選びなさい。

ア．そこに水分が吸収されていきます

イ．そこから水分が放出されていきます

ウ．そこに新しい皮ふがくっついていきます

エ．そこの古い皮ふからはがれていきます

問２　文章中の(②)に最も適する語を選びなさい。

ア．圧力　イ．温度　ウ．体積　エ．のう度

問３　文章中の(③)に最も適する体の部分を答えなさい。

問４　指先のしわは，しばらくすると元通りになります。その理由を説明しなさい。

問５　文章中の下線部のように考えた理由として最も適するものを選びなさい。

ア．海から皮ふにわずかな水分が移動するが，その量が少ないため。

イ．皮ふから海にわずかな水分が移動するが，皮ふの外側の層が水を少しは吸収するため。

ウ．海から皮ふにわずかな塩分が移動し，体の塩分のう度を保つために水分量が増えたから。

エ．皮ふから海にわずかな塩分が移動し，その分の量が減ったから。

問６　川に住む多くの魚は，海だと生活ができなくなり，死に至ることが多いです。その理由について，体の水の移動にふれて説明しなさい。川に住む魚の体の塩分のう度は，人間とほとんど同じです。

3　昨年のオリンピックを見ていると，高飛込(たかとびこみ)という種目がありました。プールにせり出した台から飛びこみ，水面にとう達するまでの短い時間に，ひねりや回転などの技を行います。台の高さは10mあり，ビルの３階くらいに相当します。

この台をまねて装置を作り，遊んでみました。

[遊び方]

・太さが一様で長さ１m，重さ600ｇの細長い板を用意する。

・底面が直径３cmの円で，高さが９cmの円柱の形をしたおもりを用意する。

・床に水そうを置いておく。

・図のように，机からせり出すように板を置き，手でおさえておく。

・A点(板の片方のはし)におもりを置く。

・板をおさえていた手を放す。

・おもりをそっとおし，B点(板の反対側のはし)に向けて転がす。

・おもりが板の上をゆっくりと転がっていく。

・おもりがB点を通過し，水そうに落下する。

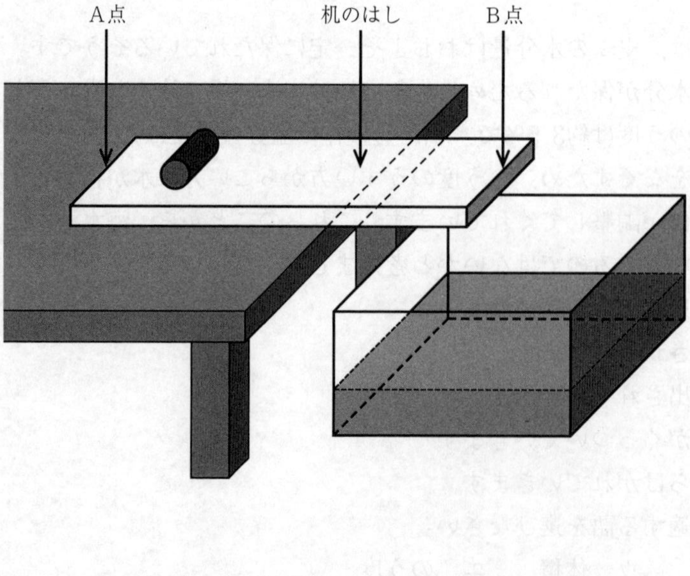

問１　おもりはＢ点から水中に落下した後，うかんできました。何回も試していると，おもりが水に入るときにできる水しぶきが，大きかったり小さかったりすることに気がつきました。オリンピックの高飛込でも，大きな水しぶきができる選手もいれば，小さな水しぶきができる選手もいました。なぜこのようなちがいができるのか知りたくなり，よく観察しました。その結果，水に入るときのおもりの向きが縦だったり横だったりしていて，この向きが関係していることがわかりました。

水に入るときのおもりの向きが縦のときに比べ，横のときはどのようになりますか。最も当てはまるものを選びなさい。

向きが縦　　　　向きが横

ア．大きな水しぶきになり，深くしずんでから，ういてくる。

イ．大きな水しぶきになり，浅くしずんでから，ういてくる。

ウ．小さな水しぶきになり，深くしずんでから，ういてくる。

エ．小さな水しぶきになり，浅くしずんでから，ういてくる。

問２　机のはしからＢ点までの長さを変えて，試してみました。また，いろいろな重さの円柱の形をしたおもりを用意して，試してみました。しかし，おもりがＢ点にとう達する前に，板が机から落ちてしまうことがありました。さらに，板から手を放したとたんに，板が落ちてしまうこともありました。どのようにすればうまくいくか調べました。

表の①〜④で，うまくいくかどうか調べました。板が落ちないでおもりがＢ点を通過するものには，「○」を答えなさい。板から手を放したとたんに，板が落ちてしまうものには，「×」を答えなさい。おもりが転がっていると中で板が落ちてしまうものには，板が落ちるまでの間におもりがＡ点から移動した長さを答えなさい。

（注意）　答えが「○」と「×」のときは，移動した長さは答えません。

	机のはしからＢ点までの長さ(cm)	おもりの重さ(g)
①	22	400
②	44	200
③	55	300
④	66	100

問３　机からできるだけ長く板がせり出すようにしました。板が落ちないでおもりがＢ点を通過するときに，机のはしからＢ点までの長さを最大でどれだけにできるか調べました。結果を表すグラフを選びなさい。

ア.

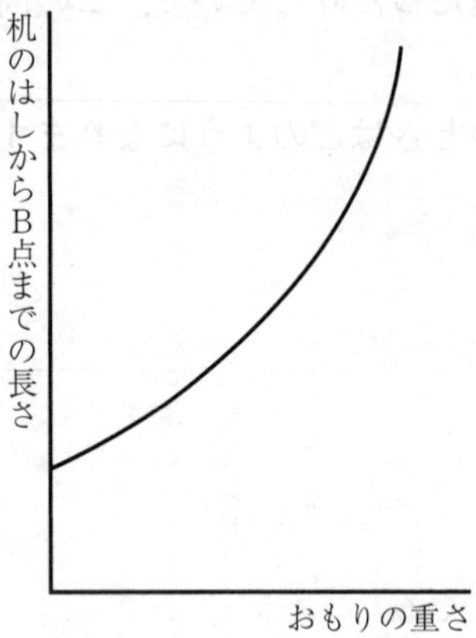

イ.

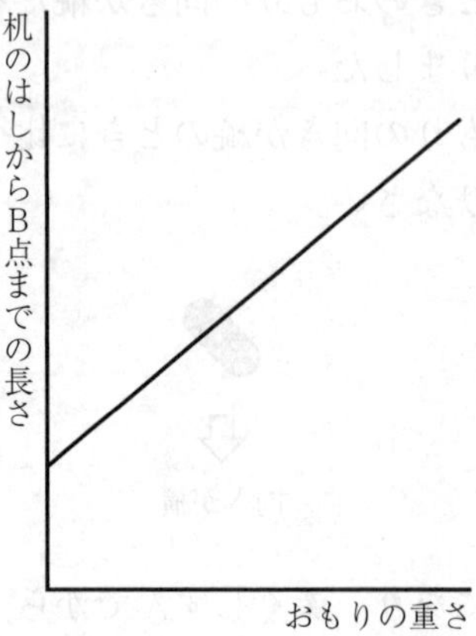

ウ.

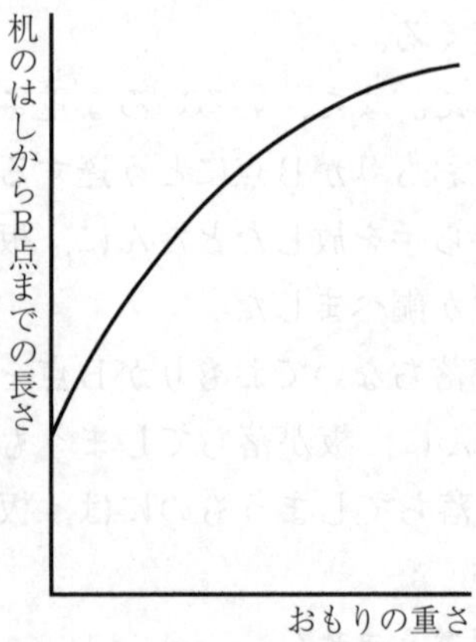

エ.

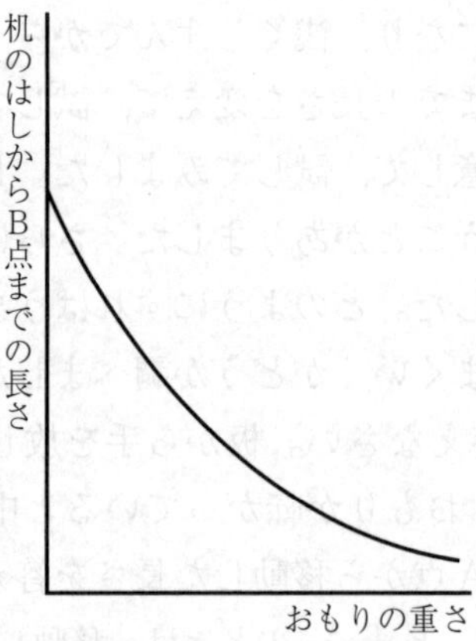

4　次は背骨がある動物の進化について書かれたものです。

最も古いものは４億年以上前に登場した魚の仲間です。魚類は水にとけた酸素を，えらを通して血液中に取りこみます。水にとけている酸素が少ないと水面に上がり口をパクパクさせているのを見ることがあります。このとき口から入った空気はうきぶくろにためられます。うきぶくろは主にうきしずみに利用されます。

3.6億年ほど前になると，カエルのような動物＝両生類へと進化したものが登場します。初期の両生類は胸びれを使ってどろの上などをはい回る魚から進化したと考えられています。両生類は幼体の時期は魚類と同じような体のつくりですが，成体になると空気にふくまれる酸素を，肺を通して血液中に取りこみます。しかし，後から作られた肺や肺呼吸のための心臓のつくりはヒトに比べて簡素なので，十分な量の酸素を体中に送ることができず，皮ふから多くの酸素を取りこんでいます。また，あしが左右２対生えてきますが，前あしは体の横に向かってついているので，はうような歩き方になります。

3.2億年ほど前になると，カメやトカゲのような動物＝は虫類へと進化したものが登場します。は虫類には陸上で生活できるようにはじめから肺があります。肺や心臓のつくりはヒトに比べると不完全なのであまり活発に動き回れません。前あしも体の横に向かってついているので，はうような歩き方になります。

2.2億年ほど前になるとヒトのような乳をのんで育つ動物＝ほ乳類へと進化したものが登場します。ほ乳類の体内には横かくまくという仕切りがあり，胸と腹に分かれています。胸の部分は密閉されていて，肺の周りの気圧は体の周りの気圧よりも低くなっています。うでやあしの関節は動くはん囲が広く，運動する上で自由度が高くなっています。

1.5億年ほど前になると鳥の仲間へと進化したものが登場します。鳥類の肺の周りには気のうとよばれるふくろがあり，気のうから常に肺に空気が送られるため，息をはく時にも肺はしぼみません。

問1　肺のもととなる魚の仲間の体内の部分を答えなさい。

問2　両生類やは虫類の肺や心臓のつくりが簡素であったり不完全であったりすることからいえることは何ですか。最も適するものを選びなさい。

ア．体重を軽くできるので，素早い動きができる。
イ．酸素が足りないので，体温を一定に保ちにくい。
ウ．酸素が足りないので，陸上に長くいられない。
エ．体重を軽くできるので，葉の上などで生活できる。

問3　ほ乳類の胸の部分が気圧よりも低くなっていることからいえることは何ですか。最も適するものを選びなさい。

ア．病原きんが入りにくくなる。
イ．息をはきやすくなる。
ウ．息を吸いやすくなる。
エ．せきが出るのを少なくできる。

問4　図はいろいろな動物の心臓を表したものです。適する組み合わせを選びなさい。

A　B　C

ア．A　魚類　B　両生類　C　ほ乳類
イ．A　両生類　B　魚類　C　ほ乳類
ウ．A　ほ乳類　B　魚類　C　両生類
エ．A　ほ乳類　B　両生類　C　魚類

問5　次の①，②に関連が深いものを後から全て選びなさい。

① 前あし

② 後あし

ア．手　イ．つばさ　ウ．肺　エ．しっぽ　オ．えら

カ．うきぶくろ　キ．背びれ　ク．胸びれ　ケ．腹びれ　コ．しりびれ

サ．あぶらびれ　シ．尾びれ

5　地球の表面はかたい岩ばんでおおわれています。この岩ばんは1枚だけではなく，大小十数枚に分かれているそうです。このように分かつされた岩ばんをプレートとよんでいます。図1は世界にあるプレートを示したもので太線はプレート同士の境界を表しています。図2は世界で発生した比かく的大きな地しんの場所を●で示したものです。

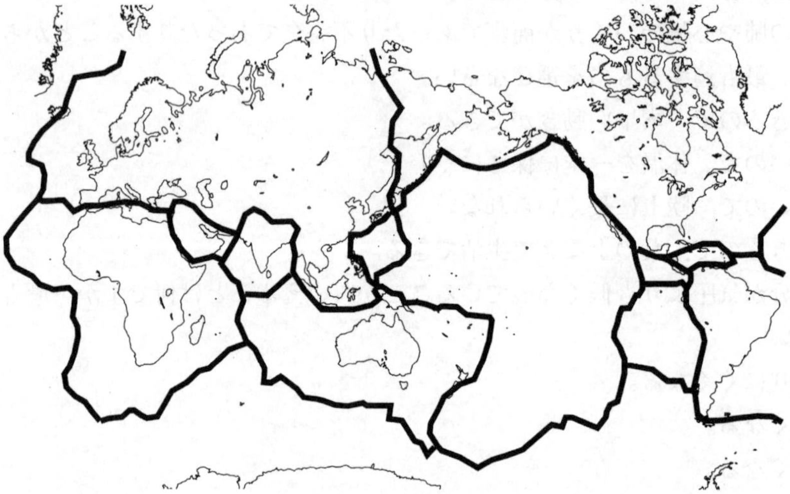

図1　世界にあるプレート

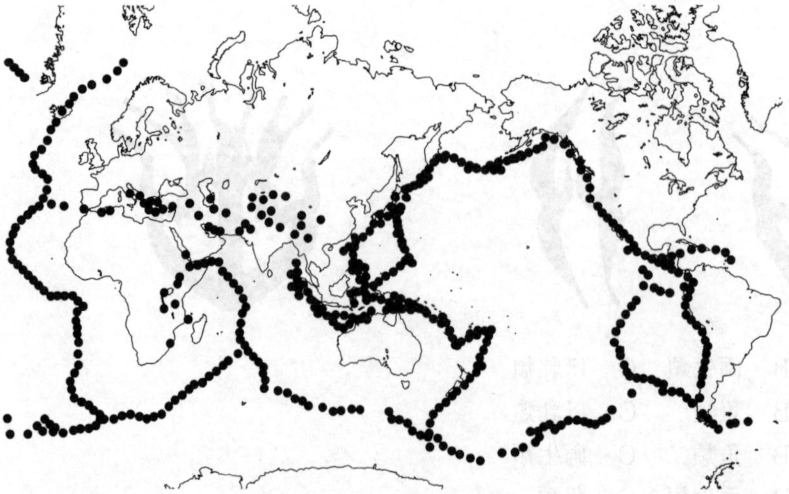

図2　世界で発生した比かく的大きな地しんの場所

問１　プレートのはん囲と地しんの発生場所についてどのようなことが言えますか。誤っているものを全て選びなさい。

ア．海底では地しんは発生していない。

イ．地しんの発生場所は列になっていることが多い。

ウ．地しんが発生する地域とない地域がはっきりしている。

エ．地球上で一様に地しんが発生している。

オ．小さいプレートのまわりでは地しんが発生していない。

カ．プレートの内部でも地しんが発生している。

問２　地しんのゆれによる災害で地ばんの液状化というものがあります。地しんのゆれで砂のつぶとつぶの間にすき間ができ，そこに地下水がわき出して地ばんが液状になる現象です。このときに下水管などがうき上がることがあります。この現象を次の材料と手順で再現するときに，下水管の代わりとしてうかび上がらせるものは何が適しているか，ア～オから全て選びなさい。また，適している理由を答えなさい。

[材料]

プラスチックの水そう，つぶのそろった砂，水，下水管の代わりのもの

[手順]

1．水そうに砂を入れる。

2．砂の量よりやや少ない水を入れ，全体をまぜる。

3．水がしみこんだ後，下水管の代わりのものを砂にうめる。

4．水そうのかべを外側から手で軽くたたいて，砂にしん動を与える。

5．液状化が発生し，砂の表面に水がしみ出してくる。

6．水といっしょに下水管の代わりのものがうくかどうかを確認する。

ア．大きさ３cm ほどのレンガのかけら

イ．大きさ３cm ほどのガラス製のビー玉

ウ．大きさ３cm ほどのプラスチック製のボール

エ．大きさ３cm ほどのベアリングボール(鉄の球)

オ．大きさ３cm ほどの木製の球

問３　地しんのゆれによる災害は，地しんが発生する場所によっても異なります。「平地(内陸)の住宅地を散歩しているとき」「砂浜で遊んでいるとき」にそれぞれどのような災害が考えられますか。三つずつ選びなさい。なお，同じ記号をどちらに答えてもかまわないものとします。

ア．こう水　　イ．高潮　　ウ．液状化　　エ．がけくずれ

オ．地割れ　　カ．つ波　　キ．落石　　ク．とっぷう

ケ．建物やブロックべいのとうかい

問４　図はピクトグラムといい言葉を使わずに意味を伝えるシンボル(絵文字)です。このピクトグラムは地しんによるある災害に関するものです。その意味を一つ答えなさい。

問七　波線(5)について、このようなことを続けているとどうなってしまうと筆者は考えていますか。次の【　】に当てはまる言葉を文章中から探し、七字で書きなさい。

【　　　】ができなくなってしまう。

問八　波線(6)『枕草子』「うつくしきもの」を筆者が引用した理由を、文章中の言葉を用いて二行で書きなさい。

だ幼さの残る少女でしょう。「あまそぎ」は、肩のあたりで切りそろえた尼(あま)さんのヘアスタイルですが、五、六歳の少女もこの髪型をしました。

これらを読むと、どれも情景がうかんできます。そして、そこから清少納言の「うつくし」は、あどけない存在が一生懸命(けんめい)に何かしようとしている様子をいうと理解できます。

順番にも注目してみましょう。雀の子、二、三歳の幼児、おかっぱ頭の少女と、小さい順に並べられているのに気づいたでしょうか。何となく列挙されているのではなく、よく考えられた文章だとわかりますね。

この「うつくし」は抽象的な言葉です。「抽象的」とは、具体的なものごとに共通する性質を抜き出して意味内容を一般的にとらえるさま。

この章段は、具体例をあげながら、清少納言の感性がとらえた「うつくしきもの」をあらわしています。つまり、「うつくし」のような抽象的な言葉も、具体的なものと結びつければ、自分だけの表現になるというわけです。

たとえば、あなたが「かわいい」と感じるものを選んで、どこが、どのように、なぜ、かわいいのかを考えてみてください。清少納言にならって四つ選び、「かわいい」と思う理由をできるだけ具体的に書いてみる。そうするうちに、自分だけの感じかたが見えてきて、それをどう描くかも考えたくなるでしょう。こうやって抽象と＊具象の間を行き来する中で表現力が鍛えられるのです。

平野多恵の文章による

＊母語　生まれて最初に身につける言語。
＊抽象　ある物事から要素や性質を抜き出して把握すること。
＊語彙　ある言語で使われる単語の集まり。
＊慈愛　いつくしみ、かわいがるような情愛。
＊具象　はっきりとした姿、形をそなえていること。

問一　波線(1)のように筆者が考える理由を、三十字以上四十字以内で書きなさい。

問二　【A】に入る言葉として最も適当なものを次から選び、記号を書きなさい。

ア　言語は思考とあまり関係がない
イ　思考が言語に支えられている
ウ　言語は一か国語にした方がよい
エ　思考は母語によってのみできる

問三　波線(2)は、どのようなことですか。説明として最も適当なものを次から選び、記号を書きなさい。

ア　他人が言ったことを理解できずに考えがまとまらないこと。
イ　思っていたこととまったくちがうことを言ってしまうこと。
ウ　自分が何をしているのかまるでわからなくなってしまうこと。
エ　自分が考えていることを言葉でしっかりと理解できないこと。

問四　波線(3)について、筆者はなぜこのようなことをおすすめするのですか。二十字以上二十五字以内で書きなさい。

問五　【B】に入る言葉として最も適当なものを次から選び、記号を書きなさい。

ア　読解力　イ　説得力　ウ　表現力　エ　理解力

問六　波線(4)の意味として最も適当なものを次から選び、記号を書きなさい。

ア　心配すること
イ　おびえること
ウ　からかうこと
エ　共感すること

イラスト、動物、若い女性、コスプレをする人、キャラクター商品、お菓子(かし)、お花など、色とりどりの写真がずらりと並んで壮観(そうかん)です。

　和英辞典で「かわいい」を調べると、cute, lovely, pretty, little といった単語が出てきます。一方、「#kawaii」には、真っ黒な服に身を包んだ神秘的な人や、モンスターの絵のタトゥー、水着姿の女性なども含(ふく)まれているので、「#kawaii」の意味する範囲のほうが広いとわかります。

　「かわいい」は、若い女の子は何を見ても「かわいい」しか言わないと(4)揶揄(やゆ)されるくらい便利な言葉です。(5)でも使いやすいからといって、それだけを連発していてよいのでしょうか。

　このひとことで、わかったつもり、言ったつもりになってしまいますが、考えないで済む、楽な言葉ばかり使っていると、武器は決して強くなりません。

　「かわいい」の先に進んで、自分なりの感じかたを知り、しっくりくる言葉をつかむには、どうしたらよいでしょうか。

　そのヒントが、千年以上前に書かれた清少納言(せいしょうなごん)の『枕草子(まくらのそうし)』にあります。国語の教科書でもおなじみの「うつくしきもの」の章段です。

　古語「うつくし」の意味を確認しておきましょう。「うつくし」は、古くは妻や子どもなど、家族へのいつくしみの情愛を意味しました。時代とともに語義が広がり、いとおしいという＊慈愛(じあい)の気持ちから、幼い者や小さいもののかわいらしさ、さらには自然や物などの美一般、きちんとして整っている状態や好ましい印象のものにも使われるようになりました。意味する範囲が広く、小さくてかわいらしいものに使う点で、現代語の「かわいい」に通じますね。

　(6)『枕草子』「うつくしきもの」は、「〜もの」ではじまり、様々なものごとを列挙する「物づくし」の章段です。清少納言が「うつくし」と感じるものが書き連ねられているだけですが、とても具体的に書かれています。それを読むうち、彼女(かのじょ)が何を「うつくし」と思っていたのか、その感性がわかってきます。

　ここでは、よりわかりやすくなるよう、改行を多く入れて読んでみましょう。

　うつくしきもの。
　瓜(うり)にかきたるちごの顔。
　雀(すずめ)の子の、ねず鳴きするにをどり来る。
　二つ三つばかりなるちごの、いそぎてはひ来る道に、いとちひさき塵(ちり)のありけるを目ざとに見つけて、いとをかしげなるおよびにとらへて、大人などに見せたる、いとうつくし。
　頭(かしら)はあまそぎなるちごの、目に髪(かみ)のおほへるをかきはやらで、うちかたぶきて物など見たるも、うつくし。

　最初は、瓜に描(えが)いた子どもの顔。甘(あま)くみずみずしい瓜と、あどけない子どもの顔は、ほほえましい組み合わせです。次から描写(びょうしゃ)がどんどん具体的になっていきます。

　まずは、チュッチュッと呼ぶと雀の子がピョンピョン近づいてくる様子。

　次に、二、三歳の子どもが急いでハイハイしてくる途中(とちゅう)で小さなチリがあるのを目ざとく見つけて愛らしい指でつまんで大人に見せる様子。

　最後に、おかっぱ頭の子どもが目に髪がかぶっているのを手で払(はら)わず、そのすきまから顔を傾(かたむ)けて物を見ている様子。

　「頭はあまそぎなるちご」は、髪を払いあげもしないのですから、ま

深く考え抜（ぬ）いたり、＊抽象（ちゅうしょう）的で難解な問題を思考したりできなくなる場合があります。

これは、【　Ａ　】ことを示しています。人間は、言葉を通してものごとを考えます。だから、自分が使う言葉の範囲（はんい）をこえては思考できないのです。

どんな言語でも、自分の言葉が確立されていないと、(2)心もぼやけてしまう。その一方で、目の前の言葉と日々格闘（かくとう）していけば、自分が育てられていくのです。

たとえば、何かにむかついたとしましょう。自分の中に「むかつく」という言葉しかなければ、それ以上の気持ちは把握（はあく）できません。だから、気持ちを抑（おさ）えきれずにキレてしまう。＊語彙（ごい）力があれば、自分がなぜむかついたのかを分析（ぶんせき）し、どんな気持ちか伝えられるのではないでしょうか。

「太ってるね」と人から言われてむかついた場合を考えてみましょう。スタイルのよい人から言われたのなら、その人に嫉妬（しっと）して不愉快（ゆかい）に思ったのかもしれません。太っているのを気にしていると相手が知っているなら、わざわざ言うなんてひどい、傷つけようとしていると感じて憤慨（ふんがい）したのかもしれません。そんなことを面と向かって言う人を軽蔑（けいべつ）する気持ちもあるでしょう。

このように、なぜ「むかついた」のかを把握できたら、それを相手に伝えて、そんなふうに言わないでほしいと伝えることもできるのです。

この時、言葉は、あなたの武器になります。

では、武器をレベルアップするには、どうしたらよいでしょうか。

(3)おすすめは、辞書、とくに類語辞典を使って語彙力を増やし、表現の幅（はば）を広げることです。まず、「むかつく」を類語辞典で調べてみましょう。「むかつく」は、「しゃくに障（さわ）る」、気に入らないことがあって腹が立つという意です。近い意味の語に、「おこる」「いかる」「気に障る」「むくれる」「ふくれる」「気色ばむ」「腸（はらわた）が煮（に）えくり返る」「腹の虫が承知せぬ」「八つ当たり」「激怒（げきど）」「憤（いきどお）る」「悲憤（ひふん）」「嘆（なげ）く」などがあります。

「おこる」と「いかる」は、どちらも「怒る」と書きますが、「おこる」は興奮して気を荒（あら）くする意のほか、叱（しか）るという意味もあります。「いかる」には叱る意味はありませんが、「おこる」にはない角張っているという意があり、「肩（かた）をいからせて歩く」などと使います。「むくれる」は怒ってプンとする、「ふくれる」は機嫌（きげん）を悪くして、ぷうっとした顔をする。「憤る」は恨（うら）んで怒る、そこに悲しみが加わったのが「悲憤」です。「怒り」の表現も、いろいろありますね。

こうやって、似た意味の言葉を見ているだけでも、自分の「むかつく」の正体を考える手がかりになるのではないでしょうか。言葉が、心を育てるのです。

言葉は今を生き抜く武器。その鍛（きた）えかたを、感情にまつわる動詞「むかつく」を例に説明しました。その力を磨（みが）くには、具体的に語ることも欠かせません。ありふれた言葉が【　Ｂ　】を持つようになるからです。

世界の共通言語となった形容詞「Kawaii（カワイイ）」を例に考えてみましょう。Kawaiiは、日本のアニメ、ファッション、キティちゃんなどのキャラクターを通して、今や世界中で使われています。写真を共有するＳＮＳのInstagram（インスタグラム）で、二〇二一年五月現在、「#（ハッシュタグ）かわいい」は二三一二万件、「#kawaii」は五一一四万件もの投稿（とうこう）がヒットします。アニメ、

佐藤まどかの文章による

＊ポーカーフェイス　気持ちを表情に表さないこと。

問一　波線(1)について、「旬」は「テツヨン」をどのように思っていましたか。一行でまとめて書きなさい。

問二　【A】【B】に入る言葉として最も適当なものをそれぞれ次から選び、記号を書きなさい。

ア　ハッとした　　イ　カチンときた
ウ　シラーッとした　　エ　スカッとした
オ　ホッとした

問三　波線(2)が表す内容を、二十字以上三十字以内で書きなさい。

問四　波線(3)とはどのような「いいかた」ですか。最も適当なものを次から選び、記号を書きなさい。

ア　これまでの関係を否定するような、失礼ないいかた。
イ　自分たちの問題点を正確に言う、するどいいいかた。
ウ　万千との考え方のちがいがはっきりする、悲しいいいかた。
エ　実際の様子と大きく異なる、おおげさないいかた。

問五　【C】に入る言葉として最も適当なものを次から選び、記号を書きなさい。

ア　どうどうと　　イ　ジロジロ
ウ　ゆっくり　　エ　おそるおそる

問六　波線(4)と考えた「ぼく」の気持ちとして最も適当なものを次から選び、記号を書きなさい。

ア　一生続く親せきという関係になったことを喜んでいる。
イ　考えたこともない親せきという表現におどろいている。
ウ　友だちなのに親せきという表現をされておこっている。
エ　親せきという変な表現を使ったのでおもしろがっている。

問七　波線(5)を「ぼく」がした理由を五十字以上六十字以内で書きなさい。

問八　この物語を「ぼく(トール)が～物語。」という一文でまとめなさい。ただし、「～」に入る言葉は三十字以上四十字以内とします。

三

次の文章を読んで、後の問いに答えなさい。

あなたは、悩(なや)みがある時、人に相談できますか？　それとも相談せずに、もしくは相談できずに一人で悩むタイプですか？

高校生のわたしは、相談できないタイプでした。相談しても、はぐらかされたり、悩んでいることを笑われたりして、真面目(まじめ)に受け止めてもらえないだろうと思っていました。要するに、自分をさらけ出して傷つきたくなかったのですね。ふりかえってみると、当時のわたしには(1)目に見えない気持ちや考えを言語化する力がなかったのです。だから、人に悩みを打ち明ける勇気もありませんでした。

自分のことなのに言葉にできないのは、なぜでしょう。

それは、自分の気持ちがわからないからです。わからなければ言語化できるはずがありません。でも、それをなんとか表現しようと試行錯誤(さくご)する中で理解できることもあるでしょう。チャレンジする価値はあります。

ダブル・リミテッドという言葉を聞いたことがありますか。子どもの頃(ころ)に複数の言語を使用する環境(かんきょう)で育ち、＊母語の習得が十分でない場合に、深い思考ができなくなってしまう問題です。日本で生まれ育った日本人を両親にもち、九歳(さい)の時に親の仕事の都合でアメリカにやってきて、現地で高校生になった人がいます。家では日本語、外では英語を話し、日英のバイリンガル。うらやましいと思うかもしれませんが、母語の習得が十分でないと、もう一方の言語の力も育ちにくく、日常的なことはわかっても、ものごとを

親せきだって？　(4)じょうだんだろ？

頭がくらくらしていると、「親せき、ウケるー」って、万千が笑った。

はじめて、万千の笑顔をにくらしく感じた。

「ま、たまには集まろうぜ」と、大樹もうす笑いしながらいった。

なんだよ、これ。ぼくはぜんぜん笑えない。

まるでしめし合わせたみたいに、丸くおさめて解散か？

せっかくはりきって大樹の歓迎会を用意したのに、解散会なのか？

テツヨン、テツヨンってはしゃいでいたのは、ぼくだけなのか？

自分だけがテツヨンにこだわっていたことが、はずかしかった。みんなはそれぞれの方向へどんどん進んでいるのに、足踏(ぶ)みしていたのはぼくだけだった。まるで片思いみたいに、ぼくの気持ちは一方通行だったんだ。

「そうなんだ。ふーん。わかった」

ぼくは立ち上がり、かべに貼(は)ってあったテツヨンのマークをはがし、まっぷたつに引きさいた。

「おいおい、なにもやぶることーないだろ！」

大樹がどなった。

「なんで？　親せきづきあいに、いちいちマークなんていらないじゃん」

ぼくは*ポーカーフェイスで、ちょっとカッコつけてそういった。

弱みを見せるのは、きらいなんだ。

「テツヨンは解散なんだろ？　だからすてる。それだけのことだよ」

ぼくはせいいっぱい、強がって、へらへら笑った。

「ひっでえな！　おまえにとって、テツヨンはたいせつな思い出じゃないのかよ？」

大樹が立ち上がった。

「ボクだって、そのマークはまだ部屋の引き出しにあるぞ」

「あたしもー」

なんだよ、こいつら。

〈引き出し〉の中に入れていたのか！

「いっとくけどさ、年寄りがなつかしむみたいなそんな思い出、いらないから。白紙にもどそう。ぼくは、今を生きてるんだから。テツヨンを解散するなら、もうこんなのいらないよ」

心にもないことをつぎからつぎへといっていた。なみだが出そうなほど悲しいのに、ぼくはふてぶてしく、マークをさらに半分に引きさいて、(5)ゴミ箱にポイっとすてた。

「見そこなったぞ！　いらないなんて、よくいえたもんだ。オレたちがいっしょに過ごした年月を、白紙になんかできるわけないだろっ。もっとハートの熱いヤツだと思ってたのにさ！　オレ、ムカついた。帰る！　じゃな、シュン、マチ」

大樹は立ち上がって、数歩進んで部屋の入口で、ふりむいた。

「最後になんかいうことあるか、トール？」

それが仲直りのラストチャンスなんだって、ぼくにはわかっていた。

でもぼくは、泣きじゃくりたいのを必死におさえていった。

「べつに」

それがせいいっぱいの、ぼくの強がりだった。

ドスドス足音を立てて大樹は帰っていき、「ボクも帰る」「あたしも」と、旬や万千まで帰ってしまった。

ぼくはチョコレートケーキと、ひとりぼっちで向かい合っていた。

大仏の顔を、指でぐちゃぐちゃにした。なみだがボロボロ落ちてきて、ぼくは手づかみでケーキをむさぼった。

手はべとべとで、真っ黒で、ドロドロだった。

ぼくのウラガワは、きっとこんな感じなんだろう。

「まあ、たしかに、だんだん共通の話題がなくなると、正直ずっといっしょにはおられんようになるよなぁ」

と、大樹がうなずいたから、ぼくはますますムカついた。

「なんだよ、ダイキまで。テツヨンがくずれたのは、もとはといえば、ダイキのせいで」

って、うっかり口がすべってから、ハッと口をつぐんだ。

大樹がぼくをじろっと見た。

「オレのせいか」

「あっ、いや、せいじゃなくて、ダイキが引っこしたのをきっかけに、っていうつもりだったんだけど」

大樹はぼくをじーっと見ている。

「でもな、トール。自分の話は聞いてもらえん、相手の話を聞いててもつまらん、話題もしゅみもちがう、ってなったら、だんだんはなれていくもんだろ。それ、オレがいてもいなくても、同じなんじゃね？」

返す言葉がない。

たしかに、それはそうかもしれない。けど……。

「そうそう。ボクら、たがいに興味のあることがちがいすぎ、話も合わなすぎ。だからチャットも続かなくなっちゃったんだと思うな」

と、旬があいづちを打つ。

「いや、あんときはあれだろ、オレがグチばっかいってたから、おまえらイヤになったんだろ。気持ちはわかる。けどオレ、あのころマジできつくてさ、ついつい……」

「……そっか、ごめん……」と、ぼくはつぶやいた。

「あ、ぼくもわるかった。けどさ、大樹はいつも元気でえらそーで明るいやつだったから、グチとかいわれると、なんかこう、イメージダウンしちゃって、うまく受け入れられなかったんだよね」

旬が首をすくめていった。

「あたしもー。それにさ、ダイキがマジに悩(なや)んでるとは思わなかったんだよー。ごめんごめん」

万千は大樹の頭をなでなでした。昔から万千は、だれかが泣いたりおこったりすると、こうやって頭やせなかをなでるクセがある。

「なーんか、ダイキのこの頭、タワシみたーい」

なんて万千がおどけていうと、大樹は万千の手を、うっとうしそうに払(はら)いよけた。

「もうガキじゃないんだから、なでなではないだろ、マチ。とにかくさ、みんな気にすんな。おかげでオレ、グチグチいってないで、もっと今の学校になじめるようにがんばろって思ったんだ。ふっきれたっていうか、小学校と同時にテツヨン卒業って感じでさ。今じゃオレもすっかり大阪っ子だよ」

なんか大樹の「テツヨン卒業」っていう言葉に、ぼくはショックを受けた。

「卒業って……？」

ぼくは【 C 】三人を順番に見た。

「卒業っていうか、とりあえず解散かなぁ。ダイキが遠くなっちゃったんだし」

旬がいった「解散」っていう言葉に、ぼくはもっとショックを受けた。

「まーしょうがないよね。永遠に続くはずないんだしさ」

万千までそんなことをいった。

「……だよな」と、大樹があいづちを打つ。

「でも、今日だってこうやって会ってるんだし。たまに会いたいときに会えばいいじゃん。しゅみとかちがっても、なつかしい話もあるしさ。ボクらってさ、おたがい小さいころから知ってて、ほら、なんての、親せきみたいな感じだよね！」と、旬。

ぼくはつぶやくような声でいった。

「そうやろ。オレ、三キロやせたし、背は七センチのびたんや。どうや、スマートやろ。向こうでサッカーチームに入ってん」

大樹は、まるで別人だった。体つきから言葉づかいにいたるまで、なにからなにまでちがっていた。

万千と旬は「ホントにダイキ？」と、疑うような目つきで大樹をじーっと見た。

「そうやて。しっかしおまえらは変わらんなーっ」

ぼくたち四人は、ろうかを無言で歩いた。

部屋に入ったとたん、ケーキを見て大樹はすごくよろこんで旬をほめた。

「めっちゃすげえやん、このチョコレートケーキ！　おまえの腕(うで)、たいしたもんやなぁ」

「まあね。ザッハトルテっていうんだよ、このタイプのケーキは」

旬がそういうと、大樹は旬をひじでついた。

「オレにとっちゃ、どっちでも同じや！　けど、もうこの絵みたいな大仏じゃあらへんで！」

それからごうかいに笑った。笑いかただけは、変わっていない。

大樹は、必死に大阪(おおさか)弁をマネしていたら、だんだんしゃべれるようになったらしい。でも、少し話していると、前の大樹のしゃべりかたにもどってきて、ぼくは内心【　A　】。あまりにも見かけも話しかたもちがうと、まるで別の人みたいだったから。

「で、なに、おまえら、まだ三人だけでつるんでんの？」

って大樹がいったとき、正直ちょっと【　B　】。

「っていうか……クラスも同じだし……」

ごにょごにょとぼくが答えていると、ケーキを切り分けようとしながら旬が「つるんでないよ」なんて、あっけらかんといった。

「もう公園に集まるのはやめたよ。はっきりいって、話すこともないし、遊ばずしゃべらずなら、時間のムダだし」

時間のムダだって？

と旬をにらみつけていると、今度は万千が「そうそう」なんていった。

「あたしもさ、ジャングルジムとか、ガキっぽいことやってる場合じゃなくなったしね。ま、年とったのかなぁ！」

ムカーッときた。

「時間のムダとか、ガキっぽいとか、どういういいぐさだよ」

「そりゃそうだよ。楽しくないなら、家で料理の練習をしているほうがいいよ。あたりまえだろ？　トールだって、ボクとただジャングルジムにすわって天気のことを話すくらいなら、一人でゲームしたり宇宙の本を読みたいだろ？」

「いや、ぼくは……」

「あたしも、もうジャングルジムとかサッカーとか、ムリ。しょうがないじゃん。トールだってさ、幼稚園のときみたいに、どろんこ遊びしたい？」

「えっ？」

そんなことを聞かれると思っていなかったぼくは、いい返せなかった。

「ほら、したくないでしょ？　(2)それと同じことだよ。成長したってこと」

「いや、そりゃ遊びの内容は変わってもいいかもしれないけどさ、テツヨンの集まりは、年齢(ねんれい)関係ないだろっ」

ぼくはなるべくおちついた声で抗議(こうぎ)した。けど、腹のなかはぐつぐつと煮(に)えくり返っている。長い間ずっと仲間だったのに、(3)ずいぶんないいかたじゃないか。

二〇二二年度 学習院中等科

【国語】〈第一回試験〉（五〇分）〈満点：一〇〇点〉

〔注意〕字数が決まっている問いについては、「、」や「。」も一字と数えます。

一 次のぼう線部のカタカナを漢字で書きなさい。

① なかなかメが出ない。
② 今日はケイロウの日だ。
③ 心がユタかになる。
④ 負担がケイゲンされる。
⑤ 合唱部にショゾクする。
⑥ 小さな胸をイタめる。
⑦ 基本的ジンケンの尊重。
⑧ シゲンが少ない日本。
⑨ 水不足のタイサク。
⑩ シシャ五入にする。

二 次の文章を読んで、後の問いに答えなさい。

「ぼく」（トール）・大樹（ダイキ）・旬（シュン）・万千（マチ）は、幼稚園（ようちえん）のころから仲の良い四人組で、自分たちを「テツヨン」と呼んでいました。大樹が引っこしをしてしまいましたが、小学校の卒業式後の春休みに一度帰ってくることになりました。大樹と一番仲が良かったぼくは、大樹のために歓迎（かんげい）会を開きました。

ぼくらは、大雨の日に小学校を卒業した。大樹がいないのはさびしかったけど、二日後に会えるから、あまり気にはならなかった。雷（かみなり）や雨のせいもあって、ちっとも盛りあがらない卒業式だったけど、ぼくの気分は快晴だった。

待ちに待ったその日。

午後三時。集合場所はぼくの部屋。

「おかえりダイキ！」なんて画用紙にハデな色のマジックで書いて、部屋もきれいにかたづけて、ノリのいい音楽なんかをかけて。

最初に来たのは万千。それから箱を持った旬。

「ちょっと本気出して朝から作っちゃったよ。ブラックチョコを使ったザッハトルテ」

と、旬が見せてくれたのは、黒っぽい色のチョコレートケーキ。クリームで、大仏のイラストがかいてあった。

「わ、すごっ。シュン、めっちゃうまそうじゃん。ほとんどプロみたい！」

とほめると、(1)旬がひさびさに満面の笑顔（えがお）を見せた。

こんなにうれしそうな顔をするなら、旬の料理話をもっと聞いてあげればよかったな。

そのとき、ブザーが鳴った。大樹だ！

走って玄関（げんかん）にむかえにいって、おどろいた。

大樹は、すっかり変わっていた。

たった六か月の間に、ぼくたちの大仏は、ただのスポーツ少年になっていた。まん丸かった顔が長くなって、背が高くなり、ちぢれた髪（かみ）は短くかられていた。

「ひさしぶりやなーっ！」

といいながら、大樹はくつをぬいだ。

「お、おかえり。だれかと思っちゃったよ」

2022年度
学習院中等科 ▶解説と解答

算　数　＜第１回試験＞（50分）＜満点：100点＞

解　答

1 (1) 3　(2) 2.15　(3) $5\frac{3}{8}$　(4) $\frac{3}{14}$　2 (1) 18m　(2) 11人　(3) 120m　(4) 9個　3 (1) 24cm　(2) 91.06cm　(3) 838.38cm^2　4 (1) $\frac{73}{283}$　(2) 99　(3) 39番目　5 (1) 毎分90m　(2) 毎分240m　(3) 2025　6 (1) **誰の…もりした君，組**…３組　(2) **２位**…１組，**３位**…４組，**４位**…２組，**５位**…５組

解　説

1 四則計算，逆算

(1) $(77-7\times3)\div4-253\div23=(77-21)\div4-11=56\div4-11=14-11=3$

(2) $12\div0.6-3.1\times3.9-14.4\div2.5=20-12.09-5.76=7.91-5.76=2.15$

(3) $4\frac{7}{8}-3\frac{1}{4}\div2\frac{3}{5}+2\frac{1}{10}\times3\frac{4}{7}-5\frac{3}{4}=\frac{39}{8}-\frac{13}{4}\div\frac{13}{5}+\frac{21}{10}\times\frac{25}{7}-\frac{23}{4}=\frac{39}{8}-\frac{13}{4}\times\frac{5}{13}+\frac{15}{2}-\frac{23}{4}=\frac{39}{8}-\frac{5}{4}+\frac{15}{2}-\frac{23}{4}=\frac{39}{8}-\frac{10}{8}+\frac{60}{8}-\frac{46}{8}=\frac{43}{8}=5\frac{3}{8}$

(4) $\left(1.4-1\frac{1}{9}\div4\frac{1}{6}\right)\div1.7=\left(\frac{7}{5}-\frac{10}{9}\div\frac{25}{6}\right)\div\frac{17}{10}=\left(\frac{7}{5}-\frac{10}{9}\times\frac{6}{25}\right)\div\frac{17}{10}=\left(\frac{7}{5}-\frac{4}{15}\right)\div\frac{17}{10}=\left(\frac{21}{15}-\frac{4}{15}\right)\div\frac{17}{10}=\frac{17}{15}\times\frac{10}{17}=\frac{2}{3}$より，$4\frac{2}{3}\times(0.5-\square)+\frac{2}{3}=2$，$4\frac{2}{3}\times(0.5-\square)=2-\frac{2}{3}=\frac{6}{3}-\frac{2}{3}=\frac{4}{3}$，$0.5-\square=\frac{4}{3}\div4\frac{2}{3}=\frac{4}{3}\div\frac{14}{3}=\frac{4}{3}\times\frac{3}{14}=\frac{2}{7}$　よって，$\square=0.5-\frac{2}{7}=\frac{1}{2}-\frac{2}{7}=\frac{7}{14}-\frac{4}{14}=\frac{3}{14}$

2 植木算，集まり，通過算，整数の性質

(1) 両端《りょうはし》の木を含《ふく》めると，木の本数は全部で，９＋２＝11(本)になるから，木と木の間隔《かんかく》の数は，11－１＝10(か所)とわかる。よって，間隔１か所の長さは，180÷10＝18(m)と求められる。

(2) 野球またはサッカーが好きな人の数は，22＋18－６＝34(人)なので，両方とも嫌《きら》いな人の数は，45－34＝11(人)とわかる。

(3) 電車が鉄橋を通過するときのようすを図に表すと，下の図１のようになる。電車が69秒で走る距離《きょり》は，20×69＝1380(m)であり，これは電車の長さと鉄橋の長さの和にあたるから，電車の長さは，1380－1260＝120(m)とわかる。

図１

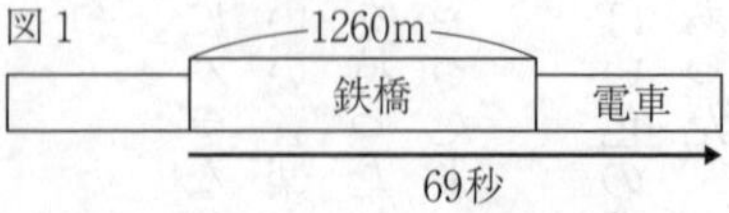

図２

1	2	3	5	6	7	10	14
210	105	70	42	35	30	21	15

(4) 220を割ると10余る数は，220－10＝210を割ると割り切れる数である。また，割り算の余りは割る数よりも小さいので，求める数は210の約数のうち10よりも大きい数になる。210を２つの整数の積で表して上下に並べると上の図２のようになるから，210の約数のうち10よりも大きい数は，｛14, 15, 21, 30, 35, 42, 70, 105, 210｝の９個とわかる。

3 平面図形―図形の移動，長さ，面積

(1)　三角形ABCは１辺の長さが12cmの正三角形を半分にした形の三角形だから，ABの長さは，12÷２＝６(cm)である。また，糸を巻きつけたときのようすは右の図のようになる。この図で，アの長さは６cmなので，イの長さは，12＋６＝18(cm)となり，APの長さは，６＋18＝24(cm)とわかる。

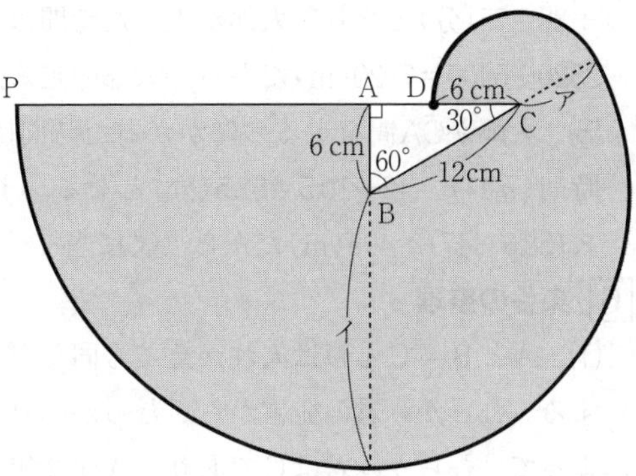

(2)　点Ｐが通った経路は図の太線のようになる。これは，半径が24cmで中心角が90度のおうぎ形の弧《こ》，半径が18cmで中心角が，180－60＝120(度)のおうぎ形の弧，半径が６cmで中心角が，180－30＝150(度)度のおうぎ形の弧を集めたものだから，長さは，$24\times2\times3.14\times\frac{90}{360}+18\times2\times3.14\times\frac{120}{360}+6\times2\times3.14\times\frac{150}{360}=(12+12+5)\times3.14=29\times3.14=91.06$(cm)と求められる。

(3)　糸が通った部分は図のかげをつけた部分である。これは３つのおうぎ形を集めたものなので，面積は，$24\times24\times3.14\times\frac{90}{360}+18\times18\times3.14\times\frac{120}{360}+6\times6\times3.14\times\frac{150}{360}=(144+108+15)\times3.14=267\times3.14=838.38$($cm^2$)と求められる。

4 数列，比の性質

(1)　分母には22から９ずつ増える数が並び，分子には15から２ずつ増える数が並ぶ。よって，30番目の分母は，22＋９×(30－１)＝283，30番目の分子は，15＋２×(30－１)＝73だから，30番目の分数は$\frac{73}{283}$となる。

(2)　分母が400である分数を□番目とすると，22＋９×(□－１)＝400と表すことができる。よって，□＝(400－22)÷９＋１＝43(番目)と求められるので，43番目の分子を求めると，15＋２×(43－１)＝99とわかる。

(3)　①番目の分母は，22＋９×(①－１)＝22＋⑨－９＝⑨＋13と表すことができ，①番目の分子は，15＋２×(①－１)＝15＋②－２＝②＋13と表すことができる。よって，分母と分子の比が４：１になるとき，(⑨＋13)：(②＋13)＝４：１となる。また，$A:B=C:D$のとき，$A\times D=B\times C$となるから，(⑨＋13)×１＝(②＋13)×４，⑨＋13＝⑧＋52，⑨－⑧＝52－13より，①＝39と求められる。したがって，$\frac{1}{4}$と等しい分数は39番目の分数である。

5 グラフ―旅人算

(1)　２人が出会った地点をＣとして２人の進行のようすをグラフに表すと，右のようになる。太郎の歩く速さは毎分60ｍだから，AC間の距離は，60×42＝2520(ｍ)となり，BC間の距離は，5400－2520＝2880(ｍ)とわかる。また，学がBC間にかかった時間は，42－10＝32(分)なので，学の速さは毎分，2880÷32＝90(ｍ)と求められる。

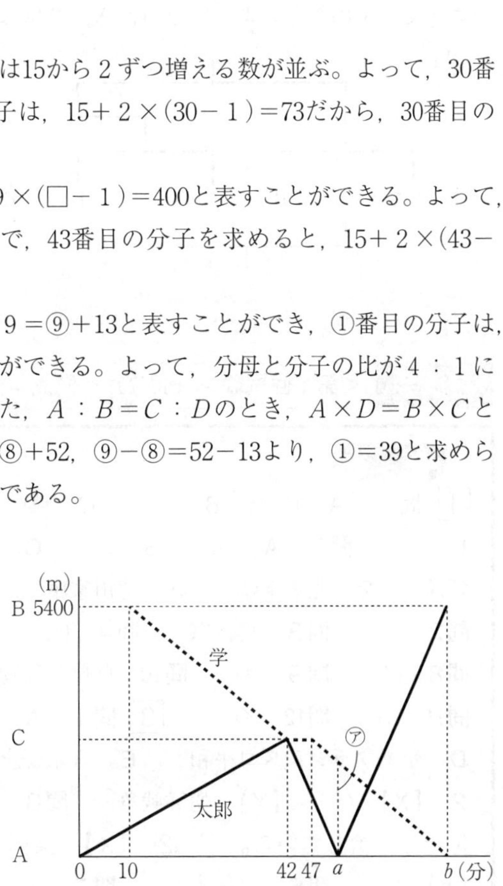

(2)　学がCA間にかかった時間は，2520÷90＝28(分)なので，学がＡ地点に着いた時間(b)は，47＋28＝75(分)となり，太郎が走った時間は，75－42＝33(分)とわかる。また，太郎が走った距離は，2520＋5400＝7920(m)だから，太郎の走る速さは毎分，7920÷33＝240(m)と求められる。

(3)　太郎がCA間を走るのにかかった時間は，2520÷240＝10.5(分)なので，太郎がＡ地点に着いた時間(a)は，42＋10.5＝52.5(分)となる。よって，学が47分後からa分後までに歩いた距離は，90×(52.5－47)＝495(m)だから，㋐に当てはまる数は，2520－495＝2025(m)と求められる。

6　条件の整理

(1)　ＡとＢ，ＣとＤは入れかえても同じだから，ａで勝ったチームをＡ，ｂで勝ったチームをＣとする。むらかみ君の発言から，むらかみ君は３回試合をして，３回目に３組に負けたことがわかる。よって，むらかみ君はＣであり，Ａが３組となる。さらに，もりした君の発言から，もりした君は３組であることがわかるので，下の図１のようになる(太線は勝ったチームを表し，○は組を表す)。したがって，１位はもりした君であり，それは３組である。

(2)　やまだ君の発言から，やまだ君はＥとわかる。すると，かい君はＢまたはＤになるが，かい君は５組や１組と試合をしているから，かい君はＤと決まる。また，かい君は５組に勝ったのでＢが５組であり，かい君が最初に試合をしたむらかみ君が１組とわかる。さらに，Ｂは残りのさかもと君になり，さかもと君は４組と試合をしていないから，やまだ君が４組，かい君が２組とわかる。よって，下の図２のようになるから，２位は１組，３位は４組，４位は２組，５位は５組となる。

図１

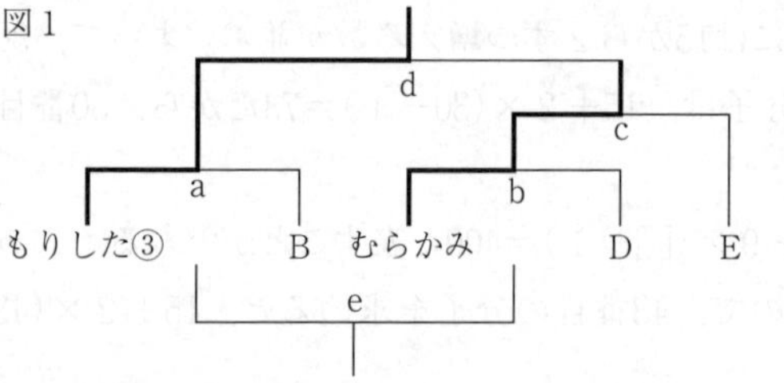

図２

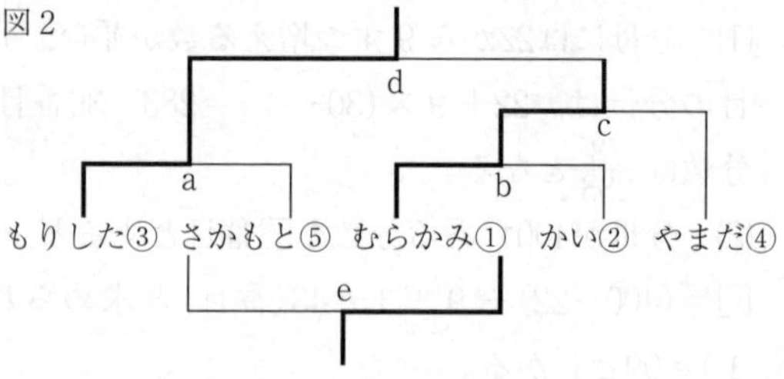

社　会　＜第１回試験＞（40分）＜満点：80点＞

解　答

1　問１　Ａ　(か)　Ｂ　(い)　Ｃ　(あ)　Ｄ　(う)　問２　Ａ　(う)　Ｂ　(あ)　Ｃ　(え)　Ｄ　(い)　問３　Ａ　(う)　Ｂ　(お)　Ｃ　(い)　Ｄ　(え)　Ｅ　(あ)　**2**　問１　１　藤原頼通　２　北条泰時　３　徳川家康　４　ラクスマン　５　シーボルト　６　モース　問２　(ウ)　問３　真言宗　問４　(エ)　問５　建武の新政　問６　(ア)　問７　分国法　問８　(イ)　問９　(エ)　問10　(例)　作物の豊凶に関係なく，一定の税収が得られること。問11　(イ)　問12　(イ)　**3**　問１　Ａ　復興　Ｂ　アフガニスタン　Ｃ　ソビエト　Ｄ　サンフランシスコ平和　Ｅ　日米安全保障　Ｆ　ポツダム　Ｇ　８(月)15(日)　問２　【Ｘ】　○　【Ｙ】　朝鮮戦争　問３　(1)　(例)　財源の不足分を補うため，地方交付税交付金を支給している。　(2)　【Ｘ】　条例　【Ｙ】　○　問４　(イ)　問５　【Ｘ】　中　【Ｙ】　○　問６　プーチン　問７　(イ)

解　説

1　日本の農業と工業についての問題

問１　A～D　2018年の日本の農業産出額に占《し》める割合は，畜産が35.5％で最も多く，ついで野菜の25.6％となっている。３番目は米で，米は日本人の主食として自給率も高い。くだものは9.3％，花は3.7％で，豆類は0.7％，麦類は0.4％であった。統計資料は『日本国勢図会』2020／21年版および2021／22年版などによる(以下同じ)。

問２　A　工場数と働く人の数が多いので，パン・菓子《かし》があてはまる。　**B**　飲料の生産は比較《ひかく》的大企業の割合が高く，働く人が少ないわりに生産額が大きい。　**C，D**　砂糖とみそを比べると，生産額は砂糖のほうが大きいので，Cがみそ，Dが砂糖になる。

問３　A　中京工業地帯は愛知県と三重県の伊勢湾岸を中心に発達し，現在では工業製品出荷額が最も多い。愛知県豊田市を中心として，自動車などの輸送用機械の生産がさかんである。　**B**　阪神工業地帯は大阪府と兵庫県の大阪湾岸を中心に発達し，工業製品出荷額が全国で２番目に多い。　**C**　京浜工業地帯は東京都と神奈川県の東京湾岸を中心に発達し，1990年までは工業製品出荷額が最も多かったが，工場用地が不足するなどして全国に占める割合が小さくなった。首都の東京をひかえていることから，情報通信産業が発達している。　**D**　東海工業地域は静岡県の全域を範囲《はんい》とし，輸送用機械を中心とする機械工業の割合が高い。　**E**　北九州工業地帯(地域)は八幡製鉄所の操業(1901年)をきっかけに発達し，かつては京浜・中京・阪神とともに四大工業地帯に数えられたが，現在では全国に占める割合が小さくなっている。

2　各時代の歴史的なことがらについての問題

問１　1　藤原頼通《よりみち》は平安時代半ばに活躍《かつやく》した貴族で，父の道長とともに藤原氏による摂関《せっかん》政治の全盛期を築いた。極楽往生《ごくらくおうじょう》を願う頼通は，1053年に現在の京都府宇治市に浄土《じょうど》教信仰にもとづいて平等院鳳凰《ほうおう》堂を建てた。　**2**　北条泰時《やすとき》は鎌倉幕府の第３代執権《しっけん》で，1232年に初の武家法である御成敗《ごせいばい》式目(貞永《じょうえい》式目)を制定した。　**3**　徳川家康は三河国(愛知県東部)の戦国大名で，関ヶ原の戦い(1600年)で豊臣方の石田三成《みつなり》らを破ると，1603年に征夷《せいい》大将軍となって江戸幕府を開いた。　**4**　ロシア使節のラクスマンは，1792年に蝦夷《えぞ》地(北海道)の根室に来航して日本に通商を求めたが，断られた。　**5**　ドイツ人のシーボルトは長崎のオランダ商館の医師として来日すると，1824年には長崎郊外に診療《しんりょう》所と学問所をかねた鳴滝塾を開き，診療するかたわら医学などの講義を行った。　**6**　モースはアメリカの動物学者で，貝類などを研究するために来日し，横浜(神奈川県)から新橋(東京都)に向かう汽車の車窓から大森貝塚を発見して，日本で考古学という新しい学問が始まるきっかけをつくった。

問２　元明天皇は唐(中国)の都長安を手本にして平城京をつくり，710年に都をうつした。平城京は，聖武天皇がとちゅう何年か都をうつしたものの，784年に長岡京に都がうつされるまで，日本の都として栄えた。

問３　空海は平安時代初めに活躍した僧で，留学僧として遣唐使船で唐に渡り，帰国すると高野山(和歌山県)に金剛峰寺《こんごうぶじ》を創建して真言宗を開いた。書道の達人としても知られ，「弘法《こうぼう》大師」の名で親しまれている。

問４　平清盛は平治の乱(1159年)で源義朝《よしとも》を破ると，1167年に武士として初めて太政《だいじょう》大臣に就任して政治の実権をにぎった(平氏政権)。清盛はまた，大輪田泊《おおわだのとまり》(現在の神戸港の一部)を修築し，宋(中国)と民間貿易を行って大きな利益を上げた。よって，(エ)が正しい。(ア)は源頼朝，(イ)は足利義満，(ウ)は豊臣秀吉が行ったこと。

問５　1333年，武士の助けにより鎌倉幕府を滅《ほろ》ぼした後醍醐《ごだいご》天皇は建武の新政を行い，天皇による政治を復活させた。しかし，公家中心の政治であったため武士の不満を招き，新政は２年半あまりで失敗に終わった。

問６　室町時代後半に発達した東山文化は第８代将軍足利義政のころの文化で，この時期，画僧の雪舟は明(中国)に渡って水墨《すいぼく》画の技術をみがき，帰国して日本の水墨画を大成した。よって，(ア)が正しい。(イ)の観阿弥《かんあみ》・世阿弥《ぜあみ》父子が能(能楽)を大成したのは室町時代前半の北山文化のとき。(ウ)の近松門左衛門《もんざえもん》は江戸時代の元禄文化を代表する人形浄瑠璃《じょうるり》・歌舞伎《かぶき》の脚本《きゃくほん》家，(エ)の紀貫之《きのつらゆき》は平安時代の歌人・貴族。

問７　戦国時代，戦国大名は領国支配を強化し，領内の武士を統制するために分国法とよばれる法令を定めた。

問８　寛政の改革(1787～93年)は老中の松平定信が行った幕政改革で，その一つとして幕府の学問所で朱子学以外の講義を行うことを禁止した(寛政異学の禁)。よって，(イ)が正しい。(ア)の人返しの法は老中の水野忠邦《ただくに》が行った天保の改革，(ウ)の足高《たしだか》の制と(エ)の上米の制は第８代将軍の徳川吉宗が行った享保の改革にあてはまる。

問９　戊辰《ぼしん》戦争は1868年１月の鳥羽《とば》・伏見《ふしみ》の戦いに始まり，同年４月の江戸城の無血開城を経て1869年５月の箱館(函館)五稜郭《ごりょうかく》の戦いで終わった。よって，(エ)があてはまる。

問10　1873年，明治政府は地租改正を行い，地価の３％を税として土地所有者に現金で納めさせることにした。それまでの現物納に代わって金納にしたのは，豊作・凶作《きょうさく》に関係なく決まった税収が見こめるためで，これにより政府の財政は安定した。

問11　1925年，加藤高明内閣のときに普通選挙法が制定され，満25歳以上のすべての男子に選挙権が認められた。なお，(ア)の伊藤博文は初代の内閣総理大臣，(ウ)の原敬《たかし》は初の本格的な政党内閣を組織した内閣総理大臣，(エ)の吉田茂《しげる》は戦後にサンフランシスコ平和条約と日米安全保障条約を結んだ内閣総理大臣。

問12　第二次世界大戦(1939～45年)のとき，リトアニアの領事館に駐在《ちゅうざい》していた杉原千畝《ちうね》は，ナチス・ドイツの迫害《はくがい》を受けて逃《に》げてきたユダヤ人にビザを発給して亡命を助け，多くのユダヤ人を救った。なお，(ア)の小村寿太郎《じゅたろう》と(エ)の陸奥宗光《むつむねみつ》は不平等条約の改正で活躍した外交官，(ウ)の寺内正《まさ》毅《たけ》は原敬の前の内閣総理大臣。

3　戦後の国際社会と日本についての問題

問１　**A**　2011年に起きた東日本大震災では，被害を受けた地域の復興を支援するため，復興庁が設置された。　**B**　2001年にアメリカ合衆国で起こった同時多発テロでは，テロを行ったイスラム教過激派の拠点《きょてん》があり，それをかくまうアフガニスタンのタリバン政権に対し，アメリカ軍が報復攻撃を行い，タリバン政権を崩壊《ほうかい》させた(アフガニスタン戦争)。しかし，2021年にアメリカ軍がアフガニスタンから撤退《てったい》したため，再びタリバン政権が復活した。　**C**　1991年，ソビエト連邦が解体され，連邦を形成していた国々がそれぞれ独立した。　**D**，**E**　1951年，日本は連合国側の48か国とサンフランシスコ平和条約を結び，独立を回復することになった。このとき同時に日米安全保障条約にも調印し，日本は引き続きアメリカ軍が国内に駐留することを認めた。この条約は

1960年に改定され，現在にいたっている。　**F，G**　第二次世界大戦は，1945年８月14日，日本が連合国側の出したポツダム宣言を最終的に受け入れ，無条件降伏《こうふく》したことで終わった。翌15日には，天皇がこれをラジオ放送で国民に伝えた。

問２　**【X】**　自衛隊の最高指揮監督権は，内閣総理大臣にある。　**【Y】**　自衛隊の前身である警察予備隊は，1950年に朝鮮戦争が起きたことをきっかけとして組織された。

問３　⑴　地方公共団体によって収入に大きな差があると，住民に対する行政サービスに格差が生じる。そこで，税収の少ない地方公共団体に対し，国が補助金として地方交付税交付金を支給し，地域間の格差是正《ぜせい》をはかっている。交付金の使い道は，地方の裁量に任されている。　⑵　**【X】**　地方公共団体は，憲法や法律の範囲内で，その地方だけに通用する条例を定めることができる。**【Y】**　地方公共団体の首長(都道府県知事や市区町村長)・地方議会議員は，住民の直接選挙で選ばれ，選挙権は満18歳以上の住民にあたえられている。

問４　東日本大震災では，地震と津波により福島第一原子力発電所で大量の放射性物質がもれ出す重大な原子力事故が起こり，震災をより深刻なものにした。

問５　**【X】**　イラクは，中東(西アジア)に位置する国である。　**【Y】**　イラクをはじめとするアラブ諸国では，多くの人々がイスラム教を信じている。

問６　2022年２月現在のロシア連邦の最高指導者は，プーチン大統領である。

問７　外国為替《かわせ》相場において，「１ドル＝100円」が，「１ドル＝120円」になる場合を，「円安(・ドル高)」という。円安は円の価値が下がる状態を指し，輸出や外国人の日本旅行は有利になるが，輸入や日本人の海外旅行は不利になる。

理　科　＜第１回試験＞（40分）＜満点：80点＞

解　答

1　①　イ　②　イ　③　エ　④　エ　**2**　**問１**　ア　**問２**　ウ　**問３**　つめ　**問４**　(例)　皮ふに吸収された水分が，空気中に蒸発するから。　**問５**　イ　**問６**　(例)　塩分ののう度差によって，魚の体内の水分が海水中に出ていってしまうから。　**3**　**問１**　イ　**問２**　①　○　②　74cm　③　35cm　④　×　**問３**　エ　**4**　**問１**　えら　**問２**　イ　**問３**　ウ　**問４**　イ　**問５**　①　ア，イ，ク　②　ケ　**5**　**問１**　ア，エ，オ　**問２**　**記号**…ウ，オ　**理由**…(例)　液状になった砂より密度が小さいから。　**問３**　**平地**…ウ，オ，ケ　**砂浜**…ウ，オ，カ　**問４**　(例)　つ波がきたときにはこの建物にひ難する。

解　説

1　**科学に関連する2021年のできごとについての問題**

①　新型コロナウイルスに対して２種類のこう体を混ぜ合わせて使用する治りょう方法は，こう体カクテルりょう法とよばれ，ウイルスが増えるのをおさえて重症《じゅうしょう》化を予防することが期待されている。

②　2021年７月，アメリカの宇宙開発企業が，お客さんを乗せた世界初の宇宙旅行に成功した。打

ち上げられた宇宙船は，高度100kmあまりの宇宙空間にとう達し，打ち上げから約10分後に着陸して旅を終えた。

③　真鍋淑郎《まなべしゅくろう》博士は，気候の予測モデルを開発し，二酸化炭素などの温室効果ガスが地球の気候変動にあたえる影響《えいきょう》などを予測した研究が評価され，2021年のノーベル物理学賞を受賞した。

④　2021年７月１日から３日にかけて，静岡県や神奈川県を中心に大雨が降った。静岡県熱海《あたみ》市では，大規模な土石流が発生し，住宅などが流される被害《ひがい》や人的被害などが発生した。

2　塩分のう度と水の移動についての問題

問１～問３　おふろに入ると，手の指先では一番外側にある皮ふの層が水分を吸収し，その部分の体積が大きくなり，広がろうとする。このとき，一番外側の皮ふの層にある死んだ皮ふがその下の層としっかりとくっついている部分とそうでない部分で皮ふの広がり方に差が生まれて，しわが生じると考えられる。また，指先には固いつめがあるので，つめのところで皮ふが広がれなくなり，しわになることも考えられる。

問４　おふろから上がると，皮ふの層に吸収された水分は，空気中に蒸発していく。すると，皮ふの層の水分量がおふろに入る前と同じ程度にもどるため，指先のしわは元通りになる。

問５　塩分のう度のうすい方からこい方に水が移動するので，海水浴をすると，塩分のう度のうすいヒトの体からこい海水へと水が移動することになる。そのため，皮ふの外側の層が水を少しは吸収しても，おふろに入ったときよりもしわができにくい。

問６　川に住む魚の体の塩分のう度は人間とほとんど同じなので，海水の塩分のう度より低い。そのため，川に住む魚は海の中では，体内の水分が海水中へと移動してしまい，体内の水分が減って，生活ができなくなることが多い。

3　板とおもりのつり合いについての問題

問１　おもりの向きが横のときは縦のときに比べて，おもりが水面に当たる面積が大きく，水しぶきが大きくなる。また，おもりが水面に当たる面積が大きいほど，おもりが受ける水の抵抗《ていこう》も大きくなるので，おもりは深くはしずまず，浅くしずんでからういてくる。

問２　①　板の重さ600ｇはＡ点とＢ点のちょうど真ん中，つまりＡ点やＢ点から，１×100÷２＝50(cm)の位置にある重心にかかっていると考える。ここでは，板の重心が机の上にあるため，机のはしを支点にすると，板の重さによる板をかたむけようとするはたらきは左回りになり，その大きさは，600×(50－22)＝16800となる。16800÷400＝42(cm)より，支点より右に22cmの位置にあるＢ点をおもりが通過しても板は落ちない。　②　机のはしを支点としたとき，板の重さによる板を左回りにかたむけようとするはたらきの大きさは，600×(50－44)＝3600である。3600÷200＝18(cm)より，おもりが支点から右に18cm，つまりＡ点から右に，100－44＋18＝74(cm)の位置を通過すると板が落ちる。　③　机のはしよりも右に板の重心があるため，机のはしを支点にしたさい，板の重さによる板をかたむけようとするはたらきは右回りとなり，その大きさは，600×(55－50)＝3000になる。したがって，おもりが支点から左に，3000÷300＝10(cm)，つまりＡ点から右に，100－55－10＝35(cm)の位置を通過すると板が落ちる。　④　机のはしを支点にすると，板の重さによる右回りの板をかたむけようとするはたらきの大きさは，600×(66－50)＝9600である。9600÷100＝96(cm)より，支点から左に，100－66＝34(cm)のＡ点におもりを置いても，板から手を放したとたんに板が落ちてしまう。

問３　板の重心が机のはしより右にあると，おもりがＢ点を通過する前に，板は落ちることになるため，ここでは板の重心は机のはしよりも左にあるときについて考える。机からできるだけ長く板がせり出すようにしたときには，おもりがＢ点にあるときに板がちょうどつり合うので，(板の重さ)×(机のはしから重心までの長さ)＝(おもりの重さ)×(机のはしからＢ点までの長さ)が成り立つ。机のはしからＢ点までの長さを□cmとすると，600×(50－□)＝(おもりの重さ)×□となるため，おもりの重さが重くなるほど，机のはしからＢ点までの長さは小さくなる。よって，グラフはエのようになる。

4　背骨がある動物の進化についての問題

問１　肺では空気中から酸素を血液中に取りこみ，血液中の不要となった二酸化炭素を空気中へ排《はい》出《しゅつ》している。魚でこのはたらきをしている部分は，えらである。

問２　肺や心臓のつくりが簡素であったり不完全であったりすると，酸素を効率よく血液中に取りこめない。したがって，両生類やは虫類は，鳥類やほ乳類と比べて体内に酸素が足りないといえ，酸素と栄養分からつくり出すエネルギーの量が少なく，体温を一定に保ちにくいと考えられる。

問３　肺の周りの気圧が体の周りの気圧よりも低いことにより，気圧の高い体の外側から肺の中に空気が入りやすくなる。つまり，息を吸いやすくなっている。

問４　魚類の心臓は，Ｂのような１心房《しんぼう》１心室，両生類の心臓は，Ａのような２心房１心室である。は虫類の心臓は２心房１心室で，心室に不完全なかべがある(不完全な２心房２心室ともいう)。鳥類とほ乳類の心臓は，Ｃのような２心房２心室のつくりをしている。

問５　ヒトの手や鳥類のつばさは，前あしにあたる。初期の両生類は胸びれを使ってどろの上などをはい回る魚から進化したと述べられていることから，前あしのもとは胸びれとわかる。前あしのもとが胸びれとすると，後あしのもとは通常１個体に２枚(１対)ある腹びれと考えられる。

5　地しんと災害についての問題

問１　ア　図２を見ると，海底でも地しんは発生している。　イ　プレートの境界に沿って大きな地しんの発生場所は列になっている。　ウ，エ　プレートの境界に沿って大きな地しんが発生しているが，境界がないところはほとんど発生していない。つまり，大きな地しんが発生する地域と発生しない地域がはっきりしていて，地球上では一様に地しんが発生しているとはいえない。
オ　小さいプレートの境界でも地震が発生している。　カ　アフリカや中央アジアなどでは，プレートの内部でも大きな地震が発生している。

問２　液状化現象では，水を多くふくむ砂の層にしん動が加わることで，砂のつぶ同士のつながりが弱くなり水の中に砂のつぶが広がっている状態になる。このような液状になった砂の層よりも密度の小さいものはうき上がる。レンガやビー玉，鉄の球は密度が大きく，プラスチック製のボールや木製の球は密度が小さい。

問３　平地(内陸)の住宅地で地しんが起こった場合，かつて川だった場所をうめ立てたところなどでは，液状化のおそれがある。さらに，地ばんが弱いところや断層が発生しているところなどでは地割れが発生する危険性もある。また，建物やブロックべいのとうかいなども考えられる。砂浜で地しんが起こった場合も，液状化や地割れのおそれがある。また，地しんの発生場所が海底の下にあった場合，つ波が起こることがあるため，つ波による被害が考えられる。なお，近くに山やがけがあるところで地しんが起こった場合，落石やがけくずれが発生するおそれがある。

問４　図の右側にはつ波，左側には建物がえがかれている。これは，つ波ひ難ビルのマークで，つ波ひ難ビルは，大つ波警報などが出たが高台まで行く時間がない場合に，一時的にひ難するための建物である。

国　語　＜第１回試験＞（50分）＜満点：100点＞

解　答

一　下記を参照のこと。　二　**問１**　（例）　好きなことがちがうから話していても楽しくないのに，無理につるむ必要はない。　**問２**　Ａ　オ　Ｂ　イ　**問３**　（例）　もう幼稚園のときみたいにどろんこ遊びはしたくないということ。　**問４**　ア　**問５**　エ　**問６**　ウ　**問７**　（例）　三人の気持ちがはなれたテツヨンに自分だけ執着するのがはずかしく，悲しくて仕方ないのに弱みを見せまいと意地を張ったから。　**問８**　（例）　（ぼく（トール）が)テツヨンから仲間の気持ちがはなれることを受けいれがたく，自分自身で関係をこわした(物語。)　三　**問１**　（例）　言葉の力を十分に鍛えていなかったせいで，自分の気持ちや考えがぼやけていたから。　**問２**　イ　**問３**　エ　**問４**　（例）　自分の感情の正体を考えることで心が育つから。　**問５**　イ　**問６**　ウ　**問７**　自分だけの表現(ができなくなってしまう。)　**問８**　（例）　自分の感性を表現する力は，抽象的な言葉を具体的なものと結びつけることで鍛えられるが，『枕草子』の「うつくし」は，そうして鍛えられた表現のよい見本だから。

●漢字の書き取り

一　①　芽　②　敬老　③　豊(か)　④　軽減　⑤　所属　⑥　痛(める)　⑦　人権　⑧　資源　⑨　対策　⑩　四捨

解　説

一　漢字の書き取り

①　音読みは「ガ」で，「発芽」などの熟語がある。　②　老人を敬い大切にすること。「敬老の日」は国民の祝日で，九月の第三月曜日。　③　音読みは「ホウ」で，「豊富」などの熟語がある。　④　負担や苦痛が減って軽くなること。　⑤　団体や組織に加わっていること。　⑥　音読みは「ツウ」で，「頭痛」などの熟語がある。　⑦　すべての人が生命と自由を確保し，それぞれの幸福を追求する権利。人間が本来持っている，人間らしく生きる権利。　⑧　生産活動のもとになる物資。　⑨　相手の態度や事の成り行きに応じて取る方策。　⑩　計算での端数《はすう》処理法の一つ。求める桁《けた》の，次の桁が四以下なら切り捨て，五以上なら切り上げる。

二　**出典は佐藤《さとう》まどかの『月にトンジル』による。**「ぼく」（トール)たち「テツヨン」の関係が大樹の転校をきっかけにくずれ始め，春休みに再会したというのにかみ合わないようすが描《えが》かれている。

問１　再会した大樹から「まだ三人だけでつるんで」いるのかと訊《き》かれた旬は，はっきりいって「遊ばずしゃべらず」でつまらず，「時間のムダ」なのでもうつるんでいないと返答している。話題も趣味《しゅみ》もちがい，疎遠《そえん》になっていたなか集まることになりどこか居づらさを感じていたものの，「ぼく」に自作のケーキをほめられたため，旬は「ひさびさに満面の笑顔《えがお》」を見せたのだろうと想像できる。後の部分にある，「テツヨン」の「解散」も視野に入れていた旬の考えもふまえ，「興味のあることがちがい，話も合わないのに昔通りの関係を続けるのは難しい」のようにまとめる。

問２　再会した大樹のようすが昔とは「まるで別人だった」ことに，「ぼく」がとまどった点をおさえる。　**Ａ**　話しているうち，大阪弁から「前の大樹のしゃべりかた」にもどったことで「ぼく」は安心感を覚えたのだから，オの「ホッとした」が入る。　**Ｂ**「待ちに待った」再会なのに，大樹から「おまえら，まだ三人だけでつるんでんの」と言われた「ぼく」は，変わっていないように見える自分たちが皮肉られているようで腹を立てたのだから，イの「カチンときた」があてはまる。

問３　万千から「幼稚園のときみたいに，どろんこ遊び」をしたいかと問われた「ぼく」は，言葉に詰まっている。旬の気持ちは，そんな遊びをしたいとは思えずにいる「ぼく」と「同じ」だというのである。

問４　旬からは「テツヨン」としての集まりなど「時間のムダ」，万千にも「もうジャングルジムとかサッカーとか，ムリ」と言われた「ぼく」は，「ずいぶんないいかた」ではないかと思っている。つまり，長い間仲間だった人間の言い草とは思えない二人の発言を「ぼく」は腹立たしく思ったのだから，アがふさわしい。

問５「テツヨン」の関係を続けることに否定的な旬とマチの意見を聞いた後，大樹からも「テツヨン卒業」とまで言われたことで，自分以外は「テツヨン」を見放すのかと「ぼく」は動揺《どうよう》しているので，「おそるおそる」三人を順番に見たとするのがよい。なお，「おそるおそる」は，こわがりながら何かをするようすを表す。

問６　これまでみてきたように，「長い間ずっと仲間」と思ってきた三人から「テツヨン」の関係でいることを否定された「ぼく」はショックを受けている。そんななか，旬から「ボクらってさ～親せきみたいな感じだよね」と言われたことで，「仲間」にこだわっていた「ぼく」の気持ちが逆なでされたのだから，ウの「おこっている」がふさわしい。なお，「じょうだんだろ」は，相手のふざけた言動をとがめる言葉，あるいは，相手の言動が自分の意に反したときの不満を表す言葉。

問７「テツヨン」へ執着《しゅうちゃく》する自分に対し，しめし合わせたかのような態度で「解散」を望む三人のようすを見て，「ぼく」は取り残されたような思いを抱きながらも弱みは見せられないと「テツヨンのマーク」を引き裂《さ》いている。この後，三人から非難され「なみだが出そうなほど悲しいのに」歯止めのきかなくなった「ぼく」は，心にもない言葉を次から次へと吐《は》きながらマークを「さらに半分に」やぶいてゴミ箱に捨てたのだから，「三人がテツヨンを昔の思い出のように言うのが悲しくてたまらないのに，執着している自分を見せたくなくて強がってしまったから」のようにまとめる。「テツヨンのマーク」を引き裂いて捨てるという行為は，三人とのつながりを自ら断ち切ることを意味しており，あまりにも不本意な結果を自分の手によってもたらしてしまったことに，「ぼく」は強い後悔《こうかい》と喪失《そうしつ》感を抱いたのである。

問８　四人のつながりを意味する「テツヨンのマーク」を破り捨てた「ぼく」は，大樹から「最後になんかいうことあるか，トール」と言われたものの，強がって「仲直りのラストチャンス」をはねのけている。一人残された部屋で，「ぼく」は大樹のためにつくられたケーキを，涙《なみだ》とともに「ぐちゃぐちゃ」にして食べているが，ここには「テツヨン」を最も悪い形で崩壊《ほうかい》させてしまったことへの後悔と喪失感が重ねられているものと推測できる。全体の経緯《けいい》と結果をふまえ，「仲の良かった三人と心がはなれてしまったことを知り，みずからテツヨンに別れを告げる(物語)」のような趣旨《しゅし》でまとめる。

三 出典は『国語をめぐる冒険』所収の「言葉で心を知る（平野多恵《ひらのたえ》著）」による。自分のことなのに自分の気持ちや考えをうまく言葉にできないのはなぜか，どうすれば表現できるようになるかが説明されている。

問１　六つ目，七つ目の段落で，人間は自分が使う言葉の範囲《はんい》をこえて思考することはできないため，自らの「言葉が確立」されていなければ，気持ちを正しくとらえ，表現することなどできないと述べられている。つまり，当時の筆者が「気持ちや考えを言語化」できなかったのは，自らの言葉が確立されていなかったために，「自分の気持ちがわからな」かったからだといえる。

問２　直前に「これ」とあるので，前の部分に注目する。「ダブル・リミテッド」とは，「子どもの頃《ころ》に複数の言語を使用する環境《かんきょう》で育ち，母語の習得が十分でない場合に，深い思考ができなくなってしまう問題」をいう。バイリンガルの高校生の例からもわかるとおり，人間は「自分が使う言葉の範囲をこえ」た思考などできないのだから，イがあてはまる。

問３　前後に「自分の言葉が確立されていないと」心がぼやけ，言葉と格闘していけば「自分が育てられていく」とある。つまり，未熟な言葉でぼやけるのは，「自分」の気持ちや考えなので，エがよい。

問４　自分の中に「むかつく」という言葉しかなければ，それ以上の気持ちが把握《はあく》できず「キレてしまう」が，「辞書，とくに類語辞典」によってさまざまないら立ちの表現を知り，語彙《ごい》力を増やせば「むかつく」正体がわかる。このことを筆者は「言葉が，心を育てる」と表現しているので，「自分の気持ちを言語化できるような心が育つから」のような趣旨《しゅし》でまとめる。

問５　「具体的に語る」ことで得られるものなので，相手を納得《なっとく》させる「説得力」だとわかる。

問６　「揶揄《やゆ》する」は，“からかう”という意味。「若い女の子は何を見ても『かわいい』しか言わない」とからかわれるほど，この言葉はさまざまな状況《じょうきょう》に使える便利な言葉なのである。

問７　続く部分の内容から，便利な言葉ばかり使用していると，「自分なりの感じかたを知り，しっくりくる言葉をつかむ」ことなどいつまでたってもできないという筆者の考えがうかがえる。つまり，「かわいい」などの楽な言葉で済ましていると「自分だけの表現」ができなくなるのである。

問８　現代語の「かわいい」に通じるものとして，筆者は『枕草子』「うつくしきもの」の章段を取り上げているが，そこで用いられている「うつくし」という言葉は，多様な存在と結びつくことであざやかな情景を生み出している。つまり，「抽象《ちゅうしょう》的な言葉」（ここでは「うつくし」）は何か「具体的なものごと」と結びつけられることで，「自分だけの表現になる」のである。つまり，筆者は「抽象と具象の間を行き来する中で表現力が鍛《きた》えられる」ことを示すために，『枕草子』「うつくしきもの」を引用したものとわかる。

2022年度　学習院中等科

〔電　話〕(03) 5992－１０３２
〔所在地〕〒171-0031　東京都豊島区目白１－５－１
〔交　通〕JR山手線－「目白駅」より徒歩３分

【算　数】〈第２回試験〉（50分）〈満点：100点〉

〔注意〕式や考え方を指定された場所に必ず書きなさい。

1　次の□に当てはまる数を入れなさい。

(1)　$2022\div(13\times26-1)+3103\div29=$□

(2)　$3.9\div1.5+4.9\times0.7-2.9\times1.7=$□

(3)　$3-1\frac{3}{8}\times1\frac{1}{3}+\frac{1}{21}-3\frac{2}{7}\div4\frac{3}{5}=$□

(4)　□$\times\left(1.72-1\frac{3}{5}\right)+1.5\div\frac{5}{7}=2.2$

2　次の□に当てはまる数を入れなさい。

(1)　112mある池の周りの道を一周するように同じ間隔《かんかく》で木を植えます。７ｍの間隔で植えるとき，木は□本必要です。

(2)　35人のクラスで野球とサッカーについて好きか嫌《きら》いかを調べました。野球が好きな生徒が□人，サッカーが好きな生徒が19人，両方とも好きな生徒が６人のとき，両方とも嫌いな生徒は９人です。

(3)　時速108km で走る電車が，長さ750mの鉄橋を渡り始めてから渡り終わるまでに30秒かかります。この電車が長さ1.8km のトンネルに入り始めてから出終わるまでに□秒かかります。

(4)　400を割ると40余《あま》る整数は□個あります。

3　図１は１辺の長さが４cm の正方形ABCD の点Ａから先端《せんたん》をＰとする糸を角PAB が90°になるようにぴんと張った図です。図２のように反時計回りに糸をぴんと張ったまま正方形ABCD に巻きつけていったところ，AB，BC の順に巻きついた後，CD の真ん中の点ＥにＰが重なりました。

図１

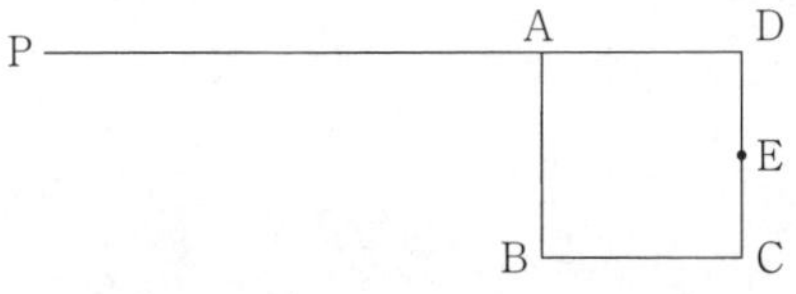

図２

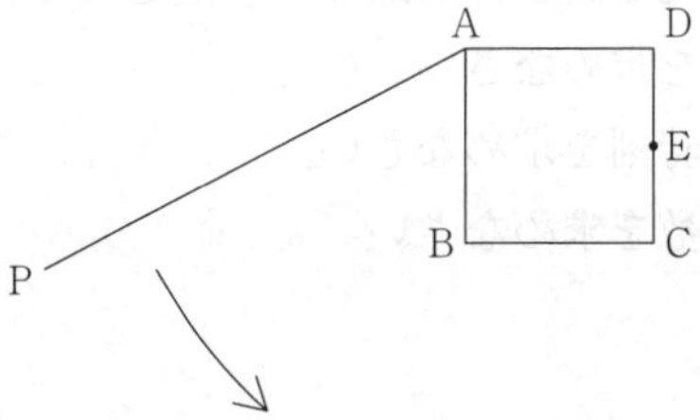

このとき，次の問いに答えなさい。ただし，円周率を3.14とします。

(1)　糸の長さ（AP の長さ）を求めなさい。

(2)　糸の先端Ｐが通った経路の長さを求めなさい。

(3)　糸が通った部分の面積を求めなさい。

4　次のような順に分数が並んでいます。

$\frac{1}{1}, \frac{1}{2}, \frac{3}{2}, \frac{1}{3}, \frac{3}{3}, \frac{5}{3}, \frac{1}{4}, \frac{3}{4}, \frac{5}{4}, \frac{7}{4}, \frac{1}{5}, \frac{3}{5}, \frac{5}{5}, \frac{7}{5}, \frac{9}{5}, \cdots\cdots$

このとき，次の問いに答えなさい。

(1)　30番目の分数を求めなさい。

(2)　$\frac{7}{11}$が出てくるのは何番目か求めなさい。

(3)　４回目に$\frac{3}{2}$と等しい分数が出てくるのは何番目か求めなさい。

5　太郎は８時にＡ地点を歩いて出発しＢ地点に向かいました。学は太郎より７分遅《おく》れてＡ地点を走って出発し，Ｂ地点に着いたあと休みをとり再びＡ地点に走って向かいました。太郎がＢ地点に着いた時刻と，学がＡ地点に着いた時刻は同じでした。

下の図は，太郎と学のＡ地点からの距離《きょり》と時刻の関係を表したものです。

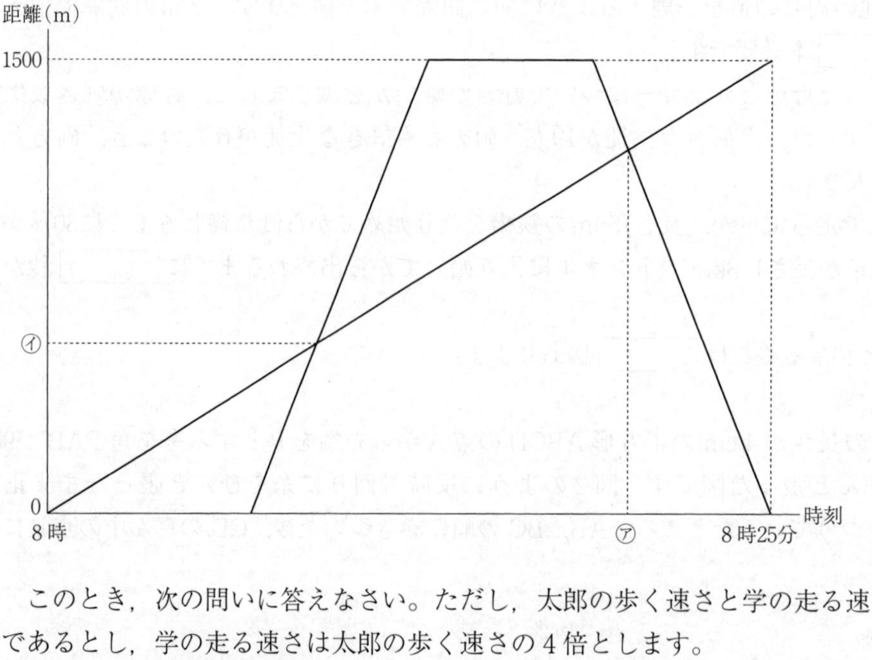

このとき，次の問いに答えなさい。ただし，太郎の歩く速さと学の走る速さはそれぞれ一定であるとし，学の走る速さは太郎の歩く速さの４倍とします。

(1)　学が休んだ時間を求めなさい。

(2)　㋐に当てはまる時刻を求めなさい。

(3)　㋑に当てはまる数を求めなさい。

6　１組から５組までの５つのサッカーチームが，くじ引きで図のA，B，C，D，Eのどこかに入り，トーナメント戦を行いました。AとBの試合ではAが勝ち，CとDの試合ではCが勝ちました。

以下は先生と各チームのキャプテンのコメントです。

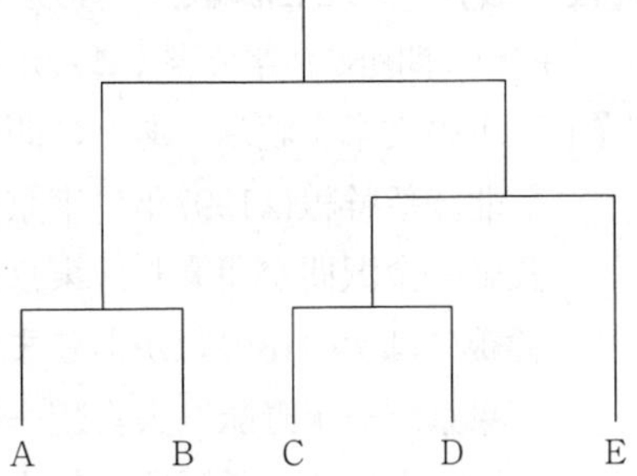

先生「１試合で４点以上取ったチームはなかったし，同点の試合もなかったね。」

１組「僕のチームは１試合しか試合ができなかった。でも１点だけ取ることができた。」

２組「僕のチームも１試合しか試合ができなかった。でも２点取ることができた。」

３組「僕のチームの平均得点は２点だった。最初の試合は１対０だった。」

４組「僕のチームの合計得点は３点だった。最後の試合は１点差だった。」

５組「僕のチームは１点も取ることができなかった。」

このとき，次の問いに答えなさい。

(1)　A，C，Dに当てはまる組を答えなさい。

(2)　１位は何組か答えなさい。また，決勝の結果は何対何か答えなさい。ただし，大きい点数の方を先に書きなさい。

【社　会】〈第２回試験〉（40分）〈満点：80点〉

〔注意〕　問題に漢字で書くことが指定されていれば正しい漢字で書きなさい。

1　下の文章を読み，あとの問いに答えなさい。

北陸新幹線は1997年に東京―長野間が「長野新幹線」として部分開業しました。2015年には長野―金沢間が開業し，東京―金沢間を結んでいます。2021年12月現在，開業している北陸新幹線には次の18の駅があります。

東京駅―上野駅―大宮駅―熊谷駅―本庄早稲田駅―高崎駅―安中榛名駅―軽井沢駅―佐久平駅―上田駅―長野駅―飯山駅―上越妙高駅―糸魚川駅―黒部宇奈月温泉駅―富山駅―新高岡駅―金沢駅

問１　北陸新幹線の駅である，次の①～⑤の駅は何県にありますか。その県名を以下の(あ)～(そ)から一つずつ選び，記号で答えなさい。

①．安中榛名駅
②．軽井沢駅
③．飯山駅
④．糸魚川駅
⑤．黒部宇奈月温泉駅

(あ)　愛知　(い)　石川　(う)　茨城　(え)　神奈川　(お)　岐阜
(か)　群馬　(き)　埼玉　(く)　静岡　(け)　千葉　(こ)　栃木
(さ)　富山　(し)　長野　(す)　新潟　(せ)　福井　(そ)　山梨

問２　次の①～③の問いに答えなさい。

①．上野駅と大宮駅の間で，北陸新幹線は関東地方の代表的なある川を渡《わた》っています。その川の名前を以下の(あ)～(そ)から一つ選び，記号で答えなさい。

②．長野駅と飯山駅の間で，北陸新幹線は中部地方の代表的なある川を渡っています。その川の名前を以下の(あ)～(そ)から一つ選び，記号で答えなさい。

③．富山駅と新高岡駅の間で，北陸新幹線は中部地方の代表的なある川を渡っています。その川の名前を以下の(あ)～(そ)から一つ選び，記号で答えなさい。

(あ)　阿賀野川　(い)　阿武隈川　(う)　荒川　(え)　大井川　(お)　雄物川
(か)　木曽川　(き)　北上川　(く)　九頭竜川　(け)　信濃川（千曲川）　(こ)　神通川
(さ)　多摩川　(し)　天竜川　(す)　利根川　(せ)　富士川　(そ)　最上川

問３　次の①～⑤は，北陸新幹線の駅がある市についての文章です。①～⑤は何市についてのものですか。最も適する市の名前を以下の(あ)～(け)から一つずつ選び，記号で答えなさい。

①．2010年に当時日本でただ一つの盆栽《ぼんさい》専門の公立美術館が，この市にできました。

②．この市は金箔《きんぱく》の産地として，とても有名です。この市で初めて金箔がつくられたのは，前田利家の命を受けてのことであるといわれています。

③．「日本三大だるま市」の一つが，この市で開かれます。

④．この市は銅器の産地として，とても有名です。「日本三大仏」の一つに数えられることがある，高さ約16mの大仏が，この市にあります。

⑤．ユネスコが支援《しえん》する「世界ジオパークネットワーク」の審査《しんさ》を通り，2009年に日本で初めての「世界ジオパーク」として認定された地域が，この市にあります。この市はヒスイ

の産地としても有名です。

(あ) 安中市　(い) 糸魚川市　(う) 上田市　(え) 金沢市　(お) 熊谷市
(か) さいたま市　(き) 高岡市　(く) 高崎市　(け) 長野市

2 下の〔A〕～〔E〕の文章を読み，あとの問いに答えなさい。

〔A〕

2021年，「北海道・北東北の縄文遺跡《いせき》群」の世界文化遺産への登録が決定しました。これは17の考古遺跡で構成され，1万年以上にわたって採集・漁労・狩猟《しゅりょう》により定住した①縄文時代の人びとの生活と精神文化を伝えています。日本における世界文化遺産の登録は，②古墳《こふん》時代の最盛期にかけてつくられた墓群《ぼぐん》である「百舌鳥《もず》・古市古墳群」に続き20件目となります。

〔B〕

奈良時代，農民は③様ざまな税や労役などの重い負担を課せられました。日本に現存する最古の和歌集である『(1)』におさめられた(2)の「貧窮問答歌《ひんきゅうもんどうか》」には，当時の農民の苦しい生活の様子がうたわれています。この時代には，いくつかの土地政策が実施《じっし》され，743年に④墾田永年私財法《こんでんえいねんしざいほう》が定められました。

〔C〕

1268年，モンゴル帝国《ていこく》(のちに国号を元にあらためる)の皇帝(3)からの国書が鎌倉《かまくら》幕府にとどき，日本は服属(つき従うこと)を要求されました。執権《しっけん》の(4)がこれを拒否《きょひ》すると，1274年に元軍は朝鮮半島の⑤ある国の軍とともに日本を攻《せ》めました。1281年に元軍をはじめとする遠征《えんせい》軍は再び日本を攻めましたが，暴風雨などで撤退《てったい》しました。この二度にわたる元軍の襲来《しゅうらい》を⑥元寇《げんこう》とよびます。

〔D〕

江戸《えど》時代の初め，江戸幕府はキリスト教の禁止を徹底《てってい》するために⑦「鎖国《さこく》」へと歩みを進め，貿易に様ざまな制限を設けました。しかし，19世紀に入り状況《じょうきょう》が変わり，1854年に⑧日米和親条約，1858年に大老の(5)とアメリカ総領事ハリスによって日米修好通商条約が結ばれ，開国することになりました。

〔E〕

第二次世界大戦は，1939年9月1日にドイツが(6)に侵攻《しんこう》(攻《せ》め入ること)したことをきっかけにはじまりました。1940年，日本・ドイツ・(7)の三国のあいだで軍事同盟が結ばれ，1941年に日本軍はインドシナ南部(現在のベトナム南部)に進駐《しんちゅう》(軍を進め，とどまること)しました。こうした動きをきっかけに日本とアメリカの対立は深まり，同年12月8日，日本軍は(8)領マレー半島とハワイの真珠湾《しんじゅわん》を攻撃し，同日アメリカと(8)に宣戦布告したため，⑨アジア太平洋戦争がはじまりました。東南アジア・太平洋地域での戦いを有利に進めていた日本でしたが，1945年8月15日，⑩日本がポツダム宣言を受け入れたことが国民に伝えられました。

問1　〔A〕～〔E〕の文章中の(1)～(8)に適することばを答えなさい。ただし，(1)は作品名を漢字で，(2)，(4)，(5)は人物名を漢字で，(3)は人物名をカタカナで，(6)～(8)は国名をカタカナで答えなさい。

問2　下線部①の「縄文時代の人びとの生活と精神文化」の説明として最も正しいものを以下の

(ア)～(エ)から一つ選び，記号で答えなさい。

(ア)　気候の温暖化により，主な食料がイノシシやシカなどの中型動物から，マンモスやナウマンゾウなどの大型動物に変わった。

(イ)　抜歯《ばっし》や手足を折り曲げて横たえる屈葬《くっそう》がおこなわれた。

(ウ)　祈《いの》りやまじないに使用するために埴輪《はにわ》がつくられた。

(エ)　縄文時代を代表する遺跡として，青森県の吉野ケ里遺跡があげられる。

問３　下線部②の「古墳時代」について，大阪府の百舌鳥古墳群にある国内最大規模の前方後円墳を漢字で答えなさい。

問４　下線部③の「様ざまな税や労役などの重い負担」の説明として最も正しいものを以下の(ア)～(エ)から一つ選び，記号で答えなさい。

(ア)　租は，都での労働にかえて布を納めるものである。

(イ)　調は，収穫《しゅうかく》の約３％を納める税である。

(ウ)　庸《よう》は，布や絹など，特産物を納めるものである。

(エ)　雑徭《ぞうよう》は，国司のもとで労働をすることである。

問５　下線部④の「墾田永年私財法」が出されたのち，貴族や大きな寺社などは開墾を進めて私有地を拡大させました。このような私有地を何というか，漢字で答えなさい。

問６　下線部⑤の「ある国」を以下の(ア)～(エ)から一つ選び，記号で答えなさい。

(ア)　百済《くだら》《ベクチェ》　(イ)　高句麗《こうくり》《コグリョ》　(ウ)　高麗《こうらい》《コリョ》　(エ)　新羅《しらぎ》《シルラ》

問７　下線部⑥の「元寇」で御家人の不満が高まった理由を25字以内で説明しなさい。ただし，句読点も１字に数えます。

問８　下線部⑦の「『鎖国』」について，【X】～【Z】のできごとを時期の古い順に並べ替えたときの組み合わせとして正しいものを以下の(ア)～(カ)から一つ選び，記号で答えなさい。

【X】　ポルトガル船の来航を禁止する。
【Y】　オランダ商館を長崎の出島にうつす。
【Z】　日本人の海外渡航《とこう》と帰国を禁止する。

(ア)　【X】→【Y】→【Z】　(イ)　【X】→【Z】→【Y】
(ウ)　【Y】→【X】→【Z】　(エ)　【Y】→【Z】→【X】
(オ)　【Z】→【X】→【Y】　(カ)　【Z】→【Y】→【X】

問９　下線部⑧の「日米和親条約」で開かれた港を以下の(ア)～(カ)からすべて選び，記号で答えなさい。

(ア)　神奈川　(イ)　下田　(ウ)　長崎　(エ)　新潟《にいがた》　(オ)　箱館《はこだて》　(カ)　兵庫

問10　下線部⑨の「アジア太平洋戦争」の時期のできごとの説明として**正しくないもの**を以下の(ア)～(エ)から一つ選び，記号で答えなさい。

(ア)　日本は，ミッドウェー海戦で壊滅的《かいめつてき》な大打撃《だいだげき》を受けて敗北した。

(イ)　サイパン島がアメリカ軍機の日本爆撃《ばくげき》の基地となった。

(ウ)　戦時中の日本では，多くの国民が食料や物資の不足に苦しんだ。

(エ)　戦時中の日本では，空襲《くうしゅう》の影響《えいきょう》をさけるために大都市の学童を地方に集団で移動させる勤労動員がおこなわれた。

問11　下線部⑩の「日本がポツダム宣言を受け入れたことが国民に伝えられました」について，国民に終戦を伝えた天皇のラジオ放送を何というか，漢字で答えなさい。

3　2021年に起こったできごとに関する下の文章を読み，あとの問いに答えなさい。

２月１日には，①ASEAN加盟国の１つである（　1　）でクーデターが発生し，国軍が政権をうばいました。ASEANとは（　2　）アジア諸国連合のことで，このクーデターにより，アウンサンスーチー国家顧問《こもん》やウィンミン大統領らが国軍に拘束《こうそく》されました。

３月18日から４月16日にかけて，アメリカから日本に輸入される牛肉に対する（　3　）の率が引き上げられました。（　3　）とは輸入品に課される税のことです。貿易においては，ある商品の輸入量が急激に増加した場合には，同じ商品を生産する国内の産業が大きな影響《えいきょう》を受けることがあります。その場合，輸入する側の国には，一定期間，（　3　）の率を引き上げる緊急《きんきゅう》輸入制限が認められています。この緊急輸入制限を（　4　）といい，今回の（　3　）の率の引き上げは，日本がこの（　4　）を発動したものです。

３月26日，②常会（通常国会）において③2021年度の日本の国の予算が成立しました。国の予算とは，国の収入にあたる歳入《さいにゅう》と，国の支出にあたる④歳出の見積もりのことです。

６月11日から13日にかけて，イギリスのコーンウォールで⑤主要７か国首脳会議（G7サミット）が開催《かいさい》されました。ここでは，新型コロナウイルス対策，地球環境問題，人権問題などについて話し合いがおこなわれました。

７月には，日本で２つの世界遺産の追加が決まりました。そのうちの一つが「奄美大島，徳之島，沖縄島北部及び西表島」で，これは生物多様性が評価され⑥世界自然遺産に登録されることが決まったものです。

７月から９月にかけて，東京でオリンピック・パラリンピックが開催されました。第１回の近代オリンピックは（　5　）で1896年に開催され，⑦第32回となる東京大会には世界中から多くの国・地域が参加しました。また，大会の開会式や閉会式に合わせて３つの⑧国民の祝日が移動したり，⑨東京都内では大規模な交通規制がおこなわれたりしました。国民の祝日については，「海の日」が７月の第３月曜日から７月22日に，「スポーツの日」が10月の第２月曜日から７月23日に，「（　6　）の日」が８月11日から８月８日に移動しました。この大会中の７月21日に国際オリンピック委員会は，2032年の夏季オリンピックの開催地が（　7　）のブリズベン（ブリスベン）に決定したと発表しました。

問１　文中の（１）～（７）に適することばを答えなさい。ただし，（１），（５），（７）については国名をカタカナで，（２），（３），（６）については漢字で，（４）についてはカタカナで答えなさい。

問２　下線部①の「ASEAN」に加盟していない国を以下の(ア)～(カ)から二つ選び，記号で答えなさい。

(ア)　インドネシア　　(イ)　韓国　　(ウ)　シンガポール
(エ)　タイ　　(オ)　中国　　(カ)　マレーシア

問３　下線部②の「常会」について，以下の問いに答えなさい。

(1)　「常会」は毎年何月に始まることになっているか，答えなさい。

(2)　「常会」に対して，衆議院が解散され総選挙がおこなわれた後，30日以内に開かれる国会を何というか，漢字で答えなさい。

問４　下線部③の「2021年度の日本の国の予算」の総額として最も近いものを以下の(ア)～(エ)から一つ選び，記号で答えなさい。

(ア)　約１兆円　　(イ)　約10兆円　　(ウ)　約100兆円　　(エ)　約1000兆円

問５　下線部④の「歳出」について，次のグラフは2021年度の日本の予算の歳出のうちわけを示したものです。グラフのＡ～Ｃに適する支出を，以下の(ア)～(ウ)からそれぞれ選び，記号で答えなさい。

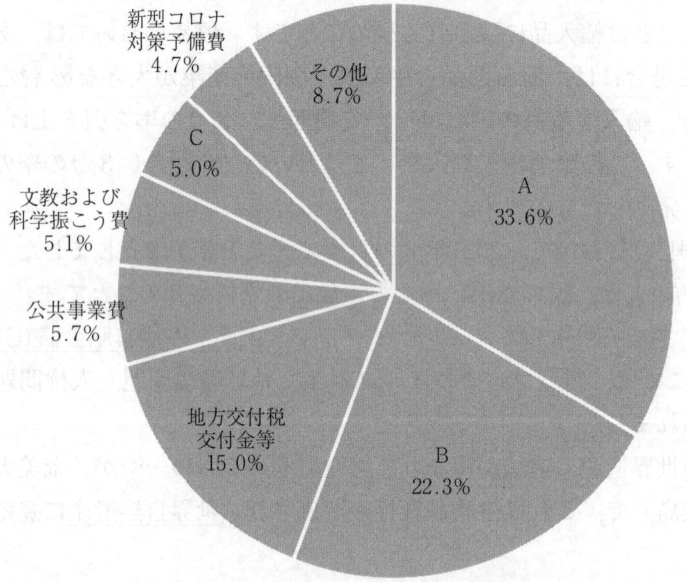

財務省HPより

(ア)　国債《こくさい》費（国の借金や利子の支払いにかかるお金）

(イ)　社会保障関係費（私たちの健康や生活を守るためにかかるお金）

(ウ)　防衛関係費（国の防衛にかかるお金）

問６　下線部⑤の「主要７か国首脳会議（G7サミット）」は，1998年から2013年にかけては主要８か国首脳会議（G8サミット）と呼ばれ，８か国の首脳らが参加していましたが，2014年から１か国が参加を停止しています。2014年から参加を停止している国の名前を答えなさい。

問７　下線部⑥の「世界自然遺産」について，以下の(ア)～(オ)の中から，日本の世界自然遺産ではないものを一つ選び，記号で答えなさい。

(ア)　小笠原諸島　　(イ)　白神山地　　(ウ)　知床　　(エ)　富士山　　(オ)　屋久島

問８　下線部⑦の「第32回となる東京大会」に参加した国・地域の数に最も近い数字を以下の(ア)～(オ)から一つ選び，記号で答えなさい。

(ア)　約50　　(イ)　約100　　(ウ)　約150　　(エ)　約200　　(オ)　約250

問９　下線部⑧の「国民の祝日」に関して，以下の(1)～(3)の国民の祝日はそれぞれ何月と定められているか，数字で答えなさい。

(1)　建国記念の日

(2)　憲法記念日

(3)　文化の日

問10　下線部⑨の「東京都内では大規模な交通規制がおこなわれたりしました」について，東京大会の参加選手や関係者を乗せた車のスムーズな移動の実現を目的とし，競技場周辺などの通行止めのほかに，首都高速道路では「ロードプライシング」がおこなわれました。では，東京大会における「ロードプライシング」とはどのような施策《しさく》(実施される政策)であったか，35字以内で答えなさい。ただし，句読点も１字に数えます。

【理　科】〈第２回試験〉（40分）〈満点：80点〉

1　2021年中に話題になった自然科学分野の出来事について答えなさい。

①　第三のワクチンと呼ばれる新しい製法のワクチンが新型コロナウイルス感染症《しょう》の予防に対して使われ始めました。このワクチンを選びなさい。

ア．不活化ワクチン　　イ．生ワクチン

ウ．弱毒化ワクチン　　エ．mRNA ワクチン

②　９月に地球を周回する宇宙旅行に初めて成功しました。このときの打ち上げから着陸までの時間を選びなさい。

ア．約10分間　　イ．約１時間　　ウ．約３日間　　エ．約１週間

③　ノーベル物理学賞を受賞した真鍋《まなべ》淑郎《しゅくろう》博士の著名な研究として適さないものを一つ選びなさい。

ア．気象の長期予報を可能にしたこと。

イ．二酸化炭素は温室効果ガスであること。

ウ．フロンガスによりオゾンホールが発生すること。

エ．二酸化炭素ののう度が２倍になると平均気温がおよそ2.3℃上がること。

④　７月に静岡県熱海《あたみ》市で大雨にともなう土石流災害が発生しました。このとき土石流が発生した場所の様子を選びなさい。

ア．谷底が，多くの盛り土でおおわれていた。

イ．谷底の地層が，風化によりもろくなっていた。

ウ．谷底が，火山灰が厚くたまった地層でできていた。

エ．谷底の地層に，多くのきょ大な石がふくまれていた。

2　何本かのキュウリをビニールぶくろに入れて，塩をまぶして一日置きました。次の日，ビニールぶくろを見ると（　①　）。一つ取り出して，水洗いをしてから食べると塩からい味がしました。これは，塩分ののう度差をなくすため，のう度がうすい方からこい方に水が移動することで起きる現象です。

次に，さっきとは別のキュウリを取り出して，別の容器に用意した塩水につけました。用意した塩水は，塩づけされたキュウリより塩分のう度が小さいです。さっき食べたキュウリと塩水につけたキュウリの塩からい味を比べると，味が（　②　）。これは，料理の一つの技法として呼び塩といいます。

日本では，さまざまな料理に塩を利用します。日本の気候の特ちょうとして，降雨が続いてしっ気の多くなる季節があります。そのような季節には，食材についた細きんなどが急増し，くさらせてしまうことがあります。塩は，味付け以外に食材の保存にも一役買っています。

問１　文章中の(①)に最も当てはまる文を選びなさい。

ア．水分が出ていました

イ．茶色く変色していました

ウ．野菜がわずかに大きくなっていました

エ．まぶした塩が結しょうになっていました

問２　キュウリの塩づけで起きた現象と最も関連のあることわざを選びなさい。

ア．ナメクジに塩

イ．塩をふむ

ウ．敵に塩を送る

エ．傷口に塩をぬる

問３　文章中の(②)に最も当てはまる文を選びなさい。

ア．変わりませんでした

イ．こくなっていました

ウ．うすくなっていました

問４　問３の味になった理由として最も適するものを選びなさい。

ア．すでに変化が終わっているから。

イ．つけた塩水の水分がキュウリに移動したから。

ウ．キュウリにふくまれる水分がつけた塩水に移動したから。

エ．つけた塩水とキュウリにふくまれている水分が行き来しているから。

問５　キュウリは生の状態より塩づけにした方が日持ちします。その理由を「水分」，「細きん」という２語を必ず用いて答えなさい。

問６　キュウリに塩をまぶしたときと同様の効果が期待できるものを全て選びなさい。

ア．小麦粉　　イ．こしょう　　ウ．砂糖

エ．みそ　　　オ．片栗粉(かたくりこ)

3　昨年のオリンピックで新しく採用された競技に，スケートボードがあります。この競技にはストリートとパークの２種目があります。パークを行う競技場は，いろいろなくぼみをいくつもつなげたような複雑な形をしています。スケートボードに乗った選手が，下ったり上ったりしながら，いろいろな技をくり広げます。

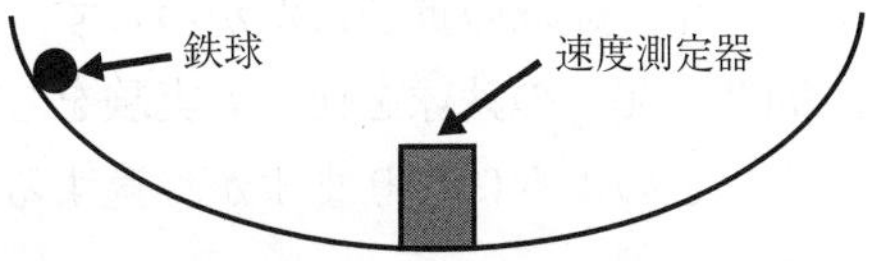

くぼみを下ったり上ったりする様子を観察しようと思い，図のような道具を使って実験をし，その結果を表にまとめました。

［実験］

1．鉄球がなめらかに転がるようなレールを作った。

2．レールの最も低いところに，速度測定器を取り付けた。

3．レールの上のほうに鉄球を置き，そっと放した。

4．鉄球がレールを下り速度測定器を通過した後，反対側のレールを上った。

5．レールのと中で折り返した鉄球が下り，速度測定器を通過した後，再びレールを上った。

6．鉄球が速度測定器を通過すると，その時の速さが表示される。行きと帰りに通過した時の速さをそれぞれ記録した。

7．いろいろな重さの鉄球を用意し，いろいろな高さから放し，測定した。

鉄球の重さ（g）	出発点の高さ（cm）	行きの速さ（cm/秒）	帰りの速さ（cm/秒）
10	5	100	100
10	10	（ A ）	141
10	15	173	173
10	20	200	（ B ）
10	45	300	（ C ）
20	10	141	141
20	（ D ）	（ E ）	300
30	15	173	（ F ）

問１　表の(D)に最も適する数を選びなさい。

ア．30　　イ．35　　ウ．40　　エ．45　　オ．50

問２　出発点の高さと最初の折り返し点の高さはどのような関係だと考えられますか。次から選びなさい。

ア．出発点より折り返し点のほうが高く，鉄球が重いほど高さの差が大きい。

イ．出発点より折り返し点のほうが高く，鉄球が重いほど高さの差が小さい。

ウ．出発点より折り返し点のほうが低く，鉄球が重いほど高さの差が大きい。

エ．出発点より折り返し点のほうが低く，鉄球が重いほど高さの差が小さい。

オ．鉄球の重さにかかわらず，出発点と折り返し点は同じ高さである。

問３　30ｇの鉄球を使って実験をしたとき，出発点の高さと行きの速さの関係をグラフで表すとどのようになりますか。適するものを選びなさい。

ア.

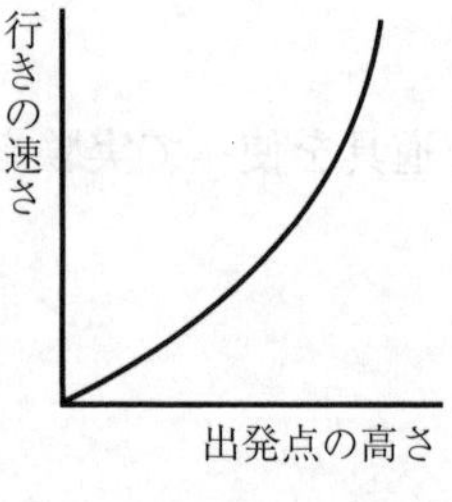

イ.

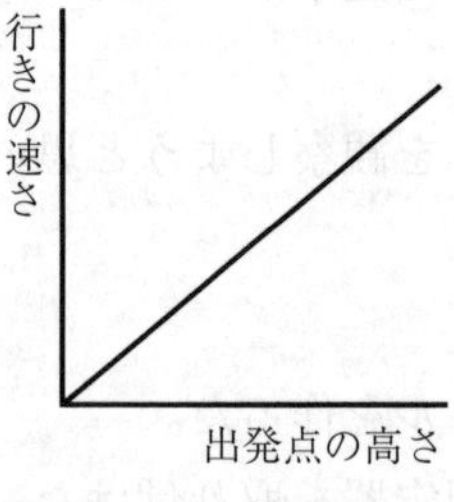

ウ.

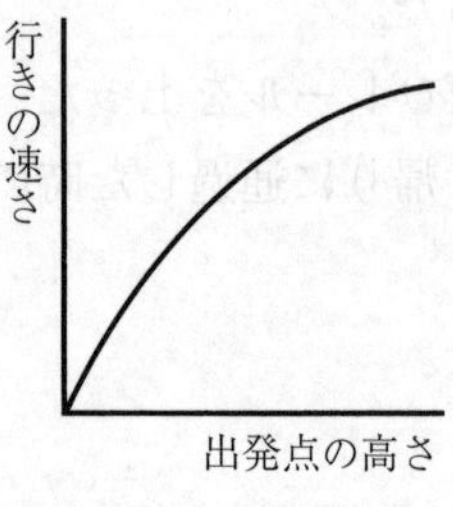

エ.

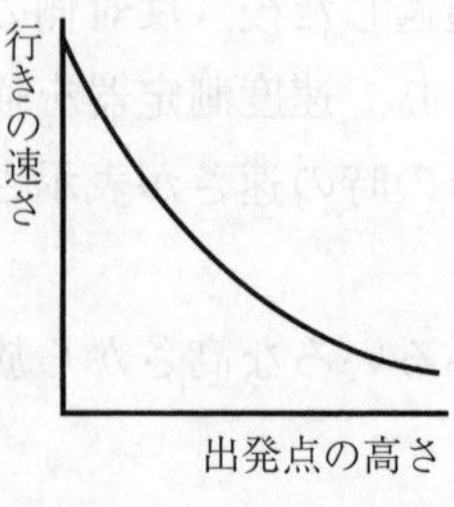

問４　次に，出発点で鉄球を放すときに，下向きにおしながら放しました。このときの結果を全て選びなさい。

ア．出発点より折り返し点のほうが高い。

イ．出発点より折り返し点のほうが低い。

ウ．出発点と折り返し点は同じ高さである。

エ．行きの速さより帰りの速さのほうが大きい。

オ．行きの速さより帰りの速さのほうが小さい。

カ．行きの速さと帰りの速さは等しい。

問５　実験を行っているうちに，レールの一部分が傷ついてしまいました。その部分では鉄球がなめらかに転がることができません。この状態で出発点から鉄球を静かに放し，実験をしました。どのような結果になりますか。出発点をＸ点にした場合とＹ点にした場合について，それぞれ当てはまるものを全て選びなさい。

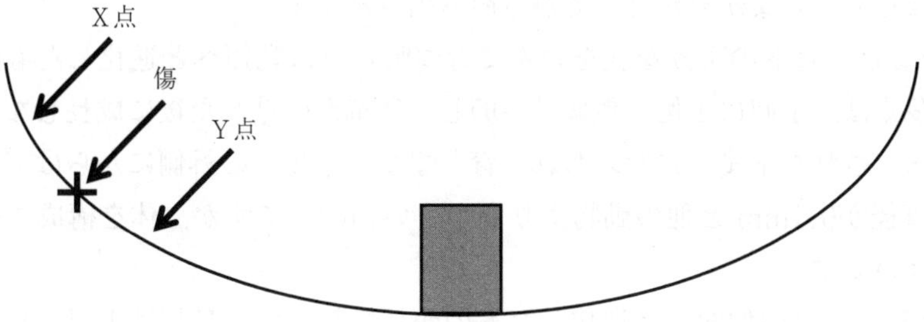

ア．出発点より折り返し点のほうが高い。

イ．出発点より折り返し点のほうが低い。

ウ．出発点と折り返し点は同じ高さである。

エ．行きの速さより帰りの速さのほうが大きい。

オ．行きの速さより帰りの速さのほうが小さい。

カ．行きの速さと帰りの速さは等しい。

問６　スケートボードの練習場を借りて，実際にスケートボードを走らせてみました。しゃ面の上のほうにスケートボードを置き，そっと放しました。スケートボードに人は乗っていません。しゃ面を下った後，向かい側のしゃ面を上りましたが，出発点より高い位置まで上ることはありませんでした。オリンピックでは選手が乗ったスケートボードが，出発点より高い位置まで上っていました。どのようにすれば出発点より高い位置まで上ることができますか。<u>誤っているもの</u>を全て選びなさい。

ア．出発するときに地面をけって勢いをつける。

イ．スケートボードに人が乗って重くする。

ウ．軽いスケートボードを使う。

エ．ななめ下に走らせる。

4 次は背骨がある動物の進化について書かれたものです。

最も古いものは４億年以上前に登場した魚の仲間です。魚類の多くはメスが数百個～数万個以上の卵を産みオスがその上から精子を放ちます。精子は卵の中に入り卵黄と受精します。卵はじょうぶな卵まくにおおわれています。メダカなどの卵まくには短いせんいがたくさん生えています。卵黄の部分はやがて形を変えて少しずつ魚の形に近づいていきます。

3.6億年ほど前になると，カエルのような動物＝両生類へと進化したものが登場します。両生類の多くは，メスが１回に数個～数十個，全部の回を合わせると多いもので数百個の卵を産みオスがその上から精子を放ちます。精子は卵の中に入り卵黄と受精します。卵はじょうぶな卵まくにおおわれています。卵黄の部分はやがて形を変えて少しずつオタマジャクシの形に近づいていきます。魚類や両生類のような受精の方法を体外受精といいます。

3.2億年ほど前になると，カメやトカゲのような動物＝は虫類へと進化したものが登場します。は虫類は数個～数十個の卵を産みます。卵黄は受精すると卵白を閉じこめた羊まくができ，さらに羊まくの外側にじょうぶなからができてから産み出されます。

2.2億年ほど前になると，ヒトのような乳をのんで育つ動物＝ほ乳類へと進化したものが登場します。ほ乳類の多くは，１回に１個～数個はい卵し，卵黄が受精した後に成長しながら子宮に移動し，羊水で満たされた羊まくにおおわれて育ちます。羊まくの外側にからはできません。ほ乳類の卵黄は直径が0.1mmと他の動物よりも小さい細ぼうですが，体を構成する細ぼうより10倍くらい大きいです。

1.5億年ほど前になると，鳥の仲間へと進化したものが登場します。鳥類は１回に数個の卵を産み，卵黄の周りは卵白があり，その外側を羊まくがおおっています。産み出されるまでに羊まくの外側にはじょうぶで固いからができます。

問１　メダカの卵まくにある短いせんいはどのようなことに役立ちますか。最も適するものを選びなさい。

ア．卵どうしがバラバラにならないようにくっつきやすくするため。

イ．水草などにくっつき流されないようにするため。

ウ．ごみなどが卵内に入らないようにするため。

エ．水の流れを受けて回転するようにするため。

問２　体外受精は主にどんな場所で行われるか答えなさい。

問3　図はいろいろな動物の卵を表したものです。適する組み合わせを選びなさい。

A

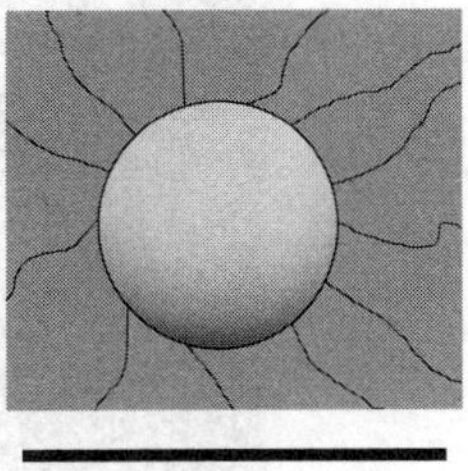

1.5mm

B

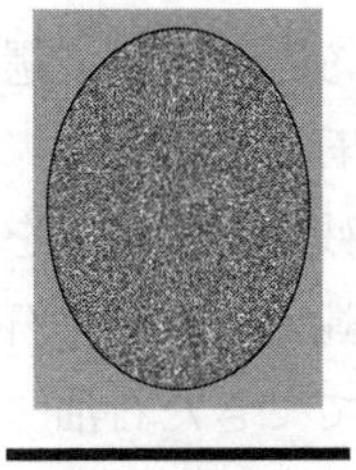

40mm

C

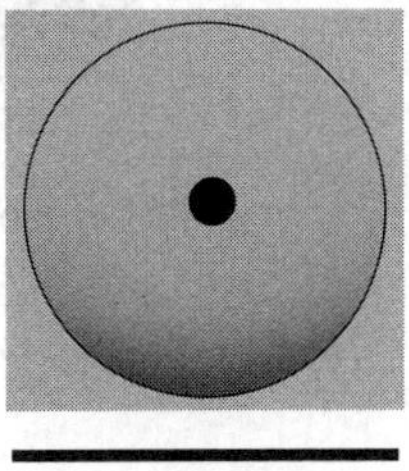

1.5mm

D

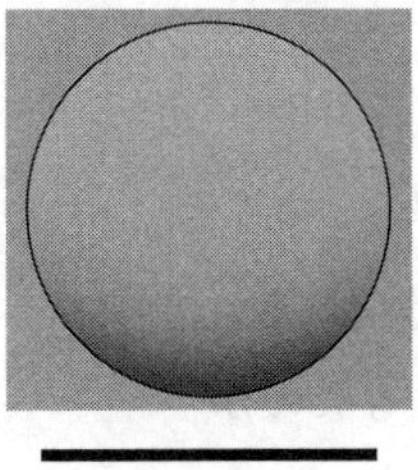

0.1mm

ア．A　ヒト　　B　カメ　　C　カエル　D　メダカ
イ．A　カエル　B　カメ　　C　メダカ　D　ヒト
ウ．A　メダカ　B　カメ　　C　カエル　D　ヒト
エ．A　カメ　　B　カエル　C　メダカ　D　ヒト
オ．A　ヒト　　B　カエル　C　カメ　　D　メダカ
カ．A　カメ　　B　カエル　C　ヒト　　D　メダカ

問4　産卵数の多い少ないは何によるものか答えなさい。

問5　羊まくの働きを答えなさい。

問6　卵がからだを構成する細ぼうよりもはるかに大きい理由を答えなさい。

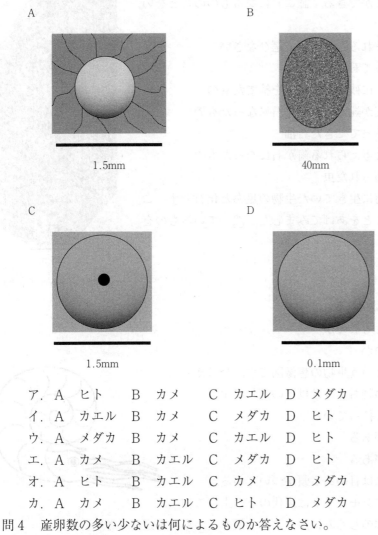

5　化石とは過去に生活していた生物の姿を予想したり，生活していた様子を調べたりすることができる「証こ」になるもののことをいいます。

30cm

小学館の web サイトより

問１　次のうち化石と考えられるものを全て選びなさい。

ア．カニの巣穴につまって石になった砂

イ．古代人が食べたあとに残った貝がらを捨てたもの

ウ．地面に落ちた木の実が遠く流されて石になったもの

エ．生物の死がいがくさってできた石油

オ．肉食きょうりゅうと考えられる歯が石になったもの

カ．木の樹液にとじこめられた虫

問２　右図は約１億年ほど前に生きていた生物の足あと化石です。この生物についてわかることをあげてみました。誤っているものを全て選びなさい。

ア．皮ふの色

イ．体の大きさ

ウ．歩きかたや，歩く(走る)速さ

エ．おとななのか，子どもなのか

オ．オスなのかメスなのか

問３　右図はアンモナイトという生物の想像図です。今考えられているアンモナイトの特ちょうは以下の通りです。

・うず巻き状のからを持っている

・たくさんの「足」がある

・からの中には内臓がある

・からと「足」の間には目のある頭がついている。

これらのことから，アンモナイトは現代のどの生物の仲間と考えられますか。体のしくみに注目して，最も近いものを選びなさい。

ア．マイマイ(カタツムリ)

イ．巻貝

ウ．イカ

エ．ヤドカリ

問４　世界一の高さのエベレスト山のあるヒマラヤ山脈からアンモナイトの化石が見つかっています。図はアンモナイトがいたころのヒマラヤ山脈のあたりの地図です。実は現在のインドは，アンモナイトがいたころ一つの大陸として赤道付近にあり，その後ユーラシア大陸にしょうとつしてきました。これらのことからアンモナイトの化石がヒマラヤ山脈から見つかる理由を答えなさい。

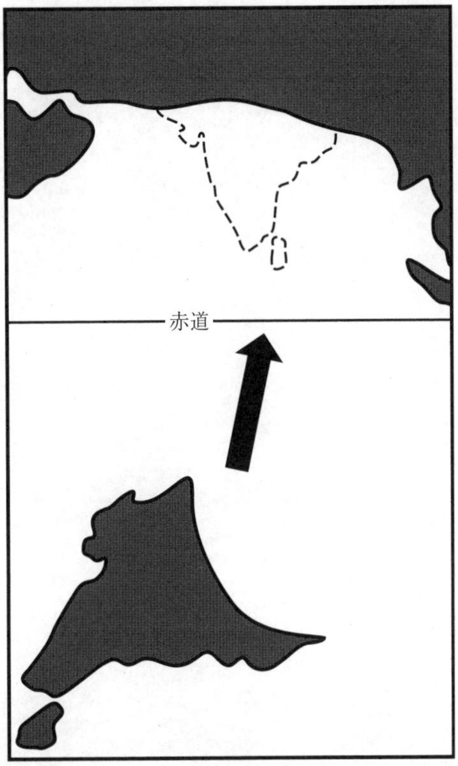

問５　近年日本では各地できょうりゅう化石の発見が相ついでいます。きょうりゅうは今から6500万年よりも昔にいた生物です。例えば石川県や福井県の１億年以上前の地層から発見されたティラノサウルスの仲間の化石は，モンゴルや中国でも発見されています。図は昔の日本付近の地図です。この図から日本でモンゴルや中国と同じ仲間の化石が見つかる理由を答えなさい。

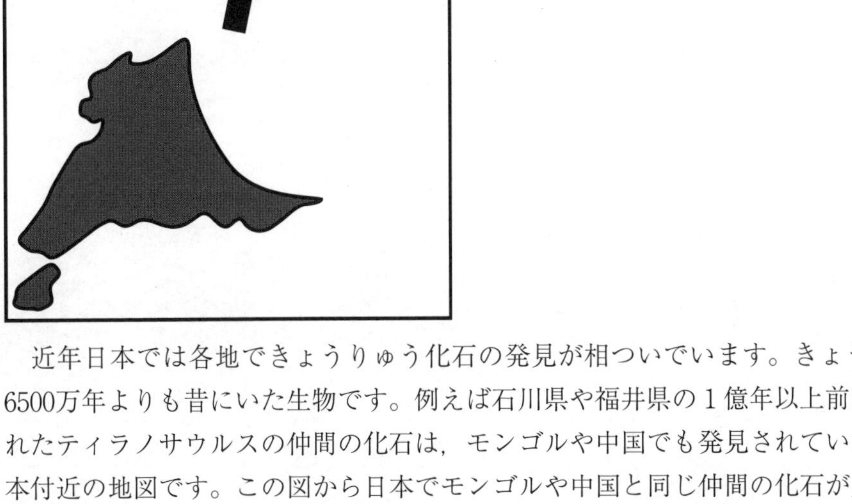

約2000万年前以前　　約1500万年前　　約100万年前

問6　図は今から7000万年前に生息していたテリジノサウルスというきょうりゅうの前足のつめの化石です。このつめは長さが70cm ほどもあり，はじめはきょ大な肉食きょうりゅうのものと想像されていました。その後他の部分の化石が発見され草食きょうりゅうであることがわかりました。後から見つかった化石はどのような部分のものか，答えなさい。

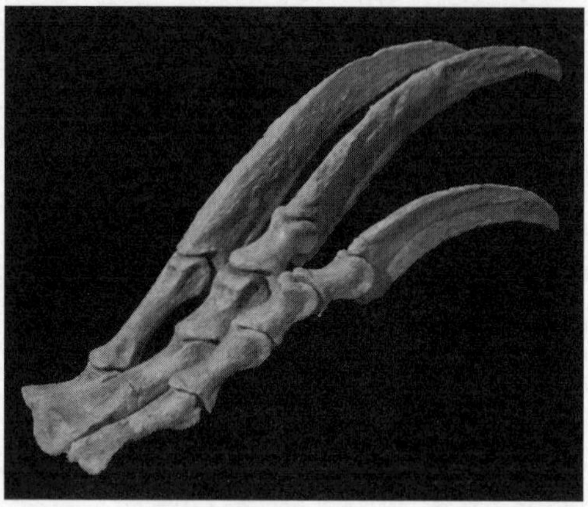

神流町恐竜センターのwebサイトより

② 何をめざして生きるべきか?
③ 「どう生きるか」という問い
④ 欲望というワナ

〔組み合わせ〕

ア A① C③ D④ E②
イ A③ C① D② E④
ウ A③ C① D④ E②
エ A① C② D③ E④

問二 【B】に入る言葉として、最も適当なものを次から選び、記号を書きなさい。

ア 人間のいままで築き上げてきた部分
イ 他人のいままで気づかなかったよい所
ウ 叔父さんのいままで知らなかった考え
エ 自分のいままで見えていなかった面

問三 波線(1)に当てはまらない具体例として、最も適当なものを次から選び、記号を書きなさい。

ア 困っている友人を助けるために行動すること。
イ 知らない言葉をたくさん覚えて、知識を増やすこと。
ウ 環境(かんきょう)問題を調べて、改善方法を考えること。
エ 将来の目標に向かって精一杯努力すること。

問四 波線(2)の意味として、最も適当なものを次から選び、記号を書きなさい。

ア 気づかずにはまってしまうよくない状態。
イ 動物を落とすために地面に作るわな。
ウ 人をだますためのはかりごと。
エ うっかり忘れてしまった大切なこと。

問五 波線(3)のような状態が、筆者はどうしていけないと考えていますか。文章中の言葉を用いて、三十字以上四十字以内で書きなさい。

問六 波線(4)の内容を文章中から一文で探して書きなさい。

問七 波線(5)の理由を二行で書きなさい。

問八 この文章における筆者の主張を六十字以上八十字以内で書きなさい。

てきます。

それはわたし一人だけの問題ではありません。現代はグローバル化の時代です。欲望の追求が世界規模でなされています。なりふりかまわない利益追求で富を得る人とそうでない人のあいだに格差が生まれています。あるいは利益の獲得（かくとく）をめぐって対立するグループのあいだに争いが生まれたりしています。自分の利益を守るために、自分のグループ以外の人たちを非難したり、＊排斥（はいせき）したり、あるいは攻撃（こうげき）したりすることも多くなっています。そのような対立や争いの結果、世界のあちこちで貧困（ひんこん）や＊飢餓（きが）、＊迫害（はくがい）などで苦しむ人が増えています。

【　E　】

いま世界では(4)そういったことが大きな問題になっています。わたしたちはここで立ちどまって考えなければならないと思います。

先ほど『君たちはどう生きるか』という本との関わりで、大きな視点から見ることが大切なのだということを言いましたが、たとえば欲望に振（ふ）りまわされている自分を見つめ直すこともその一つだと言えるでしょう。差別や偏見（へんけん）で苦しむ人々や、内戦などのために生きる術（すべ）を失ったり、命を落としたりした人々のことを考えることもとても大切なことです。それも大きな視点から見ることの一例になるでしょう。

このような問題について考えるときに浮（う）かびあがってくるのは、そもそもわたしたちは何のために生きているのか、という根本の問いです。わたしたちは何をめざして生きているのでしょうか。あるいは何をめざして生きていけばよいのでしょうか。

かなり以前、わたしがまだ大学に籍（せき）を置いていた頃（ころ）でしたが、(5)おもしろい話を耳にしたことがあります。出所は不明ですが、かなり広く知られていた話でした。ある日本の商社員が、どこか遠い南の国に行って、けんめいに働いていたら、現地の人から「なぜ毎日そんなにあくせくと働くのか」と尋（たず）ねられたという話です。それに対して、「よい成績を残し、昇進（しょうしん）して、お金を貯（た）めるためだ」と答えると、「お金を貯めてどうするのか」と尋ねられます。「退職後、どこか風景の美しいところに土地を買って、別荘（べっそう）でも建てる」と答えますと、さらに「そうしてどうするのか」と問われます。「そこでハンモックでもつってゆっくり昼寝をする」と答えると、現地の人が、「われわれは最初からそうしている」と答えたという笑い話です。

わたしたちであれば、「何のために働くのか」という問いを出されたとき、どう答えるでしょうか。みなさんもぜひ自分自身の問題として考えてみてください。

この問いや、「何をめざして生きていけばよいのか」という問いは、あらためて考えてみると、なかなかむずかしい問いで簡単には答を見つけることができません。ただ、誰（だれ）であれ、自分の人生が意味のあるものであることを願うのではないでしょうか。人生を終えるときに、自分の人生は生きるかいのあったものだと言えたら、どんなによいでしょう。それは容易ではないかもしれませんが、できればそういう人生を歩んでみたいと思います。

藤田正勝の文章による

＊排斥　おしのけ、しりぞけること。
＊飢餓　食物が不足して、うえること。
＊迫害　圧迫して苦しめること。

問一　【A】【C】【D】【E】に入る言葉の組み合わせとして、最も適当なものを後から選び、記号を書きなさい。

①　生きる意欲

を知るということではないと思います。また、ただ詳(くわ)しく知ればよいということでもないと思います。他の人の立場に立って考えるということでもありますし、人間全体のことを(場合によっては地球全体のことを)考えて、どういう未来を作っていったらよいかを考えることでもあると思われます。したがってそれは知識の問題でもありますが、それにとどまらず、自分の生き方そのものにも関わっています。よりよい生き方や、よりよい社会のあり方について深く考え、その実現をめざして努力するということも含(ふく)めて、吉野は「君たちはどう生きるか」と問いかけたのだと思います。

【　C　】

この「どのように生きるか」という問いは、哲学(てつがく)にとっても非常に大きな問題の一つです。そしてむずかしい問題です。簡単に答には行きあたりません。

先ほど、自分を中心にしてものごとを見ているだけでは、その本質が見えなくなってしまうと言いましたが、もちろん、自分を中心にしてものごとを見ること自体が悪いわけではありません。それは非常に大切なことです。動物の子であれ、人間の子であれ、赤ん坊(ぼう)は生まれてすぐに母親のお乳を求めます。生きようとする意欲に満ちています。この自分のなかからわきあがってくる意欲がわたしたちの成長を支えています。少し大きくなれば、子どもは言葉を覚えることにとても大きな興味を示します。小学校に入学したときのことを覚えているでしょうか。子どもはそこで学ぶものに大きな関心を示し、次々に吸収し、自分の世界を広げていきます。やがてスポーツでも音楽でも、少しでもうまくなりたい、少しでも力をつけたいと考えるようになります。このよりよいものをめざす向上心がわたしたちを支えています。

わたしたちはわたしたちのなかにある生きる意欲に衝(つ)き動かされ、さまざまなことに取り組みます。さまざまなことにチャレンジし、自分の可能性を実現し、自分の世界を広げていきます。それは社会に出てからも変わりません。芸術の道に進んだ人は、自分の作品を通して、できるだけ多くの人に感動を与(あた)えたいと思うでしょう。農業に携(たずさ)わる人は、より品質の高いものを消費者に届けたいと努力しますし、会社に入って営業に携わる人はより多くの製品を販売(はんばい)して成績をあげたいと考えます。このようにして自分自身が、そして家族が豊かな生活を送れるようにがんばります。また自分の作品や仕事を通して社会に貢献(こうけん)したいと考えます。

【　D　】

このように日々努力することはとても尊いことです。しかしここに一つの大きな(2)落とし穴が待ちうけています。わたしたちの(3)生きる意欲が、欲望に変わってしまう可能性があるのです。生きる上でさしあたって必要でないものでも、目の前にあればそれを手に入れたい、それだけでなく、できるだけ多くのものを手に入れたいと思うようになっていきます。欲望の特徴(とくちょう)は、いったんその対象になっているものを手に入れても、すぐにより多くのものを、より大きなものを追い求めようとする点にあります。欲望はいったん刺激(しげき)されると、かぎりなく大きくなっていきます。わたしたちは欲望の連鎖(れんさ)のなかに簡単にはまり込(こ)んでしまうのです。

欲望の連鎖のなかにはまり込んでしまうと、頭のなかが欲望追求のことでいっぱいになって、自分自身の中身が空っぽになってしまいますし、他の人を顧(かえ)りみる余裕(よゆう)もなくなってしまいます。要するに欲望の奴隷(どれい)になってしまうのです。自分を(あるいは自分だけを)中心にしてものごとを見ることの負の面がここに現れ

イ　佐々矢の言うことがもっともで感心したから。
ウ　幹を思う佐々矢のやさしさに感動したから。
エ　横にいて何も言わない典に腹が立ったから。

問六　波線(5)の意味として、最も適当なものを次から選び、記号を書きなさい。
ア　ばかにされているようで、はらだたしい。
イ　失礼なことをされて、いらだたしい。
ウ　思うようにならなくて、もどかしい。
エ　見すかされているようで、はずかしい。

問七　【B】に入る言葉として、最も適当なものを次から選び、記号を書きなさい。
ア　先生に、相談しようよ　　イ　幹ならきっと大丈夫
ウ　このまま、終わりなの　　エ　なんとかしてあげよう

問八　波線(6)は何に対して「こたえたい」と言っているのですか。十字以上二十字以内で書きなさい。

問九　この文章を「典が～物語。」という一文でまとめなさい。ただし、「～」に入る言葉は三十字以上四十字以内とします。

三　次の文章を読んで、後の問いに答えなさい。

【　A　】

吉野源三郎(よしのげんざぶろう)という名前をご存知でしょうか。戦後、雑誌編集者・評論家として活躍(かつやく)し、平和運動にも力を尽(つ)くした人ですが、その吉野が一九三七年に少年少女向けに『君たちはどう生きるか』という本を発表しています。この本は当時から、そしていまに至るまでたいへんよく読まれており、手にされた方も多いのではないでしょうか。

これはコペル君というあだ名の中学生の物語です。この本のなかで作者がとくに問題にしたのは、自分を中心としてものごとを考えたり、判断したりする自己中心的なものの見方です。わたしたちはふだん、たとえばお肉は好物で毎日でも食べたいが、野菜は口にしたくないとか、いつも楽しく話しかけてくれるあのクラスメートは好きだが、わたしのやることにいつも文句を言ってくるあの子とはもう顔もあわせたくないし、口もききたくないとか、自分を中心にすべてのことを見ています。地理にしても、わたしたちは自分の家を中心に、身近な周りの家々、住んでいる町や市などを同心円的に配置し、学校などの自分にとって必要な場所を結びつけた地図を頭のなかに入れています。

この小説に登場するコペル君の叔父(おじ)さんは、コペル君があるときデパートの屋上から霧雨(きりさめ)の降る町並み、道路の上を走る車や歩行者を眺(なが)めながら、世の中を大きな海に喩(たと)えれば、人間というのは一つの「水の分子」かもしれない、と語ったことをたいへん大切なことだと考え、ノートにコペル君へのメッセージを書き記します。かいつまんで言うと、自分を中心にして、自分の目に映るものだけを見ていては、ものごとの本質が見えなくなってしまう、大きな真理はそういう人の目には決して映らない、というのがそのメッセージです。

コペル君の経験に即(そく)して言えば、大きな海から自分を(一つの水の分子として)見つめ直すと、【　B　】が見えてくるということでしょう。それができたコペル君に、叔父さんはその大切さを強調したかったのだと思います。自分の思っていることや考えていること、あるいは自分の存在そのものを自分の視点からだけではなく、大きな視点から見ることがわたしたちにとって何より大切なのだというのは、作者である吉野自身の考えであったとも言えます。

その「(1)大きな視点から見る」というのは、具体的に言うと、どういうことを指すのでしょうか。おそらくそれは、単により多くのこと

「……なんの話がしたいわけ？」

さえぎらないように耐（た）えてたらしい鯨井さんが、我慢（がまん）できなくなって問いかける。西日で明るい窓にわざと視線を向けながら。

佐々矢はさして表情を変えずに、「ん、今のはオレの話だけど」とさらっと答えた。

「もし誰かがオレに『かわいそうだから、代わりに言い返してあげる』って言ってきたら、よけいなことすんなって思う。……幹も同じじゃねーかな、って話」

(4)鯨井さんの肩がぴくりと動いた。

「公園に集まったとき、嫌がらせしてくるやつの名前、幹は言わなかっただろ。相手にバレるのが怖（こわ）いとか、そういうことじゃなくて。や、そういうこともあるかもしんねーけど……。とにかく、幹の気持ち無視して、勝手に代わりに戦うっつーのは違くね？」

佐々矢の口調はだんだんいらだってきていた。だけどそのいらだちの対象は、鯨井さんじゃない気がした。目は鯨井さんをとらえてなくて、うすく消し跡（あと）の残った黒板に向けられている。

(5)歯がゆいのは、……何もできない自分に対して？

困ってるひとを、今このときも放っておいてることに対して。こんな状況（じょうきょう）が許せない。勘弁（かんべん）してくれよって、思って。

だとしたら佐々矢の感情は、根っこでは鯨井さんと同じはずだ。

俺とも、同じはずだ。

「……じゃ、なんにもできないの」

静まり返った資料室に鯨井さんのことばが落ちた。誰に尋ねたのか、そもそも疑問形じゃないのか、あいまいではっきりしなかった。

窓を抜けてくるオレンジ色の光で輪郭（りんかく）がぼやけて、表情がかげで見えない。

「【　B　】」

途方に暮れている声は、いちばん届けたいひとへは届かない。本当に話しかけたい相手はここにはいない。どんなに強い気持ちも、意味を失ってとけていってしまう。

解決できるのは俺じゃないってわかってる。

自分に関係あるって思うのじたいうぬぼれかもしれないし、問題を百パーセント理解してる自信はない。誰かを助けるような力だってない。わかってるんだ、でも。

(6)でも、どうしようもなく、こたえたいと思った。

眞島めいりの文章による

問一　波線(1)のような表情を鯨井さんがした理由を書きなさい。

問二　【A】に入る言葉として、最も適当なものを次から選び、記号を書きなさい。

ア　ふてぶてしい　　イ　あたたかい

ウ　にくらしい　　エ　情けない

問三　波線(2)のように典がした理由として、最も適当なものを次から選び、記号を書きなさい。

ア　鯨井さんの表情がとてもこわくておじけづいたから。

イ　鯨井さんと佐々矢で言い争いになると思ったから。

ウ　今、自分が何を言えばよいかわからなかったから。

エ　佐々矢のことを止める自信がなかったから。

問四　波線(3)のような話題を佐々矢が出した理由を三十字以上四十字以内で書きなさい。

問五　波線(4)のように鯨井さんがなった理由として、最も適当なものを次から選び、記号を書きなさい。

ア　自分のことを言われていると思ったから。

　鯨井さんは相変わらずレポートをにらみつけている。

「名前がひとり足りないの気づくはずだよね」

「……どうだろう。まだ何も言われてない」

「ここから抜けて、幹は自由課題どうしたの？」

「さあ、絵か作文、急いで仕上げたのかもしれないし。わかんないけど……」

　自信をもって答えられることがなんにもない。口を動かすたび【Ａ】気持ちがふくらんできたとき、ふいに佐々矢が「結局さあ」と言った。

「幹がどうしたいか、だろ。目立ちたくねーって気持ちもわかる。あの感じでふだんからいろいろ言われてたら、幹の性格的にだいぶキツいだろうし」

「『あの感じ』って、何か見たのね？」

　鯨井さんの目つきがいっそう険しくなった。前から鯨井さんは、幹をからかうという二組の人間を知りたがっていたし、すぐにでも直接対決に乗りこみそうですらあった。会話の温度がぐぐっと下がって(2)俺は身構える。

　だけど佐々矢はかなり落ち着いていた。

「あいつら、ひとの嫌(いや)がることしてるって全然思ってねーよ。『かわいいってほめことばなのに』とか言いわけしそうなタイプっつうか。悪いことしてる自覚ないやつ相手にすんの、時間のムダだし、疲(つか)れるだけだろ」

「じゃ、幹がいちばん疲れてるじゃない。黙って見てたら何も変わらない」

　鯨井さんが言い返すと、佐々矢はちょっとことばを止めてから、切り出した。

「(3)オレ、部活やってないじゃん？」

　話題ががらりと変わったのについていけなくて、俺は佐々矢の顔を見つめる。鯨井さんも勢いを削(そ)がれたらしく、様子をうかがうように口をつぐんだ。

「で、四組でとくに仲いいやつらは、みんな部活に忙(いそが)しいわけ」

　話の行き先はわからないけど、とりあえず「ああ、うん……？」と促(うなが)してみる。すると佐々矢は俺と目を合わせた。

「たまにばかにしてくんだよ。『なんで部活入んねーの？』って。『受験で不利になんのに』とか、『つーか帰宅部ってダサくね』とか」

「ええ？　なんだそれ」

　ひいた。仲がいいのにそんなこと言うのか。むしろ、仲がいいからそんなこと言ってもいいって思ってるのか。どっちにしたってたちが悪い。

「オレも初めはどっか入ろっかなって考えてて、見学にも行ったんだけど。結局どこにも入んなかった。ギター習う以上におもしろそうなこと、なかったから」

　ああ、そっか。ギターは、佐々矢にとって部活みたいなものでもあるんだ。

　放課後の数時間をこれに使いたいって思えるもの。練習したり教わったりして、できることが徐々(じょじょ)に増えていって、ずっとわくわくしていられるような。

　だからこそ、佐々矢のその選択(せんたく)を否定してくる人間が、よりによって身近な友だちだってのがいよいよ厳しい。

「まー、あいつら部活部活ってうるせえわりに、先輩(せんぱい)とかチームメイトの悪口しょっちゅう言うしな。だからたぶん、マウントとってストレス発散してんだよ。いやオレで発散されんのまじ迷惑(めいわく)だし、あんまりしつこかったらキレるけど」

せまってこられて、俺は息を吐（は）いた。椅子（いす）をぎぎっと引いて立ち上がる。

「話すから、ついてきて」

　一組を出て廊下（ろうか）を進む途中（とちゅう）、四組の扉（とびら）が開けっぱなしだったのでのぞいてみたら、帰ろうとしていた佐々矢とばっちり目が合った。俺の横に立つ、明らかに殺気立った鯨井さんを見て「あー……」って顔をしたけど、手をふって呼んだらすぐ出てきてくれた。

　目的の部屋はこのフロアの角、職員室の建物へと続く廊下の手前にある。

　みんな資料室と呼んでいるけど、もとは生徒数が減ったせいで生まれた空き教室で、本来なら部屋の名前が記してあるはずのプレートには何も書かれていない。

　滑（すべ）りの悪い扉を引いて中へ入ると、出入りが少ない部屋独特のほこりっぽいにおいと、とろっとした空気に包まれた。ガラス戸つきの大きな棚（たな）が真ん中にでんと置かれていて、空間を前後に仕切っている。半分より後ろは、予備の机や椅子なんかがぎっちり積み上がっていて薄暗（うすぐら）い。

　それにくらべて前半分はがらんとして、黒板にそって机が三つだけ置かれていた。その上にヒモやダブルクリップで綴（と）じられた紙の束が、どの表紙も一部分は見える形で並べられている。

　窓から陽（ひ）は射（さ）してるけど、電気点（つ）けたほうがいいのかな。迷っていたら、入ってきた扉を佐々矢がきっちり閉めきったので、俺もスイッチを押（お）すのをやめた。なんかこっそり悪いことしてるみたいだ。でも悪いことって、……誰（だれ）に対してだろう。

　三つのうちいちばん窓に近い机につかつか近寄った鯨井さんは、迷うことなくひとつのレポートを手に取った。

　目立った特徴（とくちょう）のない、ホチキスで左上を留めただけの三枚の紙。でもそれが、鯨井さんがていねいにまとめてくれたあの力作のレポートだと、見なくてもわかってしまう。ところどころ文章のつなぎが変だったり、事実と違（ちが）ったりする箇所（かしょ）があって、そこだけ別の筆跡（ひっせき）で書き換（か）えられていることも。

　だって、犯人は俺だから。

「典が勝手にしたわけじゃねーからな。『名前消して』って幹が言ったんだ」

　佐々矢がかばってくれたけど、鯨井さんは「そんな気はしてた」とひややかに返しただけだった。

　でも何秒か経ったのち、はあ、と肩（かた）を下げた。ため息をついたのかもしれない。

「……何やってるんだろう」

　誰が、という部分を鯨井さんは言わなかった。だからこそ、そのつぶやきがさっくり俺の身体（からだ）の中心に刺（さ）さって、そこからどろっと何かがあふれ出た気がした。始業式の朝からずっとこらえていたものが。

　レポートに出てくる〈瀬尾（せのお）〉という二文字にぐいっと消しゴムをかけて、代わりにてきとうなことばをはめこんで。そうやって一カ所ずつ、話し合いの記録から幹の存在を消していくたび、胸がざらざらして、息苦しくて、最後はどっと力が抜（ぬ）けて。

　何やってるんだろう。夏休み明けのうわついた朝の教室で、俺はそればっかり考えていた。

　こんなことしたくなかった。今だって、なかったことにしたい。

　これは四人のグループ研究なのに。四人そろっていたからこそ、できたことなのに。

「先生たち、音源聴（き）いてないのかな？」

二〇二二年度 学習院中等科

【国語】〈第二回試験〉（五〇分）〈満点：一〇〇点〉

〔注意〕字数が決まっている問いについては、「、」や「。」も一字と数えます。

一 次のぼう線部のカタカナを漢字で書きなさい。

① ヒデりが続く。
② 水をセツヤクする。
③ 絵の具の色をマゼる。
④ キジュンを定める。
⑤ ゾウセン会社で働く。
⑥ 試合にノゾむ。
⑦ わずかなゴサが出る。
⑧ 大陸をジュウダンする。
⑨ オンダンな気候。
⑩ お寺にサンパイする。

二 次の文章を読んで、後の問いに答えなさい。

中学一年の俺（「おれ」は典（つかさ）のこと）、鯨井（くじらい）さん、佐々矢（ささや）、幹（みき）は図書委員として夏休みに出会いました。当番をいっしょにするうちに、四人で夏休みの自由課題のグループ研究を、バンドを作っていっしょにすることになりました。そして、出来上がった曲を音源とレポートで提出しましたが、その直後に、幹が同級生の二人の女子に「かわいい」とからかわれたことをきっかけに、自分をグループから外してほしいと典と佐々矢にたのみました。幹は以前にも同様のことがあり、今回、また同じようなことをされて、目立つようなことをしたくないと思ったのです。以下はその続きです。

「ねえ。あれ、どういうこと？」

二学期が始まってしばらく経（た）った日の放課後、一組に現れた鯨井さんは、俺の机の脇（わき）に立って(1)眉（まゆ）をぎゅっと寄せた。

掃除（そうじ）の時間が終わり、すでにクラスメイトのほとんどは部活へ行ったり帰ったりしたあとで、周りには数人しかいない。でもひとりで他クラスに乗りこんできて、しかも怒（いか）りをあらわにしている鯨井さんの姿はかなり目立ち、窓際（まどぎわ）でしゃべっていたグループが一瞬（いっしゅん）ぴたりと黙（だま）ったほどだった。

とうとう、知られたな。

おとなしく観念する。遅（おそ）かれ早かれこうなることはわかっていたので。

「……幹から聞いた？」

窓際のひとたちの耳に入らないようぼそっと尋（たず）ねると、意外にも首を横にふられた。

「わたし、掃除の担当が資料室だから。……明日から資料室で、グループ研究の提出物が自由に見られるようになるの。さっきそれを並べるの手伝わされてて、ついでに自分たちのをチラ見したわけ」

鯨井さんは小声かつ早口で言う。

「そしたらわたしの字があちこち消されてて、メンバー表に三人の名前しかないし、文章も変わってるし。なんなの？」

ちゃんと説明してもらうからね、と徹底（てってい）的に戦う姿勢で

2022年度

学習院中等科

▶解説と解答

算　数　＜第２回試験＞（50分）＜満点：100点＞

解　答

[1] (1)　113　(2)　1.1　(3)　$\frac{1}{2}$　(4)　$\frac{5}{6}$　[2] (1)　16本　(2)　13人　(3)　65秒　(4)　７個　[3] (1)　10cm　(2)　28.26cm　(3)　109.9cm^2　[4] (1)　$\frac{3}{8}$　(2)　59番目　(3)　102番目　[5] (1)　５分30秒　(2)　８時20分　(3)　560　[6] (1)　**A**…４組，**C**…３組，**D**…５組　(2)　**１位**…３組，**決勝の結果**…２対１

解　説

[1] 四則計算，逆算

(1)　2022÷(13×26－１)＋3103÷29＝2022÷(338－１)＋107＝2022÷337＋107＝６＋107＝113

(2)　3.9÷1.5＋4.9×0.7－2.9×1.7＝2.6＋3.43－4.93＝6.03－4.93＝1.1

(3)　$3-1\frac{3}{8}\times1\frac{1}{3}+\frac{1}{21}-3\frac{2}{7}\div4\frac{3}{5}=3-\frac{11}{8}\times\frac{4}{3}+\frac{1}{21}-\frac{23}{7}\div\frac{23}{5}=3-\frac{11}{6}+\frac{1}{21}-\frac{23}{7}\times\frac{5}{23}=3-\frac{11}{6}+\frac{1}{21}-\frac{5}{7}=\frac{126}{42}-\frac{77}{42}+\frac{2}{42}-\frac{30}{42}=\frac{21}{42}=\frac{1}{2}$

(4)　$1.72-1\frac{3}{5}=1.72-1.6=0.12$，$1.5\div\frac{5}{7}=\frac{3}{2}\times\frac{7}{5}=\frac{21}{10}$より，$\square\times0.12+\frac{21}{10}=2.2$，$\square\times0.12=2.2-\frac{21}{10}=2.2-2.1=0.1$　よって，$\square=0.1\div0.12=\frac{0.1}{0.12}=\frac{10}{12}=\frac{5}{6}$

[2] 植木算，集まり，通過算，整数の性質

(1)　木と木の間隔《かんかく》は，112÷７＝16(か所)できる。池の周りに木を植えるとき，間隔の数と木の本数は等しくなるから，必要な木の本数は16本とわかる。

(2)　図にまとめると下の図１のようになる。野球が好きでサッカーが嫌《きら》いな人(太線部分)の数は，35－(19＋９)＝７(人)なので，野球が好きな人の数は，７＋６＝13(人)とわかる。

図１

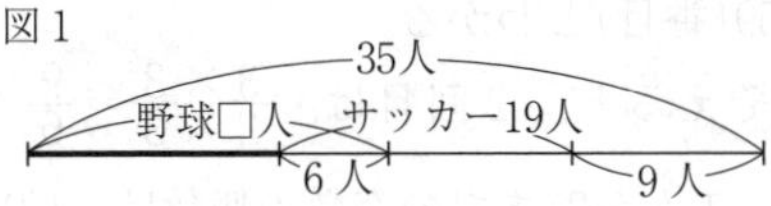

図２

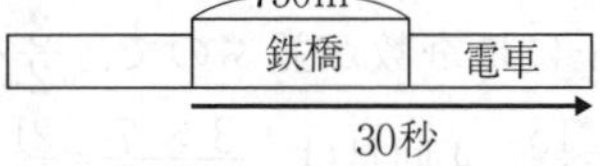

(3)　時速108kmを秒速に直すと，108×1000÷(60×60)＝30(m)になる。上の図２で，電車が30秒で走る距離《きょり》は，30×30＝900(m)であり，これは電車の長さと鉄橋の長さの和にあたるから，電車の長さは，900－750＝150(m)とわかる。また，トンネルの長さは，1.8×1000＝1800(m)なので，電車がトンネルを通過するときに走る距離は，1800＋150＝1950(m)となる。よって，電車がトンネルを通過するのにかかる時間は，1950÷30＝65(秒)と求められる。

(4)　400を割ると40余る数は，400－40＝360を割ると割り切れる数である。また，割り算の余りは割る数よりも小さいので，求める数は360の約数のうち40よりも大きい数になる。360を２つの整数の積で表して上下に並べると上の図３のように

図３

1	2	3	4	5	6	8	9	10	12	15	18
360	180	120	90	72	60	45	40	36	30	24	20

なるから，360の約数のうち40よりも大きい数は，{45，60，72，90，120，180，360}の７個とわかる。

３　平面図形―図形の移動，長さ，面積

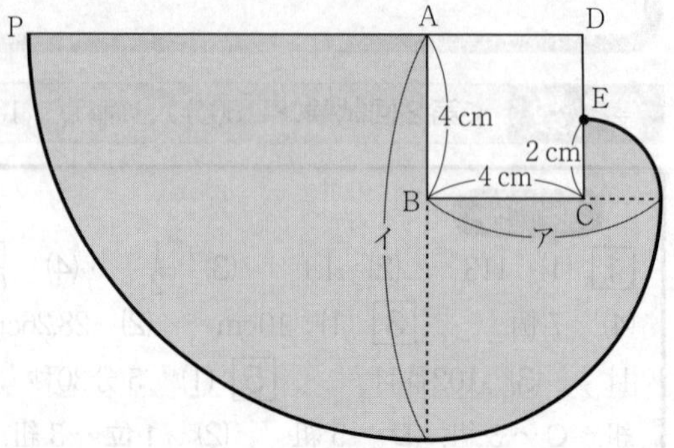

⑴　CEの長さは，４÷２＝２(cm)だから，糸を巻きつけたときのようすは右の図のようになる。この図で，アの長さは，４＋２＝６(cm)なので，イの長さは，４＋６＝10(cm)とわかる。よって，APの長さも10cmである。

⑵　点Ｐが通った経路は図の太線のようになる。これは，半径が10cmで中心角が90度のおうぎ形の弧《こ》，半径が６cmで中心角が90度のおうぎ形の弧，半径が２cmで中心角が90度のおうぎ形の弧を集めたものだから，長さは，$10\times2\times3.14\times\frac{90}{360}+6\times2\times3.14\times\frac{90}{360}+2\times2\times3.14\times\frac{90}{360}=(20+12+4)\times3.14\times\frac{1}{4}=9\times3.14=28.26$(cm)となる。

⑶　糸が通った部分は図のかげをつけた部分である。これは３つのおうぎ形を集めたものなので，面積は，$10\times10\times3.14\times\frac{90}{360}+6\times6\times3.14\times\frac{90}{360}+2\times2\times3.14\times\frac{90}{360}=(100+36+4)\times3.14\times\frac{1}{4}=35\times3.14=109.9$(cm²)と求められる。

４　数列

（１組）	$\frac{1}{1}$
（２組）	$\frac{1}{2}$，$\frac{3}{2}$
（３組）	$\frac{1}{3}$，$\frac{3}{3}$，$\frac{5}{3}$
（４組）	$\frac{1}{4}$，$\frac{3}{4}$，$\frac{5}{4}$，$\frac{7}{4}$
（５組）	$\frac{1}{5}$，$\frac{3}{5}$，$\frac{5}{5}$，$\frac{7}{5}$，$\frac{9}{5}$

⑴　右のように組に分けると，N組には分母がNの分数がN個並ぶ。よって，$1+2+3+4+5+6+7=28$より，１組から７組までに並ぶ分数の個数が28個とわかるから，30番目の分数は８組の，$30-28=2$(番目)の分数となる。また，分子には１から順に奇数《きすう》が並ぶので，８組の２番目の分数は$\frac{3}{8}$である。

⑵　$\frac{7}{11}$が出てくるのは11組の４番目である。１組から10組までに並ぶ分数の個数は，$1+2+\cdots+10=(1+10)\times10\div2=55$(個)だから，11組の４番目は最初からかぞえて，$55+4=59$(番目)とわかる。

⑶　分子には奇数が並ぶので，$\frac{3}{2}$を１回目とかぞえると，２回目は，$\frac{3\times3}{2\times3}=\frac{9}{6}$，３回目は，$\frac{3\times5}{2\times5}=\frac{15}{10}$，４回目は，$\frac{3\times7}{2\times7}=\frac{21}{14}$となる。また，１から21までの奇数の個数は，$(21+1)\div2=11$(個)だから，$\frac{21}{14}$は14組の11番目の分数とわかる。さらに，１組から13組までに並ぶ分数の個数は，$1+2+\cdots+13=(1+13)\times13\div2=91$(個)なので，$\frac{21}{14}$が出てくるのは，$91+11=102$(番目)と求められる。

５　グラフ―旅人算，速さと比

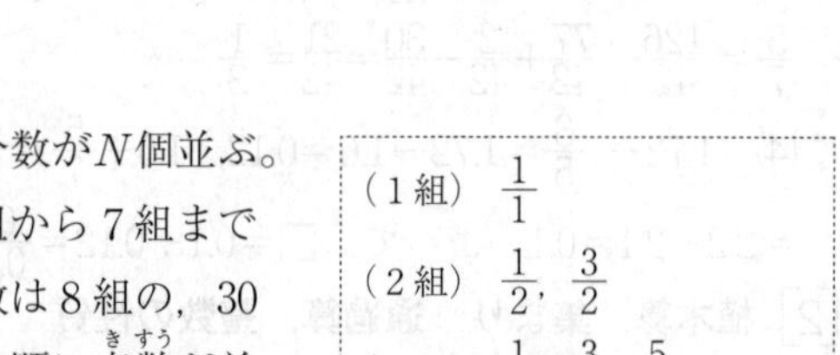

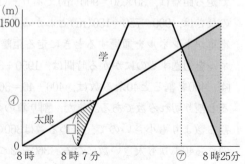

⑴　学が出発した時刻は，８時＋７分＝８時７分だから，グラフは右のようになる。太郎と学の速さの比は１：４なので，太郎と学が同じ距離を進むのにかかる時間の比は，$\frac{1}{1}:\frac{1}{4}=4:1$となる。

また，太郎がAB間の片道にかかった時間は，８時25分－８時＝25分だから，学がAB間の片道にかかった時間は，25×$\frac{1}{4}$＝6.25(分)となり，学がAB間の往復にかかった時間は，6.25×２＝12.5(分)と求められる。さらに，学がＡ地点を出発してからＡ地点に着くまでの時間は，８時25分－８時７分＝18分なので，学が休んだ時間は，18－12.5＝5.5(分)とわかる。60×0.5＝30(秒)より，これは５分30秒となる。

⑵　太郎の速さは毎分，1500÷25＝60(m)だから，学の速さは毎分，60×４＝240(m)となる。よって，グラフのかげの部分に注目すると，この部分では２人の間の距離は１分間に，60＋240＝300(m)の割合で広がることになる。したがって，かげの部分の時間は，1500÷300＝５(分)なので，㋐に当てはまる時刻は，８時25分－５分＝８時20分と求められる。

⑶　グラフの□の距離は，60×７＝420(m)である。グラフの斜線《しゃせん》部分に注目すると，この部分では２人の間の距離は１分間に，240－60＝180(m)の割合で縮まるから，斜線部分の時間は，420÷180＝$\frac{7}{3}$(分)とわかる。㋑は斜線部分で学が進んだ距離に当たるから，㋑に当てはまる数は，240×$\frac{7}{3}$＝560(m)と求められる。

6　条件の整理

⑴　{1組，２組，５組}がＢ，Ｄ，Ｅのいずれかであり，{3組，４組}がＡ，Ｃのいずれかになる。また，３組の最初の試合は１対０であり，１点もとれなかったのは５組だけだから，３組が最初に試合をしたのは５組である。次に，３組の平均得点は２点であるが，もし，３組がAで試合数は２試合だとすると，３組の合計得点は，２×２＝４(点)になる。このとき，３組の２試合目の得点は，４－１＝３(点)になるが，４点以上取ったチームはなく，４組の最後の試合は１点差だから，３組は４組との決勝を３対２で勝ったことになる。すると，４組の残り２試合の合計得点は，３－２＝１(点)になるが，これでは決勝にいくことができない。よって，３組はCで試合数は３試合と決まり，下の図１のようになる(太線は勝ったチームを表し，数字は得点を表している)。図１より，Ａは４組，Ｃは３組，Ｄは５組である。

⑵　はじめに，３組の合計得点は，２×３＝６(点)なので，３組の２試合目と決勝の得点の組み合わせは２点と３点になる。次に，もし，２組がＢだとすると，２組は２点取って負けているから，Ａ(４組)対Ｂ(２組)の結果は３対２となる。さらに，４組は合計得点が３点で最後の試合は１点差だから，決勝の結果は０対１で３組が勝ったことになる。これは上の＿と矛盾《むじゅん》するので，２組はＥ，１組はＢと決まり，下の図２のようになる。図２で，３組の２試合目の得点は３点だから，決勝の得点は２点となり，下の図３のように決まる。よって，１位は３組であり，決勝の結果は２対１である。

図１

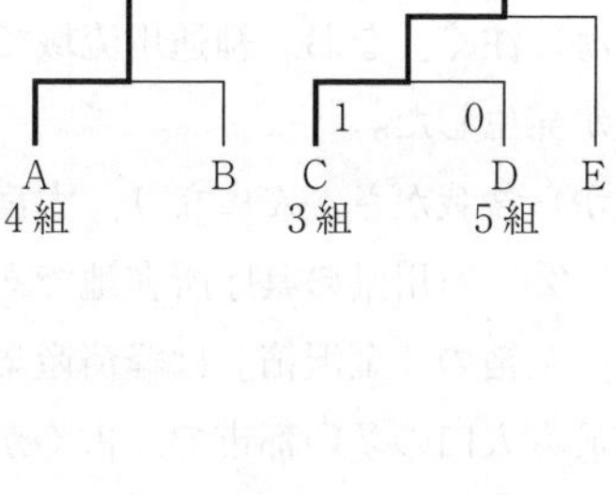

図２

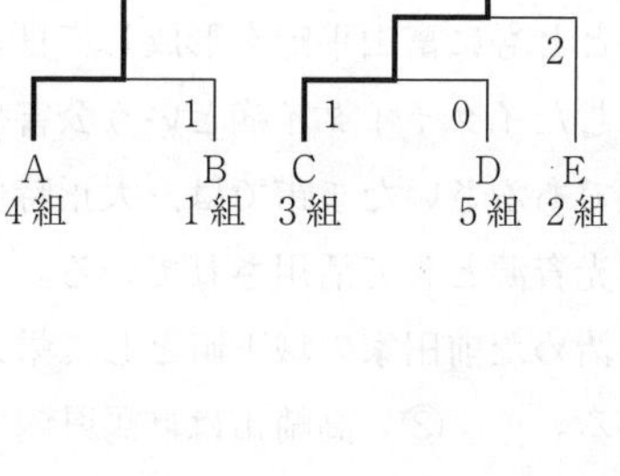

図３

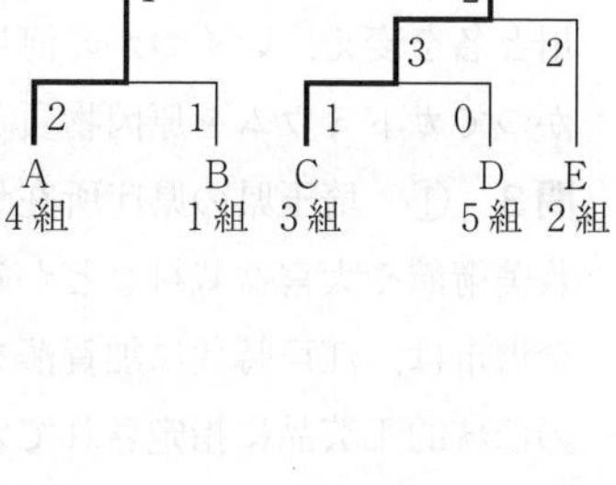

社　会　＜第２回試験＞（40分）＜満点：80点＞

解　答

1　**問1**　①　(か)　②　(し)　③　(し)　④　(す)　⑤　(さ)　**問2**　①　(う)　②　(け)　③　(こ)　**問3**　①　(か)　②　(え)　③　(く)　④　(き)　⑤　(い)　**2**　**問1**　**1**　万葉集　**2**　山上憶良　**3**　フビライ　**4**　北条時宗　**5**　井伊直弼　**6**　ポーランド　**7**　イタリア　**8**　イギリス　**問2**　(イ)　**問3**　大仙(大山)古墳　**問4**　(エ)　**問5**　荘園　**問6**　(ウ)　**問7**　（例）　幕府から恩賞として新たな領地をもらえなかったから。　**問8**　(オ)　**問9**　(イ), (オ)　**問10**　(エ)　**問11**　玉音放送　**3**　**問1**　**1**　ミャンマー　**2**　東南　**3**　関税　**4**　セーフガード　**5**　ギリシャ　**6**　山　**7**　オーストラリア　**問2**　(イ), (オ)　**問3**　(1)　1（月）　(2)　特別会(特別国会)　**問4**　(ウ)　**問5**　**A**　(イ)　**B**　(ア)　**C**　(ウ)　**問6**　ロシア　**問7**　(エ)　**問8**　(エ)　**問9**　(1)　2（月）　(2)　5（月）　(3)　11（月）　**問10**　（例）　大会への影響を小さくするため，昼間の首都高速道路の利用料金を高くした。

解　説

1　**北陸新幹線とその沿線の地理についての問題**

問1　①～⑤　北陸新幹線は1997年，翌年の冬季長野オリンピックに合わせて東京駅—長野駅間が長野新幹線として部分開業した。東京駅から埼玉県の大宮駅までは東北・上越新幹線と，群馬県の高崎駅までは上越新幹線と線路を共用する。安中榛《あんなかはる》名《な》駅までは群馬県を走り，かつて中山道の難所として知られた碓氷峠《うすいとうげ》をぬけて長野県に入る。軽井沢駅から飯山駅までは長野県内を走行し，飛《ひ》騨《だ》山脈(北アルプス)を迂回《うかい》するようにして北上したのち，新潟県に入る。糸魚川《いといがわ》駅からは日本海沿岸を走り，富山県に入って黒部《くろべ》宇《う》奈月《なづき》温泉駅に至る。新高岡駅までが富山県の駅で，現在の終点である金沢駅は石川県に位置する。なお，北陸新幹線は福井県を通り，大阪府まで延伸されることになっている。

問2　①　荒川《あらかわ》は関東山地の甲武信《こぶし》ヶ《が》岳《たけ》を水源として埼玉県内を流れ，熊谷《くまがや》市付近から南東へと向かったのち，埼玉県南部と東京都北部の境を形成して東京都に入る。東北・上越・北陸新幹線は，ここで荒川をまたぐ。その後，東京都をおおむね南東へ流れ，江東区で東京湾に注ぐ。　②　信濃川は長野県内では千曲《ちくま》川とよばれ，関東山地の甲武信ヶ岳を水源として長野県内をおおむね北へと向かう。長野市内で最大の支流である犀川《さいがわ》と合流して北東へと流れ，ここで北陸新幹線と交わる。その後，新潟県内に入って信濃川と名を変え，越後平野を通って日本海に注ぐ。　③　神通川《じんずうがわ》は，岐阜県高山市の川上岳を水源として北上し，岐阜県内では宮川とよばれる。富山県内に入って神通川と名を変え，いくつかの河川とともに富山平野を形成して日本海に注ぐ。なお，神通川流域では，かつてカドミウムを原因物質としたイタイイタイ病という公害病が発生した。

問3　①　埼玉県の県庁所在地であるさいたま市では，大正時代から盆栽がさかんになり，大宮盆栽美術館や大宮盆栽村などが観光資源として活用されている。　②　石川県の県庁所在地である金沢市は，江戸時代に加賀藩を治めた前田家の城下町として栄え，金箔《きんぱく》の「金沢箔」は経済産業省の伝統的工芸品に指定されている。　③　高崎市は群馬県内で最も人口の多い都市で，古くから交通の要所として栄えてきた。また，「高崎だるま」の産地としても知られている。　④　富山県北西部に位置する高岡市は，加賀藩の時代に始まった伝統的工芸品の高岡銅器の産地として知られる。「高さ16mの大仏」とは高岡大仏のことで，昭和時代につくられた阿弥陀如来坐像《あみだにょらいざぞう》である。
⑤　糸魚川市はヒスイの産地として知られ，ここで産出したヒスイが各地の縄文時代の遺跡から発《はっ》掘《くつ》されている。ここから，当時の交易のようすをうかがい知ることができる。また，糸魚川市はフォッサマグナ(大地溝帯《だいちこうたい》)の西縁《せいえん》にあたる糸魚川—静岡構造線の北端に位置し，東西日本の境目をなす地質学的に貴重な場所であることから，ユネスコ(国連教育科学文化機関)の「世界ジオパーク」に認定されている。

2　各時代の歴史的なことがらについての問題

問1　**1**　『万葉集』は現存する日本最古の和歌集で，奈良時代後半，大伴家持《おおとものやかもち》らによって編さんが進められたと考えられている。万葉集には，天皇・皇族から農民までさまざまな身分の人がよんだ約4500首の和歌がおさめられている。　**2**　山上憶良《やまのうえのおくら》は奈良時代の貴族で，筑紫《つくし》国(福岡県)の国司などを務めた。また，『万葉集』を代表する歌人の一人で，これにおさめられた「貧窮問答《ひんきゅうもんどう》歌《か》」には，当時の農民の苦しい生活のようすがつづられている。　**3，4**　フビライ＝ハンはモンゴル帝国の第５代皇帝で，1271年に中国に元を建国した。先に服属させた朝鮮半島に続き，日本にも服属を求めて使者を送ってきたが，鎌倉幕府の第８代執権《しっけん》北条時宗がこれを拒否したため，フビライは1274年の文永の役と1281年の弘安の役の二度にわたり，大軍を派遣して北九州に攻めてきた(元寇《げんこう》，元軍の襲来《しゅうらい》)。日本の武士は元軍の集団戦法や火薬兵器に苦戦したものの，二度とも暴風雨が発生したこともあり，どうにかこれを撃退《げきたい》することに成功した。　**5**　井伊直弼《なおすけ》は彦根藩(滋賀県)の藩主から1858年に江戸幕府の大老に就任すると，アメリカ総領事ハリスとの間で，朝廷の許しを得ないまま日米修好通商条約を結んだ。そして，これに反対する尊皇攘夷《そんのうじょうい》派(天皇を尊び外国を排斥《はいせき》しようとする人々)を安政の大獄《たいごく》(1858〜59年)で厳しく処罰したが，その報復として1860年に桜田門外の変で暗殺された。　**6**　1939年，ドイツが隣国《りんごく》のポーランドに侵攻《しんこう》すると，イギリスとフランスがドイツに宣戦布告した。これによって，第二次世界大戦(1939〜45年)が始まった。　**7**　国際的な孤立《こりつ》を深めていた日本は1940年，同じようにファシズムが広がっていたドイツ・イタリアと三国軍事同盟を結び，アメリカなどへの対抗姿勢を示した。　**8**　1941年12月８日，日本陸軍がイギリス領マレー半島に進軍した。これと同時に日本海軍がハワイの真珠湾にあったアメリカ軍基地を奇襲攻撃したことで，太平洋戦争(1941〜45年)が始まった。

問2　(ア)　縄文時代には気候の温暖化が進み，狩りの対象がマンモスやナウマンゾウなどの大型動物からイノシシやシカなどの中型動物へと変わるとともに，弓矢が用いられるようになった。
(イ)　縄文時代の埋葬《まいそう》の習慣について，正しく説明している。　(ウ)　縄文時代には，祈りやまじないのために土偶《どぐう》という土人形がつくられた。埴輪《はにわ》は，古墳時代につくられた素焼きの土製品である。
(エ)　「吉野ケ里遺跡」ではなく「三内丸山遺跡」が正しい。吉野ヶ里遺跡は弥生時代の環濠《かんごう》集落の遺跡で，佐賀県にある。

問3　大仙(大山)古墳は，百舌鳥《もず》古墳群(大阪府堺市)を代表する日本最大(墳丘《ふんきゅう》の全長約486m)の前方後円墳で，仁徳《にんとく》天皇の墓と伝えられている。

問4　律令制度のもと，農民には，収穫した稲の約３％を納める租，都での労役のかわりに布などを納める庸《よう》，各地の特産物を納める調といった税が課された。また，国司のもとで年60日以内の労働につく雑徭《ぞうよう》や，都の警備を行う衛士《えじ》，北九州の防衛にあたる防人《さきもり》などの労役・兵役も課された。

問５　奈良時代の743年，朝廷は口分田の不足を補うため墾田《こんでん》永年私財法を出し，新しく開墾した土地の永久私有を認めた。これをきっかけとして，多くの人を動員できる有力貴族や寺社は開墾を進め，のちに荘園とよばれる私有地を拡大していった。

問６　高麗《こうらい》は10世紀前半に朝鮮半島に成立した国で，13世紀後半にはモンゴル帝国の支配下に入り，元寇にも参加した。14世紀には倭寇《わこう》（日本の武装商人団・海賊《かいぞく》）の攻撃によって弱体化し，滅亡《めつぼう》した。なお，百済《くだら》，高句麗《こうくり》，新羅《しらぎ》は古墳時代から飛鳥時代にかけて朝鮮半島にあった国で，７世紀に新羅が朝鮮半島を統一した。

問７　元寇は国土防衛戦で，新たな領土が得られたわけではなかった。そのため，鎌倉幕府は活躍《かつやく》した武士に十分な恩賞をあたえることができず，土地を仲立ちとして成立していた幕府と御家人の「御恩と奉公」の関係がくずれていった。そのため，御家人の幕府への信頼もうすれ，御家人は幕府への不満を募らせていった。

問８　【Ｘ】は1639年，【Ｙ】は1641年，【Ｚ】は1635年のできごとなので，時期の古い順に【Ｚ】→【Ｘ】→【Ｙ】となる。

問９　1854年，江戸幕府はアメリカ使節ペリーと日米和親条約を結び，これによって下田（静岡県）と箱館（函館，北海道）の２港が開かれた。なお，1858年に結ばれた日米修好通商条約では，箱館に加えて神奈川（横浜，神奈川県），長崎，新潟，兵庫（神戸）が開港地とされた（神奈川の開港にともなって下田は閉鎖）。

問10　(エ)は「勤労動員」ではなく「（学童）疎開《そかい》」が正しい。勤労動員も戦時中に行われた政策で，女子をふくむ学生・生徒らが軍需《ぐんじゅ》工場で働かされた。

問11　1945年８月14日，日本は連合国軍の出したポツダム宣言を受け入れて無条件降伏《こうふく》した。翌15日，天皇が玉音放送とよばれるラジオ放送によって国民にこれを伝え，日本の戦争は終わった。

3　日本の政治のしくみや国際関係などについての問題

問１　**１**　ミャンマーは東南アジアに位置する国で，2021年２月には国軍がクーデターを起こして民主的な政権を倒《たお》した。　**２**　ASEANは東南アジア諸国連合の略称で，東南アジアの10か国によって構成されている。　**３**，**４**　一般的に，関税は，自国の産業を保護し，税収を得るといった目的から輸入品に課される。WTO（世界貿易機関）の規定にもとづき，ある品物の輸入が急激に増加して国内産業がおびやかされるような場合には，「セーフガード」とよばれる緊急《きんきゅう》輸入制限措《そ》置《ち》を発動し，関税の税率を上げるなどの対策をとることが認められている。　**５**　近代オリンピックは，フランスの教育家であるクーベルタン男爵《だんしゃく》の提唱にもとづいて始まり，第１回大会は古代オリンピックの発祥《はっしょう》の地であるギリシャの首都アテネで1896年に開催された。　**６**　毎年８月11日は，山に親しむ機会を得て，山のめぐみに感謝する「山の日」として，国民の祝日とされている。　**７**　ブリズベン（ブリスベン）はオーストラリア東部の都市で，2032年の夏季オリンピック・パラリンピックの開催予定地になっている。

問２　東アジアに位置する韓国（大韓民国）と中国（中華人民共和国）は，東南アジア諸国の地域協力体であるASEANに加盟していない。

問３　⑴　常会（通常国会）は毎年１月に会期150日（一回だけ延長できる）で召集《しょうしゅう》され，おもに次年度の予算が審議される。　⑵　衆議院が解散されると40日以内に総選挙後が行われ，総選挙の日から30日以内に特別会(特別国会)が召集される。特別会では最初にそれまでの内閣が総辞職し，続いて内閣総理大臣の指名が行われる。

問４　近年，日本の国の予算は100兆円規模で推移しており，2021年度の国家予算(一般会計当初予算案)は，約106兆6097億円であった。統計資料は『日本国勢図会』2021／22年版による。

問５　**Ａ〜Ｃ**　日本の予算では，進行する少子高齢化に対応するための社会保障関係費が最も大きな割合を占め，全体のおよそ３分の１にのぼる。これについで多いのが国債《こくさい》費で，税収の不足を補うために発行された国債(国の借金)の返済にあてられる。防衛関係費は，予算の５％程度に抑えられている。

問６　主要７か国首脳会議(Ｇ７サミット)には，アメリカ・イギリス・フランス・ドイツ・イタリア・カナダと日本の７か国が参加する。かつてはロシアを合わせたＧ８サミットとして開催されていたが，ロシアが2014年にウクライナの領土であるクリミア半島を武力で併合《へいごう》したため，ロシアの参加資格が停止された。

問７　富士山は，世界自然遺産としての登録をめざしていたが，ごみが多かったことや開発が進んでいることなどから，世界文化遺産への登録をめざすことにした。その結果，2013年に「富士山―信仰の対象と芸術の源泉」として世界文化遺産に登録された。

問８　2022年２月時点で，日本が国家として承認している国は，日本をふくめて196ある。2021年に行われた東京オリンピックでは，その多くにあたる国や，地域として参加しているところなど，約200の国・地域が参加した。

問９　(1)　建国記念の日は２月11日で，伝説上の初代天皇の神武《じんむ》天皇が即位《そくい》した日とされる。

(2)，(3)　1946年11月３日に日本国憲法が公布され，翌47年５月３日に施行された。これを記念し，公布日の11月３日は文化の日，施行日の５月３日は憲法記念日という国民の休日とされている。

問10　特定の道路や地域・時間帯における自動車利用者に対して課金させることで，自動車の交通量を抑《おさ》えようという政策を「ロードプライシング」という。2021年の東京オリンピックのときのように，交通量を減らすことを目的として行われる場合もあるが，大都市における大気汚染を抑えるなど，環境目的で行われる場合もある。

理　科　＜第２回試験＞（40分）＜満点：80点＞

解　答

[1]　①　エ　②　ウ　③　ウ　④　ア　[2]　**問１**　ア　**問２**　ア　**問３**　ウ　**問４**　イ　**問５**　(例)　キュウリ内部の水分が減り，細きんが増えにくくなるから。　**問６**　ウ，エ　[3]　**問１**　エ　**問２**　オ　**問３**　ウ　**問４**　ア，カ　**問５**　**Ｘ点**…イ，カ　**Ｙ点**…ウ，カ　**問６**　イ，ウ，エ　[4]　**問１**　イ　**問２**　水中　**問３**　ウ　**問４**　(例)　親になるまでの生存率。　**問５**　(例)　卵黄や，それを守る羊水や卵白を丸ごと包んで保護する働き。　**問６**　(例)　卵が受精後に育っていくための栄養分を含んでいるから。

[5]　**問１**　ア，ウ，オ，カ　**問２**　ア，エ，オ　**問３**　ウ　**問４**　(例)　ヒマラヤ山脈のあたりはかつて海だったが，インドのしょうとつによって山になったから。　**問５**　(例)　日

本列島は大陸からわかれてできたから。 **問６** （例） 歯の部分

解　説

1　科学に関連する2021年のできごとについての問題

①　2019年，世界中にまたたく間に広がった新型コロナウイルス感染症《かんせんしょう》に対して，予防のためのワクチンの開発が急がれ，時間をかけずに製造できるmRNAワクチンが使われ始めた。人工的に作ったウイルスの遺伝情報を注射することで，ヒトの体内でウイルスに関係するタンパク質を作らせ，これを刺激《しげき》にウイルスに対する免疫《めんえき》を築くというものである。

②　2021年９月，宇宙事業を手がけるアメリカの民間会社が，自社の宇宙船を使い，地球を周回しながら約３日間を宇宙空間で過ごすという，民間人(４名)だけの宇宙旅行に世界で初めて成功した。

③　真鍋淑郎《まなべしゅくろう》博士は，コンピュータによる気候モデルの開発と，それを活用した気候変動シミュレーションに取り組み，大気中の二酸化炭素のう度の上昇《じょうしょう》がもたらす地球温暖化への影響《えいきょう》を細かく予測した。この功績により，2021年のノーベル物理学賞に選ばれた。

④　2021年７月に発生した静岡県熱海《あたみ》市での大規模な土石流は，川の上流の谷底に造成された盛り土部分に，大雨によって大量の地下水が流れこみ，地盤《じばん》がゆるくなってくずれたのが原因とされている。

2　塩のはたらきについての問題

問１　１段落のあとの方で述べられているように，塩分ののう度差をなくすため，のう度がうすい方からこい方に水が移動したと考えられる。つまり，キュウリに塩をまぶしたとき，キュウリの内側(キュウリの内部)はのう度がうすく，外側はのう度がこいため，内側の水が外側に移動したのである。よって，アが選べる。

問２　ナメクジに塩をかけると，キュウリに塩をまぶしたときと同様に，ナメクジの体内から水分が出てしまうため，ナメクジが縮む。このようすから「ナメクジに塩」ということわざには“苦手なものに対して元気を失ってしまう”という意味がある。

問３，問４　塩づけされたキュウリを，それより塩分のう度が小さい塩水につけると，のう度がうすい方(塩水)からこい方(塩づけにされたキュウリ)に水が移動するため，キュウリの塩からい味がうすまる。

問５　細きんが増えるには水分が必要となるが，水分があっても周囲の塩分のう度が細きんの内部よりもこいと，細きんの内部から水分が周囲に出ていくため，細きんが増えにくくなる。よって，キュウリを塩づけにしてキュウリの水分を減らし，塩分のう度をこくしておくと，日持ちするようになる。

問６　問題文で述べられている現象はこさの異なる水溶液《すいようえき》が接しているときに，うすい方からこい方へ水が移動するというものなので，同様の効果が期待できるのは，その物質そのものか，含《ふく》まれる成分が水に溶《と》けるものである。よって，砂糖とみそ(塩分を多く含む)が選べる。なお，砂糖づけやみそづけが古くから行われていることから，食品を“つける”のに用いるものという視点から考えてもよい。

3　レールを転がる鉄球の運動についての問題

問１　表を見ると，出発点の高さに関係なく，行きの速さと帰りの速さが等しくなっている。よっ

て，Ａは141cm/秒，Ｂは200cm/秒，Ｃは300cm/秒，Ｅは300cm/秒となる。また，鉄球の重さに関係なく，出発点の高さが同じだと，行きの速さや帰りの速さは同じになっている。したがって，Ｄを含む行の結果はＣを含む行の結果と同じであるから，Ｄは45cmとわかる。

問２　鉄球の重さに関係なく，鉄球がレールを下り始める高さによって，レールの最も低いところに取りつけてある速度測定器を通過する鉄球の速さが決まる。表で，行きの速さと帰りの速さが等しくなっているということは，出発点の高さと折り返し点の高さが等しいということである。

問３　表より，出発点の高さが５cmの４倍の20cm，９倍の45cmになると，行きの速さは100cm/秒の２倍の200cm/秒，３倍の300cm/秒になっていることがわかる。このような関係を表すグラフはウである。

問４　出発点で下向きにおしながら鉄球を放すと，行きの速さはおさないときに比べて速くなるので，出発点より折り返し点の方が高くなる。また，速度測定器(レールの最も低いところ)より右側では鉄球に新たな力が加えられることはなく，鉄球は行きの速さの勢いでレールを上り，折り返して速度測定器のところまで下ってくるため，行きの速さと帰りの速さは等しくなる。

問５　出発点をＸ点にした場合，鉄球は傷のあるところを通過するときに速さが少し落ちるので，行きの速さは傷がないときよりも小さくなる。よって，折り返し点は出発点より低くなる。しかし，速度測定器より右側では鉄球に新たな力が加えられることがないため，行きの速さと帰りの速さは等しくなる。一方，出発点をＹ点にした場合は，鉄球が傷のあるところを通過しないので，はじめの実験と同様に，出発点と折り返し点は同じ高さになり，行きの速さと帰りの速さは等しくなる。

問６　実験の結果から考えると，スケートボード自体の重さやその上に人が乗っているかどうかは，折り返し点の高さを出発点より高くすることに影響しないと考えられる。また，走らせる方向を変えても，出発点からそっと下り始めるのには変わらないので，出発点より高い位置まで上ることはできない。

4　セキツイ動物の進化についての問題

問１　メダカのメスは産んだ卵を水草などにくっつけて，天敵に見つからないようにしている。卵には付着毛(付着糸，纏絡《てんらく》糸とも呼ばれる)が生えていて，水草などにからみつく役割をしている。

問２　魚類や両生類がどこで卵を産むかを考えればよい。体外受精では，オスが放った精子が水中を泳いで卵までたどり着く。

問３　Ａは，卵の直径が1.5mmで，表面に短いせんいがたくさん生えているから，メダカの卵である。Ｂは，卵の大きさが他に比べてはるかに大きく，細長い形をしているので，カメの卵となる。Ｃは，卵の直径が1.5mmで，中に卵黄が見えるので，カエルの卵と考えられる。Ｄは，卵の直径が0.1mmなので，初めの説明文にも書かれているようにほ乳類の卵であり，ヒトの卵といえる。

問４　一般《いっぱん》に，産み出された卵が親にまで育つ確率(生存率)が低い動物ほど，産卵数が多い。たとえば，魚類の場合は，ふつう親は卵や子を守ったり世話したりせず，卵や子の段階で他の動物に食べられてしまうことが多いため，生存率がとても低い。そのため，産卵数を多くすることで子孫が残るようにしている。

問５　ほ乳類の多くでは，受精した卵黄が羊水に囲まれ，それらを羊まくがおおっている。また，鳥類では，受精した卵黄の周りに卵白があって，その外側を羊まくがおおっている。どちらも，受精した卵黄を羊水または卵白とともに保護する役割をしていると考えられる。

問６　受精した卵黄が大きく成長していくには，栄養分が必要となる。その栄養分があらかじめ卵の中にたくわえられているため，卵はからだを構成する細ぼうよりもはるかに大きい。

5　化石についての問題

問１　イについて，これは貝塚《かいづか》で見られるもので，化石といわない。エについて，初めの文から考えると，石油からは生物の姿や生活の様子がわからず，それらの証ことならないので，ここでは化石とはいえない。

問２　足あと自体の大きさから，それを残した生物の体の大きさが推測できる。ただし，推測した生物がおとなか子どもかはわからない（小さい生物のおとなかもしれないし，大きい生物の子どもかもしれない）。また，足あとのつき方や間かくからは歩き方や歩く（走る）速さが予想できる。

問３　たくさんの「足」がある点で，マイマイ（カタツムリ）の仲間や巻貝の仲間とはいいにくい。また，からと「足」の間に目のある頭があるという点で，ヤドカリの仲間ともいえない。ヤドカリは甲かく類で，頭と貝がらに収まっている腹の間に「足」がある。イカは，胴体《どうたい》と「足」の間に目のある頭があり，「足」がたくさんついているので，アンモナイトにとって最も体のしくみが近いと考えられる。

問４　アンモナイトがいたころ，現在のヒマラヤ山脈のあたりは海で，そこにはアンモナイトが生息し，その死がいが地層にうもれた。その後，当時は大陸だったインドが北上してきて，ユーラシア大陸にしょうとつした。すると，しょうとつしたあたりのアンモナイトの化石を含む地層がおされて盛り上がり，ヒマラヤ山脈となった。この結果，アンモナイトの化石がヒマラヤ山脈から見つかるようになった。

問５　図を見ると，日本列島は2000万年前から1500万年前ごろよりユーラシア大陸から分かれていき，できたことがわかる。そのときに，6500万年よりも昔に中国やモンゴルに生息していたきょうりゅうの死がい（化石）ごと大陸からはなれたため，日本列島でも大陸に生息していたきょうりゅうの化石が見つかったと考えられる。

問６　肉食動物と草食動物では，食べもののちがいから歯やあごの形状が異なる。テリジノサウルスの場合，先に大きなつめなどが発見されたため，そのときは肉食きょうりゅうではないかと考えられていたが，のちに歯などを含む体全体の骨格が見つかり，実は草食動物であったことがわかった。

国　語　＜第２回試験＞（50分）＜満点：100点＞

解　答

一　下記を参照のこと。　　二　**問１**　（例）　力作のグループ研究のレポートが書きかえられたのを知り，怒っているから。　**問２**　エ　**問３**　ア　**問４**　（例）　幹をからかう相手に鯨井さんが代わりに言い返したら，幹はいやだろうと言いたいから。　**問５**　ア　**問６**　ウ　**問７**　ウ　**問８**　（例）　からかわれてキツかっただろう幹の気持ち。　**問９**　（例）　（典がなやむ仲間を放ってきたことをくやんで，無力さを知りつつも何とかしようと決意する（物語。）
三　**問１**　ウ　**問２**　エ　**問３**　イ　**問４**　ア　**問５**　（例）　欲望には限りなく大きく

なって自分の利益でしかものを見られなくする危険があるから。　**問6**　欲望の追求が世界規模でなされています。　**問7**　(例)　日本の商社員があくせく働く究極の目的が，あくせく働かなくても今すぐできる「昼寝」だったから。　**問8**　(例)　よりよい社会をめざしてどう生きるかを考え，生きる意欲を支えに努力し，欲望のワナにおちないように，生きる目的を問い続けることで，人生を意味あるものにしよう。

●漢字の書き取り

一　①　日照(り)　②　節約　③　混(ぜる)　④　基準　⑤　造船　⑥　臨(む)　⑦　誤差　⑧　縦断　⑨　温暖　⑩　参拝

解説

一　漢字の書き取り

①「日照り」は，長いあいだ雨が降らずに日が照り続けて水がかれること。　②　無駄《むだ》を省くこと。　③　音読みは「コン」で，「混乱」などの熟語がある。訓読みにはほかに「こ(む)」がある。　④　ものごとの判断のよりどころになるもの。　⑤　船を造ること。　⑥　音読みは「リン」で，「臨海」などの熟語がある。　⑦　真の値と測定値との差。　⑧　縦または南北の方向に通りぬけること。　⑨　気候があたたかなようす。　⑩　寺社などを訪《おとず》れてお参りすること。

二　出典は眞島《ましま》めいりの『夏のカルテット』による。

目立つことでクラスメイトにからかわれるのを避《さ》けようとした幹《みき》がバンドのメンバーから外れたことについて，「俺《おれ》」，鯨井《くじらい》さん，佐々矢《ささや》が話し合う場面である。

問1　資料室で自分たちの「グループ研究の提出物」を見た鯨井さんは，「力作」のレポートに書かれていたはずの内容が「あちこち消され」，「メンバー表に三人の名前しか」なかったり「文章も変わって」いたりしたことに怒《おこ》り，詳細《しょうさい》な事情を「ちゃんと説明してもらうからね」と「俺」に詰《つ》め寄っている。これをもとに，「自分の書いたグループ研究のレポートが書きかえられているのを知り，腹を立てているから」のようにまとめる。なお，「眉《まゆ》を寄せる」は，“心配や不快感を表す”という意味。

問2　幹に頼《たの》まれたとはいえ「四人のグループ研究」から彼《かれ》の存在を消してしまい，罪悪感や後悔《こうかい》の念に苛《さいな》まれていたなか，さらに鯨井さんから先生の反応や幹本人のことをたずねられても「自信をもって答えられることが」なかったことに「俺」はみじめさを感じているのだから，エの「情けない」が合う。

問3　幹をからかう相手を「知りたがっていた」鯨井さんは，佐々矢の話を受けて「すぐにでも直接対決に乗りこみそう」なようすでいる。その険しい目に「俺」は「身構え」たのだから，アがよい。なお，「身構える」は，“迫《せま》りくるものを防いだり対抗《たいこう》したりする姿勢をとる”という意味。

問4　あえて取った，部活に入らないという選択《せんたく》を身近な友人から否定され，不愉快《ゆかい》な思いを抱《いだ》いていたが，そんなとき，もし誰《だれ》かが自分の代わりに反論してやろうと提案してきたならば，かえって迷惑《めいわく》に思うはずだとしたうえで，きっと「幹も同じ」思いでいるだろうと佐々矢は話している。自分が困っているからといって，他人からの介入《かいにゅう》など望んではいないであろう幹の思いを伝えようと，佐々矢は部活に入っていない自らの話を取り上げたのだから，「鯨井さんが幹をからかっている相手にねじこんでいきそうなのを，止めたかったから」，「幹が心配でも，幹の代わりに幹をからかう相手に言い返すのはダメだと言いたいから」のようにまとめる。

問５　問４でもみたように，幹をからかう相手のところに直接乗りこもうとする鯨井さんを止めるため，佐々矢は自らの体験を話したが，鯨井さんを直接名指ししているわけではない。しかし，幹の代わりをする気でいた鯨井さんは，そのことが佐々矢のいう「よけいな」お世話になるのだと気づき，肩がふるえたのだから，アがよい。なお，「ぴくりと」は，ここでは驚《おどろ》きやおそれで瞬間《しゅんかん》的に身をふるわせるようす。

問６　「歯がゆい」は，自分の望むような状況《じょうきょう》にならず，じれったく思うようす。

問７　目立つようなことをして周囲にからかわれるのを避けたい幹は，バンド活動をやめている。それを何とかしたいと思ったものの，佐々矢に止められた鯨井さんは，「じゃ，なんにもできないの」と無力感に打ちひしがれているので，ウの「このまま，終わりなの」が入る。直後に「途方《とほう》に暮れ」たとあることも参考になる。なお，ア，イ，エは「なんにもできない」と「途方に暮れている」に合わない。

問８　幹の代わりに言い返すつもりの鯨井さんを止めようと，佐々矢の口調が「いらだって」きた場面に注目する。「俺」は，いらだちが「何もできない自分」へのものなら，「佐々矢の感情は，根っこでは鯨井さんと同じ」で「俺とも，同じ」だと思っている。三人の「根っこ」にあるのは，からかわれて「キツい」思いをしてきた幹を「今このときも放っておいてる」自分自身が許せずにいることと，「困ってる」仲間を助け，問題を解決したいと願う気持ちである。これを整理して，「からかわれて一人つらい気持ちでいる幹」のようにまとめる。

問９　これまでみてきたように，本文ではつらい目にあっている幹のために「なんにもできないの」かと途方に暮れながらも，「こたえたい」と強く思う「俺」，鯨井さん，佐々矢のようすが描かれている。「困ってる」幹を放っておいていることへの後悔や，「四人そろっていたからこそ，できた」バンド活動に深い思い入れがあることもおさえ，「(典《つかさ》が)なやんでいる幹を『放って』きたことをくやみ，自分の無力さを知りつつも，幹がバンド活動に戻《もど》れるように何とかしたいと決意した(文章)」という趣旨《しゅし》でまとめればよい。

三　**出典は藤田正勝《ふじたまさかつ》の『はじめての哲学《てつがく》』による。**筆者はどのように生きるべきか，何をめざして生きるべきかと問いかけ，よりよい人生を送るために大きな視点から見ることの大切さを語っている。

問１　A　吉野源三郎《よしのげんざぶろう》の著書である『君たちはどう生きるか』について紹介《しょうかい》し，このタイトルは「よりよい生き方や，よりよい社会のあり方について深く考え，その実現をめざして努力する」こともふくんだ，大きな視点からの問いかけだと述べている。この内容には③の「『どう生きるか』という問い」が合う。　C　「自分のなかからわきあがってくる意欲」が「よりよいものをめざす」生き方を支えると説明しているので，①の「生きる意欲」がよい。　D　「生きる意欲が，欲望に変わってしまう」危険について忠告する内容だから，④の「欲望というワナ」があてはまる。　E　「欲望の連鎖《れんさ》」から生じる貧困《ひんこん》，飢餓《きが》，迫害《はくがい》などの問題について考えるとき，大切なのは「そもそもわたしたちは何のために生きているのか」，「何をめざして生きていけばよい」のかという根本的な問いだと述べられている。よって，②の「何をめざして生きるべきか？」がふさわしい。

問２　「大きな海から自分を(一つの水の分子として)見つめ直す」と見えてくるものだから，エの

「自分のいままで見えていなかった面」があてはまる。ア～ウは，「自分を」「見つめ直すと」という条件に合わない。

問３　直後の文に「それは，単により多くのことを知るということではない」とあるので，イの「知らない言葉をたくさん覚えて，知識を増やす」があてはまらない。

問４　この「落とし穴」は，気づかずにおちいりがちな好ましくない状態のたとえ。人生を支える「意欲」が「欲望」に変質する危険性もありうることについて言っている。

問５　よく生きる力となる「意欲」に対し，いったん刺激《しげき》されることで「かぎりなく大きく」なる「欲望」は，人々を「できるだけ多くのものを手に入れたい」と思うような「欲望の奴隷《どれい》」におちいらせると筆者は指摘《してき》している。やがてそれは，自分中心の「利益追求」の世界をつくり，対立や争いを引き起こして，結果として貧困や迫害などで苦しむ人を増やすというのだから，これを整理して「欲望は無限に大きくなって自分の利益でしかものごとを見られなくなる危険があるから」のようにまとめる。

問６　「そういった」と指示語があるので，直前の大段落に注目する。大段落Ｄでは「欲望の連鎖《れんさ》」が世界規模でなされ，利益の獲得のために対立や争いが起き，結果として貧困，飢餓，迫害などで苦しむ人が増えていると述べられている。よって，大段落Ｄの最終段落の「欲望の追求が世界規模でなされています」という一文がぬき出せる。

問７　現地の人から「なぜ毎日そんなにあくせくと働くのか」とたずねられた日本の商社員が，お金を貯《た》め，退職後に景色の美しいところに別荘《べっそう》を建て，「ゆっくり昼寝《ひるね》をする」ためだと答えたところ，「われわれは最初からそうしている」と言われたことが「おもしろい話」にあたる。商社員があくせく働く目的を追及《ついきゅう》してみたら，あくせくしない現地の人々が日常的にやっている「昼寝」に行きついた点に，おかしみがあるといえるので，「あくせく働く商社員の目的をつきつめたら，あくせくしない現地では日常の『昼寝』に行きついたから」のようにまとめる。

問８　問１で検討《けんとう》した小見出しに着目する。よりよい社会の実現のために「どう生きるか」を深く考え，その実現のために自分の中にある「生きる意欲」を支えにして努力し，「欲望というワナ」におちいらないために「何をめざして生きるべきか」考え続ける。それが，意味のある人生を歩むために望まれることだと筆者は主張している。

Dr.福井の

入試に勝つ！脳とからだのウルトラ科学

記憶に残る“ウロ覚え勉強法”とは？

人間の脳には，ミスしたところが記憶に残りやすい性質がある。順調にいっているときの記憶はあまり残らないが，まちがえて「しまった！」と思うと，その部分がよく記憶されるんだ（これは，脳のヘントウタイという部分の働きによる）。その証拠に，おそらくキミたちも「あの問題を解けたから点数がよかった」ことよりも，「あの問題をまちがえたから点数が悪かった」ことのほうをよく覚えているんじゃないかな？

この脳のしくみを利用したのが“ウロ覚え勉強法”だ。もっと細かく紹介すると，テキストの内容を一生懸命覚え，知識を万全にしてから問題に取り組むのではなく，テキストにざっと目を通した程度（つまりウロ覚えの状態）で問題に取りかかる。もちろんかなりまちがえると思うが，それを気にすることはない。まちがえた部分はよく記憶に残るのだから……。言いかえると，まちがえながら知識量を増やしていくのが“ウロ覚え勉強法”なのである。

ここで，ポイントが2つある。1つは，ヘントウタイを働かせて記憶力を上げるために，まちがえたときは「あ～っ！」とわざとらしく驚くこと。オーバーすぎるかな……と思うぐらいでちょうどよい。

もう1つのポイントは，まちがえたところをそのままにせず，ここできちんと見直すこと（残念ながら，驚くだけでは覚えられない）。問題の解説を読んで理解するのはもちろんだが，必ずテキストから見直すようにする。そうすれば，記憶力が上がったところで足りない知識をしっかり身につけられるし，さらにその部分がどのように出題されるかもわかってくる。頭の中の知識を実戦で役立てられるようにするわけだ。

Dr.福井（福《ふく》井《い》一成《かずしげ》）…医学博士。開成中・高から東大・文Ⅱに入学後，再受験して翌年東大・理Ⅲに合格。同大医学部卒。さまざまな勉強法や脳科学に関する著書多数。

Memo

Memo

2021年度　学習院中等科

〔電　話〕(03) 5992－１０３２
〔所在地〕〒171－0031　東京都豊島区目白１－５－１
〔交　通〕JR山手線－「目白駅」より徒歩３分

【算　数】〈第１回試験〉(50分)〈満点：100点〉

〔注意〕式を必ず指定された場所に書きなさい。

1　次の□に当てはまる数を入れなさい。

(1)　$(17\times9-21)\div12+15\times134=\square$

(2)　$1.5\times2.4-1.33\div0.7+16\times0.6=\square$

(3)　$4\frac{7}{12}\times3\frac{3}{11}-2\frac{1}{3}-3\frac{1}{2}+2\frac{5}{9}\div3\frac{1}{15}=\square$

(4)　$\left(\frac{5}{7}-0.5\right)\times2\frac{1}{3}-\left(\square\div3.5-\frac{1}{7}\right)\times2\frac{4}{5}=0.3$

2　次の□に当てはまる数を入れなさい。

(1)　あめを何人かの子どもに分けます。１人に７個ずつ分けると30個余《あま》り，１人に10個ずつ分けても６個余るとき，あめは□個あります。

(2)　今，太郎と父の年齢《ねんれい》の和は51歳《さい》です。７年後に父の年齢が太郎の年齢の４倍になります。今の太郎の年齢は□歳です。

(3)　40人のクラスの算数のテストの平均点は73.2点です。そのクラスの男子の平均点が72点，女子の平均点が75点であるとき，男子の人数は□人です。

(4)　A君１人では９日，A君，B君２人では６日かかる仕事があります。この仕事をB君１人ですると，□日かかります。

3　４桁《けた》の整数を３つの数12，18，42で割るとき，次の問いに答えなさい。

(1)　これらのどの数でも割り切れる４桁の整数のうち，最も小さいものを求めなさい。

(2)　これらのどの数で割っても１余る４桁の整数のうち，最も大きいものを求めなさい。

(3)　12で割ると11余り，18で割ると17余り，42で割ると41余る４桁の整数のうち，5000に最も近いものを求めなさい。

4　下の図は，半径が３cmの円を６つと，半径が６cmの円を１つ組み合わせたものです。

図１

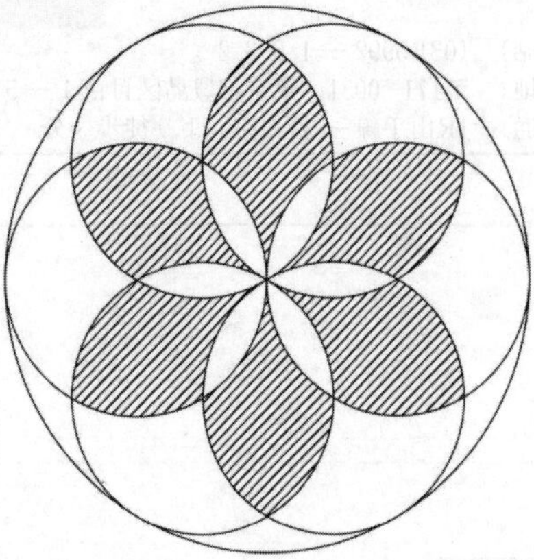

図２

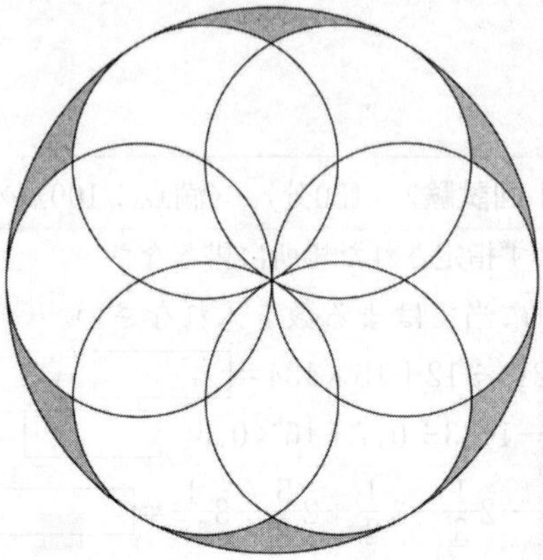

このとき，次の問いに答えなさい。ただし，円周率を3.14，１辺が３cmの正三角形の高さを2.59cmとします。

(1)　図１の斜《しゃ》線をつけた部分の周の長さの和を求めなさい。

(2)　図１の斜線をつけた部分の面積の和を求めなさい。

(3)　図２の影《かげ》をつけた部分の面積の和を求めなさい。

5　太郎と一郎の家は２km離《はな》れています。ある日，２人はそれぞれの家を結ぶ一本道の途《と》中にある公園で会うことにしました。太郎が出発してから６分後に一郎が出発し，その12分後に２人は同時に公園に着きました。何分か公園で２人で過ごした後に，２人は同時に公園を出発して，行きとは異なる速さでそれぞれの家に帰りました。

下の図は，この時の２人の様子を表したものです。

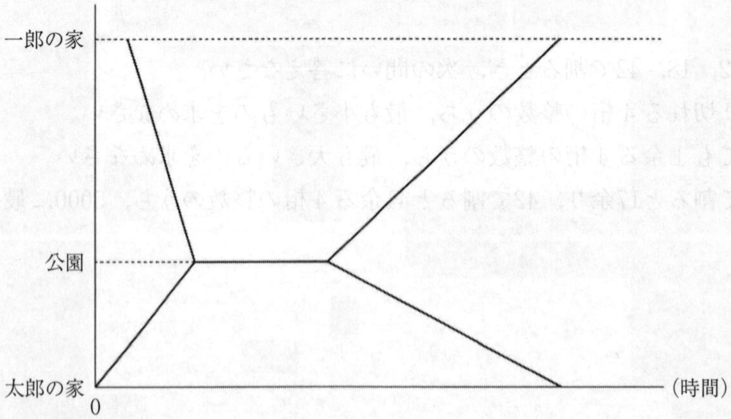

このとき，次の問いに答えなさい。ただし，２人の行きと帰りの進む速さはそれぞれ一定であるとし，行きの太郎の進む速さは行きの一郎の進む速さの$\frac{3}{8}$倍とします。

(1)　太郎の家から公園までの距離《きょり》を求めなさい。

(2)　一郎の行きに進む速さは毎時何kmか求めなさい。

(3)　帰りは２人同時にそれぞれの家に着きました。このとき，帰りの太郎の進む速さは帰りの一郎の進む速さの何倍であるか求めなさい。

6　１から４までの数字が書かれた４枚のカードをA，B，C，Dの４人に１枚ずつ配りました。配られたカードの数字を自分以外の３人にだけ見えるように持ったところ，A，B，Cの３人がそれぞれ次のように言いました。

A「僕から見える３枚のうち，奇数のカードは１枚だけだ。」

B「僕から見える３枚のうち，Cのカードの数が１番大きい。」

C「僕から見える３枚のうち，Dのカードの数が１番大きい。」

このとき，次の問いに答えなさい。

(1)　A，B，Cの３人が本当のことを言っているとき，４人のカードの数を答えなさい。

(2)　D「僕から見える３枚のうち，Bのカードの数が１番小さい。」

今，Dは本当のことを言っています。また，A，B，Cの３人のうち，２人がうそをついていて，１人だけが本当のことを言っています。A，B，Cのうち，本当のことを言っているのは誰か答えなさい。さらに，このときの４人のカードの数も答えなさい。

【社　会】〈第１回試験〉（40分）　〈満点：80点〉

〔注意〕　問題に漢字で書くことが指定されていれば正しい漢字で書きなさい。

1　以下の問いに答えなさい。

問１　下の表は，「日本のおもな都市の月平均気温（上段，℃）と月降水量（下段，mm）（複数年の平均値）」を示したものです。表の中のＡ～Ｇに適する都市名を次の(あ)～(こ)から一つ選び，記号で答えなさい。

(あ)　青森　　(い)　網走　　(う)　尾鷲　　(え)　金沢　　(お)　札幌

(か)　高松　　(き)　東京　　(く)　那覇　　(け)　福島　　(こ)　松本

	1月	2月	3月	4月	5月	6月	7月	8月	9月	10月	11月	12月	全年
A	6.3 101	6.9 119	9.9 253	14.6 289	18.4 372	21.7 406	25.4 397	26.4 468	23.6 692	18.3 396	13.4 250	8.6 107	16.1 3849
B	3.8 270	3.9 172	6.9 159	12.5 137	17.1 155	21.2 185	25.3 232	27.0 139	22.7 226	17.1 177	11.5 265	6.7 282	14.6 2399
C	17.0 107	17.1 120	18.9 161	21.4 166	24.0 232	26.8 247	28.9 141	28.7 241	27.6 261	25.2 153	22.1 110	18.7 103	23.1 2041
D	−1.2 145	−0.7 111	2.4 70	8.3 63	13.3 81	17.2 76	21.1 117	23.3 123	19.3 123	13.1 104	6.8 138	1.5 151	10.4 1300
E	5.5 38	5.9 48	8.9 83	14.4 76	19.1 108	23.0 151	27.0 144	28.1 86	24.3 148	18.4 104	12.8 60	7.9 37	16.3 1082
F	−0.4 36	0.2 44	3.9 80	10.6 75	16.0 100	19.9 126	23.6 138	24.7 92	20.0 156	13.2 102	7.4 55	2.3 28	11.8 1031
G	−5.5 55	−6.0 36	−1.9 44	4.4 52	9.4 62	13.1 54	17.1 87	19.6 101	16.3 108	10.6 70	3.7 60	−2.4 59	6.5 788

（理科年表2019）

問２　下の資料は，「2019年末現在」のデータをもとにして，気象庁が発表している「気象の記録(観測史上１位から５位)」を示したものです。この資料の中の(A)～(F)に適する地名を次の(あ)～(か)から一つ選び，記号で答えなさい。

(あ)　旭川　　(い)　酸ケ湯　　(う)　箱根　　(え)　富士山　　(お)　美濃　　(か)　与那国島

【最高気温】

熊谷(埼玉)	41.1℃	2018年７月23日
(A)	41.0℃	2018年８月８日
金山(岐阜)	41.0℃	2018年８月６日
江川崎(高知)	41.0℃	2013年８月12日
多治見(岐阜)	40.9℃	2007年８月16日

【最低気温】

(B)	−41.0℃	1902年１月25日
帯広(北海道)	−38.2℃	1902年１月26日
江丹別(北海道)	−38.1℃	1978年２月17日
富士山(静岡)	−38.0℃	1981年２月27日
歌登(北海道)	−37.9℃	1978年２月17日

【最深積雪】

伊吹山(滋賀)	1182cm	1927年２月14日
(C)	566cm	2013年２月26日
守門(新潟)	463cm	1981年２月９日
肘折(山形)	445cm	2018年２月13日
津南(新潟)	416cm	2006年２月５日

【日降水量】

(D)	922.5mm	2019年10月12日
魚梁瀬(高知)	851.5mm	2011年７月19日
日出岳(奈良)	844mm	1982年８月１日
尾鷲(三重)	806mm	1968年９月26日
内海(香川)	790mm	1976年９月11日

【最大瞬間《しゅんかん》風速】

(E)	91.0m/s	1966年９月25日
宮古島(沖縄)	85.3m/s	1966年９月５日
室戸岬(高知)	84.5m/s	1961年９月16日
(F)	81.1m/s	2015年９月28日
名瀬(鹿児島)	78.9m/s	1970年８月13日

2 次の年表について，以下の問いに答えなさい。

西暦《せいれき》	できごと
57年	倭の奴国の王が後漢の皇帝から①漢委奴国王印を授かる。
478年	倭王の②武が宋に使者を送る。
593年	推古天皇が③聖徳太子(厩戸皇子)を皇太子に立てる。
724年	④聖武天皇が即位する。
939年	(　1　)が乱を起こし，関東の大半を征服し新皇と名乗る。
1016年	⑤藤原道長が摂政となる。
1124年	⑥奥州藤原氏が中尊寺金色堂を建てる。
1180年	⑦源頼朝が平氏打倒の兵をあげる。
1221年	(　2　)上皇が兵をあげ，承久の乱が起こる。
1338年	(　3　)が征夷大将軍に就任する。
1404年	⑧勘合貿易がはじまる。
1588年	⑨刀狩令が出される。
1685年	将軍(　4　)が生類憐みの令を出す。
1716年	⑩享保の改革が行われる。
1894年	⑪日清戦争がはじまる。
1964年	⑫東京オリンピックが開かれる。

問１　上の年表中の(１)～(４)に適する人物を漢字で答えなさい。

問２　下線部①の「漢委奴国王印」について，漢委奴国王印が発見された県を以下の(ア)～(エ)から一つ選び，記号で答えなさい。

(ア)　長崎県　　(イ)　大分県

(ウ)　福岡県　　(エ)　鹿児島県

問３　下線部②の「武」は『日本書紀』に大泊《おおはつ》瀬《せ》幼武《わかたけ》と記される雄略天皇とされ，ワカタケル大王であると考えられています。それを示す鉄剣銘《てっけんめい》が出土した埼玉県にある古墳を以下の(ア)～(エ)から一つ選び，記号で答えなさい。

(ア)　江田船山古墳　　(イ)　稲荷山古墳

(ウ)　高松塚古墳　　(エ)　大仙陵古墳

問４　下線部③の「聖徳太子(厩戸皇子)」について，説明として正しいものを以下の(ア)～(エ)から一つ選び，記号で答えなさい。

(ア)　家柄《いえがら》に関係なく個人の功績を評価し冠を授《じゅ》与《よ》する十七条の憲法を制定した。

(イ)　豪族《ごうぞく》に対し役人としての心構えを示した冠位十二階を制定した。

(ウ)　仏教を深く敬い，人々に仏教を信仰することをすすめた。

(エ)　聖徳太子が建てたとされる法隆寺は四天王寺とも呼ばれ，現存する世界最古の木造建築である。

問５　下線部④の「聖武天皇」は都に東大寺を建て，大仏を造りました。そのとき，農民などに仏教の教えを説き，大仏造りに積極的に協力した僧の名前を漢字で答えなさい。

問６　下線部⑤の「藤原道長」がよんだ歌として正しいものを以下の(ア)〜(エ)から一つ選び，記号で答えなさい。

(ア)　天《あま》の原　ふりさけ見れば　春日《かすが》なる　三笠《みかさ》の山に　出《い》でし月かも

(イ)　この世をば　我が世とぞ思ふ　望月《もちづき》の　欠けたることも　なしと思へば

(ウ)　秋の田の　かりほの庵《いほ》の　苫《とま》をあらみ　わが衣手《ころもで》は　露《つゆ》にぬれつつ

(エ)　人はいさ　心も知らず　ふるさとは　花ぞ昔の　香《か》ににほひける

問７　下線部⑥の「奥州藤原氏」が根拠地《こんきょち》とした，岩手県南西部に位置する地名を漢字で答えなさい。

問８　下線部⑦の「源頼朝」について，以下の(X)〜(Z)は鎌倉幕府の創設過程に関する事がらである。(X)〜(Z)を時期の古い順に並べ替えたものとして正しいものを以下の(ア)〜(カ)から一つ選び，記号で答えなさい。

(X)　壇ノ浦の戦い	(Y)　侍所の設置	(Z)　守護・地頭の設置

(ア)　(X)→(Y)→(Z)

(イ)　(X)→(Z)→(Y)

(ウ)　(Y)→(X)→(Z)

(エ)　(Y)→(Z)→(X)

(オ)　(Z)→(X)→(Y)

(カ)　(Z)→(Y)→(X)

問９　下線部⑧の「勘合貿易」について，この当時の中国の王朝名を漢字で答えなさい。

問10　下線部⑨の「刀狩令」が出された目的を30字以内で説明しなさい。ただし，句読点は１字に数えます。

問11　下線部⑩の「享保の改革」について，説明として正しいものを以下の(ア)〜(エ)から一つ選び，記号で答えなさい。

(ア)　学問と武芸をすすめ，幕府の学校では朱子学以外の学問を禁じた。

(イ)　商工業者が株仲間を結成することをすすめ，これに営業を独占させる特権を与える代わりに，営業税を納めさせ，幕府の収入を増やそうとした。

(ウ)　株仲間を解散させたり，江戸・大坂周辺の土地を幕府の領地にしようとしたりした。

(エ)　裁判の公正をはかるために公事方御定書を定め，庶民《しょみん》の意見を聞くために目安箱を設置した。

問12　下線部⑪の「日清戦争」の講和条約を結んだ日本の全権で，当時の内閣総理大臣だった人物に関する説明として正しいものを以下の(ア)〜(エ)から一つ選び，記号で答えなさい。

(ア)　ロシア帝国に対するシベリア出兵の実施《じっし》を決定した。

(イ)　治安維持法を成立させ，思想の弾圧《だんあつ》を行った。

(ウ)　韓国におかれた統監府《とうかんふ》の初代統監になった。

(エ)　日本で最初の本格的政党内閣を組織した。

問13　下線部⑫の「東京オリンピック」について，以下の(X)～(Z)は東京オリンピックの前後に起こったできごとである。(X)～(Z)を時期の古い順に並べ替えたものとして正しいものを以下の(ア)～(カ)から一つ選び，記号で答えなさい。

> (X)　日ソ共同宣言が出される。
> (Y)　朝鮮戦争がはじまる。
> (Z)　オイルショックが起こる。

(ア)　(X)→(Y)→(Z)
(イ)　(X)→(Z)→(Y)
(ウ)　(Y)→(X)→(Z)
(エ)　(Y)→(Z)→(X)
(オ)　(Z)→(X)→(Y)
(カ)　(Z)→(Y)→(X)

3

次の文章を読み，以下の問いに答えなさい。

2020年は第二次世界大戦の終結から75年目の節目の年となりました。この第二次世界大戦の末期である1945年7月26日に，連合国側の3か国が，日本に対して無条件降伏《こうふく》を求めました。これを（ 1 ）宣言といいます。日本はこの宣言を8月14日に受け入れ，翌15日に国民に向けて敗戦が知らされました。

この第二次世界大戦の終結をきっかけに，①日本の憲法が大日本帝国憲法から，現在の日本国憲法へと変わりました。大日本帝国憲法のもとの日本は，今日とは国の仕組みが大きく異なっていました。例えば国会は，現在とは違い（ 2 ）院と衆議院の二院により構成されていました。また，現在の日本国民には課されていない（ 3 ）の②義務が男子には課されていました。

そうした中で，第二次世界大戦終結を迎《むか》えると，日本は③連合国軍総司令部による占領《せんりょう》を受けることになりました。この連合国軍総司令部による占領中である1946年11月3日に公布されたのが，現在の日本国憲法です。

日本国憲法の中では，国民の権利や義務の他，④国会，⑤内閣，⑥裁判所，さらには地方自治などについて定められています。また，この日本国憲法は改正手続きが非常に厳しくなっています。日本国憲法の改正については，第96条で「この憲法の改正は，各議院の（ Ⅰ ）の（ Ⅱ ）の賛成が必要であり，これに加えて，特別の国民投票において，その（ Ⅲ ）の賛成を必要とする。」といったことが定められています。

問1　文中の（1）～（3）に適することばを答えなさい。ただし，（1）はカタカナで，（2），（3）は漢字で答えなさい。

問2　文中の（Ⅰ）～（Ⅲ）に適することば・数字などを以下の(ア)～(キ)から一つ選び，記号で答えなさい。

(ア)　出席議員　　(イ)　総議員　　(ウ)　4分の1以上　　(エ)　4分の3以上
(オ)　3分の1以上　　(カ)　3分の2以上　　(キ)　過半数

問3　下線部①の「日本の憲法が大日本帝国憲法から，現在の日本国憲法へと変わりました」について，以下の問いに答えなさい。

(1)「大日本帝国憲法」について述べた以下の(ア)～(エ)の文章の中から，**正しくないもの**を一つ選び，記号で答えなさい。

(ア) 大日本帝国憲法の中で国民に保障された権利や自由は，法律によって制限されることがあった。

(イ) 大日本帝国憲法は，大正時代に発布された。

(ウ) 大日本帝国憲法の中で，当時の日本国民は天皇の臣民という位置づけであった。

(エ) 大日本帝国憲法は，主にドイツ(プロイセン)の憲法を手本につくられた。

(2)「日本国憲法」について述べた以下の(ア)～(カ)の文章の中から，**正しくないもの**をすべて選び，記号で答えなさい。

(ア) 日本国憲法の三大原則は「国民主権」，「平和主義」，「基本的人権の尊重」である。

(イ) 日本国憲法の中では，「健康で文化的な最低限度の生活を営む権利」である生存権が，日本国民に保障されている。

(ウ) 日本国憲法の中では，自衛隊に関するルールが定められている。

(エ)「日本は戦争をしないこと」，「日本は戦力を持たないこと」については，日本国憲法の第９条で定められている。

(オ) 日本国憲法の中では，国が宗教活動を行うことが認められている。

(カ) 日本国憲法は，制定以来一度も改正されたことがない。

(3) 国の政治のあり方を最終的に決める力を「主権」といいます。大日本帝国憲法から日本国憲法に変わったことで，日本の主権を誰が持つのかにも変化がありました。では，それはどのような変化であったか20字以内で答えなさい。ただし，句読点も１字に数えます。

問４ 下線部②の「義務」について，現在の日本国憲法の中で日本国民には，「子どもに教育を受けさせる義務」，「納税の義務」に加え，もう一つ義務が課されています。それはどのような義務か，解答欄《らん》に適するように答えなさい。

問５ 下線部③の「連合国軍総司令部」の略称《りゃくしょう》(省略して呼ぶ名前)を何といいますか。アルファベット３字で答えなさい。

問６ 下線部④の「国会」について述べた以下の(1)，(2)の文章について，下線部の数字が正しければ「○」を，正しくなければ「正しい数字」を解答欄に書きなさい。

(1) 日本の参議院議員の任期は６年間である。

(2) 日本の参議院議員選挙では，25歳《さい》以上の日本国民が立候補できる。

問７ 下線部⑤の「内閣」について述べた以下の(1)，(2)の文章について，下線部のことばが正しければ「○」を，正しくなければ「正しいことば」を解答欄に書きなさい。

(1) 国の大きな三つの権力の内，司法権は内閣に属している。

(2) 外務大臣や防衛大臣といった国務大臣は，内閣総理大臣によって任命される。

問８ 下線部⑥の「裁判所」について述べた以下の(1)，(2)の文章について，下線部の数字・ことばが正しければ「○」を，正しくなければ「正しい数字・ことば」を解答欄に書きなさい。

(1) 日本では，裁判のまちがいを防ぎ，国民の権利を守るために，同じ事件について５回まで裁判を受けることができる。

(2) 日本には，裁判官とともに，くじで選ばれた一般の国民が裁判に参加する制度があり，これを裁判員制度という。

【理　科】〈第１回試験〉（40分）〈満点：80点〉

1　次は2020年に話題となった自然科学分野の出来事です。

①　ノーベル化学賞2020の授賞理由として適切なものを選びなさい。

ア．ゲノムの編集方法を発見

イ．DNA の編集方法を発見

ウ．染色体の編集方法を発見

エ．遺伝子の組換《くみか》え方法を発見

②　新型コロナウイルスの検出に PCR 検査が利用されています。かん者の体内にいる新型コロナウイルスの DNA 量だと検出が難しいのですが，PCR 検査ではウイルスの DNA にある工夫をすることで検出できるようにしています。その工夫として最も適切なものを選びなさい。

ア．形成　　イ．切断　　ウ．増幅《ぞうふく》　　エ．培養《ばいよう》

③　７月に千葉《ちば》県習志野《ならしの》市で空からの落下物が話題となりました。その落下物を選びなさい。

ア．隕石《いんせき》　　イ．彗星《すいせい》　　ウ．人工衛星　　エ．巨大な風船

④　９月に数か国の研究チームによって，金星の大気に生命が存在する物質を発見したと発表されました。その物質を選びなさい。

ア．酸素　　イ．水蒸気　　ウ．アミノ酸　　エ．ホスフィン

2　私たちの体に塩分は欠かせません。塩分は地表や地中，海にふくまれています。地表や地中では塩分が得られやすい場所とそうでない場所があるようです。自由研究で，海水から採れる塩の量に地域差があるかを知るために，海水から塩を得る方法を調べて実験をしました。まず，海水をろ過しました。ろ過した海水をなべに移し，強火でかき混ぜながらにつめました。海水の量が10分の１程度になったら，再びろ過を行いました。ろ過した海水をなべにもどしてにつめました。結しょうが出始めたら火を弱め，水分がなくなる前に加熱をやめ，ろ過しました。ろ紙を広げて天日干しにすると塩が回収できました。表は，取ってきた５地点の海水の量と回収できた塩の量です。

地点	A	B	C	D	E
海水〔g〕	100	250	500	300	50
回収した塩〔g〕	3.2	①	16	9.3	1.7

問１　下線部を行った理由を答えなさい。

問２　下図のろ過のしかたで，誤っているところが一か所あります。どのようにすれば正しくなるか答えなさい。

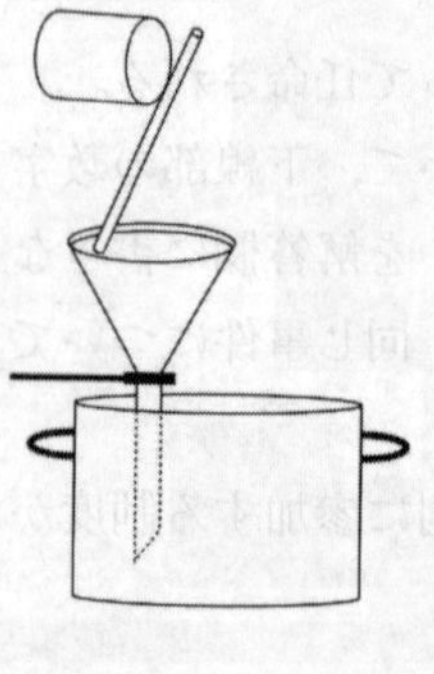

問３　なべの中での結しょうのでき方として，最も正しい様子を表した図を選びなさい。図中の✦は，現れた結しょうです。

ア.

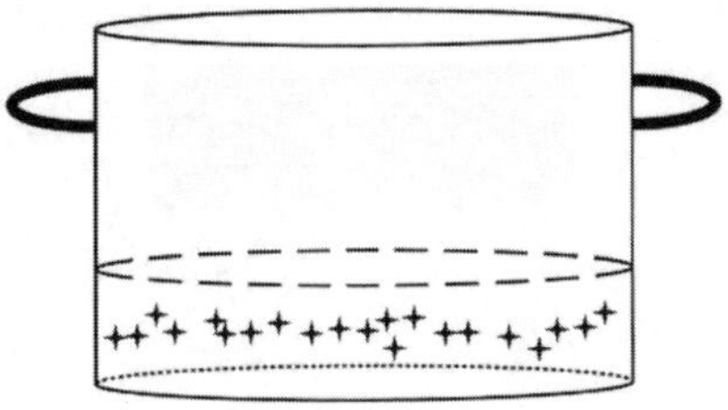

イ.

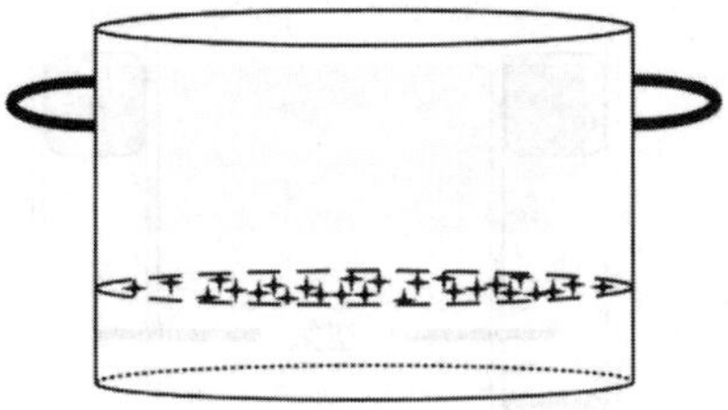

ウ.

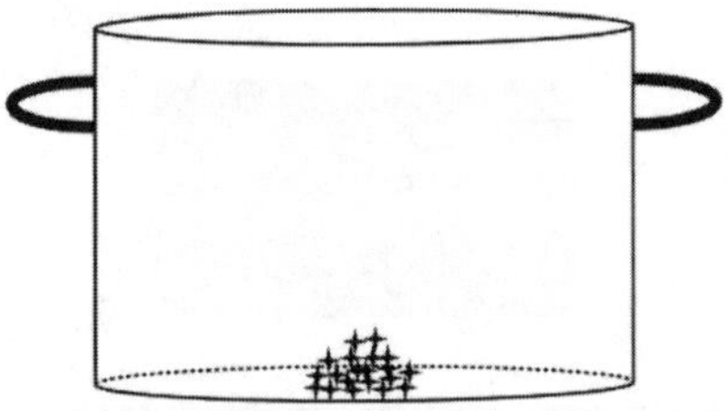

エ.

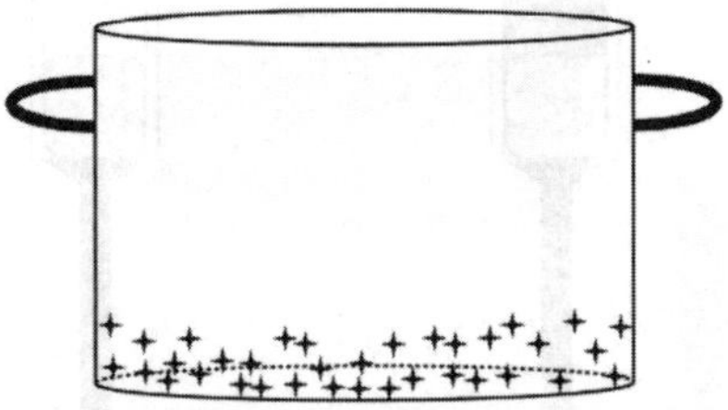

問４　海水の塩分のう度は，これからどのように変化していくと考えられますか。現在の地球かん境が保たれるという仮定のもとで，最も適切な文章を選びなさい。

ア．海上での降雨によって，海水の塩分のう度が年々下がっていくと考えられている。

イ．風雨によって地表や地中にふくまれている塩分が海に運ばれることで，海水の塩分のう度は年々上がっていくと考えられている。

ウ．風雨によって地表や地中にふくまれている塩分が運ばれることと，海上での降雨による効果では，海水の塩分のう度に大きな変化は起こらないと考えられている。

エ．風雨によって地表や地中にふくまれている塩分が運ばれることで，海水の塩分のう度が上がる期間と，海上での降雨によって，海水の塩分のう度が下がる期間とが数億年ごとにくり返されると考えられている。

問５　表中①に当てはまる数として最も適切なものを選びなさい。

ア．3.5　　イ．7.5

ウ．35　　エ．75

問６　アサリを使った料理を作るときに砂ぬきをします。砂ぬきに適した食塩水を全て選びなさい。

ア．水297ｇに塩３ｇをとかす。

イ．水290ｇに塩10ｇをとかす。

ウ．水325ｇに塩５ｇをとかす。

エ．水320ｇに塩10ｇをとかす。

オ．水447ｇに塩33ｇをとかす。

カ．水435ｇに塩15ｇをとかす。

3 つつを水で満たした水鉄ぽう，半分だけ水を入れて残りは空気が入っている水鉄ぽう，空気しか入っていない空気鉄ぽうを作り，ゴム製の玉を使いました。使ったつつやおし棒，玉は各鉄ぽうとも同じものです。

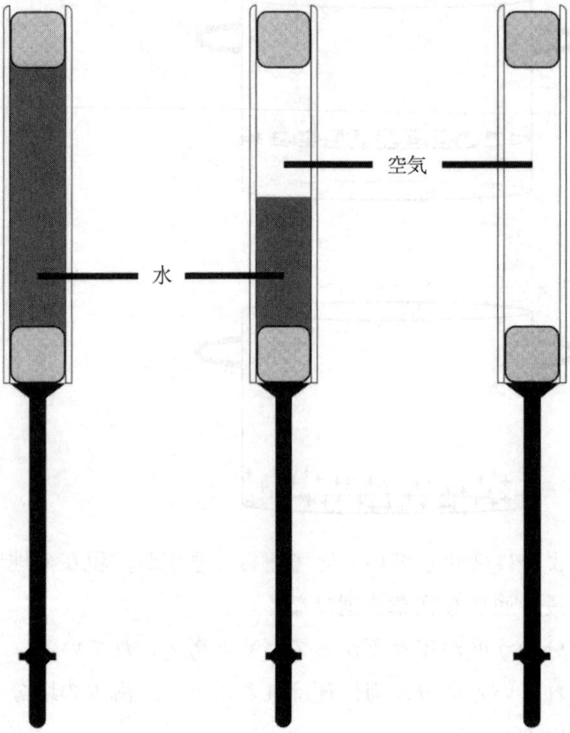

問1　それぞれの鉄ぽうを水平に向けておし棒を勢いよくおしこんだとき，前玉が最も遠い所まで飛ぶものを次から選びなさい。

ア．水で満たした水鉄ぽう　　イ．水と空気が半分ずつの水鉄ぽう　　ウ．空気鉄ぽう

問2　それぞれの鉄ぽうを真上に向けておし棒を勢いよくおしこんだとき，玉が最も高い所まで飛ぶものを次から選びなさい。

ア．水で満たした水鉄ぽう　　イ．水と空気が半分ずつの水鉄ぽう　　ウ．空気鉄ぽう

問3　次の文が正しい説明になるように，(A)～(C)に当てはまる語句を選びなさい。

水で満たした水鉄ぽうでは，おし棒がおしこまれた時の勢いを水が(A)玉に伝える。空気しか入っていない鉄ぽうでは，おし棒がおしこまれた時の勢いで空気が(B)。その後空気が(C)時の勢いを玉に伝える。

ア．そのまま　　イ．変わらない　　ウ．強くなって

エ．弱くなって　　オ．大きくなる　　カ．小さくなる

問4　このような水鉄ぽうや空気鉄ぽうの仕組みを利用したものに図のようなペットボトルロケットがあります。ペットボトルロケットは，ペットボトルに水と空気を入れて飛ばします。

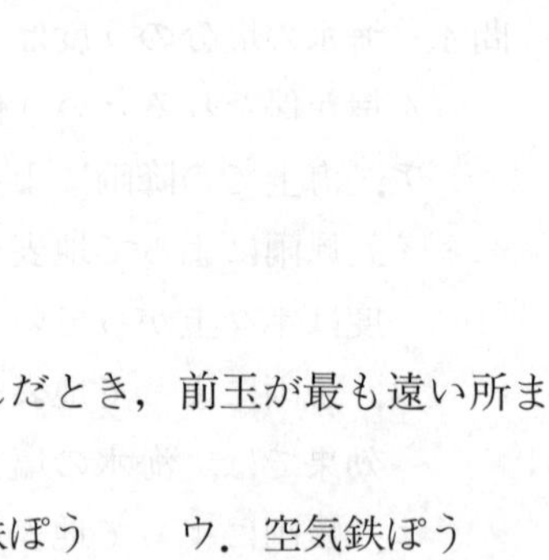
株式会社タカギのカタログより

①　ペットボトルロケットに使うペットボトルとして最も適切なものを次から選びなさい。

ア．炭酸飲料用

イ．ホット飲料用

ウ．ミネラルウォーター用

② ペットボトルに水を入れる目的を答えなさい。

③ ペットボトルに空気を入れる目的を答えなさい。

4 東京の夜空に見える星や星座について問いに答えなさい。

問１ ①，②の文章は北の夜空に見える代表的な星座について説明したものです。それぞれ星座の名前を答えなさい。

① この星座の明るい星をつなげると，「W」や「M」の形に見えます。名前は古代エチオピアの王ひの名前からつけられています。

② この星座の明るい星をつなげると，ひしゃくのような形に見えます。ある動物の形に似た星座です。

問２ 図は北の夜空に見える星Aとその周りに見える二つの星座をスケッチしたものです。星Aは昔から航海に利用されてきました。その理由を答えなさい。

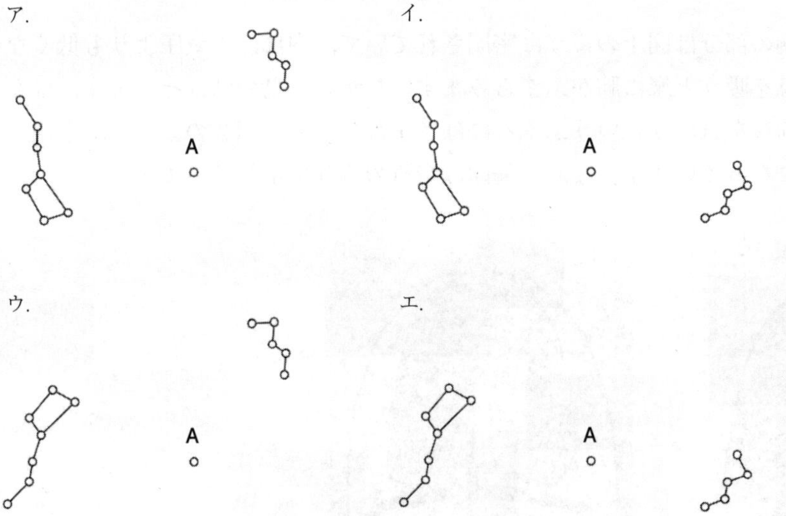

問３ 問２の図で，正しくスケッチしているものを選びなさい。

問４ 下の図の左は４月１日19時に東京都内の学校から西の空を見たものです。右は同じ日の21時の星座の位置を予想したものですが，二つの星座のどちらかに誤りがあります。その誤りとは何か答えなさい。

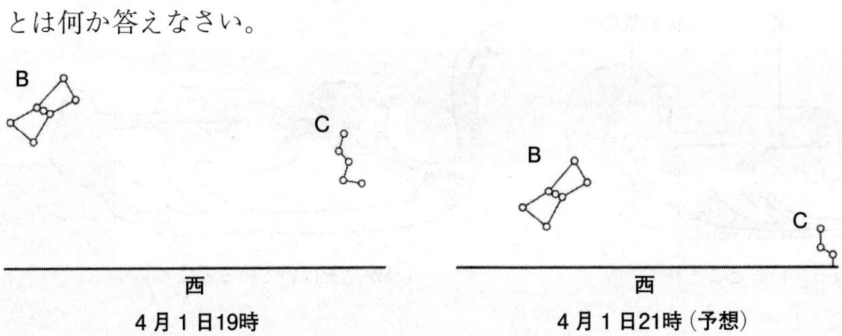

問5　問4の図中にあるBの星座は冬を代表する星座で，ギリシア神話ではかりの名手とされています。神話の中でBは自分のかりのうで前を自まんしていたため，怒った神々は毒さそりをつかってBを殺してしまいました。

今ではBもさそりも星座として知られています。Bの星座の名前を答え，この神話の続きとしてあてはまるものを次から全て選びなさい。

ア．夜空では両者がたたかっているため並んで見ることができるのです。

イ．Bは，さそりの毒をおそれてさそりが夜空から消えると現れるのです。

ウ．さそりはBのふくしゅうを恐れ，Bが夜空から消えると現れるのです。

エ．さそりは今でもBを見はるため，しずむことがないので，いつでも夜空に見ることができるのです。

オ．どちらも神話の中ではつわ者のため，Bが南の空にあるときは，さそりは北の空に見ることができるのです。

5　鳥のからだは住むかん境や食べ物などに大変よく適応しています。

なかでもくちばしや足の指によく特ちょうが現れます。また呼吸でも私たちにはない仕組みがあります。

私たちの体内の胸の部分は図1のように密閉されていて，内部は大気圧よりも低くなっています。このため，息を吸うと楽に肺がふくらみます。しかし，鳥の肺はそのようにはなっていません。鳥の肺は前後を気のうというふくろにはさまれていて，図2のように肺を通って空気が送られる仕組みになっています。なお，矢印は空気の流れを示しています。

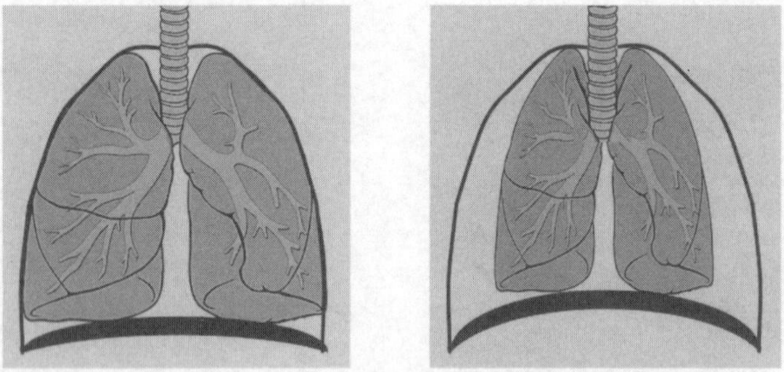

［ヒトが息を吸っているところ］　［ヒトが息をはいているところ］

図1

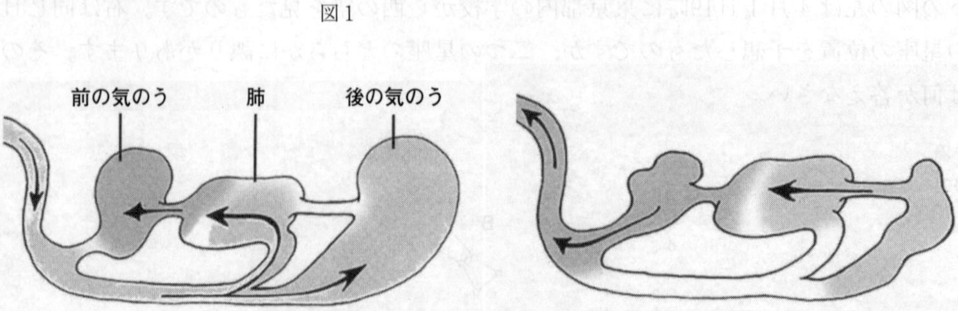

［鳥が息を吸っているところ］　［鳥が息をはいているところ］

図2

問１　図はいろいろな鳥のくちばしです。くちばしの形から考えて，どのようにつかまえたり食べたりしているか最もよく説明しているものを選びなさい。

①

②

③

④

⑤

⑥

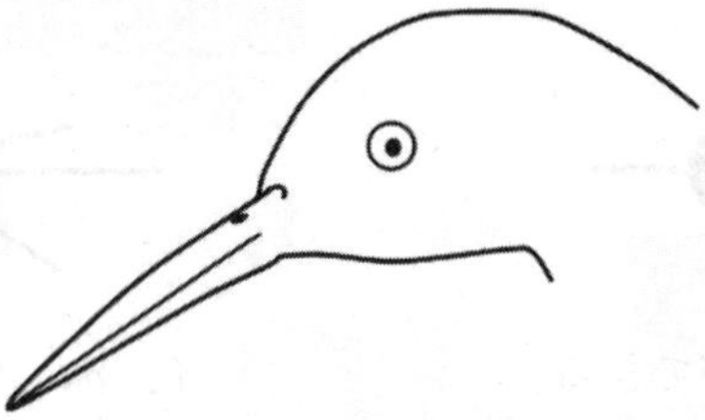

ア．虫などをついばむ。　　　　イ．どろの中の動物をついばむ。
ウ．小動物や魚の体を引きさく。　エ．木の幹をつついて虫をつかまえる。
オ．水の中にもぐって食べ物をくわえる。

問２　図はいろいろな鳥の足です。指のつき方から考えて，どんな生活をしているか最もよく説明しているものを選びなさい。なおイラストの下の図は上から見たところを示したものです。

①

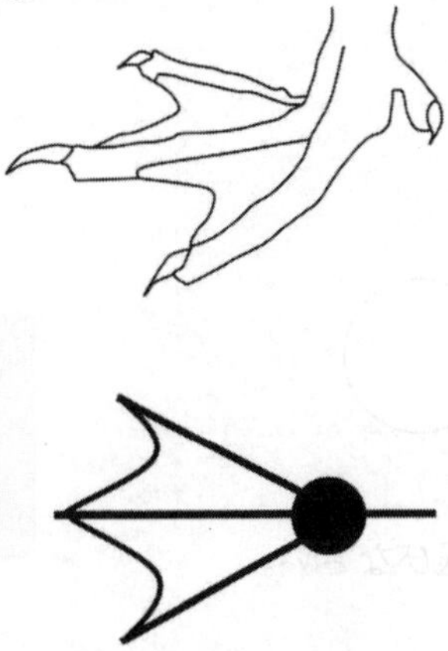

②

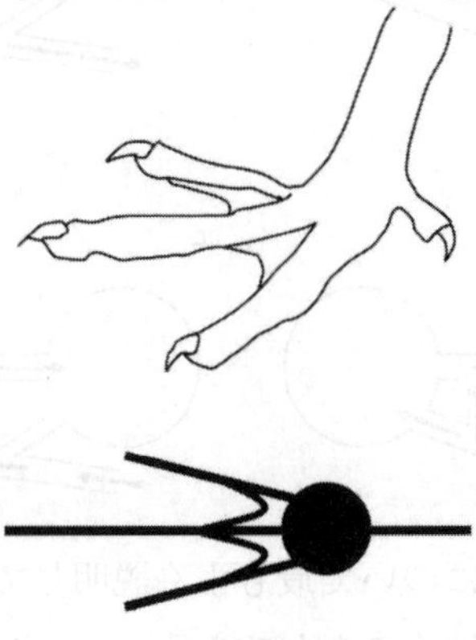

③

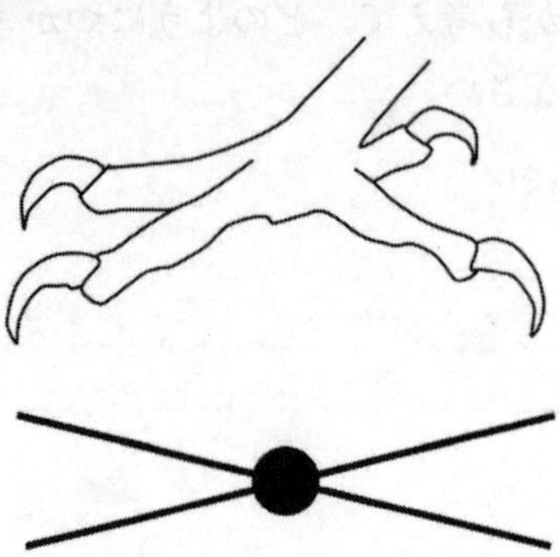

④

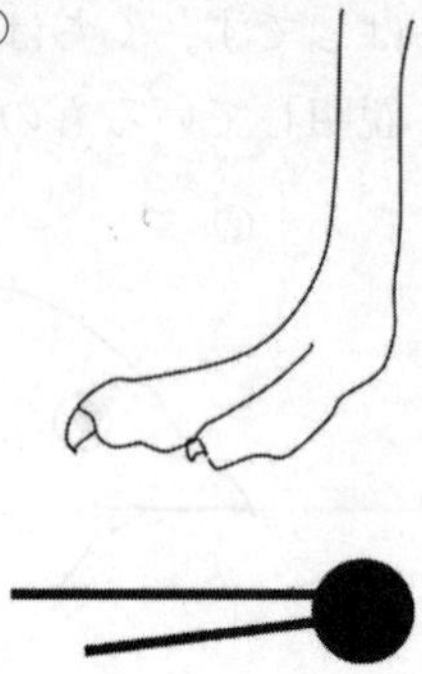

⑤

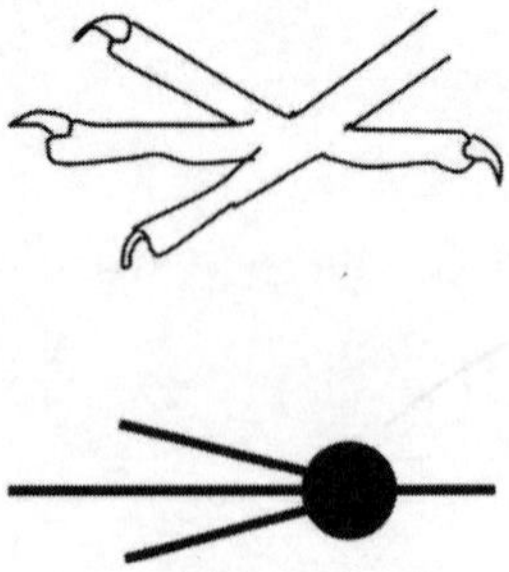

⑥

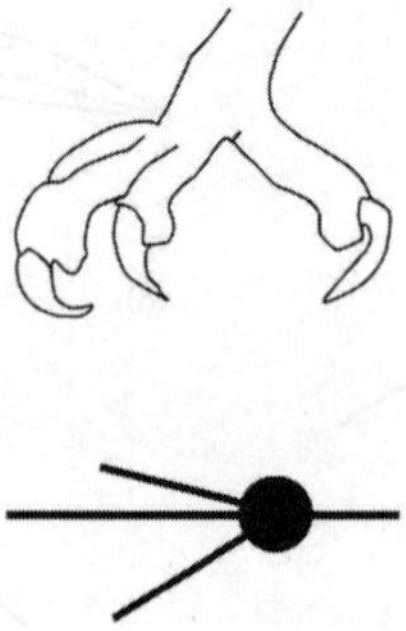

ア．速く走ることができる。　　　　　イ．泳ぐのに適している。

ウ．食べ物をつかみやすい。　　　　　エ．枝をつかんでつかまりやすい。

オ．ぬかるんだ場所でも歩きやすい。　カ．木の幹に垂直に止まることができる。

問３　図は14ページの絵を簡単な図にしたものです。気のうと肺および空気の流れについて正しいものを二つ選びなさい。

ア．

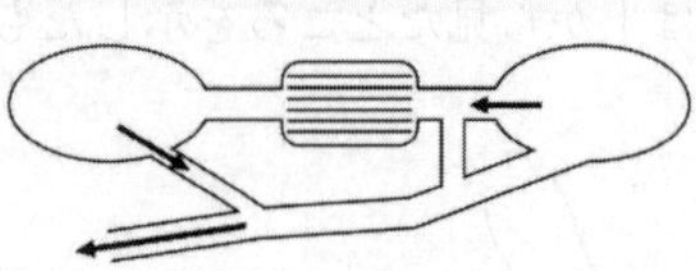

イ．

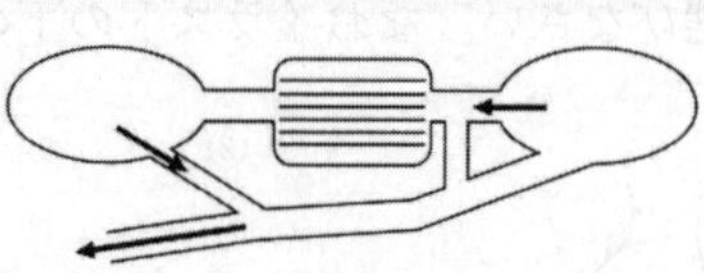

ウ．

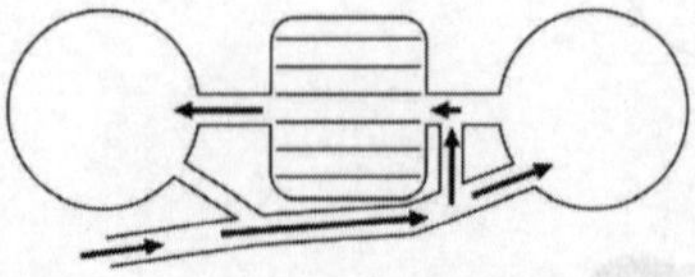

エ．

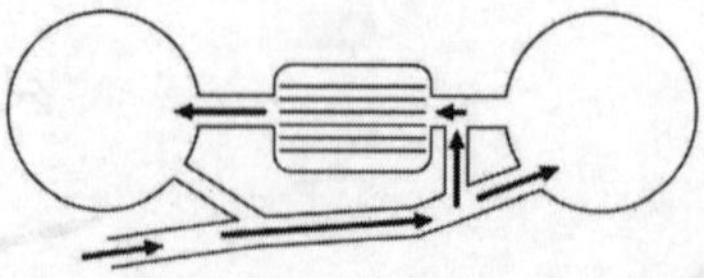

問４　気のうがあることについて最もよく説明しているものを選びなさい。

ア．息を吸いながらはくことができる。

イ．気圧が低い上空でも呼吸をしやすい。

ウ．水中で食べ物を取る時も呼吸ができる。

エ．肺が密閉されている私たちのからだに比べて呼吸がしにくい。

ア　枯(か)れ木も山のにぎわい
イ　急(せ)いては事をし損じる
ウ　立て板に水
エ　言わぬが花
オ　馬の耳に念仏
カ　善は急げ

問四　【C】に入る言葉として、最も適当なものを次から選び、その記号を書きなさい。
ア　比べることに何の意味もありません。
イ　競争することにこそ意義があります。
ウ　結果はもちろん、早いほうです。
エ　この正解は一つであるべきです。

問五　波線(3)といえる理由を三十字以上四十字以内で書きなさい。

問六　【D】に入る言葉を文章中から三字で探して、書きなさい。

問七　この文章の説明として当てはまらないものを次から一つ選び、その記号を書きなさい。
ア　筆者の主張を分かりやすくするために、様々な具体例を用いて説明している。
イ　植物に関する事実を書き、そこから考えられることを人間にも当てはめている。
ウ　問いかけを多く用いて、読者がこの文章に親しみを持ちやすくしている。
エ　植物と人間を反対のものとして考え、それぞれの違いを説明している。

問八　筆者の主張を、八十字以上百字以内でまとめなさい。

紫(むらさき)色や赤い色をしたタンポポを見かけることはありません。タンポポの花の色に個性はありません。これはどうしてなのでしょうか。

タンポポは、主にアブの仲間を呼び寄せて花粉を運んでもらいます。アブの仲間は黄色い花に来やすい性質があります。そのため、タンポポの花の色は黄色がベストなのです。

黄色が一番いいと決まっているから、タンポポはどれも黄色なのです。

しかし、タンポポの株の大きさはバラバラです。大きなタンポポもあれば小さなタンポポもあります。葉っぱの形もさまざまです。ギザギザに深く切れ込(こ)んだ葉っぱのものもあれば、切れ込みのない葉っぱのものもあります。

どんな大きさが良いかは環境によって変わります。葉っぱの形も、どれが良いという正解はありません。

そのため、タンポポの大きさや葉っぱの形は個性的なのです。

個性は当たり前のようにあるわけではありません。個性は生物が生き残るために作り出した戦略です。個性があるということ、つまりはなぜバラバラであるかといえば、そこに意味があるからなのです。

人間はどうでしょうか。

目の数はどうですか？

目の数は誰(だれ)もが二つです。これは人間にとって目の数は二つがベストだからです。同じように鼻の数にも、鼻の穴の数にも個性はありません。おそらく人間にとって鼻は一つ、鼻の穴は二つが一番良いのです。

目の数や鼻の数には個性はありません。

動物の目の数が二つなのは当たり前ではないかと思うかもしれませんが、そうではありません。たとえば、多くの昆虫(こんちゅう)は二つの複眼の他に、三つの単眼という目があります。つまり、目が五つあるのです。

はるか昔の古生代の海には、目が五つの生き物や、一つ目の生き物も存在していました。しかし今、私たち人間の目の数は二つです。それは、目の数は二つがもっとも合理的で「目の数に個性はいらない」というのが進化の結論だったからなのです。

しかし、私たちの顔はみんな違います。誰一人として同じ顔はありません。垂れ目の人もいます。つり目の人もいます。目の大きな人もいます。目の小さな人もいます。もし、人間にとってベストな顔があるのであれば、誰もがその顔をしているはずです。

いろいろな顔があるということは、どの顔が良いとか悪いとかではなく、いろいろな顔があることに価値があるのです。

性格も一人ひとり違います。得意なことも人それぞれ違います。

生物は必要のない個性を持ちません。私たちの性格や特徴(とくちょう)に個性があるということは、その個性が人間にとって必要だからです。

稲垣栄洋の文章による

問一　波線(1)の「思うようにいかない」ことの内容として当てはまらないものを次から一つ選び、その記号を書きなさい。

ア　種を播いてもすぐに芽が出ないこと。

イ　芽を出すのがおそいのんびり屋がいること。

ウ　芽を出す時期を雑草が決めていないこと。

エ　芽が出る時期がそろっていないこと。

問二　波線(2)の問いに対する答えを一行で書きなさい。

問三　【A】・【B】に入る言葉として、最も適当なものを次からそれぞれ選び、その記号を書きなさい。

より優れているのでしょうか。

そんなこと、わかりません。

早く芽を出したほうが良いのか、遅く芽を出したほうが良いのかは、場合によって変わります。

「【　A　】」というとおり、早く芽を出したほうがいい場合もあります。しかし、すぐに芽を出しても、そのときの環境(かんきょう)がオナモミの生育に適しているとは限りません。「【　B　】」というとおり、遅く芽を出したほうがいい場合もあります。だから、オナモミは性格の異なる二つの種子を用意しているのです。

雑草の種子の中に早く芽を出すものがあったり、なかなか芽を出さないものがあったりするのも、同じ理由です。

早いほうがよいのか、遅いほうがよいのか、【　C　】オナモミにとっては、どちらもあることが大切なのです。

芽を出すことが早かったり遅かったりすることは、雑草にとっては、優劣(ゆうれつ)ではありません。雑草にとって、それは個性なのです。

しかし、早く芽を出すものがあったり、遅く芽を出すものがあったりすると、いろいろと不都合もありそうです。芽を出す時期は揃っているほうが良いような気もします。

バラバラな個性って本当に必要なのでしょうか？

バラバラな性質のことを「遺伝的多様性」といいます。

個性とは「遺伝的多様性」のことです。多様性とは「バラバラ」なことです。

しかし、どうしてバラバラであることが良いのでしょうか。

皆さんは、学校で答えのある問題を解いています。問題には正解があり、それ以外は間違いです。

ところが自然界には、答えのないことのほうが多いのです。

たとえば、先に紹介(しょうかい)したオナモミに代表されるように、雑草にとっては、早く芽を出したほうがいいのか遅く芽を出したほうがいいのか、答えはありません。

早いほうがいいときがあるかもしれませんし、じっくりと芽を出したほうがいいかもしれません。環境が変われば、どちらが良いかは変わります。どちらが良いという答えがないのですから、「どちらもある」というのが、雑草にとっては正しい答えになります。

だから、雑草はバラバラでありたがるのです。どちらが、優れているとか、どちらが劣(おと)っているという優劣はありません。むしろ、(3)バラバラであることが強みです。

そして、すべての生物は「遺伝的多様性」を持っているのです。

じつは人間の世界も、答えがあるようで、ないことのほうが多いのです。

本当は何が正しくて、何が優れているかなんてわからないのです。「もっと早くやりなさい」とスピードを評価してみたかと思うと、「もっとていねいにやりなさい」とゆっくりやることを褒(ほ)めだしたりします。

人間の大人たちは答えを知っているようなフリをしています。そして、優劣をつけてわかったようなフリをして、「これは良い」とか、「それはダメだ」と言っています。

しかし、何が優れているかなんて、本当は知りません。

いや、本当は、どれが優れているということはないのです。

それを知っているからオナモミは、二つの種子を持っているのです。

しかし、不思議なことがあります。

先に書いたように、自然界では【D】が大切にされます。それなのに、タンポポの花はどれもほとんど黄色です。

だし「〜」に入る言葉は三十字以上四十字以内とします。

三　次の文章を読んで、後の問いに答えなさい。

皆(みな)さんは、雑草を育てたことがありますか？

雑草なら庭にいくらでも生えている……と思うかもしれませんが、そうではありません。実際に、種を播(ま)いて、水をやって、育てるのです。

雑草は勝手に生えてくるものであって、雑草を育てるなんておかしいですよね。

私は雑草の研究をしています。そのため、研究材料として雑草を育てることがあります。

雑草は放っておけば育つから、雑草を育てるのは簡単だ、と思うかもしれません。ところが、それは大間違(ちが)いです。雑草を育てるのは、じつはなかなか難しいのです。

雑草を育てることが難しい理由は、私たちの(1)思うようにいかないからです。

何しろ、種を播いても芽が出てきません。

野菜や花の種であれば、種を播いて水をやり、何日か待っていれば芽が出てきます。ところが、雑草は違います。種を播いて水をやっても、いくら待っても芽が出てこないことがあるのです。

野菜や花の種は、人間が発芽に適していると考えた時期をあらかじめ想定して、改良されています。そのため、野菜や花の種は人間のいうとおりに芽が出るのです。一方、雑草は芽を出す時期は自分で決めます。人間のいうとおりには、ならないのです。

また、野菜や花の種であれば、一斉(いっせい)に芽を出してきます。ところが、雑草は芽が出たとしても時期がバラバラです。早く芽を出すものがあるかと思えば、遅(おく)れて芽を出すものもいます。忘れた頃(ころ)に芽を出してくるものもあれば、それでも芽を出さずに眠(ねむ)り続けているものもあります。やっと芽を出しても、足並みが揃(そろ)っていません。

早く芽を出すせっかちもいれば、なかなか芽を出さないのんびり屋もいます。このバラバラな性格は、人間の世界では「個性」と呼ばれるものかもしれません。

雑草はとても「個性」が豊かです。そういえば、聞こえはいいですが、結局バラバラで扱(あつか)いにくい存在です。そして、個性ある雑草たちは育てにくい存在でもあるのです。

それにしても、どうして、雑草は芽を出す時期がバラバラなのでしょうか。

植物にとっては、早く芽を出したほうが成長するためには有利な気もするのに、(2)どうして雑草には、ゆっくりと芽を出すような性格のものがあるのでしょうか？

皆さんは、「オナモミ」という雑草を知っていますか。

トゲトゲした実が服にくっつくので「くっつき虫」という別名もあります。子どものころに、実を投げ合って遊んだ人もいるかもしれません。

オナモミの実は知っていても、この実の中を見たことのある人は少ないのではないでしょうか。

オナモミの実の中には、やや長い種子とやや短い種子の二つの種子が入っています。

二つの種子のうち、長い種子はすぐに芽を出すせっかち屋さんです。一方の短い種子は、なかなか芽を出さないのんびり屋さんです。

オナモミの実は、性格の異なる二つの種子を持っているのです。

それでは、このせっかち屋の種子とのんびり屋の種子は、どちらが

顔立ちも口調も大人びていた。自分に関するあらゆる物事をきちんと理解している態度だった。でも、そうじゃなかったんだ。あのとき行人はぎりぎりの状態で立っていた。もうあとがない、しくじったら終わりだと思い詰めて。

この村に根を張らなければ、必死にしがみつかなければ、生きていられる場所がどこにもなくなってしまうって。

(4)心の底からおびえていたのに。

――でも僕がいると、桑島さんは嫌(いや)だよね。ごめんね。

自分の不安を後ろに隠(かく)して、わたしに気を遣(つか)ったんだ。

(5)……ばかじゃないの！

ばかだよ。ほんとどうかしてるよ。もういい子ぶってる余裕(よゆう)なんかないくせに、わたしにまで愛想よくしてどうすんの。無理しないでよ、苦しいんでしょ。何もかも捨てちゃいたかったんでしょ。ありったけの力をふり絞(しぼ)ってここににげてきたんでしょ。十一歳(さい)に戻(もど)って言ってやりたい。あの細い肩をつかんで揺(ゆ)さぶりたい。

もう我慢(がまん)しないで。

誰の顔色もうかがわないで、ぜんぶ放り投げちゃって、したいようにしてよ。本当に感じてることをわたしに教えてよ。

ねえ、野見山くん。

泣きたいんじゃないの？

眞島めいりの文章による

＊脳裡　頭の中のこと。
＊癇癪　感情を抑えきれないで激しく怒り出すこと。
＊唐突　突然。

問一　波線(1)の「決意」の内容を「～こと。」に続くように、二十字以内で書きなさい。

問二　波線(2)の表現が表していることとして、最も適当なものを次から選び、その記号を書きなさい。

ア　満希が行人の言葉を緊張しながら待っていること。
イ　満希が行人の過去の出来事に怒りを覚え始めていること。
ウ　行人が次の言葉を必死に語ろうとしたこと。
エ　行人が話をしながらどんどん寒さを感じていること。

問三　波線(3)のように満希が感じたのはなぜですか。最も適当なものを次から選び、その記号を書きなさい。

ア　ずっといっしょにいて、何でも知っていると思っていた行人の知らない過去を明らかにされたから。
イ　行人と知り合う以前の話なので、二人で重ねてきた時間の長さを改めて実感したから。
ウ　東京に行人がいたころの話で、今いる場所から遠く離れた場所での出来事だったから。
エ　過去の出来事と向き合う行人が大人に思えて、そのようなことをしない自分をはずかしく思ったから。

問四　【A】に入る言葉を文章中から五字で探して、書きなさい。

問五　【B】に入る言葉として、最も適当なものを次から選び、その記号を書きなさい。

ア　客観　　イ　協力　　ウ　好意　　エ　決定

問六　波線(4)の後に言葉を補うとすると、どのような言葉が適切ですか。「行人は～」に続くように一行で考えて書きなさい。

問七　波線(5)の時、満希は行人のどのような所を「ばかじゃないの！」と感じたのですか。六十字以上八十字以内で書きなさい。

問八　この物語を「満希が～物語。」という一文でまとめなさい。た

向けられた感情じゃなくたって、もはや関係なしに。

教室の中に尖(とが)ったことばが満ちていくのを来る日も来る日も聞き続けて、周りがそれに麻痺(まひ)し始めても感受性が鋭(するど)いままで、だんだん身動きがとれなくなって。みんながそのことを忘れたようにふるまうほど、なかったことにされていくほど、どんどん身体が重くなって。

最後は呑みこまれるしかなくなる。

ぐちゃぐちゃな気持ちはことばにできる範囲(はんい)を超(こ)えていて、だから身体が悲鳴をあげたんだと思う。なのに他人のせいにしなかったんだ。責める対象は自分だったんだ。標的にされたわけじゃないのに傷ついて助けを求めるなんておかしいって、そんなの間違ってるって思いこんでしまったから。

それで誰にも迷惑(めいわく)をかけないように、かしこく、沈黙(ちんもく)を選んだ。

——これくらい、平気にならなきゃ、だめだ。

高一の合唱コンクールが終わったあと、体育館の通用口にぽつんと座っていた姿を思い出す。クラスメイトたちに見つからないような場所で、具合が悪いのにひたすら耐(た)えるばかりだったあのとき。息をするのさえつらそうでも、絶対に涙(なみだ)をこぼさなかった。

弱い部分をしっかり押(お)しこめ、不安をコントロールする術(すべ)を身につけ、みんなに認められた優秀(ゆうしゅう)な自分を立て直すために。

これがいちばんいい方法だと、こうじゃなきゃいけないと信じながら。

戦ってた。ひとりきりで。

「……はじめて聞いたよ、そんな話。」

呆然(ぼうぜん)としてつぶやいたら、行人はようやくわたしの顔を見つめ返した。

それからふうっと、ため息をつくみたいに肩を落として、ほほえんだ。

「はじめて言ったよ、こんな話。」

笑い方はまだ少しぎこちなくて、心臓の上で握りしめたままの左手はかすかに震(ふる)えている。ずっと誰にも言わずにきた秘密を明らかにしたことに、決断した当の本人のほうが動揺(どうよう)してしまっているみたいに。

それじゃ、どうして。

＊唐突(とうとつ)に告白の相手として選ばれたわたしは戸惑(とまど)い、どうすればいいのか途方(とほう)に暮れた。

なぐさめる？　代わりに怒(おこ)る？　受け容(い)れる？

似たような選択肢(せんたくし)は手もとにたくさんあって、どれひとつとして【Ｂ】的じゃなかった。求められているものの形を正しくつかめなかった。

怖かった。わからないまま、とにかく怖かった。

知らなかった事実の大きさが。ぶわっと湧(わ)き立つ感情の熱さが。

頭の奥(おく)、もっと遠いところから声が聞こえてくる。

あの冬、真っ白な雪の風景の中で聞いた男の子の声が。

——僕は帰らないよ。これからずっとここにいる。

——東京の私立をやめてここに来たから。再入学は難しいし、したくない。だから来年も再来年も、その先も、寮(りょう)で暮らしながら村の学校に通わせてもらう。

——どこにも行くつもりないよ。

られたでも、いじめたでもないのに、くよくよしてる自分が情けなくて、腹が立って、落ちこんで。そのくり返し。」

……行人は、ここにいる。

眩(まぶ)しそうに目を細めながら、ちゃんとわたしの前にいる。

そう自分に言い聞かせなければならないほど、(3)突然(とつぜん)に遠い隔(へだ)たりを感じた。

「登校しなくなって半年経ったころ、僕のことを聞いた長野の伯父(おじ)さんが、山村留学制度のパンフレットを送ってきてくれた。僕は東京の学校からも千葉の家からもとにかく離(はな)れたくて、脱出(だっしゅつ)できるなら正直行き先はどこでもよかった。ひとの数が少ない場所ならなおさら好都合で、これは最初で最後のチャンスだって思って、それで……。」

一度唇(くちびる)を引き結んだのはきっと、正しいことばを探すため。

「【A】んだ。ここに。」

言い終え、大きく息を吸った。

ゆっくり、ゆっくり。

まるで長いあいだ呼吸を止めていたかのように。痛みを抑(おさ)えこむのに似た動きで、ぎゅっと胸の真ん中を握(にぎ)りしめて。

そのこぶしを、目を、唇を、わたしは黙って見つめるしかなかった。何から順に驚(おどろ)けばいいんだろう。心臓が変な速さで鼓動(こどう)を打っている。

不登校だった? 行人が?

たしかに、そういう理由から山村留学を選んだって例はちらほら耳にしたことがある。だけどその情報を野見山行人に当てはめて考えたことはない。

だって留学してきて以来、学校を休んだ日なんか一日でもあったっけ? 毎年わたしといっしょに皆勤(かいきん)賞をもらっていたはずだ。身体が弱いなんて話もはじめのころはあった気がするけど、しょせん噂(うわさ)なんか当てにならないなと思ってさっさと片づけてしまった。

なにせ出会ったときから行人は、よくできた生徒だったから。

同い年の子どもの目から見ても、間違(まちが)いなくそうだったから。

成績が申し分ないのはもちろん、ことばづかいも丁寧(ていねい)で、なにより人当たりがよかった。わがままな＊癇癪(かんしゃく)も起こさなかったし、なんだってスムーズにこなして、褒(ほ)められたときでさえ手柄(てがら)をひけらかさない。体育のマラソンだけは不得意だったけど、だとしても毎回ゴールまできっちり走りきってた。

どんなときもお手本だったじゃない。小さい子の面倒(めんどう)見もよくて、年上の子や先生たちからも頼りにされて、誰に対しても優しくて。

いつだって、周りにいるひとの心を察するのが上手で……。

あ。

だから。

「だから、なの?」

声にしてしまったことばは、あまりにかぼそくて、相手の耳に届かなかったみたいだった。行人はこっちを見てくれない。わたしも問いかけ直せない。

だけど、きっと。

他人の考えや思いを汲(く)みとるのが上手であればあるほど、強烈(きょうれつ)なエネルギーをともなう感情を、もろに受け止めてしまうんじゃないだろうか。

善意よりも悪意を。好きよりも嫌(きら)いを。たとえそれが自分に

喉仏（のどぼとけ）の動きが見えた。

「原因は、いじめ。」

新聞の見出しを読みあげるみたいな、感情のこもらない言い方だった。

「……っていっても、僕が何かされたわけじゃなくて。いじめられてたのは同じクラスの友達で、いじめてたのも同じクラスの友達五人。」

窓に背を向け一歩踏（ふ）み出した行人は、すぐそばのテーブルの脇（わき）に立った。高校受験に向けて放課後ここで勉強していたころ、いつも好んで座（すわ）っていた席だった。

「その子が話すたびに、五人がいっせいに笑うんだ。すごくばかにした感じで。笑ってやるから早く何か言えって、つねにプレッシャーをかける。わざと聞こえるように『まだ死なないな。』『もうすぐだよ。』って会話する。合言葉みたいに、毎日。しかもその子をターゲットにした理由なんてとくにないみたいだった。……僕はそんな状況（じょうきょう）を黙（だま）って見てた。嫌だと思いながら何もしなかった。」

前かがみになってテーブルに両手をつく、カーキ色のジャケットを着た背中をわたしは見つめた。

手のひらで強く押（お）され続ける天板が、ミシッと乾（かわ）いた音で鳴った。

「だけど学年があがってクラス替（が）えになって、雰囲気（ふんいき）がすっかり変わったんだ。みんな新しい友達を見つけて楽しそうだった。いじめた子も、いじめられた子も、周りも、最初から何もなかったみたいにふるまって。……気づいてたはずの先生たちも、子どもの一時的な気まぐれだったんだなって明らかにほっとしてた。それでよかったんだよ、問題が自然に解決したんだから。でも。」

(2)力のこもる指先の爪が白く変わっていく。

「僕はひとりで、勝手に、苦しんでた。」

淡々（たんたん）と続く、いつもより早口なことばの連なりをわたしは追いかけようとした。

いっしょにいるとときどき感じた、どこか心がしんとしていく感覚に、これほど打ちのめされたことはなかった。

「誰かを追い詰（つ）めるのも、それに飽（あ）きるのも自由自在のみんなが怖（こわ）くてたまらなかったし、黙って見てた自分だって同類だと思った。信じられるものがなんにもなくなった。……そしたら身体（からだ）がおかしくなって。毎朝胃のあたりがこわばって、重くて、なかなか起きあがれないんだ。電車通学だったから無理に駅まで行こうとすると、どんどん胸が苦しくなってホームで足が動かなくなる、昼過ぎまでそこに突（つ）っ立ってたときもあったな。……そんなことばかりが続いて、とうとう家から出なくなった。好きで習ってたピアノもやめた。」

「ピアノ。」

その単語をつかまえる。

高校の合唱コンクールが＊脳裡（のうり）によみがえったからだ。伴奏者（ばんそうしゃ）として三年連続で賞に選ばれ、いつも盛大な拍手（はくしゅ）を送られていたあのみごとな演奏が。

首をわたしの立つ側に少し動かした行人は、笑おうとして失敗したような顔で、こくんとうなずいた。

「僕が何も話そうとしなかったから、父さんも母さんも困り果ててさ。『苦労して合格した私立なんだし、がんばって通ってみたら。』って言われたよ。そう励（はげ）ますしかなかったんだろうなって今ならわかるけど、そのときはキツかった。」

肩越（かたご）しに振（ふ）り仰（あお）ぐようにして顔を窓へ向ける。

「だからといって親に訴（うった）えたいことなんてなかった。いじめ

二〇二一年度 学習院中等科

【国語】〈第一回試験〉（五〇分）〈満点：一〇〇点〉

〔注意〕字数が決まっている問いについては、「、」や「。」も一字と数えます。

一 次のぼう線部のカタカナを漢字で書きなさい。

① まじめにハタラく。
② 日本新キロクを出す。
③ 安心してマカせる。
④ すぐにユケツが必要だ。
⑤ ケンチク技術の発達。
⑥ キビしい冬。
⑦ 家のモケイを作る。
⑧ コウフンが冷めない。
⑨ 地域団体にカメイする。
⑩ 店をリンジ休業する。

二 次の文章を読んで、後の問いに答えなさい。

> 高校三年生の満希（みつき）は、東京からやってきた野見山行人（のみやまゆきと）と小学生のころから一緒（いっしょ）にいます。

行人が医大に合格してうれしい。行人の夢が叶（かな）うのが、まるで自分のことみたいにうれしい。それはもちろん本当。
だけど、なんでかな。なんて言い表したらいいのかな。
こんなにあっけなく、別れの日って来るんだね。
そう思ってしまうのをゆるしてほしかった。誰（だれ）にかはわからないけど。
「……千葉の家で暮らして、東京の学校に通ってたとき、さ。」
ふと話題を換（か）えられた。顔をあげて隣（となり）を見る。
吸い寄せられるように目が合った。
かすかな緊張（きんちょう）が走って、あ、と思う。どうして緊張なんかする必要があるんだろう。でも奇妙（きみょう）な予感に襲（おそ）われる。
行人の表情に(1)見たことのない決意があったから。
「僕（ぼく）、不登校だったんだ。」
「え？」
言われたことをとっさには理解できなかった。
行人の口からたしかに発されたその音と、わたしの知っているその意味が、一致（いっち）していないような気がした。
「不登校って……学校、行ってなかったの？」
うろたえて訊（き）き返すと、ふらりと目をそらされる。
疑問符（ぎもんふ）だらけのわたしの視線を横顔に受け止める行人は、しばらく迷うような間を置いた。こくっと唾（つば）を呑（の）みくだす

2021年度
学習院中等科　▶解説と解答

算　数　＜第１回試験＞（50分）＜満点：100点＞

解　答

1 ⑴　2021　⑵　11.3　⑶　10　⑷　$\frac{3}{4}$　2 ⑴　86個　⑵　６歳　⑶　24人　⑷　18日　3 ⑴　1008　⑵　9829　⑶　5039　4 ⑴　75.36cm　⑵　46.62 cm^2　⑶　9.9cm^2　5 ⑴　720m　⑵　毎時6.4km　⑶　$\frac{9}{16}$倍　6 ⑴　**A**…１，**B**…２，**C**…４，**D**…３　⑵　**本当のことを言っている人**…Ｃ／**A**…２，**B**…１，**C**…３，**D**…４

解　説

1 四則計算，逆算

⑴　$(17\times 9-21)\div 12+15\times 134=(153-21)\div 12+2010=132\div 12+2010=11+2010=2021$

⑵　$1.5\times 2.4-1.33\div 0.7+16\times 0.6=3.6-1.9+9.6=1.7+9.6=11.3$

⑶　$4\frac{7}{12}\times 3\frac{3}{11}-2\frac{1}{3}-3\frac{1}{2}+2\frac{5}{9}\div 3\frac{1}{15}=\frac{55}{12}\times\frac{36}{11}-\frac{7}{3}-\frac{7}{2}+\frac{23}{9}\div\frac{46}{15}=15-\frac{7}{3}-\frac{7}{2}+\frac{23}{9}\times\frac{15}{46}=15-\frac{7}{3}-\frac{7}{2}+\frac{5}{6}=\frac{90}{6}-\frac{14}{6}-\frac{21}{6}+\frac{5}{6}=\frac{60}{6}=10$

⑷　$\left(\frac{5}{7}-0.5\right)\times 2\frac{1}{3}=\left(\frac{5}{7}-\frac{1}{2}\right)\times\frac{7}{3}=\left(\frac{10}{14}-\frac{7}{14}\right)\times\frac{7}{3}=\frac{3}{14}\times\frac{7}{3}=\frac{1}{2}$より，$\frac{1}{2}-\left(\square\div 3.5-\frac{1}{7}\right)\times 2\frac{4}{5}=0.3$，$\left(\square\div 3.5-\frac{1}{7}\right)\times 2\frac{4}{5}=\frac{1}{2}-0.3=0.5-0.3=0.2$，$\square\div 3.5-\frac{1}{7}=0.2\div 2\frac{4}{5}=\frac{1}{5}\div\frac{14}{5}=\frac{1}{5}\times\frac{5}{14}=\frac{1}{14}$，$\square\div 3.5=\frac{1}{14}+\frac{1}{7}=\frac{1}{14}+\frac{2}{14}=\frac{3}{14}$　よって，$\square=\frac{3}{14}\times 3.5=\frac{3}{14}\times\frac{7}{2}=\frac{3}{4}$

2 差集め算，年齢《ねんれい》算，平均とのべ，仕事算

⑴　１人に７個ずつ分けるのに必要な個数と，１人に10個ずつ分けるのに必要な個数の差が，30－６＝24(個)である。これは，10－７＝３(個)の差が子どもの人数だけ集まったものだから，子どもの人数は，24÷３＝８(人)とわかる。よって，あめの個数は，７×８＋30＝86(個)と求められる。

⑵　７年間で太郎の年齢も父の年齢も７歳《さい》ずつ増えるので，７年後の２人の年齢の和は，51＋７×２＝65(歳)となる。よって，７年後の太郎の年齢を①歳として図に表すと，右の図１のようになる。図１で，①＋④＝⑤にあたる年齢が65歳だから，①にあたる年齢は，65÷５＝13(歳)となり，今の太郎の年齢は，13－７＝６(歳)とわかる。

図１

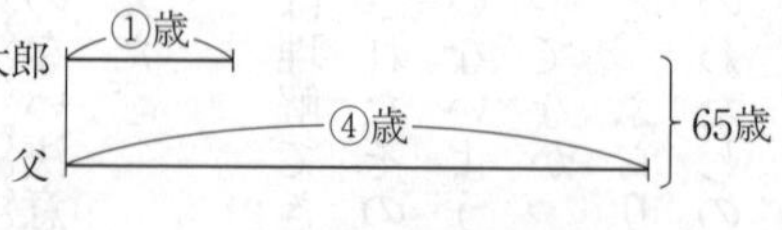

⑶　男子の人数を□人，女子の人数を△人として図に表すと，右の図２のようになる。図２で，影《かげ》をつけた部分の面積と太線で囲んだ部分の面積は，どちらもクラス全体の合計点を表している。よって，これらの面積は等しいので，アとイの長

図２

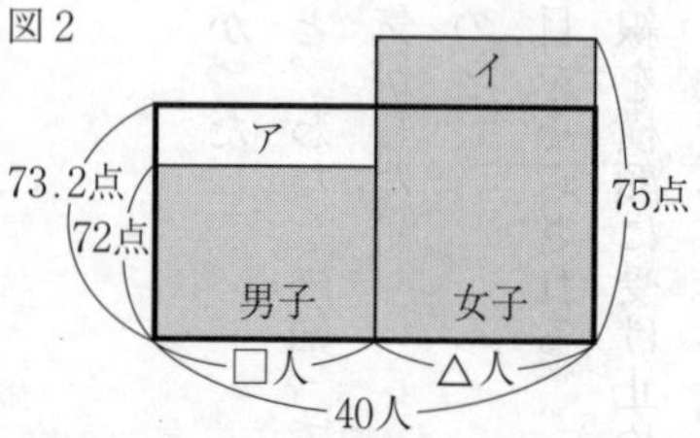

方形の面積も等しくなる。また，アとイの長方形のたての長さの比は，(73.2−72)：(75−73.2)＝2：3だから，横の長さの比は，□：△＝$\frac{1}{2}$：$\frac{1}{3}$＝3：2とわかる。この和が40人なので，男子の人数は，□＝40×$\frac{3}{3+2}$＝24(人)と求められる。

(4) 仕事全体の量を1とすると，A君が1日にする仕事の量は，1÷9＝$\frac{1}{9}$となる。また，A君とB君が1日にする仕事の量の和は，1÷6＝$\frac{1}{6}$となるから，B君が1日にする仕事の量は，$\frac{1}{6}-\frac{1}{9}=\frac{1}{18}$とわかる。よって，この仕事をB君が1人ですると，1÷$\frac{1}{18}$＝18(日)かかる。

3 整数の性質

(1) どの数で割っても割り切れる数は，12と18と42の公倍数である。また，右の計算から，最小公倍数は，2×3×2×3×7＝252と求められるから，このような数は252の倍数である。よって，1000÷252＝3余り244より，4桁《けた》で最も小さいものは，252×(3＋1)＝1008とわかる。

2)	12	18	42
3)	6	9	21
	2	3	7

(2) どの数で割っても1余る数は，252の倍数よりも1大きい数である。また，9999÷252＝39余り171より，4桁で最も大きい252の倍数は，252×39＝9828とわかるので，求める数は，9828＋1＝9829となる。

(3) 12で割ると11余る数は，12の倍数よりも，12−11＝1小さい数である。同様に，18で割ると17余る数は，18の倍数よりも1小さい数であり，42で割ると41余る数は，42の倍数よりも1小さい数である。よって，3つに共通する数は，12と18と42の公倍数よりも1小さい数だから，252の倍数よりも1小さい数とわかる。また，5000÷252＝19余り212より，5000に最も近いものは，252×19−1＝4787，または，252×20−1＝5039となる。このうち5000により近いのは，5039である。

4 平面図形—長さ，面積

図1

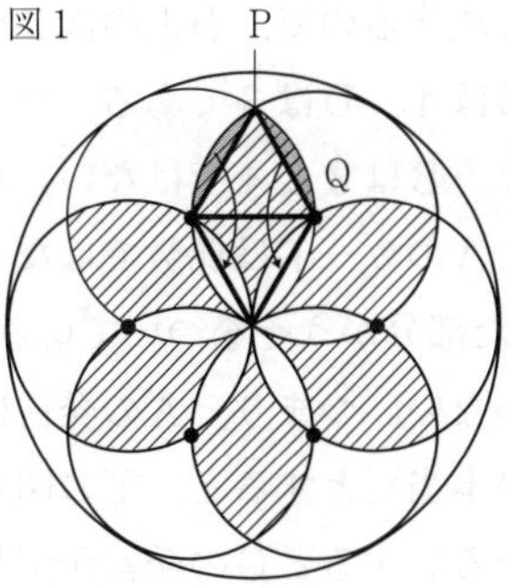

図2

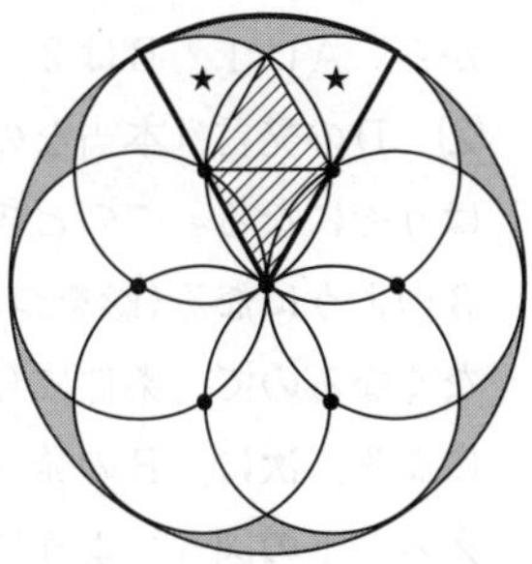

(1) 右の図1で，太線部分の長さはすべて3cmだから，太線で囲んだ三角形は1辺が3cmの正三角形であり，弧《こ》PQの長さは，3×2×3.14×$\frac{60}{360}$＝3.14(cm)とわかる。これと同じものが，1個の斜《しゃ》線《せん》をつけた部分について4か所あり，さらに，斜線をつけた部分は全部で6個あるので，斜線をつけた部分の周の長さの和は，3.14×4×6＝75.36(cm)と求められる。

(2) 図1の影をつけた部分を矢印のように移動すると，斜線をつけた部分1個の面積は，1辺が3cmの正三角形2個の面積と等しくなることがわかる。また，1辺が3cmの正三角形1個の面積は，3×2.59÷2＝3.885(cm^2)だから，斜線をつけた部分の面積の和は，3.885×2×6＝46.62(cm^2)となる。

(3) 右上の図2の太線で囲んだ図形は，半径が6cmで中心角が60度のおうぎ形なので，面積は，6×6×3.14×$\frac{60}{360}$＝6×3.14(cm^2)である。また，★印をつけた図形は，半径が3cmで中心角が60度のおうぎ形だから，2個分の面積は，3×3×3.14×$\frac{60}{360}$×2＝3×3.14(cm^2)となる。さらに，斜線をつけた部分の面積は，$3.885\times 2=7.77(\text{cm}^2)$なので，太線で囲んだ図形の中にある影をつけた部分の面積は，$6\times 3.14-3\times 3.14-7.77=(6-3)\times 3.14-7.77=9.42-7.77=1.65(\text{cm}^2)$と求められる。これと同じものが全部で6個あるから，影をつけた部分の面積の和は，$1.65\times 6=9.9(\text{cm}^2)$となる。

5 グラフ―速さと比

(1) 太郎が家から公園まで進むのにかかった時間は，$6+12=18$(分)であり，一郎が家から公園まで進むのにかかった時間は12分である。また，行きの太郎と行きの一郎の速さの比は，$\frac{3}{8}:1=3:8$だから，太郎の家から公園までの距離《きょり》と，一郎の家から公園までの距離の比は，$(3\times 18):(8\times 12)=9:16$とわかる。この和が2km(＝2000m)なので，太郎の家から公園までの距離は，$2000\times\frac{9}{9+16}=720$(m)と求められる。

(2) (1)より，太郎の行きの速さは毎分，$720\div 18=40$(m)とわかるから，一郎の行きの速さは毎分，$40\times\frac{8}{3}=\frac{320}{3}$(m)である。これを毎時の速さに直すと，$\frac{320}{3}\times 60\div 1000=6.4$(km)となる。

(3) 帰りは，同時に公園を出発して同時にそれぞれの家に着いたので，2人の帰りの速さの比は，公園からそれぞれの家までの距離の比と等しくなる。つまり，帰りの太郎と帰りの一郎の速さの比は$9:16$だから，帰りの太郎の速さは帰りの一郎の速さの，$9\div 16=\frac{9}{16}$(倍)である。

6 推理

(1) Aの発言から，B，C，Dのカードは{奇数《きすう》，偶数《ぐうすう》，偶数}とわかるから，Aのカードは奇数である。また，Bの発言から，A，C，Dの中で1番大きいのはCとわかるので，Cは1と2ではない。同様に，Cの発言からDは1と2ではないことがわかるから，右の図1のようになる。すると，Bは2と決まるので，右上の図2のようになる。さらに，＿からCが4とわかるから，Aは1，Bは2，Cは4，Dは3である。

図1

	1	2	3	4
A		×		×
B				
C	×	×		
D	×	×		

図2

	1	2	3	4
A	○	×	×	×
B	×	○	×	×
C	×	×		
D	×	×		

(2) Dの発言は本当なので，Bは3と4ではない。もしAの発言が本当だとすると，BとCの発言はうそになる。このとき，Aのカードは偶数ではなく，CとDのカードは4ではないから，下の図3のようになる(影をつけた部分がうそをついている人)。すると，4のカードを持っている人がいなくなるので，条件に合わない。つまり，Aの発言はうそだから，Aのカードは奇数ではないことになる。次に，Bの発言が本当だとすると，下の図4のようになる。さらに，これにBの発言を加えると下の図5のようになる。するとCの発言が正しくなってしまうので，条件に合わない。よって，本当のことを言っているのはCと決まり，下の図6のようになる。さらに，これにCの発言を加えると下の図7のようになり，すべての条件に合う。したがって，本当のことを言っているのはCであり，Aは2，Bは1，Cは3，Dは4とわかる。

図3

	1	2	3	4
A		×		×
B			×	×
C				×
D				×

図4

	1	2	3	4
A	×		×	
B			×	×
C	×	×		
D				×

図5

	1	2	3	4
A	×	○	×	×
B	○	×	×	×
C	×	×	×	○
D	×	×	○	×

図6

	1	2	3	4
A	×		×	
B			×	×
C				×
D	×	×		

図7

	1	2	3	4
A	×	○	×	×
B	○	×	×	×
C	×	×	○	×
D	×	×	×	○

社　会　＜第１回試験＞（40分）＜満点：80点＞

解　答

1 問１　A　(う)　B　(え)　C　(く)　D　(あ)　E　(か)　F　(こ)　G　(い)　問２　A　(お)　B　(あ)　C　(い)　D　(う)　E　(え)　F　(か)　**2** 問１　1　平将門　2　後鳥羽　3　足利尊氏　4　徳川綱吉　問２　(ウ)　問３　(イ)　問４　(ウ)　問５　行基　問６　(イ)　問７　平泉　問８　(ウ)　問９　明　問10　（例）　農民の一揆を防ぎ，武士と農民の身分の区別を明確にするため。　問11　(エ)　問12　(ウ)　問13　(ウ)　**3** 問１　1　ポツダム　2　貴族　3　兵役　問２　Ⅰ　(イ)　Ⅱ　(カ)　Ⅲ　(キ)　問３　(1)　(イ)　(2)　(ウ)，(オ)　(3)　（例）　天皇主権から国民主権へと変わった。　問４　勤労（の義務）　問５　GHQ　問６　(1)　○　(2)　30　問７　(1)　行政　(2)　○　問８　(1)　3　(2)　○

解　説

1 日本のおもな都市の気候についての問題

問１　降水量が非常に多いＡは尾鷲《おわせ》(三重県)，冬の降水量が多いＢは金沢(石川県)，１・２月の平均気温が17℃を超《こ》えているＣは那覇《なは》(沖縄県)，12～３月の平均気温が０度以下で，年間降水量が少ないＧは網走《あばしり》(北海道)と判断できる。年間降水量が1000mm前後であるＥとＦのうち，１月の平均気温が５℃前後のＥが高松(香川県)，０℃前後のＦが松本(長野県)である。残るＤは，１・２月の平均気温が０℃以下であることや，年間降水量が1300mmという点から，青森と判断できる。札幌，東京，福島にあてはまるものはない。

問２　**A**　2018年の夏は記録的な猛暑《もうしょ》が続き，各地で観測史上最高の気温が計測されたが，なかでも埼玉県熊谷《くまがや》市内では７月23日に国内最高気温となる41.1℃を，８月６日には岐阜県下呂《げろ》市金山町で，８月８日には岐阜県美濃《みの》市で，ともにそれまでの最高記録であった高知県四万十市江川崎《えかわさき》に並ぶ41.0℃を観測した。　**B**　国内最低気温は1902年に北海道旭川市で観測された－41.0℃という記録で，120年近く破られていない。　**C**　最深積雪で国内第２位の記録を持つのは，青森市の酸ヶ湯《すかゆ》。八甲田山の中腹に位置し，有名な温泉地でもある酸ヶ湯の周辺は，国内有数の豪雪地帯として知られる。　**D**　日降水量の最高記録は2019年10月に神奈川県箱根町で観測した922.5mm。東日本各地に豪雨をもたらした台風19号によるものである。　**E，F**　最大瞬間風速の上位には，強風が吹《ふ》きつける山頂近くや岬《みさき》，離島の観測地が並ぶ。第１位の91.0m/秒を観測したのは富士山，第４位の81.1m/秒を観測したのは沖縄県の与那国《よなぐに》島である。

2 各時代の歴史的なことがらについての問題

問１　**1**　10世紀前半に乱を起こし，一時，関東の大半を征服《せいふく》して「新皇」と名乗ったのは平将門。940年，平貞盛《さだもり》や藤原秀郷《ひでさと》らの軍に敗れて戦死した。　**2**　1221年に承久《じょうきゅう》の乱を起こしたのは後鳥羽《ごとば》上皇。幕府軍に敗れ，上皇は隠岐《おき》(島根県)に流された。　**3**　1338年に征夷《せいい》大将軍となったのは足利尊氏。後醍醐《ごだいご》天皇と対立し，京都に光明《こうみょう》天皇を立てた尊氏は，光明天皇から征夷大将軍に任じられて室町幕府を開いた。　**4**　17世紀末，生類憐《しょうるいあわれ》みの令を出したのは，江戸幕府第５代将軍の徳川綱吉。生類憐みの令は極端な動物愛護令で，人々を苦しめた。

問２　江戸時代の1784年，福岡県の志賀島で農民が「漢委奴国王《かんのわのなのこくおう》」と刻まれた金印を発見した。古代中国の歴史書『後漢書』東夷伝には，１世紀に倭(日本)の奴国の王が後漢に使いを送って，皇帝の光武帝から金印を授けられたという記述があり，志賀島で発見された金印はそのときのものではないかと考えられている。

問３　「ワカタケル大王」の名をふくむ銘文《めいぶん》が刻まれた鉄剣が出土した古墳は，埼玉県行田市にある稲荷山《いなりやま》古墳。(ア)は同様の文字が刻まれた太刀《たち》が出土した熊本県和水《なごみ》町の古墳。(ウ)は極彩色《ごくさいしき》の壁画《へきが》が発見されたことで知られる奈良県明日香村の古墳。(エ)は大阪府堺市にある国内最大の前方後円墳で，仁徳天皇陵《りょう》と伝えられる。

問４　仏教を厚く信仰した聖徳太子(厩戸《うまやと》皇子)は，法隆寺(奈良県斑鳩《いかるが》町)などを建て，『三経義《さんぎょうのぎ》疏《しょ》』などの仏教の注釈書を著したとされるから，(ウ)が正しい。(ア)と(イ)は，「十七条の憲法」と「冠位十二階」が逆である。四天王寺は大阪市天王寺区にある寺院で，６世紀末に聖徳太子が創建したと伝えられる。

問５　７世紀前半，僧の行基は近畿地方を中心に各地をめぐり，民衆に仏の教えを説くとともに，用水路や橋，道路をつくるといった社会事業を行った。当時，寺院や僧は朝廷の管理下に置かれていたため，行基のこうした行動は朝廷の弾圧を受けたが，その後，許され，大仏づくりが決まると，行基はその土木技術と動員力を買われて起用され，最高僧位の大僧正《そうじょう》に任じられた。

問６　藤原道長は４人の娘を天皇の妃《きさき》とし，産まれた子が天皇になるとその外祖父として大きな力を振《ふ》るった。(イ)は３女の威子《いし》を妃としたさいの祝いの席でよまれた歌で，道長の得意な気持ちが表れている。なお，(ア)は阿倍仲麻呂，(ウ)は天智天皇，(エ)は紀貫之《きのつらゆき》の作品である。

問７　奥州藤原氏は11世紀末の後三年の役(後三年合戦)で活躍《かつやく》した藤原清衡《きよひら》を祖とする一族で，平泉(岩手県)を根拠《こんきょ》地として東北地方一帯を支配したが，12世紀末，第４代の泰衡《やすひら》のときに源頼朝によって滅《ほろ》ぼされた。

問８　侍所《さむらいどころ》は頼朝が伊豆で挙兵し，鎌倉に入った直後の1180年に設置された。壇ノ浦《だんのうら》の戦いと守護・地頭の設置はともに1185年のできごとだが，守護・地頭は，同年３月の壇ノ浦の戦いで平氏を滅ぼしたあと，仲たがいした弟の義経をとらえる名目で，同年11月，頼朝が朝廷に願い出て設置を許されたものである。

問９　勘合《かんごう》貿易は足利義満が明(中国)との間で始めた貿易で，倭寇《わこう》(日本の武装商人団・海賊《かいぞく》)と区別するため，正式の貿易船に勘合という合い札を持たせたことから，このようによばれる。

問10　豊臣秀吉は1588年に刀狩令を出し，農民から刀や槍《やり》，鉄砲などの武器を取り上げた。刀狩の目的は，農民による一揆《いっき》を防ぐことと，武士と農民の身分の区別を明確にすることにあった。

問11　享保の改革は18世紀前半に江戸幕府の第８代将軍徳川吉宗が行った幕政改革で，(エ)がその政策として正しい。(ア)は松平定信，(イ)は田沼意次《おきつぐ》，(ウ)は水野忠邦《ただくに》の政策である。

問12　下関で開かれた日清戦争の講和会議に日本全権として出席したのは，内閣総理大臣の伊藤博文と外務大臣の陸奥宗光《むつむねみつ》。伊藤は日露戦争後に置かれた韓国統監府の初代統監に就任しているから，(ウ)が正しい。(ア)は寺内正毅《まさたけ》内閣，(イ)は加藤高明内閣，(エ)は原敬《たかし》内閣にあてはまる。

問13　(X)は1956年，(Y)は1950年，(Z)は1973年のできごとなので，古い順に(Y)→(X)→(Z)となる。

3　日本国憲法と日本の政治についての問題

問１　１　1945年７月，アメリカ・イギリス・ソ連の首脳がドイツのベルリン郊外にあるポツダムで会談し，大戦後のヨーロッパの処理などについて話し合うとともに，日本に対して無条件降伏《こうふく》を勧告《かんこく》する宣言文を，アメリカ・イギリス・中華民国の３国の名で発表した(のちにソ連も参加)。当初，ポツダム宣言とよばれるこの対日宣言を日本政府は無視したが，広島・長崎への原爆投下やソ連の対日参戦などを受けるにおよび，８月14日にこれを受け入れることを決定。翌日，天皇によるラジオ放送でこのことを国民に知らせた。　**2**　大日本帝国憲法のもとに置かれた帝国議会は，貴族院と衆議院の二院で構成されていた。　**3**　大日本帝国憲法では，納税と兵役が「臣民《しんみん》(天皇と皇族以外の人々)」の義務として定められていた。

問２　Ⅰ～Ⅲ　日本国憲法の改正については，衆・参各議院の総議員の３分の２以上の賛成で国会が憲法改正を発議(国民に提案)し，国民投票で過半数の賛成が得られれば成立する。成立した改正憲法は，国民の名で天皇が公布する。

問３　⑴　大日本帝国憲法は1889(明治22)年２月11日に発布されているから，(ｲ)が正しくない。
⑵　日本国憲法は1946年11月３日に公布され，翌47年５月３日に施行された。自衛隊は1950年に創設された警察予備隊が，1952年の保安隊を経て，1954年に自衛隊となったもので，その存在などに関するルールについては憲法に規定されていないから，(ｳ)が正しくない。日本国憲法第20条は，国民に信教の自由を保障するとともに，国が宗教的活動を行うことを禁止しているから，(ｵ)も正しくない。　⑶　大日本帝国憲法では天皇が国の元首とされており，天皇主権といえるものであったが，日本国憲法は主権が国民にあることを明記している。

問４　日本国憲法に明記されている国民の三大義務は，子どもに普通教育を受けさせる義務(第26条２項)，勤労の義務(第27条１項)，納税の義務(第30条)の３つである。

問５　1945年８月，日本がポツダム宣言を受け入れて無条件降伏すると，同年９月，アメリカ軍を中心とする連合国軍が日本を占領。連合国軍(最高司令官)総司令部(GHQ)の指令にもとづいて，日本の民主化がすすめられた。

問６　⑴　衆議院議員の任期は４年，参議院議員の任期は６年である。なお，衆議院とは異なり，参議院には任期途中での解散はない。　⑵　衆議院議員の被選挙権(選挙に立候補する権利)は25歳以上，参議院議員の被選挙権は30歳以上で与えられる。

問７　⑴　内閣が受け持つのは行政権で，司法権は裁判所に属している。　⑵　国務大臣を任命および罷免《ひめん》(辞めさせること)する権限は，内閣総理大臣が持っている。

問８　⑴　日本では，同じ事件について，原則として３回まで裁判を受けることができる。これを三審制という。　⑵　重大な刑事事件の第一審に，20歳以上の国民からくじで選ばれた者が裁判員として参加するしくみを裁判員制度という。司法制度改革の一環として2009年に始められた制度で，３名の裁判官と６名の裁判員の合議で審理がすすめられる。判決は多数決で決められるが，有罪とするためには裁判官１名以上をふくむ過半数の賛成が必要となる。

理　科　＜第１回試験＞（40分）＜満点：80点＞

解　答

1　①　ア　②　ウ　③　ア　④　エ　**2**　**問１**　(例)　海水中にふくまれるゴミな

どの不純物を取り除くため。　**問２**　(例)　ろうとのあしの長い方をなべの内側のかべにつける。　**問３**　エ　**問４**　ウ　**問５**　イ　**問６**　イ，エ，カ　[3]　**問１**　ウ　**問２**　ウ　**問３**　**A**　ア　**B**　カ　**C**　オ　**問４**　①　ア　②　(例)　ペットボトルから水をふん出させる反動でロケットを飛ばすから。　③　(例)　おし縮められた空気がもとにもどろうとする勢いで，ペットボトル内の水をふん出させるため。　[4]　**問１**　①　カシオペヤ座　②　おおぐま座　**問２**　(例)　いつも北にあって動かないから。　**問３**　イ　**問４**　(例)　カシオペヤ座は北の空にあって北極星のまわりを回っていてしずまないが，21時の図ではしずもうとしていること。　**問５**　名前…オリオン座　記号…イ　[5]　**問１**　①　オ　②　ア　③　ウ　④　エ　⑤　ウ　⑥　イ　**問２**　①　イ　②　オ　③　カ　④　ア　⑤　エ　⑥　ウ　**問３**　イ，エ　**問４**　イ

解　説

[1]　科学に関連する2020年のできごとについての問題

①　2020年のノーベル化学賞は，ゲノム編集の新たな方法を発見したドイツのマックス・プランク感染生物学研究所のシャルパンティエ所長と，アメリカのカリフォルニア大学バークレー校のダウドナ教授が授賞した。ゲノムとは，その生物の持つ全遺伝情報である。両氏はねらった性質の遺伝子だけを切ったりつなげたりして，高精度に編集する技術を開発した。この技術は農作物の品種改良やがんの新しい治《ち》療《りょう》法の開発などに用いられている。

②　DNAは遺伝子情報を持っている物質で，PCR検査は特定のDNAを増幅《ぞうふく》するPCR法を用いた検査である。通常では少なすぎて検出できないDNAを増幅することで検出できるように工夫している。

③　2020年７月に千葉県の習志野市や船橋市で隕石《いんせき》の落下が確認され，この隕石は，国際隕石学会に習志野隕石として登録された。

④　金星の大気中に生命が存在する可能性がある物質を発見したと，日本やイギリス，アメリカ，などのチームが2020年９月に発表した。この物質はホスフィン(リン化水素)で，ハワイ島とチリにある望遠鏡で観測された。ホスフィンは，酸素のとぼしい沼《ぬま》や湿地《しっち》にすむ微生物《びせいぶつ》などがつくる物質であるため，この物質の発見は，生命の存在を示している可能性があると考えられている。

[2]　海水の塩分についての問題

問１　海水には植物や動物の断片やゴミ，どろなど，いろいろな不純物が混ざっている。そのため，はじめに採ってきた海水をろ過して不純物を取り除き，取り出す塩の中に不純物がふくまれないようにしている。

問２　ろ紙をはめたろうとに液を注ぐときは，ガラス棒をつたわらせて少しずつ注ぐ。このとき，ろうとは，あしの長い方を容器の内側のかべにつける。このようにすると，ろ過された液が速く流れ落ちる。

問３　海水をなべに入れてにつめて，海水を10分の１程度にしているので，少なくなった水分にとけきれなくなった塩が結しょうとして出てきてなべの底にたまり始める。このとき，なべの内側にも塩の結しょうがつく。

問４　海水の塩分のう度は，海水が蒸発しやすい地域では高くなり，雨が多く降る地域では低くなるなど，地域差がある。また，塩分が地表や地中にふくまれていることから，風雨によってこれら

の塩分が水にとけて川などで海に運ばれることで海水中の塩分が増えたり，生物に取りこまれるなどして海水中の塩分が減ったりする。海水は，水の量や海に入ってくる塩分の量，塩分が海水中にとどまっている時間，海水から出ていく塩分の量がうまくつりあっているので，海全体でみると海水の塩分のう度は一定に保たれている。

問５　表より，海水100ｇから回収できる塩の重さを求めると，Ａ地点では3.2ｇ，Ｃ地点では，$16\times\frac{100}{500}=3.2$（ｇ），Ｄ地点では，$9.3\times\frac{100}{300}=3.1$（ｇ），Ｅ地点では，$1.7\times\frac{100}{50}=3.4$（ｇ）であり，これら４地点での海水100ｇから回収できる塩の重さは3.1～3.4ｇの範囲《はんい》にある。したがって，Ｂ地点で採ってきた海水250ｇから回収した食塩の重さはおよそ，$3.1\times\frac{250}{100}=7.75$（ｇ）から，$3.4\times\frac{250}{100}=8.5$（ｇ）の範囲にあると考えられる。よって，最も値が近いイが選べる。

問６　アサリの砂ぬきには海水と同じ塩分のう度の食塩水が適している。問５で述べたように，海水100ｇあたりには塩が3.1～3.4ｇふくまれているので，海水の塩分のう度は約３％である。ア～カののう度をそれぞれ求めると，アは，$3\div(297+3)\times100=1$（％），イは，$10\div(290+10)\times100=3.3\cdots$（％），ウは，$5\div(325+5)\times100=1.5\cdots$（％），エは，$10\div(320+10)\times100=3.0\cdots$（％），オは，$33\div(447+33)\times100=6.8\cdots$（％），カは，$15\div(435+15)\times100=3.3\cdots$（％）となるので，砂ぬきに適している食塩水は，イ，エ，カとなる。

３　水鉄ぽうと空気鉄ぽうについての問題

問１，問３　水は力が加えられても体積が変わらないので，つつを水で満たした水鉄ぽうのおし棒をおすと，おしたときの勢いがそのまま玉(図の上側にある玉)に伝わり，玉がおし出される。一方，空気は力が加えられると体積が小さくなるので，つつに空気が入っている場合，おし棒で勢いよくおすと，空気がおし縮められて体積が小さくなる。この空気がもとの体積にもどろうとする勢いが玉に伝わるため，玉はおし棒をおす勢いよりも勢いよくおし出される。したがって，空気が多く入っているほど玉は勢いよくおし出されるから，３つの鉄ぽうの中で，空気しか入っていない空気鉄ぽうが，最も勢いよく玉がおし出されて，最も遠いところまで飛ぶ。

問２　問１と同様に，玉をおし出す勢いは空気鉄ぽうが最も強くなるので，空気鉄ぽうの玉が最も高いところまで飛ぶことになる。

問４　①　ペットボトルロケットでは，ペットボトルの中に空気をたくさん送りこんで中の気圧を大きくするので，大きな気圧にたえられるようにつくられているペットボトルが適している。炭酸飲料用のペットボトルは，炭酸飲料にとけている二酸化炭素が出てきてもその気圧にたえられるようにつくられている。　②　ペットボトルロケットは，水をペットボトル内から外にふん出させたときの反動(反作用)で，ロケットを飛ばしている。ペットボトルに水が入っていない場合は，おし縮めた空気がもとにもどろうとして，ペットボトル内から空気が外に出るときの反動で飛ぶことになり，少ししか飛ばない。これは，水の方が空気より重いので，ペットボトルから外にふん出させたときの反動が水の方が大きくなるからである。　③　空気をペットボトル内に入れるのは，ペットボトル内でおし縮められた空気がもとの体積にもどろうとする勢いを利用して，水をペットボトル内から外へ勢いよくふん出させるためである。

４　星や星座についての問題

問１　①　北の空で，ＷやＭの形に見える星座はカシオペヤ座である。　②　つなげるとひしゃくのような形になる７つの星を北斗七星といい，北斗七星はおおぐま座の背から尾《お》にあたる部分にある。

問２　星Ａの北極星は，地軸《ちじく》の延長線上にあるため，地球が自転してもいつもほぼ真北に見える。また，北極星の見える高さ(角度)は，観測地点の緯度《いど》とおよそ等しくなる。

問３　北の空を観測すると，北斗七星はひしゃくの形の柄《え》の部分が後方になるように北極星のまわりを左回りに回転している。また，北斗七星のひしゃくの形の水をくむ部分の方がカシオペヤ座に近く，北極星を中心にして北斗七星から左回りに150度くらいはなれた位置にカシオペヤ座がある。

問４　Ｂのオリオン座は，東からのぼり，南の空を通って西の空にしずむ。一方，Ｃのカシオペヤ座は北の空にあって，北極星のまわりを左回りに回っていて，一晩中しずむことがない。よって，図の21時(予想)で誤っているのは，カシオペヤ座が地平線にしずもうとしていることである。

問５　Ｂのオリオン座とさそり座は，地球をはさんで反対側にあるので，オリオン座が見えるときはさそり座は見えず，さそり座が見えるときはオリオン座が見えない。つまり，オリオン座とさそり座が同時に見えることはない。このことをギリシア神話では，さそりがオリオンを殺した事件以来，オリオンはさそりをおそれるようになったため，さそり座が地平線からのぼってくるとオリオン座はしずみ，反対にさそり座がしずむとオリオン座がのぼってくるとしている。

5　鳥の体のつくりについての問題

問１　①　カモなどのように，くちばしが平たくなっていると，水の中の食べものをすくい取ったりくわえたりしやすい。　②　シジュウカラなどのくちばしは，虫などをついばみやすいように短くなっている。　③，⑤　ワシやタカなどがもつ，先が曲がった強力なくちばしは，小動物の体を引きさくのに役立つ。　④　キツツキなどのくちばしは，木の幹をつついて中の虫をつかまえるのに適した形をしている。　⑥　シギなどがもつ長いくちばしは，湿地などのどろの中の動物をとらえて食べるのに適している。

問２　①　カモなどの足には，泳ぐために発達した水かきがある。　②　サギなどの足は，小さな水かきがついているために体重を分散させることができ，湿地のどろなどのぬかるんだところでも足をしずませないで歩くことができる。　③　キツツキなどの足は，指が前向きに２本，後ろ向きに２本となっていて，するどいつめで木の幹に垂直にしっかりと止まることができる。　④　ダチョウの足は指が２本しかなく，足のうらがやわらかいクッションのようになっていて，速く走ることができる。　⑤　これは多くの鳥に見かけられる足で，３本の指が前に向いており，１本の足が後ろ向きで，枝をつかむのに適した形をしている。　⑥　ワシやタカなどの足は，えものをつかまえるためのするどいつめとえものを強くつかめる指をもっている。

問３　ヒトは息を吸うと楽に肺がふくらむが，鳥の肺はそのようになっていないと述べられている。また，鳥が息を吸っているところと息をはいているところの図を見ると，肺の大きさがほとんど変化していないことがわかる。よって，正しいものはイとエである。鳥は，前の気のうと後の気のうがふくらんだり縮んだりして，肺に空気が送られる仕組みになっている。

問４　鳥は息を吸うときもはくときも，空気はいつも肺の中を一方向に流れているので，どちらのときも酸素を取り入れることができる。そのため，鳥は空気のうすい高いところでも，酸素を効率よく取り入れることができる。つまり，鳥は気圧が低い上空でも呼吸をしやすい。

国　語　＜第１回試験＞（50分）＜満点：100点＞

解　答

一　下記を参照のこと。　　二　**問１**　（例）　過去に不登校になったことを満希に告白する(こと。)　**問２**　ウ　**問３**　ア　**問４**　にげてきた　**問５**　エ　**問６**　（例）（行人は）ひとりきりで，戦っていたのだ。　**問７**　（例）　十一歳だった行人がぎりぎりの状態であったにもかかわらず，心の底からのおびえや不安を隠しながら満希にまで気を遣い，本当に感じていることを教えてくれなかったところ。　**問８**　（例）（満希が）行人が山村留学をしてきた理由を知り，ずっと苦しみ続けてきた行人のつらさを理解する(物語。)　三　**問１**　ウ　**問２**　（例）　遅く芽を出したほうが生育に適した環境である場合があるから。　**問３**　**Ａ**　カ　**Ｂ**　イ　**問４**　ア　**問５**　（例）　多様性があれば環境が変化しても適応することができ，生き残れるから。　**問６**　多様性　**問７**　エ　**問８**　（例）　多様性が求められる個性は生物が生き残るために必要だからつくり出した戦略であり，人間の性格や特徴という個性も含めて個性は多様であることに意味があるため，そこに優劣はつけられず，どれも大切なものである。

●漢字の書き取り

一　①　働(く)　②　記録　③　任(せる)　④　輸血　⑤　建築　⑥　厳(しい)　⑦　模型　⑧　興奮　⑨　加盟　⑩　臨時

解　説

一　**漢字の書き取り**

①　音読みは「ドウ」で，「労働」などの熟語がある。　②　運動競技などの成績。　③　音読みは「ニン」で，「任務」などの熟語がある。　④　手術を必要とする患者《かんじゃ》や重傷で出血が多いけが人などの血管に健康な人の血液を注入して不足した分を補うこと。　⑤　家や学校などの建物を建てること。　⑥　音読みは「ゲン」「ゴン」で，「厳重」「荘厳《そうごん》」などの熟語がある。訓読みにはほかに「おごそ(か)」がある。　⑦　実物の形や仕組みなどに似せてつくったもの。⑧　気持ちがたかぶること。　⑨　ある団体に加入すること。　⑩　一時的に行うこと。

二　**出典は眞島《ましま》めいりの『みつきの雪』による。**高校三年生の満希《みつき》は，十一歳《さい》のときに山村留学してきた同級生の行人《ゆきと》から，不登校になったために今の学校へとにげてきたことを告白される。

問１　ふと，「……千葉の家で暮らして，東京の学校に通ってたとき，さ」と話し出した行人のようすから，満希が「奇妙《きみょう》な予感に襲《おそ》われ」たことをおさえる。続く部分で，友達がいじめられていたことをきっかけとして不登校になっていたという行人の話を「はじめて聞いた」満希は「うろたえ」，伝えることを決断した彼《かれ》自身もまた「ずっと誰《だれ》にも言わずにきた秘密を明らかにしたこと」に，「動揺《どうよう》してしまっ」ていたというのだから，彼の「決意」とは，過去に不登校になったことを満希に告白しようとしたことだとわかる。

問２　学年があがるといじめなど最初からなかったようにふるまう周りの雰囲気《ふんいき》への恐怖《きょうふ》や，いじめを黙《だま》って見ていた当時の自分自身に対する嫌悪《けんお》感を思い出した行人は，その苦しさのあまり，自然とテーブルの天板を押《お》す指先に力がこもったのだろうと想像できるので，ウがよい。

問３　行人の話を聞き終えた満希が，「何から順に驚《おどろ》けばいいんだろう」と考えたことに着目する。

行人が不登校だったなど考えたこともなかった満希は，今まで彼に抱《いだ》いていた印象と現実の彼がまるでちがっていたことに「隔《へだ》たり」のようなものを感じてしまったのだから，アが選べる。

問４　「いじめ」の件で苦しむ中で，親からは学校に「がんばって通ってみたら」と言われ，居場所を失った行人は，「東京の学校からも千葉の家からもとにかく離《はな》れたくて，脱出《だっしゅつ》できるなら」と山村留学をしてきたと話している。つまり行人は，「ここ」に「にげてきた」といえる。

問５　行人の突然《とつぜん》の告白に，満希は「なぐさめる」のがよいのか「代わりに怒《おこ》る」のが正しいのか，それとも「受け容《い》れる」べきか，「似たような選択肢《せんたくし》は手もとにたくさん」あったものの，どれも決め手に欠け，「どうすればいいのか途方《とほう》に暮れた」のだから，「決定的じゃなかった」とするのがよい。

問６　「責める対象」を「自分」とし，「誰にも迷惑《めいわく》をかけないように，かしこく，沈黙《ちんもく》を選んだ」行人を思った満希は，彼がこれまで「ひとりきりで」と「戦って」いたことに胸を痛めている。つまり，十一歳でありながら「大人びてい」て「自分に関するあらゆる物事をきちんと理解している態度だった」行人の姿は本来の彼ではなく，「心の底からおびえていたのに」，ひとりきりで戦うことによってつくりだされた姿だったのだろうと満希は考えたのである。

問７　東京の学校での「いじめ」の件で自分を責め，親にも話さず「ひとりきり」で苦しみ，「ぎりぎりの状態」で「ここ」へとにげてきていながら，「自分に関するあらゆる物事をきちんと理解している」ような大人びた姿を装っていた行人に対し，満希は「ばかじゃないの！」と思っている。「小学校のころから一緒《いっしょ》」だったのだから，せめて自分には去勢をはらず，「ぜんぶ放り投げ」，「本当に感じてることを」さらけ出してほしいと満希は願っているのである。これをふまえ，「十一歳だった行人がぎりぎりの状態であったにもかかわらず，心の底からのおびえや不安を隠《かく》しながら満希にまで気を遣《つか》い，本当に感じていることを教えてくれなかったところ」のようにまとめる。

問８　物語の中心は行人が小学校のころは不登校であり，そこからにげるために山村留学をしてきたことを満希に告白する場面である。その告白を通じて，満希は行人が十一歳のころからずっと苦しみ続けてきたことを理解したのである。

三　**出典は稲垣栄洋《いながきひでひろ》の『はずれ者が進化をつくる―生き物をめぐる個性の秘密』による。**雑草が「遺伝的多様性」を持っているのは環境《かんきょう》の変化に対応して生き残るための戦略であるということを解説している。

問１　続く部分で，筆者は「種を播《ま》いても芽が出て」こないこと，「芽が出たとしても時期がバラバラ」であること，「なかなか芽を出さないのんびり屋も」いることを，「雑草を育てることが難しい理由」としてあげている。よって，ウが合わない。

問２　「オナモミ」が「せっかち屋の種子とのんびり屋の種子」という二つの種子を持っていることを例にあげたうえで，筆者は「早く芽を出したほうが良いのか，遅《おそ》く芽を出したほうが良いのかは，場合によって」変わり，「遅く芽を出したほう」が「生育に適している」こともあるので，雑草には「ゆっくりと芽を出すような性格のものがある」のだと説明している。

問３　**A**　直後に「早く芽を出したほうがいい場合」とあるので，「善は急げ」が合う。「善は急げ」は，よいと思ったことはすぐに実行するのがよいということ。　**B**　続いて「遅く芽を出したほうがいい場合」と書かれているので，「急《せ》いては事をし損じる」が入る。「急いては事をし損じる」は，ものごとはあまり急いですると失敗しやすいので，落ち着いてするほうがよいということ。

問４　続く部分で，「芽を出すことが早かったり遅《おそ》かったりすることは，雑草にとっては，優劣《ゆうれつ》では」なく，「どちらも」大切な「個性」だと述べられているので，アが正しい。

問５　早く芽を出す個性と遅く芽を出す個性が雑草に必要なのは，「環境が変われば，どちらが良い」かが変わるからである。つまり，「個性」がバラバラであれば環境が変わってもそれに適応し，生き残れるものも出てくるため，「強み」になるのだと言っている。

問６　直後の段落で，「タンポポの花の色に個性は」ないと述べられていることをおさえる。自然界では「バラバラであることが強み」，つまり「多様性」があることが必要なのに，「タンポポの花はどれもほとんど黄色」だというのである。

問７　エ　植物や人間は，生き残るために「合理的」な戦略を取りながら「進化」してきたため，「一番いいと決まっている」部分に関しては同じだが，「どれが良いという正解」がないものについては「多様性」が生まれると述べられている。よって，「植物と人間を反対のものとして考え」ているというのは合わない。

問８　答えのないことが多い自然界において，植物は生き残っていくための戦略として「個性」を生み出したのであり，それに優劣などないと説明されている。人間も同様で，「必要」に応じて「性格や特徴《とくちょう》に個性」が生まれたのだから，それを大切にすべきだと筆者は述べている。これをもとにまとめるとよい。

Memo

2021年度　学習院中等科

〔電　話〕（03）5992－１０３２
〔所在地〕〒171－0031　東京都豊島区目白１－５－１
〔交　通〕JR山手線－「目白駅」より徒歩３分

【算　数】〈第２回試験〉（50分）〈満点：100点〉

〔注意〕式を必ず指定された場所に書きなさい。

1　次の□に当てはまる数を入れなさい。

(1)　$2021 \div 47 - 551 \div (12 \times 7 - 55) = \square$

(2)　$7.1 \times 1.7 - 0.5 \div 0.4 - 1.8 \times 1.9 = \square$

(3)　$1\frac{5}{16} \div 2\frac{11}{12} - \frac{1}{6} + 2\frac{4}{15} \times 1\frac{7}{17} - \frac{3}{20} = \square$

(4)　$\left(2\frac{2}{5} - 1.65\right) \div \square - 2\frac{2}{3} \times 0.6 = 0.4$

2　次の□に当てはまる数を入れなさい。

(1)　春休み中にある本を読むことにしました。毎日９ページずつ読むと60ページ残り，毎日12ページずつ読んでも３ページ残ります。このとき，本は□ページあります。

(2)　今，太郎は12歳《さい》で父は39歳です。父の年齢《ねんれい》が太郎の年齢の２倍になるのは，今から□年後です。

(3)　40人のクラスの国語のテストの平均点は65.7点です。そのクラスの男子の平均点が69点，女子の人数が22人であるとき，女子の平均点は□点です。

(4)　Ａ君１人では４日，Ｂ君１人では12日かかる仕事があります。この仕事をＡ君，Ｂ君２人ですると，□日かかります。

3　１から９までの数を使って，○×□＋△ という計算をします。例えば，

○＝２，□＝３，△＝４のとき，２×３＋４＝10

となります。

このとき，次の問いに答えなさい。ただし，１回の計算で１つの数は１度しか使えません。

(1)　この計算で求められる数のうち，最も大きいものを求めなさい。

(2)　○×□＋△＝45 となるとき，○，□，△ にあてはまる数を求めなさい。ただし，○のほうが□より大きい数とします。

(3)　この計算で求められない数のうち，最も大きなものを答えなさい。ただし，(1)で求めた数より小さい整数とします。

4　下の図は，半径が６cmの円を２つと，半径が９cmの円を１つ組み合わせたものです。

図１

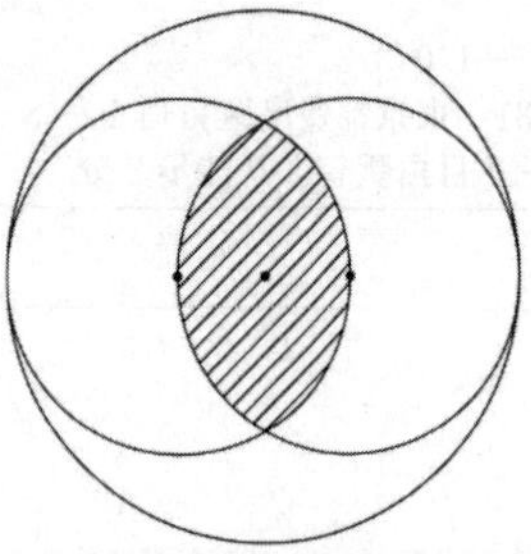

図２

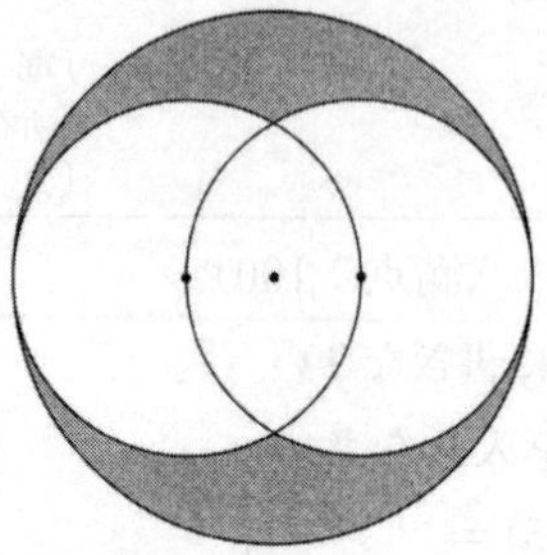

このとき，次の問いに答えなさい。ただし，円周率を3.14，１辺が６cmの正三角形の高さを5.19cmとします。

(1)　図１の斜《しゃ》線をつけた部分の周の長さを求めなさい。

(2)　図１の斜線をつけた部分の面積を求めなさい。

(3)　図２の影《かげ》をつけた部分の面積の和を求めなさい。

5　ある兄弟はおつかいで兄は花屋へ，弟はその途《と》中にあるパン屋へ買い物に行きました。花屋とパン屋は１km離《はな》れています。兄弟は同時に家を出発したところ，５分で同時にそれぞれの目的地に到着しました。兄は花屋で12分20秒，弟はパン屋で15分かけて買い物をすませたあと，自宅に戻りました。

下の図は，このときの２人の様子を表したものです。

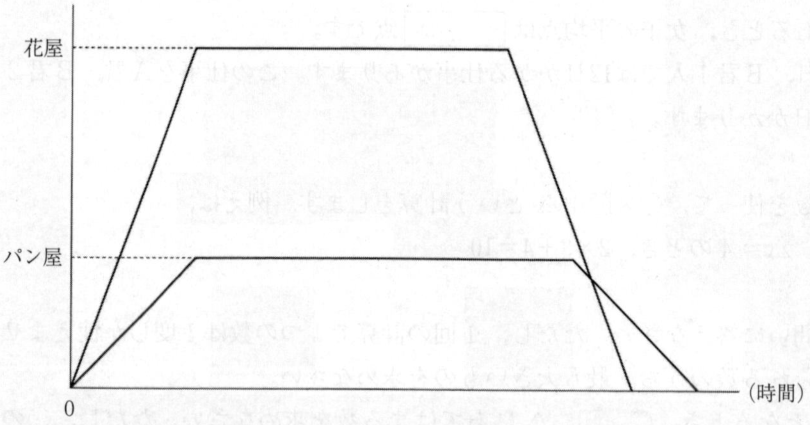

このとき，次の問いに答えなさい。ただし，兄弟の進む速さはそれぞれ一定であるとし，弟の進む速さは兄の進む速さの$\frac{5}{13}$倍とします。

(1)　家から花屋までの距離《きょり》を求めなさい。

(2)　弟の進む速さは毎分何ｍか求めなさい。

(3)　兄が弟に追いつくのは，弟がパン屋を出てから何秒後か求めなさい。

6　１から10までの数字が書かれた10枚のカードがあります。A，B，C，D，Eの５人にカードを２枚ずつ配ったところ，５人はそれぞれ次のように言いました。

A 「僕は１のカードを持っている。」

B 「僕のカードの数の差は６になる。」

C 「僕のカードの数はどちらも偶数だ。」

D 「僕のカードの数の和はBのカードの数の積より大きい。」

E 「僕のカードの大きい数は小さい数で割り切れる。」

全員が本当のことを言っているとき，次の問いに答えなさい。

(1) Bの２枚のカードの数を答えなさい。

(2) Cの２枚のカードの数を答えなさい。

(3) Aのもう１枚のカードの数を答えなさい。

【社　会】〈第２回試験〉（40分）〈満点：80点〉

〔注意〕 問題に漢字で書くことが指定されていれば正しい漢字で書きなさい。

1 　以下の問いの答えに適する市の名前を次の(あ)～(め)から選び，記号で答えなさい。なお，人口については，2019年１月１日現在の数値をもとにして考えなさい。

(あ) 大阪	(い) 岡山	(う) 鹿児島	(え) 鎌倉	(お) 川崎
(か) 北九州	(き) 京都	(く) 倉敷	(け) 熊本	(こ) 神戸
(さ) さいたま	(し) 堺	(す) 相模原	(せ) 札幌	(そ) 静岡
(た) 仙台	(ち) 千葉	(つ) 豊中	(て) 長崎	(と) 名古屋
(な) 新潟	(に) 沼津	(ぬ) 浜松	(ね) 東大阪	(の) 姫路
(は) 広島	(ひ) 福岡	(ふ) 福島	(へ) 富士	(ほ) 藤沢
(ま) 盛岡	(み) 横須賀	(む) 横浜	(め) その他	

問１　東北地方には政令指定都市が１つあります。その市の名前を，記号で答えなさい。

問２　神奈川県には政令都市が３つあります。

(1) そのうち，２番目に人口の多い市の名前を，記号で答えなさい。

(2) そのうち，最も人口の少ない市の名前を，記号で答えなさい。

問３　静岡県には政令指定都市が２つあります。その２つの市のうち，人口の少ない方の市の名前を，記号で答えなさい。

問４　大阪府には政令指定都市が２つあります。その２つの市のうち，人口の少ない方の市の名前を，記号で答えなさい。

問５　中国地方には政令指定都市が２つあります。その２つの市のうち，人口の少ない方の市の名前を，記号で答えなさい。

問６　九州地方には政令指定都市が３つあります。その３つの市のうち，最も人口の少ない市の名前を，記号で答えなさい。

問７　全国の政令指定都市の中で最も人口の多い市の名前を，記号で答えなさい。

問８　全国の政令指定都市の数は，最初，５つでした。その５つの市のうち，

(1) 最も東に位置している市の名前を，記号で答えなさい。

(2) 最も西に位置している市の名前を，記号で答えなさい。

(3) ２番目に人口の多い市の名前を，記号で答えなさい。

(4) ３番目に人口の多い市の名前を，記号で答えなさい。

(5) 最も人口の少ない市の名前を，記号で答えなさい。

2　次の年表を読み，以下の問いに答えなさい。

西暦《せいれき》	で　き　ご　と
239年	①邪馬台国の卑弥呼が魏に使者を送る。
607年	（ 1 ）が隋に派遣《はけん》される。
672年	②壬申の乱が起こる。
781年	③桓武天皇が即位《そくい》する。
894年	④菅原道真の提言で遣唐使が中止される。
1086年	（ 2 ）上皇が院政を開始する。
1203年	（ 3 ）が初代執権に就任する。
1221年	⑤六波羅探題が設置される。
1467年	⑥応仁・文明の乱が起こる。
1571年	⑦織田信長が延暦寺を焼打ちする。
1635年	⑧参勤交代が制度化される。
1841年	⑨天保の改革が行われる。
1904年	⑩日露戦争が起こる。
1945年	⑪GHQによる改革が行われる。
1974年	（ 4 ）が日本人初のノーベル平和賞を受賞する。

問1　年表中の（1）～（4）に適する人物を漢字で答えなさい。

問2　下線部①の「邪馬台国の卑弥呼」について，『魏志』倭人伝から読み取れる説明として**正しくないもの**を以下の(ア)～(エ)から一つ選び，記号で答えなさい。

(ア)　邪馬台国は，30あまりの国を従えていた。

(イ)　邪馬台国は，身分の違《ちが》いがなく平等な社会だった。

(ウ)　卑弥呼は，魏の皇帝から「親魏倭王」の称号を与《あた》えられた。

(エ)　卑弥呼は，巨大な墓に埋葬《まいそう》された。

問3　下線部②の「壬申の乱」について，天皇位をめぐる争いに勝利を収めた天智天皇の弟を以下の(ア)～(エ)から一人選び，記号で答えなさい。

(ア)　大友皇子　　(イ)　厩戸皇子　　(ウ)　大海人皇子　　(エ)　中大兄皇子

問4　下線部③の「桓武天皇」の政策に関する説明として**正しくないもの**を以下の(ア)～(エ)から一つ選び，記号で答えなさい。

(ア)　国司の監督《かんとく》を強化して，口分田の支給につとめ，民衆の負担を軽くした。

(イ)　坂上田村麻呂を征夷大将軍に任命して，支配に従おうとしない朝鮮半島を平定しようとした。

(ウ)　仏教と政治を切り離し，天皇の権力を強めようとした。

(エ)　平安京の造営事業に民衆が苦しんでいるとの意見を聞き入れて，事業を中止した。

問5　下線部④の「菅原道真」は以下の歌をよみました。□に入る植物を以下の(ア)～(エ)から一つ選び，記号で答えなさい。

東風《こち》吹かば　匂ひおこせよ　□　の花　主《あるじ》なしとて　春を忘るな

(ア)　百合《ゆり》　(イ)　桃《もも》　(ウ)　菊《きく》　(エ)　梅

問６　下線部⑤の「六波羅探題」が設置された目的を20字以内で説明しなさい。ただし，句読点は１字に数えます。

問７　下線部⑥の「応仁・文明の乱」について，この時期のできごとに関する説明として正しいものを以下の(ア)～(エ)から一つ選び，記号で答えなさい。

(ア)　多くの文化人が戦乱を避《さ》けて地方に逃《のが》れたことで，都の文化が地方へ広がることになった。

(イ)　山城の一向一揆では，守護大名を追放し，約100年間自治を行った。

(ウ)　越後の上杉謙信と駿河の今川義元が川中島で何度も戦った。

(エ)　観阿弥・世阿弥親子が日本風の水墨画を完成させた。

問８　下線部⑦の「織田信長」の政策に関する説明として正しいものを以下の(ア)～(エ)から一つ選び，記号で答えなさい。

(ア)　キリスト教が国内統一の妨《さまた》げになると考え，宣教師を追放した。

(イ)　支配地の市場では，新興の商工業を集めて市場の税を免除《めんじょ》し，営業を独占していた座の特権を廃止《はいし》した。

(ウ)　土地と農民を支配し，年貢《ねんぐ》を確実に取り立てるために太閤検地を始めた。

(エ)　武士が町人や百姓《ひゃくしょう》になること，町人や百姓が武士になることを禁じた。

問９　下線部⑧の「参勤交代」が明文化された(はっきり文書で書き示された)法として正しいものを以下の(ア)～(エ)から一つ選び，記号で答えなさい。

(ア)　武家諸法度　(イ)　禁中並公家諸法度　(ウ)　分国法　(エ)　御成敗式目

問10　下線部⑨の「天保の改革」について，【X】と【Y】の文の正誤の組み合わせとして正しいものを以下の(ア)～(エ)から一つ選び，記号で答えなさい。

【X】　天保の改革は，松平定信によって行われた。

【Y】　天保の改革では，江戸の物価高騰《こうとう》を抑《おさ》えるために株仲間を解散させた。

(ア)　【X】　正　【Y】　正　(イ)　【X】　正　【Y】　誤

(ウ)　【X】　誤　【Y】　正　(エ)　【X】　誤　【Y】　誤

問11　下線部⑩の「日露戦争」について，ロシアの東アジア進出に対抗するため，日本が1902年に軍事同盟を結んだ国をカタカナで答えなさい。

問12　下線部⑪の「GHQ」の指令を受けて進められた政策に関する説明として**正しくないもの**を以下の(ア)～(エ)から一つ選び，記号で答えなさい。

(ア)　選挙法が改正されたが，女性の参政権は認められなかった。

(イ)　政党や軍部と結んで大きな力を持っていた財閥《ざいばつ》の解体を指令した。

(ウ)　教育勅語《ちょくご》に代わって教育基本法が公布され，これには教育の機会均等・義務教育・男女共学などがもりこまれた。

(エ)　労働者の地位向上のために，労働三法が制定され，その一つである労働組合法の制定によって労働争議も再びさかんになった。

3　2020年に起こったできごとに関する下の文章を読み，以下の問いに答えなさい。

３月４日，①国際連合でかつて事務総長を務めたデクエヤル氏が亡くなりました。デクエヤル氏は事務総長時代に人種差別問題などに力を注ぎ，南アフリカ共和国における（　１　）と呼ばれる人種隔離《かくり》政策を廃止《はいし》に導いたマンデラ氏を支援するなどの功績を残しました。

３月14日，JR山手線と京浜東北線の田町駅と品川駅の間に（　２　）駅が開業しました。JR山手線の新駅は西日暮里駅が開業して以来のことになります。

５月１日，天皇陛下が即位してから１年が経ちました。現在の日本国憲法の中では，天皇陛下は政治に関する権限を持たないことが定められており，形式的・儀式的《ぎしきてき》なことを行うものとされています。②憲法で定められた，天皇陛下が行う形式的・儀式的なことは（　３　）行為《こうい》と呼ばれます。

６月23日，沖縄県は第二次世界大戦終結から75年目の「慰霊《いれい》の日」を迎《むか》えました。沖縄県は，第二次世界大戦中に地上戦が行われた場所で，戦後も長らくアメリカの統治のもとに置かれました。日本は③サンフランシスコ平和条約が結ばれた翌年の西暦（　Ａ　）年に独立を果たしますが，沖縄県が日本へ返還《へんかん》されたのは西暦（　Ｂ　）年になってからでした。しかし，④現在でも多くの米軍基地が沖縄県に集中しています。

７月５日，⑤東京都知事選挙が行われ，現職の小池百合子氏が当選を果たしました。都道府県知事選挙における被選挙権《ひせんきょけん》は（　Ｃ　）歳《さい》以上の日本国民に与えられています。

７月25日，インド洋にある島国である（　４　）の沖合《おきあ》いで貨物船が座礁《ざしょう》したことにより，燃料が海に流れ出てしまい，周辺の自然環境へ大きな被害が出てしまいました。

８月17日，高気圧の影響《えいきょう》により，日本は全国的に気温がとても高くなりました。中でも静岡県の（　５　）市では，それまでの国内最高気温と並ぶ41.1度を記録しました。これは，暖かい空気が山を越《こ》えた後に，さらに高温の風となって吹《ふ》く（　６　）現象の影響によるものと考えられています。

８月28日，当時の安倍晋三内閣総理大臣が辞任することを発表しました。安倍晋三氏が連続して内閣総理大臣を務めた日数は，史上第（　Ｄ　）位となりました。９月16日には（　７　）氏が，安倍晋三氏の次の内閣総理大臣に指名されました。

2020年は新型コロナウイルス感染症《かんせんしょう》の影響により，１年間を通して⑥日本を訪れた外国人旅行者数は前年と比べると大きく減少しました。2000年代に入ってからでは，⑦2009年と2011年も，日本を訪れた外国人旅行者数が前年と比べると大きく減少しています。新型コロナウイルス感染症による影響は他にもありました。2020年の春頃は，全世界的に新型コロナウイルス感染症が拡大しましたが，その頃，各国の研究所などの発表によると，⑧一時的に大気汚染《おせん》物質や温室効果ガスである二酸化炭素が各地で減少していることが確認されたそうです。

問１　文中の（１）～（７）に適することばを答えなさい。ただし，（１），（６）についてはカタカナで，（３），（５），（７）については漢字で，（４）については国名をカタカナで答えなさい。

問２　文中の（Ａ）～（Ｄ）に適する数字を答えなさい。

問３　下線部①の「国際連合」について述べた以下の(ア)～(オ)の文章の中から，**正しくないもの**をすべて選び，記号で答えなさい。

(ア)　国際連合の本部は現在スイスのジュネーブに置かれている。

(イ)　国際連合の総会においては，１か国１票の投票権を持つ。

(ウ)　国際連合の安全保障理事会の常任理事国は，現在5か国である。

(エ)　国際連合に現在加盟している国と地域の数は，100以下である。

(オ)　新型コロナウイルスなどについての対応を行う国際連合の世界保健機関のアルファベットでの略称《りゃくしょう》(省略して呼ぶ名前)は「WHO」である。

問4　下線部②の「憲法で定められた，天皇陛下が行う形式的・儀式的なこと」に**当てはまらないもの**を，以下の(ア)～(カ)から一つ選び，記号で答えなさい。

(ア)　外国の大使などをもてなすこと。

(イ)　勲章《くんしょう》などを授与《じゅよ》すること。

(ウ)　国会を召集《しょうしゅう》すること。

(エ)　衆議院を解散すること。

(オ)　内閣総理大臣を指名すること。

(カ)　法律や条約などを公布すること。

問5　下線部③の「サンフランシスコ平和条約」が結ばれた際の，日本の内閣総理大臣は誰《だれ》でしたか。以下の(ア)～(エ)から一人選び，記号で答えなさい。

(ア)　池田勇人　　(イ)　岸信介　　(ウ)　田中角栄　　(エ)　吉田茂

問6　下線部④の「現在でも多くの米軍基地が沖縄県に集中しています」に関して，現在日本国内にある米軍基地のうち，面積にして約何割が沖縄県に集中していますか。最も適するものを以下の(ア)～(エ)から一つ選び，記号で答えなさい。

(ア)　約3割　　(イ)　約5割　　(ウ)　約7割　　(エ)　約9割

問7　下線部⑤の「東京都」は地方公共団体の一つです。では，以下の(ア)～(ク)の中から，地方公共団体ではないものをすべて選び，記号で答えなさい。

(ア)　石川県　　(イ)　気象庁　　(ウ)　財務省　　(エ)　札幌市

(オ)　奥多摩町　　(カ)　名古屋市　　(キ)　福岡市　　(ク)　文部科学省

問8　下線部⑥の「日本を訪れた外国人旅行者数」について，下の表は新型コロナウイルス感染症が拡大する前の2019年に日本を訪れた外国人旅行者の出身国・地域別の順位です。では，表の(Ⅰ)～(Ⅲ)に入る国として適する組み合わせを，以下の(ア)～(カ)から一つ選び，記号で答えなさい。

順位	出身国・地域	人数
1位	(Ⅰ)	9,594,394人
2位	(Ⅱ)	5,584,597人
3位	台湾	4,890,602人
4位	香港	2,290,792人
5位	(Ⅲ)	1,723,861人

(日本政府観光局ホームページより)

(ア)　Ⅰ：アメリカ　Ⅱ：韓国　Ⅲ：中国

(イ)　Ⅰ：アメリカ　Ⅱ：中国　Ⅲ：韓国

(ウ)　Ⅰ：韓国　Ⅱ：アメリカ　Ⅲ：中国

(エ)　Ⅰ：韓国　Ⅱ：中国　Ⅲ：アメリカ

(オ)　Ⅰ：中国　　Ⅱ：アメリカ　Ⅲ：韓国

(カ)　Ⅰ：中国　　Ⅱ：韓国　　Ⅲ：アメリカ

問９　下線部⑦の「2009年と2011年も，日本を訪れた外国人旅行者数が前年と比べると大きく減少しています」に関して，以下の問いに答えなさい。

(1)　次の文章の空欄《くうらん》に適することばを，以下の(ア)または(イ)から選び，記号で答えなさい。

2009年に日本を訪れた外国人旅行者が前年と比べて減った理由として，2008年にアメリカの大手投資銀行グループのリーマンブラザーズの経営が行きづまったことがあげられます。このことをきっかけに世界で金融《きんゆう》危機が起こり，（　　）が発生したために，日本を訪れる外国人旅行者は減少しました。

(ア)　円高　　(イ)　円安

(2)　2011年に日本を訪れる外国人旅行者が減少した最大の原因として，この年に日本で起こったできごとを漢字６字で答えなさい。

問10　下線部⑧の「一時的に大気汚染物質や温室効果ガスである二酸化炭素が各地で減少していることが確認されたそうです」に関して，この理由を35字以内で説明しなさい。ただし，句読点も１字に数えます。

【理　科】〈第２回試験〉（40分）〈満点：80点〉

1　次は2020年に話題となった自然科学分野の出来事です。

①　ノーベル生理学医学賞2020の授賞理由として適切なものを選びなさい。

ア．Ｃ型肝《かん》炎ウイルスの発見

イ．Ｃ型肺炎ウイルスの発見

ウ．Ｃ型コロナウイルスの発見

エ．Ｃ型インフルエンザウイルスの発見

②　国際自然保護連合(IUCN)が世界の絶滅危惧《ぜつめつきぐ》種をまとめているレッドリストに新たにのった生物を選びなさい。

ア．マツタケ

イ．クロマグロ

ウ．ニホンウナギ

エ．ナガスクジラ

③　アルテミス計画とは，米国主導で計画している有人飛行計画です。最初は有人月面探査を目標としています。最終的には有人で，ある場所の探査を目指しています。その最終探査場所を選びなさい。

ア．金星

イ．火星

ウ．彗星《すいせい》

エ．小惑星《わくせい》

④　世界中に大きなえいきょうと多くの感染者が出る原因となった新型コロナウイルスの画像を選びなさい。

ア．

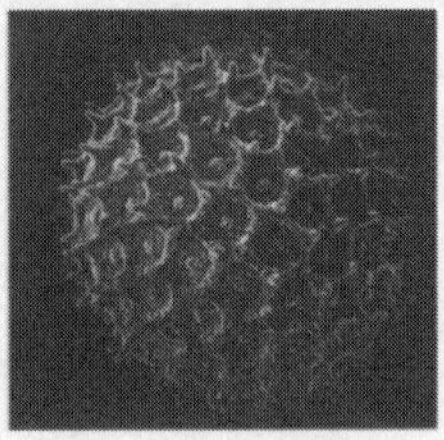

イ．

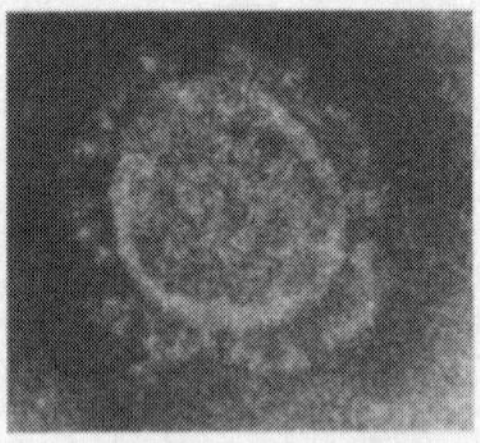

ウ．

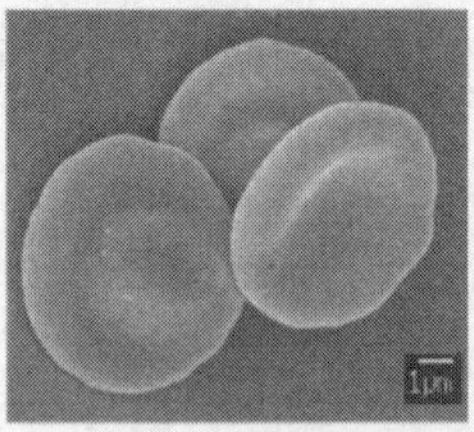

エ．

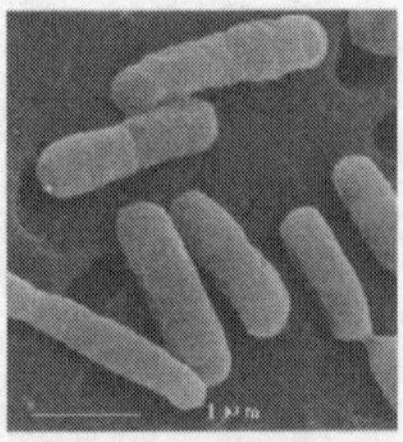

［出典：理科ねっとわーく，国立感染症研究所］

2　水にはこう度という指標があります。水の中にふくまれるカルシウムとマグネシウムの量が多いとこう水，少ないとなん水というように分けたのがこう度です。①日本の水はなん水が多いです。ヨーロッパのような大陸ではこう水の地域があります。こう度の算出方法は国によって異なります。日本でのこう度の求め方は，

（１Ｌにふくまれるカルシウムの量[mg]×2.5）＋（１Ｌにふくまれるマグネシウムの量[mg]×４）＝こう度

と，なります。下表は５種類の市はんされている水の100mLあたりの栄養成分をまとめたものです。例えば，Ａのこう度は，次のように求められます。

(2.0②×10)×2.5＋(0.004②×10)×4＝50.16

市はんされている水	A	B	C	D	E
地　　域	日本			ヨーロッパ	
ナトリウム[mg]	3.0	0.39	1.78	0.77	0.94
カルシウム[mg]	2.0	2.48	2.72	9.4	46.8
マグネシウム[mg]	0.004	0.20	0.94	2.0	7.45
カリウム[mg]	0.04	0.11	0.49	0.50	0.28

問１　飲料として利用する水の多くは自然界のある場所でろ過されています。最も適切な場所を選びなさい。

ア．海水中

イ．空気中

ウ．植物中

エ．地中

問２　下線部①の要因として考えられるかん境の事情として最も適切な文章を選びなさい。

ア．日本には氷河がほぼ残っていないが，ヨーロッパでは氷河が多く残っているから。

イ．日本では台風がひんぱんにやってきて大量の降雨があるが，ヨーロッパでは台風がないから。

ウ．日本の河川はきょりが短くて流れが急だが，ヨーロッパの河川はきょりが長くて流れがゆるやかだから。

エ．日本では梅雨のように季節によって多くの雨が降る時期があるが，ヨーロッパではそのような時期がほとんどないから。

問３　水道水をおいしくするためにじょう水器を利用している家庭があります。じょう水器の役割として最も適切な実験操作を選びなさい。

ア．　イ．　ウ．　エ．

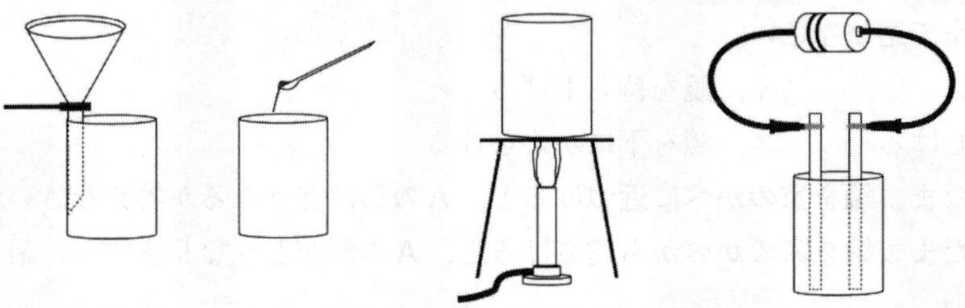

問４　数式の下線部②で，10倍している意味を答えなさい。

問５　表中のＡ～Ｅをこう度の小さい順に並べなさい。

問６　一日に成人の体に必要だと推しょうされている量のナトリウムは600 mgと見積もられています。この量をＡのミネラルウォーターだけからせっ取するために必要な量を答えなさい。

3　鏡で日光を反射させて，家のかべに映しました。下図はそのときの様子です。**A**の部分は，鏡に日光が反射して当たった場所です。

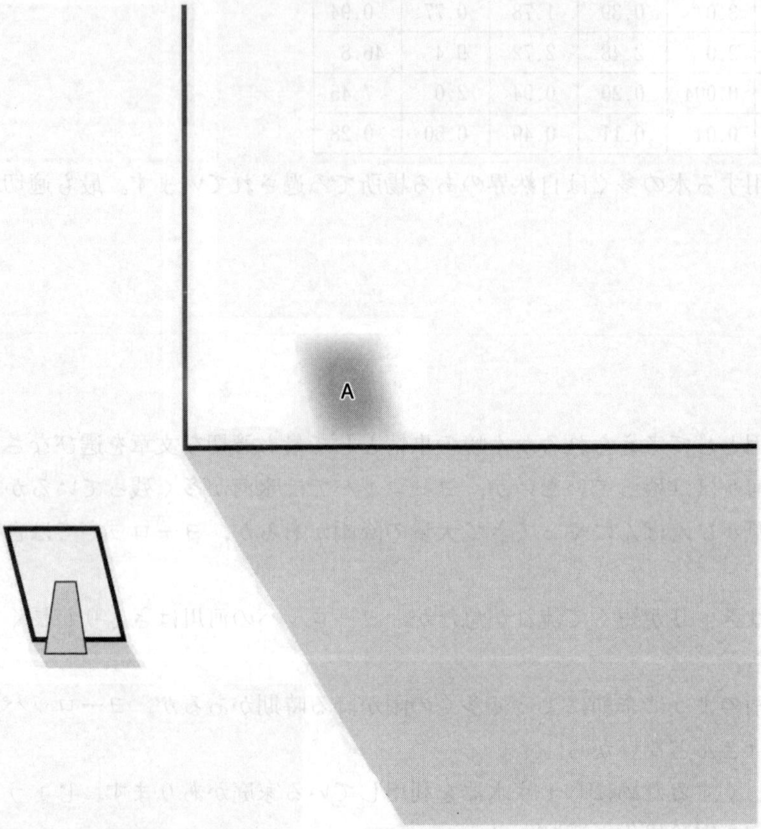

問1　図の**A**の大きさを変えずに位置を上にずらすためには，鏡をどのように動かせばよいですか。適切な方法を全て選びなさい。

ア．鏡を近づける。　　　　イ．鏡を持ち上げる。

ウ．鏡を上にかたむける。　エ．鏡を下にかたむける。

問2　日光を反射させたまま鏡を家のかべに近づけると，**A**の形はどうなるか答えなさい。

問3　日光を反射させたまま鏡を家のかべから遠ざけると，**A**の形がどうなりますか。最も適切な文章を選びなさい。

ア．像のふちがぼやけてきて，円に近づく。

イ．像のふちがぼやけてくるが，鏡の形と同じ。

ウ．像のふちがぼやけてきて，正方形に近づく。

エ．像のふちがぼやけてきて，三角形に近づく。

問4　日光を反射させてフライパンに落とした卵が焼けるかどうかを実験しました。最も速く焼き上がるのはどれか選びなさい。

ア．図の鏡を5枚同時にフライパンに当てた。

イ．図の鏡の5倍の重さの鏡でフライパンに当てた。

ウ．図の鏡に5cmの傷をつけてフライパンに当てた。

エ．図の鏡の5倍の大きさの鏡でフライパンに当てた。

問５　朝，登校した教室の窓から外の景色がよく見えます。夕方，日が落ちてから教室内の窓から外をながめると，外の景色が見えづらくなっていて，教室内の様子が窓に鏡のように映っていました。その理由として，適切な文章を二つ選びなさい。

ア．朝は外の光が多いため，教室内の様子が窓に反射しづらいから。
イ．夕方は外の光が多いため，教室内の様子が窓に反射してしまうから。
ウ．朝は外の光が少ないため，教室内の様子が窓に反射しづらいから。
エ．夕方は外の光が少ないため，教室内の様子が窓に反射してしまうから。
オ．朝は外の光が少ないため，教室内の様子が窓に反射してしまうから。
カ．夕方は外の光が少ないため，教室内の様子が窓に反射しづらいから。

問６　反射という現象は光以外に電波でも起きます。反射に最も関係の無い事がらを選びなさい。

ア．ラジオをきく。
イ．衛星放送を視ちょうする。
ウ．街の公衆電話から電話をかける。
エ．GPS(全地球測位システム)により位置を確認する。

4　月や太陽について問いに答えなさい。

問１　図は月の満ち欠けの様子をスケッチしたものです。**E**を先頭に順番に並べなさい。

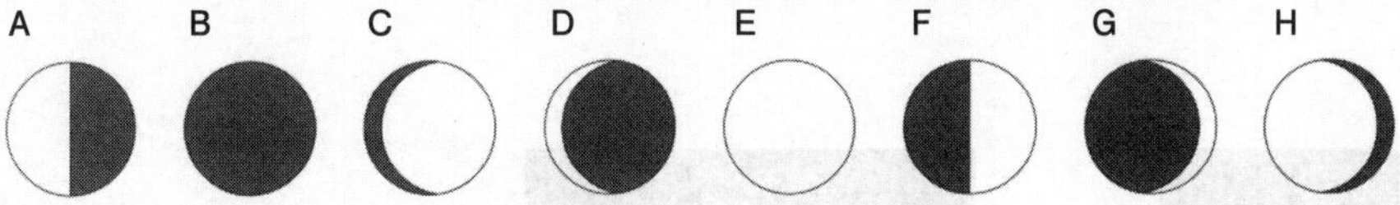

問２　問１の**D**のときの月の位置を選びなさい。

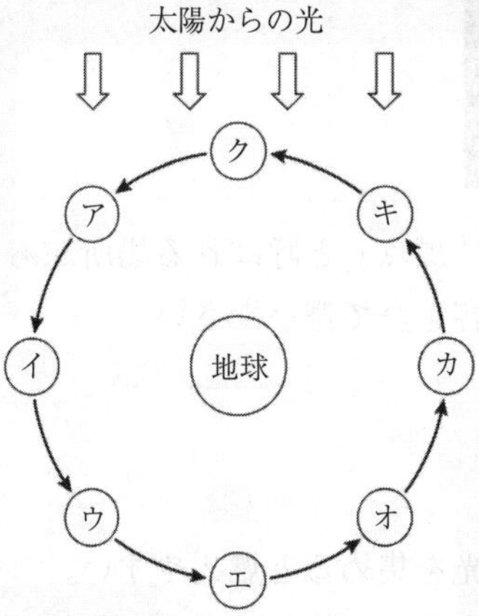

問３　ある夜の月の呼び方で「立待月(たちまちづき)」「居待月(いまちづき)」というものがあります。それぞれ新月から17日目，18日目の月のことです。なぜこのような名前がついているのか答えなさい。なお，「居待」とは「すわって待つ」という意味です。

問４　問１のEの月は次のスケッチのように見えました。Cのときにはどのように見えますか。正しい図を選びなさい。

Eの月

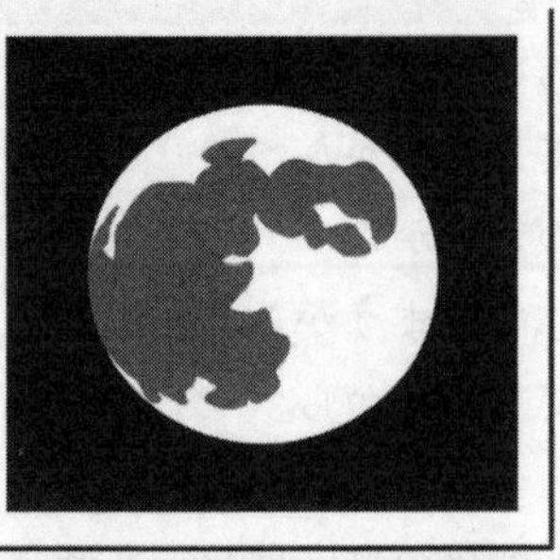

ア.

イ.

ウ.

エ.

オ.

問５　太陽を観察してみました。表面には温度が低くて黒い「黒点」と呼ばれる場所があります。なぜ黒い色をしているのか，その理由と関係している内容を全て選びなさい。

ア．日かげは暗く温度が低い。

イ．まきを燃やすと火が消えた後に黒い炭が残る。

ウ．洗面所のはい水口をのぞくと中はよく見えない。

エ．黒色は熱を吸収しやすいので，黒い紙は虫めがねで光を集めると燃えやすい。

オ．太陽の光を鏡でかべに反射させたとき，１枚の鏡の光より２枚の鏡で光を集めたほうが明るく温度が上がる。

問６　太陽の黒点を毎日観察していたら，位置や形が変化していることがわかりました。太陽の真ん中あたりに見えるときと，はしに見えるときでは図のように形が変わることもわかりました。その理由を答えなさい。

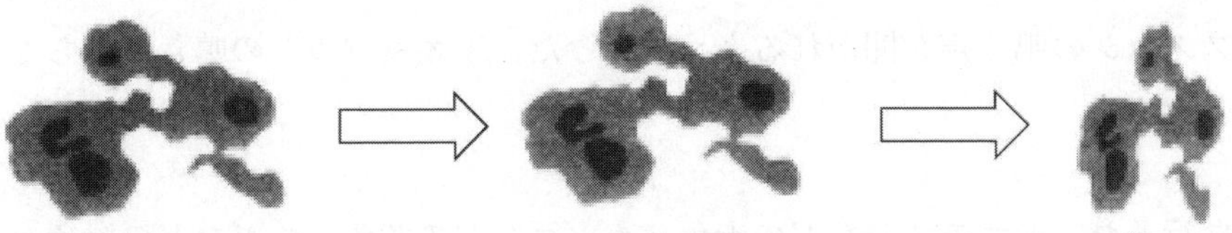

9月3日　太陽の真ん中に見える　　9月5日　　9月7日　太陽のはしに見える

5　良君は自然を観察するのが大好きです。次は去年の２月から今年の１月までの良君の自然観察記録の一部です。

【2020年２月】

- 近所の池の水をぬく作業を手伝った。完全に水をぬいた後でゴミ拾いをした。底のどろをつついていると，カエルが見つかった。指でつついてみたけれど，まるで死んでいるように動かなかった。
- 野鳥公園に行き鳥の観察をした。ダイシャクシギやオナガガモ，ユリカモメ，カワウなどが見られた。帰ってきたら庭の梅の木々にメジロやウグイスがいた。

【2020年３月】

- 梅の花を見に行った。白色や桃色の花が美しかった。メジロが花を裏からつついていた。
- 桜のつぼみの先がぽつっと赤くなっていた。

【2020年４月】

- 桜の花を見に行った。ソメイヨシノという桜の花はほかの桜の花とちがって葉がほとんどなく，花をよく見ることができた。
- 畑仕事を手伝った。キャベツ畑にはモンシロチョウがたくさん飛んできて葉の裏にとまっていた。

【2020年５月】

- 野鳥公園に行き鳥の観察をした。２月に見られたオナガガモは見られなかったが，ダイシャクシギやユリカモメ，カワウのほか南方から渡ってきたらしいアオサギも見られた。
- 家ののき下にツバメが巣を作っていた。ひな鳥のくちばしが見えた。

【2020年６月】

- ホタルがりに行った。暗い中で光る姿が美しかった。

【2020年７月】

- 近くの公園に行って大きな木の根元をほると，カブトムシが10ぴきもとれた。

【2020年８月】

- 山に１泊キャンプに行った。夜は天の川がきれいに見え，とても明るく白っぽく光る星が二つあった。視線を下に向けると赤っぽく光る星が見えた。朝，テントの外に出てみると赤トンボがとまったままで朝日を浴びて羽ばたいていた。

【2020年９月】

・夏にはうるさいくらいだった様々なセミの鳴き声の種類が変わったことに気づいた。どうも１種類しか鳴いていないようだった。

・10月１日は中秋の名月ということなのでお月見のためにススキをとりに行った。

【2020年10月】

・コオロギやスズムシの鳴く声が聞かれるようになった。アオマツムシの鳴き声はちょっとうるさいと感じた。

【2020年11月】

・もみじがりに行った。ヤマモミジなどの赤色，カツラなどの黄色，スギなどの緑色が混ざってとても美しかった。

【2020年12月】

・野鳥公園に行き鳥の観察をした。ダイシャクシギやカワウ，ユリカモメ，北方からもどってきたオナガガモ，コハクチョウが見られた。

【2021年１月】

・暖かい日が続いたせいか，もうフクジュソウの花がさいていた。

問１　カエルが死んでいるような状態だった理由として最も適切なものを選びなさい。

ア．池の水をぬかれたから。

イ．寒くなるとこおるから。

ウ．動くと敵におそわれるから。

エ．寒くなるとからだが動かなくなるから。

問２　季節によって見られたり見られなかったりする鳥と１年中見られる鳥がいます。季節によって見られたり見られなかったりする鳥(渡り鳥)について不適切なものを選びなさい。

ア．渡り鳥は食べ物を求めて移動する。

イ．渡り鳥は子育てに適した土地を選ぶために移動する。

ウ．渡り鳥には南北を移動するものと東西を移動するものがある。

エ．渡り鳥の中には日本にとどまらず通過するだけのものもある。

問３　メジロが梅の花をつついていた理由として最も適切なものを選びなさい。

ア．花を食べるため。

イ．花のみつを吸うため。

ウ．いたずら好きなため。

エ．花粉を集めたいため。

問４　桜の花のつぼみができる時期を選びなさい。

ア．前年の秋から冬にかけて。

イ．花が咲く年の１月から２月にかけて。

ウ．花が咲く年の２月から３月にかけて。

エ．花が咲く１か月前から２週間前にかけて。

問５　モンシロチョウが葉の裏にとまっていた理由として最も適切なものを選びなさい。

ア．休むため。　　　　イ．卵を産むため。

ウ．葉を食べるため。　　エ．敵からかくれるため。

問６　キャンプに行った時に見えた赤い星を選びなさい。

ア．アルタイル　　イ．アンタレス　　ウ．ベガ　　エ．北極星

問７　キャンプに行った時，赤トンボがとまったまま羽ばたいていた理由として最も適切なものを選びなさい。

ア．いつも羽ばたく習性があるから。

イ．からだを温める準備体操だから。

ウ．食べ物(えもの)をねらっていたから。

エ．敵におそわれたらすぐに逃げられるから。

問８　セミの鳴き声が変わった理由として最も適切なものを選びなさい。

ア．残った１種類はじゅ命が長いから。

イ．残った１種類を食べる敵はいないから。

ウ．時期によって成虫となるセミの種類がちがうから。

エ．ほかのセミより鳴き声が小さいので今まで気づかなかったから。

問９　もみじがりで見たスギなど緑色の葉をつけていた樹木について最も適切なものを選びなさい。

ア．寒さに強いから。

イ．１年中落葉しないから。

ウ．紅葉する時期が遅いから。

エ．１年中どれかの葉が生え変わっているから。

そのせいで思いもよらないことが起きると、すぐ「想定外」という言葉が出てきます。「想定外」と言うのは、そもそも考えようとしてこなかったからです。日ごろから最悪の事態を考えて行動していれば、想定外とは言わないでしょう。最悪のことを考えてこなかったから想定外の出来事になってしまうわけです。

そして何か不吉なことを言って袋だたきにあうくらいなら、言わないでおくのが一番とみんな思うはずです。「もし失敗したらどうするんですか」と言って本当に失敗したときに、「お前がそんなことを言ったからだ」と責められたり、袋だたきにされたりするくらいなら、人は口をつぐんで言わないものです。

こうして、言わないのが一番ということになります。一時的にはそれでよくても、やがてさまざまな問題が生じることになるのです。

言霊信仰は、日本社会では、(7)こういった思いもよらないマイナスの働きもするんだということを是非(ぜひ)知っておいてください。

池上彰の文章による

問一　【A】に入る言葉として、最も適当なものを次から選び、その記号を書きなさい。

ア　立派な　　イ　不思議な

ウ　無駄(むだ)な　　エ　いい加減な

問二　波線(1)について、筆者はどのように考えましたか。その答えとして適当なものを次から二つ選び、その記号を書きなさい。

ア　ＢＢＣの記者は「令」をオーダー、命令の意味にとったのではないかと考えた。

イ　日本文化はＢＢＣの記者には想像できないほどの豊かな文化性があると考えた。

ウ　「令」は美しいという意味があるにもかかわらず、ＢＢＣの記者には理解できないと考えた。

エ　「令」には美しいという意味があり、命令の意味にとったＢＢＣの記者はよくわかっていると考えた。

オ　ＢＢＣの記者は日本文化についての知識が足りなかったのではないかと考えた。

問三　波線(2)のように筆者が思った理由として適当なものを次から二つ選び、その記号を書きなさい。

ア　新元号の意味のような世の中を実現するべきと考えているから。

イ　日本では古くから言葉には特別な力があると考えられているから。

ウ　これからは調和の中で自由に活躍できる社会にするべきだから。

エ　言葉は口に出すと、超自然的な力を持つと信じられているから。

オ　人々が美しく心を寄せ合う姿は文化をはぐくむことができるから。

問四　波線(3)のように、筆者が思った理由を文章中の言葉を用いて四十字以上五十字以内で書きなさい。

問五　波線(4)「こういうこと」がさす部分を文章中から探して、はじめとおわりの五字を書きなさい。

問六　波線(5)不吉な言葉、忌み言葉を「間違っても口に出してはいけない」理由を簡潔に書きなさい。

問七　波線(6)の問いに対する答えとして最も適当な一文を文章中から探して、はじめとおわりの五字を書きなさい。

問八　波線(7)「こういった思いもよらないマイナスの働き」とはどのようなことですか。文章中の言葉を用いて三十五字以上四十五字以内で書きなさい。

忌み言葉は言霊信仰の産物なのです。

　ここまでなら、日本がそういう文化だということで受け入れられます。

　ところが、(6)日本社会の中でこの忌み言葉がずうっと広がっていくと何が起きると思いますか。

　たとえば、大学では多くの学生がサークル活動や文化祭など課外活動にも力を入れます。

　仮に、あるサークルが何かの企画（きかく）に取り組んだとして、みんなで準備に奔走（ほんそう）しているときに、誰かがぽろっと「これ、失敗しちゃったらどうするんですかね」と言ったらどうなるでしょうか。その人は「なんて不吉なことを言うんだ。そんな縁起（えんぎ）でもないことを言うのはやめろ」と非難されるでしょう。

　あるいは、屋外で晴天を前提に準備を進めてきたのに、直前になって「雨が降ったらどうするんですか」などと言おうものなら、「なんと不吉な。めったなことを言うものじゃない」と言って袋（ふくろ）だたきにあうかもしれません。当日、本当に雨が降って企画が中止になったら、「ほうら、お前があんな不吉なことを言ったから雨が降ったじゃないか」とみんなの怒（いか）りを買う恐（おそ）れもあります。何か起きたらどうするんですかと当然の懸念（けねん）を示した人が犯人扱（あつか）いされてしまうわけです。

　文化祭やイベントに限らず、何かのプロジェクトを行えば、場合によっては失敗することもあります。その際に、「失敗したらどうするんですか」というしごく当然な疑問を投げかけると、「絶対成功させなければいけないのに、そんな不吉なことを言うな」と言われて袋だたきにあう。その人が懸念したとおり本当に失敗すると、「お前があんな不吉なことを言ったからだ」と言われてこれまた袋だたきにあう。これも言霊信仰からきています。

結果的に、みんなが言霊信仰にしばられてしまい、「考えたくないことは考えないようにしよう」ということにもなるのです。

　言霊信仰も行き過ぎると、こういうことが起きます。その最悪の例が２０１１年の福島第一原子力発電所の事故でした。

　大きな地震（じしん）が起きれば大きな津波（つなみ）がやって来ます。巨大（きょだい）津波が沿岸部を襲（おそ）えば、波は防潮堤（ぼうちょうてい）を乗り越（こ）えてくるかもしれない。防潮堤を乗り越えた波は、原子力発電所の地下にまで達することもあるかもしれない。

　そういう可能性を考えないまま、東京電力は非常用電源を原子力発電所の地下に設置していました。

　大地震が起きれば、停電は避（さ）けられません。停電すると、原子力発電所で高熱を発している原子炉（ろ）を冷やすための電源は失われます。緊急（きんきゅう）事態の発生です。この緊急時に使うのが非常用電源なのに、よりによってその非常用電源を地下に設置していました。地震の直後、しばらくの間は自家発電装置が動いていましたが、結局、それは津波によって水没（すいぼつ）し、使えなくなってしまいました。

　その結果、原子力発電所の原子炉が暴走して水素爆発（ばくはつ）が起こり、十数万人もの人たちが避難（ひなん）を余儀（よぎ）なくされました。いまなお福島県では、帰還（きかん）困難ということで立ち入りできない場所が残っています。

　「もし大きな地震が起きて津波が来たらどうするんですか？　津波が来て防潮堤を越えたらどうするんですか？　もしこんなことが起きたらどうするんですか？」と問題提起をしても、「そういう不吉なことは言うな」の一言で封（ふう）じられてしまう。結果的に、考えたくないことは考えないという習性が、日本の文化として定着してしまいました。

『万葉集』には約４５００首というおびただしい数の歌が収録されていますが、その中には柿本人麻呂(かきのもとのひとまろ)の次の有名な歌も入っています。

しきしまのやまとの国は言霊のたすくる国ぞま幸(さき)くありこそ

これは柿本人麻呂が、知り合いが航海で海に出て行くときに「どうぞご無事で」と言って詠んだ歌です。「しきしまの」は「やまと」にかかる枕詞(まくらことば)なので「しきしまのやまとの国」とは日本のことです。この日本の国は言霊によって助けられている国である。「ま幸くありこそ」とあるのは、「どうぞご無事で」という意味です。「日本という国は言霊によって言葉の不思議な力によって助けられている国です。だからあえて言葉に出して言います。どうぞご無事で」

ただ無言で送るのではなくて、わざわざ言わなくてもわかっているかもしれないけれども、あえて「どうぞご無事で」と言葉に出して言う。するとそれが不思議な力を発揮(はっき)してその人の安全を守ってくれる、というのです。

この柿本人麻呂の歌から、日本では１３００年前からこういう考え方がずうっと続いてきたことがわかります。

新元号の出典が『万葉集』だと公表されたとき、「『万葉集』の中にはそういえば有名な歌があったなあ」と気づいて、いま挙げたような歌を思い出すことができるかどうか。それができるかどうかで、(3)いわゆる教養がどれだけあるかが試されることになります。

国際化、グローバル化の時代になっても、私たちが日本人である以上、やはり日本の国や文化についてそれ相応の知識を持っておかなくてはなりません。それがあるかないかで、人間の幅(はば)や世間からの評価も大きく違(ちが)ってきます。

大学生になれば、これから海外へ行くことがあるでしょう。留学する人もいるでしょう。外国の人と親しく交わるようになれば、日本のことをどれだけ語れるかが問われるのです。

日本には独自の元号というものがある。いまやそれは平成から令和になった。

令和とはどういう意味なんだい？

order and harmony は誤解で、正しくは beautiful harmony だ。

その言葉はどこからきたんだ？

約１３００年前に、位の高い人もそうでない人も、庶民(しょみん)や農民から辺境の兵士まであらゆる人が歌を詠んでいて、その歌集からきている。８世紀、１３００年前という非常に古い時代にそれだけの歌集を日本は作ることができた。いかに文化の豊かな国かわかるだろう。

(4)こういうことを英語で説明できるかどうかですね。

さらに踏(ふ)み込んで考えると、言霊信仰とそれ自体は日本の文化であり、決して悪いことではありません。ところが、この言霊信仰によって日本の社会では何かと問題も起きているのです。

あなたは結婚(けっこん)式の披露宴(ひろうえん)に出たことがあるかもしれません。披露宴であいさつをするときは「きれる」「わかれる」「こわれる」などは(5)間違っても口に出してはいけない不吉(ふきつ)な言葉とされています。これが、いわゆる忌(い)み言葉です。

披露宴が終わるときも、司会は「これで披露宴を終わりにします」とは言いません。二人の仲が終わりになるかのような言い方だからというので、こういうときは「披露宴はここでお開きにいたします」と言います。「開く」は末広がりであり、めでたい言葉なのですね。意味は同じでも、あえてめでたい言葉を使います。これも言霊信仰です。

三 次の文章を読んで、後の問いに答えなさい。

私たち日本人にとって２０１９年の大きな出来事は、改元でした。元号が変わりました。この年に大学に入った人は、平成31年度入学であると同時に令和元年入学という、二つの元号を背負ったことになります。

５月１日から元号は令和になり、２０１９年は非常に【 Ａ 】年になりました。

令和と初めて聞いたとき、あなたはどんなイメージを抱(いだ)きましたか？ このときイギリスの公共放送ＢＢＣは、インターネットでニュースの速報――もちろん英語です――を出して、これを(1)order and harmony(オーダー・アンド・ハーモニー)と訳しました。オーダーとしたのは、「令」は命令の令、指令の令だと考えたからです。ＢＢＣ東京支局の記者は「令」をオーダー、命令の意味にとって、「和」はハーモニーだとして、令和をorder and harmonyと訳したのでしょう。

しかし、「令」は美しいという意味の令ですよね。たとえば、どこかの娘(むすめ)さんを指して「ご令嬢(れいじょう)」という言い方をします。相手の娘さんの顔を見たことがなくても、とりあえずのほめ言葉としてご令嬢と言うことがあります。あるいは、奥さんのことを「ご令室」と言います。最近はそういう言葉を知らない人が多くなりましたが、これは美しい奥さんという意味です。このように「令」には美しいという意味があります。

私は、政府が新元号を発表した日の４月１日、日本テレビ系の夕方の番組に出演して「ＢＢＣはorder and harmonyと訳したけれども、ここはbeautiful harmony(ビューティフル・ハーモニー)と訳すべきではないでしょうか」とコメントしました。その２日後、河野太郎(こうのたろう)外務大臣(当時)が、海外向けにはbeautiful harmonyと訳して説明すると発表しました。

外務省が放送での私の発言を聞いてそう決めたとは考えられませんが、令という漢字にどんな意味があるかを知っていれば、これぐらいの翻訳(ほんやく)は誰(だれ)でもできます。つまり、イギリスＢＢＣの東京支局の記者は、英語はできても日本語の能力が十分ではなかったか、日本文化についての知識が足りなかったのではないか、ということです。

安倍晋三(あべしんぞう)総理大臣(当時)は新元号の発表に合わせて記者会見を行い、談話を発表しました。その中で、「令和」には「人々が美しく心を寄せ合う中で、文化が生まれ育つ、という意味が込(こ)められており」、「一人ひとりの日本人が、明日への希望とともに、それぞれの花を大きく咲(さ)かせることができる、そうした日本でありたい」という願いを込めたと述べていました。

新しい令和の時代は、一人ひとりがそれぞれの特徴(とくちょう)を生かしながら、調和の中で自由に活動し、活躍(かつやく)できる社会にしたいというのです。

この談話を聞いていて、(2)私は「なるほど、日本は言霊(ことだま)の国なんだな」と思ったものです。言霊とは古くからある考え方で、言霊信仰(しんこう)ともいいます。日本では、言葉には特別な力があり、言葉に出して言うとそれは超(ちょう)自然的な力を持つと信じられてきました。

今回の元号は、大宰府(だざいふ)で大伴旅人(おおとものたびと)が花見の宴(うたげ)を催(もよお)し、みんなで梅の花を愛(め)でながら32首の歌を詠(よ)んだという『万葉集』巻五「梅花の歌三十二首」の前文が出典です。漢文で書かれた前文に「初春令月、気淑風和」(初春の令月にして、気淑(よ)く風和(やわら)ぎ)とあり、ここから令と和の字を取って令和としたのですね。

んのほうを向いた。そして、すぐに笑いだした。

「(5)なんだと？　せおー」

佳樹が、瀬尾くんをグーでなぐるふりをした。

「集合までにまだ時間があるから、ソフトクリーム食べようよ。夏みかんのやつ」

颯太がのんきにいった。

「今かよ！」

「オレはバニラにする」

「いや、ここに来たら夏みかんだろ」

「店、どこにあるの？」

「たぶんあっち」

みんな口々にいうから、どの言葉がだれのものかもわからなくなる。風が吹(ふ)いて、神社をかこんでいる木々の、まだ新しい葉っぱをゆらす。

ぼくたちは、ゆっくりと歩きだした。

中山聖子の文章による

問一　波線(1)のように瀬尾くんが涼しげな顔で歩き、ぼくを見て笑顔になった理由を書きなさい。

問二　【A】に入る言葉として、最も適当なものを次から選び、その記号を書きなさい。

ア　オレも仲間にいれろっ！

イ　やめろよ、あぶないだろっ！

ウ　いいかげんにしろよっ！

エ　さっきの約束とちがうぞっ！

問三　波線(2)のようにぼくが思った理由として最も適当なものを次から選び、その記号を書きなさい。

ア　瀬尾くんを一人にするのが心配だったから。

イ　瀬尾くんが追いつくまで待つのがいやだから。

ウ　瀬尾くんの言い方にイライラしたから。

エ　瀬尾くんが悲しそうな顔をしていたから。

問四　波線(3)「こんなこと」の内容を「～こと。」に続くように、二十五字以上三十五字以内で書きなさい。

問五　【B】に入る言葉として、最も適当なものを次から選び、その記号を書きなさい。

ア　はずかしくて、すごくいたいたしい。

イ　みじめで、すごく悲しい。

ウ　さわやかで、すごくすがすがしい。

エ　つらくて、すごくいじらしい。

問六　波線(4)のような気持ちにぼくがなった理由を三十字以上四十字以内で書きなさい。

問七　【C】に言葉を補うとすると、どのような言葉が適切ですか。補う言葉を考えて書きなさい。

問八　波線(5)の発言をした佳樹は、どんな様子でどんな言い方をしたと考えられますか。その説明として、最も適当なものを次から選び、その記号を書きなさい。

ア　肩をおとして、ささやくような口調で言った。

イ　にらみつけて、どなるような口調で言った。

ウ　ぽかんとして、おだやかな口調で言った。

エ　少しおどけて、やわらかい口調で言った。

問九　この文章を「ぼく(モッチ)が～物語。」という一文でまとめなさい。ただし、「～」に入る言葉は三十字以上四十字以内とします。

に、凶なんかといっしょにしたら、瀬尾くんの大吉がだいなしだし」

ぼくはそういいながらも、(4)まるでぼく自身が、大吉のおみくじにやさしくくるまれていくような気持ちになった。

「だいじょうぶ、凶だってそんなに悪くないんだ。今がサイアクってことは、これからよくなっていくってことだろ？」

瀬尾くんは、くるんだおみくじをたてに細く折っていく。

「つらいことの向こうにはいいことが待ってるもんだって、リハビリの先生がよくいってた。だからオレ、いやなことがあったときには、そろそろなにかいいことが起こるんじゃないかって、楽しみにするようにしてるんだ」

瀬尾くんの横顔には、額からほおをつたって、たくさんの汗(あせ)がすじになって流れていた。青いシャツの背中も、色が変わるほどびっしょりとぬれている。

それを見て、ぼくはようやく気がついた。

歩きながら、瀬尾くんが涼しい顔で笑っていたのは、余裕があったからじゃない。

瀬尾くんが、記録係をしながらぼくたちと歩くのは、ぼくが思っていたよりずっとたいへんで、つかれることで。それでも、ぼくたちに追いつこうとがんばって……。瀬尾くんはきっと、いっしょうけんめい笑っていたのだ。

「オレも入っていい？」と声をかけてきた、班を作ったあのときも、あまり友だちのいない瀬尾くんは、せいいっぱい勇気を出して笑っていたのかもしれない。

瀬尾くんは、おみくじを木の枝にむすび終えると、おちついた声で「よしっ」といって、顔をあげた。

さっきまで体じゅうにひろがっていた不安の影(かげ)のようなものは、いつのまにか消えている。

瀬尾くんと、今よりもっと、【　C　】。そのときぼくは、そう思った。

「ここ、すごく古い神社なんだ。特別な観光地じゃないから、あまり人はいないけど」

瀬尾くんがいった。

「え、なんでそんなことまで知ってるの？」

「来る前にしらべたから。歴史は好きだし、それにオレ、記録係だし」

「そんなの……」

適当でいいのに、といいかけて、やめた。それぞれの班で旅行記を作るとき、瀬尾くんのノートはきっと役に立つはずだ。

「あ、ここにいた！　ごめんごめん、すっげー待たせて」

ふいに佳樹の声がして、バタバタと三人分の足音が近づいてきた。

「ごめんな。あのあと佳樹が、やっぱみんなで橋をわたろうっていいだして……」

息を切らした颯太のあとを、涼介がつづける。

「ふたりを追いかけようとして、川に落ちたんだ。うけるだろ？　で、ちょうど通りかかった圭吾(けいご)先生が、予備の服を持ってる先生をスマホで呼んで。佳樹が建物のかげで着がえるのを待ってたら、おそくなっちゃった」

ああ、だから佳樹は、ぴちぴちの体操服のズボンをはいて、素足(すあし)をぬれたスニーカーにつっこんでいるのか。おまけにひざには、大きなバンソウコウまではられている。

「……ださっ」

瀬尾くんが、ぽつりといった。

それは絶妙(ぜつみょう)のタイミングだったし、瀬尾くんがそんなことをいうのはすごく意外だったから、みんな目を見ひらいて瀬尾く

ぼくはだまって右を向き、少し速足になりながら川と並行の道を進んだ。

(3)こんなことなら、仮病（けびょう）をつかってでも休んで、母さんの病院に行けばよかった。

瀬尾くんと口もきかないまま石橋をわたり、今度は左にまがって、さっき佳樹たちがいた場所までたどりついた。

それなのに、そこに三人はいなかった。

後ろからは、ずいぶんはなれて瀬尾くんが歩いてきている。

少しあせってあたりを見まわすと、道の先の右側に大きな木があり、そのしげった葉っぱにうもれるように、石の鳥居（とりい）があるのに気づいた。

あの中に入っていったのかもしれない。

そう思ったぼくは、瀬尾くんに右手で「こっち」と合図をしてから、鳥居をくぐった。

角のとれた石だたみをすすみ、屋根がある神門をぬけて二匹（にひき）の狛犬（こまいぬ）のあいだを通ると、あまり大きくない拝殿（はいでん）があった。

でも、そこにも佳樹たちの姿はなかった。

もう、どうでもいいやという気持ちになってくる。

さっきまでは怒りでいっぱいだったけれど、今は【　B　】。

佳樹に声をかけられて、颯太や涼介ともいっしょの班になれたときは、うれしかった。

そんな自分が、ばかみたいだ。

本当に、何をやってもダメだ。今のぼくには、いやなことばかりが起こる。

そう思ったら、母さんはどうなっただろうかと、ますます心配になってきた。

ぼくは拝殿の低い石段をのぼって、ガラガラと鈴（すず）を鳴らした。目をとじて手を合わせ、手術がうまくいきますように、と祈（いの）った。

それからゆっくりと目をあけて、大きく息（いき）をすいこんだ。祈っているあいだじゅう、呼吸するのをわすれていたのだ。

石段をおりようとして、ふと朱色（しゅいろ）の箱が目に入った。おみくじの自動販売機（はんばいき）らしい。

なんとなく近づいて、財布（さいふ）からとりだした五十円を入れてみる。鳥の足音みたいな音がして、小さく折りたたまれた紙が落ちてきた。

木かげまで行き、ドキドキしながらそれをひらくと……、凶（きょう）だった。

願いごとはかなわず、待ち人は来ず、病気は重い。

きのう病院にお見舞（みま）いに行ったときの、母さんの弱々しい顔が頭にうかんだ。

「モッチ、どうかした？」

いつのまにか、瀬尾くんがそばにいた。瀬尾くんの手にも、おみくじがにぎられている。

「こんなもの、引かなきゃよかった。母さんが病気なのに、サイアク、不吉（ふきつ）すぎ……」

はずかしいけれど、声がふるえた。それからぼくは、自分のおみくじをひろげて見せた。

すると瀬尾くんは、ぼくの手からそのおみくじをスッととりあげ、自分の持っていたおみくじにかさねて、くるんだ。

「ぼくの、大吉（だいきち）だったから。ほら、こうしてくるむと、凶は帳消し」

「は？　そんなおまじないみたいなやり方、聞いたことないよ。それ

いていた。大きな屋敷や蔵(くら)には、美術品なども展示してあったけれど、そこでもちゃんと見ていたのは、瀬尾くんだけだった。

道を歩いているときでさえ、かわらをのせた土塀をながめたり、道のわきの水路に目をやったりして、ノートをとっている。

そんなふうだったから、はじめはみんなそろって歩いていたのに、少しずつ瀬尾くんがおくれはじめた。それでなくても、瀬尾くんの歩幅(ほはば)はみんなよりせまいのだ。

ぼくは三人に追いつきたいけれど、瀬尾くんをおいていくわけにはいかないから、どちらとも距離(きょり)をとって、あいだを歩くしかない。

ときどき後ろをふり返っていた佳樹たちも、少しすると前ばかり見て歩くようになった。

そして気づくと、佳樹と颯太と涼介の三人が横一列にならび、その三メートルくらい後ろにぼくがいて、さらに数メートル後ろを、近づいたりはなれたりしながら瀬尾くんがついてくる、という形になっていた。

前を行く三人の背中は、はねたりくっつき合ったりして楽しそうだ。

「なんだよ、ちょっとは後ろも気にしろよ」

(1)つぶやきながらふりむくと、瀬尾くんが涼(すず)しげな顔で歩いてきていた。そして、ぼくの顔を見たとたん、笑顔になった。

いや、そんなにさわやかじゃなくていいから。笑う余裕(よゆう)があるんだったら、もっと早く歩けよ、とイライラしてしまう。

だいたい瀬尾くんは、いくら記録係といっても、メモをとりすぎるのだ。名所の説明なんて、観光案内のパンフレットにいくらでも書いてあるし、ネットにだって情報はある。それを写せばいいだけなのに。

ほかの班の子たちの大きな笑い声が、通りにひびいた。お土産(みやげ)物屋さんの店先におかれたベンチでは、女子たちがソフトクリームを食べていた。

ぼくも、少し休みたかった。持ってきたマグボトルのお茶はとっくに飲みほしてしまったし、名物の夏みかんをつかったソフトクリームはおいしそうだ。

だけど前の三人は、声をかけるすきもないくらい、さっさと細い道をすすんでいく。

通りのつきあたりには小さな川が流れていて、その手前で左右に分かれる道を、右にまがる……はずだった。

ところが、そこまで来たとき、ふいに涼介が小川をとびこえた。佳樹と颯太も、それにつづいた。

川幅は一メートルくらいだから、みんなにはかんたんにとびこえられる。右にしばらく行ったところにある短い石橋をわたって、今いる場所の向こう岸まで歩くよりは、たしかに近道だ。

だけど、同じ班には瀬尾くんがいる。

「【　A　】」

思わず大声でさけんでしまった。

ふりむいた三人は瀬尾くんを見て、「あっ」という感じに口をあけ、顔を見合わせた。でも、こっちにもどる気はないらしい。

「ごめーん。オレたち、このへんで待ってるから、モッチと瀬尾くんは橋をわたってこいよ」

と、颯太がいった。

胸の奥(おく)がむかむかして、なんといい返したらいいかわからない。

すると、背中から瀬尾くんの声がした。

「モッチもここから行ったらいいよ。オレ、なんとか追いつくから」

(2)そんなこと、できるわけないじゃないか。そう思ったら、瀬尾くんにまで腹が立った。

二〇二一年度 学習院中等科

【国語】〈第二回試験〉(五〇分)〈満点：一〇〇点〉

〔注意〕字数が決まっている問いについては、「、」や「。」も一字と数えます。

一 次のぼう線部のカタカナを漢字で書きなさい。

① オオヨロコびする。
② 国語がトクイだ。
③ 畑をタガヤす。
④ フクザツな地図を買う。
⑤ ダイトウリョウが決まる。
⑥ 両者の差がチヂまる。
⑦ シンゾウの強い人。
⑧ 試合でユウイに立つ。
⑨ 両親をソンケイする。
⑩ まだまだミジュクだ。

二 次の文章を読んで、後の問いに答えなさい。

次の文章は、小学五年生が、社会見学で班ごとに分かれて城下町を散策した時の物語です。ぼく(モッチ)は、いつもクラスのみんなを笑わせてくれるような、佳樹(よしき)、颯太(そうた)、涼介(りょうすけ)と同じ班になれてうれしく思っていました。その班に瀬尾(せお)くんも入りたいと言ってきて、同じ班になりました。瀬尾くんは初めて会った幼稚(ようち)園のときから左足をひきずっています。小学校に入るとみんなはしだいに瀬尾くんと遊ぶ機会が少なくなっていきました。以下は、社会見学の様子です。

小さな車がぎりぎりすれちがえるくらいの道の両側には、黒い板塀(いたべい)がつづいている。低い建物の上に広がる空は明るく澄(す)んだ水色だ。

時間がとまっているような気がするのは、毎日あたりまえのように聞いている、路面電車や自動車の音がしないからだろう。

お昼ごはんのあと、ぼくたちはそれぞれの班に分かれて自由散策を開始した。

世界遺産にもなっているというこの通りは、江戸時代の町並みがそのまま残されていて、今でも古地図がつかえるそうだ。

地図係の佳樹と颯太について歩き、武家屋敷(やしき)や、歴史上の人物たちの生家や旧宅などを見学していく。

歴史を変えた人たちが、そこで生まれたり暮らしたりしていたと聞けば、なんだかすごいことのような気もするけれど、のんびりした風景の中にあるそれらは、ただの古くてほこりっぽい家にしか見えない。

佳樹も颯太も、「ふうーん」とか「天井(てんじょう)低っ」とかいうばかりで、本気で見ている感じではなかった。撮影(さつえい)係の涼介も、ひととおり写真をとると、「はい、次」という感じで、さっさと行ってしまう。

家の奥をのぞいたり、庭の井戸(いど)の横にある説明書きまで熱心に読んだりしているのは、記録係の瀬尾くんだけだ。

瀬尾くんは、小さなノートとボールペンを手にして、しきりになにかを書きこんでいた。

商家がならんでいる通りには、白壁(しらかべ)や、なまこ壁がつづ

2021年度

学習院中等科

▶解説と解答

算　数　＜第２回試験＞（50分）＜満点：100点＞

解　答

[1] (1) 24　(2) 7.4　(3) $3\frac{1}{3}$　(4) $\frac{3}{8}$　[2] (1) 231ページ　(2) 15年後　(3) 63点　(4) ３日　[3] (1) 79　(2) ○…７，□…６，△…３　(3) 72　[4] (1) 25.12cm　(2) 44.22cm²　(3) 72.48cm²　[5] (1) 1625m　(2) 毎分125m　(3) 40秒後　[6] (1) ２，８　(2) ４，６　(3) ５

解　説

[1] 四則計算，逆算

(1) $2021\div47-551\div(12\times7-55)=43-551\div(84-55)=43-551\div29=43-19=24$

(2) $7.1\times1.7-0.5\div0.4-1.8\times1.9=12.07-1.25-3.42=10.82-3.42=7.4$

(3) $1\frac{5}{16}\div2\frac{11}{12}-\frac{1}{6}+2\frac{4}{15}\times1\frac{7}{17}-\frac{3}{20}=\frac{21}{16}\div\frac{35}{12}-\frac{1}{6}+\frac{34}{15}\times\frac{24}{17}-\frac{3}{20}=\frac{21}{16}\times\frac{12}{35}-\frac{1}{6}+\frac{16}{5}-\frac{3}{20}=\frac{9}{20}-\frac{1}{6}+\frac{16}{5}-\frac{3}{20}=\frac{27}{60}-\frac{10}{60}+\frac{192}{60}-\frac{9}{60}=\frac{200}{60}=\frac{10}{3}=3\frac{1}{3}$

(4) $2\frac{2}{5}-1.65=2.4-1.65=0.75$，$2\frac{2}{3}\times0.6=\frac{8}{3}\times\frac{3}{5}=\frac{8}{5}$より，$0.75\div$□$-\frac{8}{5}=0.4$，$0.75\div$□$=0.4+\frac{8}{5}=0.4+1.6=2$　よって，□$=0.75\div2=\frac{3}{4}\times\frac{1}{2}=\frac{3}{8}$

[2] 差集め算，年齢《ねんれい》算，平均とのべ，仕事算

(1) 春休みの日数を□日とすると，毎日９ページずつ□日間で読むことができるページ数と，毎日12ページずつ□日間で読むことができるページ数の差は，60－３＝57(ページ)である。これは，12－９＝３(ページ)の差が□日間集まったものだから，□＝57÷３＝19(日)とわかる。よって，この本のページ数は，９×19＋60＝231(ページ)と求められる。

(2) □年後の太郎の年齢を①歳《さい》として図に表すと，右のようになる。この図で，②－①＝①にあたる年齢が，39－12＝27(歳)なので，このようになるのは，27－12＝15(年後)である。

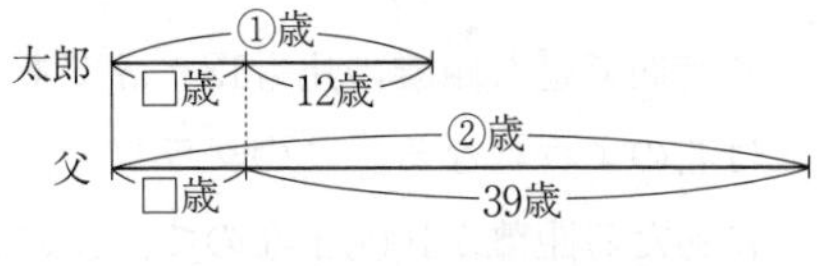

(3) (平均点)＝(合計点)÷(人数)より，(合計点)＝(平均点)×(人数)となるから，クラス全体の合計点は，65.7×40＝2628(点)とわかる。また，男子の人数は，40－22＝18(人)なので，男子の合計点は，69×18＝1242(点)となる。よって，女子の合計点は，2628－1242＝1386(点)だから，女子の平均点は，1386÷22＝63(点)と求められる。

(4) 仕事全体の量を１とすると，Ａ君が１日にする仕事の量は，$1\div4=\frac{1}{4}$，Ｂ君が１日にする仕事の量は，$1\div12=\frac{1}{12}$となる。よって，Ａ君とＢ君が２人ですると１日に，$\frac{1}{4}+\frac{1}{12}=\frac{1}{3}$の仕事ができるので，仕事が終わるまでの日数は，$1\div\frac{1}{3}=3$(日)とわかる。

3 条件の整理，調べ

(1) 答えを最も大きくするには，○と□にできるだけ大きい数を入れればよい。よって，最も大きい答えは，９×８＋７＝79である。

(2) △＝３とすると，○×□＝45－３＝42となるので，○＝７，□＝６とすればよいことがわかる。

(3) 「９×８＋△」の△に７～１を入れることによって，79～73までの数を求めることができる。ところが，○×□＋△＝72にあてはまる○，□，△の組み合わせはないので，求められない最も大きな答えは72である。

4 平面図形―長さ，面積

(1) 右の図①で，三角形ABCは１辺の長さが6 cmの正三角形だから，おうぎ形ABCの弧《こ》AC(太線部分)の長さは，$6\times2\times3.14\times\frac{60}{360}=2\times3.14$(cm)である。これが全部で４か所あるので，斜線《しゃせん》をつけた部分の周の長さは，２×3.14×４＝８×3.14＝25.12(cm)となる。

図①

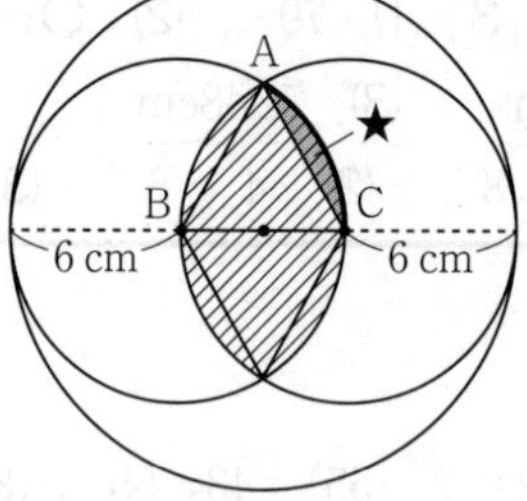

図②

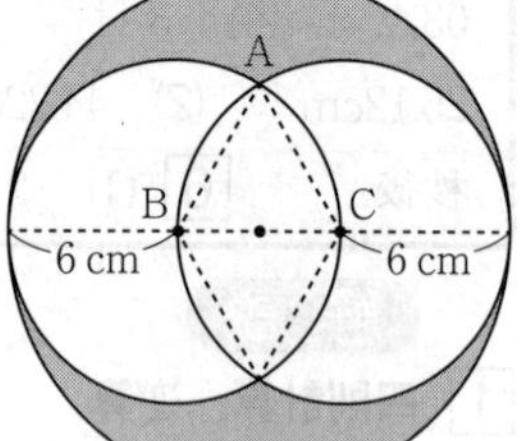

(2) おうぎ形ABCの面積は，$6\times6\times3.14\times\frac{60}{360}=6\times3.14=18.84(\text{cm}^2)$であり，三角形ABCの面積は，$6\times5.19\div2=15.57(\text{cm}^2)$だから，★印をつけた部分の面積は，$18.84-15.57=3.27(\text{cm}^2)$とわかる。斜線をつけた部分の面積は，三角形ABCの面積２個分と★印をつけた部分の面積４個分なので，$15.57\times2+3.27\times4=44.22(\text{cm}^2)$と求められる。

(3) 右上の図②の影《かげ》をつけた部分の面積は，半径が９cmの円の面積から，半径が６cmで中心角が，360－60×２＝240(度)のおうぎ形の面積２個分と，三角形ABCの面積２個分をひいて求めることができる。よって，$9\times9\times3.14-6\times6\times3.14\times\frac{240}{360}\times2-15.57\times2=(81-48)\times3.14-31.14=33\times3.14-31.14=103.62-31.14=72.48(\text{cm}^2)$となる。

5 グラフ―速さと比，旅人算

(1) １km＝1000mである。また，兄と弟の速さの比は，$1:\frac{5}{13}=13:5$だから，兄と弟が同じ時間で進む距離《きょり》の比も13：５であり，グラフは右のようになる。このグラフで，⑬－⑤＝⑧にあたる距離が1000mなので，①にあたる距離は，1000÷８＝125(m)とわかる。よって，家から花屋までの距離は，125×13＝1625(m)と求められる。

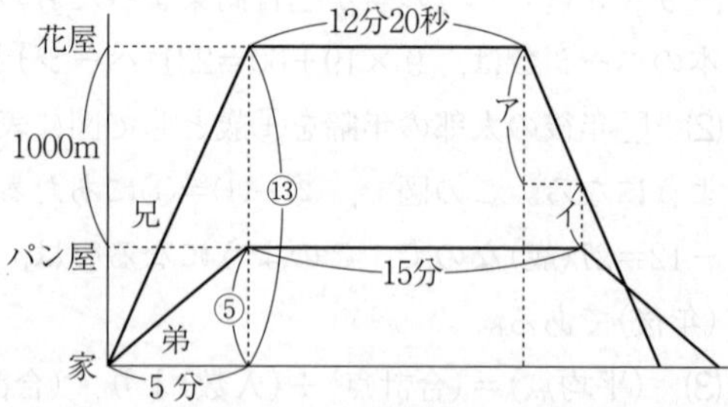

(2) 家からパン屋までの距離は，125×５＝625(m)だから，弟の速さは毎分，625÷５＝125(m)である。

(3) 兄の速さは毎分，$125\times\frac{13}{5}=325$(m)である。また，兄は弟よりも，15分－12分20秒＝２分40秒早く店を出ている。その間に兄が進んだ距離(グラフのア)は，$325\times2\frac{40}{60}=\frac{2600}{3}$(m)なので，弟がパン屋を出るときの２人の間の距離(グラフのイ)は，$1000-\frac{2600}{3}=\frac{400}{3}$(m)と求められる。この後，

２人の間の距離は１分間に，325－125＝200(m)の割合で縮まるから，兄が弟に追いつくのは，弟がパン屋を出てから，$\frac{400}{3}\div200=\frac{2}{3}$(分後)，$60\times\frac{2}{3}=40$(秒後)とわかる。

6　条件の整理

(1)　１はＡが持っているから，Ｂのカードとして考えられるのは（２，８），（３，９），（４，10）の３通りある。それぞれの場合について２枚の積を求めると，２×８＝16，３×９＝27，４×10＝40となる。また，Ｄの２枚のカードの和はこれよりも大きくなるが，２枚のカードの和は最大でも，９＋10＝19なので，Ｂのカードは（２，８）と決まる。

(2)　(1)より，Ｄの２枚のカードの和は{17，18，19}のいずれかになることがわかるから，Ｄのカードとして考えられるのは（７，10），（９，10）の２通りある。どちらの場合も10がふくまれているので，残っている偶数《ぐうすう》は{4，6}だけである。よって，Ｃのカードは（４，６）と決まる。

(3)　これまでにわかっていることをまとめると右のようになる。□に入る数は{3，5，7，9}であり，このうち，一方が他方で割り切れるのは，９÷３だけだから，Ｅのカードは（３，９）と決まる。よって，Ｄのもう１枚のカードは７なので，Ａのもう１枚のカードは５とわかる。

A	B	C	D	E
1，□	2，8	4，6	□，10	□，□

（Dの□：７または９）

社　会　＜第２回試験＞（40分）＜満点：80点＞

解　答

1　**問１**　(た)　**問２**　(1)　(お)　(2)　(す)　**問３**　(そ)　**問４**　(し)　**問５**　(い)　**問６**　(け)　**問７**　(む)　**問８**　(1)　(む)　(2)　(こ)　(3)　(あ)　(4)　(と)　(5)　(き)　**2**　**問１**　１　小野妹子　２　白河　３　北条時政　４　佐藤栄作　**問２**　(イ)　**問３**　(ウ)　**問４**　(イ)　**問５**　(エ)　**問６**　(例)　朝廷を監視し西国の御家人を統率するため。　**問７**　(ア)　**問８**　(イ)　**問９**　(ア)　**問10**　(ウ)　**問11**　イギリス　**問12**　(ア)　**3**　**問１**　１　アパルトヘイト　２　高輪ゲートウェイ　３　国事　４　モーリシャス　５　浜松　６　フェーン　７　菅義偉　**問２**　Ａ　1952　Ｂ　1972　Ｃ　30　Ｄ　1　**問３**　(ア)，(エ)　**問４**　(オ)　**問５**　(エ)　**問６**　(ウ)　**問７**　(イ)，(ウ)，(ク)　**問８**　(カ)　**問９**　(1)　(ア)　(2)　東日本大震災　**問10**　(例)　人々の移動制限や産業の停滞により，自動車や工場の排出ガスが減ったから。

解　説

1　政令指定都市についての問題

問１　政令指定都市は，地方自治法の規定にもとづき都道府県並みの権限を持つことなどを認められた都市のことで，政令では人口50万人以上であることが要件とされているが，現在は人口70万人以上の都市が指定されている。2020年までに全国20の都市が指定されているが，東北地方では仙台だけである。なお，仙台の人口は約106万人(2019年１月１日の時点での数値。以下同じ)である。

問２　神奈川県には横浜，川崎，相模原《さがみはら》の３つの政令指定都市がある。人口はそれぞれ約375万人，約150万人，約72万人である。

問３　静岡県には静岡，浜松の２つの政令指定都市がある。人口はそれぞれ約70万人，約80万人である。

問４　大阪府には大阪，堺の２つの政令指定都市がある。人口はそれぞれ約271万人，約84万人である。

問５　中国地方には広島，岡山の２つの政令指定都市がある。人口はそれぞれ約120万人，約71万人である。

問６　九州地方には，福岡，北九州，熊本の３つの政令指定都市がある。人口はそれぞれ約154万人，約96万人，約73万人である。

問７　全国の政令指定都市の中で最も人口が多いのは，横浜である。

問８　(1)～(5)　政令指定都市は1956年に創設された制度で，大阪，名古屋，京都，横浜，神戸の５市が最初に指定された。したがって，最も東に位置するのは横浜で，最も西に位置するのは神戸である。また，人口は横浜，大阪，名古屋(約229万人)，神戸(約154万人)，京都(約141万人)の順になる。

2　**各時代の歴史的なことがらについての問題**

問１　**１**　607年に遣隋使として隋(中国)に渡ったのは小野妹子。翌年にも再び隋に派遣されている。　**２**　1086年，白河天皇は幼い子の堀河天皇に位を譲《ゆず》り上皇となったが，政治の実権はにぎり続けた。上皇の住まいを院とよんでいたことから，上皇が行う政治は院政とよばれる。　**３**　執権《しっけん》は鎌倉幕府における将軍の補佐役。1203年に北条時政(政子や義時の父)が初代執権となり，以後，北条氏一族がその地位を独占して実権をにぎった。　**４**　1974年に日本人として初めてノーベル平和賞を受賞したのは佐藤栄作。1964～72年に首相を務めた人物で，在任中に非核三原則を打ち出したことや沖縄返還を実現したことなどが評価されての受賞であった。

問２　古代中国の歴史書である『魏志《ぎし》』倭人《わじん》伝には，邪馬台《やまたい》国についてかなりくわしい記述が見られる。それによれば，邪馬台国では「大人《たいじん》」とよばれる支配階級の人々と「下戸《げこ》」とよばれる一般民衆との間にかなりの身分の差があり，その下に奴隷《どれい》のような人々もいたことが記されているから，(イ)が正しくない。

問３　672年に起こった壬申《じんしん》の乱は，天智天皇の死後，その後継《こうけい》者の地位をめぐり，天皇の子の大友皇子と天皇の弟の大海人《おおあまの》皇子の間で起きた争いである。この争いに勝った大海人皇子が即位《そくい》し，天武天皇となった。

問４　朝廷に従わない東北地方の蝦夷《えみし》を平定するため，桓武《かんむ》天皇は坂上田村麻呂を征夷《せいい》大将軍に任じ，大軍で遠征《えんせい》させた。よって，(イ)が正しくない。なお，(エ)について，桓武天皇は784年に長岡京，794年には平安京に都を移し，都の造営事業を続けていたが，それらの事業やたび重なる蝦夷征討《せいとう》が民衆の負担となっているという藤原緒嗣《おつぐ》の意見を取り入れ，805年に造営事業と４回目の蝦夷征討を中止している。

問５　空らんにあてはまる植物は「梅」。「東風《こち》吹かば……」は，北九州の大宰府《だざいふ》への左遷《させん》が決まり，都を離れることとなった菅原道真が，屋敷《やしき》の庭にある梅の木に向かってよびかける形でよんだ歌である。

問６　六波羅《ろくはら》探題は，承久《じょうきゅう》の乱のあと，鎌倉幕府が京都に設置した機関で，朝廷の監視と西国の御家人の統率をおもな目的としていた。

問７　(ア)　応仁・文明の乱は，1467〜77年に京都を舞台《ぶたい》として繰《く》り広げられた。このとき，戦乱を避《さ》けて多くの貴族や僧が大名などをたよって地方へ逃《のが》れたため，彼らによって都の文化が地方に広がることとなった。　(イ)　1488年に守護大名の富樫政親《とがしまさちか》を倒し，一向宗(浄土《じょうど》真宗)の門徒らが約100年間にわたり自治を行ったのは，加賀の一向一揆《いっき》である。　(ウ)　越後(新潟県)の上杉謙信《けんしん》と川中島で何度も戦ったのは，甲斐《かい》(山梨県)の武田信玄である。　(エ)　観阿弥《かんあみ》・世阿弥《ぜあみ》父子は，民間芸能である田楽や猿楽《さるがく》をもとに能を大成した。

問８　織田信長は商工業を発展させるため，安土の城下などで楽市楽座の政策をすすめたので，(イ)が正しい。ほかの３つは，いずれも豊臣秀吉の政策である。

問９　武家諸法度《しょはっと》は，江戸幕府が大名の統制を目的として定めた法令で，1615年に第２代将軍秀忠《ひでただ》の名で発布され，以後，将軍の代がわりごとに多少の修正が行われた。参勤交代は1635年，第３代将軍家光が出した武家諸法度により制度化されたものである。

問10　【X】　天保の改革をすすめたのは老中の水野忠邦《ただくに》で，松平定信は寛政の改革を行った老中である。　【Y】　水野忠邦は株仲間が物価高騰《こうとう》の原因と考え，その解散を命じたが，効果はなかった。

問11　南下政策をとり満州・朝鮮への進出をはかるロシアに対抗するため，日本は1902年にイギリスと軍事同盟(日英同盟)を結んだ。イギリスは東アジアなどでロシアと対立していたことから，日英両国の利害関係が一致し，同盟が結ばれた。その２年後の1904年，日露戦争が始まった。

問12　1945年12月，GHQの指令にもとづいて選挙法が改正され，20歳以上のすべての男女に選挙権が与えられた。これにより初めて女性に参政権が認められ，翌46年４月に行われた戦後初の衆議院議員選挙では39名の女性議員が誕生した。したがって，(ア)が正しくない。

3　2020年のできごとを題材とした問題

問１　**１**　アパルトヘイトは，かつて南アフリカ共和国の少数派の白人政府が行っていた有色人種に対する隔離《かくり》政策。1990年代初めに差別を規定してきた法律が廃止され，1994年，初めて全人種が参加して行われた大統領選挙で，黒人指導者のネルソン・マンデラが当選した。　**２**　2020年３月14日，JR山手線と京浜東北線の田町駅と品川駅の間に，新駅の「高輪ゲートウェイ駅」が誕生した。　**３**　日本国憲法に定められた，天皇が行う形式的・儀式《ぎしき》的な行為《こうい》は国事行為とよばれる。内閣総理大臣と最高裁判所長官の任命，衆議院の解散，国会の召集，外国の大使・公使の接受，法律や条約の公布などがあてはまる。　**４**　2020年７月25日(現地時間)，アフリカ大陸の東に位置するインド洋上の島国モーリシャスの沖合いで，日本の船会社が所有する貨物船「わかしお」が座《ざ》礁《しょう》。燃料の重油が大量に流出し，周辺の海域や島々の沿岸部に大きな被害を与えた。船を管理する会社や地元住民のボランティアなどにより重油の除去作業が行われたが，さんご礁やマングローブが広がる島々の自然環境や，多くの海洋生物がすむ生態系に大きな影響を与える事態となった。

５　2020年８月17日，静岡県浜松市で，それまでの国内最高気温に並ぶ41.1℃が観測された。

６　暖かい空気が山を越《こ》えたあと，さらに高温の風となって平野部に吹き降ろす現象をフェーン現象という。近年，各地で40℃を超《こ》える気温がしばしば観測されているが，その多くはこの現象によるものである。　**７**　2020年８月28日，安倍晋三首相が辞任を表明。これを受け，自由民主党は官房長官を務めていた菅義偉《すがよしひで》を党総裁に選出。９月16日，国会で首相指名選挙が行われ，菅が内閣総理大臣に指名された。

問２　**A**　1951年９月８日，サンフランシスコで開かれた第二次世界大戦の講和会議で日本は資本主義陣営の48か国と平和条約に調印。翌52年４月28日，同条約が発効したことにより，日本は独立を回復した。　**B**　1971年６月，日米両国政府は沖縄返還協定に調印。翌72年５月15日，沖縄の施政権がアメリカ政府から日本政府に移され，沖縄の日本復帰が実現した。　**C**　都道府県知事の被選挙権は，30歳以上で与えられる。　**D**　安倍晋三は2012年12月26日から2020年９月16日までの2822日間，連続して首相を務めたため，連続在任期間がこれまで最長であった大叔父《おじ》にあたる佐藤栄作の2798日を上回り，史上第１位となった。なお，安倍は2006年９月26日から2007年９月26日までの間も首相を務めていることから，通算の在任期間でもこれまで最長であった桂《かつら》太郎の2886日を上回る3188日を記録している。

問３　国際連合の本部はアメリカのニューヨークに置かれているので，(ア)は正しくない。ジュネーブに本部が置かれていたのは国際連盟である。また，2020年の時点で，国際連合の加盟国は193か国となっているので，(エ)も正しくない。

問４　内閣総理大臣は国会が指名し，天皇が任命するので，(オ)があてはまらない。

問５　サンフランシスコで開かれた講和会議に日本全権として出席し，平和条約に調印したのは，当時首相であった(エ)の吉田茂である。

問６　日本国内にあるアメリカ軍の専用施設のうち，その約７割が沖縄県に集中している。

問７　地方公共団体にあてはまるのは都道府県と市町村，それに「特別地方公共団体」とされる東京23区である。(イ)，(ウ)，(ク)はすべて国の機関である。

問８　近年，日本を訪れた外国人旅行者の出身国・地域で上位を占《し》めるのは中国と韓国である。したがって，(カ)が正しいと判断できる。

問９　(1)　2008年，アメリカの大手投資銀行グループのリーマンブラザーズの経営破たんをきっかけに起きた世界の金融《きんゆう》危機は，「リーマン・ショック」とよばれる。こうした世界経済の混乱が起きると，比較《ひかく》的安定した通貨と見なされる円が買われることが多いので，円高となりやすい。円高になるとドルと交換する円の金額が減ることになるので，日本を訪れる外国人にとっては不利となる。その結果，外国人観光客の数が減ったのである。　(2)　2011年に日本を訪れる外国人旅行者の数が大きく減少したのは，同年３月に起きた福島第一原子力発電所の爆発事故をふくむ東日本大震災の影響によるものである。特に，原発事故による放射能汚染に対する不安は，多くの外国人に来日をためらわせることとなった。

問10　2020年には新型コロナウイルスによる感染症《かんせんしょう》の拡大により，世界各国で人々の移動や外出が制限され，経済活動も停滞《ていたい》した。その結果，自動車や工場から出される排出ガスの量が大幅に減少し，それが大気中の汚染物質や二酸化炭素の減少につながったと考えられる。

理　科　＜第２回試験＞（40分）＜満点：80点＞

解　答

１　①　ア　②　ア　③　イ　④　イ　　**２**　**問１**　エ　**問２**　ウ　**問３**　ア

問４　（例）　表の数値は水100mL当たりのものなので，これを１Lの水にふくまれる量にするため。　**問５**　Ａ＜Ｂ＜Ｃ＜Ｄ＜Ｅ　**問６**　20Ｌ　**3**　**問１**　イ　**問２**　(例)　像のふちがはっきりしてきて鏡の形に近づく。　**問３**　ア　**問４**　ア　**問５**　ア，エ　**問６**　ウ　**4**　**問１**　(Ｅ→)Ｈ→Ａ→Ｄ→Ｂ→Ｇ→Ｆ→Ｃ　**問２**　キ　**問３**　(例)　月の出が日を追うごとにおそくなっていくから。　**問４**　エ　**問５**　ア，オ　**問６**　(例)　太陽が球体で，自転しているから。　**5**　**問１**　エ　**問２**　ウ　**問３**　イ　**問４**　ア　**問５**　イ　**問６**　イ　**問７**　イ　**問８**　ウ　**問９**　エ

解　説

1　科学に関連する2020年のできごとについての問題

①　2020年のノーベル生理学医学賞は，Ｃ型肝炎《かんえん》ウイルスの発見により多くの肝臓の病気の原因を明らかにし，検査や治療《ちりょう》薬の開発にも貢献《こうけん》したアメリカなどの研究者３人に贈《おく》られた。

②　ア～エのいずれも，国際自然保護連合(IUCN)が作成しているレッドリスト(絶滅《ぜつめつ》のおそれがある野生生物の一覧)に掲載《けいさい》されているが，2020年に新たに掲載されたのはマツタケである。

③　アルテミス計画はアメリカが主導する有人宇宙飛行計画で，2024年までの有人月面探査を目標としている。また，これを足がかりにして将来は火星の有人探査をめざしている。

④　アはアサガオの花粉，イは新型コロナウイルス，ウは赤血球，エは大腸菌《きん》の画像である。

2　水のこう度についての問題

問１　雨水の多くは地中にしみこんで地下水となり，地中を通るうちにろ過され，一部は再び地上にわき出て川の流れとなる。飲料として利用する水は，地下からくみ上げたり川から取ったりしたものをさらにろ過などの処理《しょり》をしてつくっている。

問２　水の中にふくまれるカルシウムやマグネシウムは，雨水などが地下を流れるときなどにとけこむ。よって，雨水などが海へ流れ出すまでの陸地部分(地下をふくむ)にとどまる時間が長いほど，カルシウムやマグネシウムが多くとけこんで，こう水となりやすい。日本でなん水が多いのは，河川が短く流れが急で，雨水などが陸地部分にとどまる時間が短いからといえる。

問３　じょう水器は，水道水をろ過して不純物を取りのぞく器具である。よって，アが選べる。

問４　表の値は水100mL当たりの量であるが，こう度を求める式では水１Ｌにふくまれる量が用いられるので，１Ｌ＝1000mLより，式には表の値を10倍したものをあてはめる必要がある。

問５　Ａのこう度は50.16，Ｂのこう度は，(2.48×10)×2.5＋(0.20×10)×４＝70，Ｃのこう度は，(2.72×10)×2.5＋(0.94×10)×４＝105.6，Ｄのこう度は，(9.4×10)×2.5＋(2.0×10)×４＝315，Ｅのこう度は，(46.8×10)×2.5＋(7.45×10)×4＝1468となるから，こう度の小さい順に並べると，Ａ＜Ｂ＜Ｃ＜Ｄ＜Ｅとなる。

問６　Ａ100mL中にはナトリウムが3.0mgふくまれているので，600mgのナトリウムをせっ取するために必要なＡの量は，100×600÷3.0＝20000mL＝20Ｌと求められる。

3　光の反射についての問題

問１　鏡を上下にかたむけると，鏡で反射した日光がかべに当たる角度が変わるため，Ａの部分の大きさが変わる。そのため，Ａの部分の大きさを変えずに位置を上にずらすには，鏡のかたむきを変えないまま持ち上げるとよい。なお，鏡を近づけてもＡの部分は大きさも位置も変わらない。

問２，問３　たとえば，太陽の右端《みぎはし》から出た光と左端から出た光が鏡で反射すると，その２つの反

射光は平行にならず，わずかに広がって進む。鏡の近くに像（Aの部分）を映すと，光があまり広がっていないので，像は鏡の形になり，ふちもはっきりしている。しかし，像を映す位置を鏡から遠ざけると，光が広がっていくため，像はしだいに太陽の形である円形に近づいていき，ふちもぼやけていく。そして，像を映す位置が鏡から十分遠くなると，像は円形になる。

問４　鏡を５枚にして同時に反射光をフライパンに当てると，鏡が１枚のときに比べて５倍の熱をフライパンに伝えることができ，ほかよりも速く焼き上がる。なお，鏡の大きさを大きくしても，フライパンに当たる光の量はもとの大きさのときと変わらない。

問５　外が明るいときは，外から窓ガラスを通って入ってくる光の方が，窓ガラスで反射した教室内の光よりも強いため，外の景色がよく見えて，教室内の様子は見えない。ところが，外が暗くなると，外から窓ガラスを通って入ってくる光が少なくなり，窓ガラスで反射した教室内の光の方が強くなるので，教室内の様子が窓ガラスに映って見える。

問６　一般《いっぱん》に街の公衆電話は電話線（導線）につながっているので，電波を送受信していない。

４　月や太陽についての問題

問１　新月は右側から満ちていき，満月は右側から欠けていく。Eの満月からの満ち欠けの順は，E（満月）→H→A（下弦《かげん》の月）→D→B（新月）→G→F（上弦の月）→C→Eとなる。

問２　地球から見て太陽と反対側にあるエが満月の位置で，Eがあてはまる。よって，エから反時計まわりに，オがH，カがA，キがD，クがB，アがG，イがF，ウがCとなる。

問３　昔のカレンダー（旧暦《きゅうれき》）は月の満ち欠けがもとになっていた。月の１日目が新月で，満月が見られる夜は月の15日目なので十五夜と呼ばれる。満月は日の入りとほぼ同時に東からのぼるが，月の出の時刻は１日に約50分ずつおくれていくので，満月以降は日の入りから月の出までの時間が長くなっていく。16日目の夜は十六夜と書いて「いざよい」と呼び，これは月が出てくるのをためらっているように満月より少しおくれて出てくるために名づけられた。また，17日目の月は出てくるまで立って待てるので「立待《たちまち》月」，18日目の月は出てくるまで座って待つので「居待月」，19日目の月は出てくるまで寝《ね》て待てるほどなので「寝待月（または臥待《ふしまち》月）」，20日目の月は夜がふけてから出てくるので「更待《ふけまち》月」とそれぞれ呼ばれる。

問４　月の自転と公転は向きも周期も同じであるため，月はつねに地球に対して同じ面を向けている。したがって，地球から見た月面の模様はつねに同じなので，エが選べる。

問５　黒点は周囲よりも温度が低い部分で，ここから放たれる光が弱いため黒っぽく見える。したがって，周囲よりも光が弱いために暗く見えるアと，周囲よりも光が強いために明るく見えるオが選べる。

問６　黒点が地球から見て左から右へ移動したり，左右からつぶされていくように形を変えていったりすることから，太陽が球形をしていて，地球から見て左から右へ自転していることがわかる。

５　１年間の自然観察記録についての問題

問１　カエルは変温動物で，冬になって周囲の温度が下がると，体温も下がって活動できなくなる。２月に見つけたカエルは冬眠《とうみん》をしている最中だったと考えられる。

問２　ふつう渡《わた》り鳥は暮らすのに適した気候の土地を求めて，南北に移動する。東西に移動しても気候に大きな違《ちが》いがないので，このような渡りは行わない。

問３　メジロは雑食性であるが，特に花のみつや果実の汁《しる》が好物で，春にはウメやツバキの花をつつくようすが観察される。

問４　ソメイヨシノは，花をさかせたり葉を出したりするための芽(冬芽という)を，秋に葉を落とすころまでにつくり，春になると花をさかせる。

問５　モンシロチョウは，幼虫の食草であるアブラナ科の植物の葉の裏《うら》に卵を産みつける。アブラナ科の植物にはキャベツやダイコンなどがある。

問６　８月のキャンプに行った日の夜，天の川の付近に見えた明るく白っぽく光る２つの星は，こと座のベガとわし座のアルタイルと考えられる。これらは南の空の高いところに見え，はくちょう座のデネブとともに夏の大三角をつくる。そして，夏の大三角から視線を下に向けると，南の空の低いところに赤っぽく光るさそり座のアンタレスが見られる。

問７　アキアカネ(赤トンボ)もカエルと同様に変温動物なので，体温が上がらないと活動することができない。朝日を浴びて羽ばたいていたのは，気温が低くて体温が十分でないため，日光を受けてからだをあたためたり羽ばたいて熱を発生させたりして体温を上げているからと考えられる。

問８　セミの成虫が現れる時期はその種類によって異なる。７～８月にはニイニイゼミ，ヒグラシ，アブラゼミ，ミンミンゼミなどが現れて鳴くが，９月になると，これらのセミの鳴き声はあまり聞こえなくなり，８月に現れたツクツクボウシなどの鳴き声だけが聞かれる。

問９　11月のもみじがりのころに緑色の葉をつけていたスギなどの樹木は，１年中緑色の葉をつけている常緑樹で，ヤマモミジなど紅葉《こうよう》する樹木のように秋に葉をいっせいに落とすようなことはしない。

国　語　＜第２回試験＞（50分）＜満点：100点＞

解　答

一　下記を参照のこと。　二　**問１**　(例)　歩くのがおそいためにみんなについていくのがとてもたいへんだったが，みんなに心配をかけたくないのでつかれたところを見せたくなかったから。　**問２**　ウ　**問３**　ア　**問４**　(例)　瀬尾くんに気をつかわなければならないので社会見学を楽しめないでいる(こと。)　**問５**　イ　**問６**　(例)　凶を引いたことをないことにしてくれた瀬尾くんの心づかいに温かなものを感じたから。　**問７**　(例)　友だちになりたい　**問８**　エ　**問９**　(例)　(ぼく(モッチ)が)瀬尾くんの大変さややさしさを知ることで，もっと仲良くしていこうという気持ちになる(物語。)　三　**問１**　イ　**問２**　ア，オ　**問３**　イ，エ　**問４**　(例)　日本の国や文化についてそれ相応の知識を持つことが，人間の幅や世間からの評価ということに結びつくから。　**問５**　日本には独～るだろう。　**問６**　忌み言葉を口に出すと，超自然的な力によって，それが現実になってしまうと考えられたから。　**問７**　結果的に，～るのです。　**問８**　(例)　最悪の事態を考えずに行動した結果，福島第一原子力発電所の事故のようなことが起こったこと。

●漢字の書き取り

一　①　大喜(び)　②　得意　③　耕(す)　④　複雑　⑤　大統領　⑥　縮(まる)　⑦　心臓　⑧　優位　⑨　尊敬　⑩　未熟

解　説

一　漢字の書き取り

① 「喜」の音読みは「キ」で，「喜劇」などの熟語がある。　② すぐれていること。上手にできること。　③ 音読みは「コウ」で，「農耕」などの熟語がある。　④ こみいっていて簡単ではないこと。　⑤ 共和国において，その国を代表する政治家。　⑥ 音読みは「シュク」で，「縮小」などの熟語がある。　⑦ 「心臓の強い」は，気が強く，ずうずうしい人のようすを表す。⑧ 相手よりもすぐれている立場や位置。　⑨ 人を心からえらいと思い敬うこと。⑩ まだ十分に成長していないこと。

二　出典は中山聖子《なかやませいこ》の「瀬尾くんと歩く」による。小学五年生の「ぼく」は，社会見学で瀬尾くんというクラスメートといっしょになる。

問１　「幼稚《ようち》園のときから左足をひきずって」いる瀬尾くんが，みんなと同じペースで歩くことができず「おくれはじめた」のを心配した「ぼく」は，前を歩く三人に追いつきたいと思いながら，「どちらとも距離《きょり》をとって，あいだを歩くしかない」状況《じょうきょう》にあったことをおさえる。「涼《すず》しげな顔で歩いて」きて，自分を見るなり「笑顔《えがお》になった」瀬尾くんに対し，はじめは「笑う余裕《よゆう》があるんだったら，もっと早く歩けよ，とイライラ」したが，この後，拝殿で彼《かれ》の顔を見た「ぼく」は，その「額からほおをつたって，たくさんの汗《あせ》がすじになって流れ」，「シャツの背中も，色が変わるほどびっしょりとぬれて」いることに気づいた。そこで「ぼく」は，みんなに追いつこうとがんばって「いっしょうけんめい笑っていた」瀬尾くんの「たいへん」さを知ったのである。これをふまえてまとめる。

問２　橋を渡《わた》ることなく，川幅《かわはば》が一メートルぐらいの川をとびこえて近道をした「前を行く三人」の行動を見た「ぼく」が，「思わず大声でさけんでしまった」ことをおさえる。「左足をひきずって」いる瀬尾くんに対する三人の配慮《はいりょ》の無さに「ぼく」は腹を立てたのだから，「いいかげんにしろよっ！」と言ったものと想像できる。

問３　「そんなこと」とは，瀬尾くんを残して「ぼく」も川をとびこえ，近道をすることを指す。瀬尾くんを気づかい，三人との間を歩いていた「ぼく」は，彼を一人にするわけにはいかないと考え「できるわけないじゃないか」と思ったのだから，アが選べる。

問４　「佳樹《よしき》に声をかけられて，颯太《そうた》や涼介《りょうすけ》ともいっしょの班になれた」「ぼく」は，「うれし」く思っていたが，いざ実際に行動してみると，三人は瀬尾くんに対する気づかいをすることもなく，仲良さそうに行動している。配慮のない三人のようすや，早く歩くことのできない瀬尾くんに苛立《いらだ》ちをつのらせ，社会見学どころではなくなってしまった。そのため，「ぼく」は母親のことを思い出し，「仮病《けびょう》をつかってでも休んで，母さんの病院に行けばよかった」と考えてしまったのである。

問５　待っていると言ったはずの三人の姿が見当たらず，「ぼく」が「もう，どうでもいいやという気持ち」になってきていることをおさえる。「佳樹に声をかけられて，颯太や涼介ともいっしょの班になれたときは，うれしかった」のに，瀬尾くんに気をつかいながらの行動となってしまったことで彼らとの仲を深めるきっかけをのがした「ぼく」は「本当に，何をやってもダメ」で，今の自分には「いやなことばかりが起こる」とみじめな気持ちになっている。よって，イが合う。

問６　神社の拝殿で，母親の「手術がうまくいきますように，と祈《いの》った」ものの，この後「願いごとはかなわず，待ち人は来ず，病気は重い」と書かれた「凶」のおみくじを引き，「ぼく」がショックを受けてしまったことをおさえる。「ぼく」の祈りをすべて否定するような「不吉すぎ」るおみくじを見た瀬尾くんは，それを自身の引いた大吉のおみくじでくるみ，「凶は帳消し」になったと言ってくれている。「そんなおまじないみたいなやり方，聞いたことないよ」と口では言っているが，「ぼく」は内心では瀬尾くんの心づかいがうれしく，まるで自分が「大吉のおみくじにやさしくくるまれていくような気持ちになった」のである。

問７　これまで「ぼく」は瀬尾くんに気をつかってばかりいることにイライラしていたが，問６でみた瀬尾くんの行動によって，「さっきまで体じゅうにひろがっていた不安の影《かげ》のようなものは，いつのまにか消え」ている。瀬尾くんのやさしさや心づかいにふれたことで，「ぼく」は彼ともっと仲良くなりたいと思うようになったのである。

問８　「ぴちぴちの体操服のズボン」をはき，「素足《すあし》をぬれたスニーカーにつっこんでいる」佳樹の姿を見て，瀬尾くんが思わず「……ださっ」ともらしたのを聞いたみんなは，その意外さと絶妙《ぜつみょう》なタイミングに「目を見ひらいて」「すぐに笑いだし」ている。佳樹もその流れに合わせて，瀬尾くんをなぐるふりをしながら「なんだと？　せおー」と言ったものと想像できるので，エがふさわしい。

問９　「あまり友だちのいない瀬尾くん」とあるように，「ぼく」もさして仲が良いわけではなかったため，はじめは彼に気をとられて自由に行動できなかったことに，イライラしていた。しかし，凶のおみくじを帳消しにしてくれた心づかいや，瀬尾くんがいっしょうけんめいに歩いてみんなに心配をかけないようにしていたたいへんさに気づくことで，瀬尾くんともっと仲良くなりたいと思いはじめたのである。これをふまえてまとめるとよい。

三　**出典は池上彰《いけがみあきら》の『なんのために学ぶのか』による**。「令和」という元号を手がかりに，日本は昔から「言霊《ことだま》の国」であったことを説明している。

問１　2019年は，「平成」と「令和」という「二つの元号」が重なる年なのだから，「不思議な年」といえる。

問２　「オーダー・アンド・ハーモニー」という英訳を聞いた筆者は，「ＢＢＣ東京支局の記者は『令』をオーダー，命令の意味にとって，『和』はハーモニーだとして」訳したのだろうと考えている。しかし，「令」には「美しいという意味」があることを指摘《してき》し，「ビューティフル・ハーモニー」と訳すのが適切だと述べたうえで，「イギリスBBCの東京支局の記者は，英語はできても日本語の能力が十分ではなかったか，日本文化についての知識が足りなかったのではないか」と言っている。よって，ア，オが選べる。

問３　「令和」の元号には，「一人ひとりがそれぞれの特徴《とくちょう》を生かしながら，調和の中で自由に活動し，活躍《かつやく》できる社会にしたい」との願いをこめたという安倍晋三《あべしんぞう》総理大臣(当時)の言葉を聞いた筆者は，日本が「言霊の国」であることをあらためて感じている。「日本では，言葉には特別な力があり，言葉に出して言うとそれは超《ちょう》自然的な力を持つと信じられて」きたために，総理はこのように述べたのだろうと筆者は考えたのだから，イ，エがふさわしい。

問４　「新元号の出典が『万葉集』だと公表されたとき」に，柿本人麻呂《かきのもとのひとまろ》の和歌などを思い出せるかどうかで「教養」が試されることになると述べられている。なぜなら「日本人である以上，やはり日本の国や文化についてそれ相応の知識を持っておかなくては」ならないからであり，そうした「教養」の有無が「人間の幅や世間からの評価」に結びつくと考えられるからである。

問５　「外国の人と親しく交わるようになれば，日本のことをどれだけ語れるかが問われる」ことの具体例として，筆者は「元号」や「令和」の意味，その言葉の出典が『万葉集』であることなどをあげ，日本が「いかに文化の豊かな国」であるかまで英語で説明できなければいけないと述べている。

問６　「言霊信仰《しんこう》」のある日本では，「言葉には特別な力があり，言葉に出して言うとそれは超自然的な力を持つと信じられて」きたということをおさえる。結婚《けっこん》式で「きれる」「わかれる」「こわれる」「終わりにします」という忌《い》み言葉を口に出してしまえば，その言葉が持つ「超自然的な力」によって，そうしたことが現実のものになってしまうため「間違《まちが》っても口に出してはいけない」とされているのである。

問７　続く部分で，サークル活動の企画《きかく》などにおいて発生する「当然の懸念《けねん》」を誰かが示そうものなら，縁起《えんぎ》でもないことを言うなと一蹴《いっしゅう》され，しかもそれが現実のものとなれば，袋《ふくろ》だたきにあうかもしれないという例をあげたうえで，筆者はそれも「言霊信仰」からきているのだろうと指摘している。このしばりによって，人々は結果的に「考えたくないことは考えないようにしよう」とするのだから，この部分がぬき出せる。

問８　筆者は「言霊信仰」に人々がしばられてしまうと「考えたくないことは考えないという習性が，日本の文化として定着してしま」うとしたうえで，2011年の福島第一原子力発電所の事故を例にあげている。「何か不吉なことを言って袋だたきにあうくらいなら，言わないでおくのが一番」だとみんなが思った結果，「最悪の事態」にいたると筆者は考えているのである。

2020年度　学習院中等科

〔電　話〕 (03) 5992－１０３２
〔所在地〕 〒171-0031　東京都豊島区目白１－５－１
〔交　通〕 JR山手線－「目白駅」より徒歩３分

【算　数】〈第１回試験〉 (50分) 〈満点：100点〉

〔注意〕 式を必ず指定された場所に書きなさい。

1　次の□に当てはまる数を入れなさい。

(1) $423\div(13\times12-15)+234\div26=$□

(2) $2.4\times1.6-5.34\div8.9-35.4\div59=$□

(3) $2\frac{4}{15}\times2\frac{1}{17}-1\frac{5}{6}-2\frac{1}{2}+4\frac{7}{12}\div2\frac{1}{16}=$□

(4) $2.9\times2.3+\frac{62}{65}\div\left(1\frac{11}{13}-\square\right)=7.27$

2　次の□に当てはまる数を入れなさい。

(1) 赤玉と白玉があわせて27個あります。赤玉が白玉より11個少ないとき，白玉の個数は□個です。

(2) ７時と８時の間で，時計の短針と長針が重なるのは７時□分です。

(3) □ｇの水に食塩を60ｇ加え，混ぜあわせたところ，８％の食塩水になりました。

(4) 原価200円の品物100個に，３割５分の利益を見込んで定価をつけました。35個売れ残ったので，定価の２割引きにして残りをすべて売ったところ，利益は□円になりました。

3　次の問いに答えなさい。ただし，円周率を3.14とします。

(1) 下の図１は１辺の長さが５cmの正方形の各頂点を中心に円の一部をかいたものです。斜《しゃ》線を付けた部分の面積を求めなさい。

(2) 下の図２は１辺の長さが５cmの正六角形の各頂点を中心に円の一部をかいたものです。斜線を付けた部分の周の長さを求めなさい。

(3) 下の図３は１辺の長さが５cmの正八角形の各頂点を中心に円の一部をかいたものです。斜線を付けた部分の周の長さを求めなさい。ただし，１つの角の大きさは135°です。

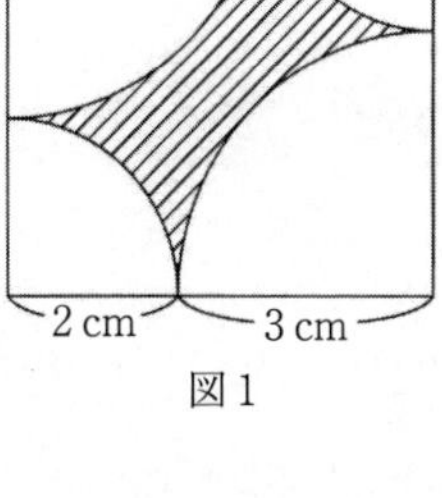

図１

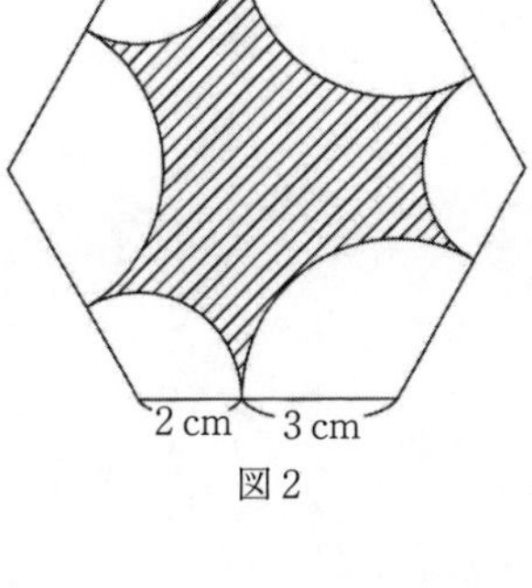

図２

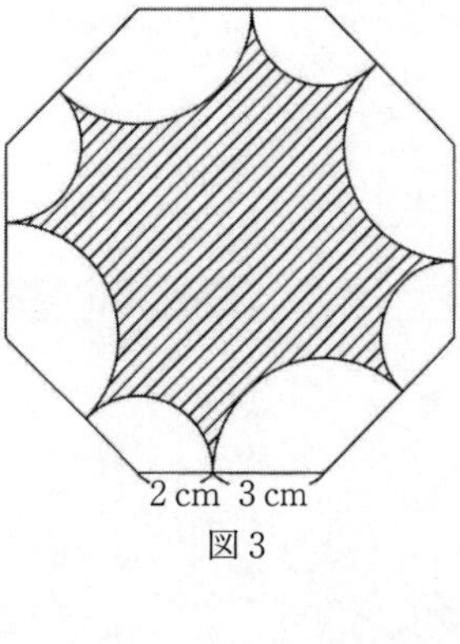

図３

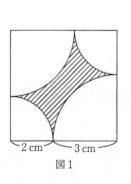

4 ある川にA地点とそれよりも上流にあるB地点があります。船PがA地点からB地点に向かって出発し，遅《おく》れて船QがB地点からA地点に向かって出発しました。P，Qは出会ったところでどちらもエンジンを止め，いっしょに川に流されました。１時間後エンジンをかけてそれぞれ目的地に向かって再び出発しました。P，Qの静水時の速さはそれぞれ川の流れの速さの３倍，７倍です。

下のグラフはPがA地点を出発してからの時間と，A地点からPまでの距離《きょり》を表しています。

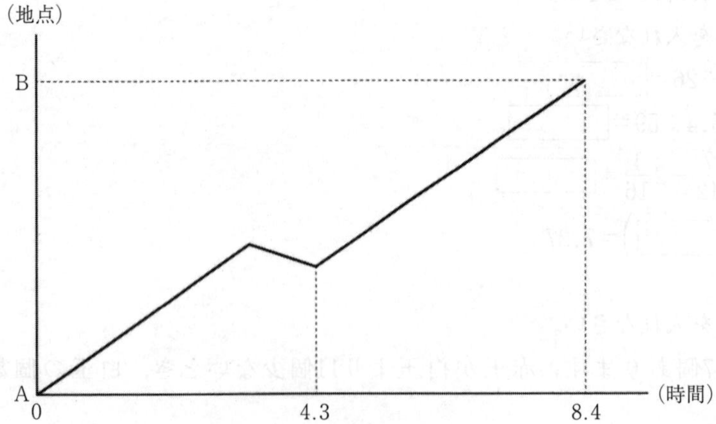

このとき，次の問いに答えなさい。ただし，P，Q，川の流れの速さはそれぞれ一定であるとします。

(1) Pが途《と》中でエンジンを止めずにB地点を目指すと何時間かかるか求めなさい。

(2) QはPがA地点を出発してから何時間遅れて出発したか求めなさい。

(3) QがB地点を出発してからA地点に着くまでに何時間かかったか求めなさい。

5 次の数の列は，３の倍数と５の倍数を小さい順に並《なら》べたものです。

３，５，６，９，10，12，15，18，20，…

このとき，次の問いに答えなさい。

(1) 30番目の数を答えなさい。

(2) 150は何番目の数か答えなさい。

(3) 50番目までの数の和を答えなさい。

６　自動車Ｐは Ａ地点からＢ地点に向かって，自動車ＱはＢ地点からＡ地点に向かって同時に出発し，それぞれ一定の速さで進みます。ただし，Ｐの速さはＱの速さより速いことが分かっています。また，Ａ地点とＢ地点のちょうど真ん中に信号があり，青と赤が１分ごとに変わります。ＰとＱは信号に着いたとき，信号が赤ならば次に青に変わるまで停止します。ＰとＱが出発したとき，信号はちょうど赤から青に変わりました。

下のグラフは出発してからの時間と，ＰとＱの間の距離を表したものです。また，•はグラフが折れ曲がる点です。

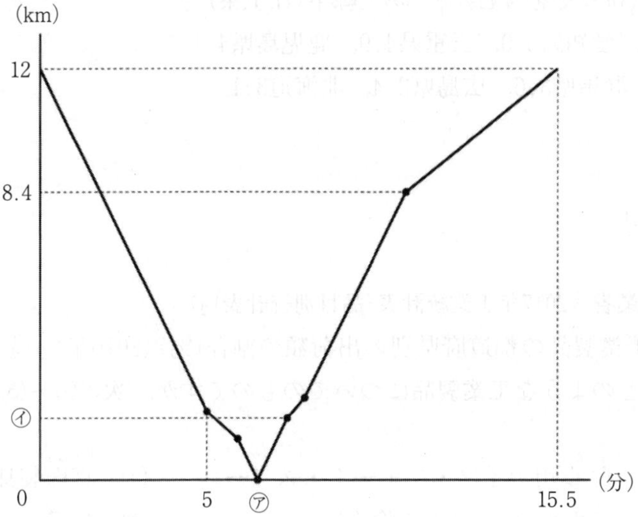

このとき，次の問いに答えなさい。

(1)　Ｐの速さを求めなさい。

(2)　Ｑの速さを求めなさい。

(3)　㋐と㋑に当てはまる数を求めなさい。

【社　会】〈第１回試験〉（40分）〈満点：80点〉

〔注意〕 問題に漢字で書くことが指定されていれば正しい漢字で書きなさい。

1　次の問いに答えなさい。

問１　下のＡ～Ｆの資料は，「ある食料品の都道府県別の出荷額《しゅっか》の割合(％)(2016年)」を示したものです。Ａ～Ｆの資料は，どのような食料品についてのものですか。次の(あ)～(か)から選び，記号で答えなさい。

(あ)　切餅《きりもち》，包装《ほうそう》餅　　(い)　こんにゃく粉　　(う)　粗糖《そとう》(糖みつ，黒糖を含《ふく》む)

(え)　バター　　(お)　みそ(粉みそを含む)　　(か)　緑茶(仕上茶)

Ａ：静岡県54.6，京都府13.6，愛知県5.0，三重県4.9，鹿児島県4.1

Ｂ：長野県50.5，愛知県7.6，群馬県3.6，広島県3.4，北海道3.1

Ｃ：群馬県79.2，広島県5.3

Ｄ：北海道86.8，岩手県1.4

Ｅ：沖縄県55.2，鹿児島県34.0

Ｆ：新潟県66.7，佐賀県6.7

(経済産業省「2017年工業統計表(品目別統計表)」)

問２　下のＡ～Ｇの資料は，「ある工業製品の都道府県別の出荷額の割合(％)(2016年)」を示したものです。Ａ～Ｇの資料は，どのような工業製品についてのものですか。次の(あ)～(き)から選び，記号で答えなさい。

(あ)　顕微鏡《けんびきょう》・拡大鏡　　(い)　食卓《しょくたく》用ナイフ・フォーク・スプーン　　(う)　真珠《しんじゅ》装身具

(え)　節句人形・ひな人形　　(お)　タオル(ハンカチを除く)　　(か)　ピアノ

(き)　眼鏡枠《わく》

Ａ：埼玉県42.2，福岡県11.1，岡山県　9.0

Ｂ：三重県56.9，兵庫県35.3

Ｃ：福井県96.6，東京都0.9

Ｄ：新潟県93.7，岐阜県1.2

Ｅ：愛媛県60.6，大阪府26.3

Ｆ：長野県81.0，東京都2.4

Ｇ：静岡県100.0

(経済産業省「2017年工業統計表
(品目別統計表)」)

2　次の文章を読み，下の問いに答えなさい。

いまから100年前の1920年，史上初の国際平和機構である(　１　)が設立されました。アメリカ大統領(　２　)は，1918年に「14か条の平和原則」を打ち出し，このなかで国際平和機構の設立を提案しました。(　１　)はスイスの(　３　)に本部をおきました。

(　１　)の設立には，第一次世界大戦が大きく影響《えいきょう》していました。第一次世界大戦は，1914年にオーストリアの皇太子夫妻が，ボスニアの州都(　４　)で暗殺されたことをきっかけに始まりました。この大戦は，①同盟国と連合国の間で戦われ，日本は(　５　)同盟を理由に参戦し，連合国側に加わりました。ロシアでは，②1917年に皇帝を倒して社会主義の政府をつくる革命が起こりました。

この大戦は連合国側の勝利に終わり，1919年１月にフランスの（ 6 ）で講和会議が開かれ，同年６月には連合国と③ドイツとの間で（ 7 ）条約が結ばれました。この大戦後，欧米諸国の支配からの独立をめざす民衆運動が世界各地で起こりました。中国では，1919年，日本の「二十一カ条要求」撤廃を要求し，北京大学の学生を中心に起こった民衆運動である（ 8 ）運動が始まり，全国に広まりました。インドでは，1920年，（ 9 ）が非暴力・不服従の抵抗運動を主張しました。（ 9 ）はロンドンに留学後，南アフリカでインド人差別への反対運動を指導し，1915年にインドへ帰国し，民衆運動を指導しました。この抵抗運動は，一時中断しながらも，1934年まで続きました。

日本では，日露戦争後，④民衆が中心となって民主主義を求める運動が起こりました。⑤女性の権利獲得《かくとく》運動や活躍《かつやく》もみられました。⑥第一次世界大戦中の日本経済は好景気でした。1918年，（ 10 ）に備えた米の買いしめで米の価格が上がったため，富山県の女性たちが米の安売りなどを求めて米屋におしかける事件が報道されると，同じような動きが全国各地で発生しました。この出来事は（ 11 ）とよばれました。（ 11 ）のあと，立憲政友会総裁の（ 12 ）が組織した内閣は，⑦日本で初めての本格的な政党内閣でした。次の内閣のときの1925年には，国民を政治に参加させるために（ 13 ）法が公布され，有権者数は約４倍になりました。同年，政府は民衆がくり広げる社会運動を警戒《けいかい》する態度をとり，社会主義運動などの国家に反する運動をとりしまるための（ 14 ）法が成立しました。

問１　文中の（１）～(14)に適することばを答えなさい。ただし，（１），（５），（８），(11)～(14)は漢字で，（２）～（４），（６），（７），（９）はカタカナで，(10)はカタカナと漢字で答えなさい。

問２　下線部①の「同盟国と連合国」について，第一次世界大戦に参戦した国と日本との関係を述べた説明として正しいものを次の(ア)～(エ)から選び，記号で答えなさい。

(ア)　イタリアは，1895年に日本と下関条約を結んだ。

(イ)　ロシアは，1905年に日本とポーツマス条約を結んだ。

(ウ)　ドイツは，日本にキリスト教を伝えるために宣教師ザビエルを派遣した。

(エ)　フランスは，1875年に日本と樺太・千島交換条約を結んだ。

問３　下線部②の「1917年に皇帝を倒して社会主義の政府をつくる革命」について，この革命をきっかけに，1922年に成立した世界初の社会主義国となったロシアの新国家の名称《めいしょう》を答えなさい。

問４　下線部③の「ドイツ」について，ドイツの新政府は1919年８月に，国民主権などを盛りこんだ当時もっとも民主的な憲法を定めました。日本にも大きな影響を与《あた》えたこの憲法の名称を答えなさい。

問５　下線部④の「民衆が中心となって民主主義を求める運動」について，民本主義をかかげ，民衆のための政治の実現を主張した日本の政治学者を漢字で答えなさい。

問６　下線部⑤の「女性の権利獲得運動や活躍」について，女性解放運動の中心となり，雑誌『青鞜《せいとう》』で「元始，女性は実に太陽であった」と宣言した人物を答えなさい。

問７　下線部⑥の「第一次世界大戦中の日本経済」について，この時期の日本の貿易額は戦前よりも大きく増大しました。貿易額が増大した理由を35字以内で具体的に説明しなさい。

問８　下線部⑦の「日本で初めての本格的な政党内閣」について，(12)が組織した内閣は，外務・陸軍・海軍大臣以外を政党の議員で構成していましたが，第一党の政党の議員が内閣の大部分をしめる利点を25字以内で具体的に説明しなさい。

3　2019年に起こったできごとに関する次の文章を読み，下の問いに答えなさい。

４月９日，麻生太郎財務大臣は2024年をめどに，新しい紙幣《しへい》を発行することを発表しました。新しい１万円札の肖像《しょうぞう》には「近代日本資本主義の父」と呼ばれる(　Ａ　)が選ばれました。

４月12日，総務省は2018年10月１日時点の日本の総人口の推計(在日外国人を含む)を発表しました。これによると日本の総人口は(　Ｂ　)億2644万3000人で，このうち70歳以上の割合が初めて(　Ｃ　)割を超《こ》えました。また，都道府県別で見ると，①前年より人口が増加したのは７つの都道府県だけでした。

②４月下旬《げじゅん》から５月上旬にかけては，新天皇の即位《そくい》に伴《ともな》い，祝日が続く大型連休となりました。

６月13日，中東の(　Ｄ　)海峡《かいきょう》付近で，日本の海運会社が運航する船などが攻撃《こうげき》を受けました。(　Ｄ　)海峡はペルシア湾《わん》とオマーン湾の間にある海峡で，③中東のペルシア湾沿岸地域で産出される(　Ｅ　)を積んだ船の多くが通る重要な航路となっており，日本に来る(　Ｅ　)を積んだ船の多くもここを通ります。なお，この６月13日は，日本の安倍晋三内閣総理大臣が，(　Ｄ　)海峡の北側に位置する(　Ｆ　)の最高指導者であるハメネイ師と会談を行ったのと同じ日でした。

７月６日，アゼルバイジャンで開かれた世界遺産委員会において，日本最大の前方後円墳《こうえんふん》である大仙陵《だいせんりょう》古墳を含む(　Ｇ　)南部の「④百舌鳥・古市古墳群」の世界文化遺産への登録が決まりました。

７月18日，国際(　Ｈ　)機関の事務局長を務めていた天野之弥氏が亡くなりました。唯一の被《ひ》爆国《ばくこく》出身者として国際(　Ｈ　)機関を率いた天野氏の業績を多くの加盟国が称《たた》えました。国際(　Ｈ　)機関の略称《りゃくしょう》(省略して呼ぶ名前)はIAEAで，その事務局長は「⑤核の番人」とも呼ばれます。

７月21日，⑥参議院議員選挙が行われました。この時は(　Ｉ　)名の参議院議員が選挙で選ばれました。2018年７月に公職選挙法が改正され，それまで(　Ｊ　)名だった参議院議員の定数が６議席増えることになりました。これにより，2019年の選挙と2022年の選挙で，それぞれ３議席ずつ増やすことになりました。

７月24日，イギリスではメイ首相の辞任を受け，(　Ｋ　)氏が新首相になりました。

８月15日，⑦日本の大手コンビニエンスストアチェーンが７月27日の土用の丑《うし》の日のうなぎ弁当を予約制のみで販売《はんばい》したところ，予約制と店頭での販売を組み合わせた2018年と比べ，販売額は約２割減少しましたが，店舗《てんぽ》の利益が平均で約７割増えたと明らかにしました。

８月26日，(　Ｌ　)が，現在ジャカルタに置かれている⑧首都の移転先について，カリマンタン島の東端《とうたん》を選んだと発表しました。⑨過密化したジャカルタから政治機能を移す計画となっています。

問１　文中の(Ａ)～(Ｌ)に適することば・数字を答えなさい。ただし，(Ａ)，(Ｅ)，(Ｈ)は漢字で，(Ｂ)，(Ｃ)，(Ｉ)，(Ｊ)は数字で，(Ｄ)，(Ｋ)はカタカナで，(Ｆ)，(Ｌ)は国名で，(Ｇ)は都道府県名を漢字で答えなさい。

問２　下線部①の「前年より人口が増加したのは７つの都道府県だけでした」に関して，人口が増加した７つの都道府県の内，６つの都道府県は，増加率の高かった順に，沖縄県，埼玉県，神奈川県，愛知県，千葉県，福岡県でした。では，人口増加率の最も高かった都道府県を漢字で答えなさい。

問３　下線部②の「４月下旬から５月上旬にかけては，新天皇の即位に伴い，祝日が続く大型連休となりました」に関して，次の⑴，⑵の日付は何という祝日か答えなさい。

⑴　４月29日　　⑵　５月３日

問４　下線部③の「中東」に対して，日本や韓国などアジア東部の地域を何と呼ぶか，漢字２字で答えなさい。

問５　下線部④の「百舌鳥」の読みをひらがなで答えなさい。

問６　下線部⑤の「核の番人」に対して，日本には「憲法の番人」と呼ばれる機関があります。その機関の名前を漢字で答えなさい。

問７　下線部⑥の「参議院」に関して，現在の日本の国会は衆議院と参議院による二院制となっています。しかし，大日本帝国憲法の時代の日本には，参議院はありませんでした。大日本帝国憲法の時代に衆議院の他に置かれていたもう一つの議院の名前を漢字で答えなさい。

問８　下線部⑦の「日本の大手コンビニエンスストアチェーンが７月27日の土用の丑の日のうなぎ弁当を予約制のみで販売したところ，予約制と店頭での販売を組み合わせた2018年と比べ，販売額は約２割減少しましたが，店舗の利益が平均で約７割増えたと明らかにしました」に関して，販売額が約２割減少したにもかかわらず，利益が約７割増えた理由を20字以内で答えなさい。

問９　下線部⑧の「首都」に関して，以下の⑴～⑶の国の首都が置かれる都市の名前を答えなさい。

⑴　アメリカ　　⑵　ロシア　　⑶　中国

問10　下線部⑨の「過密」とは，一定の場所に人口が集中しすぎる状態を指します。では，「過密」に対して，一定の場所の人口が少なくなりすぎる状態を何というか答えなさい。

【理　科】〈第１回試験〉（40分）〈満点：80点〉

1　次の各問いに答えなさい。

①　万能細胞《ばんのうさいぼう》を利用した医りょうの分野では，新しい技術が進んでいます。昨年大阪大学チームが世界で初めて成功した，移植手術で使われた人工多能性幹細胞(iPS細胞)から作った臓器を選び，記号で答えなさい。

Ａ．角まく　Ｂ．皮ふ　Ｃ．小腸　Ｄ．大腸

②　北海道むかわ町穂別《ほべつ》で発見された恐竜《きょうりゅう》が，昨年新種であると発表されました。この恐竜の学名(学術上の世界共通の名前)を選び，記号で答えなさい。

Ａ．エゾサウルス・ジャポニクス

Ｂ．ムカワサウルス・ジャポニクス

Ｃ．ホベツサウルス・ジャポニクス

Ｄ．カムイサウルス・ジャポニクス

③　昨年は人類の宇宙開発において，ある大きな出来事から50周年という節目の年でした。その出来事を選び，記号で答えなさい。

Ａ．月面に人類を送るために，アポロ11号が打ち上げられた。

Ｂ．火星に探査機を着陸させるために，バイキング１号が打ち上げられた。

Ｃ．太陽系にある複数のわく星を観測するために，ボイジャー１号が打ち上げられた。

Ｄ．機体の再使用を可能とした有人宇宙船スペースシャトル「コロンビア号」が打ち上げられた。

④　昨年，日・欧《おう》・米の研究チームが初めてブラックホールのさつえいに成功しました。このとき公開された画像に写っていた形を選び，記号で答えなさい。

Ａ．円形　　Ｂ．うずまき型　　Ｃ．だ円形　　Ｄ．ドーナツ型

2　ゴミを捨てるときは分別をします。可燃ゴミは焼きゃくろで灰にして，体積を小さくしてからうめ立て処分場に運びます。①可燃ゴミを焼きゃくろで燃焼させると，たくさんの気体が発生します。発生する気体の中には有害なものもあり，それぞれにはい出してよい基準値が決められています。②清そう工場には，発生した気体を外に出すためのエントツが建設されています。主成分として出てくる気体が，今の地球かん境に変化をもたらす可能性があります。その気体の性質の一つに(　ア　)効果があります。③昔よりも平均気温が上がっている原因かもしれません。他の性質として，水に少しとけて弱い(　イ　)を示します。これにより，海の(　イ　)化と呼ばれるかん境問題があります。④気体のとける量は温度で異なります。例えば，冷えた炭酸飲料とぬるい炭酸飲料のフタを開けたとき，出てくる気体の量に差があります。

不燃ゴミは，細かい破片にしてうめ立て処分場に運ばれます。不燃ゴミにはプラスチック製品がふくまれている地域があります。プラスチック製品による(　ウ　)のかん境お染がメディアに取り上げられることが多くなりました。

資源ゴミには，ガラスやビン，スチールかん，アルミかん，ペットボトルなどがあり，⑤リサイクルの際に様々な方法で細かく分けられます。

問１　文中の(ア)～(ウ)に最も当てはまる語を答えなさい。

問２　下線部①で，発生する気体が多いものの組み合わせを選び，記号で答えなさい。

Ａ．ちっ素と酸素

Ｂ．酸素と二酸化炭素

Ｃ．水蒸気とちっ素

Ｄ．酸素と水蒸気

Ｅ．二酸化炭素と水蒸気

Ｆ．ちっ素と二酸化炭素

問３　(ア)効果のある気体によってもたらされると考えられているかん境問題は，文中に示した以外にもいくつかあります。(ア)効果のある気体と全く関係のないかん境問題を選び，記号で答えなさい。

Ａ．オゾン層の破かい　　Ｂ．氷河の減少

Ｃ．砂ばく化　　Ｄ．酸性雨

問４　下線部②について，高く建設されることが多いです。それは，有害な気体に対する基準値を満たすためです。高く建設することによって基準値を満たすことができる理由を答えなさい。

問５　下線部③のかん境問題は，何と呼ばれているか答えなさい。

問６　下線部④について，北極付近の海と赤道付近の海を比べたときに，気体がとけやすいのはどちらの海か答えなさい。

問７　下線部⑤で，スチールかんとアルミかんを分別するとき，さわらずに分別する方法を考えて答えなさい。

3　ふり子の長さ，おもりの重さ，ふれるはばを変えながら，10往復する時間を測定しました。その結果を表にまとめました。

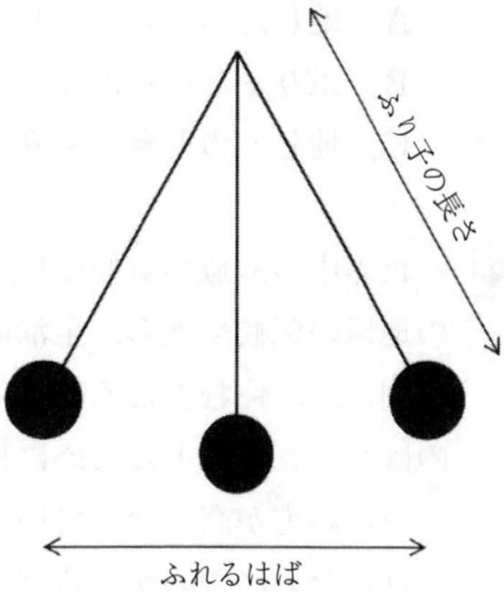

	ふり子の長さ[cm]	おもりの重さ[ｇ]	ふれるはば[cm]	10往復する時間[秒]
実験①	25	50	4	10
実験②	100	50	8	20
実験③	50	50	4	14
実験④	50	100	8	14
実験⑤	25	100	4	10
実験⑥	100	50	4	20
実験⑦	100	100	8	

問１　ふり子の長さと１往復する時間はどのような関係がありますか。次の中から正しいものを二つ選び，記号で答えなさい。

Ａ．ふり子の長さが大きいほど，１往復する時間は長い。

Ｂ．ふり子の長さが大きいほど，１往復する時間は短い。

Ｃ．ふり子の長さが変わっても，１往復する時間は変わらない。

D．ふり子の長さと１往復する時間は比例する。

E．ふり子の長さと１往復する時間は比例しない。

問２　おもりの重さと１往復する時間の関係を調べるために，実験①～⑥から二つ選び，結果を比べます。どの実験を選べばいいですか，二つの実験番号を答えなさい。

問３　ふれるはばと１往復する時間はどのような関係がありますか。次の中から正しいものを選び，記号で答えなさい。

A．ふれるはばが大きいほど，１往復する時間は長い。

B．ふれるはばが大きいほど，１往復する時間は短い。

C．ふれるはばが変わっても，１往復する時間は変わらない。

問４　実験⑦で，10往復する時間を答えなさい。

問５　右図のようなふり子時計は，ふり子が１往復する時間で，針の進む速さが決まります。ふり子がある回数往復する間に，長針が１分進むように設計されたふり子時計があります。時計の針を正確に動かすために，ふり子の長さを調節できるようにしてあります。ある日，ラジオから正午の時報が鳴った時，12時00分を指していました。次の日，ラジオから正午の時報が鳴った時，12時02分を指していました。ふり子の長さをどのように調節すればいいですか。

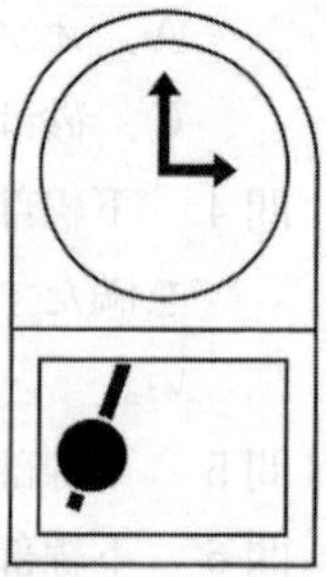

問６　地しんが発生したとき，ビルが大きくゆれるのを防ぐために，ふり子が利用されることがあります。地しんでビルがゆれた場合，ビルのゆれのエネルギーをふり子が吸収することで，ビルのゆれが小さくなるようにしています。このようなはたらきをふり子にさせるために，最も当てはまるものを選び，記号で答えなさい。

A．地しんのとき，ふり子が大きくゆれるように，ふり子を設計する。

B．ふり子が地しんでこわれないように，ふり子をじょうぶに設計する。

C．地しんのとき，ふり子がなるべくゆれないように，ふり子を設計する。

4　世界中の地域の気候や地形によって，そこに住むけものの体つきにちがいが見られます。その地域の気候や地形，生活のしかたによく適した種類が生き残ってきたのです。

例えば，住むところによって体つきにちがいを生じることがあります。樹上生活をするけものはバランスをとるために尾が長くなっていますし，山がく地帯で生活するけものはこしよりもかたの方が高くなっていることでバランスが良くなっています。地中で生活するけものは土をほるためにつめがするどくなっています。砂ばくで生活するけものは体の一部の面積を大きくして熱を放ちやすくなっています。

食べる物によってもちがいが見られる部分があります。それは歯です。けものの歯は前歯，犬歯，奥歯に分かれ，さらに食べ物により同じ種類の歯でも形がちがっています。

また，けものは生きるために体の中で熱を発生します。ふつう，体重が重い(体が大きい)ほど多くの熱を発生します。その一方で体内に熱がこもらないように体の表面から熱が放たれます。そのため，体の表面積が大きいほど熱がよく放たれます。

面積は(長さ)×(長さ)で，体積は(長さ)×(長さ)×(長さ)で求めることができます。

発生した熱の量に対して放たれる熱の量の割合はこの関係から推測することができます。

問１　樹上，山がく，地中，砂ばくで生活するものをそれぞれ次から選び，記号で答えなさい。

A.

B.

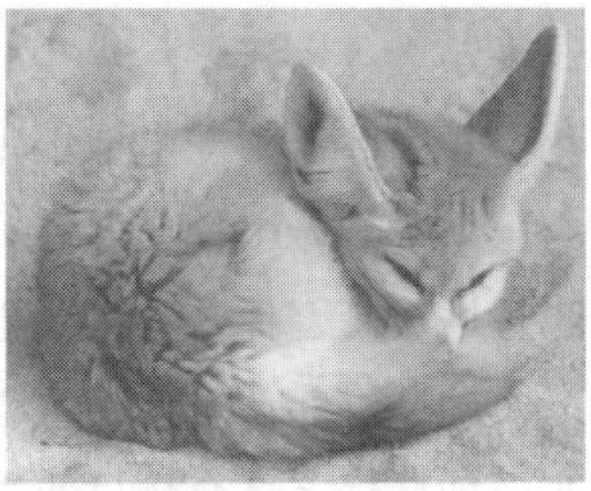

C.

D.

（Photock，Wikipedia などより作成）

問２　次の食べ物に適した奥歯を下の図から選び，記号で答えなさい。

ア．主に草を食べる。

イ．主に肉を食べる。

ウ．草も肉も食べる。

A.

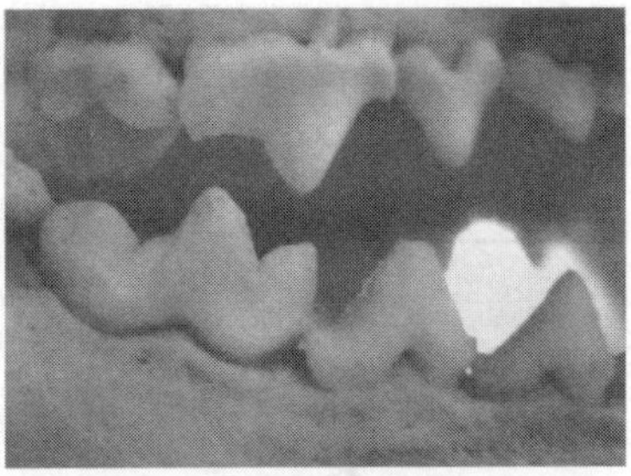

B.

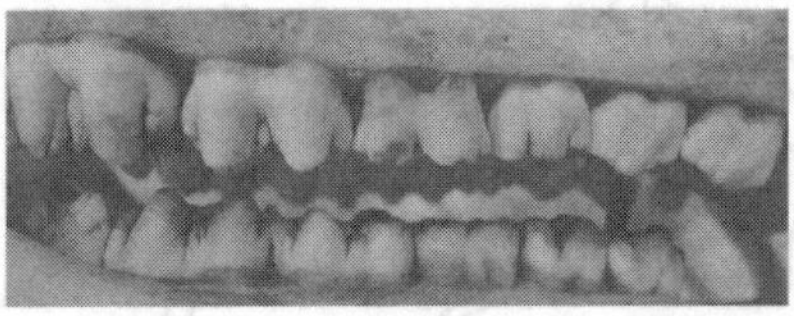

C.

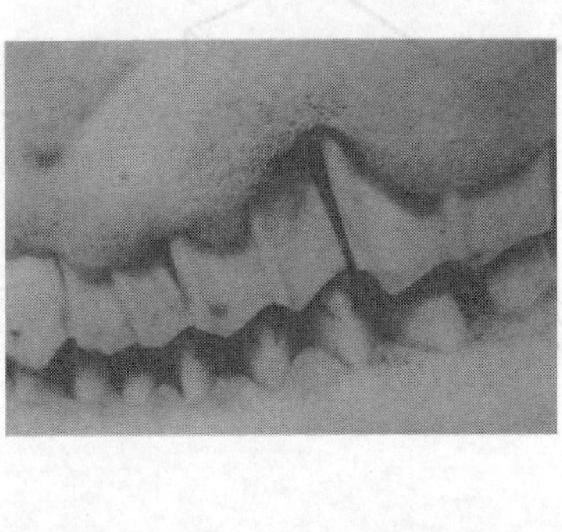

問３　次のうち正しいものはどちらですか，記号で答えなさい。

Ａ．体長が大きいほど，発生した熱の量に対して放たれる熱の量の割合が大きい。

Ｂ．体長が大きいほど，発生した熱の量に対して放たれる熱の量の割合が小さい。

問４　似た種類のけものでも寒い地域と暑い地域では体つきがちがいます。次から最も正しいものを選び，記号で答えなさい。

Ａ．寒い地域ほど体全体は大きく，体から突き出ている部分も大きい。

Ｂ．寒い地域ほど体全体は大きく，体から突き出ている部分は小さい。

Ｃ．寒い地域ほど体全体は小さく，体から突き出ている部分も小さい。

Ｄ．寒い地域ほど体全体は小さく，体から突き出ている部分は大きい。

5　図１はある川の地図です。

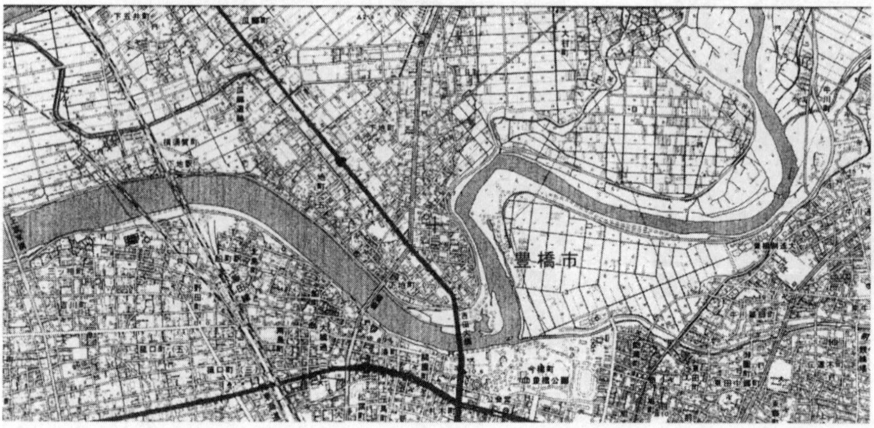

図１

問１　この地形は主に川のどのあたりのものですか，図２から選び記号で答えなさい。

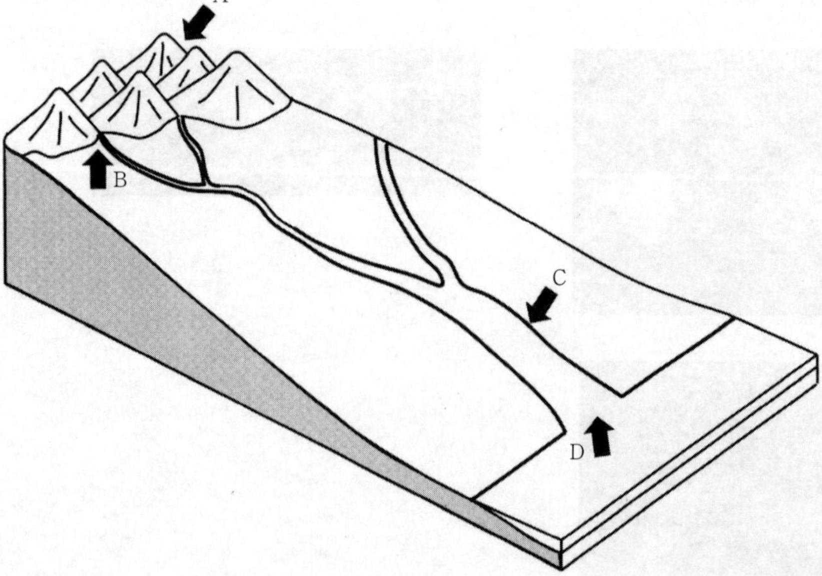

図２

問２　この地形があるあたりの川の特ちょうを答えなさい。

問３　この地形があるあたりで非常に強い雨が降りました。考えられる自然災害を二つ答えなさい。

問４　問３の災害を予防するために市町村ではハザードマップ(被害予測地図)を作っています。図３はある地域の明治期の地図で，図４は同じ地域の現在の地図です。また，図５は図４にこの地域のある自治体のハザードマップから想定しん水域を重ねたものです。地図中の  は川を，  は大規模なこう水があったとき深さ0.1m以上のしん水の可能性がある場所を示しています。これらの地図からどのような場所がこう水の心配があるのか，答えなさい。

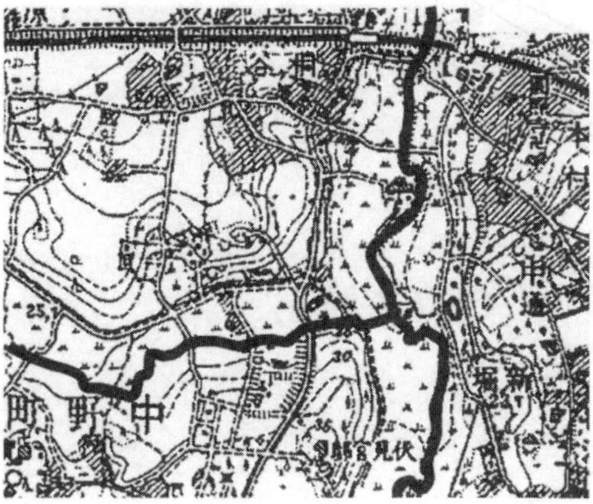

図３

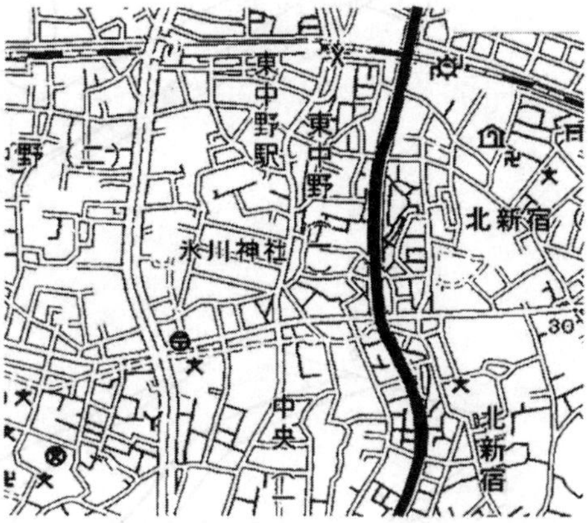

(今昔マップ on the web より作成)

図４

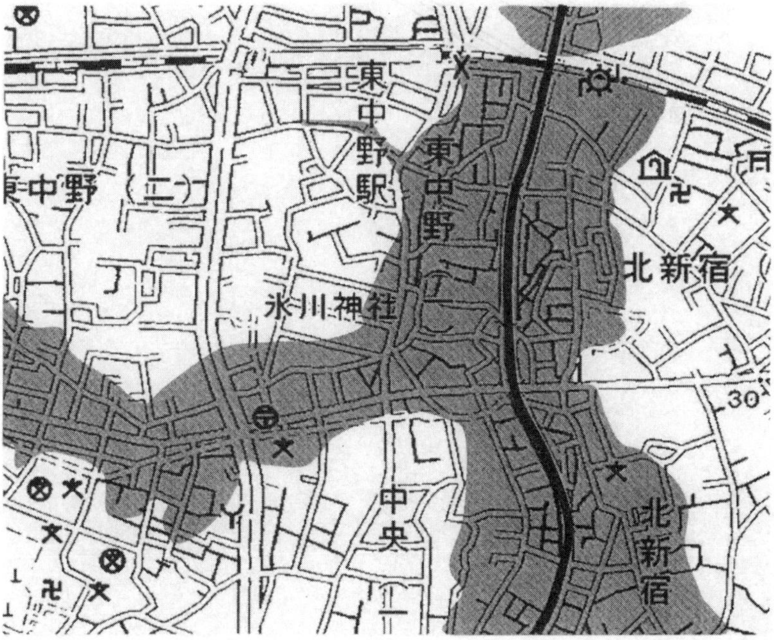

図５

問5　地形をつくる実験で，砂をしいた箱をかたむけて水を少量流したところ，図6のアのような地形ができました。この地形をイのような地形に変えるにはどのような方法が考えられますか，二つ答えなさい。なお，砂には手を加えないこととします。

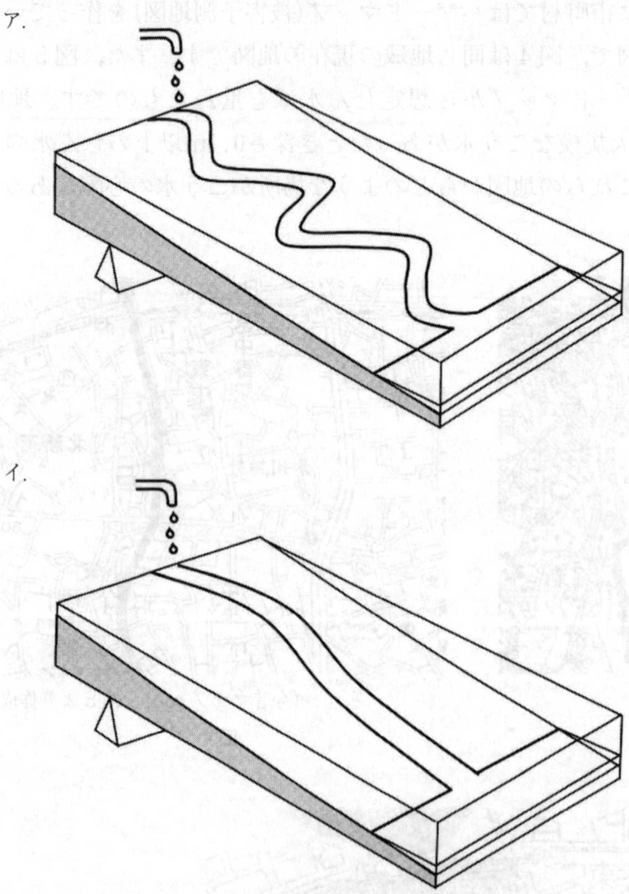

図6

ア　はい、そうですね（笑い）。
イ　それはなんですか？
ウ　研究の世界では、失敗することもあたりまえなんですね。
エ　それは、きっと……。人生にも通じる考え方ですね。

問五　波線(4)と言える理由を三十字以上四十字以内で説明しなさい。

問六　波線(5)として、「山中先生」が挙げている条件の一つを探し、「〜こと」に続くように本文中から二十七字で探し、はじめの五字を書きなさい。

問七　【E】【F】に入る言葉の組み合わせとして、最も適当なものを次から選び、その記号を書きなさい。

ア　E　義務　F　方法
イ　E　責任　F　使命
ウ　E　権利　F　課題
エ　E　自由　F　試練

問八　この対談を通して「山中先生」が伝えようとしていることを、八十字以上百字以内で説明しなさい。

ことと、自分がしたいことや自分が楽しいと思えることが一致（いっち）した状態が、いちばん幸せだと思うんですよね。

だから、今愛菜ちゃんは中学生ですが、高校、大学、20代を通じて、「自分は何がしたいんだろう」「自分は何をしている時が楽しいのかな」っていうのを探して深めていってほしいと思います。それには、けっこう時間がかかると思います。芸術家の方だったりすると、子供の時から「自分が楽しい」と思えることを見つけていて、ずっとその道でやっている方もおられますけど、多くの人は「自分が何をしたいのか」「何をしたら夢中になれるのか」を見つけるのに時間がかかります。その夢中になれるものが見つかってそれを仕事にできたら、生きていてとても楽しいと思います。

あと、多くの場合、自分の人生が楽しいと感じるために大切なのは「どこかで誰かのためになっている」という気持ちが持てるものであること。この気持ちは、すごく大切だと思います。

愛菜：そうですね、誰かのためになっている、と実感できたら、がんばろう！という気持ちも高まりますよね。私もいろんなことに興味を持って、毎日過ごしていきたいなと思っています。

最後に、先生が感じる研究のおもしろさや、若い人へのメッセージがあれば教えてください。

山中先生：研究は、芸術と一緒なんですよね。何かをゼロから作り出すという創造の世界です。ほぼゼロから無限の可能性を引き出せる仕事なので、ぜひ、愛菜ちゃんを含（ふく）むたくさんの若い人に研究者になってほしいなと思います。

小学生の「将来なりたい職業ランキング」だと、研究者はけっこう上位に来るんです。でも、実際に研究者になる人はとても少ない。だから、研究の＊魅力（みりょく）をもっとたくさんの人たちに伝えていくというのは、僕たち研究者の【　E　】であり、【　F　】だと思っています。

愛菜ちゃんもぜひ、研究に興味を持ってくださいね。

愛菜：はい！　この後、＊iPS細胞（さいぼう）研究所内も見学させていただけるということで、とても楽しみです。今日は山中先生にお会いできてほんとうにうれしかったです。ありがとうございました。

＊警鐘　危険を予告し、注意をうながすもの。
＊魅力　人の心をひきつけて夢中にさせる力。
＊iPS細胞　体細胞に生体の様々な組織になる能力をもたせたもの。

問一　波線(1)の「驚きの終わり方」として、最も適当なものを次から選び、その記号を書きなさい。

ア　同じことのくり返しで生活にあきてしまった。
イ　死ぬまで、幸福に生きることができた。
ウ　死んだあとも、気づかれず世話をされていた。
エ　生きている人間が主人公だけになってしまった。

問二　波線(2)の具体例として、「山中先生」が述べているよくないことを一行で説明しなさい。

問三　波線(3)に対する「山中先生」の答えとして、最も適当なものを次から選び、その記号を書きなさい。

ア　実験は失敗するものなので、成功するまであきらめずにすること。
イ　現代の科学でわかっていることを使わないのが失敗であること。
ウ　自分の知識の範囲内だけで予想することは失敗であること。
エ　実験で出た失敗は新しいことを発見するきっかけになること。

問四　【A】【B】【C】【D】は芦田さんの発言です。それぞれ最も適当であるセリフを次の中から選び、記号で答えなさい。なお記号は一回ずつしか使えません。

返すんですね。「こういう実験をしたら、こういう結果が出るだろう」と予想を立てて実験するんですが、思い通りの結果になることは、10回のうち1回くらいしかありません。つまり、10回に9回は実験がうまくいかないんです。もしくは、実験はうまくいっても、結果が予想と違(ちが)うということがほとんどです。でも、そういう時こそがチャンスなんですよ。

なぜかというと、現代の科学でわかっていることは、ほんの一部だからです。よく「氷山の一角」という言葉を使いますが、科学を氷山に例えるなら、今わかっていることは海から顔を出している小さな部分だけで、わからないことのほうがはるかに大きい。しかも、隠(かく)れている部分がどのくらい大きいのかすらも、わからないんです。

僕たちは自分たちが知っている範囲(はんい)のことでしか、物事を判断できないじゃないですか。だから、自分の予想というのは、あくまで自分の知識の範囲内にとどまってしまうんです。水面から氷山が顔を出している小さなところだけを学んでわかった気になって予想を立てるので、実験で違う結果が出てしまうのは、ある意味当然なんですね。でも、その失敗が、これまで知られていなかった新しい事実を発見するきっかけになるかもしれないんです。

愛菜：【　A　】

山中先生：もちろんです。思い通りの結果が出たほうが、誰(だれ)でもうれしいものですけどね。なんだって、自分の思い通りになったほうが楽しいでしょう?

愛菜：【　B　】

山中先生：思い通りいかなかったら、誰もが「うーっ」って落ち込みますよね。でも、研究者は基本的に失敗をするもので、そもそも失敗を「よくないことだ」と考えると研究はうまくいきません。そこでさっきもお話したような「適応力」があれば、予想と違う結果が出ても、「むしろ、これは、教科書に書いてない新しい事実を発見できるチャンスなんだ」って思えるんです。

愛菜：【　C　】

山中先生：そうかもしれませんね。人生といえば、愛菜ちゃんに事前にもらった質問の中に「人生って何ですか?」という質問があったので、これはすごいことが書いてあるなと思っていたんです。たぶん、僕自身も中学生くらいの時から、何十年間も考えてきたテーマだと思うんですが、すごく難しい問題ですよね。僕も答えはわからないんですが、ただ一度生まれてしまうと、どこの学校に行こうとか、どの仕事に就(つ)こうとか、どんな人と結婚(けっこん)するかとか、基本的には何でも自分で決めることができますよね。でも、決められないことがあるんです。

愛菜：【　D　】

山中先生：いちばん自分ではどうしようもなくて、決められないことは「この世の中に生まれてきたこと」なんですよ。こればかりは、完全には自分ではどうしようもありません。僕たちはこの世に生をいただいたわけで選択肢(せんたくし)はないんです。生が尽(つ)きるまで生きるしかなくて、それだったら楽しく生きようということだと思うんです。でも、この楽しいというのが難しくて(4)決して楽ではない。どうしたら自分が楽しいと思えるのかを探すしかないんですよね。愛菜ちゃんは、何をしている時がいちばん楽しいですか?

愛菜：うーん。友達と話をしたり、たわいもない時間を一緒(いっしょ)に過ごしたりするのが楽しいなと思うことが多いですね。

山中先生：人とのつながりを持つのは、(5)人生を楽しむために必要な条件ですよね。そして、成長していくうちには仕事もしないといけません。衣食住を得るためには何らかの労働をしなければいけませんよね。じゃあ、その時どんな状態が幸せかというと、生きるためにする

三　次の文章は、女優の芦田愛菜(あしだまな)さんと、科学者の山中伸弥(しんや)さんによる、対談の一節です。文章を読んで、後の問いに答えなさい。

芦田愛菜(以下、愛菜)：今日はお伺(うかが)いしたいことがたくさんあるんです！　毎日とてもお忙(いそが)しいと思うのですが、山中先生は、プライベートではどんな本をお読みになられますか？

山中伸弥先生(以下、山中先生)：いろんな本を読みますよ。中でも村上春樹さんの本は、だいたい全部読んでいますね。

愛菜：そうなんですね！　実は、私もこの間、村上春樹さんの書いた『騎士(きし)団長殺し』を読んで、独特の世界観に引き込(こ)まれました。

愛菜：他によく読まれていた本はありますか。

山中先生：星新一さんの小説は子供の頃(ころ)から大好きで、当時、出版されている作品はほぼ全部読んだと思います。

愛菜：私も星新一さんの作品は大好きで、最近読んだ中にも、とても印象深いお話があったんです。『ゆきとどいた生活』(理論社)という題名のショートショートなのですが、世の中全体がすべて自動化されている近未来が舞台(ぶたい)で、主人公の男性もすべてを機械に任せた生活を送っているんですが、すべてがゆきとどいた生活だからこそ……という(1)驚(おどろ)きの終わり方で、読んでいてゾクッとしてしまいました。そして、「今の時代は科学が生活のいろんなところに介入(かいにゅう)しているけれども、どこまでが便利で、どこからが害になってしまうのか。便利さと害は紙一重(かみひとえ)かもしれない」と強く思いました。

山中先生：そんなふうに、星さんの作品には、世の中に対する＊警鐘(けいしょう)がたくさんちりばめられていますよね。

愛菜：先生は、今後科学はどこまで進歩していいと思われますか？

山中先生：僕(ぼく)たちのように最先端(さいせんたん)の科学を研究していると、今、自分がやっていることはほんとうによいことなのかどうか、自信がなくなることもあるんです。原発がまさにその典型例です。原発は人間が作り出したすごい技術なんですけど、最初は爆弾(ばくだん)として使われて、何十万人もの方の命を奪(うば)ってしまった。それが、今度は平和利用として、クリーンエネルギーを生み出して世界の役に立っているんです。でも、東日本大震災(だいしんさい)のように一度原発事故が起こると、人間だけではなく、地球にもとんでもない被害(ひがい)をもたらしてしまう。科学は、人類や地球、宇宙のためになることもあれば、逆に破滅(はめつ)をもたらす可能性もあります。だから、科学技術は便利と危険の紙一重で、山頂の風向き次第(しだい)でどちらに転がるかわからないという危(あや)うさをいつも感じています。

　たとえば、この研究所には、生命倫理(りんり)を研究しているチームもあって、彼(かれ)らはまさに「医療(いりょう)はどこまで生死にかかわるべきか」という研究をしています。でも、なかなか答えは出ないんですよね。

愛菜：世の中はすごく便利になりましたが、果たしてそれが(2)必ずしもよいことばかりなのかどうか考えてしまいます。

愛菜：私は失敗して落ち込(こ)むこともあるんですが、失敗したからこその発見がたくさんあるし、前向きに考え気持ちを切り替(か)えるようにしています。(3)山中先生は「失敗」をどうとらえられていますか？

山中先生：生物学や医学の研究というのは、基本的に実験を繰(く)り

みんながなにか話してくれればこんなはずかしいことはいわずにすんだのに、ついつい自分が思っていることを、そのままだらだらと話してしまった。

マッスーが口を開いた。

「いや、なんかわかるよ……。卓球どうのこうのじゃなくて、おどしたり、だましたりするようなやつらに、やっぱ負けたくない。ひきょうなやり方にも、そうじゃない正しいやり方で勝ちたくなるよね」

ぼくも強くそう思った。松林がうなずく。

「なるほど、(6)よぉくわかった」

「え？」

四人の視線が松林の顔に集中する。

「おもしろくなってきたじゃない。つまり、せんぎだ君がいっていたことが正解なのよ。それにそった作戦、思いついちゃった」

「ど、どういうこと？」

ぼくは意味がわからなくて、松林に答えをせかす。

「みんな、よくきいて。こういうことなの……」

蒔田浩平『チギータ！』（ポプラ社刊）

＊チラシ　卓球の魅力（みりょく）を伝えるためにマッスーの自宅である魚屋に置いたもの。

＊高沢派　学級で高沢さんのことが好きな男子たちのこと。

問一　【A】に入る言葉として、最も適当なものを次から選び、その記号を書きなさい。

ア　腹だたしそうな声　イ　おどろいた声

ウ　残念そうな声　エ　わざとらしい声

問二　波線(1)「予想していなかった方向からの攻撃」とはどのようなことかを、「攻撃。」につながるように一行で説明しなさい。

問三　波線(2)でぼくが「やばい」と思った理由を二十字以上三十字以内で書きなさい。

問四　波線(3)で鳥村はどんなことから「ふっきれた」のですか。その説明として最も適当なものを次から選び、その記号を書きなさい。

ア　多数決で解決しようとしてしまったこと。

イ　榎元たちにおどされていること。

ウ　ホームルームをまとめられなかったこと。

エ　多数決で自分が手をあげ忘れたこと。

問五　【B】に入る言葉として、最も適当なものを次から選び、その記号を書きなさい。

ア　くやしくてさ

イ　ばかばかしくてさ

ウ　めんどうくさくてさ

エ　おそろしくてさ

問六　波線(4)で松林が「しかめつら」をしていた理由として最も適当なものを次から選び、その記号を書きなさい。

ア　周りがうかれているのを良く思わなかったから。

イ　鳥村をおどしたのをひきょうだと思ったから。

ウ　榎元たちの動きに不安を感じていたから。

エ　卓球をするための作戦を思いついたから。

問七　波線(5)「胸にささった」とありますが、その理由を六十字以上八十字以内で説明しなさい。

問八　波線(6)はどうして「よくわかった」ではなく「よぉくわかった」と書かれているのですか。その理由を説明しなさい。

問九　この文章を「ぼく（せんぎだ）が～物語。」という一文でまとめなさい。ただし、「～」に入る言葉は三十字以上四十字以内とします。

に女子の票もちょっと足して二〇票をとる。さらにポートボール好きの女子には『邪魔しない』っていって油断させて、ほかの女子にはバスケに入れるようにお願いして、バスケでも一〇票とる」

つまり三回中、サッカー二回、バスケ一回で、やっぱり独占しようとしているんだ！　マッスーがのけぞる。

「ええ！　それって高沢をだましているの!?　そんなのずるいじゃん！」

「高沢さんだけをだましているわけじゃないけど、ずるいのはたしかね。男子はおどして、女子はだます。これがあいつらの手口なんじゃない」

＊高沢派であることをばらしてしまったマッスーの発言をちくりとさしながら、松林が説明した。

マッスーはそのことには気づかず、むすっとした顔でうなずいている。ぼくはマッスーのために少し話題を変えた。

「どっちにしても、ぼくたち『卓球＆バドミントン』組は、これでようやく五票。一〇票までやっと半分だね」

マッスーがため息をつく。

「ふ～。あいつら、もうほとんどのクラスメートに声かけてまわっているんだろうね。先回りされているから、やりづらいなあ」

みんなしばらくだまりこんだ。

ぼくはふと、榎元にいわれた言葉を思い出した。考えがまとまらないまま、話のつなぎぐらいにはなるだろうと思って、そのまましゃべり始めた。

「そういえば、榎元君たちにいわれた言葉の中で、痛いところつかれたなって、ずっと引っかかっていたのが一つあるんだよね」

マッスーがたずねる。

「なんなの、それ？」

「うん。先週、ホームルームで榎元君がぼくらにこういったんだ。『おまえら、卓球クラブだな。ただ卓球がやりたいだけなんだろ』って」

マッスーが鼻の穴をふくらます。

「でも、あいつらだってサッカーとかバスケとか、自分たちがやりたいことをやりたがっているだけじゃん。ぼくらがそれで反省する必要はないよ」

ぼくもマッスーのいうとおりだと思う。自分でも、なにがいいたいのかよくわかっていなかった。

「そうなんだけど、実際にその通りだなって思っちゃったんだよね。ぼくたちって、ただわがままいっているのかなって。それで今日、同じように(5)胸にささった言葉があったんだ」

マッスーがまたたずねる。

「さっきのホームルームで？」

「うん。それが、さっき松林がいった『小さな声をつぶすのはやめてください』ってやつなんだ」

みんな真剣（しんけん）な表情できいていた。

だれかが反応してなにかいってくれるかと思っていたけど、ぼくの話の続きを待っているみたいだった。ぼくは精いっぱい頭を回転させ、説明を続ける。

「松林のその言葉に、背中をぐぐって押（お）された感じがしたんだ。つまり、ぼくらは小さい声を代表して、闘（たたか）っているんだなってね。ただ、卓球がやりたい、バドミントンがやりたいってだけじゃない。なにか大人数で迫ってくる強そうなものに、強引な力に、立ち向かっているみたいな……」

みんな、やっぱりだまったままだった。

「あ、あれ、なんか……、くさいこといってごめん……」

ぼくは急に体中が熱くなるのを感じた。

入れてくれたの？」

ぼくの問いかけに、鳥村はしばらく間を置いた。

「おどされたんだ……」

「え？」

ぼくらは声を合わせた。

「今日、昼休みに榎元君たちに屋上に呼びだされたんだ。そのとき原口君から、下校前のホームルームに『卓球台は四台しかないから、レクには向かない』って話をするから、その話が通るように司会を進めろっていわれて……」

「そうだったんだ……」とマッスー。

「うん。それだけじゃなくて、来週の投票のときは、サッカーにしろって。そうしないと『シめるぞ』ってね。そのときは怖(こわ)くて『うん』っていったけど、なんか【　B　】」

目線を落としてしゃべっていた鳥村が、そこでぼくの顔を見上げた。

「でもさっき、せんぎだ君とか、松林さんとか、増永君とかが、あいつらにもびびらずに発言しているのをきいて、ちょっと勇気がわいてきたんだ」

ぼくら三人は顔を見合わせた。

「それにぼく、バドミントンクラブには入っていないけど、バドミントンは好きなんだ。弟とよくやっている」

山西が口を開く。

「そうだったんだ〜。バドミントン、楽しいよね。そういえば、わたしは榎元君たちに、バスケに入れてくれっていわれたな。別におどされたわけじゃないけどね。『お願い』って手をあわせながらたのまれたよ〜」

榎元たちの動きは、かなり進んでいるみたいだ。

「でもね、増永君ちの魚屋さんで＊チラシをもらって、なんだかすごくおもしろそうだったから、卓球も応援したくなっちゃったんだ〜」

「え！　そうだったんだ！」

ぼくは思わず大声をあげた。

マッスーと目を見合わせて、グータッチをする。チラシ作戦は地味に成功していたんだ。松林はぼくらがはしゃいでいるのをよそに、(4)しかめつらで腕(うで)組みをしている。

「あいつら、ずい分と手広くうごいているのね……」

山西がうなずく。

「そうみたい。四条ちゃんとか高沢ちゃんとか、ポートボールが好きな女子には『ポートボールが一〇票とるのは邪魔(じゃま)はしない』っていっているみたいなんだけど、わたしとかには『バスケに入れてくれ』っていっているんだよね〜。あと『サッカーに入れて』ってお願いされた子もいるみたいよ」

マッスーがつぶやく。

「あいつら、サッカーだけで独占(どくせん)しようとしているのかと思ったけど、ちがうんだ……」

ぼくも同感だった。山西が続けた。

「原口君がもっていた紙をちらっと見たんだけど、なんか、だれがなにに入れるか、クラス全員分をまとめているみたいだったよ〜」

「票を予想して、まとめているのね」

腕組みをしたままの松林がいう。

「どういうこと？」

ぼくがたずねると、鳥村が代わりに答える。

「たぶん、どの種目に何票集まるかを予想して、自分たちの思い通りにいくように調整しているんだ」

松林がさらにくわしく説明する。

「あいつらの作戦はたぶんこう。男子の票はサッカーに集めて、そこ

鳥村のめずらしい大声で、みんなが口をつぐむ。でも鳥村の勢いがよかったのはここまで。目は泳ぎ、どうまとめていいのかわからないみたいだ。

八の字の太いまゆ毛だけが、別の生き物になったかのようにうねうねとうごく。(2)やばい、こんなときに鳥村が吐(は)くセリフは一つしかない。

「多数決をとります！」

やっぱり。こまったときの多数決だ。

鳥村が書記役に小声で告げる。黒板に走り書きの文字がおどる。

「卓球＆バドミントンを認めるか、認めないか」

鳥村が黒板を指さした。

「認めるか、認めないかで多数決をとります。まずは、認める人！」

女子を中心に手が上がる。一九票だった。

「次、認めない人！」

鳥村が一瞬(いっしゅん)、かたまる。

「あれ、一九票だ……」

計三八票だった。うちのクラスの人数は三九だ。一票足りない。

榎元ががなり立てる。

「だれだよ、手をあげていないやつ」

女子からも声があがる。

「もぉ、だれなの〜」

鳥村がぽつりとつぶやいた。

「あ、ぼくだ……」

普段(ふだん)の多数決では自分の分もちゃんと数えている鳥村だが、今回は緊張(きんちょう)していて忘れたみたいだ。先生がぼそっという。

「どっちだ？　おまえの一票で決まるぞ」

鳥村はどっちにするか、決めていなかったようだ。

突然、ぼくらと榎元たちの「綱(つな)引き」のどまん中に立たされた。手足を両方向から思いっ切り引っぱられ、苦しそうに顔をゆがめる。

教室中の視線が、鳥村に集まっていた。

「ぼくは卓球＆バドミントンを……」

静まり返る教室。時間が止まったみたいだ。

ぼくは心の中で、綱引きの綱を強くにぎり直した。そしてもう一度、力のかぎりに引っぱる。

たのむ、鳥村！　こっちにきてくれ！

鳥村は顔をあげた。(3)ふっきれた表情だ。

「認めます！」

「おっしゃあ！」

マッスーが叫(さけ)ぶ。榎元たちはチッと舌打ちをした。

ほとんどのクラスメートが教室からいなくなった。のこっていたぼくとマッスーと松林は、応援(おうえん)してくれた山西をつれて鳥村の席へと近づいていった。

松林が話しかける。

「ありがとね。最後に『認める』のほうにしてくれて」

鳥村はぼそっと答える。

「別に、お礼をいわれるほどのことじゃないよ……」

そっけなくつぶやいたものの、ほほは熟(う)れたイチゴみたいにまっ赤だ。女子にストレートにお礼をいわれて、はずかしかったんだろう。

「鳥村は一学期のとき、たしかサッカーに入れていたから、てっきり『認めない』のほうにするかと思ったよ。なんで『認める』のほうに

「ですね。まあ、だとしても同時に一六人しかできません。やはり二三人もの大人数が見学していないといけません。二三人はこのクラスの半分以上の人数です」

「待っている間、ひまだよなあ」

「ほかのことやりたくなるぜ」

榎元たちの声が教室に響(ひび)く。あきらかに不利だった。

松林にとっても、(1)予想していなかった方向からの攻撃(こうげき)だったみたいだ。ぼくのあとに続けないでいる。

そのとき、細長い白い手がすらっと上がった。

一学期のとき、バドミントンをやりたいといった女子の山西だった。山西は独特のおっとりした口調で話しだした。

「あの～、卓球とバドミントン、一緒にやればいいんじゃないでしょうか。クラブ活動の時間では、卓球とバドはいつも一緒に体育館を使っているよ～」

松林がすかさず手をあげた。

「山西さんの意見に賛成です。バドミントンクラブは、いつも卓球クラブと一緒にやっています。バドミントンのネットは三面はれるはずです。それぞれに審判(しんぱん)役も必要だし、ただ待っていないといけない人はほとんどでません！」

榎元三人衆の一人、長身の伊東が手もあげずに立ちあがり、高い位置から警報(けいほう)を鳴らすように声をはりあげた。

「そんなの変だろ！　だったら、それぞれがやりたいスポーツをやればいいって話になるじゃねえか！」

教室の中がさわがしくなってきた。伊東は警報を鳴らし続けた。

「レクの目的はみんなで一体感を高めることなんだろ！　だったら、競技は一つにしぼらないとおかしいだろ！　いろいろやっていいんなら、じゃあ、サッカーとバスケを一緒にしてもいいのかよ！」

今度はマッスーが立ち上がる。「手をあげて学級委員の指名を受けてから発言する」という基本のルールが成り立たなくなってきた。

「そんなことないよ。だって、サッカーとバスケは一種目だけで待つ人をつくらずにできるんだから、別にいいじゃん。卓球の場合、それができないから、バドミントンも一緒にやろうってことなんだよ。だから、ええっと……」

マッスーが言葉につまったところで、松林が助け船をだす。

「私もそう思います。だって、男女混合でやりましょうってルールはあったけど、一つだけの競技にしましょうってルールはなかったでしょ。みんながばらばらのことをするのはたしかにおかしいと思うけど、できない理由を探して、少数の意見を、小さな声をつぶすのはやめてください！」

ぼくはその言葉にはっとさせられる。松林は語気を強めた。

「条件が整わないなら、工夫して、できるようにすればいいだけじゃない。その工夫が、今回の卓球＆バドミントン案です！」

「そんなのへりくつだ！」

今度は、榎元三人衆の一人、体力自慢(じまん)の吉野がいい放つ。たしかに、マッスーと松林の意見は完全に筋(すじ)が通っているとは思えなかった。

でも「できない理由を探して、小さい声をつぶさないでほしい」という訴(うった)えは、卓球をしたいかどうかって問題をこえて、ぼくの胸にどんと迫(せま)ってきた。

吉野の発言のあとは、たくさんの人が同時に立ち上がっていいたいことをいいだして、教室はパニック状態になった。

先生が学級委員の鳥村にあごで「まとめろ」というふうに合図をした。鳥村が腹から声をだす。

「みなさーん、静かにしてくださーい！」

二〇二〇年度 学習院中等科

【国語】〈第一回試験〉（五〇分）〈満点：一〇〇点〉

〈注意〉字数が決まっている問いについては、「、」や「。」も一字と数えます。

一 次のぼう線部のカタカナを漢字で書きなさい。

① すばらしいケシキを見る。
② 学問をオサめる。
③ 病気がナオる。
④ 規模をシュクショウする。
⑤ 実力をハッキする。
⑥ コウリツよく働く。
⑦ オヤコウコウをする。
⑧ テンランカイに行く。
⑨ にせ物と本物をタイショウする。
⑩ 卒業式でシュクジを聞く。

二 次の文章を読んで、後の問いに答えなさい。

次の文章は、ある小学校の学級の物語です。この学級ではレクの時間にするスポーツを多数決で決めています。三九人いる学級で投票を行い、一〇票以上入った上位三つの種目を二学期に三回あるレクの時間に行うことになっています。卓球（たっきゅう）クラブに入っているぼく（せんぎだ）は、同じクラブのマッスー（増永）や松林と協力して卓球に票を集めようと思っています。しかし、クラスのリーダー的存在である榎元は、仲間とそれをじゃまして、自分たちがしたい種目をしようと考えています。以下は、学級のレクの時間に何をするかを話し合っている場面です。

先週の金曜日にマッスーが突然（とつぜん）手をあげて発言したみたいに、この日は原口が手をあげた。すばやく立ちあがると、さあっと風がふきぬけるみたいによく通る声で話し始めた。

「今週木曜のレクのことでいいたいことがあります。今日、体育館の倉庫の中を調べてみたんです。そしたら、なんと卓球台は四台しかないことがわかりました」

「うぇ～、まじかよ～」

ほかの男子から【　A　】が上がる。

「つまり、卓球は同時に八人しかできないということです。うちのクラスは三九人です。もしレクで卓球をやることになったら、三一人もの大人数が、見学にまわらないといけないんでしょうか」

榎元やほかの男子たちが「それって、変だよなぁ」「時間がもったいねえよ」と口々にいう。あきらかに作戦を立ててきている。

原口は続けた。

「いまだれかがいったように、時間がもったいないですよ。せっかく、クラスで親ぼくを深めるチャンスなのに。卓球はみんなでやるレクリエーションには向いていないんじゃないでしょうか」

ぼくは松林と目を合わせた。卓球クラブに入っていれば、すぐに気がつく反論が一つある。ぼくはとっさに手をあげて、いい返した。

「ダブルスがあります。そうすれば、一緒（いっしょ）にできる人数はふえます」

原口は「そうくると思った」とばかりの余裕（よゆう）の表情だ。

2020年度

学習院中等科

▶解説と解答

算　数　＜第１回試験＞（50分）＜満点：100点＞

解　答

[1] (1)　12　(2)　2.64　(3)　$2\frac{5}{9}$　(4)　$\frac{10}{39}$　[2] (1)　19個　(2)　$38\frac{2}{11}$分　(3)　690 g　(4)　5110円　[3] (1)　4.59cm^2　(2)　31.4cm　(3)　47.1cm　[4] (1)　6.9時間　(2)　2.4時間　(3)　2.6時間　[5] (1)　65　(2)　70番目　(3)　2733　[6] (1)　毎分1.2km　(2)　毎分0.8km　(3)　㋐　6.6　㋑　1.8

解　説

[1] 四則計算，逆算

(1)　$423\div(13\times12-15)+234\div26=423\div(156-15)+9=423\div141+9=3+9=12$

(2)　$2.4\times1.6-5.34\div8.9-35.4\div59=3.84-0.6-0.6=2.64$

(3)　$2\frac{4}{15}\times2\frac{1}{17}-1\frac{5}{6}-2\frac{1}{2}+4\frac{7}{12}\div2\frac{1}{16}=\frac{34}{15}\times\frac{35}{17}-\frac{11}{6}-\frac{5}{2}+\frac{55}{12}\div\frac{33}{16}=\frac{14}{3}-\frac{11}{6}-\frac{5}{2}+\frac{55}{12}\times\frac{16}{33}=\frac{14}{3}-\frac{11}{6}-\frac{5}{2}+\frac{20}{9}=\frac{84}{18}-\frac{33}{18}-\frac{45}{18}+\frac{40}{18}=\frac{46}{18}=\frac{23}{9}=2\frac{5}{9}$

(4)　$2.9\times2.3=6.67$より，$6.67+\frac{62}{65}\div\left(1\frac{11}{13}-\square\right)=7.27$，$\frac{62}{65}\div\left(1\frac{11}{13}-\square\right)=7.27-6.67=0.6$，$1\frac{11}{13}-\square=\frac{62}{65}\div0.6=\frac{62}{65}\div\frac{3}{5}=\frac{62}{65}\times\frac{5}{3}=\frac{62}{39}$　よって，$\square=1\frac{11}{13}-\frac{62}{39}=\frac{24}{13}-\frac{62}{39}=\frac{72}{39}-\frac{62}{39}=\frac{10}{39}$

[2] 和差算，時計算，濃度《のうど》，売買損益

(1)　右の図１のように表すことができるから，白玉の個数の２倍が，27＋11＝38(個)となり，白玉の個数は，38÷２＝19(個)とわかる。

図１

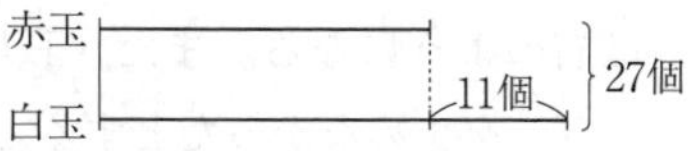

(2)　７時ちょうどに長針と短針が作る角(右の図２のアの角)の大きさは，360÷12×７＝210(度)である。また，長針は１分間に，360÷60＝６(度)，短針は１分間に，360÷12÷60＝0.5(度)動くので，長針は短針よりも１分間に，６－0.5＝5.5(度)多く動く。長針と短針が重なるのは，図２の状態から長針が短針よりも210度多く動いたときだから，$210\div5.5=38\frac{2}{11}$(分)より，７時$38\frac{2}{11}$分とわかる。

図２

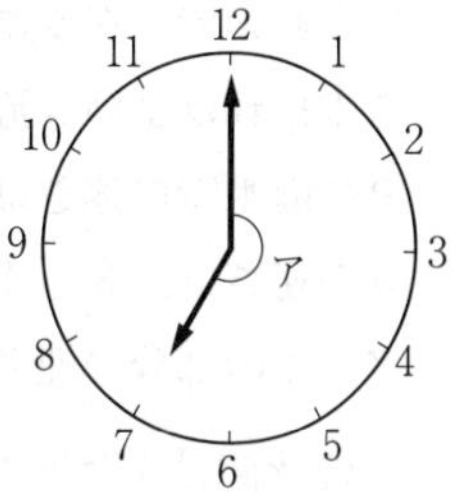

(3)　(食塩の重さ)＝(食塩水の重さ)×(濃度)より，食塩水の重さを□ｇとすると，□×0.08＝60(ｇ)と表すことができる。よって，□＝60÷0.08＝750(ｇ)なので，水の重さは，750－60＝690(ｇ)と求められる。

(4)　定価は，200×(１＋0.35)＝270(円)であり，定価の２割引きは，270×(１－0.2)＝216(円)である。また，定価で売れた個数は，100－35＝65(個)だから，売り上げの合計は，270×65＋216×35＝25110(円)とわかる。さらに，原価の合計は，200×100＝20000(円)なので，利益は，25110－20000＝5110(円)と求められる。

3 平面図形―面積，長さ

⑴ 下の図１で，図形全体の面積は，５×５＝25(cm²)である。また，２つの★印を合わせると半径２cmの半円になり，２つの☆印を合わせると半径３cmの半円になるから，これらの面積の合計は，２×２×3.14÷２＋３×３×3.14÷２＝(２＋4.5)×3.14＝6.5×3.14＝20.41(cm²)とわかる。よって，斜線《しゃせん》を付けた部分の面積は，25－20.41＝4.59(cm²)と求められる。

図１

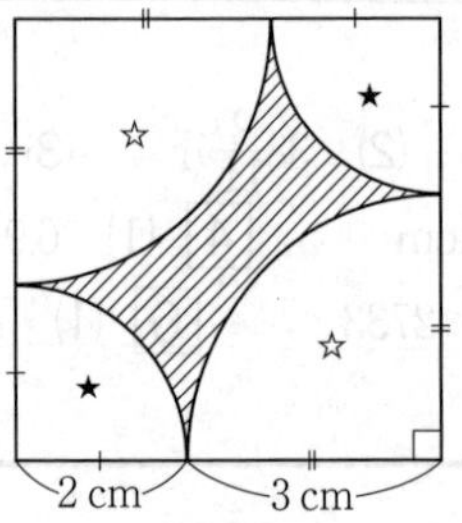

図２

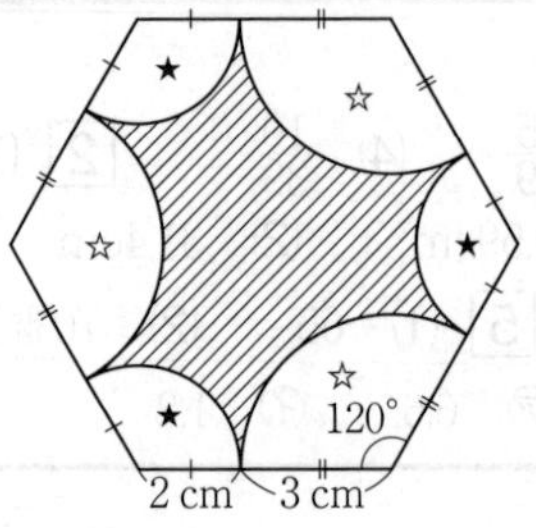

図３

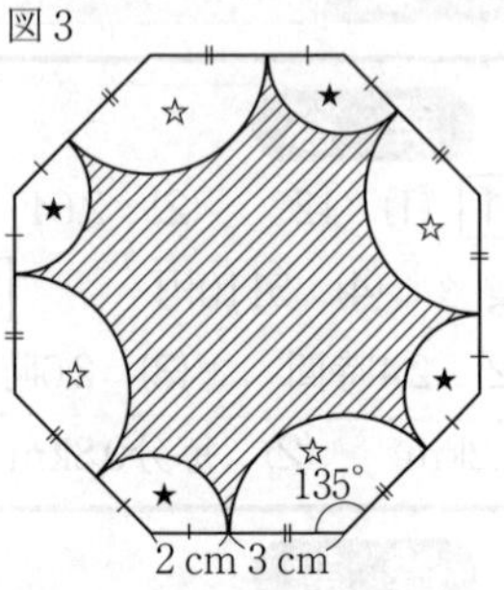

⑵ 正六角形は合同な６個の正三角形に分けることができるので，正六角形の１つの内角は，60×２＝120(度)とわかる。よって，120×３＝360(度)より，上の図２で，３つの★印を合わせると半径２cmの円になり，３つの☆印を合わせると半径３cmの円になるから，斜線を付けた部分の周の長さは，２×２×3.14＋３×２×3.14＝(４＋６)×3.14＝10×3.14＝31.4(cm)と求められる。

⑶ 上の図３で，★印をつけた４つのおうぎ形の中心角の合計は，135×４＝540(度)となる。同様に，☆印をつけた４つのおうぎ形の中心角の合計も540度なので，斜線を付けた部分の周の長さは，$2\times2\times3.14\times\frac{540}{360}+3\times2\times3.14\times\frac{540}{360}$＝(６＋９)×3.14＝15×3.14＝47.1(cm)と求められる。

4 グラフ―流水算，速さと比

⑴ ＰとＱが出会ったのはＰが出発してから，4.3－１＝3.3(時間後)だから，グラフは右のようになる。また，Ｐは途《と》中《ちゅう》でエンジンを止めなかったとすると点線のように進むので，グラフの□にあてはまる時間を求めればよい。流れの速さを１とするとＰの静水時の速さは３になるので，Ｐの上りの速さは，３－１＝２となる。よって，アとイの部分の速さの比は１：２だから，アとイの時間の比は，$\frac{1}{1}:\frac{1}{2}$＝２：１とわかる。さらに，アの時間は１時間なので，イの時間は，$1\times\frac{1}{2}$＝0.5(時間)となり，ウの時間は，１＋0.5＝1.5(時間)と求められる。したがって，□にあてはまる時間は，8.4－1.5＝6.9(時間)である。

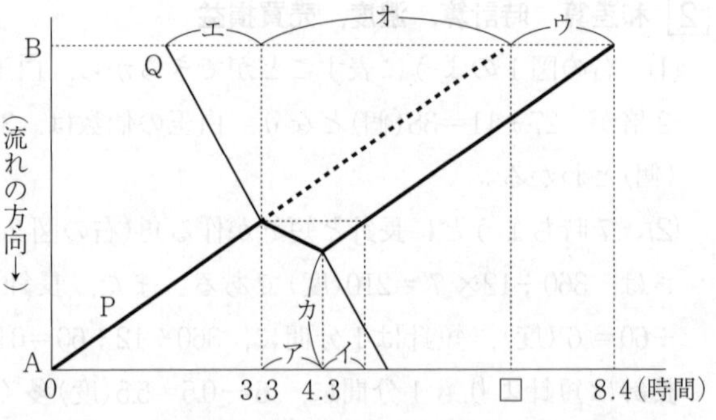

⑵ Ｑの静水時の速さは７だから，Ｑの下りの速さは，７＋１＝８となる。よって，Ｐの上りの速さとＱの下りの速さの比は，２：８＝１：４なので，オとエの時間の比は，$\frac{1}{1}:\frac{1}{4}$＝４：１とわかる。また，オの時間は，6.9－3.3＝3.6(時間)だから，エの時間は，$3.6\times\frac{1}{4}$＝0.9(時間)となり，ＱはＰよりも，3.3－0.9＝2.4(時間)遅《おく》れて出発したことがわかる。

⑶ 流れの速さを時速１，Ｐの上りの速さを時速２とすると，Ｐが3.3時間で上った距離《きょり》は，２×

3.3＝6.6，１時間で流された距離は，１×１＝１となるので，カの距離は，6.6－１＝5.6とわかる。また，Ｑの下りの速さは時速８だから，Ｑがこの距離を下るのにかかった時間は，5.6÷８＝0.7(時間)と求められる。よって，ＱがBA間にかかった時間は，0.9＋１＋0.7＝2.6(時間)である。

5 周期算，数列

⑴　右の図のように，３と５の最小公倍数である15ごとに組に分ける。すると，１つの組に含《ふく》まれる個数は７個だから，

（１組）３，５，６，９，10，12，15
（２組）18，20，21，24，25，27，30

30÷７＝４余り２より，30番目の数は，４＋１＝５(組)の２番目の数とわかる。また，各組の２番目の数は，５で始まり15ずつ増える等差数列なので，５組の２番目の数は，５＋15×(５－１)＝65と求められる。

⑵　150÷15＝10より，150は10組の最後の数とわかる。よって，７×10＝70(番目)の数である。

⑶　50÷７＝７余り１より，50番目の数は，７＋１＝８(組)の１番目の数とわかる。また，１組の和は，３＋５＋６＋９＋10＋12＋15＝60であり，それぞれの数が15ずつ大きくなるから，１つの組の和は，15×７＝105ずつ大きくなる。よって，７組の和は，60＋105×(７－１)＝690なので，１組から７組までの和は，60＋165＋…＋690＝(60＋690)×７÷２＝2625と求められる。さらに，８組の１番目の数は，３＋15×(８－１)＝108だから，50番目までの数の和は，2625＋108＝2733とわかる。

6 グラフ―旅人算

⑴　問題文中のグラフからAB間の距離は12kmとわかるから，Ａ地点とＢ地点から信号までの距離は，12÷２＝６(km)となる。また，Ｐは出発してから５分後に信号に着き，そのとき信号は青から赤に変わったから，Ｐは信号で１分間停止したことになる。その後，Ｐが信号を出発した後で２台はすれ違《ちが》い，その後しばらくＱは信号で停止したことになる。さらに，ＰがＢ地点に着いたときの２台の間の距離が8.4kmであり，ＱはＢ地点を出発してから15.5分後にＡ地点に着いたことがわかるので，ＰとＱの進行のようすをグラフに表すと上のようになる(太線は信号が赤であることを表している)。このグラフから，Ｐは５分で６km走ったことがわかるから，Ｐの速さは毎分，６÷５＝1.2(km)である。

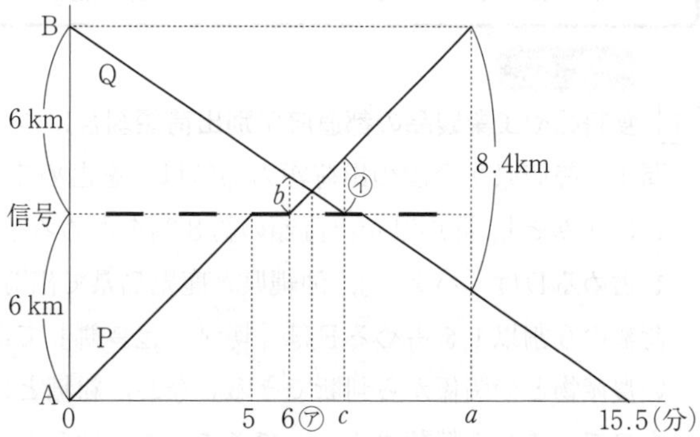

⑵　Ｐが信号からＢ地点まで進むのにかかった時間も５分なので，aの時間は，６＋５＝11(分)である。よって，Ｑは，15.5－11＝4.5(分)で，12－8.4＝3.6(km)走ったから，Ｑの速さは毎分，3.6÷4.5＝0.8(km)と求められる。

⑶　Ｑが６分で走った距離は，0.8×６＝4.8(km)なので，bの距離は，６－4.8＝1.2(km)とわかる。また，ＰとＱの速さの和は毎分，1.2＋0.8＝２(km)だから，合わせて1.2km走るのにかかった時間は，1.2÷２＝0.6(分)と求められる。よって，㋐に当てはまる数は，６＋0.6＝6.6(分)である。次に，ＱがＢ地点から信号まで走るのにかかった時間は，６÷0.8＝7.5(分)なので，㋐からcまでの時間は，7.5－6.6＝0.9(分)とわかる。したがって，㋑に当てはまる数は，２×0.9＝1.8(km)となる。

社 会 ＜第１回試験＞（40分）＜満点：80点＞

解 答

1 **問１** **A** (か) **B** (お) **C** (い) **D** (え) **E** (う) **F** (あ) **問２** **A** (え) **B** (う) **C** (き) **D** (い) **E** (お) **F** (あ) **G** (か) **2** **問１** **1** 国際連盟 **2** ウィルソン **3** ジュネーブ **4** サラエボ **5** 日英 **6** パリ **7** ヴェルサイユ(ベルサイユ) **8** 五・四 **9** ガンディー **10** シベリア出兵 **11** 米騒動 **12** 原敬 **13** 普通選挙 **14** 治安維持 **問２** (イ) **問３** ソビエト社会主義共和国連邦(ソ連・ソビエト連邦) **問４** ワイマール憲法(ドイツ共和国憲法) **問５** 吉野作造 **問６** 平塚らいてう(雷鳥) **問７** (例) 戦争をしている西欧列強に代わり，日本が全世界に商品を売りこんだから。 **問８** (例) 国民の意見が政治により強く反映されるようになる。(民意が政治に反映されやすく議会との関係も強くなる。) **3** **問１** **A** 渋沢栄一 **B** 1 **C** 2 **D** ホルムズ **E** 原油(石油) **F** イラン **G** 大阪府 **H** 原子力 **I** 124 **J** 242 **K** ジョンソン **L** インドネシア **問２** 東京都 **問３** (1) 昭和の日 (2) 憲法記念日 **問４** 極東 **問５** もず **問６** 最高裁判所 **問７** 貴族院 **問８** (例) 売れ残りを処分する費用が減ったため。 **問９** (1) ワシントン(ワシントンD.C.) (2) モスクワ (3) 北京 **問10** 過疎

解 説

1 **食料品や工業製品の都道府県別出荷額割合についての問題**

問１ 静岡県が全国の出荷額の50％以上を占《し》めるＡは「緑茶」，長野県が出荷額の約半分を占めるＢは「みそ」，群馬県が出荷額の約８割を占めるＣは「こんにゃく粉」，北海道が出荷額の９割近くを占めるＤは「バター」，沖縄県と鹿児島県で出荷額の９割近くを占めるＥは「粗糖《そとう》」，新潟県が出荷額の６割以上を占めるＦは「切餅《きりもち》，包装餅」である。それぞれの都道府県の特産物や生産量の多い農産物との関係から判断できる。なお，粗糖とはさとうきびの絞《しぼ》り汁《じる》をろ過・濃縮・結晶化したもので，これを精製することでさまざまな砂糖がつくられる。一方，てんさいを原料とする砂糖は，粗糖の段階を経ずに直接精製してつくられる。

問２ 埼玉県が全国の出荷額の４割以上を占めるＡは「節句人形・ひな人形」。旧岩槻《いわつき》市(現在のさいたま市岩槻区)は人形の生産地として江戸時代後期から知られる。三重県が出荷額の５割以上を占めるＢは「真珠《しんじゅ》装身具」。真珠の養殖で知られる英虞《あご》湾周辺は，真珠を使った装身具の生産もさかんである。福井県が出荷額の９割以上を占めるＣは「眼鏡枠《わく》」。鯖江《さばえ》市は眼鏡枠(眼鏡のフレーム)の生産が地場産業となっている。新潟県が出荷額の９割以上を占めるＤは「食卓《しょくたく》用ナイフ・フォーク・スプーン」。燕《つばめ》市がそれらの産地として知られる。愛媛県が出荷額の約６割を占めるＥは「タオル」。今治市がその産地として有名である。長野県が出荷額の約８割を占めるＦは「顕微《けんび》鏡《きょう》・拡大鏡」。精密機械工業が発達した岡谷市や諏訪《すわ》市周辺では光学機器の生産もさかんである。静岡県が出荷額の100％を占めるＧは「ピアノ」。浜松市や掛川《かけがわ》市がその生産地となっている。

2 **大正時代のできごとについての問題**

問１ **1，2** 第一次世界大戦末期の1918年，アメリカ(合衆国)のウィルソン大統領は「14か条の

平和原則」を発表し，民族自決の原則などとともに，国際紛争を平和的に解決するための国際機関の設置を提唱。その提案にもとづき，1920年に国際連盟が設立された。　**3**　国際連盟の本部はスイスのジュネーブにおかれた。　**4**　1914年，バルカン半島にあるボスニアの都市サラエボを訪れていたオーストリアの皇太子夫妻がセルビア人の青年に暗殺されたことを受け，オーストリアがセルビアに宣戦。さらに戦いはドイツ・オーストリア・トルコなどの同盟国とイギリス・フランス・ロシアなどの連合国が争う第一次世界大戦へと拡大した。　**5**　大戦が始まると日本は日英同盟を理由として連合国側に立って参戦し，中国におけるドイツの根拠《こんきょ》地であった山東《シャントン》半島の青《チン》島《タオ》やドイツ領南洋諸島を占領した。　**6**，**7**　第一次世界大戦は1918年11月，連合国の勝利に終わった。翌19年１月，パリ（フランス）で講和会議が開かれ，同年６月にはヴェルサイユ宮殿で講和条約（ヴェルサイユ条約）が結ばれた。　**8**　1915年，日本は中国の袁世凱《えんせいがい》政権に，ドイツが中国でもっていた権益を日本に譲《ゆず》ることなどを内容とする「二十一ヵ条の要求」を突《つ》きつけ，その大部分を認めさせた。大戦後，パリの講和会議で中国は山東半島の返還などを求めたが拒否《きょひ》されたため，1919年５月４日，北京大学で学生らが日本に抗議《こうぎ》する集会を開催し，デモ行進を行った。これをきっかけとして中国全土に広がった反日・反帝国主義を主張する国民運動は，五・四運動とよばれる。

9　19世紀以来，イギリスの植民地となっていたインドでは，第一次世界大戦後，ガンディーを指導者として非暴力・不服従の抵抗運動が行われるようになり，イギリスに対して自治を求める動きが広がった。　**10**，**11**　1917年，ロシアで革命が起こり，世界で最初の社会主義政権が成立したが，革命の広がりを恐れる諸外国がこれに干渉《かんしょう》。翌18年，日本軍はアメリカなどとともに革命軍に追いつめられたチェコスロバキア軍を救うという理由で，シベリア出兵を行うこととした。出兵が決まると，これを見こした米商人らが米の買い占めや売り惜しみを行ったために米価が急上昇し，国民の生活はいちだんと苦しくなった。同年７月には，富山県の漁村で主婦たちが米の安売りなどを求めて米屋におしかけ，警官がかけつける騒《さわ》ぎが起きた。これが新聞などで報じられると，同じように群衆が米屋や商店などにおしかける騒ぎが全国各地で発生した。これを米騒動《そうどう》という。

12　1918年９月，米騒動の責任をとって寺内内閣が総辞職し，代わって立憲政友会総裁の原敬《たかし》が首相となった。原内閣は，外務・陸軍・海軍以外のすべての大臣を立憲政友会の党員で組織する，わが国最初の本格的政党内閣であった。　**13**，**14**　1925年，加藤高明内閣のもとで25歳以上のすべての男子に選挙権を与える普通選挙法が成立したが，これと同時に，社会主義運動などを取りしまるための治安維持法も制定された。なお，1921年に原敬が暗殺された後，高橋是清《これきよ》，加藤友三郎，山本権兵衛《ごんべえ》，清浦奎吾《けいご》をそれぞれ首相とする内閣が成立しているので，本文中に「次の内閣のときの1925年に」とあるのは誤り。

問２　(ア)　下関条約は1895年に日本と清（中国）が結んだ日清戦争の講和条約である。　(イ)　ポーツマス条約は1905年に日本とロシアが結んだ日露戦争の講和条約であるから，この文は正しい。(ウ)　ザビエルはスペイン人の宣教師である。　(エ)　樺太《からふと》・千島交換条約は1875年に日本とロシアが結んだ条約である。

問３　1922年，ロシアやウクライナなど４つの共和国からなるソビエト社会主義共和国連邦（ソ連）が成立。連邦を構成する共和国はその後増え続け，1956年以降は15か国となっていた。

問４　第一次世界大戦末期の1918年11月，ドイツでは皇帝が退位して共和国が成立。社会民主勢力からなる臨時政府が連合国と休戦を結んだことで大戦が終結した。翌19年８月にはドイツ共和国憲法が制定されたが，社会権的人権を認めるなど，当時世界で最も民主的な憲法といわれたこの憲法は，憲法制定議会が開かれた都市の名をとって「ワイマール憲法」とよばれることが多い。

問５　大正時代，東京帝国大学教授で政治学者の吉野作造は，デモクラシーを「民本主義」と訳すとともに，普通選挙制や政党内閣制などを主張し，多くの人々に影響を与えた。

問６　1911年，平塚らいてう(雷鳥)らは女性による文学団体である青鞜《せいとう》社を結成。その雑誌「青鞜」の創刊号に平塚は，「元始，女性は実に太陽であった」という書き出しで始まる宣言文をのせた。

問７　第一次世界大戦ではヨーロッパが主戦場となり，軍人だけでなく民間人も戦争にかかわる総力戦であったことから，日本はそれに代わってアジアやアフリカなどへの輸出をのばし，「大戦景気」とよばれる好景気をむかえた。

問８　政党内閣とは，議会で多数の議席を獲得した政党が中心となって組織する内閣のこと。選挙で選ばれた議員が首相や多くの大臣を務め，国の政治を進めるので，民意を反映した政治が行われる可能性が高くなる。また，議会と内閣の結びつきが強くなるので，立法化など政策の実現が容易になるという利点もある。

3　2019年のできごとを題材とした問題

問１　**A**　2024年に発行予定の新１万円札の肖像《しょうぞう》に選ばれたのは，埼玉県深谷市生まれの渋沢栄一。明治時代に500以上の会社の設立にかかわって「近代日本資本主義の父」ともいわれ，晩年は教育や社会事業にも力を注いだことでも知られる。　**B**，**C**　2018年10月１日時点での日本の総人口は１億2644万3000人で，８年連続で減少した。そのうち65歳以上の人口が総人口に占める割合は28.1％と過去最高となり，70歳以上の人口が総人口に占める割合も20.7％と初めて２割を超《こ》えた。　**D**，**E**　ペルシア湾とオマーン湾の間にあるのはホルムズ海峡。沿岸部に多くの油田があるペルシア湾の出入り口にあたり，日本に原油を運ぶタンカーの約８割がここを通過するといわれる。なお，2019年６月にはこの海峡で日本の海運会社が運航するタンカーが攻撃《こうげき》を受ける事件が起きており，アメリカはイランの関与を主張しているが，イランはこれを否定している。　**F**　ホルムズ海峡の北側に位置する国はイラン。イスラム教を国教とする国で，宗教的指導者が国家の最高指導者を務めており，1989年以来，ハメネイ師がその地位についている。　**G**　2019年７月，大阪府堺市にある大仙陵《だいせんりょう》古墳(仁徳《にんとく》天皇陵古墳)をふくむ「百舌鳥《もず》古墳群」と，羽曳野《はびきの》市・藤井寺市にある「古市古墳群」が，「百舌鳥・古市古墳群」としてユネスコ(国連教育科学文化機関)の世界文化遺産に登録された。　**H**　天野之弥《ゆきや》が2009年から亡くなる2019年まで事務局長を務めたのは国際原子力機関(IAEA)。原子力の平和的利用の推進と原子力の軍事利用の防止を目的とした国際連合の保護下にある自治機関である。　**I**，**J**　参議院の議員定数はこれまで242名で，３年ごとに行われる選挙でその半数の121名の議員が改選されていたが，2018年７月の公職選挙法改正により議員定数が248名となり，2019年と2022年の選挙でそれぞれ３名ずつ増やされることとなった。その結果，2019年の選挙では248名の半数にあたる124名の議員が選出された。　**K**　近年，EU(欧州連合)からの離脱《りだつ》をめぐり残留派と離脱派の対立が深まっていたイギリスでは，2016年に行われた国民投票で離脱に賛成する票が過半数を占めたことを受け，残留派であったキャメロン首相が辞職。代わって首相となったテリーザ・メイがEUとの間で離脱交渉を進めた。しかし，2017年に行われた総選挙で保守党が過半数の議席を割りこんだこともあり，離脱協定案が議会で否決されるなど混迷が続いた。そのため，メイ首相は2019年６月に辞任を表明し，７月，離脱派のボリス・ジョンソンが新首相に就任。12月に行われた総選挙で保守党が大勝したこともあって協定案が議会で可決され，翌20年１月，欧州議会がこれを承認したことで，イギリスのEU離脱が決定した。　**L**　インドネシアの首都ジャカルタは，交通渋滞《じゅうたい》や大気汚染など過密による弊害《へいがい》が深刻になってきたことや，ジャカルタのあるジャワ島と他地域との経済格差が問題となっていることなどから，首都移転が議論されてきた。移転先として複数の候補地があげられていたが，2019年８月，政府はカリマンタン島の東端に移転することを発表した。

問２　2017年から2018年にかけて最も人口増加率が高かったのは東京都。1970年代から90年代にかけて，東京都の人口は地価の上昇などが原因で停滞《ていたい》していたが，近年，都心部の再開発が進み，超《ちょう》高層マンションが多く建設されていることなどから，再び増加傾向《けいこう》が続くようになっている。

問３　(1)　４月29日は「昭和の日」。昭和の時代には「天皇誕生日」であった日で，1989年からは「みどりの日」となり，2007年に「昭和の日」と改められた。　(2)　５月３日は「憲法記念日」。1947年５月３日に日本国憲法が施行されたことを記念する祝日である。

問４　ヨーロッパから見た位置関係から，サウジアラビアなど西アジアの国々が「中東」（北アフリカの国々やトルコなどと合わせて「中近東」ということも多い）とよばれるのに対し，日本や韓国，中国，タイなど東アジア，東南アジアの国々は「極東」とよばれる。

問５　「百舌鳥」は「もず」と読む。仁徳天皇陵をつくっていたさい，鳥の百舌鳥が飛び立つというできごとがあり，ここからこの地域の地名がつけられたと伝えられる。

問６　最高裁判所は法律の合憲性を判断する裁判の終審裁判所であることから，「憲法の番人」とよばれる。

問７　帝国議会は衆議院と貴族院の二院制をとっていた。衆議院が国民による選挙で選ばれた議員で構成されていたのに対し，貴族院は皇族，華族，国家功労者や多額納税者などの中から天皇によって任命された議員で構成されていた。

問８　コンビニエンスストアでは，売れ残った飲食物は原則として廃棄《はいき》処分されるが，そのために多くの費用がかかることになる。予約制のみで販売すれば売れ残りはほとんど出ないので，処分のための費用もかからない。販売額が減っても利益が増えたのは，そのためであると考えられる。

問９　(1)　アメリカの首都はワシントン。首都として計画的につくられた都市であり，名称は初代大統領ジョージ・ワシントンの名にちなんでつけられた。ワシントン州と区別するために「ワシントンD.C.」とよばれることもある。　(2)　ロシアの首都はモスクワ。帝政ロシアの時代には首都サンクトペテルブルクにつぐ第二の都市であったが，ソビエト連邦の時代に首都とされ，連邦崩壊後もロシアの首都となっている。　(3)　中国の首都は北京《ペキン》。元や清の時代にも首都であった。中華民国の時代には南京が首都であったが，中華人民共和国の建国とともに再び首都とされた。

問10　ある地域の人口がいちじるしく減って地域社会の活力が低下し，住民が一定の生活水準を維持するのが難しくなる状態を，過疎《かそ》という。

理　科　＜第１回試験＞（40分）＜満点：80点＞

解　答

[1] ①　A　②　D　③　A　④　D　[2] **問１**　**ア**　温室　**イ**　酸性　**ウ**　海
問２　E　**問３**　D　**問４**　（例）　高いところで拡散してうすまるから。　**問５**　地球温暖化　**問６**　北極付近の海　**問７**　（例）　磁石につけばスチールかん，つかなければアルミかんとして分別する。　[3] **問１**　A，E　**問２**　①，⑤　**問３**　C　**問４**　20秒
問５　（例）　ふり子の長さを長くする。　**問６**　A　[4] **問１**　**樹上**…C　**山がく**…D
地中…A　**砂ばく**…B　**問２**　**ア**　C　**イ**　A　**ウ**　B　**問３**　B　**問４**　B
[5] **問１**　C　**問２**　（例）　川が曲がりくねって流れている。　**問３**　（例）　川の周辺でのこう水，川岸でのがけくずれ　**問４**　（例）　現在流れている川や，過去に流れていた川の周辺。
問５　（例）　かたむきを大きくする。／流す水の量を多くする。

解　説

[1] 2019年の科学的時事についての問題

①　2019年７月，人工多能性幹細胞《さいぼう》(iPS細胞)からつくった角まくの細胞を移植する手術が世界で初めて行われて成功したことが，翌８月に大阪大学の研究チームから発表された。

②　北海道むかわ町穂別《ほべつ》で2003年に尾の骨の一部が発見され，その後，全身の骨格が発掘《はっくつ》された恐竜《きょうりゅう》は「むかわ竜」とよばれていたが，これが新種の恐竜であることがわかり，正式な学名として「カムイサウルス・ジャポニクス」と命名された。

③　2019年の50年前，つまり1969年の出来事を選ぶ。Aで，アメリカが打ち上げたアポロ11号による人類初の月面着陸は1969年７月のことである。なお，Bは1975年，Cは1977年，Dは1981年の出来事。

④　国際プロジェクト「イベント・ホライズン・テレスコープ」によってさつえいされたブラックホールの画像は，2019年４月に発表された。このブラックホールは地球から約5500万光年はなれた銀河の中心にあり，公開された画像には，輪が黄色っぽい色のドーナツ型をしたものが映っていた。輪の中の黒い穴の部分がブラックホールにあたる。

[2] ゴミと環境《かんきょう》問題についての問題

問１　**ア**　可燃ゴミを燃焼させると，主に二酸化炭素が発生する。二酸化炭素は，太陽からの熱は素通りさせるが，地面が放出する熱は吸収するという性質が強い。この性質は，ようすが温室に似ていることから，温室効果とよばれる。**イ**　二酸化炭素は水に少しとけ，水よう液(炭酸水)は弱い酸性を示す。**ウ**　近年，海に流れ出たプラスチックゴミによる海洋汚染《おせん》が国際的な問題となっている。プラスチックゴミが自然の力で細かくなったものをマイクロプラスチックというが，これを海中の生物が飲みこんで体内にためこむなどの被害が発生している。

問２　可燃ゴミは生ゴミや紙くずなどであるが，これらには物質をつくる成分として炭素や水素がふくまれる。炭素が酸素と結びつくと二酸化炭素，水素が酸素と結びつくと水ができるので，可燃ゴミを燃焼させると二酸化炭素と水蒸気が発生する。

問３　Aはフロンが原因とされている環境問題だが，フロンは温室効果の強い物質としてあげられ

ている。ＢやＣは，温室効果が強い二酸化炭素などの気体が地球の平均気温を上げていることによって起こっている現象である。Ｄは工場の排煙《はいえん》や自動車の排気ガスにふくまれる硫黄《いおう》酸化物などがもたらしているが，硫黄酸化物は温室効果の強い物質としてはあげられていない。

問４　エントツが高いと，有害な気体をふくむ煙《けむり》が高いところで空気中に広がり，有害な気体をふくむ割合(濃度《のうど》)が低くなる。それにより，エントツの近くの地域でも，人が住む地上での濃度の基準値を満たすことができる。

問５　地球の平均気温が上がっている現象を地球温暖化という。

問６　気体は水の温度が低いほどよくとける。よって，北極付近の海の方が，気体がとけやすい。

問７　鉄でできているスチールかんは磁石につくが，アルミニウムでできているアルミかんは磁石につかない。このことから，かんの集まりに強力な電磁石を近づけることで両者を分別できる。

3　ふり子についての問題

問１　ふり子が１往復する時間は10往復する時間を10で割って求められるので，ふり子の長さと10往復する時間の関係を，表から考えていけばよい。ふり子の長さだけが異なる実験①，③，⑥を比べると，ふり子の長さが大きいほど，10往復(１往復)する時間が長いことがわかる。また，ふり子の長さが２倍，４倍になると，10往復する時間は1.4倍，２倍となっており，ふり子の長さと１往復する時間は比例しないといえる。

問２　おもりの重さだけが異なる実験①と実験⑤で比べると，おもりの重さが変わっても，10往復(１往復)する時間は変わらないことがわかる。なお，実験②と実験⑦もおもりの重さだけが異なる組み合わせだが，実験⑦の10往復する時間が示されていないので，ここでは選べない。

問３　ふれはばだけが異なる実験②と実験⑥で比べると，ふれはばが変わっても，10往復(１往復)する時間は変わらないといえる。

問４　おもりの重さが変わっても，10往復する時間は変わらないのだから，実験⑦の10往復する時間は，これとおもりの重さだけが異なる実験②と同じ20秒である。

問５　このふり子時計は１日で２分早く進むので，ふり子が１往復する時間が正しい時計より短いことになる。よって，ふり子の長さを長くして，ふり子が１往復する時間を長くすればよい。

問６　ビルのゆれのエネルギーをふり子が吸収するほど，ふり子がゆれるエネルギーは大きくなり，ビルのゆれは小さくなる。よって，地しんが発生したときに，ふり子が大きくゆれるように設計するとよい。

4　動物の体つきと環境についての問題

問１　**樹上**…「バランスをとるために尾が長くなっています」とあるので，Ｃが選べる。これはアカエリマキキツネザルといい，アフリカのマダガスカル島に生息している。　**山がく**…「こしよりもかたの方が高くなっている」とあることから，Ｄが選べる。これはヒマラヤ山脈がある地域の山がく地帯でくらしている，ターキンというウシのなかまである。　**地中**…「土をほるためにつめがするどくなっています」とあるので，Ａと考えられる。これはオオアルマジロといい，南アメリカ大陸の北部にすむ。地下に穴をほって巣をつくり，シロアリなどの小動物を主に食べる。
砂ばく…「体の一部の面積を大きくして」とあることから，耳が大きいＢとなる。これはフェネックギツネで，北アフリカの砂ばくに生息しており，大きな耳は体内の熱を放出するのに役立っている。

問２　**ア**　主に草を食べる動物は，草をかみ切るための門歯(前歯)が発達している。また，草をすりつぶすための臼歯《きゅうし》(おく歯)は平らで大きい。　**イ**　主に肉を食べる動物は，肉を切りさくためにすべての歯がするどくとがっている。特に犬歯が発達していて，えものにかみつくための大きなきばとなっていることもある。　**ウ**　草も肉も食べる動物の歯は，アとイの中間の形をしていると考えられる。

問３　発生する熱の量は体の体積に比例し，放たれる熱の量は体の表面積に比例すると考えられるので，発生した熱の量に対する放たれる熱の量の割合は，(表面積)÷(体積)で求められる。よって，長さを□とすると，$(\square\times\square)\div(\square\times\square\times\square)=\frac{1}{\square}$と表すことができる。このことから，体長(□の値)が大きいほど，発生した熱の量に対する放たれる熱の量の割合は小さいといえる。

問４　寒い地域で生きていくには，発生する熱の量が大きい方が，また，放たれる熱の量が小さい方が有利である。よって，寒い地域にくらすものは，体全体が大きく，体から突《つ》き出ている部分(つまり表面積)が小さい。

5　川の流れと地形，自然災害についての問題

問１，問２　図１の地形図を見ると，等高線が密になっている部分がないことから山地は見られず，川の周囲は水田や住宅地が広がっている平地と考えられる。また，川が大きく曲がりくねって流れている。このようすを蛇行《だこう》といい，ふつうは川の中～下流域の平たんな場所で見られる。

問３　非常に強い雨が降ると，川の水量が一気に増える。すると，川の水があふれ出たり堤防《ていぼう》がこわれたりして，川の周囲の土地が水びたしになるおそれがある(雨水が川に排水し切れなくなったときにも水びたしになる)。この災害をこう水という。また，川のしん食作用が強くなるため，特に川の曲がっている部分の外側では川岸が大きくけずられ，がけくずれが発生することもある。

問４　図５でかげのついている地域は，図３の川の周辺と一致《いっち》する。ところが，図３と図４を比べると，昔，東西方向に流れていた川が，現在は存在していないことがわかる。これらのことから，現在流れている川の周辺だけでなく，過去に流れていた川の周辺でもこう水の心配があることがわかる。

問５　水はまっすぐ流れ下ろうとするので，流れが曲がっているところの外側が強くしん食され続けると，曲がりが解消されてまっすぐな流れになる。よって，しん食作用を強くするために，かたむきを大きくする方法と，流れる水の量を増やす方法が考えられる。

国　語　＜第１回試験＞（50分）＜満点：100点＞

解　答

一　下記を参照のこと。　　**二**　**問１**　エ　**問２**　(例)　卓球は同時にできる人数が少なく，大人数が見学することになるという(攻撃。)　**問３**　(例)　話し合いをまとめられない鳥村が多数決を提案すると思ったから。　**問４**　イ　**問５**　ア　**問６**　ウ　**問７**　(例)　小さな声をつぶすのはやめてくださいといった松林の発言が，自分の背中を押してくれたように感じ，自分がしていることは，強引な力に立ち向かう行動だと考え直せたから。　**問８**　(例)　ぼくたちが正しいやり方で強引な力に勝ちたいと思っていることを強く実感したから。　**問９**

(例)　(ぼく(せんぎだ)が)強引でひきょうなやり方をする榎元たちに正しいやり方で立ち向かい，勝とうとする(物語。)　　**三**　**問1**　ウ　**問2**　(例)　便利な原発も一度事故が起これば，人間や地球に大きな被害をもたらすこと。　**問3**　エ　**問4**　**A**　ウ　**B**　ア　**C**　エ　**D**　イ　**問5**　(例)　どうしたら自分が楽しいと思える生き方ができるかは，自分で探すしかないから。　**問6**「どこかで　**問7**　イ　**問8**　(例)　失敗はなにかを発見するチャンスであることや，人生を楽しむには，人とのつながりや誰かのためになっているという気持ちが大切であることを若い人に知ってほしいし，研究という創造の世界に興味を持ってもらいたい。

●漢字の書き取り

一　①　景色　②　修(める)　③　治(る)　④　縮小　⑤　発揮　⑥　効率　⑦　親孝行　⑧　展覧会　⑨　対照　⑩　祝辞

解　説

一　漢字の書き取り

①　山や海などの自然のながめ。風景。　②　音読みは「シュウ」「シュ」で，「修学」「修行」などの熟語がある。　③　音読みは「ジ」「チ」で，「政治」「自治」などの熟語がある。訓読みにはほかに「おさ(める)」がある。　④　縮めて小さくすること。　⑤　持っている力を外にあらわし出すこと。　⑥　費やした労力と，得られた成果。　⑦　親を大切にして，つくすこと。　⑧　品物や作品などをならべて，多くの人に見せるためにもよおされる会。　⑨　二つのものを見比べること。　⑩　お祝いの言葉。

二　出典は蒔田浩平《まきたこうへい》の『チギータ！』(ポプラ社刊)による。

レクの時間にするスポーツについて，「ぼく」は仲間とともに「卓球」を提案するが，クラスのリーダー的存在である榎元たちは，ひきょうな手を使って自分たちの希望を押《お》し通そうとしている。

問1　レクの時間にするスポーツについて，原口は「ぼく」たちの提案する「卓球」を批判している。続く部分に，「あきらかに作戦を立ててきている」とあるとおり，その意見を聞いた「榎元やほかの男子たち」は，原口に同調するかのように口々に反対しはじめたのだから，エがふさわしい。

問2　原口の批判を受けた「ぼく」は，卓球には「ダブルス」があるので「一緒《いっしょ》にできる人数はふえ」ると反論したものの，「そうくると思った」とばかりに「余裕《よゆう》の表情」をくずさない原口から，それでもやはり「クラスの半分以上の人数」は待つことになるはずだと言われている。つまり，「ぼく」たちの言う，卓球を推《お》すための「ダブルス」という方法が，さらなる原口の理屈《りくつ》によっておさえこまれたことが「予想していなかった方向からの攻撃《こうげき》」にあたる。

問3　レクでは「卓球とバドミントン，一緒にやればいい」という提案を受けて，「一つだけの競技」にするかしないかでクラスは「パニック状態」になったが，「どうまとめていいのかわから」ずにいる学級委員の鳥村を見た「ぼく」が，「やばい」と感じていることをおさえる。直後で「こんなときに鳥村が吐《は》くセリフは一つしかない」とあるとおり，「ぼく」は「卓球&バドミントン案」を「認めるか，認めないか」が，自分たちにとって不利な「多数決」によって決められるのではないかと思ったのである。

問4　後の部分で，鳥村が「ぼく」に，榎元たちから「おどされた」と打ち明けていることをおさえる。「卓球&バドミントン案」を認めるかどうか，「おまえの一票で決まる」と先生から言われた鳥村は，「ぼく」たちが榎元たちに「びびらずに発言している」のを見て「勇気」がわき，「おどされた」恐怖《きょうふ》をふりはらって自分の意見をはっきりと述べたのだから，イが選べる。なお，「ふっきれる」は，迷いやわだかまりなどがすっかりと消えて，すっきりとした気持ちになること。

問５　問４でみたように，鳥村は榎元たちから，彼《かれ》らにとって有利な話し合いの進行をするように「おどされ」ており，「そのときは怖《こわ》くて『うん』といっ」ていた。榎元たちの強引《ごういん》なやり方には納《なっ》得《とく》がいかなかったものの，それに立ち向かう「勇気」のない自分自身に鳥村はもどかしさや「くやし」さを感じていたものと想像できるので，アがふさわしい。

問６　「しかめつら」は，悩《なや》んだり不快感を抱《いだ》いたりしたときの表情。榎元たちが，自分たちの希望を通すために学級委員の鳥村をおどしたり，山西にたのんだりと，想像以上に「手広くうごいている」ことを知り，松林は不安を感じていたものと考えられるので，ウが正しい。

問７　榎元から「ただ卓球がやりたいだけなんだろう」と言われた「ぼく」は，「痛いところ」をつかれたと思い，自分たちは「わがまま」なだけなのかと気持ちがゆらいでいた。しかし，松林の「小さな声をつぶすのはやめてください」という言葉を聞き，「ぼく」は，ほかの生徒を味方につけるため「手広くうご」いて「小さな」意見をつぶそうとする榎元たちに対し，自分たちのしていることが，あたかも「なにか大人数で迫《せま》ってくる強そうなものに，強引な力に，立ち向かっている」ように感じられ，「背中をぐぐって押された」と言っている。松林の言葉は，目的をなしとげるために「おどしたり，だましたりする」「ひきょうなやり方」をする榎元たちに，たとえ「小さな」声であっても，「正しいやり方」で勝とうとする決意を「ぼく」に改めて抱かせてくれたので，「胸にささった」のである。

問８　松林は，榎元たちが「男子はおどして，女子はだます」という「ひきょうなやり方」によって自分たちの思い通りにしようとしていることに不快感を抱いている。だから，「ぼく」や「マッスー」が「何か大人数で迫ってくる強そうなものに，強引な力に」，「小さい声を代表して，闘《たたか》」おうと決意していることに，深く同調して「よぉくわかった」と言っているものと考えられる。

問９　「ぼく」は最初は，自分が卓球をしたいという思いから，レクで行うスポーツに卓球を提案していた。しかし，榎元たちのひきょうなやり方を知ったことで，「ぼくらは小さい声を代表して」，「何か大人数で迫ってくる強そうなもの」と「闘っている」ことを自覚し，「正しいやり方で勝ち」たいと思い始めている。これをふまえてまとめるとよい。

三　出典は芦田愛菜《あしだまな》の『まなの本棚《ほんだな》』による。読書のことや科学の問題点，失敗に対する考え方，人生を楽しむための条件，研究という仕事についてなど，さまざまなことが話題としてあげられている。

問１　「驚《おどろ》きの終わり方」に対して，「どこまでが便利で，どこからが害になってしまうのか。便利さと害は紙一重《ひとえ》かも知れない」と思ったと「愛菜」が話していることに着目する。生きている間「すべてを機械に任せた生活」を送るのは「便利」だが，一方でそれが「害」も生み出すという結末であることを「驚き」とともに感じられるのはウである。

問２　「山中先生」は，「最先端《せんたん》の科学を研究していると，今，自分がやっていることはほんとうによいことなのかどうか，自信がなくなることもある」と発言している。そのうえで「典型例」としてあげられた「原発」について，「クリーンエネルギーを生み出して世界の役に立っている」という点では「便利」だが，「東日本大震災《しんさい》のように一度原発事故が起こると，人間だけではなく，地球にもとんでもない被害《ひがい》をもたらしてしまう」危険性のあるものだと語っている。これを受けて，「愛菜」は「必ずしもよいことばかりなのかどうか考えて」しまうと応じているのである。

問３　続く部分に注目する。「山中先生」は，実験が「うまくいかな」かったり，「結果が予想と違《ちが》」ったりしたときこそ「チャンス」だと話していることをおさえる。そもそも「現代の科学でわかっていることは，ほんの一部」であることに加え，科学者は「自分たちが知っている範囲《はんい》のことでしか物事を判断できない」ため，「失敗」することはひじょうに多い。しかし，それは言いかえれば「自分の知識の範囲」の外にあるものが見えたということであり，「これまで知られていなかった新しい事実」の発見につながる「チャンス」だというのだから，エがふさわしい。

問４　**Ａ**「山中先生」の，実験には「失敗」がつきもので，「10回に９回」はうまくいかないという話を受けた「愛菜」の返答なので，「失敗することもあたりまえなんですね」があてはまる。

Ｂ「山中先生」から「自分の思い通りになったほうが楽しいでしょう？」とたずねられたことに対して，「愛菜」は同意しているものと考えられるので，「そうですね」が入る。　**Ｃ**「愛菜」の話に「そうかもしれ」ないと同意したうえで，「山中先生」は「人生といえば」と話題を変えているので，「愛菜」は「人生」について話したものと推測できる。よって，「人生にも通じる考え方ですね」が合う。　**Ｄ**「山中先生」は，人生において「決められないことがある」と話した後，「いちばん自分ではどうしようもなくて，決められないことは『この世の中に生まれてきたこと』」だと続けているので，「愛菜」は「それはなんですか？」とたずねたものと判断できる。

問５　直後に「どうしたら自分が楽しいと思えるのかを探すしかない」とあることに着目する。人生において，「楽しいと思える」ことはあらかじめ用意されているわけではなく，長い時間をかけて自分自身で探すことが求められるため，「決して楽ではない」のだと「山中先生」は語っている。

問６　人生を楽しむために必要な条件として「山中先生」があげているのは，「人とのつながりを持つ」こと，「生きるためにすることと，自分がしたいことや自分が楽しいと思えることが一致《いっち》した状態」になること，そして「『どこかで誰《だれ》かのためになっている』という気持ちが持てる」ことである。

問７　「実際に研究者になる人はとても少ない」という現状に対し，「山中先生」はたくさんの人たちに「研究の魅力《みりょく》」を伝えていかなければならないと考えている。つまり，それは「研究者」としての「責任」であり，果たさなければいけない「使命」であるといえる。

問８　研究における実験での「失敗」は「新しい事実を発見できるチャンス」だという「山中先生」の話に対し，「愛菜」が「人生にも通じる考え方ですね」と言ったことをきっかけに，「山中先生」は「人生を楽しむ」ために大切なのはどのようなことかについて語り，最後には「若い人へのメッセージ」として「愛菜ちゃんもぜひ，研究に興味を持ってください」と伝えている。これをふまえ，「失敗は新しい事実を発見するきっかけになりうるし，人生を楽しむには人とのつながりや誰かのためになっていると思えることが大切である。また，ほぼゼロから無限の可能性を引き出せる研究に興味を持ってもらいたい」のようにまとめる。

Dr.福井の入試に勝つ！脳とからだのウルトラ科学

睡眠時間や休み時間も勉強!?

みんなは寝不足になっていないかな？　もしそうなら大変だ。睡眠時間が少ないと，体にも悪いし，脳にも悪い。なぜなら，眠っている間に，脳は海馬《かいば》という部分に記憶をくっつけているんだから。つまり，自分が眠っている間も頭は勉強しているわけだ。それに，成長ホルモン（体内に出される背をのばす薬みたいなもの）も眠っている間に出されている。昔から言われている「寝る子は育つ」は，医学的にも正しいことなんだ。

寝不足だと，勉強の成果も上がらないし，体も大きくなりにくく，いいことがない。だから，睡眠時間はちゃんと確保するように心がけよう。ただし，だからといって寝すぎるのもダメ。アメリカの学者タウブによると，10時間以上も眠ると，逆に能力や集中力がダウンしたという研究報告があるんだ。

睡眠時間と同じくらい大切なのが，休み時間だ。適度に休憩するのが勉強をはかどらせるコツといえる。何時間もぶっ続けで勉強するよりも，50分勉強して10分休むことをくり返すようにしたほうがよい。休み時間は，散歩や体操などをして体を動かそう。かたまった体をほぐして，つかれた脳を休ませるためだ。マンガを読んだりテレビを見たりするのは，頭を休めたことにならないから要注意！

頭の疲れに関連して，勉強の順序にもふれておこう。算数の応用問題や理科の計算問題，国語の読解問題などを勉強するときには，脳のおもに前頭葉という部分を使う。それに対して，国語の知識問題（漢字や語句など）や社会などの勉強では，おもに海馬《かいば》という部分を使う。したがって，それらを交互に勉強すると，１日中勉強しても疲れにくい。

Dr.福井（福井《ふくい》一成《かずしげ》）…医学博士。開成中・高から東大・文Ⅱに入学後，再受験して翌年東大・理Ⅲに合格。同大医学部卒。さまざまな勉強法や脳科学に関する著書多数。

2025年度用
中学スーパー過去問

■編集人 声の教育社・編集部
■発行所 株式会社 声の教育社
〒162-0814 東京都新宿区新小川町8-15
☎03-5261-5061㈹ FAX03-5261-5062
https://www.koenokyoikusha.co.jp

※本書の内容についての一切の責任は当社にあります。内容・解説・解答・その他は当社ホームページよりお問い合わせ下さい。

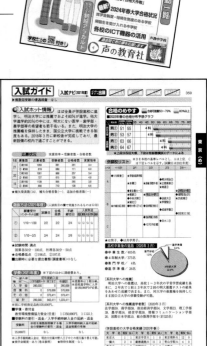

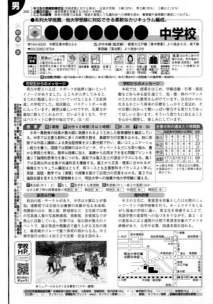

カコを追いかけ
ミライをつかめ
「今の説明、もう一回」を何度でも
web過去問
ストリーミング配信による入試問題の解説動画
もっと古いカコモンないの?
カコ過去問
「さらにカコの」過去問をHPに掲載(DL)
声の教育社
詳しくはこちらから

よくある解答用紙のご質問

01

実物のサイズにできない

拡大率にしたがってコピーすると，「解答欄」が実物大になります。配点などを含むため，用紙は実物よりも大きくなることがあります。

02

A3用紙に収まらない

拡大率164％以上の解答用紙は実物のサイズ（「出題傾向＆対策」をご覧ください）が大きいために，Ａ３に収まらない場合があります。

03

拡大率が書かれていない

複数ページにわたる解答用紙は，いずれかのページに拡大率を記載しています。どこにも表記がない場合は，正確な拡大率が不明です。

04

１ページに２つある

１ページに２つ解答用紙が掲載されている場合は，正確な拡大率が不明です。ほかの試験回の同じ教科をご参考になさってください。

学習院中等科

【別冊】入試問題解答用紙編

解答用紙は本体からていねいに抜きとり、別冊としてご使用ください。

※　実際の解答欄の大きさで練習するには、指定の倍率で拡大コピーしてください。なお、ページの上下に小社作成の見出しや配点を記載しているため、コピー後の用紙サイズが実物の解答用紙と異なる場合があります。

●入試結果表

年度	回	項目	国語	算数	社会	理科	4科合計	合格者
2024	第１回	配点(満点)	100	100	80	80	360	最高点
		合格者平均点	71	75	62	50	258	301
		受験者平均点	64	64	57	44	229	最低点
		キミの得点						242
	第２回	配点(満点)	100	100	80	80	360	最高点
		合格者平均点	78	77	62	57	274	304
		受験者平均点	70	76	56	47	249	最低点
		キミの得点						263
2023	第１回	配点(満点)	100	100	80	80	360	最高点
		合格者平均点	68.9	76.5	59.4	64.6	269.4	326
		受験者平均点	63.8	63.3	53.9	60.7	241.7	最低点
		キミの得点						249
	第２回	配点(満点)	100	100	80	80	360	最高点
		合格者平均点	67.7	90.0	65.6	55.0	278.3	321
		受験者平均点	61.1	77.0	58.6	44.2	240.9	最低点
		キミの得点						262
2022	第１回	配点(満点)	100	100	80	80	360	最高点
		合格者平均点	71.5	79.8	62.2	47.5	261.0	315
		受験者平均点	65.0	66.4	54.8	40.2	226.4	最低点
		キミの得点						241
	第２回	配点(満点)	100	100	80	80	360	最高点
		合格者平均点	70.2	88.6	57.9	46.8	263.5	296
		受験者平均点	60.8	72.8	46.5	40.6	220.7	最低点
		キミの得点						249
2021	第１回	配点(満点)	100	100	80	80	360	最高点
		合格者平均点	76.2	81.3	60.2	49.0	266.7	312
		受験者平均点	69.0	64.4	55.2	43.4	232.0	最低点
		キミの得点						248
	第２回	配点(満点)	100	100	80	80	360	最高点
		合格者平均点	69.7	88.7	61.8	49.7	269.9	307
		受験者平均点	61.5	76.2	52.2	41.6	231.5	最低点
		キミの得点						257
2020	第１回	配点(満点)	100	100	80	80	360	最高点
		合格者平均点	70.1	69.3	63.2	51.7	254.3	305
		受験者平均点	62.3	58.1	55.2	47.0	222.6	最低点
		キミの得点						233

※　表中のデータは学校公表のものです。ただし、4科合計は各教科の平均点を合計したものなので、目安としてご覧ください。

2024年度　学習院中等科

算数解答用紙　第1回

番号		氏名		評点	／100

注意　3 ～ 5 は、式や考え方を必ず書きなさい。

1

(1)	(2)	(3)	(4)

2

(1)	(2)	(3)	(4)
人	個	年前	

3

(1)（式や考え方）　答

(2)（式や考え方）　答

(3)（式や考え方）　答　個

4

(1)（式や考え方）　答　cm

(2)（式や考え方）　答　cm^2

(3)（式や考え方）　答　cm^2

5

(1)（式や考え方）　答　m

(2)（式や考え方）　答　m

(3)（式や考え方）　答　分　秒後

6

(1)　答　号室

(2)　答

3号室		4号室		5号室	

（注）この解答用紙は実物を縮小してあります。189%拡大コピーをすると、ほぼ実物大の解答欄になります。

〔算　数〕100点（推定配点）

1～4　各5点×14　5, 6　各6点×5＜6の(2)は完答＞

2024年度　学習院中等科

社会解答用紙　第1回

番号		氏名		評点	／80

1

問1	①		②		③		④		⑤	
	⑥		⑦		⑧		⑨		⑩	
問2	①		②		③		④			
問3	①		②		③					
	④		⑤							
	⑥	(10) (15)								

2

問1	1		2		3		4		5	
	6									
問2		問3		問4		問5		問6		
問7		問8								
問9	(10) (20)									
	(30) (40)									
問10	月　日	問11		問12						

3

問1	A		B		C		D		E	
	F		G		H		I		J	
	K									
問2	(1)	【X】		【Y】		(2)		問3		
問4	【X】		【Y】							
問5	(1)	(10) (20)								
		(25)								
	(2)									

（注）この解答用紙は実物を縮小してあります。Ｂ５→Ａ３（163%）に拡大コピーすると、ほぼ実物大の解答欄になります。

〔社　会〕80点（推定配点）

1　問１，問２　各１点×14　問３　各２点×６　2　問１　各１点×６　問２～問８　各２点×７　問９　３点　問10　１点　問11，問12　各２点×２　3　問１　各１点×11　問２～問４　各２点×６　問５　(1)　２点　(2)　１点

２０２４年度　学習院中等科

理科解答用紙　第１回

番号		氏名		評点	／80

1

①	②	③	④

2

問１	問２	問３	問４
	と	と	
問５			

3

問１ ①	②	③	問２ ①	②

問３										
	1				5					10
	11				15					

4

問１	問２	問３
問４	問５	
問６ 記号	理由	

5

問１ 発光ダイオード	プロペラ	方位磁針	問２ 発光ダイオード	プロペラ	方位磁針
問３	問４ ①		②		

（注）この解答用紙は実物を縮小してあります。Ｂ５→Ａ３（163%）に拡大コピーすると、ほぼ実物大の解答欄になります。

〔理　科〕80点（推定配点）

1　各２点×４　2〜4　各３点×17＜2の問２，問３，4の問６は完答＞　5　問１，問２　各２点×６　問３，問４　各３点×３＜問４は各々完答＞

２０２４年度　学習院中等科

国語解答用紙　第一回

番号　　氏名　　評点 ／100

一

① う	②	③ える	④
⑤	⑥	⑦	⑧
⑨	⑩		

二

問一

問二

問三　（50字以内のマス目）

問四

問五

問六

問七

問八　ぼく（ユウ）が　（40字以内のマス目）　物語。

三

問一

問二

問三　（35字以内のマス目）

問四　（30字以内のマス目）

問五

問六

問七

問八

（注）この解答用紙は実物を縮小してあります。172％拡大コピーすると、ほぼ実物大の解答欄になります。

〔国　語〕100点(推定配点)

一　各２点×10　二　問１，問２　各３点×２　問３　10点　問４　３点　問５　７点　問６，問７　各３点×２　問８　９点　三　問１　７点　問２　４点<完答>　問３，問４　各８点×２　問５～問８　各３点×４

２０２４年度　学習院中等科

算数解答用紙　第２回

番号		氏名		評点	／100

注意　3 ～ 5 は、式や考え方を必ず書きなさい。

1

(1)	(2)	(3)	(4)

2

(1)	(2)	(3)	(4)
日	本	年後	

3

(1)（式や考え方）	(2)（式や考え方）	(3)（式や考え方）
答	答	答　個

4

(1)（式や考え方）	(2)（式や考え方）	(3)（式や考え方）
答　cm	答　cm^2	答　cm^2

5

(1)（式や考え方）	(2)（式や考え方）	(3)（式や考え方）
答　毎分　m	答　分後	答

6

(1)	(2)	(3)
答	答	答　個

（注）この解答用紙は実物を縮小してあります。189％拡大コピーをすると、ほぼ実物大の解答欄になります。

〔算　数〕100点（推定配点）

1～6　各５点×20

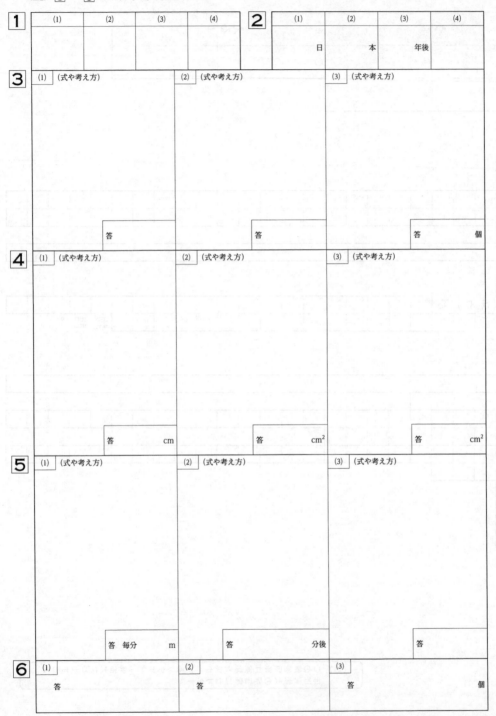

２０２４年度　　学習院中等科

社会解答用紙　第２回

番号		氏名		評点	／80

1

問1	①		②		③		④		⑤	
問2	①		②		③		④		⑤	
問3	①		②		③		④			
問4	①		②		③					
	④		⑤							
	⑥	10	20	30						

2

問1	1	2	3	4	5				
	6								
問2		問3	10	20					
問4		問5		問6		問7		問8	
問9		問10		問11					

3

問1	A	B	C	D	E				
	F	G	H	I	J				
問2		問3		問4		問5	【X】	【Y】	
問6		問7		問8		問9			
問10	10	20	30	35					
問11									

（注）この解答用紙は実物を縮小してあります。Ｂ５→Ａ３（163％）に拡大コピーすると、ほぼ実物大の解答欄になります。

〔社　会〕80点（推定配点）

1　問１～問３　各１点×14　問４　①～⑤　各１点×５　⑥　２点　**2**　問１　各１点×６　問２～問11　各２点×10　**3**　問１　各１点×10　問２～問９　各２点×９　問10　３点　問11　２点

2024年度　学習院中等科

理科解答用紙　第2回

番号		氏名		評点	／80

1

①	②	③	④

2

問1　A　B　C

問2

問3

問4　問5　問6

3

問1　問2

問3　1　5　10　11　15

問4　1　5　10　11　15

問5　と

4

問1　問2

問3

問4　と

問5
実験

結果

問6

5

問1
A　(秒)　B　(秒)　C　(m)

問2　問3　問4

(注) この解答用紙は実物を縮小してあります。179%拡大コピーをすると、ほぼ実物大の解答欄になります。

〔理　科〕80点(推定配点)

1　各2点×4　2　問1，問2　各2点×4　問3～問6　各3点×4　3　問1，問2　各2点×2　問3，問4　各4点×2　問5　3点＜完答＞　4　問1～問4　各3点×4＜問1，問4は完答＞　問5　4点＜完答＞　問6　3点　5　各3点×6

2024年度 学習院中等科

国語解答用紙 第二回

番号　　氏名　　評点 /100

一

①　　く
②
③　　る
④
⑤
⑥　　まる
⑦
⑧
⑨
⑩

二

問一（55）
問二
問三
問四
問五
問六
問七
問八　六花が（40）物語。

三

問一
問二
問三
問四（30）
問五　①（30）
②
問六
問七

（注）この解答用紙は実物を縮小してあります。172%拡大コピーすると、ほぼ実物大の解答欄になります。

〔国　語〕100点(推定配点)

一　各2点×10　二　問1　10点　問2，問3　各3点×2　問4　7点　問5〜問7　各3点×3　問8　9点　三　問1　3点　問2　7点　問3　3点　問4　8点　問5　①　8点　②　3点　問6　3点　問7　4点

2023年度　学習院中等科

算数解答用紙　第1回

番号		氏名		評点	／100

〔注意〕（式）と書いてあるところは、式や考え方を必ず書きなさい。（式）と書いていないところは答えだけを書きなさい。

1

(1)	(2)	(3)	(4)

2

(1)	(2)	(3)	(4)
円	毎時　km	円	

3

(1)（式）

答

(2)（式）

答

(3)（式）

答

4

(1)（式）

答　cm

(2)（式）

答　回転

(3)（式）

答　cm^2

5

(1)（式）

答 ㋐

(2)（式）

答 ㋑

(3)（式）

答 ㋒

6

(1) 答えだけを書きなさい。

F

(2) 答えだけを書きなさい。

A	B	C	D	E

（注）この解答用紙は実物を縮小してあります。189％拡大コピーをすると、ほぼ実物大の解答欄になります。

〔算　数〕100点（推定配点）

1～4　各5点×14　5, 6　各6点×5＜6の(2)は完答＞

２０２３年度　学習院中等科

社会解答用紙　第１回

番号		氏名		評点	／80

1

問1	①		②		③		④		⑤			
	⑥		⑦		⑧		⑨		⑩			
問2	A		B		C		D		E		F	
問3	①		②		③	現象						
	④		⑤	条約								

2

問1	1		2		3		4		5	
	6									
問2		問3		問4		問5		問6		
問7	5	10	15	20	25					
問8		問9		問10		問11		問12		

3

問1	A		B		C		D		E	
	F		G		H		I		J	
問2		問3	【X】		【Y】					
問4	【X】		【Y】		問5	【X】		【Y】		
問6	という原則。									

（注）この解答用紙は実物を縮小してあります。Ｂ５→Ａ３（163%）に拡大コピーすると、ほぼ実物大の解答欄になります。

〔社　会〕80点（推定配点）

1 問1，問2　各1点×16　問3　各2点×5　**2** 問1　各1点×6　問2～問12　各2点×11　**3** 問1　各1点×10　問2～問6　各2点×8

2023年度　学習院中等科

理科解答用紙　第1回

番号		氏名		評点	／80

1

①	②	③	④

2

問1 ①　②

問2　問3

問4

問5

3

問1	問2	問3	問4	問5

問6　と

4

問1　問2　問3　→　→　→

問4　問5　問6

5

問1 ①　②　③

問2

問3 記号　③　問4

問5 ①

②

（注）この解答用紙は実物を縮小してあります。Ｂ５→Ａ３（163%）に拡大コピーすると、ほぼ実物大の解答欄になります。

〔理　科〕80点(推定配点)

1　各2点×4　2　問1　各2点×2　問2～問5　各3点×4　3，4　各3点×12＜3の問6，4の問3は完答＞　5　問1　各2点×3　問2　3点　問3　各2点×2　問4　3点　問5　各2点×2

二〇二三年度　学習院中等科

国語解答用紙　第一回

番号		氏名		評点	/100

一

①　　む　②　　③　　いる　④

⑤　　⑥　　れる　⑦　　⑧

⑨　　⑩

二

問一

問二

問三

問四

問五　（60字）

問六　　気持ち。

問七

問八

問九　岳が　　物語。（40字）

三

問一

問二　（15字）

問三

問四　・　・

問五

問六

問七　C　　D

問八

（注）この解答用紙は実物を縮小してあります。172%拡大コピーすると、ほぼ実物大の解答欄になります。

〔国　語〕100点（推定配点）

一　各２点×10　二　問１，問２　各３点×２　問３　４点　問４　３点　問５　９点　問６　５点　問７，問８　各３点×２　問９　７点　三　問１　各５点×２　問２～問８　各３点×10

2023年度　学習院中等科

算数解答用紙　第2回

番号		氏名		評点	／100

〔注意〕（式）と書いてあるところは、式や考え方を必ず書きなさい。（式）と書いていないところは答えだけを書きなさい。

1

(1)	(2)	(3)	(4)

2

(1)	(2)	(3)	(4)
枚	分	円	

3

(1)（式）

答

(2)（式）

答

(3)（式）

答

4

(1)（式）

答　cm

(2)（式）

答　回転

(3)（式）

答　cm^2

5

(1)（式）

答　㋐

(2)（式）

答　1分あたり　L

(3)（式）

答　㋑

6

(1)　答えだけを書きなさい。

E

(2)　答えだけを書きなさい。

A	B	C	D

（注）この解答用紙は実物を縮小してあります。189％拡大コピーをすると、ほぼ実物大の解答欄になります。

〔算　数〕100点（推定配点）

1～4　各5点×14　5，6　各6点×5＜6の(2)は完答＞

２０２３年度　　学習院中等科

社会解答用紙　第２回

番号		氏名		評点	／80

1

問1	①		②		③		④		⑤						
	⑥		⑦		⑧		⑨		⑩						
問2	①		②		③	(1)		(2)		(3)		(4)			
問3	①		②		③										
	④		⑤												

2

問1	1		2		3		4		5					
	6													
問2		問3		問4		問5		問6						
問7		問8		問9		問10								
問11		5		10		15		20		25				
		30												
問12														

3

問1	A		B		C		D		E		
	F		G		H		I		J		
	K		L		M		N				
問2		問3								が内閣総理大臣になる。	
問4		問5	(1)		(2)		(3)				

（注）この解答用紙は実物を縮小してあります。Ｂ５→Ａ３（163％）に拡大コピーすると，ほぼ実物大の解答欄になります。

〔社　会〕80点（推定配点）

1　問１，問２　各１点×16　問３　各２点×５　2　問１　各１点×６　問２～問12　各２点×11　3　問１　各１点×14　問２～問５　各２点×６

２０２３年度　　学習院中等科

理科解答用紙　第２回

番号		氏名		評点	／80

1

①	②	③	④

2

問 1

問 2　①　②　③　④　⑤

問 3

問 4

問 5

3

問 1

問 2

問 3　g

問 4

問 5

問 6　g

4

問 1

問 2

問 3　10　20

問 4

問 5

問 6

問 7

問 8

問 9

5

問 1　しめった砂　かわいた砂

問 2

問 3　と

問 4　①　②

（注）この解答用紙は実物を縮小してあります。169%拡大コピーをすると、ほぼ実物大の解答欄になります。

〔理　科〕80点(推定配点)

1, 2　各 2 点×13　3　各 3 点×6　4　各 2 点×9　5　各 3 点×6<問 3 は完答>

二〇二三年度　学習院中等科

国語解答用紙　第一回

番号		氏名		評点	/100

一

①　　う	②	③　　む	④
⑤	⑥　　る	⑦	⑧
⑨	⑩		

二

問一　（30字）

問二

問三

問四　（10字）

問五

問六

問七

問八　あたし（桃香）が　（40字）　物語。

三

問一　（50字）

問二

問三　（20字）

問四

問五

問六

問七

問八

（注）この解答用紙は実物を縮小してあります。172％拡大コピーすると、ほぼ実物大の解答欄になります。

〔国　語〕100点(推定配点)

一　各2点×10　二　問1　7点　問2～問5　各4点×4　問6　6点　問7　4点　問8　8点　三　問1　9点　問2～問7　各4点×6　問8　6点

2022年度　　学習院中等科

算数解答用紙　第１回

番号		氏名		評点	／100

〔注意〕（式）と書いてあるところは、式や考え方を必ず書きなさい。（式）と書いていないところは答えだけを書きなさい。

1

(1)	(2)	(3)	(4)

2

(1)	(2)	(3)	(4)
m	人	m	個

3

(1)（式）	(2)（式）	(3)（式）
答　　cm	答　　cm	答　　cm^2

4

(1)（式）	(2)（式）	(3)（式）
答	答	答　　番目

5

(1)（式）	(2)（式）	(3)（式）
答　毎分　　m	答　毎分　　m	答

6

(1)　答えだけを書きなさい。

誰《だれ》の	組
君	組

(2)　答えだけを書きなさい。

2位	3位	4位	5位
組	組	組	組

（注）この解答用紙は実物を縮小してあります。189％拡大コピーをすると、ほぼ実物大の解答欄になります。

〔算　数〕100点(推定配点)

1～4　各５点×14　5，6　各６点×５＜6は各々完答＞

2022年度　　学習院中等科

社会解答用紙　第１回

番号		氏名		評点	／80

1

問1	A	B	C	D	
問2	A	B	C	D	
問3	A	B	C	D	E

2

問1	1	2	3	4	5			
	6							
問2		問3		問4		問5		
問6		問7		問8		問9		
問10	5	10	15	20	25			
問11		問12						

3

問1	A	B	C	D	E		
	F	G　月　日					
問2	【X】		【Y】				
問3	(1)	5	10	15	20		
		25	30				
	(2)	【X】		【Y】			
問4		問5	【X】		【Y】		
問6		問7					

（注）この解答用紙は実物を縮小してあります。Ｂ５→Ａ３(163%)に拡大コピーすると、ほぼ実物大の解答欄になります。

〔社　会〕80点(推定配点)

1　各１点×13　2　各２点×17　3　問１～問６　各２点×16　問７　１点

２０２２年度　学習院中等科

理科解答用紙　第１回

番号		氏名		評点	／80

1

①	②	③	④

2

問１	問２	問３

問４

問５

問６

3

問１

問２ ①	②	③	④

問３

4

問１	問２	問３	問４

問５ ①	②

5

問１

問２ 記号	理由

問３ 平地	砂浜

問４

（注）この解答用紙は実物を縮小してあります。Ｂ５→Ａ３（163%）に拡大コピーすると、ほぼ実物大の解答欄になります。

〔理　科〕80点(推定配点)

1　各２点×４　2～4　各３点×18＜4の問５は各々完答＞　5　各３点×６＜問１，問２の記号は完答，問３は各々完答＞

二〇二二年度　学習院中等科

国語解答用紙　第一回

番号　氏名　評点　/100

一

①
②
③　か
④
⑤
⑥　める
⑦
⑧
⑨
⑩

二

問一

問二　A　B

問三

問四

問五

問六

問七

問八　ぼく(トール)が　物語。

三

問一

問二

問三

問四

問五

問六

問七　ができなくなってしまう。

問八

(注)この解答用紙は実物を縮小してあります。172%拡大コピーすると、ほぼ実物大で使用できます。(タイトルと配点表は含みません)

〔国　語〕100点(推定配点)

一 各2点×10　二 問1　5点　問2　各2点×2　問3　6点　問4〜問6　各3点×3　問7　9点　問8　7点　三 問1　7点　問2, 問3　各4点×2　問4　5点　問5〜問7　各4点×3　問8　8点

2022年度　学習院中等科

算数解答用紙　第２回

番号		氏名		評点	／100

〔注意〕（式）と書いてあるところは、式や考え方を必ず書きなさい。（式）と書いていないところは答えだけを書きなさい。

1

(1)	(2)	(3)	(4)

2

(1)	(2)	(3)	(4)
本	人	秒	個

3

(1)（式）	(2)（式）	(3)（式）
答　cm	答　cm	答　cm^2

4

(1)（式）	(2)（式）	(3)（式）
答	答　番目	答　番目

5

(1)（式）	(2)（式）	(3)（式）
答　分　秒	答　8時　分	答

6

(1) 答えだけを書きなさい。

A	C	D
組	組	組

(2) 答えだけを書きなさい。

1位	決勝の結果
組	対

（注）この解答用紙は実物を縮小してあります。189％拡大コピーをすると、ほぼ実物大の解答欄になります。

〔算　数〕100点(推定配点)

1～4　各５点×14　5，6　各６点×5＜6は各々完答＞

２０２２年度　学習院中等科

社会解答用紙　第２回

番号		氏名		評点	／80

1

問1	①	②	③	④	⑤
問2	①	②	③		
問3	①	②	③	④	⑤

2

問1	1	2	3	4	5
	6	7	8		

問2		問3		問4		問5		問6	

問7	5	10	15	20	25

問8		問9		問10		問11	

3

問1	1	2	3	4	5
	6	7			

問2			問3	(1)　月	(2)		問4	

問5	A	B	C	問6		問7		問8		

問9	(1)　月	(2)　月	(3)　月

問10	5	10	15	20	25	30	35

（注）この解答用紙は実物を縮小してあります。Ｂ５→Ａ３(163%)に拡大コピーすると、ほぼ実物大の解答欄になります。

〔社　会〕80点(推定配点)

1　各１点×13　**2**　問１　各２点×８　問２～問６　各２点×５　問７　３点　問８～問11　各２点×４＜問９は完答＞　**3**　問１　各１点×７　問２～問４　各２点×４＜問２は完答＞　問５　各１点×３　問６～問８　各２点×３　問９　各１点×３　問10　３点

2022年度　学習院中等科

理科解答用紙　第2回

番号		氏名	

評点	／80

1

①	②	③	④

2

問1	問2	問3	問4
問5			
問6			

3

問1	問2	問3	問4
問5 X点	Y点	問6	

4

問1	問2	問3
問4		
問5		
問6		

5

問1	問2	問3
問4		
問5		
問6		

（注）この解答用紙は実物を縮小してあります。Ｂ５→Ａ３（163%）に拡大コピーすると、ほぼ実物大の解答欄になります。

〔理　科〕80点（推定配点）

1　各２点×4　2～5　各３点×24＜2の問６，3の問４，問５，問６，5の問１，問２は完答＞

二〇二二年度　学習院中等科

国語解答用紙　第一回

番号　　氏名　　評点 /100

一

① り　② 　③ ぜる　④

⑤ 　⑥ む　⑦ 　⑧

⑨ 　⑩

二

問一

問二

問三

問四

問五

問六

問七

問八

問九　典が　　物語。

三

問一

問二

問三

問四

問五

問六

問七

問八

（注）この解答用紙は実物を縮小してあります。172%拡大コピーすると、ほぼ実物大で使用できます。（タイトルと配点表は含みません）

〔国　語〕100点(推定配点)

一　各２点×10　二　問１　５点　問２，問３　各３点×２　問４　７点　問５～問７　各３点×３　問８　４点　問９　７点　三　問１～問４　各３点×４　問５　７点　問６　５点　問７　８点　問８　10点

2021年度　学習院中等科

算数解答用紙　第1回

番号		氏名	

評点	／100

〔注意〕（式）と書いてあるところは、式や考え方を必ず書きなさい。（式）と書いていないところは答えだけを書きなさい。

1

(1)	(2)	(3)	(4)

2

(1)	(2)	(3)	(4)
個	歳	人	日

3

(1)（式）

答

(2)（式）

答

(3)（式）

答

4

(1)（式）

答　　cm

(2)（式）

答　　cm^2

(3)（式）

答　　cm^2

5

(1)（式）

答　　m

(2)（式）

答　毎時　　km

(3)（式）

答　　倍

6

(1)　答えだけを書きなさい。

A	B	C	D

(2)　答えだけを書きなさい。

本当のことを言っている人

A	B	C	D

（注）この解答用紙は実物を縮小してあります。189％拡大コピーをすると、ほぼ実物大の解答欄になります。

〔算　数〕100点(推定配点)

1～6　各５点×20＜6の(2)は各５点×２＞

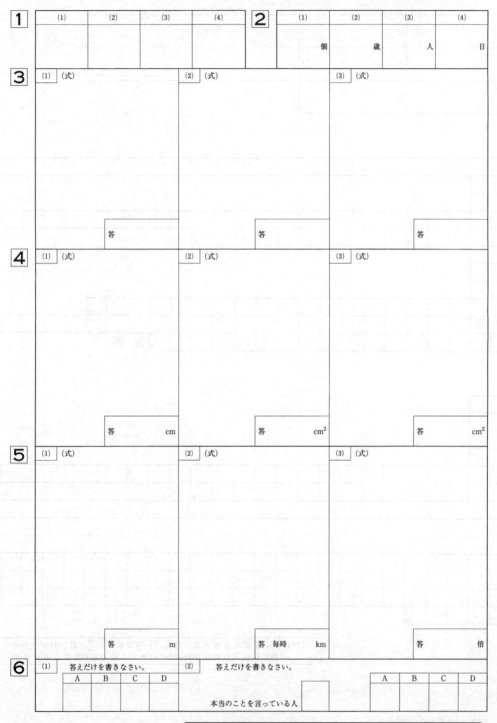

2021年度　学習院中等科

社会解答用紙　第1回

番号		氏名		評点	／80

1

問1	A	B	C	D	E	F	G
問2	A	B	C	D	E	F	

2

問1	1		2		3		4		
問2		問3		問4		問5		問6	
問7		問8		問9					
問10	5	10	15	20	25	30			
問11		問12		問13					

3

問1	1		2		3		問2	Ⅰ		Ⅱ		Ⅲ	
問3	(1)		(2)										
	(3)	5	10	15	20								
問4	の義務	問5		問6	(1)		(2)						
問7	(1)		(2)		問8	(1)		(2)					

（注）この解答用紙は実物を縮小してあります。Ｂ５→Ａ３（163%）に拡大コピーすると、ほぼ実物大の解答欄になります。

〔社　会〕80点（推定配点）

1　各１点×13　2　問１～問９　各２点×12　問10　３点　問11～問13　各２点×３　3　各２点×17 <問３の(2)は完答>

２０２１年度　学習院中等科

理科解答用紙　第１回

番号		氏名		評点	／80

1

①	②	③	④

2

問１			
問２			
問３	問４	問５	問６

3

問１	問２	問３ A	B	C
問４ ①				
②				
③				

4

問１ ①	②
問２	
問３	
問４	
問５ 名前	記号

5

問１ ①	②	③	④	⑤	⑥
問２ ①	②	③	④	⑤	⑥
問３		問４			

(注) この解答用紙は実物を縮小してあります。Ｂ５→Ａ３(163%)に拡大コピーすると、ほぼ実物大の解答欄になります。

〔理　科〕80点(推定配点)

1　各２点×４　2　問１，問２　各３点×２　問３～問６　各２点×４＜問６は完答＞　3～5　各２点×29＜4の問５の記号，5の問３は完答＞

二〇二二年度　学習院中等科

国語解答用紙　第一回

番号		氏名		評点	/100

一

①　　く	②	③　　せる	④
⑤	⑥　　しい	⑦	⑧
⑨	⑩		

二

問一　（20字）こと。

問二

問三

問四

問五

問六　行人は

問七　（80字）

問八　満希が（40字）物語。

三

問一

問二

問三　A　B

問四

問五　（40字）

問六

問七

問八　（100字）

（注）この解答用紙は実物を縮小してあります。172％拡大コピーすると、ほぼ実物大で使用できます。（タイトルと配点表は含みません）

〔国　語〕100点（推定配点）

一　各2点×10　二　問1　5点　問2，問3　各3点×2　問4　4点　問5　3点　問6　5点　問7　9点　問8　7点　三　問1　3点　問2　5点　問3，問4　各3点×3　問5　7点　問6　4点　問7　3点　問8　10点

２０２１年度　学習院中等科

算数解答用紙　第２回

番号		氏名		評点	／100

〔注意〕（式）と書いてあるところは、式や考え方を必ず書きなさい。（式）と書いていないところは答えだけを書きなさい。

1

(1)	(2)	(3)	(4)

2

(1)	(2)	(3)	(4)
ページ	年後	点	日

3

(1)（式）

答

(2)（式）

○	□	△

(3)（式）

答

4

(1)（式）

答　　cm

(2)（式）

答　　cm^2

(3)（式）

答　　cm^2

5

(1)（式）

答　　m

(2)（式）

答　毎分　　m

(3)（式）

答　　秒後

6

(1) 答えだけを書きなさい。

(2) 答えだけを書きなさい。

(3) 答えだけを書きなさい。

（注）この解答用紙は実物を縮小してあります。189％拡大コピーをすると、ほぼ実物大の解答欄になります。

〔算　数〕100点（推定配点）

1～6　各５点×20

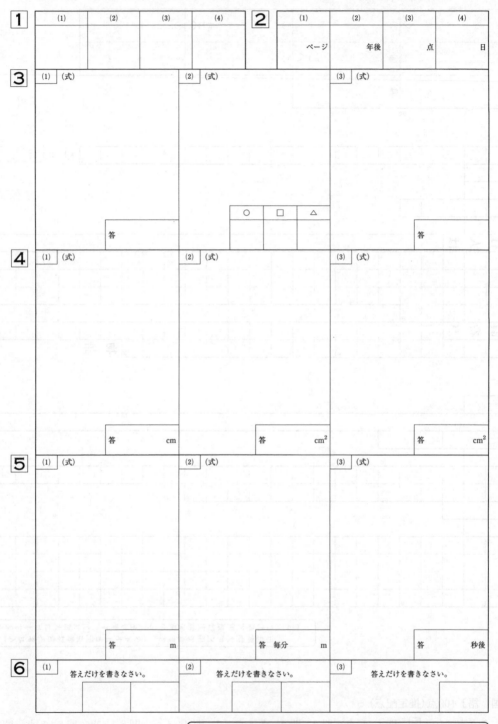

２０２１年度　　学習院中等科

社会解答用紙　第２回

番号		氏名		評点	／80

1

問1		問2	(1)		(2)		問3		問4		
問5		問6		問7							
問8	(1)		(2)		(3)		(4)		(5)		

2

問1	1		2		3		4				
問2		問3		問4		問5					
問6	5	10	15	20							
問7		問8		問9		問10		問11		問12	

3

問1	1	2	3	4	5						
	6	7									
問2	A	B	C	D							
問3		問4		問5		問6		問7			
問8		問9	(1)		(2)						
問10	5	10	15	20	25						
	30	35									

（注）この解答用紙は実物を縮小してあります。Ｂ５→Ａ３(163%)に拡大コピーすると、ほぼ実物大の解答欄になります。

〔社　会〕80点(推定配点)

1, 2　各２点×28　3　問１〜問７　各１点×16＜問３，問７は完答＞　問８〜問10　各２点×４

２０２１年度　学習院中等科

理科解答用紙　第２回

番号		氏名		評点	／80

1

①	②	③	④

2

問１	問２	問３

問４

問５　　＜　　＜　　＜　　＜　　　問６

3

問１	問２

問３	問４	問５	問６

4

問１　E →　　→　　→　　→　　→　　→　　→

問２

問３

問４	問５

問６

5

問１	問２	問３	問４	問５

問６	問７	問８	問９

（注）この解答用紙は実物を縮小してあります。Ｂ５→Ａ３（163%）に拡大コピーすると、ほぼ実物大の解答欄になります。

〔理　科〕80点（推定配点）

1　各２点×４　2～4　各３点×18＜2の問５，3の問１，問５，4の問１，問５は完答＞　5　各２点×９

二〇二二年度　学習院中等科

国語解答用紙　第一回

番号		氏名		評点	/100

一

①　　び	②	③　　す	④
⑤	⑥　　まる	⑦	⑧
⑨	⑩		

二

問一

問二

問三

問四　　　こと。

問五

問六

問七

問八

問九　ぼく（モッチ）が　　　物語。

三

問一

問二

問三

問四

問五　はじめ　　　おわり

問六

問七　はじめ　　　おわり

問八

（注）この解答用紙は実物を縮小してあります。172％拡大コピーすると、ほぼ実物大で使用できます。（タイトルと配点表は含みません）

〔国　語〕100点(推定配点)

一　各２点×10　二　問１　６点　問２，問３　各３点×２　問４　６点　問５　３点　問６　６点　問７　５点　問８　３点　問９　６点　三　問１　３点　問２，問３　各２点×４　問４　７点　問５～問７　各５点×３　問８　６点

2020年度　学習院中等科

算数解答用紙　第1回

番号		氏名		評点	／100

〔注意〕（式）と書いてあるところは、式や考え方を必ず書きなさい。（式）と書いていないところは答えだけを書きなさい。

1

(1)	(2)	(3)	(4)

2

(1)	(2)	(3)	(4)
個	分	g	円

3

(1)（式）

答　cm^2

(2)（式）

答　cm

(3)（式）

答　cm

4

(1)（式）

答　時間

(2)（式）

答　時間

(3)（式）

答　時間

5

(1) 答えだけを書きなさい。

答

(2) 答えだけを書きなさい。

答　番目

(3) 答えだけを書きなさい。

答

6

(1)（式）

答　毎分　km

(2)（式）

答　毎分　km

(3)（式）

答　㋐　㋑

（注）この解答用紙は実物を縮小してあります。185％拡大コピーすると、ほぼ実物大で使用できます。（タイトルと配点表は含みません）

〔算　数〕100点（推定配点）

1～5　各５点×17　6　(1)，(2)　各５点×２　(3)　㋐　２点　㋑　３点

２０２０年度　学習院中等科

社会解答用紙　第１回

番号		氏名		評点	／80

1

問1	A	B	C	
	D	E	F	
問2	A	B	C	
	D	E	F	G

2

問1	1	2	3	4	5
	6	7	8	9	10
	11	12	13	14	
問2	問3	問4	問5		
問6					
問7	5	10	15	20	25
	30	35			
問8	5	10	15	20	25

3

問1	A	B	C	D	E
	F	G	H	I	J
	K	L			
問2	問3 (1)	(2)	問4		
問5	問6	問7			
問8	5	10	15	20	
問9 (1)	(2)	(3)	問10		

〔社　会〕80点(推定配点)

1 各１点×13　2 問１　各１点×14　問２～問６　各２点×５　問７，問８　各３点×２　3 問１　各１点×12　問２～問７　各２点×７　問８　３点　問９，問10　各２点×４

２０２０年度　学習院中等科

理科解答用紙　第１回

番号		氏名		評点	／80

1

①	②	③	④

2

問１ ア	イ	ウ	問２
問３	問４		
問５	問６		
問７			

3

問１	問２	問３	問４
問５	問６		

4

問１ 樹上	山がく	地中	砂ばく	
問２ ア	イ	ウ	問３	問４

5

問１	問２
問３	
問４	
問５	

〔理　科〕80点(推定配点)

1 各２点×４　2 問１～問３　各２点×５　問４　３点　問５，問６　各２点×２　問７　３点　3 各３点×６＜問１は完答＞　4 各２点×９　5 問１　２点　問２　３点　問３　各２点×２　問４　３点　問５　各２点×２

二〇二〇年度　学習院中等科

国語解答用紙　第一回

番号　　氏名　　評点　／100

一

① ② ③ める ④ る
⑤ ⑥ ⑦ ⑧
⑨ ⑩

二

問一

問二　攻撃。

問三

問四

問五

問六

問七

問八

問九　ぼく（せんきだ）が　物語。

三

問一

問二

問三

問四　A　B　C　D

問五

問六

問七

問八

（注）この解答用紙は実物を縮小してあります。172%拡大コピーすると、ほぼ実物大で使用できます。（タイトルと配点表は含みません）

〔国　語〕100点(推定配点)

一 各2点×10　二 問1　3点　問2　5点　問3　6点　問4～問6　各3点×3　問7　8点　問8　5点　問9　6点　三 問1　3点　問2　5点　問3　3点　問4　4点<完答>　問5　6点　問6　4点　問7　3点　問8　10点